Kolumbien

San Andrés & Providencia S. 188

Karibikküste S. 134

Boyacá, Santander & Norte de Santander S. 94

Pazifikküste S. 287

Medellín & Zona Cafetera S. 204

Bogotá S. 44

Los Llanos S. 302

Cali & Südwest-Kolumbien S. 253

Amazonasbecken S. 310

Jade Bremner, Alex Egerton, Tom Masters, Kevin Raub

REISEPLANUNG

Willkommen in Kolumbien **4**
Übersichtskarte **6**
Kolumbiens Top 20 . . . . . . **8**
Gut zu wissen **18**
Wie wär's mit **20**
Monat für Monat **23**
Reiserouten **26**
Outdoor-Aktivitäten **32**
Kolumbien im Überblick **40**

JESS KRAFT / EYEEM / GETTY IMAGES ©

CARTAGENA S. 135

ALLEN CRAIG SCHLOSSMAN / LONELY PLANET ©

FERIA DE LAS FLORES, MEDELLÍN S. 213

REISEZIELE IN KOLUMBIEN

BOGOTÁ **44**
Rund um Bogotá **90**

BOYACÁ, SANTANDER & NORTE DE SANTANDER **94**
Boyacá **96**
Villa de Leyva 96
Rund um Villa de Leyva 92
Santuario de Iguaque . . . 105
Sogamoso 105
Monguí 106
Sierra Nevada del Cocuy 107
Santander **115**
San Gil 115
Barichara 119
Guane 122
Cañon del Chicamocha . . 122
Bucaramanga 111
Guadalupe 127
Norte de Santander . . . **128**
Pamplona 129
Playa de Belén 130

KARIBIKKÜSTE **134**
Cartagena & Umgebung **135**
Cartagena 135
Islas del Rosario 153
Playa Blanca 155
Volcán de Lodo El Totumo 155
Nordöstlich von Cartagena **156**
Santa Marta 156
Minca 161
Taganga 164
Parque Nacional Natural Tayrona 166
Palomino 168
Ciudad Perdida 170
Halbinsel La Guajira . . . **174**
Riohacha 174
Cabo de la Vela 176
Punta Gallinas 177
Valledupar **178**
Südöstlich von Cartagena **179**
Mompóx 179
Südwestlich von Cartagena **182**
Tolú 182
Islas de San Bernardo . . . 183
Turbo 184
Capurganá & Sapzurro . . 185

SAN ANDRÉS & PROVIDENCIA **188**
San Andrés 190
Providencia 197

MEDELLÍN & ZONA CAFETERA **204**
Medellín **205**
Rund um Medellín **222**
Guatapé 222
Piedra del Peñol 223
Santa Fe de Antioquia . . . 224
Jardín 226
Río Claro 228
Zona Cafetera **229**
Manizales 229
Rund um Manizales 234
Parque Nacional Natural Los Nevados 237
Pereira 240
Termales de Santa Rosa . 242
Termales San Vicente . . . 242
Santuario Otún Quimbaya 243

Inhalt

Parque Ucumarí 243
Armenia 244
Rund um Armenia 246
Salento 247
Filandia 251
Valle de Cocora 252

CALI & SÜDWEST-KOLUMBIEN 253
Cali 255
Rund um Cali 262
Pance 262
Lago Calima 263
Darién 264
Cauca & Huila 264
Popayán 264
Coconuco 270
San Agustín 271
Tierradentro 275
Desierto de la Tatacoa 279
Villavieja 279
Nariño 281
Pasto 281
Laguna de la Cocha 284
Ipiales 285
Santuario de Las Lajas 286

PAZIFIKKÜSTE 287
Chocó 289
Bahía Solano 289
Rund um Bahía Solano . . 292
El Valle 293
Parque Nacional Natural Ensenada de Utría 295
Nuquí 295
Rund um Nuquí 297
Südküste 301
Parque Nacional Natural Isla Gorgona 301

LOS LLANOS 302
Villavicencio 304
San José del Guaviare . . . 305
Caño Cristales 307
Parque Nacional Natural El Tuparro 309

AMAZONAS-BECKEN 310
Leticia 311
Parque Nacional Natural Amacayacu 319
Puerto Nariño 319
Río Yavarí 321

KOLUMBIEN VERSTEHEN

Kolumbien aktuell 324
Geschichte 327
So lebt man in Kolumbien 339
Kunst & Kultur 342
Natur & Umwelt 346

PRAKTISCHE INFORMATIONEN

Sicher reisen 352
Allgemeine Informationen 356
Verkehrsmittel & -wege 367
Sprache 376

SPECIALS
Outdoor-Aktivitäten 32
So lebt man in Kolumbien 339
Kunst & Kultur 342
Natur & Umwelt 346
Sicher reisen 352

Willkommen in Kolumbien

In Kolumbien findet man steile Andengipfel, unverbaute Küsten an der Karibik, geheimnisvolle Amazonaswälder, rätselhafte Ruinen, Städte aus der Kolonialzeit ... Kurz: alles, was Südamerika so verlockend macht, und noch einiges mehr.

Landschaftliche Vielfalt

Kolumbiens Lage am Äquator hat eine große landschaftliche Vielfalt zur Folge, wie sie nur wenige andere Länder aufzuweisen haben. Schon eine winzige Höhenänderung führt die Besucher von der Sonnenglut der karibischen Strände zu den grünen Bergen mit ihren Kaffeeplantagen in der Zona Cafetera. Noch etwas höher liegt Bogotá, das Zentrum des Landes und die dritthöchste Hauptstadt weltweit. Ein paar Tausend Meter oberhalb davon bewundert man schneebedeckte Gipfel, Bergseen und die Vegetation der *páramo* genannten Hochebenen. Dann gibt es noch Los Llanos, ein 550 000 km² großes tropisches Grasland.

Outdoor-Abenteuer

Das abwechslungsreiche Gelände ist wie geschaffen für allerlei Abenteuersport: Man taucht, klettert und wandert oder wagt sich ans Rafting oder in die Lüfte. Unbestrittene Outdoor-Hauptstadt ist San Gil, aber Erlebnisse im Freien bietet eigentlich das gesamte Land. Eine mehrtägige Dschungelwanderung, Ciudad Perdida, führt zu den Ruinen der Tayrona-Kultur, und zahlreiche Aufstiege im Parque Nacional Natural El Cocuy verschaffen Wanderern einen Zugang zu den höchsten Höhen der Anden. Die Riffe von Providencia lassen Taucher schwelgen, und wer Wale beobachten möchte, genießt an der Pazifikküste allerbeste Aussichten.

Außergewöhnliche Kultur

Eine Vielzahl alter Kulturen hat im ganzen Land ein faszinierendes Erbe hinterlassen. Die einstige Hauptstadt der Tayrona, Ciudad Perdida, gilt als eine der geheimnisvollsten alten Städte des Kontinents, gleich nach Machu Picchu. Noch rätselhafter ist San Agustín, wo mehr als 500 überlebensgroße Skulpturen unbekannter Herkunft über die Landschaft verstreut sind. Dann gibt es noch Tierradentro mit den unterirdischen Gräbern eines unbekannten Volkes.

Zauber der Kolonialzeit

Kolumbien besitzt nicht nur Cartagena mit seiner hervorragend erhaltenen Altstadt, sondern unzählige weniger bekannte Städte und Dörfer, die wirken, als sei in ihnen die Zeit stehen geblieben und als habe sich seit dem Abzug der Spanier nicht viel verändert. Barichara und das verschlafene Mompós sehen aus wie Filmkulissen, denen der Fortschritt nichts anhaben konnte; und das weiß getünchte Villa de Leyva scheint im Treibsand des 16. Jhs. gefangen. Kolumbiens perfekte Bilderbuch-Ansichten mit *pueblos* zählen zu den besterhaltenen des Kontinents.

Warum ich Kolumbien liebe

Von Kevin Raub, Autor

Als ich kurz nach dem Jahr 2000 zum ersten Mal hierherkam, war Kolumbien noch ein völlig anderes Land, doch die Gastfreundschaft der Menschen hat mich sofort begeistert. Die Sicherheitslage hat sich seither erheblich verbessert. Der erste Eindruck vom Land ist aber haften geblieben: Ohne internationale 5-Sterne-Attraktionen – ohne ein Machu Picchu, ohne Iguazu-Fälle oder Patagonien – muss Kolumbien härter für sein Geld arbeiten als andere Länder, doch das gelingt dank der Menschen, die alles dafür tun, dass die Gäste bei der Abreise einen guten Eindruck mit nach Hause nehmen.

Mehr Informationen über die Autoren gibt es auf S. 395

Lokal in einer Strandhütte in Providencia (S. 197)

Kolumbien

0 ——— 200 km

Ciudad Perdida
Reizvolle Wanderung zu alten Ruinen (S. 170)

PNN Tayrona
Felsübersäte Buchten, weiße Sandstrände (S. 166)

Cartagena
Wunderbar erhaltene Stadt aus der Kolonialzeit (S. 135)

Halbinsel La Guajira
Nördlichster Punkt Südamerikas (S. 174)

PNN El Cocuy
Trekkingrouten zu majestätischen Gipfeln (S. 111)

Barichara
Prächtige Kolonialstadt, gebratene Ameisen (S. 119)

Medellín
Elegante Restaurants, legendäres Nachtleben (S. 205)

San Gil
Kolumbiens Treffpunkt für Adrenalinsüchtige (S. 115)

14°N
12°N
10°N
8°N
6°N
80°W
76°W
74°W
72°W
70°W
68°W
KARIBISCHES MEER
Providencia (Kolumbien)
San Andrés (Kolumbien)
NIEDERLÄNDISCHE ANTILLEN (NIEDERLANDE)
Aruba
Curaçao
Bonaire
Parque Nacional Natural Tayrona
La Guajira Península
RIOHACHA
CORO
SANTA MARTA
BARRANQUILLA
Guajira
Ciudad Perdida
CARACAS
Atlántico
VALLEDUPAR
MARACAIBO
BARQUISIMETO
VALENCIA
CARTAGENA
Magdalena
Cesar
Lago de Maracaibo
SAN CARLOS
COLÓN
SINCELEJO
Mompós
TRUJILLO
PANAMA CITY
El Banco
GUANARE
PANAMA
Sapzurro
MONTERÍA
Sucre
Bolívar
MÉRIDA
BARINAS
VENEZUELA
Capurganá
Turbo
Córdoba
Norte de Santander
SAN CRISTÓBAL
CÚCUTA
Río Atrato
Río Cauca
Río Nechí
Río Magdalena
BUCARAMANGA
Parque Nacional Natural El Cocuy
Río Arauca
ARAUCA
Antioquia
Santander
Arauca
Santa Fe de Antioquia
Barichara
San Gil
PUERTO CARREÑO
Río Casanare
MEDELLÍN
QUIBDÓ
Boyacá
Casanare
Guachalito
Villa de Leyva
TUNJA
PUERTO AYACUCHO
Chocó
Caldas
Cundinamarca
YOPAL

Pazifikküste
Unberührte Strände, Walbeobachtung (S. 287)
Zona Cafetera
Koffeinhaltige Ausflüge und Bergkulissen (S. 229)
San Agustín
Alte Statuen und eine spektakuläre Landschaft (S. 271)
Villa de Leyva
Perle der Kolonialzeit in herrlicher Natur (S. 96)
Bogotá
Weltklasse-Museen, Architektur und Nachtleben (S. 44)
Caño Cristales
Ein rot gefärbter Fluss, dazu Wasserfälle (S. 307)
Río Yavarí
Unberührter Urwald, reiche Tierwelt (S. 321)
HÖHEN
3200 m
2400 m
1800 m
1200 m
600 m
Natural Los Nevados
BOGOTÁ
Armenia
IBAGUÉ
VILLAVICENCIO
Vichada
Río Meta
PUERTO INIRIDA
Lago Calima
Quindío
Tolima
Los Llanos
Buenaventura
Panamericana
Valle del Cauca
CALI
Meta
Guainía
Isla Gorgona
Río Magdalena
Río Ariari
Huila
NEIVA
Cauca
Tierradentro
POPAYÁN
SAN JOSÉ DEL GUAVIARE
Parque Nacional Natural Sierra de La Macarena (Caño Cristales)
Río Patía
Nariño
San Agustín
FLORENCIA
Guaviare
MITÚ
PASTO
MOCOA
Río Vaupés
Ipiales
Laguna de la Cocha
TULCÁN
Putumayo
Puerto Asís
Vaupés
PAZIFIK
IBARRA
Río Apaporis
Equator
LAGO AGRIO
QUITO
Río Caquetá
Caquetá
ECUADOR
LATACUNGA
Río Putumayo
Río Igara Paraná
BRASILIEN
RIOBAMBA
Amazonas
Río Napo
PERU
Parque Nacional Natural Amacayacu
MACHALA
Río Amazonas
IQUITOS
Puerto Nariño
LETICIA
TABATINGA
Río Yavarí
4°N
2°N
2°S
4°S
80°W
78°W
76°W
74°W
72°W
70°W
68°W

Kolumbiens Top 20

1

Altstadt von Cartagena

1 Wenn Besucher Cartagenas von Mauern umschlossene Altstadt (S. 135) durch die Puerta del Reloj betreten, werden sie schlagartig um 400 Jahre zurückversetzt. Beim gemütlichen Streifzug durch die Straßen treffen sie auf Szenarien, wie sie Gabriel García Márquez in seinen Romanen beschreibt. Pastellfarbene Balkone quellen vor Bougainvilleen über, die Gassen sind überfüllt mit Imbissständen und ringsherum liegen prachtvolle, im spanischen Stil gestaltete Plätze, Kirchen und historische Gebäude. Das alte Zentrum bildet eine eigene pulsierende Stadt, in der vieles noch so aussieht wie vor Jahrhunderten.

Tour zur Ciudad Perdida

2 Die Reise nach Ciudad Perdida (S. 170) ist eine aufregende Dschungelwanderung durch eine der majestätischsten Tropenlandschaften Kolumbiens. Es handelt sich um eine der schönsten mehrtägigen Touren des Landes. Bis zur Taille reicht das Wasser beim Durchwaten reißender Flüsse und das Herz schlägt bis zum Hals – ein Ausgleich zur stillen Schönheit der Sierra Nevada. Das Ziel, eine alte „verlorene Stadt", wurde von Grabräubern und goldgierigen Banditen wiederentdeckt. Die Ruinenstadt liegt tief in den Bergen auf rätselhaften Terrassen; der Weg dorthin ist ebenso faszinierend wie die Stätte selbst.

KRZYSZTOF DYDYNSKI / GETTY IMAGES ©

2

PICTURE4YOU / SHUTTERSTOCK ©

3

4

Dünen & Wüsten auf La Guajira

3 Die Reise zur abgelegenen Wüstenhalbinsel (S. 174) mag herrlich oder beschwerlich sein, je nachdem, was man gewohnt ist – doch jeder, der den nördlichsten Punkt Südamerikas erreicht, ist von der schlichten Schönheit der Landschaft überwältigt. Flamingos, Mangrovensümpfe, Sandstrände vor Dünen und winzige Siedlungen der Wayuu wirken wie kleine Tupfer in der weiten Leere dieser prachtvollen und doch kaum besuchten Ecke von Kolumbien.

Caño Cristales

4 Nachhaltigen Tourismus, der von den Menschen vor Ort getragen wird, findet man im Parque Nacional Natural Sierra de la Macarena in Los Llanos. Hier faszinieren die vielfarbigen Flüsse des Caño Cristales (S. 307). Die Gewässer verwandeln sich zwischen Juli und November in ein atemberaubendes rotes Meer, ein Phänomen, das durch das plötzliche Aufblühen verschiedenfarbiger Pflanzen entsteht. Auch die Wanderung von einem Wasserfall und natürlichen „Schwimmbecken" zum anderen ist ein wunderbares Erlebnis.

Statuen von San Agustín

5 Tiefe Einblicke in die präkolumbische Kultur gewähren die Statuen von San Agustín (S. 271). Die über 500 ausgegrabenen Monumente aus Vulkangestein, die heilige Tiere und menschenähnliche Figuren darstellen, bilden eine der bedeutendsten archäologischen Stätten der Welt. Zahlreiche Statuen stehen in einem archäologischen Park, weitaus mehr befinden sich noch an ihren ursprünglichen Fundstellen, die sich zu Fuß oder per Pferd erkunden lassen.

Walbeobachtung am Pazifik

6 Ein zwanzig Tonnen schwerer Wal schießt aus dem Wasser empor und im Hintergrund locken bewaldete Berge; dieser Anblick ist wirklich unbeschreiblich. Jedes Jahr schwimmen Hunderte Buckelwale phänomenale 8000 km von der Antarktis in die Gewässer vor der kolumbianischen Pazifikküste, um hier ihre Jungen zu gebären und großzuziehen. Die spektakulären Säugetiere tummeln sich in der Ensenada de Utría (S. 295) so nahe am Ufer, dass man sie leicht beobachten kann.

Kaffee-Fincas in der Zona Cafetera

7 Auf geht's im klassischen Jeep aus dem Zweiten Weltkrieg in ein Abenteuer voller Kaffeegenuss. Viele der besten *fincas* (Farmen) in der Zona Cafetera (S. 229) haben ihre Pforten für Touristen geöffnet, um zu demonstrieren, was den kolumbianischen Kaffee so einzigartig macht. Mit einem Korb in der Hand geht es in die Felder, wo die Gäste selbst Kaffeebohnen ernten und das Endprodukt im Farmhaus genießen, untermalt vom Gesang der Vögel.

Trekking im El Cocuy

8 Der Parque Nacional Natural (PNN) El Cocuy (S. 111) ist eine der beliebtesten Trekking-Gegenden Südamerikas. In der Hochsaison (Dezember bis Februar) kommt in der gesamten Sierra Nevada del Cocuy das Ökosystem des *páramo* , der eiszeitlichen Täler, Hochebenen, Bergseen und seltener Vegetation besonders gut heraus; eindrucksvolle Sonnenaufgänge tauchen die zerklüfteten Höhen in ein goldbraunes Licht. An klaren Tagen reicht der Blick von den Aussichtspunkten in 5000 m Höhe bis weit über Los Llanos.

7

8

INGRID FIRMHOFER / ALAMY ©

DANAAN / SHUTTERSTOCK ©

Museen in Bogotá

9 In Bogotás Museo del Oro (oben; S. 58) kann man gut nachvollziehen, was es bedeutet, einen lange verlorenen Schatz zu finden. In einem der erstaunlichsten Museen Südamerikas kommen echte Indiana-Jones-Gefühle auf – und dies ist nur eines von unzähligen Museen der Stadt. Ob man sich also für die Bilder von Botero interessiert, für Hubschrauber, Waffen der Kokainhändler, bolivianische Schwerter, erlesene Badezimmerkacheln oder alte Scherben – Bogotá lässt keine Wünsche offen.

Salsa in Cali

10 In Cali wurde der Salsa vielleicht nicht erfunden, aber die hart arbeitende Stadt hat diese Musik in ihr Herz geschlossen und „adoptiert". Ausgehen in Cali (S. 255) bedeutet: Salsa tanzen, wie die *caleños* (die Einwohner von Cali) selbst sagen. Sei es in der kleinsten Stadtviertelkneipe mit überdimensioniertem Soundsystem oder in den großen *salsatecas* (Salsatanzclubs) in Juanchito. Salsa hilft, soziale Barrieren zu überwinden und die ausufernde Stadt zu vereinen. Geübte Salsatänzer finden hier ihre Bühne und Anfänger keinen besseren Ort, um Salsa zu lernen.

Koloniales Barichara

11 Fast wie aus einer anderen Welt wirkt das atemberaubende Barichara (S. 119), das wohl schönste Dorf aus Kolumbiens Kolonialzeit. Seine rostfarbenen Dächer, die symmetrisch angelegten Pflasterstraßen, die weißen Hauswände und die bepflanzten Balkone bilden einen Kontrast zu dem Postkarten-Grün der Anden im Hintergrund. Barichara bedeutet im Guane-Dialekt „Ort der Entspannung" und das trifft zu. Geblendet von Schönheit und Ruhe wandert so mancher Besucher wie ein Schlafwandler durch die Straßen.

JESS KRAFT / 500PX ©

Traumziel Providencia

12 Die Anreise auf die Karibikinsel mag ein wenig umständlich sein, lohnt aber die Mühe: Aus dem Flugzeug oder vom Katamaran blickt man auf ein Land, das wie geträumt erscheint. Providencia (S. 197) bietet einige der herrlichsten Strände des Landes, prächtige Tauchgründe, exzellente Wanderwege, eine wunderbare Küche und eine einzigartige kreolische Sprache. Hinzu kommt noch, dass die Insel ganz abseits der Touristenziele liegt. All-inclusive-Resorts findet man hier nicht.

Koloniales Villa de Leyva

13 Ein weites, hoch gelegenes Tal und ein strahlend blauer Himmel bilden die Kulisse für das stimmungsvolle Dorf Villa de Leyva. Es liegt 165 km nördlich von Bogotá. Kolonialstil prägt die verschlafene Ortschaft mit einer Plaza Mayor, die zu den größten und schönsten Dorfplätzen Südamerikas zählt. Das malerische Dorfzentrum quillt über vor internationaler Gastronomie, historischen Gebäuden, alten Kirchen, interessanten Museen und Läden, die Kunsthandwerk verkaufen. Und die Umgebung lädt zu moderaten Outdoor-Abenteuern ein.

Cañon de Río Claro

14 Die Reserva Natural Cañon de Río Claro (S. 228) ist eine Schlucht aus Marmor und eines der besten Outdoor-Ziele Kolumbiens. Sie liegt nur 2 km abseits der Fernstraße zwischen Bogotá und Medellín. Mittendurch fließt ein kristallklarer Fluss mit vielen Badestellen. Man kann an einer Seilrutsche über den Fluss „fliegen", Höhlen erkunden oder einfach auf den Felsen sonnenbaden. Wenn der Sonnenuntergang die Felsen in ein warmes Licht taucht, erwachen Vogelschwärme, und die Geräusche des Dschungels erfüllen den Canyon.

Strände im PNN Tayrona

15 Die Strände im Parque Nacional Natural (PNN) Tayrona bei Santa Marta (S. 156) zählen zu den schönsten des Landes. Das klare Wasser von Tayrona glitzert vor einem Dschungel, der wie eine grüne Lawine die Hänge der Sierra Nevada de Santa Marta herabzurauschen scheint, des höchsten Küstengebirges der Welt. Palmen säumen den malerischen, mit riesigen Felsbrocken übersäten weißen Sandstrand. Manche der Felsen sehen aus, als hätte ein Riese sie in einem Wutanfall in zwei Hälften gespalten.

Wandern im PNN Los Nevados

16 Wer hierher kommt, blickt ehrfürchtig zu den schneebedeckten Gipfeln im Parque Nacional Natural (PNN) Los Nevados (S. 237) auf. Der 583 km^2 große Nationalpark umfasst einige der schönsten Landschaften der kolumbianischen Anden. Der Süden bietet Trekkingrouten, die durch verschiedene Ökosysteme führen, von Nebelwäldern bis zum *páramo*. Mit viel Erfahrung erklimmt man den Nevado de Santa Isabel und den Nevado del Tolima auf einer Höhenwanderung.

15

16

17

18

Desierto de la Tatacoa

17 Mit ihrem ockerfarbenen und grauen Sand, den zerklüfteten Felsen und Ansammlungen von Kakteen wirkt die Desierto de la Tatacoa (S. 279) wie eine fremde Welt. Das semi-aride Gebiet ist von Bergen umgeben und liegt im Regenschatten des hoch aufragenden Nevado de Huila. Stille prägt diesen Ort, der im Land seinesgleichen sucht. Da weder Wolken noch künstliches Licht den Himmel trüben, eignet sich die Tatacoa-Wüste ausgezeichnet zum Sternegucken, mit bloßem Auge oder im örtlichen Observatorium.

Dschungel-Lodges am Río Yavarí

18 Die bloße Größe des Amazonas ist für viele unfassbar, bis sie einmal selber dort waren. Allein der kolumbianische Abschnitt des Amazonasbeckens ist größer als die Fläche von Deutschland. Für Besucher eignet sich die Gegend am Río Yavarí (S. 321) am besten, um die vielfältige Tierwelt und Ökosysteme zu erleben. Man kann hier mit Delfinen schwimmen, nach Piranhas jagen und Alligatoren, Affen, Frösche sowie Totenkopfäffchen (s. oben) aus der Nähe sehen.

Medellín erleben

19 Medellín (S. 205) erlebt man am besten aus der Vogelperspektive: In einer der berühmten Metrocable-Gondeln gleitet man z. B. über Arbeiterviertel, die sich an steile Berghänge schmiegen. In diesem Labyrinth aus roten Ziegelhäusern schlägt das Herz einer Stadt, die sich von schwierigem Gelände nicht am Wachsen hindern lässt. Nach Sonnenuntergang begibt man sich ans andere Ende der sozialen Skala und besucht die eleganten Restaurants, Bars und Clubs von El Poblado mitten im Zentrum des Nachtlebens.

Outdoorspaß in San Gil

20 San Gil ist als Stadt nicht besonders attraktiv, doch was ihr an Schönheit fehlt, machen die möglichen Outdoor-Aktivitäten wett. Tretkajakfahren, Paddeln, Abseilen, Höhlen erforschen, Bungeespringen oder Gleitschirmfliegen: Für alles Sportliche ist San Gil (S. 115) Kolumbiens angesagtester Abenteuerplatz. Berühmt ist das Wildwasser-Rafting mit Stromschnellen der Klasse IV und V auf dem Río Suárez. Ob im Wasser, in den Lüften oder auf Schusters Rappen – San Gil ist nichts für schwache Nerven.

Gut zu wissen

Weitere Hinweise im Kapitel „Praktische Informationen“ (S. 351)

Währung
Kolumbianischer Peso (COP)

Sprache
Spanisch (Englisch nur auf der Inselgruppe San Andrés & Providencia)

Visa
Die Bürger vieler Länder, darunter Westeuropa, Nord- und Südamerika, Japan, Australien, Neuseeland und Südafrika, benötigen kein Visum. Ansonsten muss mit einer kleinen Gebühr gerechnet werden.

Geld
Geldautomaten sind weit verbreitet. Kreditkarten werden weitgehend akzeptiert.

Handys
Die Netzabdeckung ist hervorragend. Die meisten ungesperrten Handys funktionieren auch mit einer kolumbianischen SIM-Karte.

Zeit
MEZ minus sechs Stunden. Keine Sommer- bzw. Winterzeit.

Reisezeit

Hauptsaison (Dez.– Feb.)

- In nahezu allen Andengebieten sonnig und warm
- Außer am Amazonas überall trocken
- Auf San Andrés und Providencia ist es jetzt traumhaft schön
- Die Preise haben landesweit den Höchststand erreicht

Zwischensaison (März–Sept.)

- Bogotá, Medellín und Cali haben ihre zweite Regenzeit im April/Mai
- Juli bis Oktober: beste Zeit für die Walbeobachtung an der Pazifikküste
- In Cartagena ist bis April gutes Wetter; die starken Regenfälle beginnen im Mai

Nachsaison (Okt.–Nov.)

- In den Anden waschen Überflutungen oft die Straßen aus
- In Cartagena und an der Karibikküste ist es im Oktober nass
- Am Amazonas Niedrigwasser: gute Wanderbedingungen und schöne Strände
- Die Preise erreichen ihren Tiefststand

Infos im Internet

This Is Colombia (www.colombia.co/en/) Eine hervorragende Website, die gute Werbung für Kolumbien macht.

Proexport Colombia (www.colombia.travel/en) Das offizielle Tourismusportal der Regierung.

Colombia Reports (www.colombiareports.co) Ausgezeichnete englischsprachige Informationsquelle.

BBC News (www.bbc.com/news/world/latin_america/) Hervorragende Informationen über Südamerika.

Parques Nacionales Naturales de Colombia (www.parquesnacionales.gov.co) Detaillierte Informationen zu den Nationalparks.

Lonely Planet (www.lonelyplanet.com/colombia) Informationen zu Reisezielen, Hotelbuchungen, Reiseforum und vieles mehr.

Wichtige Telefonnummern

Ländervorwahl Kolumbien	☎+57
Internationale Vorwahl	☎00
Telefonauskunft	☎113
Krankenwagen, Feuerwehr & Polizei	☎123

Wechselkurse

Brasilien	1 R$	801 COP
Euro-Zone	1 €	2407 COP
Schweiz	1 sFr.	2844 COP
USA	1 US$	2794 COP

Die aktuellen Wechselkurse findet man unter www.xe.com

Tagesbudget

Preiswert: unter 60 000 COP

- Schlafsaalbett: 20.000–40 000 COP
- *Comida corriente* (Tagesgericht): 6000–12 000 COP
- Busfahrkarte Bogotá–Villa de Leyva: 27 000 COP

Mittelteuer: 100 000 bis 200 000 COP

- Doppelzimmer im Mittelklassehotel: 80 000–120 000 COP
- Hauptgericht in einem annehmbarem einheimischen Restaurant: 20 000–30 000 COP

Teuer: über 200 000 COP

- Doppelzimmer im Spitzenklassehotel: ab 160 000 COP
- Mehrgängiges Menü mit Wein: ab 50 000 COP

Öffnungszeiten

Banken Montag bis Freitag 9 bis 16, Samstag 9 bis 12 Uhr

Bars 18 bis etwa 3 Uhr

Cafés 8 bis 22 Uhr

Geschäfte Montag bis Freitag 9 bis 17, Samstag 9 bis 12 oder 17 Uhr; einige Läden schließen über Mittag

Nachtclubs Donnerstag bis Samstag 21 Uhr bis spät in die Nacht

Restaurants Frühstück ab 8, Mittagessen ab 12, Abendessen bis 21 oder 22 Uhr

Ankunft in Kolumbien

Aeropuerto Internacional El Dorado (Bogotá) Busse (2200 COP) fahren von 4.30 bis 22.45 Uhr alle 10 Min. ins Stadtzentrum, Taxis (35 000 COP) brauchen dorthin 45 Min.

Aeropuerto Internacional José María Córdoba (Medellín) Busse (9500 COP) fahren rund um die Uhr alle 15 Min. ins Stadtzentrum, Taxis (65 000 COP) brauchen dorthin 45 Min.

Aeropuerto Internacional Rafael Núñez (Cartagena) Busse (1500 COP) fahren von 6.50 bis 23.45 Uhr alle 15 Min. in die Altstadt, Taxis (13 000 COP) brauchen 15 Min. dorthin.

Unterwegs vor Ort

Boot/Schiff Die einzige Möglichkeit, sich im Amazonasgebiet und an der Pazfikküste fortzubewegen, allerdings sind Bootsfahrten weitaus teurer als Busfahrten.

Bus Zwischen allen wichtigen Städten Kolumbiens verkehren regelmäßig und häufig Busse. Fernbusse sind eher groß und komfortabel, Busse für kürzere Strecken sind eher enge Kleintransporter oder nur Limousinen.

Flugzeug Inlandsflüge sind in Kolumbien das beste Fortbewegungsmittel für längere Strecken.

Mehr Infos zu **Unterwegs vor Ort** siehe S. 370

Wie wär's mit ...

Nationalparks

Insgesamt umfassen die Nationalparks (abgekürzt PNN für Parque Nacional Natural) 12 % des Staatsgebiets von Kolumbien. Unter Schutz stehen fast 60 Areale, darunter kühle karibische Gewässer, hohe Andengipfel, tropische Steppen und weite Dschungelgebiete am Amazonas.

PNN Tayrona Von Palmen gesäumte weiße Sandstrände am Fuße der Sierra Nevada de Santa Marta. (S. 166)

PNN El Cocuy Eindrucksvolle Gipfel, Bergseen, eisbedeckte Gletscher und Blicke bis nach Venezuela sind die Highlights auf Kolumbiens mehrtägigen Bergtouren. (S. 111)

PNN Sierra de la Macarena Hier befindet sich der einzigartige Caño Cristales, eine rötlich gefärbte kaleidoskopische Wasserwelt, die ihresgleichen sucht. (S. 307)

PNN El Tuparro Sandige Flussufer, grüne Steppe und etwa 320 Vogelarten, Jaguare, Tapire und Ottern. (S. 309)

Museen

Das Aufeinandertreffen indigener Kulturen, Kolonialzeit und Konflikte haben Kolumbien eine vielfältige Geschichte beschert, die in vielen Museen zu besichtigen ist.

Museo del Oro Beherbergt die weltweit größte Sammlung prähispanischer Goldschmiedearbeiten. (S. 58)

Museo de Antioquia Eins der besten Museen des Landes, um die korpulenten Skulpturen des Bildhauers Fernando Botero, Sohn eines *paisa*, bewundern zu können. (S. 211)

Museo Nacional Kolumbiens Nationalmuseum (wird renoviert, in Teilen bis 2023 geöffnet) bietet einen Einblick in das reiche Erbe des Landes. (S. 59)

Palacio de la Inquisición In einem Palast von Cartagena von 1776 werden Folterinstrumente ausgestellt. (S. 140)

Tierwelt

Der Amazonasdschungel, ein Drittel der Fläche Kolumbiens, ist ideal, um Tiere in ihrem natürlichen Lebensraum zu beobachten.

Río Yavarí Die von Leticia erreichbaren Lodges an diesem Nebenfluss des Amazonas (er grenzt an Peru und Brasilien) sind von einer reichen Fauna umgeben. (S. 321)

PNN Amacayacu Beherbergt etwa 500 Vogel- und 150 Säugetierarten – darunter eine Station für Affen, die wieder ausgesetzt werden sollen. (S. 319)

PNN Ensenada de Utría Ideal für das Beobachten von Walen an der Pazifikküste; in dem geschützten Meeresarm tummeln sich von Juli bis Oktober Buckelwale. (S. 295)

Santuario de Fauna y Flora Los Flamencos In der Regenzeit lässt sich in diesem 700 ha großen Schutzgebiet eine Kolonie aus 10 000 rosa Flamingos nieder. (S. 174)

Wandern

Zu Kolumbiens abwechslungsreicher Landschaft gehören dichter Dschungel, himmelhohe Gebirge und schneebedeckte Andengipfel, darunter auch die weitläufigen *páramo* (Hochebenen mit spezieller Vegetation), die es nur in einer Handvoll Länder gibt.

PNN El Cocuy Eindrucksvolle Gipfel, Bergseen, eisbedeckte Gletscher und der Blick bis nach Venezuela sind die Highlights auf Kolumbiens mehrtägigen Bergtouren. (S. 111)

Ciudad Perdida Eine mehrtägige Dschungeltour führt zu einer

Oben: Parque Nacional Natural (PNN) Tayrona (S. 166)

Unten: *Arepas* (Maisfladen)

der größten präkolumbischen Städte Nord- und Südamerikas. (S. 170)

PNN Los Nevados Anspruchs-volleTagestour über den *páramo* zum Gletschergipfel der Nevado Santa Isabel. (S. 237)

Valle de Cocora Riesige Quindío-Wachspalmen in grünen Tälern und nebelverhangenen grünen Hügeln zeichnen diese Halbtagswanderung aus. (S. 252)

Tierradentro Tageswanderung durch eine herrliche Hügellandschaft zu den unterirdischen präkolumbischen Grabkammern von Tierradentro. (S. 275)

Kulinarische Spezialitäten

Die kolumbische Küche basiert auf superfrischen Meeresfrüchten, saftigen Steaks und Unmengen an einzigartigen kulinarischen Überraschungen, die aus wiederentdeckten einheimischen Zutaten bereitet sind.

Leo Cocina y Cava In diesem streng einheimischen Lokal der Spitzenklasse in Bogotá machen die Gäste eine Reise durch die gehobene kreative Küche Kolumbiens. (S. 73)

Punta Gallinas Hier gibt es keine Restaurants, aber wie wär's mit Hummer, den die Wayuu (indigenes Volk) gegrillt haben? (S. 177)

Mini-Mal Einblicke in kulinarische Leckereien vom Feinsten: Zutaten aus der Region bürgen in diesem Trendsetter von Bogotá für beste Qualität. (S. 73)

Prudencia Dieses neue kolumbianisch-amerikanische Restaurant tischt innovative Gerichte auf, die tief in Kolumbiens ureigenster kulinarischer Vielfalt verwurzelt sind. (S. 70)

Asadero de Cuyes Pinzón Hier kann man, wenn man sich das zutraut, die regionale Spezialität der Stadt Pasto probieren: gegrilltes Meerschweinchen. (S. 282)

Mercagán Hat angeblich die besten Steaks des Landes. (S. 125)

La Cevicheria Ein winziges, versteckt liegendes Lokal in Cartagena, wo es weltberühmte *ceviche* und Meeresfrüchte gibt. (S. 148)

Strände

Kolumbiens Strände sind nicht so berühmt wie seine Berge. Dennoch ist das Land an seiner Karibik- und Pazifikküste mit sonnigen Sandstränden gesegnet.

Playa Taroa An der Punta Gallinas kann man von Sanddünen aus auf Kolumbiens schönsten – und menschenleersten – Strand hinunterrutschen. (S. 177)

Playa Morromico An diesem abgelegenen privaten Strand rauschen Wasserfälle von dschungelbedeckten Bergen hinunter. Dies ist eins der romantischsten Reiseziele des Departamento Chocó. (S. 298)

Parques Nacionales Naturales (PNN) Tayrona Dieser Nationalpark ist gut unterhalten und sehr beliebt. Hier finden sich stille Buchten mit goldenem Sand und himmelblauem Wasser. (S. 166)

Providencia Diese kleine entlegene Karibikinsel besitzt mehrere Strandabschnitte mit goldenem Sand vor dichtem Dschungel und aufragenden Palmen. (S. 197)

Playa Guachalito Ein Paradies mit grauem Sand an der Pazifikküste, reich an Orchideen, Helikonien und wildem Dschungel. (S. 298)

Playa Blanca Ein origineller, hoch gelegener weißer Sandstrand auf 3015 m an einem See tief in den Anden. (S. 109)

Oben: Ein Bad im Meer vor Providencia (S. 197).

Unten: Wandern im Parque Nacional Natural El Cocuy (S. 111)

Monat für Monat

TOP-EVENTS

Carnaval de Barranquilla, Februar

Feria de las Flores, August

Semana Santa in Popayán, März oder April

Festival de Música del Pacífico Petronio Álvarez, August

Carnaval de Blancos y Negros, Januar

Januar

Da Kolumbien am Äquator liegt, hängt das Klima von der Höhenlage und nicht von den Jahreszeiten ab. So eignet sich fast das ganze Jahr als Reisezeit. Leute, die gerne furiose Festivals und Partys feiern, kommen im Januar.

Carnaval de Blancos y Negros

Nach Weihnachten steigt in Pasto dieses turbulente Fest, das noch aus der Sklavenzeit stammt. In einer betrunkenen Menge bewerfen sich die Menschen mit Fett, Talkumpuder, Mehl und Kalk, bis jeder nur noch hustet und völlig beschmiert ist. Also: Feine Klamotten besser im Hotel lassen! (S. 282)

Februar

Im Februar ist das Andenklima recht angenehm, Cartagena plagt fast eine Dürre. Es ist genau die richtige Zeit für einen Besuch der Strände an der Karibikküste. Die Kinder sind in der Schule, die einheimischen Feierwütigen arbeiten – Kolumbien ist zu dieser Zeit (fast) „tranquila".

Fiesta de Nuestra Señora de la Candelaria

In Cartagena wird jährlich am 2. Februar eine feierliche Prozession zu Ehren seiner Schutzpatronin abgehalten. Die Feierlichkeiten beginnen bereits neun Tage vorher (den *Novenas*), wenn die Pilger zum Kloster strömen. (S. 144)

Carnaval de Barranquilla

40 Tage vor Ostern feiert Barranquilla vier Tage lang den zweitgrößten Karneval des südamerikanischen Kontinents (nach Rio de Janeiro). Das Trinken, Kostümieren, Tanzen, Musizieren und die großen Paraden werden am Faschingsdienstag beim Joselito Carnaval symbolisch begraben. (S. 160)

März

Das Osterfest ist in Kolumbien ein großes Geschäft. Ob es in den März oder April fällt, das Land ist darauf eingestellt: Menschenmassen, hohe Preise und wechselhaftes Wetter sind allgegenwärtig.

Semana Santa in Popayán

Die Feierlichkeiten zur Semana Santa (Karwoche) in Popayán sind über die Landesgrenzen hinweg berühmt. An den nächtlichen Prozessionen am Gründonnerstag und Karfreitag sowie an den Festkonzerten mit sakraler Musik nehmen Tausende Gläubige teil. (S. 266)

Semana Santa in Mompós

Kolumbiens zweitwichtigstes Ereignis sind die Feierlichkeiten in der Semana Santa (Karwoche) und finden in der verschlafenen Flussstadt Mompós nahe der Karibikküste statt. (S. 180)

Festival Iberoamericano de Teatro de Bogotá

Das Festival des lateinamerikanischen Theaters findet in allen geraden Jahren während der Semana Santa (Karwoche) statt und gilt weltweit als das größte Festival für darstellende Kunst. (S. 64)

Juni

Nach einer kurzen Atempause im April und Mai ziehen wieder Stürme auf. Für Bogotá ist der Juni die trockenste Zeit. An der Pazifikküste tauchen die ersten Wale auf. Die anstehenden Sommerferien lassen die Preise in die Höhe klettern.

Zeit der Wale

Im Juni beginnt an Kolumbiens Pazifikküste die Walbeobachtungssaison. Hunderte Buckelwale sind von der Antarktis über 8500 km hierher geschwommen, um in den tropischen Gewässern ihre Jungen zu gebären und aufzuziehen.

August

Der relativ milde August kann regnerisch sein, doch hervorragende Festivals wiegen den drohenden Regen auf. Bogotá, Cali und Medellín versinken in einer schon spätsommerlichen Atmosphäre voller Musik und Kultur.

Festival de Música del Pacífico Petronio Álvarez

Dieses Festival in Cali feiert die Musik der Pazifikküste. Deren Musik ist stark beeinflusst von den Rhythmen der afrikanischen Sklaven, die einst in der Region lebten. (S. 258)

Feria de las Flores

Eine Woche dauert Medellíns spektakulärstes Fest. Den Höhepunkt bildet der Desfile de Silleteros, eine Parade, zu der 400 *campesinos* (Bauern) aus den Bergen kommen und riesige Blumengebinde auf dem Rücken durch die Straßen tragen. (S. 213)

September

Regenschauer landesweit, doch der Amazonas führt Niedrigwasser, was gute Möglichkeiten schafft, Tiere zu beobachten, zu wandern oder einfach an einem Flussufer zu relaxen.

Festival Mundial de Salsa

Calis Festivalklassiker lohnt einen Besuch! Zwar geht es dabei nicht wirklich international zu, aber es treten großartige Tänzer auf. Manche Salsa-Shows kosten keinen Eintritt. (S. 258)

Festival Internacional de Teatro

Das seit 1968 stattfindende Theaterfestival in Manizales ist das zweitwichtigste seiner Art in Kolumbien (nach dem Festival Iberoamericano de Teatro de Bogotá). Kostenfreie Aufführungen sieht man auf der Plaza de Bolívar. (S. 232)

Mompox Jazz Festival

Dieses relativ neue Festival gibt es seit 2012 und es zieht viele Besucher nach Mompós, eine schöne, aber sehr abgelegene Kolonialstadt im Norden des Landes. Auf dem Programm stehen internationale Jazzkünstler; 2014 war sogar der kolumbianische Präsident dort. (S. 180)

Oktober

Neben dem November ist der Oktober durchschnittlich einer der nassesten Monate Kolumbiens. Bogotá, Cali, Medellín und Cartagena sind alle den Launen des Wetters ausgesetzt.

Rock al Parque

Drei Tage lang lassen Livebands den Parque Simón Bolívar in Bogotá mit Rock, Metal, Pop, Funk und Reggae erbeben. Rock al Parque ist kostenlos, und es wimmelt nur so von Fans: Es ist mittlerweile Kolumbiens größtes Musikfestival überhaupt. (S. 64)

November

Im November ist es in ganz Kolumbien einfach nur nass. Der beste Zufluchtsort ist jetzt Bogotá, aber auch hier nur mit griffbereitem Regenschirm.

Reinado Nacional de Belleza

Das Festival mit Festumzug wird auch Carnaval de Cartagena oder Fiestas del 11 de Noviembre genannt. Mit Straßentanz, Musik und fantasievollen Paraden feiert Cartagena bei seinem wichtigsten Fest alljährlich den Unabhängigkeitstag der Stadt und die Krönung der Miss Kolumbien.

Dezember

Der Regen lässt nach und Kolumbien versetzt sich mit tollen Lichtdekorationen und spontanen Feiern in Festtagsstimmung: Menschenmassen und Jubelschreie landauf, landab inklusive.

Weihnachtsbeleuchtung

In der Weihnachtszeit treten die kolumbianischen Städte in einen Wettstreit um die raffinierteste *Alumbrado Navideño* (Weihnachtsbeleuchtung) an ihrem jeweiligen Fluss. Häufig gewinnt Medellín mit seinen farbenprächtigen – sehenswerten – Lichterarrangements.

Feria de Cali

Der Handel kommt während dieses alljährlich stattfindenden Festes in Cali mehr oder weniger zum Erliegen. Stattdessen gibt es in den Straßen nichts als Partys, Imbiss- und Bierpavillons, die Menschen fangen spontan an zu tanzen und der Río Cali ist in ein spektakuläres Lichtermeer getaucht.

DAN HERRICK / GETTY IMAGES ©

OSCAR GARCES / SHUTTERSTOCK ©

Oben: Feria de las Flores (S. 213), Medellín.

Unten: Weihnachtsbeleuchtung in Medellín

Reiserouten

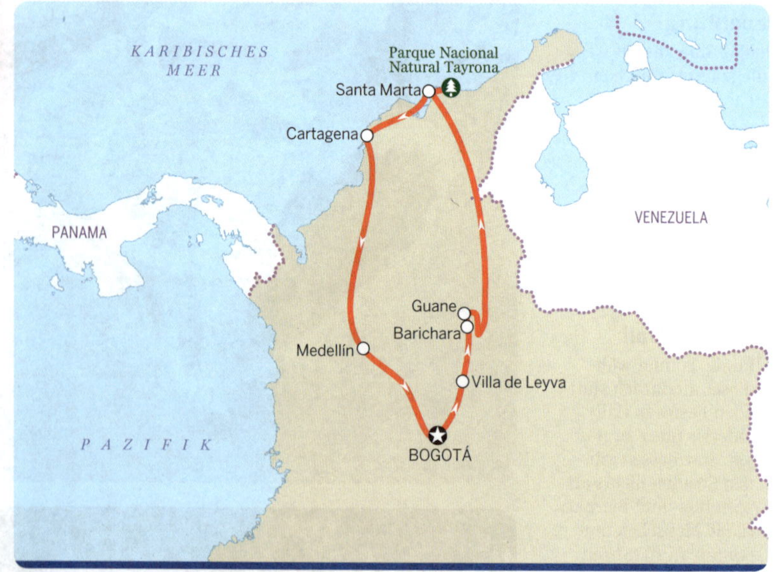

Von Bogotá nach Bogotá

Willkommen in Kolumbien! Hier warten weltoffene Städte, malerische Kolonialdörfer, hohe Berge, Dschungel und Karibikstrände. Für den nötigen Drive sorgt bei Bedarf reichlich Koffein – natürlich, im Kaffeeland Kolumbien.

Am Anfang stehen ein, zwei Tage **Bogotá** mit La Candelaria (Altstadt aus der Kolonialzeit), jeder Menge bester Museen sowie Restaurants und Nachtleben im Weltklasseformat. Danach geht es in Richtung Norden zu den beschaulichen, malerischen Kolonialdörfern **Villa de Leyva** und **Barichara**, die beide erstaunlich gut erhalten sind. Eine Tageswanderung auf dem historischen Camino Real führt nach **Guane**. Eine lange Fahrt im Bus nach San Gil bringt einen dann nach Santa Marta, dem Ausgangspunkt für den **Parque Nacional Natural (PNN) Tayrona** – und ein paar Tage Entspannung an den herrlichen Stränden des Parks. Weiter geht es in südwestlicher Richtung an der Karibikküste entlang nach **Cartagena**, in Kolumbiens Schatzkästchen voller Kolonialromantik – einfach märchenhaft. Nach einer weiteren langen Busfahrt (oder einem schnelleren Flug) folgt **Medellín** und ein Crashkurs in kolumbianischer Kultur und Küche, Pilsen im *paisa*-Stil inklusive. Überwältigt von Kolumbiens Gastfreundlichkeit und zurück in Bogotá, tritt man im Flughafen El Dorado den Rückflug an.

6 WOCHEN (Fast) Alles sehen

Angesichts der Vielfalt von schönen Landschaften stellt sich die Frage: in eine davon „eintauchen" oder in (fast) alle reinschnuppern. Zum Start streift man drei oder vier Tage durch **Bogotá**, Kolumbiens Gotham (New York City); nicht versäumen: das Museo del Oro, eines der faszinierendsten Museen des Kontinents, und La Candelaria, das koloniale Stadtzentrum. Danach lockt für ein, zwei Tage weiter im Norden **Villa de Leyva** mit Kopfsteinpflasterstraßen und kolonialem Charme. Unterwegs nach **Barichara** lädt **San Gil** zum Wandern und Rafting ein. Vom nahen Bucaramanga fährt ein Fernbus nach **Santa Marta**. Der schnellste Weg dorthin lohnt sich, um die mehrtägige Trekkingtour zur **Ciudad Perdida** zu unternehmen oder einige Tage am Strand im **Parque Nacional Natural (PNN) Tayrona**, Kolumbiens beliebtestem Nationalpark, abzuhängen. Nächster Halt ist **Cartagena** – für mehrere Tage, um diese Kolonialstadt zu genießen.

Dann geht es per Bus oder Flieger für eine Woche südwärts nach **Medellín** und in die Zona Cafetera. Anschließend verbringt man einige Zeit im Naturschutzgebiet in der Umgebung von **Manizales**, um dann das Fitnessprogramm auf den Gipfeln des **PNN Los Nevados** zu starten. Die nächste Station ist das **Valle de Cocora** vor den Toren der Stadt Salento. Hier kann man eine Kaffee-*finca* in der Nähe von Armenia besuchen und sich mit Kaffeebohnen eindecken.

Die Nacht verbringt man in **Cali**, um dort die Klänge in den Salsaschuppen zu erleben. Weiter geht es durch die Kolonialstadt **Popayán** zu zwei der wichtigsten präkolumbischen archäologischen Stätten, nämlich in **San Agustín** und **Tierradentro**, wo ein mehrtägiger Aufenthalt lohnend ist. Durch die verblüffende **Desierto de la Tatacoa** geht es zurück nach Bogotá und zum Flug nach **Leticia**, wo Kolumbien sein anderes Gesicht zeigt. Einige Tage lang erkundet man hier die drei typischen Ökosysteme des Amazonasbeckens: *terra firme* (trocken), *várzea* (halb überflutet) und *igapó* (überflutet). Zu entdecken sind sie am **Río Yavarí**, an dem sich auch die hiesige Tierwelt beobachten lässt. Nun steht zur Wahl: Rückflug nach Bogotá oder ab über die brasilianische Grenze nach Tabatinga, um eine Schiffstour auf dem Amazonas anzutreten, die nach Manaus (Brasilien) oder Iquitos (Peru) führt.

Die komplette Karibik

Ultimatives Strandabenteuer: Kolumbiens Nordküste mit ihren Inseln bietet Karibikwasser vor vielfältigen Landschaften. Los geht es östlich von Santa Marta am **Cabo de la Vela** auf der Halbinsel La Guajira – in diesem schönen Panorama aus Wüste und Meer sollte man einige Tage verweilen. Hier liegt der nördlichste Punkt Südamerikas, die **Punta Gallinas**. Hohe Dünen säumen abgelegene Strände und man kann in der Hängematte übernachten und Hummer schlemmen. Nun geht es südwestwärts ins hübsche **Palomino**, wo ein kristallklarer Fluss aus der majestätisch anmutenden Sierra Nevada hinunter zu einem wilden palmenbestandenem Strand hinunterfließt. Nach einer kurzen Autofahrt kommt man in den **Parque Nacional Natural (PNN) Tayrona**, der bei Strandliebhabern und an Natur interessierten gleichermaßen beliebt ist. Riesige Felsblöcke umrahmen hübsche Buchten, und man kann durch den Dschungel reiten oder zu den Ruinen einer präshispanischen Siedlung in den Gebirgsausläufern aufsteigen. Nach ein paar Tagen geht es durch **Santa Marta**, um sich dann bei einem kurzen Abstecher in das Bergstädtchen **Minca** von der Hitze zu erholen. Als Nächstes verbringt man einige lässige Tage in **Cartagena**, um dort den kolonialen Glanz zu erleben. Danach widmet man sich wieder der Hautbräunung und begibt sich zur **Playa Blanca**. Nun geht es auf nach **Tolú**, wo ein Ausflug in die Mangroven wartet. Schließlich besteigt man ein Schiff, das die Reisenden für drei Tage zu den **Islas de San Bernardo** mit weißem Sand, kristallklarem Wasser und winzigen Fischerdörfern bringt. Nun ist man angenehm entspannt, um die beschwerliche Reise in südwestlicher Richtung zu unternehmen. Man verbringt ein paar Tage in **Capurganá** und **Sapzurro**, zwei schön abgelegenen benachbarten Strandorten direkt an der Grenze zu Panama mit hervorragenden Tauchmöglichkeiten und von Dschungel umgeben. Wer noch auf mehr aus ist, steigt in den Flieger, der über **Medellín** ins quirlige **San Andrés** geht, um dort die Kultur der Raizal mit ihren britisch-karibischen Wurzeln zu erleben. Am nächsten Tag geht es mit einem winzigen Flugzeug oder einem wackeligen Katamaran auf die wirklich entlegene Insel **Providencia,** um dort die traumhafte Stille, aber auch einige Coco Locos auf sich wirken zu lassen, während man sich an einigen der idyllischten Strandabschnitten Kolumbiens einfach treiben lässt.

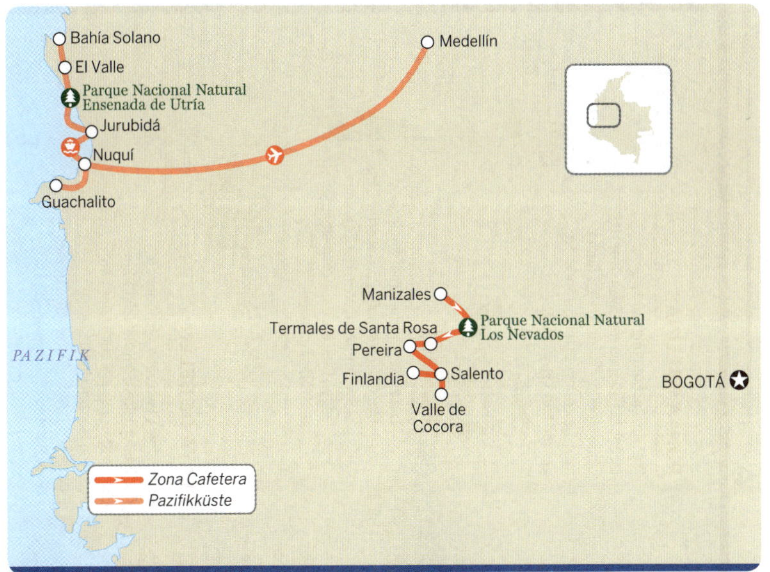

Zona Cafetera

In dieser vom Kaffee geprägten Region fließt mehr Koffein als Blut durch die Adern. Los geht es mit einigen Tagen in den Naturparks rund um **Manizales** – Los Yarumos, Recinto del Pensamiento und die Reserva Ecológica Río Blanco. Gleich vor den Toren der Stadt gönnen sich die Besucher auf der Hacienda Venecia eine Führung, bei der sie einen Überblick über alles bekommen, was mit Kaffee zu tun hat. Zurück in Manizales, organisiert man eine Wanderung zu den Höhen im **Parque Nacional Natural (PNN) Los Nevados**. Übernachtet wird im *páramo* an der Laguna de Otún. Dann geht es bergab zu den **Termales de Santa Rosa**, um die Muskeln zu neuem Leben zu erwecken. Danach führt die Reise durch **Pereira** weiter, um vier Tage in dem kaffeeverrückten Städtchen **Salento** mit seiner *bahareque*-Architektur (Bauten aus Lehm und Schilf) zu verweilen. Mit einem Jeep geht es weiter zum **Valle de Cocora**; hier beginnt eine der schönsten halbtägigen Wanderungen Kolumbiens. Eine kurze Fahrt auf dem Highway bildet den Abschluss der Reise: In **Filandia** ticken die Uhren langsam, und man kann vom *mirador* die Tour noch einmal nachwirken lassen.

Am Pazifik

Zu Kolumbiens Geheimtipps gehören der Dschungel, Tauchen, Whale-Watching, erstklassige Möglichkeiten für Sportfischer und Strände mit schwarzem Sand. Startpunkt ist ein Flug zur **Bahía Solano**, wo man sich in einer Hängematte an der Punta Huína an die Lebensart von El Chocó gewöhnen kann. Nach einer Tauchtour oder einer Trekkingtour durch den Dschungel geht es per Taxi Richtung Süden nach **El Valle**, wo man eine Nacht bleibt und in der Brutzeit die Schildkröten bei der Eiablage beobachten und unterhalb eines Wasserfalls schwimmen kann. Weiter geht es südwärts zum **Parque Nacional Natural (PNN) Ensenada de Utría**, wo es per Boot zum Besucherzentrum geht und man übernachten kann. In der Walsaison schwimmen die Tiere gut sichtbar in der Bucht. Anschließend fährt ein Boot zum Dorf **Jurubidá** mit den im Dschungel versteckten Thermalquellen. Ein weiteres Boot bringt die Besucher nach **Nuquí** zum Übernachten. Von hier aus gibt es Transportmöglichkeiten nach **Guachalito**, einem schönen Strand mit komfortablen Öko-Lodges. Nach drei Tagen geht es zurück nach Nuquí und von dort mit einem Flieger schnell zurück nach **Medellín**.

Kolumbien: Abseits der üblichen Pfade

CAPURGANÁ & SAPZURRO

Zwei gemütliche Städte an der Grenze zu Panama: entspanntes Karibik-Feeling und ruhiges Wasser an Stränden mit Urwaldkulisse. (S. 185)

PUNTA GALLINAS

Die winzige Siedlung der Wayuu thront auf Klippen mit Blick über das blaue Meer der Karibik. Hier findet man die entlegensten Strände des ganzen Landes. (S. 177)

MOMPÓX

Die beschauliche Stadt am Río Magdalena in äußerst isolierter Lage steckt immer noch in der Zeit der engen Gassen, der Kolonialbauten und Silberschmiede. (S. 179)

CHOCÓ-HINTERLAND

Im Einbaum geht es flussabwärts: von den kaum bekannten Stränden des Chocó zu den Dörfern der Ureinwohner und versteckten. Wasserfällen. (S.289)

PLAYA DE BELÉN

Das kleine Playa zählt nicht nur zu den besterhaltenen Kolonialstädten des Landes, es liegt auch direkt an der Área Natural Única Los Estoraques, einem Naturschutzgebiet mit markanten Steinsäulen. (S. 130)

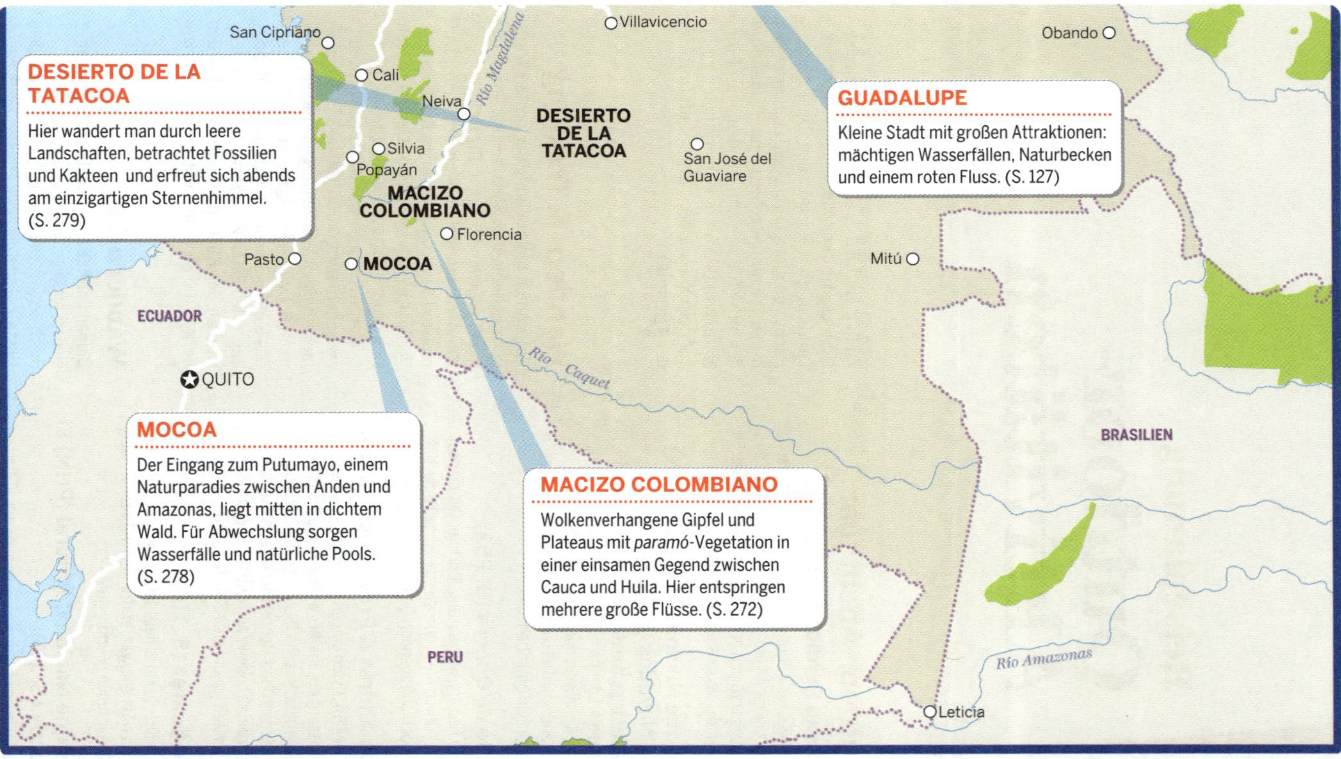
DESIERTO DE LA TATACOA
Hier wandert man durch leere Landschaften, betrachtet Fossilien und Kakteen und erfreut sich abends am einzigartigen Sternenhimmel. (S. 279)
GUADALUPE
Kleine Stadt mit großen Attraktionen: mächtigen Wasserfällen, Naturbecken und einem roten Fluss. (S. 127)
MOCOA
Der Eingang zum Putumayo, einem Naturparadies zwischen Anden und Amazonas, liegt mitten in dichtem Wald. Für Abwechslung sorgen Wasserfälle und natürliche Pools. (S. 278)
MACIZO COLOMBIANO
Wolkenverhangene Gipfel und Plateaus mit *paramó*-Vegetation in einer einsamen Gegend zwischen Cauca und Huila. Hier entspringen mehrere große Flüsse. (S. 272)
San Cipriano
Cali
Neiva
Río Magdalena
Villavicencio
Obando
DESIERTO DE LA TATACOA
Silvia
Popayán
San José del Guaviare
MACIZO COLOMBIANO
Florencia
Pasto
MOCOA
Mitú
ECUADOR
QUITO
Río Caquet
BRASILIEN
PERU
Río Amazonas
Leticia

Reiseplanung

Outdoor-Aktivitäten

Outdoor-Abenteuer

Ciudad Perdida (S. 170)

Die beliebteste Tour in Kolumbien ist eine vier- bis sechstägige, 44 km lange Wanderung durch den Dschungel zu den erstaunlich gut erhaltenen Ruinen der verlorenen Stadt der Tairona.

Parque Nacional Natural (PNN) Los Nevados (S. 237)

Die dreitägige Wanderung vom Parque Ucumari hinauf zur Laguna de Otún raubt einem fast den Atem, wenn man durch die herrlichen *páramo*-Landschaften wandert, die von prachtvollen Berggipfeln umgeben sind.

Valle de Cocora (S. 252)

Diese Halbtagswanderung führt im Kaffeeanbaugebiet durch die grüne, diesige Hügellandschaft mit hoch aufragenden Quindío-Wachspalmen.

San Andrés & Providencia (S. 188)

An diesem 35 km langen Riff in den warmen Gewässern der Karibik warten hervorragende Tauchspots. Das Riff bietet spektakulär gefärbten Korallen, großen Meeresfischen und stattlichen Aalen einen Lebensraum. Auch die Wracks vor langer Zeit gesunkener Schiffe sind hier zu sehen.

Río Suárez (S. 116)

Der wildeste Fluss des Landes weist in der Nähe von San Gil Wildwasserstrecken mit den Schwierigkeitsgraden IV und V auf.

Parque Nacional Natural (PNN) El Cocuy (S. 111)

Höchst beschränkter Zugang, aber mit 15 Gipfeln über 5000 m ist er ein wahres Höhenabenteuer.

Zu den Highlights einer Kolumbienreise zählt es, die überwältigende Vielfalt der Landschaften zu erkunden. Die Palette reicht von gletscherbedeckten Berggipfeln bis zu Dschungelgebieten im Flachland. Jeder muss für sich entscheiden, wie er diese Naturwunder am besten erkundet: zu Fuß, auf dem Wasser oder in der Luft (mit Hilfe der Thermik).

Wandern & Trekking

Kolumbien bietet einige der besten Wandermöglichkeiten Südamerikas. An schönen Tageswanderungen für Gelegenheitswanderer mangelt es wahrlich nicht. Die meisten davon, wie etwa an der Laguna Verde und durchs Valle de Cocora, lassen sich ohne Führer unternehmen.

Geführte Tageswanderungen kosten zwischen 40 000 und 100 000 COP, bei mehrtägigen Wanderungen sind es je nach Schwierigkeitsgrad und Erfahrung des Guides 100 000 bis 150 000 COP pro Tag. Die besten Zeiträume zum Wandern sind an der Küste der Februar und in den Bergen die Monate von Dezember bis zum Februar.

Wanderziele

Ciudad Perdida An der Karibikküste gelegen; eine mehrtägige, anstrengende Wanderung durch den wilden Dschungel und durch hüfttiefe Flüsse. Ziel sind die lange vergessenen Ruinen der Tairona-Kultur.

Parque Nacional Natural (PNN) El Cocuy Dieser Nationalpark belohnt unerschrockene Wanderer reich, denn er bietet wenigsten zwölf Gipfel mit mehr als 5000 m Höhe und phänomenale Hochgebirgslandschaften. Für Hochgebirgsfans ein Pflichtprogramm.

Parque Nacional Natural (PNN) Tayrona Bietet gut zugängliche kurze Wanderungen durch tropischen Trockenwald mit Ess-, Trink- und Schwimmmöglichkeiten am Wegesrand.

Valle de Cocora Nahe Salento; die beste Halbtageswanderung des Landes führt hinauf in den Nationalpark mit Quindio-Wachspalmen.

Tierradentro Spektakuläre Tageswanderung im Süden über einen im Dreieck verlaufenden Gebirgskamm und Besuch aller erreichbarer Grabkammern.

Volcán Puracé Nahe Popayán; eintägige Bergtour zum Gipfel (wetterabhängig).

Parque Nacional Natural (PNN) Farallones de Cali Nahe Cali; Tageswanderung zum Gipfel des Pico de Loro.

Laguna Verde Zwischen Pasto und Ipiales; diese fünfstündige Wanderung führt zu einem atemberaubenden grünen See, der sich im Krater eines zerklüfteten Vulkans verbirgt.

Tauchen & Schnorcheln

Kolumbiens Karibikküste bietet klares Wasser und leuchtende Korallenformationen, wohingegen man im Pazifik bei Tauchgängen eher auf große Meerestiere trifft.

An der Karibikküste kann man eine Tauchausrüstung mit zwei Flaschen ab rund 175 000 COP leihen. Die Preise am Pazifik sind meist erheblich höher.

Tauchspots

San Andrés & Providencia Für Taucher ein Klassiker in der Karibik, mit hervorragenden Sichtverhältnissen, wunderschönen Korallenriffen und einer vielfältigen Unterwasserwelt. Hier gibt es sogar zwei Schiffswracks. Schnorcheln lohnt sich ebenfalls, weil es in den flachen Gewässern viele Meerestiere und -pflanzen gibt.

Taganga Taganga liegt an der Karibikküste und bietet einige der preiswertesten Tauchkurse der Welt. Hier bekommt man nach einem fünftägigen Tauchkurs ein PADI- oder NAUI-Zertifikat bereits ab rund 800 000 COP. Das Tauchen an sich ist eher zweitklassig, aber wer will sich bei diesen Preisen schon darüber beklagen?

Cartagena Gute Tauchgründe bei Bocachica, Tierrabomba und Punta Arena.

Islas de Rosario Berühmt für die guten Tauch- und Schnorchelmöglichkeiten, auch wenn die warme Strömung das Riff leider ein wenig beschädigt hat.

Capurganá and Sapzurro Diese kleinen Städte an der Pazifikküste liegen nur wenige Minuten von der Grenze zu Panama entfernt und bieten gute Tauchmöglichkeiten in klaren karibischen Gewässern.

Isla Malpelo Vor der kleinen Pazifikinsel 500 km westlich des Festlands schwimmen Haischulen mit mehr als 1000 Tieren. Erreichbar ist die Insel nur mit einem Tauchkreuzfahrtschiff (Mindestreisedauer: acht Tage), das von Buenaventura an der kolumbischen Pazifikküste oder von Panama aus ablegt.

Playa Huína Hier in der Nähe der Bahía Solano gibt es einige Tauchgründe, inklusive eines Kriegsschiffs, das Pearl Harbor überlebt hat, und später hier gesunken ist und nun ein künstliches Riff bildet.

Überdruckkammern

Für den Fall der Dekompressionskrankheit (Taucherkrankheit) stehen mehrere Überdruckkammern im Lande zur Verfügung, so etwa im Hospital Naval (S. 151) in Cartagena. Weitere Kammern finden sich in Providencia, San Andrés, Bahía Málaga

ORGANISIERTE ABENTEUER

Wer das Land gerne mit einheimischen Outdoor-Fans erkunden möchte, sollte sich an die folgenden gemeinnützigen Organisationen wenden, die Gruppenexkursionen aufs Land arrangieren:

Sal Si Puedes (S. 61) Veranstaltet Wochenendwanderungen in den ländlichen Gegenden rund um Bogotá.

Ecoaventura (S. 255) Die Organisation aus Cali bietet verschiedene Outdoor-Aktivitäten im ganzen Süden des Landes an, darunter auch Nachtwanderungen und Abseiling-Ausflüge.

und Bahía Solano; falls nötig, auch im benachbarten Panama.

In einem Notfall sollte man zuerst immer den Notruf vor Ort kontaktieren (Tel. 123), der den Taucher zunächst einmal stabilisiert und dann die nächstgelegene Behandlungseinrichtung für ihn ausmacht. Weitere hilfreiche Tipps bietet das **Divers Alert Network** (☎Notfall-Hotline in den USA 1-919-684-9111; www.diversalertnetwork.org).

Wildwasser-Rafting, Kanu- & Kajakfahren

Kanu- und Kajakfahren sind in Kolumbien nicht besonders verbreitet, aber die Möglichkeiten dazu wachsen stetig. Erfahrene Paddler können sich Kajaks für Wildwasserstrecken in San Gil und San Agustín ausleihen. In San Gil bietet der Río Suárez einige der besten Rapids (mehrere mit Schwierigkeitsgrad IV und V) in ganz Südamerika. Fürs Paddeln in Höhenlage leiht man am besten ein Kajak in Guatapé, um den weitläufigen, künstlich angelegten See dort zu erkunden.

Abhängig von der Streckenlänge (und dem zu erwartenden Adranalinlevel) kosten Raftingtrips zwischen 45 000 und 130 000 COP.

Raftingstrecken

Exzellente Raftingstrecken sind unter anderen:

San Gil Die Hochburg fürs Wildwasser-Rafting. Der Río Fonce fließt recht gemächlich dahin, während der Río Suárez einige ernst zu nehmende Gefahren in Form von Stromschnellen der Kategorien IV und V aufweist.

San Agustín Kommt auf der Beliebtheitsskala gleich hinter San Gil. Auf dem Río Magdalena, einem der bedeutendsten Flüsse des Landes, warten Wildwasserstrecken der Schwierigkeitsgrade II und III, aber auch deutlich schwierigere Abschnitte für erfahrene Rafter.

Río Claro Bietet eine gemächliche Paddeltour durch den Dschungel mit einigen einfachen Stromschnellen der Klasse I. Hier kann man ideal Flora und Fauna bestaunen, ohne sich dabei Gedanken machen zu müssen, wie man es verhindert, aus dem Boot zu fallen.

Felsklettern & Abseilen

Die Geburtsstunde des Felskletterns in Kolumbien war in Suesca, einem schnellen Tagesausflug von Bogotá entfernt. 4 km lange Sandsteinformationen ragen bis zu 120 m auf und bieten fast 300 Kletterrouten, vom Freiklettern bis zum Bouldern. **Colombia Trek** (☎320-339-3839; www.colombiatrek.com) in Suesca bietet Kurse und/oder geführte Klettertouren für 250 000 COP (inkl. Ausrüstung) an. In Medellín erteilt Psiconautica (S. 213) Kurse im Felsklettern/Abseilen und Canyoning.

Wer vor einer richtigen Klettertour nur mal die eigenen Fähigkeiten testen möchte und ein Gefühl für den Sport bekommen möchte, geht in Bogotá an die anspruchsvolle Kletterwand von Gran Pared (S. 61).

Baumkronentouren

Festgezurrt in einem stabilen Geschirr geht es an dicken Drahtseilen hängend von Baumkrone zu Baumkrone. Gebremst wird mit dicken Lederhandschuhen am Seil. In den letzten Jahren hat diese Sportart in Kolumbien geradezu explosionsartig an Beliebtheit gewonnen, insbesondere in den Bergregionen.

Reiseziele

Eine der besten Hochseilanlagen für Baumkronentouren befindet sich am Río Claro, auf halbem Weg zwischen Medellín und Bogotá. Hier führen einen ganze Reihe von Seilen sogar über den Fluss.

Weitere Hochseilanlagen sind Los Yarumos bei Manizales, am Ufer des Embalse del Peñol bei Medellín, bei den Termales San Vicente nahe Pereira und in Peñon Guane bei San Gil. In der Nähe von Villa de Leyva gibt es ebenfalls mehrere Seilstrecken.

Paragliden

Wer dem *parapentismo* (Paragliden oder Gleitschirmfliegen) frönen möchte, findet in Kolumbiens vielfältigen Berglandschaften fantastische Aufwinde.

VÖGEL BEOBACHTEN IN KOLUMBIEN

In Kolumbien wurden knapp 2000 Vogelarten gezählt: Das Land hat damit die weltweit größte Vielfalt an Vogelarten aufzuweisen. Bei den endemischen Arten kann es sich mit Peru und Brasilien messen. In den kolumbianischen Anden sind mehr als 160 Kolibriarten zu finden und im Dschungel des Amazonasbeckens tummeln sich Tukane und Papageien, darunter der Arakanga (Hellroter Ara). Im Parque Nacional Natural (PNN) Puracé, nahe Popayán, leben Kondore. Parkwächter locken die Vögel mit Futter an, sodass Besucher sie aus der Nähe beobachten können. An der Pazifikküste halten sich unzählige Pelikane, Reiher und viele andere Meeresvögel auf. Im Dschungel kommen noch die seltenen, unbeholfen wirkenden Ameisenfänger dazu.

Rund 70 % der Vogelwelt des Landes leben im Nebelwald der Anden, einem der weltweit am stärksten gefährdeten Ökosysteme. Kolumbiens bestes Vogelbeobachtungsgebiet ist der Cerro Montezuma im Parque Nacional Natural (PNN) Tatamá, der sich in den Cordillera Occidental zwischen den Departamentos Chocó, Valle del Cauca und Risaralda erstreckt. Hier findet sich die landesweit beste Mischung aus Vogelarten des Chocó und der Anden – mit zahlreichen endemischen Arten und anderen äußerst seltenen Spezies. Der Zugang zum Park ist oft aus Naturschutzgründen eingeschränkt; glücklicherweise sind die nahe gelegenen Planes de San Rafael und Montezuma bei Pueblo Rico (Risaralda) verlässliche Alternativen.

Andere gute Möglichkeiten sind z. B. die Reserva Ecológica Río Blanco oberhalb von Manizales und bei Kilometerstein 18 nahe Cali. Wie der Chocó eignet sich auch das Amazonasbecken bei Leticia hervorragend zum Beobachten von Dschungelvögeln. Eine vielfältige Mischung von Vögeln bietet auch die Region von Los Llanos, deren westliches Drittel in Kolumbien und deren Rest in Venezuela liegt. Das abgelegene Santa-Marta-Massiv im Norden und die Perijá-Berge sind voller einheimischer Vogelarten. Im guyanischen weißsandigen Amazonas-Dschungel von Mitú und an den Osthängen der Anden in Putumayo sind in letzter Zeit mehrere neue Arten entdeckt worden. Hier ziehen die einheimischen Guides mittlerweile frei umher, weil die Sicherheitsvorkehrungen in der Region verbessert worden sind.

Die jüngste Auszeichnung in der Welt der Vogelkundler war 2017 der Gewinn des Global Big Day (www.ebird.org/ebird/globalbigday) : Es wurden landesweit an einem einzigen Tag von fast 2000 Vogelfreunden 1487 Arten gezählt. **ProAves** (☎1-340-3229; www.proaves.org; Carrera 20 Nr. 36-61) ist eine kolumbianische gemeinnützige Organisation, die sich zum Ziel gesetzt hat, die Lebensräume für Vögel zu erhalten. Sie unterhält landesweit in Important Bird Areas (IBAs) einige private Reservate. Führer für die Vogelbeobachtung sind mittlerweile nicht mehr so schwer zu finden wie früher. In vielen entlegenen Gegenden wissen die Einheimischeln genau, wo die Vögel zu finden sind und führen die Besucher dorthin. Wer einen Vogelführer in den Anden sucht, besonders in der Cordillera Occidental, findet ihn unter Umständen durch **Mapalina** (www.facebook.com/mapalinabirdingtrails), eine gemeinnützige, in Cali ansässige Initiative. Eine renommierte Agentur, die Vogelbeobachtungen organisiert, ist **Colombia Birding** (☎314-896-3151; www.colombiabirding.com), die von einem zweisprachigen Kolumbianer geleitet wird. Seine einheimischen Guides können die Besucher in viele der beliebtesten Vogelbeobachtungsgebiete führen. Er veranstaltet Einzelführungen und Führungen für kleine Gruppen. Pro Person muss man mit rund 100 US$ pro Tag rechnen plus Spesen. Die Website informiert auch über die Vögel der einzelnen Regionen.

Fundierte und ausgezeichnet illustrierte Bücher über die Vogelwelt Kolumbiens sind: Robin Restalls *Birds of Northern South America* (2007) mit farbigen Abbildungen aller Vögel, auf die man treffen könnte, und Fernando Ayerbes *A Field Guide to the Birds of Colombia* (2014). Eine informative Internetquelle ist www.colombia.travel, das amtliche Tourismusportal Kolumbiens, das erstaunlich gute Beiträge zur Vogelwelt des Landes liefert.

In Bucaramanga sind Tandemflüge sehr preisgünstig – bei Preisen ab 80 000 COP. Der Preis für einen zehntägigen Paraglidingkurs kostet 3 400 000 COP und schließt mit einem international anerkannten Pilotenschein ab.

Gleitschirmstartplätze

Bucaramanga Die unangefochtene Hochburg des Paraglidings, die Gleitschirmflieger aus aller Welt anlockt.

Parque Nacional del Chicamocha Eines der spektakulärsten Fluggebiete mit Flugzeiten von 30 bis 45 Minuten.

Medellín Paraglider, die in Stadtnähe fliegen möchten, können dies vor den Toren der Stadt Medellín tun. Hier bieten mehrere Schulen Tandemflüge und Kurse an.

Reiten

Da die Kolumbianer ihre Wurzeln auf dem Lande haben, lieben sie in der Regel das Reiten. In fast jeder größeren Stadt, die auch von einheimischen Gästen besucht wird, findet man einige Verleihstationen und Führer, die Besucher bei Ausritten begleiten.

Die meisten Touren im Angebot sind kurze Halbtagesausritte zu den Attraktionen in der näheren Umgebung, aber es gibt auch einige unglaublich schöne mehrtägige Abenteuer im Angebot, besonders im Süden des Landes, wo die sanften grünen Hügel und das moderate Klima für fantastische Bedingungen bei den Ausritten sorgen.

WALEN AUF DER SPUR

Jedes Jahr machen sich Buckelwale (span. *yubartas*, auch *jorobadas*) aus den Gewässern der chilenischen Antarktis auf den 8000 km langen Weg zur kolumbianischen Pazifikküste. Berichten zufolge sind es oft mehr als 800 Tiere. Im Küstengewässer gebären die Weibchen ihre Jungen und ziehen sie auf. Buckelwale werden 18 m lang und wiegen bis zu 25 Tonnen. Ein *ballenato* (Walbaby) besitzt bereits die Größe eines Kleinlasters – das Herz der Beobachter geht auf, wenn so ein Riesenbaby an der Oberfläche erscheint.

Die Wale tauchen bereits im Juni an der Küste auf, lassen sich jedoch am besten ab Juli bis Oktober beobachten – und dies an der gesamten Pazifikküste Kolumbiens. Unterkunft und Entspannung bieten komfortable Resorts vor Ort. Mitunter schwimmen die Wale so nahe an der Küste, dass man sie vom Strand und einem Aussichtspunkt aus gut beobachten kann. Walbeobachtungstouren dauern im Schnitt 1½ bis 2 Stunden und kosten 80 000 bis 100 000 COP, abhängig vom Veranstalter können die Preise erheblich variieren.

Walreviere

Buckelwale lassen sich an der gesamten kolumbianischen Pazifikküste beobachten, allerdings nicht überall vom Strand aus. Hier eine Liste der besten Standorte, von wo aus man ganz dicht an diese wunderbaren Tiere herankommt:

Bahía Solano & El Valle Obwohl sich hier die Wale direkt vom Strand aus beobachten lassen, gibt es zusätzlich einige Aussichtspunkte in den umliegenden Hügeln, von wo aus sich noch eine bessere Sicht ergibt. Alternativ werden auch Bootstouren angeboten, um den Tieren noch näher kommen zu können.

Parque Nacional Natural (PNN) Ensenada de Utría Diese kleine Bucht im *departamento* Chocó zählt zu den besten Orten, an denen man Wale vom Land aus beobachten kann. Zum Kalben schwimmen die weiblichen Wale in die *ensenada* (Bucht) und tummeln sich nur einige Hundert Meter vom Ufer entfernt.

Isla Gorgona Die Wale kommen in diesem Inselnationalpark sehr nahe ans Ufer; es gibt aber auch Bootsausflüge.

Guachalito An diesem langen Strand bei Nuquí finden sich die verschiedensten Unterkünfte, von rustikal bis luxuriös, die allesamt Walbeobachtungstouren arrangieren können.

Taucher auf der Insel San Andrés (S. 190)

Reitwege

San Agustín Hier führt der Weg durch eine atemberaubende Landschaft an entlegenen präkolumbischen Monumenten vorbei. Die meisten Pferde sind kräftig und in einem hervorragendem Zustand.

Jardín Zur spektakulären Cueva del Esplendor führt ein recht steiler und zudem schmaler Bergpfad hinauf.

Providencia Los geht es in Southwest Bay und dann an Stränden entlang und durch die ländliche Idylle über die ganze Insel.

Desierto de la Tatacoa In der beeindruckend dürren Landschaft fühlt man sich wie in einem Italowestern.

Laguna de Magdalena Der Weg dieser mehrtägigen Exkursion führt vom Ausgangspunkt in San Agustín hoch in den *páramo* (Hochgebirgsebene) des Macizo Colombiano bis zur Quelle des mächtigen Río Magdalena.

Valle de Cocora Auf dem kurzen Rundweg zur Reserva Natural Acaime geht es unter den eindrucksvollen Quindio-Wachspalmen her.

Filandia Ausritt zu den ortsansässigen Kaffeefarmen.

Mountainbiken

Radfahren ist in Kolumbien sehr beliebt, doch eher das Fahren auf der Straße als auf Strecken, die querfeldein verlaufen. Die Leihgebühr für Räder hängt von der Region und der Qualität des Fahrrads ab. Der Preis bewegt sich überall irgendwo zwischen 20 000 und 50 000 COP pro halbem Tag.

Mountainbiketrails

Irgendetwas müssen Berge an sich haben, dass Radfahrer sie unbedingt bezwingen wollen. Mountainbiken ist besonders in San Gil und Villa de Leyva beliebt. Dort sorgen mehrere Abenteuerveranstalter und Fahrradverleiher für den nötigen Adrenalinkick.

Andere Orte punkten mit wirklich tollen Strecken:

Minca Bietet aufregende Mountainbiketouren in die Berge der Sierra Nevada.

Von Coconuco nach Popayán Nach einem kurzen Bad in den heißen Quellen geht es wieder zurück die Berge hinunter.

Von Otún Quimbaya nach Pereira Die Strecke vom Santuario de Flora y Fauna Otún Quimbaya zurück in die Stadt führt durch spektakuläre Landschaften.

Salento Bei diesem Ganztagesabenteuer werden Radfahrer nach oben in die Anden gebracht, um dann an der Rückseite zum größten Quindío-Wachspalmen-Wald in der Region hinunterzusausen. Im Anschluss wird man noch ein weiteres Mal in einem Laster zum Gipfel gebracht, von wo aus man dann den Berg nach Salento hinunterfährt.

Kite- & Windsurfen

Das viele Wasser und das tropische Klima machen Kolumbien zu einem idealen Land zum Kitesurfen (Kiteboarden) und Windsurfen.

Anfänger lernen das Windsurfen schneller als das Kitesurfen, obendrein sind die Kurse etwas billiger, auch wenn die Preise erheblich variieren. Eine Kursstunde Windsurfen kostet rund 100 000 COP und eine individuelle Einführung ins Kitesurfen 120 000 bis 145 000 COP pro Stunde (Gruppenpreise sind günstiger). Die Leihgebühr für die Kites beläuft sich auf etwa 100 000 COP pro Stunde. Mit eigener Ausrüstung kostet jeder Start 20 000 bis 30 000 COP.

Die umfassendsten Informationen zum Kitesurfen in Kolumbien sind unter www.colombiakite.com zu finden.

Surfreviere

An der Karibikküste sind die Winde von Januar bis April am besten. Gute Surfreviere sind unter anderem:

Lago Calima Das beste Kitesurfrevier ist dort, wo man es gar nicht vermutet: Lago Calima ist ein künstlich angelegter Stausee auf 1800 m Höhe. Der See liegt 86 km nördlich von Cali. Der besondere Reiz liegt darin, dass die Windgeschwindigkeit das ganze Jahr über rund 18 bis 25 Knoten beträgt. Das lockt Weltchampions an, die jedes Jahr im August und September Wettbewerbe austragen. Mangels Strand wird hier von den grasbewachsenen Hängen am See gestartet.

La Boquilla Nahe Cartagena.

Cabo de la Vela Tolle abgelegene Strände, atemberaubende Landschaft.

San Andrés Hier startet man direkt von den berühmten weißen Sandstränden der Insel.

Kolumbien im Überblick

Kolumbien ist gekennzeichnet durch einen bunten Mix an Landschaftsformen und den dazu passenden Aktivitäten. Die großen Städte wie Bogotá, Cali und Medellín leben von Gastronomie und Nachtleben. Die Karibikküste und die Inseln San Andrés und Providencia sind Tropenparadiese, im Regenwald des Amazonas und in den Feuchtgebieten der Llanos und der Pazfikküste wimmelt es von Tieren. Kolonialdörfer, alte Ruinen und Kaffeeplantagen durchziehen das Land. Die Infrastruktur ist so gut, dass es ein Leichtes ist, vom Dschungel in die Berge oder zum Meer zu reisen, um all diese atemberaubenden Landschaften des Landes zu erkunden. Von den schneebedeckten Höhen der Anden bis hinunter zum klaren Wasser der Karibik können Besucher filmreifen Spaß am Reisen genießen.

Bogotá

Architektur
Museen
Essen & Trinken

Koloniales Zentrum

Das koloniale Stadtzentrum Bogotás mit seinen 300 Jahre alten Wohnhäusern, Kirchen und Gebäuden ist unter dem Namen La Candelaria bekannt und ein Mix aus spanischer und barocker Architektur.

Museen von Weltklasse

Zu Bogotás faszinierendem Museo del Oro, einem der am besten geführten und gestalteten Museen Südamerikas, gesellen sich noch 60 weitere Museen.

Regionale Spezialititäten

Von den Spezialitäten wie *ajiaco* (ein Hühncheneintopf aus den Anden mit Mais) bis zu modernen Gourmetgerichten, die auf Zutaten des Landes zurückgreifen, erlebt die Stadt ein Wiederaufflammen solider Gourmetküche.

S. 44

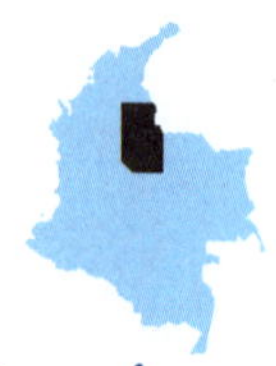

Boyacá, Santander & Norte de Santander

Dörfer
Abenteuer
Natur

Kolonialdörfer

In dieser Region liegen die vier schönsten Kolonialdörfer Kolumbiens: Barichara und Villa de Leyva sowie das urwüchsige Monguí und Playa de Belén.

Abenteuer

Ob schwierige Hochgebirgstouren oder nervenaufreibende Abenteuer, Boyacá und Santander bieten alles. Im Parque Nacional Natural (PNN) El Cocuy können Besucher Wanderungen zwischen 12 Gipfeln über 5000 m unternehmen.

Natur

Naturfreunde sollten die Umgebung von Villa de Leyva und Barichara erkunden. Der Lago de Tota bietet Trekkingmöglichkeiten im Gebirge und einen der höchstgelegenen Strände des Landes.

S. 94

Karibikküste

Strände
Architektur
Trekking

Weiße Strände

Die romantischen Strände der Karibikküste des Landes sind die besten. Geheimnisvoller Dschungel, beeindruckende Wüste oder Palmen säumen die weißen Sandstrände. Hier gibt es Sonne und Sand für jeden.

Kolonialarchitektur

Hinter den Stadtmauern von Cartagena bestechen kunstvoll verzierte Kirchen und romantische Plätze. Im abgeschiedenen Mompós wartet der restaurierte koloniale Ortskern auf seine Besucher.

Die verlorene Stadt

Die mehrtägige Trekkingtour nach Ciudad Perdida (verlorene Stadt) ist ein Klassiker. Das Ziel ist eine geheimnisvolle alte Stadt aus einer längst verschwundenen Kultur.

S. 134

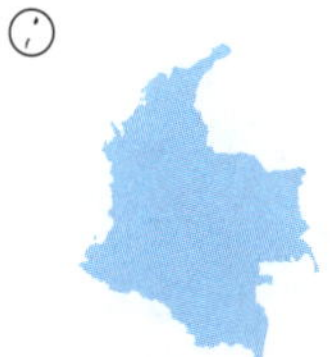

San Andrés & Providencia

Tauchen
Strände
Wandern

Korallenriffe

Beide Inseln bieten Korallenriffe von insgesamt 50 km Länge. Hier findet sich die regionaltypische Artenvielfalt. Das Highlight sind Haie, aber es gibt direkt vor der Küste auch Schildkröten, Barrakudas, Stachel-, Manta- und Adlerrochen.

Küsten

Am Meer der sieben Farben kann man aus den vielen Stränden wählen. Auf San Andrés geht es mit den Wassersportmöglichkeiten lebhaft zu, während Providencia ruhig ist.

El Pico

Das Landesinnere von San Andrés und Providencia ist bergig, und der Nationalpark El Pico auf Providencia gewährt Wanderern einen atemberaubenden Rundumblick über die Karibik.

S. 188

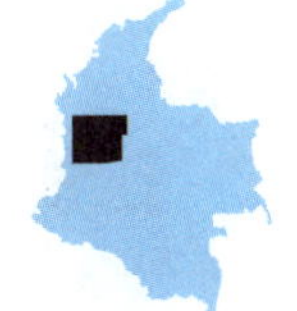

Medellín & Zona Cafetera

Kaffee
Nachtleben
Wandern

Kaffee-Fincas

In den Departamentos Caldas, Risaralda und Quindío sind auf Kaffee-Fincas Besucher willkommen.

Open-Air-Diskos & Bars

Medellín: *Paisas* (Einwohner des Departamento de Antioquia) gehen gerne aus und machen sich dafür schick. Ziele sind die Open-Air-Diskos im Parque Lleras oder die Bars im Zentrum.

Wandern & Trekking

Von Trekkingtouren im Gebirge im PNN Los Nevados bis zu Spaziergängen durch die Naturreservate der Region, die Zona Cafetera bietet Wanderungen für jedes Level. Nicht versäumen: das Valle de Cocora bei Salento mit seinen hohen Quindío-Wachspalmen.

S. 204

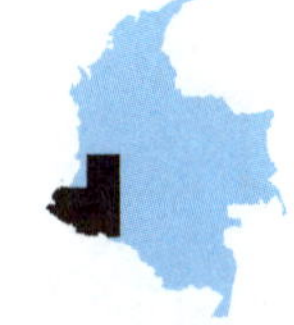

Cali & Südwest-Kolumbien

Archäologie
Kultur
Architektur

Präkolumbische Ruinen

Rund um San Agustín stehen mehr als 500 rätselhafte Steinstatuen. In Tierradentro konnten Archäologen mehr als 100 unterirdische Grabkammern freilegen.

Salsa

Ob in kleinen Stadtviertel-Bars oder in stickigen *salsatecas* (Salsaclubs), in Cali ist der Salsa allgegenwärtig. In einer der vielen Salsaschulen der Stadt kann man den Tanz schnell lernen.

Spanische Kolonialarchitektur

Mit seinen weißen Villen und prächtigen Kirchen ist Popayán ein hervorragendes Beispiel für spanische Kolonialarchitektur. Der Barrio San Antonio in Cali führt das koloniale Ambiente fort.

S. 253

Pazifikküste

Unterwasserwelt
Strände
Natur

Wale & mehr

Zum Greifen nahe sind die gewaltigen Buckelwale im Parque Nacional Natural (PNN) Ensenada de Utría. Am Strand bei El Valle kann man nachts die Meeresschildkröten bei der Eiablage beobachten.

Graue Strände

Mit Dschungel bedeckte Berge säumen die zerklüfteten Strände der Pazifikküste – schön und meist menschenleer. In Guachalito und Playa Almejal schmiegen sich Resorts zwischen Dschungel und Meer.

Trekking & Kanu

Der Chocó bietet Wanderungen abseits ausgetretener Pfade, die zu Wasserfällen tief in den Dschungel führen. Einblick in die Artenvielfalt der Region gibt eine Tour im Einbaum auf dem Río Joví oder Río Juribidá.

S. 287

Los Llanos

Natur
Archäologie
Schwimmen

Wilde Flüsse & Wasserfälle

Nur wenige Regionen in Kolumbien sind so unberührt und geschützt wie der Caño Cristales. Hier wird man tief in den Nationalpark mit seinen Wasserfällen und Flüssen geführt.

Präkolumbische Höhlenmalerei

In der Gegend rund um San José del Guaviare können Besucher präkolumbische Höhlenmalereien bestaunen. Oft sind damit auch aufregende Wanderungen durch den Dschungel verbunden.

Badestellen

Es gibt viele Badestellen in den Llanos, darunter verschiedenste herrliche Pools und Badeteiche (oft an Wasserfällen) im Caño Cristales und die märchenhaft schönen *pozos naturales* in San José del Guaviare.

S. 302

Amazonasbecken

Tiere
Dschungel
Ökodörfer

Wildes Königreich

Eingriffe des Menschen haben die Tierwelt des Amazonasbeckens bereits zurückgedrängt. Dennoch hat sich dieser Lebensraum eine unglaublich riesige Artenvielfalt bewahrt – hier gibt es die artenreichste Flora und Fauna der Welt.

Regenwald

Die Mutter aller Urwälder: der Amazonas. Kein Wort beschwört solch faszinierende Bilder herauf: geheimnisvoller Regenwald, riesige Wasserläufe, indigene Kultur und tropische Tierwelt.

Puerto Nariño

Das Ökodorf Puerto Nariño ist ein bezaubernder, architektonisch interessanter Ort und geradezu ideal, um im Regenwald Erholung zu finden.

S. 310

Reiseziele in Kolumbien

San Andrés & Providencia S. 188
Karibikküste S. 134
Boyacá, Santander & Norte de Santander S. 94
Pazifikküste S. 287
Medellín & Zona Cafetera S. 204
Bogotá S. 44
Los Llanos S. 302
Cali & Südwest-Kolumbien S. 253
Amazonasbecken S. 310

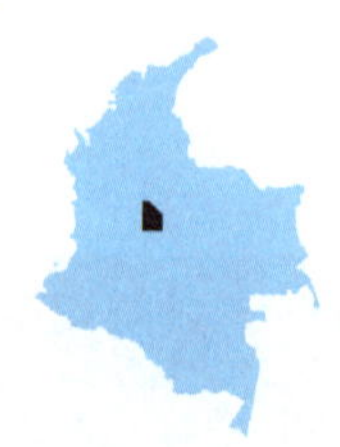

Bogotá

7,4 MIO. / 2640 M / FLÄCHE 1587 KM²

Inhalt ➡

Sehenswertes........47
Aktivitäten...........61
Geführte Touren......62
Feste & Events.......64
Schlafen.............65
Essen...............68
Ausgehen & Nachtleben..........77
Unterhaltung.........81

Gut essen

- Mini-Mal (S. 73)
- La Condesa Irina Lazaar (S. 70)
- Agave Azul (S. 72)
- Prudencia (S. 70)
- Sant Just (S. 69)

Schön übernachten

- Orchids (S. 67)
- Hotel Click-Clack (S. 68)
- Casa Legado (S. 67)
- Cranky Croc (S. 66)
- 12:12 Hostel (S. 67)

Auf nach Bogotá!

In Bogotá schlägt das Herz Kolumbiens: Eingebettet in die Berglandschaft der Anden präsentiert sich die Hauptstadt als dynamische Metropole. Den kulturellen Mittelpunkt bildet das historische Viertel La Candelaria, wo sich die Touristen tummeln. Die Altstadtkulisse besteht aus restaurierten Kolonialbauten, die eine Fülle von Museen, Restaurants, Hotels und Bars beherbergen. Im alten Stadtkern liegen außerdem 300 Jahre alte Palais, Kirchen und Klöster. Nahezu alle traditionsreichen Attraktionen aus den Anfängen Bogotás verteilen sich um die Plaza de Bolívar – östlich des Platzes befindet sich der Pilgerberg Cerro de Monserrate.

Die ungeschminkten Seiten Bogotás zeigen sich im Süden und Südwesten der Stadt, wo in den Arbeitervierteln (*barrios*) der Kampf gegen die Drogen- und Verbrechermilieus andauert. Im nobleren Norden in Vierteln wie der Zona Rosa und der Zona G prägen Boutiquehotels und die Villen betuchter Kolumbianer das Großstadtbild.

Reisezeit

Bogotá

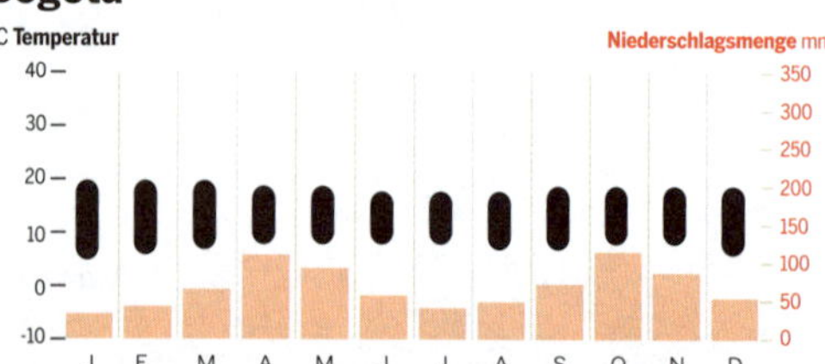

Juni & Juli Die Temperaturen sind milder als im Mai, die Niederschläge steigen in Bogotá massiv an.

August Fiestas mit freiem Eintritt: Salsa al Parque und das Festival de Verano sorgen für Stimmung.

Dezember *Bogotanos* lieben die Weihnachtszeit, wenn die ganze Stadt im Lichterglanz funkelt.

Highlights

1 Beim Anblick der Exponate im **Museo del Oro** (S. 58), einem der Topmuseen, über Kolumbiens Mythen von El Dorado nachdenken

2 In das surreale Nightlife der unbeschreiblichen Entertainment-Bar **Andrés Carne de Res** (S. 72) in Chía eintauchen.

3 Mit Sonntagspilgern zum **Cerro de Monserrate** (S. 60) hinaufwandern.

4 Im **Museo Botero** (S. 51) die Ästhetik dieser grandiosen Kunstsammlung bewundern.

5 Die Innenräume des **Museo Santa Clara** (S. 51) besichtigen – ein Meisterwerk der Sakralkunst des 17. Jhs.

6 Den goldenen Altar in der **Iglesia de San Francisco** (S. 59), der ältesten Kirche der Stadt, bestaunen.

7 Im unübertroffenen Gastroviertel **Usaquén** (S. 76) hautnah Kolonialflair erleben.

8 Bogotá im Rahmen einer herrlichen Radtour mit **Bogotá Bike Tours** (S. 63) erkunden.

Bogotá & Umgebung

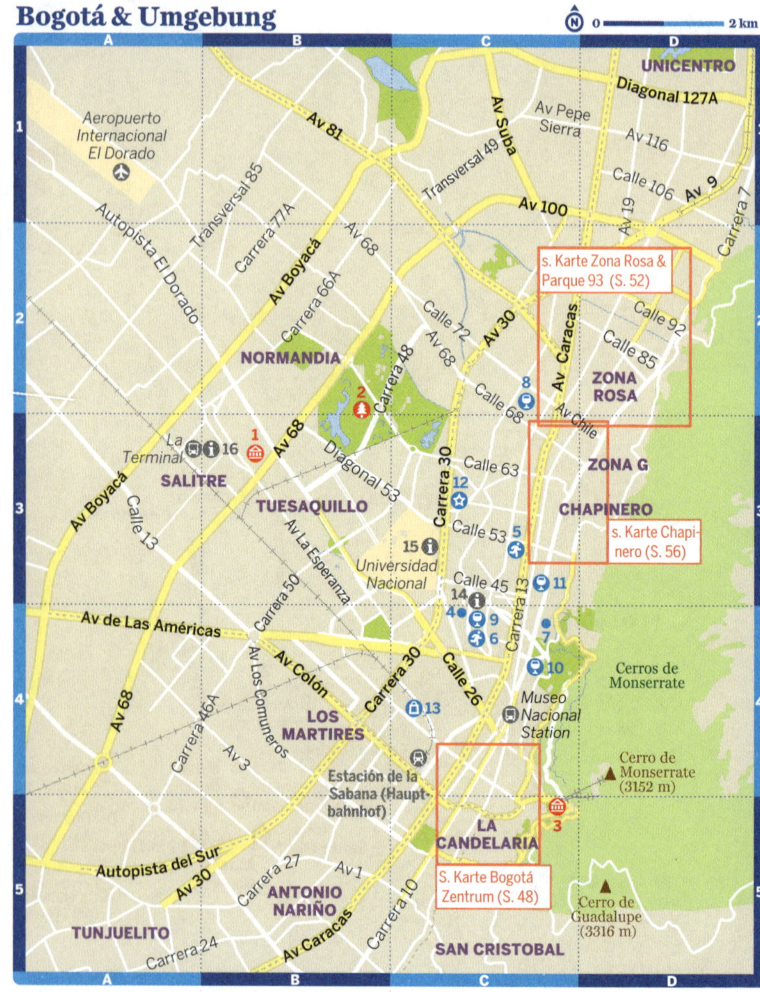

Geschichte

Lange vor der spanischen Eroberung war die Sabana de Bogotá, ein fruchtbarer Talkessel im kolumbianischen Hochland, von den Muisca, einem der fortschrittlichsten präkolumbischen Volksstämme, besiedelt. Heute hat die Stadt das gesamte Gebiet nahezu vollständig eingenommen. Die spanische Ära begann, als Gonzalo Jiménez de Quesada und seine Expeditionstruppen in der Sabana eintrafen und am 6. August 1538 die heutige Stadt nahe Bacatá, der Hauptsiedlung der Muisca, gründeten.

Die Stadt wurde Santa Fe de Bogotá genannt – eine Wortkombination aus dem traditionellen Namen Bacatá und Quesadas spanischer Heimatstadt Santa Fe. Doch während der gesamten Kolonialzeit bezeichnete man sie einfach als Santa Fe.

Zur Gründungszeit von Santa Fe bestand die Siedlung aus zwölf Hütten und einer Kapelle, wo zur Feier des Gründungstags regelmäßig eine heilige Messe abgehalten wurde. Die Kultstätten der Muisca wurden zerstört und durch Kirchen ersetzt.

In den ersten Jahren ihrer Entstehung wurde Santa Fe von Santo Domingo aus ver-

Bogotá & Umgebung

Sehenswertes
1 Maloka ... B3
2 Parque Metropolitano Simón Bolívar ... B2
3 Quinta de Bolívar ... C5

Aktivitäten, Kurse & Touren
4 De Una Colombia Tours ... C4
5 Gran Pared ... C3
6 ProAves ... C4
7 Universidad Javeriana's Centro Latinoamericano ... C4

Ausgehen & Nachtleben
8 Cerveceria Gigante ... C2
9 Cervecería Statua Rota ... C4
10 Cine Tonalá ... C4
11 La Negra ... C3

Unterhaltung
12 Estadio El Campín ... C3

Shoppen
13 Plaza de Mercado de Paloquemao ... C4

Information
14 Instituto Distrital de Turismo ... C3
15 Instituto Geográfico Agustín Codazzi ... C3
16 Punto de Información Turística ... B3

waltet (der Hauptort auf der Insel Hispaniola und die Hauptstadt der heutigen Dominikanischen Republik). Jedoch im Jahr 1550 fiel Santa Fe unter die Herrschaft Limas, Hauptstadt des Vizekönigs von Perú und Sitz der spanischen Kolonialmacht in den eroberten Gebieten Südamerikas.

Im Jahr 1717 wurde Santa Fe zur Hauptstadt des Virreinato de la Nueva Granada ernannt, des neu geschaffenenen stellvertretenden Königreichs, das die Gebiete der heutigen Länder Kolumbien, Panama, Venezuela und Ecuador umfasste.

Trotz der politischen Bedeutung der Stadt wurde ihre Weiterentwicklung immer wieder durch vernichtende Erdbeben und schwere Epidemien wie Pocken und Typhus gehemmt, die im 17. und 18. Jh. in der gesamten Region wüteten.

Nach ihrer Unabhängigkeitserklärung wurde Santa Fe, nunmehr gekürzt auf den Namen Bogotá, per Dekret des Kongresses von Cúcuta im Jahr 1821 zur Hauptstadt von Großkolumbien ernannt. Von da an gab es ein stetes Wachstum. Mitte des 19. Jhs. zählte die Stadt bereits 30 000 Einwohner und 30 Kirchen. 1884 nahm die erste Straßenbahn ihren Betrieb auf, und kurz danach wurden die ersten Eisenbahnlinien gebaut, mit Verbindungen nach La Dorada und Girardot, die Bogotá Zugang zu den Binnenhäfen am Río Magdalena verschafften.

Erst in den 1940er-Jahren fand mit der Industrialisierung ein rascher Fortschritt statt, einhergehend mit konsequenter Landflucht. Am 9. April 1948 fiel der beliebte Bürgerrechtler Jorge Eliécer Gaitán einem Attentat zum Opfer, welches einen Aufstand entfachte. Dieser ging als „El Bogotazo" in die Geschichte ein. Die Stadt wurde teilweise zerstört; 136 Gebäude wurden bis auf die Grundfeste niedergebrannt, etwa 2500 Todesopfer waren die Bilanz.

Die Ruhe wurde abermals jäh unterbrochen, als am 6. November 1985 Guerilla-Kämpfer der Bewegung M-19 (Movimiento 19 de Abril) Bogotás Justizpalast stürmten und über 300 Zivilisten als Geiseln im Gebäude gefangen hielten. Am Tag darauf waren 115 Menschen tot, darunter elf Richter des Obersten Gerichtshofes.

Kolumbiens historisches FARC-Friedensabkommen aus dem Jahr 2016, das 52 Jahre Bürgerkrieg beendete, bescherte Bogotá einen lang herbeigesehnten Stoßseufzer der Erleichterung. Mit einer viel besseren Sicherheitslage, einhergehend mit zahlreichen zukunftsweisenden Projekten, die nacheinander von verschiedenen Bürgermeistern umgesetzt wurden – beispielsweise das 350-km-Radwegenetz CicloRuta) –, haben der Stadt in Riesenschritten geholfen, sich selbst nicht nur als Kulturhauptstadt, sondern auch als eigene, attraktive Reisedestination zu positionieren.

Sehenswertes

Die meisten Attraktionen befinden sich im historischen Stadtkern La Candelaria, der Wiege Bogotás – und wahrscheinlich ist mehr als ein Tag nötig, um sich in der Gegend richtig umzusehen.

Wer an einem Sonntag ein Museum besuchen will, sollte sich das vorher reiflich überlegen. Die gut 500 verschiedenen Museen der Stadt sind vor allem an Tagen mit freiem Eintritt (immer am letzten Sonntag im Monat) völlig überlaufen; selbst vor weniger bedeutenden Häusern, die in diesem Buch möglicherweise gar nicht erwähnt werden,

Bogotá Zentrum

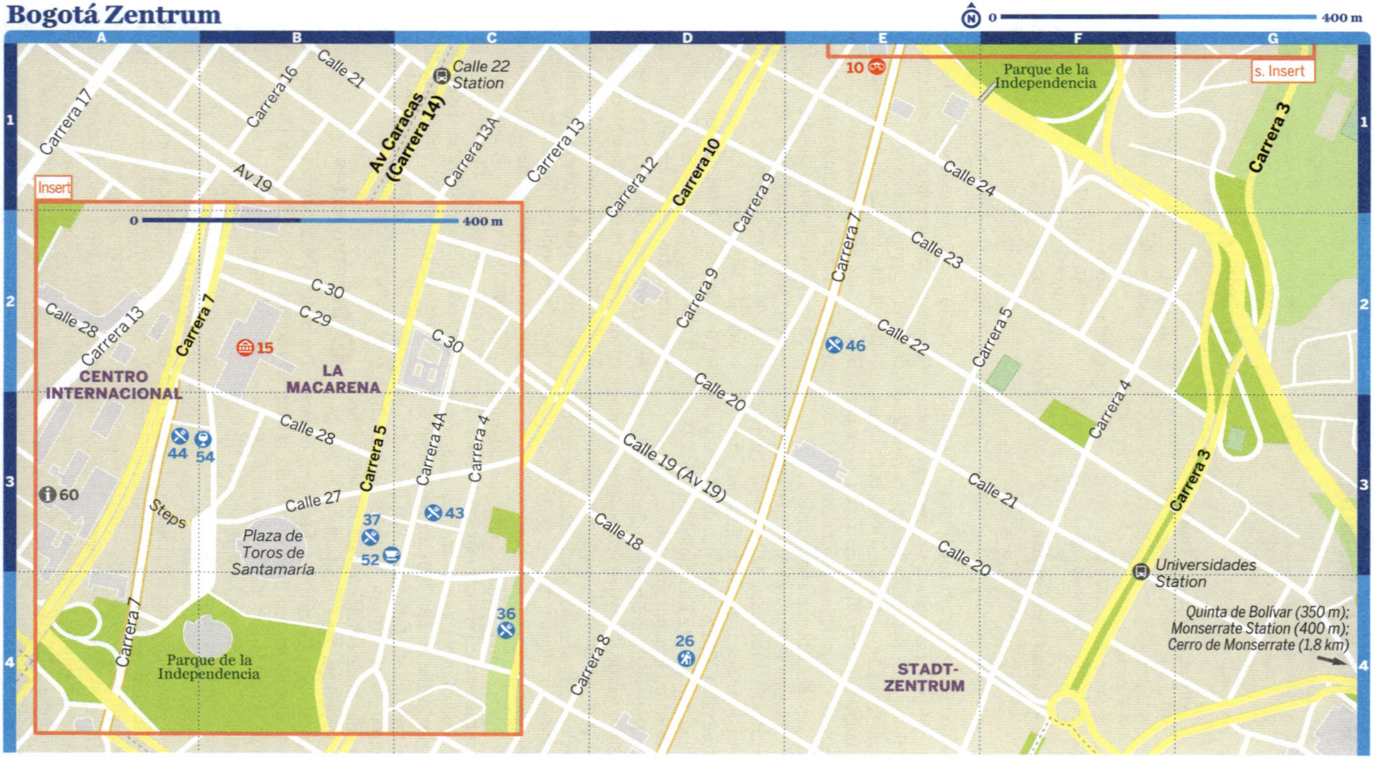

Av Jiménez
Iglesia de San Francisco 1
Parque Santander
3 Museo del Oro
Bhf. Museo del Oro
Calle 14
Calle 17
Calle 16
Parque de los Periodistas
Las Aguas Station
Carrera 3
Carrera 2A
Carrera 1
Universidad de los Andes
Calle 18
Carrera 11
Carrera 9
Calle 13
Calle 12
Calle 12A
Carrera 8
Plazoleta Rosario
Carrera 5 bis
Calle 17
Calle 16A
Carrera 2
Calle 12F
Steps
San Victorino Station
Calle 11
Carrera 7
Calle 12D bis
Calle 12D
Callejón del Embudo
Carrera 10
Calle 10
Carrera 6
Carrera 5
Carrera 4
Calle14
Carretera Circumvalciá
Calle 9
Calle 8
Museo Santa Clara
Museo Botero
LA CANDELARIA
Calle 7
A
B
C
D
E
F
G
5
6
7
8

Bogotá Zentrum

Highlights
1 Iglesia de San Francisco D5
2 Museo Botero D7
3 Museo del Oro D5
4 Museo Santa Clara B7

Sehenswertes
5 Capitolio Nacional B7
6 Casa de Moneda D7
7 Casa de Nariño B8
8 Catedral Primada C7
9 Colección de Arte D7
10 Mirador Torre Colpatria E1
11 Museo Colonial C7
12 Museo de la Independencia – Casa del Florero C6
13 Museo Histórico Policía A7
14 Museo Militar C7
15 Museo Nacional B2
16 Observatorio Astronómico B7
17 Plaza de Bolívar B7
18 Plazoleta del Chorro de Quevedo E7
19 Teatro Colón C7

Aktivitäten, Kurse & Touren
20 Aventure Colombia E5
21 Bogota & Beyond E6
22 Bogotá Bike Tours E7
Bogotá Craft Beer Tour .... (s. 21)
23 Bogotá Graffiti Tour E5
Breaking Borders .... (s. 18)
24 Escuela de Artes y Oficios Santo Domingo B7
25 International House Bogotá D8
26 Sal Si Puedes D4

Schlafen
27 Anandamayi Hostel D8
28 Botanico Hostel D8
29 Casa Bellavista E7
30 Casa Deco E6
31 Casa Platypus F5
32 Cranky Croc E6
33 Hostal Sue Candelaria E6
34 Masaya Bogota Hostel E7
35 Orchids C7

Essen
36 Agave Azul C4
37 Ázimos B3
38 Café de la Peña Pastelería Francesa D8
39 Capital Cocina D8
40 Chantonner Delikatessen D5
41 La Condesa Irina Lazaar C7
42 La Puerta Falsa C6
43 La Tapería C3
44 Leo Cocina y Cava A3
45 Madre C6
Papaya Gourmet .... (s. 21)
46 Pastelería Florida E2
47 Prudencia E8
48 Quinua y Amaranto D8
49 Restaurante de la Escuela Taller B7
50 Sant Just F5

Ausgehen & Nachtleben
51 Arte y Pasión Café B6
52 Café Origami B3
53 Contraste Coffee Lab E5
54 El Bembe B3
55 Juan Valdéz C7

Unterhaltung
56 Biblioteca Luis Ángel Arango D7

Shoppen
57 Emerald Trade Center D5
58 Gems Metal D5

Information
59 Punto de Información Turística B7
60 Punto de Información Turística A3

kann man durchaus einmal eine Dreiviertelstunde anstehen! An Werktagen geht es dagegen bedeutend ruhiger zu.

Auf dem Streifzug durch die Stadt lohnt es sich, auf gut Glück in verschiedene Kirchen hineinzuschnuppern. Die meisten stammen aus dem 17. und 18. Jh. – oftmals sind sie mit aufwendigeren Verzierungen ausgestattet, als es die Außenfassade vermuten lässt. Einige sind vom spanisch-maurischen Mudéjar-Stil geprägt (hauptsächlich an den Deckenverzierungen erkennbar); häufig trifft man auch auf Gemälde des wohl bekanntesten kolonialzeitlichen Künstlers Kolumbiens, Gregorio Vásquez de Arce y Ceballos (1638–1711).

La Candelaria

Bogotás Kolonialviertel, ein Hort der Quirligkeit, ist gesegnet mit einer gewaltigen Fülle an Sehenswürdigkeiten, die man als Besucher auf keinen Fall verpassen sollte: eine Mischung aus sorgfältig restaurierten 300 Jahre alten Bauwerken, einige davon jedoch immer noch in ziemlich desolatem Zustand, und noch weit mehr Gebäuden, die den modernen Zeiten huldigen.

Der Rundgang für eine Entdeckungsreise durch die Stadt beginnt im Allgemeinen an der **Plaza de Bolívar** (Karte S. 48; zwischen Calle 10 & 11), die von einer Bronzestatue von Simón Bolívar (gegossen im Jahr 1846 von dem italienischen Künstler Pietro Tenerani) überragt wird. Dieses Standbild war das erste Denkmal der Stadt, das zu Ehren einer Persönlichkeit des öffentlichen Lebens errichtet worden war.

Der Platz hat im Lauf der Jahrhunderte sein Gesicht ganz wesentlich verändert – heute ist er nicht mehr von Kolonialbauten umsäumt; lediglich die Capilla del Sagrario ist ein Zeugnis der kolonialzeitlichen, spanischen Ära. Andere Gebäude stammen aus der jüngeren Vergangenheit und repräsentieren verschiedene Baustile.

Einige der beliebtesten Sehenswürdigkeiten in La Candelaria liegen ebenso wie das Centro Cultural Gabriel García Márquez nur ein paar Häuserblocks östlich der Plaza. Die leicht verwirrende Ansammlung von Museen, die von der Banco de la República betrieben werden, zählt allemal zu den Topattraktionen Bogotás; dazu gehören das Museo Botero, die Casa de Moneda, die Colección de Arte (Kunstsammlung) und das Museo de Arte del Banco de la República, die im Wesentlichen an ein und demselben Ort vereint sind, nämlich in einem imposanten, labyrinthartigen Museenkomplex. Gutes Timing ist absolut empfehlenswert: der letzte Einlass ist 30 Minuten vor Schließung.

★ Museo Botero MUSEUM

(Karte S. 48; www.banrepcultural.org/museo-botero; Calle 11 No 4-41; Mo & Mi–Sa 9–19, So 10–17 Uhr) GRATIS Die eigentliche Attraktion: Vor dem großen Museumsgebäude mit Ausstellungsräumen auf zwei Ebenen befinden sich mehrere Hallen mit sehenswerten Exponaten, die dem Thema Pummeligkeit gewidmet sind: Hände, Orangen, füllige Frauen, Männer mit Schnurrbart, pausbäckige Kinder, fette Vögel sowie Führungspersönlichkeiten der Fuerzas Armadas Revolucionarias de Colombia (FARC) – alle soliden Werke, Gemälde wie Skulpturen, stammen natürlich von Fernando Botero, der berühmtesten Kunstkoryphäe Kolumbiens (Botero selbst stiftete dem Museum seine Werke).

Die Sammlung umfasst auch einige Meisterwerke von Picasso, Chagall, Renoir, Monet, Pissarro und Miró sowie einige witzige Skulpturen von Dalí und Max Ernst. Audioguides in Englisch, Französisch und Spanisch sind für 10 000 COP am Eingang zum Museenkomplex in der Calle 11 erhältlich.

★ Museo Santa Clara KIRCHE

(Karte S. 48; www.museocolonial.gov.co; Carrera 8 No 8-91; Erw./Kind 3000/500 COP; Di–Fr 9–17, Sa & So 10–16 Uhr) Sie gehört zu Bogotás prächtigsten und reichverzierten Sakralbau-

BOGOTÁ IN ...

... zwei Tagen

Es geht los in La Candelaria: Snack im **La Puerta Falsa** (S. 69) mit Ausblick auf die **Plaza de Bolívar**, danach ins **Museo Botero**, um die Skulpturen fülliger Menschenkörper zu bestaunen; Mittagessen im **Prudencia** (S. 70) oder im **Capital Cocina** (S. 70); dann kurz abtauchen in Kolumbiens goldener Vergangenheit im **Museo del Oro** (S. 58); ordentlich schlemmen im absoluten Trendviertel **Chapinero Alto** oder **Quinta Camacho** (oder schön essen gehen in der **Zona G**); danach Ausgehen in der **Zona Rosa** oder im **Parque 93**, bis man so richtig schön satt ist.

Am zweiten Tag bietet sich eine Tour hinauf zum **Monserrate** (S. 60) an, um die Hauptstadt aus der Vogelperspektive zu bestaunen – danach ist ein Nickerchen angesagt, um sich hinterher fit und munter ins Nachtleben zu stürzen, beispielsweise in das surrealistisch anmutenden Ambiente des **Andrés Carne de Res** (S. 72), etwa 23 km weiter nördlich in Chía. Am besten ein Taxi nehmen!

... vier Tagen

Im Anschluss an die Zweitagestour steht ein Abstecher zur Salzkathedrale von **Zipaquirá** (S. 65) auf dem Besuchsplan – leicht erreichbar mit öffentlichen Verkehrsmitteln. Der letzte Tag beginnt mit einem Brunch, gefolgt von einem Streifzug durch den quirligen Markt in **Usaquén** und einer Radtour mit **Bogotá Bike Tours** (S. 63). Danach schmeckt eine heiße Tasse *canelazo* (mit *aguardiente*, also Anisschnaps, Zuckerrohr, Zimt und Limone) in einem Café in La Candelaria umso besser. Dann wird mit einem Abschiedsessen am Abend in den Künstler- und Schlemmervierteln Chapinero Alto oder Macarena der Ausflugstag würdig abgerundet.

Zona Rosa & Parque 93

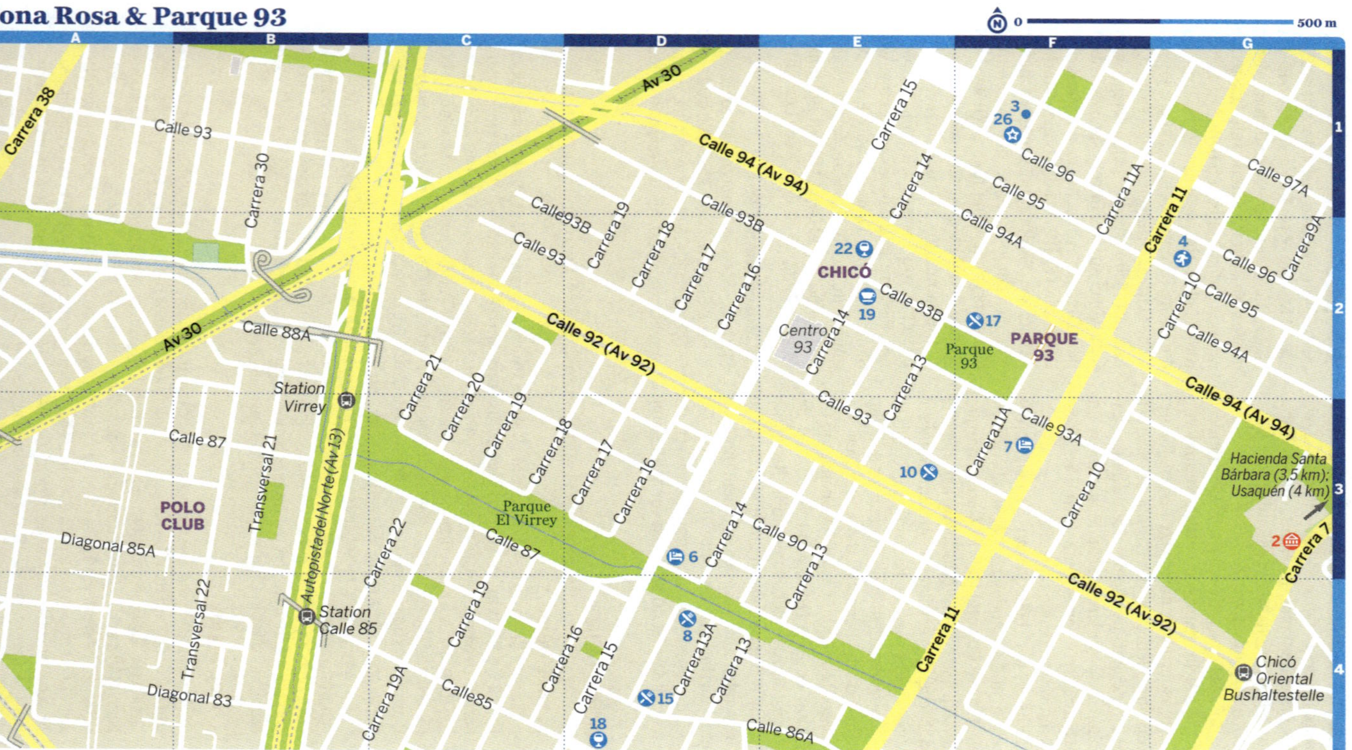

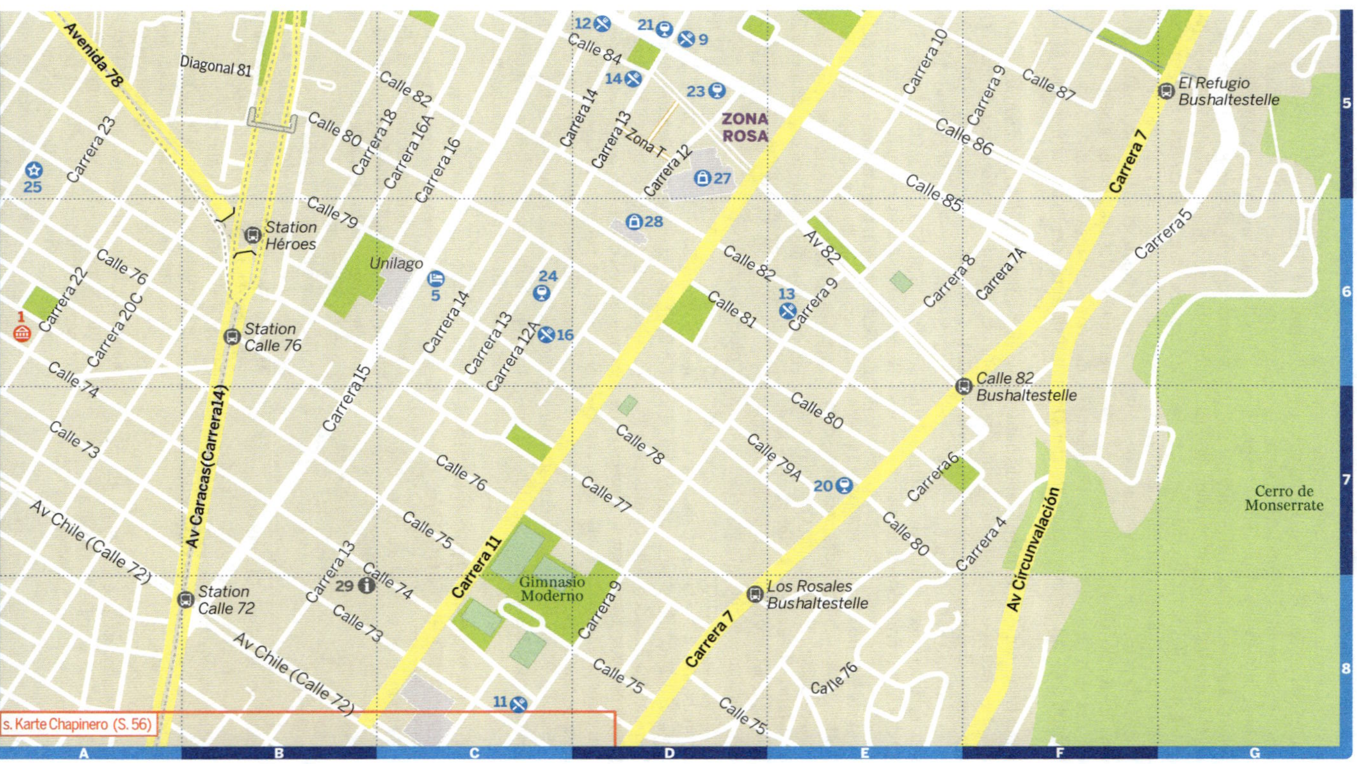
Avenida 78
Diagonal 81
Calle 82
Calle 80
Carrera 18
Carrera 16A
Carrera 16
Carrera 23
Calle 79
Station Héroes
Unilago
5
Calle 76
Carrera 22
Carrera 20C
Station Calle 76
Carrera 15
Carrera 14
Carrera 13
Carrera 12A
16
24
Calle 74
Calle 73
Av Caracas(Carrera14)
Av Chile (Calle 72)
Station Calle 72
Calle 76
Calle 75
29
Calle 74
Calle 73
Carrera 11
Gimnasio Moderno
Carrera 9
11
s. Karte Chapinero (S. 56)
12
21
9
Calle 84
14
23
ZONA ROSA
Carrera 14
Carrera 13
Zona T
Carrera 12
27
28
Calle 82
Calle 81
Av 82
13
Carrera 9
Calle 80
Calle 78
Calle 77
Calle 79A
20
Calle 75
Carrera 7
Los Rosales Bushaltestelle
Calle 76
Calle 75
Carrera 10
Carrera 9
Calle 87
Calle 86
Calle 85
Carrera 8
Carrera 7A
Calle 82 Bushaltestelle
Carrera 6
Calle 80
Carrera 4
Av Circunvalación
Carrera 7
El Refugio Bushaltestelle
Carrera 5
Cerro de Monserrate
25
1
A
B
C
D
E
F
G
5
6
7
8

ten und ist zugleich die älteste überhaupt, jedoch stammt sie aus der gleichen Zeit wie die Iglesia de San Francisco. Heute wird sie von der Regierung nur noch als Museum betrieben. In Anbetracht der Fülle an prachtvollen Kirchenbauten, die zudem meist noch kostenlos besichtigt werden können, gehen viele Besucher überraschenderweise an diesem Gotteshaus vorbei. Wie schade!

Zwischen 1629 und 1674 erbaut, besticht das Bauwerk durch sein Tonnengewölbe, das sich über ein einziges Hauptschiff spannt und mit goldverzierter floraler Ornamentik ausgeschmückt ist. Diese strahlt ihren Glanz auf den üppigen Wandschmuck aus: 148 Gemälde, darunter Heiligenfiguren, die die vollbehangenen Wände unterbrechen und zur Opulenz des Interieurs beitragen. Erläuterungen sind inzwischen auch in Englisch und Französisch erhältlich.

Casa de Nariño HISTORISCHES GEBÄUDE

(Karte S. 48; http://visitas.presidencia.gov.co; Plaza de Bolívar) Jenseits des Capitolio Nacional führt die Carrera 8 oder 7, zu Kolumbiens neoklassizistischem Präsidentenpalast. Dort, an der Südseite der Plaza Bolívar, arbeitet und residiert der Staatspräsident Kolumbiens. Wer dieses Gebäude besichtigen möchte, muss sich vorher auf der Website des Präsidentschaftspalastes (www.presidencia.gov.co) einloggen: einfach unter „Servicios a la Ciudadanía" nach „Visitas Casa de Nariño" scrollen.

Für die Wachablösung an der offiziellen Residenz des Präsidenten, die sich am besten von der Ostseite her beobachten lässt, ist keine Extragenehmigung erforderlich – das Zeremoniell findet immer mittwochs, freitags und sonntags um 15.30 Uhr statt.

Das Gebäude wurde nach Antonio Nariño benannt, der ein ideologischer Wegbereiter der südamerikanischen Unabhängigkeitsbestrebungen war. Er übersetzte die französische Erklärung der Menschen- und Bürgerrechte ins Spanische, ließ sie drucken und verbreiten – das brachte ihn allerdings auch mehrere Male ins Gefängnis.

1948 wurde der Palast während der El-Bogotazo-Aufstände beschädigt und erst 1979 wieder aufgebaut, also Jahrzehnte später. Für die 45-minütige Führung muss man sich vorher anmelden (werktags 9, 10.30, 14.30 und 16 Uhr, samstags 14.30 und 16 Uhr, sonntags 15 und 16 Uhr). Man beachte: Die Wachen am Präsidentenpalast stehen an den Schranken in der Carrera 7 und 8. Man kann lässig an ihnen vorbeischlendern – einfach nur den Tascheninhalt zeigen und einen gewissen Abstand zu den Zäunen entlang der Gehwege einhalten.

GRÜNE WACHMÄNNCHEN FÜR EIN SAUBERES BOGOTÁ

Wer durch La Candelaria bummelt, sollte mit einem Auge auf frischen Hundekot und Schlaglöcher in der Größe eines Kanaldeckels achten und mit dem anderen das einzigartige Kunstprojekt auf den Dächern, Fenstersimsen und Balkonen würdigen. Die grünen Figuren des Künstlers Jorge Olavé wurden aus Recycling-Material hergestellt und repräsentieren *comuneros*, Mitglieder des Unterhauses.

Bemerkenswert ist vor allem das Wachmännchen über der Plaza de Bolívar, das vom Dach der Casa de Comuneros an der südwestlichenEcke herunterschaut – der Gnom hat den besten Platz in der ganzen Stadt.

Colección de Arte MUSEUM

(Karte S. 48; www.banrepcultural.org; Calle 11 No 4–14; ⌚ Mo, Mi–Sa 9–19, So 10–17 Uhr) GRATIS Der Großteil der ständigen Colección de Arte (Kunstsammlung) der Banco de la República, mit 800 Werken von 250 verschiedenen Künstlern, ist auf über 16 Galerieräume an zwei verschiedenen Standorten verteilt. Der Zugang erfolgt über prächtige Treppenfluchten innerhalb desselben Museumskomplexes, wo auch die Casa de Moneda und das Museo Botero untergebracht sind.

Die Sammlung wurde nach Werkgruppen aus fünf verschiedenen Epochen – angefangen bei Kunstschätzen des 15. Jhs. bis hin zu Werken der Moderne bis heute – komplett neu strukturiert; jede für sich wird eigenständig kuratiert.

Die Sammlung zeitgenössischer Kunst befindet sich in der **Biblioteca Luis Ángel Arango** (Karte S. 48; ☎ 1-343-1224; www.banrepcultural.org/blaa; Calle 11 No 4-14; ⌚ Mo & Mi–Sa 9–19, So 10–17 Uhr) in der Calle 12.

Die Kunstsammlung besteht größtenteils aus modernen Ölgemälden kolumbianischer Meister; die riesigen figurativen Gemälde von Luis Caballero (1943–1995) hängen im Erdgeschoss. Die Ausstellungsstücke der beiden Hallen zur Ostseite hin tanzen etwas aus der Reihe. Hier liegt der Schwerpunkt auf religiösen Kultgegenständen aus dem 17. und 18. Jh. einschließlich zweier au-

Zona Rosa & Parque 93

Sehenswertes
1 Espacio KB ... A6
2 Museo El Chicó ... G3

Aktivitäten, Kurse & Touren
3 Colombian Journeys ... F1
4 Plaza CPM ... G2

Schlafen
5 Chapinorte Bogotá ... C6
6 Cité ... D3
7 Hotel Click-Clack ... F3

Essen
8 Canasto Picnic Bistró ... D4
9 Central Cevicheria ... D5
10 Container City ... E3
11 Crepes & Waffles ... C8
12 El Corral ... D5
13 Home Burger ... E6
14 La Paletteria ... D5
15 Les Amis Bizcochería ... D4
16 Raw ... C6
17 Wok ... F2

Ausgehen & Nachtleben
Andrés D.C ... (s. 28)
18 Armando Records ... D4
19 Azahar Café ... E2
20 Bistro El Bandido ... E7
21 Bogotá Beer Company ... D5
22 Chelarte ... E2
23 El Mozo ... D5
24 El Recreo de Adàn ... C6
Tap House ... (s. 10)

Unterhaltung
25 Club de Tejo La 76 ... A5
26 Gaira Café ... F1

Shoppen
27 Centro Comercial Andino ... D5
28 Centro Comercial El Retiro ... D6

Information
29 Parques Nacionales Naturales (PNN) de Colombia ... B8

ßergewöhnlicher *custodias* (Monstranzen). Die größte besteht aus rund 4900 g purem Gold mit 1485 eingefassten Smaragden, einem Saphir, 13 Rubinen, 28 Diamanten, 168 Amethysten, einem Topas und 62 Perlen. Wer zählt da noch genau mit?

Casa de Moneda MUSEUM
(Münze; Karte S. 48; www.banrepcultural.org; Calle 11 No 4–93; ⌚ Mo & Mi–Sa –19, So 10–17 Uhr) GRATIS Im historischen Museum innerhalb des Museenkomplexes der Banco de la República sind die **Colección Numismática** und die Colección de Arte untergebracht. Erstere beginnt mit der Präsentation von präkolumbischen Töpferwaren und setzt sich chronologisch mit verformten Münzen fort, welche auf die Einführung eines zentralisierten Bankwesens im Jahr 1880 hinweisen.

Außerdem wird gezeigt, wie das kunstvoll verzweigte Baummotiv auf der aktuellen 500-Pesomünze gegen Ende der 1990er-Jahre hergestellt wurde.

Museo Histórico Policial MUSEUM
(Museum zur Polizeigeschichte; Karte S. 48; www.policia.gov.co; Calle 9 No 9-27; ⌚ Di–So 8–17 Uhr) GRATIS Dieses überraschend lohnenswerte Museum erlaubt nicht nur den Zugang zur ehemaligen Schaltzentrale von Bogotás Polizei (1923 erbaut), sondern beschert den Besuchern auch eine etwa 45-minütige Begegnung mit 18 Jahre alten Englisch sprechenden Gästeführern, die dort gerade ihren obligatorischen Zivildienst ableisten und interessante Geschichten zu erzählen haben.

Ansonsten erfährt man meist etwas über den Niedergang des Drogenbosses Pablo Escobar, dem 1993 das Handwerk gelegt wurde. Zahlreiche Exponate wie seine Harley Davidson (Geschenk eines Cousins) und sein persönlicher Taschenrevolver Bernardelli, auch „Zweitfrau" genannt, erwecken den Drogenking zu neuem Leben.

Museo Colonial MUSEUM
(Museum für koloniale Kunst; Karte S. 48; www.museocolonial.gov.co; Carrera 6 No 9-77; Erw./Stud. 3000/2000 COP; ⌚ Di–Fr 9–17, Sa & So 10–16 Uhr) Das Museum befindet sich in einem ehemaligen Jesuitenkolleg. Bemerkenswert ist die Ausstellung zur Entwicklung der klerikalen Kunst und der Porträtkunst, vor allem die Werke des beliebtesten Barockkünstlers Kolumbiens, Gregorio Vásquez de Arce y Ceballos (1638–1711). 2017 fand nach umfangreicher dreijähriger Renovierung die Wiedereröffnung statt. Das Museum zeigt heute fünf ständige Sammlungen in separaten Ausstellungsräumen.

Capitolio Nacional HISTORISCHES GEBÄUDE
(Karte S. 48; www.senado.gov.co; Plaza de Bolívar; ⌚ Geführte Touren nach Terminvereinbarung) GRATIS An der Südseite der Plaza ragt ein klassizistisches Gebäude auf, wo heute der

Chapinero

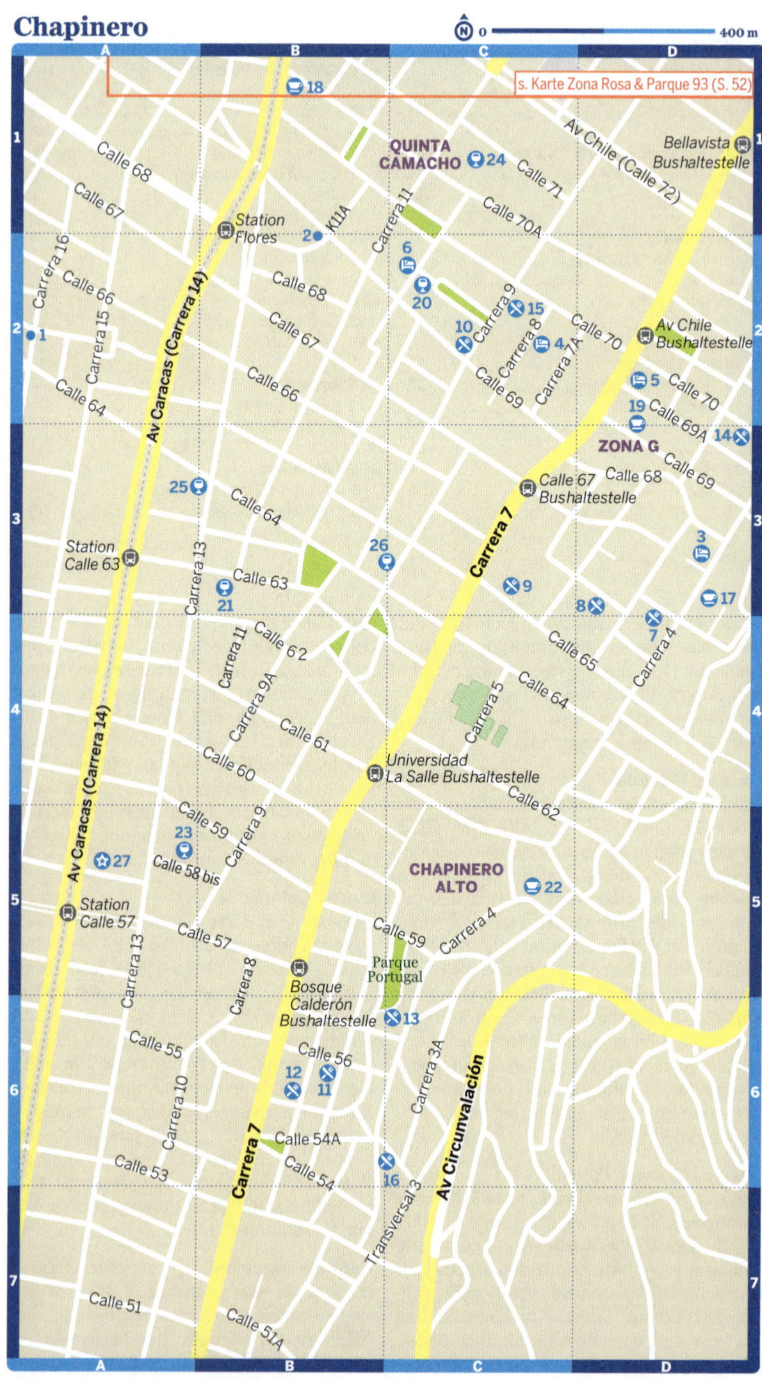
0
400 m
s. Karte Zona Rosa & Parque 93 (S. 52)
QUINTA CAMACHO
ZONA G
CHAPINERO ALTO
Bellavista Bushaltestelle
Av Chile (Calle 72)
Station Flores
Av Chile Bushaltestelle
Calle 67 Bushaltestelle
Station Calle 63
Universidad La Salle Bushaltestelle
Station Calle 57
Bosque Calderón Bushaltestelle
Parque Portugal
Av Caracas (Carrera 14)
Carrera 7
Av Circunvalación
Transversal 3
Calle 68
Calle 67
Calle 66
Calle 64
Calle 71
Calle 70A
Calle 70
Calle 69
Calle 69A
Calle 63
Calle 62
Calle 61
Calle 60
Calle 59
Calle 58 bis
Calle 57
Calle 56
Calle 55
Calle 54A
Calle 54
Calle 53
Calle 51
Calle 51A
Calle 65
Carrera 16
Carrera 15
Carrera 13
Carrera 11
Carrera 10
Carrera 9
Carrera 9A
Carrera 8
Carrera 7A
Carrera 5
Carrera 4
Carrera 3A
K11A

Chapinero

Aktivitäten, Kurse & Touren
1 Impulse Travel ... A2
2 Nueva Lengua ... B2

Schlafen
3 12:12 Hostel ... D3
4 Casa Legado ... C2
5 Four Seasons Casa Medina ... D2
6 Fulano Backpackers ... C2

Essen
7 Arbol de Pan ... D4
8 Cantina y Punto ... D3
9 De/Raíz ... C3
10 Guerrero ... C2
11 Insurgentes Taco Bar ... B6
12 Mesa Franca ... B6
13 Mini-Mal ... C6
14 Rafael ... D3
15 Restaurante La Herencia ... C2
16 Salvo Patria ... C6

Ausgehen & Nachtleben
17 Amor Perfecto ... D3
18 Bourbon Coffee Roasters ... B1
19 Café Cultor ... D2
20 El Mono Bandido ... C2
21 Mi Tierra ... B3
22 Taller de Té ... C5
23 Theatron ... A5
24 Tierra Santa Cerveza Artesanal ... C1
25 Video Club ... A3
26 Village Café ... B3

Unterhaltung
27 Latino Power ... A5

Kongress seinen Sitz hat. Mit dem Bau begann man bereits 1847, aufgrund zahlreicher politisch motivierter Aufstände konnte das Gebäude jedoch erst 1926 vollendet werden. Die Fassade zum Platz hin entstand nach einem Entwurf des englischen Architekten Thomas Reed. Wer an einer dreistündigen Führung teilnehmen will, sollte mindestens eine Woche im Voraus eine E-Mail an atencionciudadanacongreso@senado.gov.co schreiben; ansonsten bietet sich auch ein Spaziergang im gepflasterten Innenhof an.

Plazoleta del Chorro de Quevedo PLAZA
(Karte S. 48; Ecke Carrera 2 & Calle 12B) Wo genau der Gründungsakt Bogotás stattfand, ist nicht eindeutig geklärt. Einige behaupten, er habe sich bei der Catedral Primada an der Plaza de Bolívar vollzogen, andere plädieren für die winzige, von Cafés gesäumte Plaza bei der kleinen weißen Kirche, wo sich zahlreiche unkonventionelle Straßenverkäufer (oder Hacky-Sack-Spieler) herumtreiben.

Jedenfalls ist es an diesem Fleck zu jeder Tageszeit wirklich nett, insbesondere aber nach dem Sonnenuntergang. Dann mischen sich auch noch Studenten unters Ausgehvolk, und in den engen trichterförmigen Gassen mit den winzigen Bars und Kneipen gleich nördlich der Plaza wird es zunehmend quirliger. Am Freitagnachmittag um 17 Uhr treten spanische Geschichtenerzähler auf; der Besuch lohnt sich schon allein wegen der tollen Atmosphäre.

Observatorio Astronómico STERNWARTE
(Karte S. 48; obsan_fcbog@unal.edu.co; Mo & Mi 9 & 12 Uhr) GRATIS Der nach einem Entwurf des gefeierten kolumbianischen Botanikers José Celestino Mutis gestaltete Turm aus dem Jahr 1803 wurde angeblich als erste Sternwarte auf dem Kontinent erbaut. Man kann sie zu bestimmten Zeiten besichtigen, muss sich aber drei Tage im Voraus anmelden. Die Namen, inkl. Telefonnummern, Ausweisdaten und diverse Angaben zu Kameras (Smartphones und Sonstiges) aller Teilnehmer der Gruppe sollte man per E-Mail ankündigen, um sich einen Platz zu sichern.

Catedral Primada KATHEDRALE
(Karte S. 48; www.catedral.arquibogota.org.co; Plaza de Bolívar; Di–Sa Gottesdienst um 12, So 10, 12 & 13.30 Uhr) Diese klassizistische Kathedrale steht an der Stelle, wo wohl nach der Gründung Bogotás im Jahr 1538 die ersten feierlichen Messen abgehalten wurden (einige Historiker behaupten jedoch, das sei wohl im Osten gewesen, an der kleinen Plazoleta del Chorro de Quevedo). Wie dem auch sei, die Kathedrale ist heute das größte Gotteshaus Bogotás. Gegenüber der nordöstlichen Ecke der Plaza beherrscht sie die Szenerie.

Die ursprünglich mit einem Reetdach gedeckte einfache Kapelle wurde in den Jahren 1556 bis 1565 durch ein robusteres Gebäude ersetzt, das jedoch aufgrund seiner schwachen Fundamente später einstürzte. 1572 entstand die dritte Kirche, die wiederum 1785 durch ein Erdbeben in Trümmer fiel. Erst 1807 begannen die Arbeiten für den monumentalen Sakralbau, der bis heute steht. Im Jahr 1823 wurde er vollendet. Während der Bogotazo-Aufstände im Jahr 1948 wurde die Kathedrale teilweise beschädigt. Anders als viele Kirchen in Bogotá sind die großzügigen Innenräume relativ spärlich und schlicht gestaltet. Das Grab von Jiménez de Quesada, dem Gründer Bogotás, befindet sich in der größten Kapelle in einer Nische neben dem rechten Gang.

Museo de la Independencia – Casa del Florero MUSEUM

(Casa del Florero; Karte S. 48; www.museoindependencia.gov.co; Calle 11 No 6–94; Erw./Stud. 3000/2000 COP, So Eintritt frei; ⌚Di–Fr 9–17, Sa & So 10–16 Uhr) Das Stadthaus aus dem späten 16. Jh., welches heute ein Museum beherbergt, kennzeichnet genau die Stelle, wo einst das Geräusch einer zerschellenden Vase in der ganzen Welt zu hören war. Der Überlieferung nach trat hier nach der Machtübernahme Napoleons in Spanien anno 1810 ein einheimischer Kreole namens Antonio Morales ein und verlangte vom spanischen Hausbesitzer José González Llorentes ein Ziergefäß, was jedoch zu einer Prügelei draußen auf der Straße führte. Dabei ging nicht nur die Vase zu Bruch; verletzte Ehrgefühle lösten letzten Endes auch eine Rebellion aus. In diesen heiligen Hallen lässt sich das zerbrochene Objekt bestaunen.

Teatro Colón THEATER

(Karte S. 48; ☎1-284-7420; www.teatrocolon.gov.co; Calle 10 No 5–32; ⌚Kartenbüro Mo–Sa 10–19, So bis 16 Uhr) Seit seiner Geburtsstunde im Jahr 1792 trug das Gebäude verschiedene Namen. Die noch heute zu bewundernde Fassade im italienischen Stil, nach einem Entwurf des italienischen Architekten Pietro Cantini gestaltet, prägte bereits bei der Eröffnung des Teatro Nacional im Jahr 1892 das Aussehen des Gebäudes. Nach einer Renovierungsphase, die insgesamt sechs Jahre angedauert hat, öffnete das Theater Mitte 2014 wieder seine Pforten. Die opulent verzierten Innenräume erstrahlen nun in neuem Glanz. Hier finden zahlreiche Konzerte, Opernaufführungen und Ballettabende statt; auch Bühnenstücke werden aufgeführt – und manchmal dient es auch als Setting für Tanzevents mit DJ-Musik.

Neuerdings werden auch am Nachmittag Führungen (8000 COP) in verschiedenen Sprachen angeboten; um das Theater zu besichtigen, sollte man unbedingt an der Tageskasse nachfragen!

Museo Militar MUSEUM

(Military Museum; Karte S. 48; http://museo-militar.webnode.com.co/; Calle 10 No 4–92; ⌚Di–Fr 9–16, Sa 10–16 Uhr) GRATIS Das zweigeschossige Museum, von pensionierten Militärs betrieben, präsentiert anhand lebendig wirkender Figuren die Historie der Militäruniformen (bemerkenswert sind die Ausstattung der Antiterroristeneinheit und ein abenteuerlicher Taucheranzug). Ein weiterer Saal ist dem Koreakrieg (1950–1953) gewidmet. In einem Innenhof werden Artillerie und Luftabwehr gezeigt; dazu gehört auch ein Präsidentenhubschrauber.

Inzwischen sind neuere Installationen der Nachkriegszeit hinzugekommen, darunter eine Zeitachse des kolumbianischen Konflikts mit einem Copper AK-47 von Alex Sastosques, der von einem Zerstörungswerkzeug in ein Kunstobjekt verwandelt wurde – womit das Ende des Bürgerkriegs in Kolumbien symbolisiert werden sollte. Für den Eintritt in dieses Museum ist der Personalausweis unbedingt erforderlich.

Stadtzentrum

In Bogotás kunterbuntem Geschäftszentrum – das in der Calle 19 und Carrera 7 am stärksten pulsiert – ist an autofreien Sonntagen ein leichteres Durchkommen. Dann ist die Carrera 7 für Radfahrer und Fußgänger verkehrsberuhigt (zwischen der Plaza de Bolívar und Calle 26 wird gerade eine Fußgängerzone angelegt). Auch findet hier immer der Mercado de San Alejo (Flohmarkt) statt. Einige der meistbesuchten Sehenswürdigkeiten (vor allem das Museo del Oro) konzentrieren sich nahe La Candeleria entlang der Avenida Jiménez.

★Museo del Oro MUSEUM

(Karte S. 48; www.banrepcultural.org/museo-del-oro; Carrera 6 No 15–88; Mo–Sa 4000 COP, So Eintritt frei; ⌚Di–Sa 9–18, So 10–16 Uhr) Bogotás berühmtestes und eines der faszinierendsten Museen in ganz Südamerika ist das Goldmuseum mit einer Sammlung von mehr als 55 000 Goldstücken und anderen Exponaten von allen großen Kulturen in Kolumbien vor der spanischen Eroberung. Die Ausstellungsstücke sind strukturiert und nach Themenbereichen geordnet auf drei Stockwerke verteilt – mit Beschreibungen in Spanisch und Englisch.

Die Sammlungen im zweiten Stockwerk bestehen aus Fundstücken verschiedener Regionen. Auf Beschreibungen ist nachzulesen, wofür die Gegenstände verwendet wurden. Hier findet man jede Menge Fabelwesen, beispielsweise Jaguar/Frosch, Mensch/Adler; bemerkenswert sind auch die kleinen weiblichen Figuren, die zeigen, welch überraschend wichtige Rollen die Zenú-Frauen einstmals bei religiösen Riten im präkolumbischen Norden spielten.

In der dritten Etage befindet sich der Saal mit den „Opfergaben". Hier wird erklärt, wie Gold bei Ritualen benutzt wurde, etwa in Form von *tunjos* (goldenen Figuren, die verschiedene Aspekte des gesellschaftlichen Lebens repräsentieren), welche in die Laguna de Guatavita geworfen wurden; die berühmteste dieser Gaben wurde im Jahr 1969 nahe der Stadt Pasca gefunden: ein goldenes Boot ohne genaue Bezeichnung, deshalb einfach nach dem Volksstamm der Muisca benannt, kurz „Balsa Muisca". Sein tatsächliches Alter ist bis dato ungewiss, denn nur Goldstücke in Verbund mit anderen Materialien können durch die Radiokarbonmethode altersmäßig bestimmt werden.

Wer über die Beschreibungen hinaus noch mehr Hintergrundgeschichten erfahren will, sollte sich einem einstündigen Rundgang anschließen, der von Dienstag bis Samstag (in Spanisch und Englisch; um 11 und 16 Uhr) angeboten wird, jeweils mit einem anderen Schwerpunkt. Audioguides sind in Spanisch, Portugiesisch, Englisch und Französisch erhältlich.

★ Iglesia de San Francisco KIRCHE

(Karte S. 48; www.templodesanfrancisco.com; Ecke Av Jiménez & Carrera 7; ⏲ Mo–Fr 6.30–22.30, Sa 6.30–12.30 & 16–18.30, So 7.30–13.30 & 16.30 bis 19.30 Uhr) Die im Zeitraum von 1557 bis 1621 erbaute Kirche von San Francisco, gleich westlich vom Museo del Oro gelegen, ist Bogotás ältestes Gotteshaus, das alle Stürme der Zeit überlebt hat. Von besonderem Interesse ist der außergewöhnlich üppig verzierte Goldaltar aus dem 17. Jh. – Bogotás wohl größtes und am aufwendigsten gestaltetes Kunstwerk dieser Art.

Quinta de Bolívar MUSEUM

(Außerhalb von Karte S. 46; www.quintadebolivar.gov.co; Calle 20 No 2-91 Este; Erw./Kind 3000/1000 COP, So frei; ⏲ Di–Fr 9–17, Sa & So 11–16 Uhr) Etwa 250 m bergab westlich der Monserrate-Station liegt dieses reizende Volkskundemuseum inmitten eines Gartens am Fuß des Cerro de Monserrate. Das geschichtsträchtige Palais wurde im Jahr 1800 erbaut und als Dank für dessen Verdienste als Befreier Kolumbiens 1820 dem Präsidenten Simón Bolívar gestiftet. Bolívar verbrachte hier 423 Tage seines Lebens (in einem Zeitraum von 9 Jahren). Die Räume sind mit Reminiszenzen aus dieser Zeit ausgestattet, einschließlich Bolívars Schwert. Wenig wird dagegen über die letzten Tage berichtet, als das Gebäude als Anstalt für Geisteskranke zweckentfremdet wurde.

Englisch- und spanischsprachige Audioguides sind für 1500 COP erhältlich, Führungen in Englisch finden immer am Mittwoch um 11 Uhr statt.

Mirador Torre Colpatria AUSSICHTSPUNKT

(Karte S. 48; Carrera 7 No 24–89; 7000 COP; ⏲ Fr 6–20.30, Sa 14–19.30, So 11–16.30 Uhr) Die Aussichtsplattform im 48. Stockwerk des Colpatria Tower bietet einen herrlichen Blick auf die Stierkampfarena mit den Bürohochhäusern und den Bergen dahinter – außerdem hat man von hier aus einen Rundumblick über Bogotá. Der 162 m hohe Wolkenkratzer, 1979 vollendet, ist der größte Kolumbiens.

Centro Internacional

Inmitten dieser pulsierenden Innenstadtzone schaut man von den Büros aus auf die Carrera 7, wo einige Attraktionen aufwarten.

Museo Nacional MUSEUM

(National Museum; Karte S. 48; www.museonacional.gov.co; Carrera 7 No 28–66; Erw./Kind 4000/1000 COP; ⏲ Di–Sa 10–18, So bis 17 Uhr) Das Museum ist in dem weitläufigen Gebäudekomplex untergebracht, der auf dem Grundriss eines griechischen Kreuzes erbaut wurde und auch El Panóptico genannt wird. Vom englischen Architekten Thomas Reed wurde das Gebäude im Jahr 1874 zunächst als Gefängnis konzipiert. Gegenwärtig sind Modernisierungsarbeiten im Gange, die noch bis 2023 andauern sollen.

Im Rahmen von Themenausstellungen zu Archäologie, Geschichte, Ethnologie und Kunst soll in Zukunft in insgesamt 17 Galerieräumen die wechselhafte Geschichte Kolumbiens gewürdigt werden.

Die ersten beiden Säle – Memoria y Nación und Tierra como Recurso – sind bereits geöffnet und wirken mit ihren weiß getünchten Wänden auffällig modern im Gegensatz zu den in die Jahre gekommenen Galerien im restlichen Museum.

Im dritten Stockwerk vermittelt Raum 16 bestens den damaligen Gefängnisalltag – hier werden alte Zellen in verschiedenster Weise präsentiert. Die erste Zelle rechts betrifft Jorge Gaitán (1903–1948) – einen vor allem bei den unteren Schichten sehr populären Politiker. Seine Ermordung im Jahr 1948 löste den Aufstand der *bogotazo*

NICHT VERSÄUMEN

CERRO DE MONSERRATE

Bogotás stolzes Wahrzeichen – und auch angenehmer Orientierungspunkt – ist der von einer weißen Kirche gekrönte, 3150 m hohe **Monserrategipfel**, dessen Bergflanken, etwa 1,5 km von La Candelaria entfernt, den Osten der Stadt begrenzen. Von den meisten Stadtteilen aus ist der Berg weit über die Hochebene von Sabana de Bogotá (Savanne von Bogotá; manchmal auch „das Tal" genannt) sichtbar. Von ganz oben bietet sich ein atemberaubender Blick auf die Hauptstadt mit ihrer weitläufigen Ausdehnung von insgesamt 1700 km². An einem sonnigen Tag mit gutem Wetter und ausgezeichneten Sichtverhältnissen sind sogar die symmetrischen Umrisse des Bergkegels Nevado del Tolima zu erkennen, der zur Vulkankette Los Nevados der Cordillera Central (National- und Naturparks PNN) 135 km weiter westlich gehört.

Die **Gipfelkirche** ist mit ihrer Altarfigur des Señor Caído (kreuztragender gefallener Christus) aus den 1650er-Jahren eine Art Mekka für Pilger. Ihr wurden auch schon wundersame Heilungen zugeschrieben. Die auf den Fundamenten einer ursprünglichen Kapelle errichtete Kirche wurde 1917 durch ein Erdbeben zerstört. Zwei Restaurants und ein Café laden zur Einkehr ein – Programm genug für einen Tagesausflug.

Der steile **1500-Stufen-Pfad** an Imbissbuden vorbei bis zum Gipfel (60 bis 90 Gehminuten) ist täglich ab 5 Uhr früh begehbar (Di geschl.). Er erfreut sich großer Beliebtheit bei den den *bogotanos*; am Wochenende kann der Weg aufgrund der hohen Diebstahlgefahr riskant sein, jedoch hat es in den letzten Jahren aufgrund erhöhter Polizeipräsenz weniger Anzeigen gegeben. Wer alleine unterwegs ist und nicht so gerne selbst hinaufwandern möchte, nimmt am besten den regelmäßig verkehrenden *teleférico* (Seilbahn) oder die Standseilbahn, die abwechselnd zur **Bergstation Monserrate** (www.cerromonserrate.com; Mo–Sa hin & zurück ab 19 000 COP, So 11 000 COP; ⌚Mo–Sa 6.30–24 Uhr; So 6.30–18.30 Uhr). In der Regel verkehrt die Standseilbahn vor 12 Uhr (Sa 15 Uhr); die Seilbahn dann direkt im Anschluss.

Von der Iglesia de las Aguas an der Nordostecke von La Candelaria führt ein 20-minütiger Fußmarsch zur Talstation der Standseilbahn (man läuft den von einer Backsteinmauer gesäumten Gehsteig entlang an den Springbrunnen vorbei, eine Anhöhe hinauf und an der Universidad de los Andes vorbei) – allerdings ist dieser Weg vorwiegend am Wochenende zu empfehlen, vor allem frühmorgens, wenn viele Pilger unterwegs sind.

aus – aufgrunddessen wurde auch die Eröffnung des Museums verzögert! Danach sollte man den reizvollen Museumsgarten mit dem hübschen gläsernen Café Juan Valdez besuchen; in der nahe gelegenen Calle 29bis kann man auch sehr gut essen.

Nördliches Bogotá

Espacio KB GALERIE

(Karte S. 52; www.facebook.com/kbespacioparalacultura; Calle 74 No 22–20; ⌚Mo–Sa 9–24 Uhr) GRATIS Als eine der hippen Kunstgalerien, die sich in San Felipe, Bogotás nächstem In-Barrio (Szeneviertel) etabliert hat, ist diese Hausgalerie ein Magnet für die Kunst- und Kulturavantgarde der Stadt. Viele der Trendsetter nutzen das als Ausrede, um die Nacht durchzufeiern: DJs, Club Colombia-Bier und 2-für-1 Gin & Tonics heizen die sporadisch angekündigten Late-Night-Partys auf. Kein Tourist weit und breit!

Plaza Central de Usaquén PLAZA

(Los Toldos de San Pelayo, Carrera 6A, zwischen Calles 119 & 119A) Am besten schaut man hier sonntags zum Flohmarkt vorbei (Mercado de las Pulgas; von 9 bis 17.30 Uhr).

Westliches Bogotá

Parque Metropolitano Simón Bolívar PARK

(Karte S. 46; www.idrd.gov.co/sitio/idrd/node/233; Calle 63 & 53, zwischen Carreras 48 & 68; ⌚6–18 Uhr) Mit 360 ha Gesamtfläche ist der Stadtpark ein bisschen größer als der Central Park in New York. Das wird von vielen der 200 000 Spaziergänger, die hier am Wochenende Ruhe und Entspannung suchen, immer wieder gerne betont. Der schöne Fleck bietet neben einigen Seen, Rad- und Gehwegen auch öffentliche Bibliotheken, Sportplätze und viele Veranstaltungen, z. B. das beliebte *Rock al Parque* im Oktober bzw. November (jedes Jahr).

Die Haltestelle „Simón Bolívar" auf der TransMilenio-Linie E fährt bis an das östliche Ende des Parks (an der Avenida Ciudad de Quito und Calle 64).

Maloka MUSEUM
(Karte S. 46; ☎1-427-2707; www.maloka.org; Carrera 68D No 24A–51; Kombitickets 27 000–38 000 COP; ⏲Mo–Fr 8–17, Sa & So 10–19 Uhr) Einen Kilometer südlich des Parks und einen kurzen Fußmarsch von der Bushaltestelle im geplanten Stadtviertel Ciudad Salitre entfernt, ist Maloka ein auf Kinder ausgerichtetes, interaktives Wissenschafts- und Technologiezentrum. Zahlreiche Kinder in Schuluniformen betätigen sich hier spielerisch in den acht Sälen – sie wenden Physik praktisch an, um ein Auto zu heben oder turnen und tüfteln im Spielzeugpark an lebensgroßen Objekten herum.

Zudem gibt es Hightech-Kinos, beispielsweise das Cine Domo, in dem 40-minütige Filme auf einer riesigen Kuppelleinwand vorgeführt werden, und ein 3D-Kino.

Aktivitäten

Wer einen Platz sucht, um ein wenig zu kicken oder zu joggen, sollte es mit dem Parque Simón Bolívar versuchen oder wochenends früh am Morgen auf den Monserrate hochwandern. Auch sollte man nicht vor einem Ausflug auf zwei Rädern zurückschrecken. Bogotá bietet nämlich verschiedenste Möglichkeiten für Radtouren, beispielsweise kann man mit dem Drahtesel auf dem weit verzweigten, etwa 350 km langen Radwegenetz der **CicloRuta** unterwegs sein; verschiedene Strecken führen quer durch die Stadt. Gelegenheit dazu bieten auch die autofreien Tage der **Ciclovía** (www.idrd.gov.co), wenn etwa 121 km des Straßennetzes Radfahrern und Fußgängern vorbehalten bleiben, nämlich sonntags und feiertags von 7 bis 14 Uhr. Im Rahmen des flächendeckenden Großstadtevents werden die Teilnehmer bestens versorgt: Fruchtsaftstände und Imbissverkäufer am Wegesrand, Straßenkünstler und Radreparaturwerkstätten. Überall herrscht ausgelassene Partystimmung, mit oder ohne Rad! Wer selbst mitradeln will, kann das im Rahmen des vergnüglichen Radsportevents **Ciclopaseo de los Miercoles**, der immer mittwochs stattfindet. Hier kann jeder ohne Teilnahmegebühr mitmachen! Allgemeiner Treffpunkt ist an der **Plaza CPM** (Karte S. 52; www.facebook.com/ruedodeciudad; Carrera 10 & Calle 96) um 19 Uhr.

Gran Pared KLETTERN
(Karte S. 46; ☎316-578-2653; www.granpared.com; Calle 52 No 15-27; Ganztagestour mit/ohne Ausrüstung 25 000/20 000 COP; ⏲Mo–Fr 14–22, Sa 10–19, So 10–18 Uhr) Bogotás Kletterer treffen sich an den Felswänden im nahe gelegenen Suesca; wer aber seine Geschicklichkeit in der Stadt perfektionieren will, findet dort eine hochmoderne Kletterwand mit 11 Hauptlinien (22 Routen), 16 Toprope-Linien (32 Routen) und einem Boulderbereich.

Sal Si Puedes WANDERN
(Karte S. 48; ☎1-283-3765, 300-436-1196; www.fundacionsalsipuedes.org; Carrera 7 No 17–01, Oficina 640; ⏲Mo–Do 8–17, Fr bis 14 Uhr) „Geh raus aus der Stadt, wenn du kannst", so lautet die Devise des gleichnamigen Wandervereins für Outdoorfreunde. Jedes Wochenende werden Wanderungen rund um Bogotá organisiert (55 000 COP pro Person, einschließlich Transport und spanisch sprechende Guides). Die meisten Wanderungen dauern immerhin neun bis zehn Stunden. Der detaillierte Jahresplan liegt direkt dort auf. Einfach mal vorbeischauen!

Kurse

Nueva Lengua SPRACHKURS
(Karte S. 56; ☎Festnetz 1-813-8674, Mobil 315-855-9551; www.nuevalengua.com; Calle 69 No 11A–09, Quinta Camacho) Diese Sprachenschule hat ein vielfältiges Kurs- und Studienangebot – und dies auch in ihren Niederlassungen in Medellín und Cartagena. Gruppenkurse mit 20 Stunden pro Woche kosten 120 bis 185 US$, je nach Anzahl der Kurswochen; dazu gehören auch Kochkurse.

Escuela de Artes y Oficios Santo Domingo KUNSTHANDWERK
(Karte S. 48; ☎1-282-0534; www.eaosd.org; Calle 10 No 8–65; Kurse ab 494 000 COP; ⏲Büro Mo–Sa 7–17 Uhr) Dieses von einer Stiftung subventionierte Institut bietet in einem herrlich restaurierten Gebäude in La Candeleria für die Dauer von ein bis zwei Monaten (oder auch länger) Kurse für Holzarbeiten, Kürschnerei, Silberschmieden, Stickerei und Weben an. Wenn es sich auch nicht um einen klassischen Store handelt, so findet man hier doch den wohl besten Kunsthandwerksladen in der ganzen Stadt, mit feinsten handwerklich gefertigten Objekten.

International House Bogotá SRACHKURS
(Karte S. 48; ☎1-336-4747; www.ihbogota.com; Calle 10 No 4–09; ⏲Mo–Fr 7–20, So 7–13 Uhr)

BOGOTÁ FÜR KINDER

Bogotá ist nicht unbedingt kinderfreundlicher als andere südamerikanischen Städte und auch hier gibt es die üblichen Skurrilitäten: Aufgerissene Trottoirs versetzen Eltern mit Kinderwägen ins Chaos. Hingegen bescheren Weltklasse-Zauberwelten wie das **Maloka** (S. 61) etwas Trost. Im Allgemeinen ist die Hauptstadt eine sichere Destination für Reisen mit Kindern; hingegen sollte man bei den Einrichtungen nicht die in Europa oder Nordamerika üblichen Standards erwarten. Wickelräume sind nicht überall garantiert, aber in etwas gehobeneren Lokalitäten sind sie durchaus vorhanden.

Mit seiner Fülle an Museen ist Bogotá ein wunderbarer „Edutainment"-Spot, der jungen Leuten auf Schritt und Tritt einen wertvollen Einblick in Kultur und Geschichte des Landes gibt. Maloka ist ein kinderfreundliches Wissenschaftsmuseum mit IMAX-Dome-Kino und ganz klar der Treffpunkt Nr. 1 für Kinder. Die pummeligen Skulpturen im **Museo Botero** (S. 51) jedoch können auch spaßig sein, das **Museo El Chicó** (Karte S. 52; www.museodelchico.com; Carrera 7A No 93–01, Mercedes Sierra de Pérez; Erw./Stud. 7000/5000 COP; ⌚Di–So 10–17 Uhr) hat einen Kids' Park und eine Bücherei. Der **Parque Metropolitano Simón Bolívar** (S. 60), Bogotás Vorzeigepark, ist ideal zum Picknicken; aber auch der Aufstieg zum **Monserrate** (S. 60) kann Kindern Spaß bereiten. An der **Plaza de Bolívar** (S. 50) wird von Straßenhändlern Vogelfutter verkauft, um die (vielen) Tauben dort anzulocken. Wer lustige Hüte bestaunen will, kann dies vor der nahe gelegenen **Casa de Nariño** bei der Wachablösung der Präsidentengarde tun.

Wer in netter Atmosphäre eine kleinen Snack essen oder etwas Süßes naschen will, wird u. a. fündig bei **Crepes & Waffles** (S. 71), im Schiffscontainer-Foodcourt in der **Container City** (S. 76), im Burgerlokal **El Corral** (S. 71) und in der Eisdiele **La Paletteria** (Karte S. 52; www.lapaletteria.co; Ecke Carrera 13 & Calle 84; Stieleis 4500–6000 COP; ⌚Mo–Do 11–21, Fr & Sa 10–22, So 11–19.30 Uhr). Nicht verpassen: ein Mittagessen bei **Andrés D.C.** (S. 72) oder im **Andrés Carne de Res** (S. 72). Oder besser noch – wenn es einen Kindergeburtstag zu feiern gibt – kann das Andrés eine Fete schmeißen, die man sein Leben lang nicht vergisst!

Diese Sprachenschule bietet neben Spanischkursen in La Candelaria (220 US$ pro Woche für fünf Vormittage à 4 Stunden) auch Privatlehrer an (30 US$ pro Stunde); hinzu kommen noch ungefähr 40 US$ für diverse Kursmaterialien.

Universidad Javeriana's Centro Latinoamericano SPRACHKURS
(Karte S. 46; ☎1-320-8320 Nebenstelle 4612; www.javeriana.edu.co/centro-lenguas; Transversal 4 No 42–00, Piso 6) Universidad Javeriana's Centro Latinoamericano, Bogotás wohl bekannteste Sprachenschule, bietet in ihrem Programm Privatunterricht für etwa 122 000 COP pro Stunde sowie Gruppenkurse (insgesamt 80-Stunden für rund 2 608 000 COP pro Person) an.

Geführte Touren

Kostenfreie Wandertouren starten täglich um 10 Uhr (Di und Do in Englisch, um 14 Uhr). Treffpunkt ist die Filiale des Punto de Información Turística in La Candelaria (PIT S. 85). Voranmeldung erforderlich!

★ **Breaking Borders** KULTURTOUR
(Karte S. 48; ☎Diana 321-279-6637, Jaime 304-686-0755; Plaza del Chorro del Quevedo; 25 000 COP; ⌚Di & Do 23 Uhr) Bogotás faszinierendste neue Tour geht durch das „Tabu"-Viertel Barrio Egipto mit *La 10ma*-Bandenmitgliedern, die ihr Leben als Kriminelle zugunsten einer Kulturinitiative hinter sich gelassen haben. Dieses begrüßenswerte Projekt wurde von der Universidad Externado de Colombia in Zusammenarbeit mit Impulse Travel ins Leben gerufen.

Frühere Bandenmitglieder wie Jaime Roncancio – auf der Straße bekannt als „El Calabazo" oder „Der Kürbis" – führen die Gruppe mitten durch ihr ehemaliges Revier. Die Gegend wird von vier Banden kontrolliert und ist bis heute eine No-go-Zone – es sei denn, man befindet sich unter seinem Schutz. Man erfährt dabei einiges über die Geschichte des organisierten Verbrechens im Stadtviertel (z. B. über *Bazuco*, eine günstige, aber hochgefährliche Droge aus Kokainresten, Ziegelstaub, Azeton und menschlichen Knochen) und über Typen mit

Namen wie Carlos Gasolina. Beides ist sehr stark präsent. Im Rahmen der Tour genießt man auch atemberaubende Blicke auf die Stadt und besucht frühere Bandenmitglieder zu Hause. Wer Glück hat, kommt in den Genuss von lokaltypischem *chicha* (hausgemachter Fusel aus fermentiertem Mais). Wer Spanisch spricht, kann auf eigene Faust losziehen – die zwei- bis dreistündigen Touren beginnen dienstags und donnerstags um 11 Uhr an der Plaza Del Chorro del Quevedo (telefonische Voranmeldung bei Jaime oder Diana); oder inklusive Organisation der Hoteltransfers und eines Dolmetschers über Impulse Travel für 120 000 COP. Trinkgelder unterstützen die Community (20 000 COP sind angemessen).

★ Bogotá Bike Tours RADTOUREN
(Karte S. 48; ☎312-502-0554; www.bogotabiketours.com; Carrera 3 No 12–72; Touren 40 000 COP, Leihgebühr Stunde/Tag 9000/45 000 COP) Betreiber dieses Veranstalters ist der kalifornische Fahrradenthusiast Mike Caesar, der mit seinen Touren eine faszinierende Möglichkeit bietet, Bogotá zu erkunden, vor allem aber die gefährlichen Stadtviertel, in die man ansonsten gar nicht erst vordringt. Die Touren starten täglich jeweils um 10.30 Uhr und 13.30 Uhr. Treffpunkt ist das Bike-Tours-Büro in La Candelaria.

Zu den typischen Highlights gehören La Candelaria, ein Obst- und Lebensmittelmarkt, der jede Menge superscharfe Sachen anbietet – besonders interessant ist es, die Gewürzhändler bei ihrer Arbeit zu beobachten! Des Weiteren sind da noch die Plaza de Toros de Santamaría vor der Stierkampfarena, eine kolumbianische Kaffeerösterei, ein wenig *tejo* (vergleichbar mit dem italienischen Bocciaspiel) und das Rotlichtviertel.

Aventure Colombia ÖKOTOUREN
(Karte S. 48; ☎1-702-7069; www.aventurecolombia.com; Av Jiménez No 4–49, Oficina 204; ⏲Mo–Sa 8–17 Uhr) Eine Agentur für Genusstouren, die von einem charmanten französischen Expat geführt werden. Der Veranstalter hat sich auf landesweite Touren abseits ausgetretener Pfade und in entlegene Regionen spezialisiert, wie beispielsweise durch die faszinierenden Cerros de Mavecure, in den Nationalpark El Tuparro und nach Caño Cristales (Juli bis November) in Los Llanos sowie nach Punta Gallinas auf der Halbinsel Guajira und Touren mit Übernachtungen bei einheimischen Familien in der Sierra Nevada von Santa Marta.

Bogota & Beyond TOUREN
(Karte S. 48; ☎304-455-9723, 319-686-8601; www.bogotaandbeyond.com; Carrera 3 No 12C–90; ⏲Mo 12–17, Mi–Sa 12.30–21.30, So 12.30–19 Uhr; 🚇Las Aquas TransMilenio-Station | Museo del Oro TransMilenio-Station) Mitgemacht beim Spiel-ohne-Grenzen-Spaß der Septima Challenge! Entlang der Ciclovía-Route kann man im Teamwettbewerb Spanisch üben und so viele Herausforderungen wie möglich in lediglich zwei Stunden bestehen. Zudem werden von diesem neuen Veranstalter andere, auch gemütlichere Touren angeboten. Die Agentur ist von zwei freundlichen Australiern ins Leben gerufen worden.

Weitere Optionen sind die Erkundung der aufstrebenden Craftbierszene Bogotás im Rahmen der Bogotá-Craftbier-Tour oder einmal die Woche eine Wildniswanderung in die Berge hinter Chapinero; des Weiteren sind Touren zum Wasserfall La Chorrera oder zum Guatavita-See und zur Salzkathedrale (Catedral de Sal) im Salzbergwerk von Zipaquirá im Programm.

Impulse Travel TOUREN
(Karte S. 56; ☎1-753-4887; www.impulsetravel.co; Calle 65 No 16-09; ⏲Mo–Fr 9–17 Uhr) Die altbewährten Stadttourexperten von Destino Bogotá haben sich inzwischen landesweit etabliert: Nach dem Rebranding auf Impulse Travel stehen hervorragende Zwei- bis Fünf-Tages-Rundreisen ab Bogotá im Programm, um zu Must-see-Destinationen wie Caño Cristales und in den Nationalpark Tayrona zu gelangen; das Angebot umfasst auch spielerische Stadt- und Umgebungstouren inklusive Salsakurse, *Tejo*-Nächte (vergleichbar mit Boccia-Partien) und kulinarische Touren; unbedingt empfehlenswert ist die Breaking-Borders-Tour in das Barrio Egipto („ägyptisches Viertel") im Rahmen eines umjubelten Sozialprojekts.

Zum Standardangebot gehören neben den Ausflügen nach Guatavita/Zipaquirá auch Wanderungen nach La Chorrera und Besichtigung von Kaffeebetrieben. Das Büro befindet sich in dem sehr angesagten Co-Working-Space Tierra Firme.

Bogotá-Craftbier-Tour ESSEN & AUSGEHEN
(Karte S. 48; www.bogotacraftbeer.com; Carrera 3 No 12C–90; 75 000 COP; ⏲Mo–Fr 16, Sa 14 Uhr) Zwei australische Bierfreunde organisieren diese gemütliche Genusstour zu mindestens vier kolumbianischen Klein- und Mikrobrauereien, u. a. zur Cervecería Gigante (Bogotás beste Brauerei) und Madriguera

Brewing Co. (ansonsten nicht öffentlich zugänglich). Im Rahmen der Tour wird ein Bier pro „Boxenstopp" verkostet. Es lohnt sich, auch mal in ihrer kleinen Bierbar Papaya Gourmet (S. 69) vorbeizuschauen.

5Bogotá KULTURTOUREN
(☎313-278-5898, 314-411-1099; www.5bogota.com) Diesen Touranbieter gibt es erst seit Kurzem. Hier haben sich jüngere Bogotanos tatkräftig zusammengeschlossen, um eine Agentur aufzubauen, die jenseits des üblichen Standardprogramms besondere Erkundungstouren quer durch die Stadt anbietet; dazu gehören auch Sinneserfahrungen, die zu Bogotás gelebtem Alltag gehören.

Das Motto dieser einzigartigen Stadtrundgänge lautet: ins authentische Markttreiben eintauchen und touristischen Hotspots eher fernbleiben! Lernen, wie man richtige *empanadas* oder *patacones* (grüne Kochbananen) macht; Salsakurse bei Einheimischen zu Hause und Ähnliches.

Bogotá Graffiti Tour KUNSTTOUREN
(Karte S. 48; ☎321-297-4075; www.bogotagraffiti.com; ⏲Touren 10 & 14 Uhr) GRATIS Dieser großartige, etwa 2½-stündige Stadtspaziergang führt Kunstinteressierte durch Bogotás bemerkenswerte Stadtlandschaft. Die Bogotá Graffiti Tour findet täglich um 10 Uhr sowie um 14 Uhr statt; Startpunkt ist der Parque de los Periodistas.

Die Teilnahme an sich ist kostenlos, jedoch freut sich der Gästeführer über ein Trinkgeld (20000–30000 COP).

Feste & Events

Festival Iberoamericano de Teatro de Bogotá THEATER
(FITB; www.facebook.com/FITBogota; ⏲März/April) Alle zwei Jahre stattfindendes 17-tägiges Festival (in allen geraden Jahren, also 2018, 2020, 2022 etc.), das zu den größten Bühnenkunstfestivals der Welt zählt – hier nehmen die bedeutendsten Theaterkompanien der Welt aus allen Kontinenten teil. Zu den Veranstaltungen an verschiedenen Spielorten innerhalb des Stadtgebiets gehören u. a. Straßentheater, internationale Konzerte, klassischer Tanz, Kinder- und Jugendtheater und Geschichtenerzählen.

Rock al Parque MUSIK
(www.rockalparque.gov.co; Parque Metropolitano Simón Bolívar; ⏲Juli) Drei Tage lang spielen im Parque Simón Bolívar zumeist südamerikanische Bands Rock, Metal, Pop, Funk und Reggae zum Nulltarif. Zu dieser Mega-Veranstaltungen strömen die Musikfans in riesigen Massen herbei.

Alimentarte ESSEN & AUSGEHEN
(☎1-236-1329; www.alimentarte.site; Parque El Virrey; ⏲Aug.) Einige der besten Köche Kolumbiens und Feinschmecker kommen im Parque El Virrey an fünf Schlemmertagen zu Speis und Trank auf höchstem Niveau zusammen – und zwar im Rahmen dieses gemütlichen Kulinarikfestivals im nördlichen Bogotá. Die ersten Tage stehen ganz im Zeichen eines Gastlandes (2017 war es beispielsweise Frankreich), während an den beiden letzten Tagen das Feinste einer bestimmten Regionalküche Kolumbiens präsentiert wird (2017 waren es Köstlichkeiten aus dem Altiplano Cundiboyacense).

Festival de Verano KULTUR
(www.idrd.gov.co; Parque Metropolitano Simón Bolívar; ⏲Aug.) Acht Tage Musik und Kultur im Parque Simón Bolívar – kostenlos.

Festival de Jazz MUSIK
(www.teatrolibre.com; Calle 62 No 9A-65; ⏲Sept.) Das Jazzfestival findet neuerdings in Chapinero statt und bringt regionale und nationale Latin-Jazz-Künstler auf die Bühnen sowie gelegentlich auch eine Jazzgröße aus den USA oder aus Europa.

Hip Hop al Parque MUSIK
(www.hiphopalparque.gov.co; Parque Metropolitano Simón Bolívar; ⏲Okt.) Zwei Tage lang beherrschen Hip-Hop-Rhythmen den Parque Metropolitano Simón Bolívar.

Festival de Cine de Bogotá FILM
(☎1-545-6987; www.bogocine.com; ⏲Okt.) Mit fast 35-jähriger Historie zieht das Filmfestival Bogotá Filmemacher aus aller Welt an, normalerweise mit einem dichten Repertoire an lateinmerikanischen Produktionen.

Salsa al Parque SALSA
(www.salsaalparque.gov.co; Parque Metropolitano Simón Bolívar; ⏲Nov.) Die Gelegenheit ausgefallene Salsa-Performances im Parque Simón Bolívar mitzuerleben.

Expoartesanías KUNSTHANDWERK
(www.expoartesanias.com; Carrera 37 No 24-67; ⏲Dez.) Auf dieser Kunsthandwerksmesse stellen Kunsthandwerker aus ganz Kolumbien ihre Produkte aus. Da alle Werke auch zum Verkauf stehen, bietet die Messe also hervorragende Einkaufsmöglichkeiten.

ABSTECHER

ZIPAQUIRÁ

Der bei Weitem beliebteste Tagesausflug ab Bogotá ist ein Abstecher zur etwa 50 km weiter nördlich gelegenen **Salzkathedrale Zipaquirá** (☎315-760-7376; www.catedraldesal.gov.co; Parque de la Sal; Erw./Kind ab 50 000/34 000 COP; ⊙9–17.45 Uhr). Sie gehört zu den drei weltweit existierenden unterirdischen Gebilden (Bergwerksstollen) dieser Art (die beiden anderen befinden sich im weit entfernten Polen).

In den circa 500 m südwestlich von Zipaquirá gelegenen Bergen gab es einst zwei Salzkathedralen: die erste wurde 1954 für Besucher zugänglich gemacht und 1992 aus Sicherheitsgründen wieder geschlossen. Jedoch kann man heute die atemberaubende „Nachfolgerkathedrale" dort besichtigen. In den Jahren 1991 bis 1995 wurden etwa 250 000 t Salzgestein abgebaut, um dieses stimmungsvolle, ätherische Heiligtum im Bauch der Erde zu errichten. Seit jeher gilt es als eines der größten architektonischen Meisterwerke Kolumbiens. Beim Abstieg in 180 m Tiefe geht es durch 14 kleine Kapellen mit bildlichen Darstellungen der Kreuzwegstationen Christi. In jeder dieser Szenen spiegelt sich in beeindruckender Sentimentalität die kunstvolle Synthese aus Symbolismus und Bergbau. Im Hauptschiff erwartet die völlig verblüfften Besucher ein gigantisches Kreuz (das größte weltweit in einer unterirdischen Kirche), welches – von unten her angestrahlt – so aussieht, als sei man im Himmel angekommen. Die Tradition, Religion mit Salz zu verbinden, wurzelt in einem ganz logischen Zusammenhang: Die Arbeit in den Salzbergwerken war lebensgefährlich, deswegen wurden dort Altäre errichtet.

Alle Besucher müssen sich für den Zugang zur Kathedrale einer Gruppe anschließen, die sich dann auf eine stundenlange Besichtigungstour begibt. Man kann sich aber – einmal im Salzbauwerk drin – auf Wunsch auch von der Gruppe lösen. Die etwa 75 m lange Mine hat Platz für rund 8400 Menschen; jeden Sonntag werden Gottesdienste abgehalten, die sich eines (überaus) regen Zulaufs erfreuen.

Eine Möglichkeit, Zipaquirá zu erreichen, ist es den regelmäßig verkehrenden Bus zu nehmen, der am TransMilenio-Bahnhof (Busparkplatz Portal del Norte in der Calle 170) abfährt; vom Stadtzentrum dauert die Fahrt etwa 45 Minuten. Von dort starten bis 23 Uhr ungefähr alle vier Minuten Busse nach Zipaquirá (4300 COP, 50 Min.) an der Haltebucht innerhalb des Busbahnhofs für regionale Städteverbindungen (Bus Intermunicipal). Oder man nimmt ab dem Busbahnhof Bogotá einen Direktbus, der stündlich ab dem *Modul 3* (rot) (5100 COP, 1½ Std.) abfährt. Alternativ fährt auch ein Turistren (immer samstags und sonntags von Bogotá nach Zipaquirá). Der Zug fährt ab dem Hauptbahnhof Bogotá **Estación de la Sabana** (Calle 13 No 18–24) um 8.30 Uhr, hält um 9.20 Uhr kurz im Bahnhof Usaquén und erreicht Zipaquirá um 11.30 Uhr. Ab Zipaquirá verkehren täglich auch mehrere Busse nach Villa de Leyva.

Eine Fahrt mit dem Taxi ab Bogotá zur Bergwerksbesichtigung sollte keinesfalls mehr als 180 000 COP betragen (hin & zurück; zusätzlich 25 000 COP pro Std. für die Wartezeit; eine einfache Fahrt mit dem Fahrdienst Uber kostet außerhalb der Stoßzeiten ungefähr 67 700 COP).

Etwa 15 km nordöstlich der Stadt **Nemocón** befindet sich ein kleineres (und weniger touristisches) Salzbergwerk, das täglich besichtigt werden kann. Dieses Bergwerk ist seit ungefähr 400 Jahren in Betrieb und diente sogar einmal als Rathaus. Um hierher zu kommen, bietet sich am besten eine Fahrt mit dem Taxi an.

Schlafen

Geschäftsreisende oder Touristen mit Vorliebe für das Besondere finden in der Calle 65 eine Auswahl an Boutique- und Businesshotels, die in der Calle 65 verstreut liegen; viele sind sogar in Gehweite zu pulsierenden Stadtbezirken wie der Zona G, Zona Rosa oder dem Parque 93. Wer im Schnelldurchlauf alle Sehenswürdigkeiten abhaken will, sollte sich lieber gleich in La Candelaria einquartieren; dort befinden sich auch noch preiswertere Unterkünfte.

La Candelaria

In den letzten Jahren gab es in der historischen Vorstadt von La Candelaria eine wahre Explosion an neuen Pensionen. Dort sind die Zimmer komfortabler als in den billigeren schmuddeligen Hotels, die oft schon in die Jahre gekommen sind. Touristen mit Sinn für Luxus finden hier eine Reihe von Lokalitäten mit kolonialem Flair, mehr noch als irgendwo sonst in der Hauptstadt.

Botanico Hostel HOSTEL **$**

(Karte S. 48; ☎ 313-419-1288; www.botanicohostel.com; Carrera 2 No 9–87; B 30 000 COP, Zi. mit/ohne Bad 100 000/80 000 COP, 3BZ 140 000 COP; @ 📶) In einem weitläufigen Haus mit knarzenden Holzböden, wo einst der kolumbianische Maler Gonzalo Ariza wohnte, verströmt diese neue Adresse in La Candelaria kolonialen Charakter und historisches Flair. Originelle Details wie Holzbalkendecken und ideale Räume zum Chillen (Lounge mit Kaminecke, dschungelartiger Garten, herrliche Dachterrasse mit Blick auf die Stadt und die Berge) lassen einem den Abschied schwerfallen; ein geräumiges Privatzimmer mit Holzofen kann da auch nicht helfen. Auf der Dachterrasse findet täglich um 10 Uhr eine Yogasession statt.

Casa Bellavista HOSTEL **$**

(Karte S. 48; ☎ 1-334-1230; www.bellavistahostelbogota.com; Carrera 2 No 12B–a 31; B ab 25000 COP, EZ/DZ ab 70 000/80 000 COP, jeweils inkl. Frühstück; @ 📶) Hier erwartet die Gäste ein gutes Preis-Leistungs-Verhältnis und jede Menge nostalgisches Flair. Das kleine familiengeführte Hostel befindet sich in einem geschichtsträchtigen Haus unweit der Plazoleta del Chorro de Quevedo. Auf mysteriös knarzenden Parkettböden hat man Zugang zu den farbenfroh gestalteten Mehrbettzimmern (alle mit eigenem Bad). Außerdem gibt es noch drei geräumige, detailverliebt dekorierte Zimmer; besonders originell wirken die Fliesenböden – unser Lieblingszimmer ist nach Art eines Lofts mit Wendeltreppe gestaltet. Kürzlich wurde einen Block weiter ein ganz ähnliches Casa Bellavista II eröffnet. Das Stammhaus ist allerdings immer noch unser Favorit!

★ **Cranky Croc** HOSTEL **$$**

(Karte S. 48; ☎ 1-342-2438; www.crankycroc.com; Calle 12D No 3–46; B ab 35000 COP, EZ/DZ/3BZ 100 000/130 000/150 000 COP, EZ/DZ ohne Bad 75 000/100 000 COP; @ 📶) 🍃 Ein altbewährtes, zentrales Hostel in neuem Gewand: Der Betreiber ist ein sympathischer Australier. Kaum von der Candelaria-Originalversion zu unterscheiden, sind die neuen Räumlichkeiten nach den Renovierungsarbeiten heller und luftiger, u. a. durch ein Steakrestaurant (der Küchenchef zaubert auch hervorragende Frühstücksvariationen). Das Hostel verfügt über zehn Zimmer auf Boutiquehotel-Niveau, eine TV-Lounge (großer Bildschirm) und eine Dachterrasse. Die acht Mehrbettzimmer sind mit Schließfächern, Leselampen und individuellen Steckdosen für Ladegeräte ausgestattet.

★ **Masaya Bogota Hostel** HOSTEL **$$**

(Karte S. 48; ☎ 1-747-1848; www.masaya-experience.com; Carrera 2 No 12–48; B ab 38 000 COP, Zi. mit/ohne Bad ab 150 000/100 000 COP; @ 📶) Hier wird Flashpacker-Luxus auf ein neues Niveau angehoben: Abenteuerlustige mit Sinn für das Ungewöhnliche finden in diesem großen Hostel mit französischem Inhaber bemerkenswert komfortable Mehrbettzimmer. Vorhänge zwischen den Schlafplätzen bieten ausreichend Sichtschutz und Privatsphäre. Originell sind auch die riesigen Sitzsäcke, einfach himmlisch die flauschigen Kissen und Bettdecken!

Währenddessen entsprechen die sehr geräumigen separaten Zimmer gängigen Hotelstandards. Ein besonderes Qualitätsmerkmal sind die erstklassigen Kleiderschränke und die modernen TV-Flachbildschirme. Auch die Gemeinschaftsbereiche sind herrlich ausgestattet; aus den Hochdruckduschen fließt stets heißes Wasser. Außerdem werden sehr viele kulturelle Aktivitäten angeboten.

Casa Platypus PENSION **$$**

(Karte S. 48; ☎ 1-281-1801; www.casaplatypusbogota.com; Carrera 3 No 12F–28; B/EZ/DZ/3BZ 50 000/152 000/173 000/210 000 COP; @ 📶) Diese niveauvolle Unterkunft ist genau das Richtige für anspruchsvolle Rucksacktouristen, die sich spontan für das Beste entscheiden wollen. Die Zimmer, alle mit eigenem Bad, sind mit Hartholzmöbeln ausgestattet, ganz nach maskulinem Geschmack; von einer schmalen Terrasse aus hat man den besten Ausblick auf das quirlige Treiben unten auf den Straßen: So zum Beispiel führen werktags um 17 Uhr defilierende Studenten in einer Art Modeschau immer ihr neuestes Outfit vor. Außerdem bietet die herrliche Dachterrasse wunderbare Ausblicke auf den Monserrate.

Anandamayi Hostel HOSTEL **$$**

(Karte S. 48; ☎ 1-341-7208; www.anandamayihostel.co; Calle 9 No 2–81; B/EZ/DZ ohne Bad 40 000/

108 000/140 000, DZ 150000 COP, jeweils inkl. Frühstück; @) Südlich des zentralen Hostel-Areals steht dieses reizvolle und kolonial anmutende Stadthaus mit einer weiß getünchten Fassade und türkisfarbenen Details, ausgestattet mit Holzgebälk-Plafonds, jeder Menge Wolldecken und Kolonialmöbeln. Die Zimmer und der 13-Betten-Schlafsaal sind um einige halbbelaubte zentrale Innenhöfe mit Hängematten gruppiert.

Eine erstklassige Unterkunft, die sich inmitten von La Candelaria befindet – für alle Gäste, die sich nach etwas Ruhe und Stille sehnen und sich von allzu sehr auf US-amerikanischen Geschmack zugeschnittenem Ambiente fernhalten wollen.

★Orchids BOUTIQUEHOTEL **$$$**

(Karte S. 48; 1-745-5438; www.theorchidshotel.com; Carrera 5 No 10–55; Zi. 580 000 COP, Suite 680 000 COP; @) Hinter der fliederfarbenen Fassade verbirgt sich La Candelarias niveauvollste und schickste Hoteladresse, ein Boutiquehotel mit persönlicher, individueller Atmosphäre – mit lediglich sechs Zimmern. Absolut grandios aufgrund seines historischen Ambientes.

Alle Räumlichkeiten sind großzügig gestaltet, jedes einzelne Zimmer ist in ein anderes Design getaucht, jedoch stets mit geschmackvollen Stilmöbeln ausgestattet (einige sind sogar noch original erhalten und stammen aus dem früheren historischen Herrenhaus); dann sind da noch Baldachinbetten, Porzellanwaschbecken und Sekretäre aus massivem Holz, um nur einige der besonderen Details zu beschreiben.

★Casa Deco BOUTIQUEHOTEL **$$$**

(Karte S. 48; 282-8640; www.hotelcasadeco.com; Calle 12C No 2-36; EZ/DZ inkl. Frühstück ab 210 000/252 000 COP; @) Dieses schmucke Hotel mit 22 Zimmern wird von einem italienischen Smaragdhändler betrieben. Im Vergleich zur riesigen Anzahl von Pensionen, die es in der Gegend gibt, hebt sich diese Unterkunft deutlich vom Mainstream ab. Die Zimmer sind in sieben verschiedenen hellen Farben gestrichen und mit erlesenen, kunstvoll gearbeiteten Hartholzmöbeln ausgestattet, inklusive Schreibtische und Futonbetten sowie einige kürzlich installierte schalldichte Türen und Fenster.

Zum Frühstück spielt ein Gitarrist. Das Personal ist ungemein freundlich und aufmerksam. Die Terrasse mit Blick auf den Monserrate und den Cerro de Guadalupe hat eine fast hypnotisierende Wirkung.

Chapinero

★12:12 Hostel HOSTEL **$$**

(Karte S. 56; 1-467-2656; www.1212hostels.com; Calle 67 No 4–16; B ab 35 000 COP, Zi. 138 000 COP; @) Das künstlerische Hostel verkörpert die Avantgarde-Szene von Chapinero Alto: Recycelte Objekte wie entsorgte Fahrräder, die als skurrile Kunstinstallation zusammen mit einem Sammelsurium an Büchern die Wände pflastern, sind das Rückgrat dieses tonangebenden Designhostels.

Die ziemlich farbenfroh gestalteten Schlafsäle bieten die wohl bequemsten Betten in ganz Bogotá, mit kuscheligen Daunendecken, Leselampen und blickdichten Trennvorhängen; und dann sind da noch die große, moderne Gemeinschaftsküche und die Badezimmer mit Fliesen aus Schiefer, was weit über das Niveau eines gewöhnlichen Hostels hinausreicht.

Fulano Backpackers HOSTEL **$$**

(Karte S. 56; 1-467-2530; www.facebook.com/fulanobackpackers; Carrera 10A No 69–41; B ab 30 000 COP, Zi. mit/ohne Bad ab 120 000/95 000 COP; @) Das historisch anmutende Herrenhaus, ein regelrechtes „Boutique"-Hostel, steht unter italienisch-kolumbianischer Regie und liegt im Quinta Camcho im nördlichen Chapinero. Das Interieur ist dem Auge wohlgefällig: eine Kombination aus massiven, rustikalen Holzmöbeln, minimalistischen Designvarianten und raffiniert gefliesten Bädern. Insgesamt ein beeindruckendes Beispiel für gelungene Raumästhetik, noch dazu auf Hostel-Ebene! Auch verschiedene DJs, Livemusik-Einlagen und spontane Grillpartys sind nichts Ungewöhnliches hier. Der Grill ist übrigens eine Spezialanfertigung der besonderen Art. Und überhaupt weht im Fulano Backpackers ein Wind von einem kulturellen Selbstverständnis, in welche Ecke man auch schaut.

Zona G

★Casa Legado BOUTIQUEHOTEL **$$$**

(Karte S. 56; 318-715-9519; www.casalegadobogota.com; Carrera 8 No 69–60; Zi. inkl. Frühstück 180 000-280 000 COP; P @) Auf in dieses renovierte Art-déco-Anwesen aus den 1950ern in Quinta Camacho! Man wird sich sofort in die Gastgeberin Helena und ihr penibel gestaltetes Traumhaus mit sieben Betten verlieben. Ein exotischer Obstgarten, ein Speiseraum, eine Gemeinschaftsküche und ein efeubewachsener Innenhof harmonieren perfekt mit den stilvollen Zimmern, die nach dem persönlichen Geschmack von Helenas Nichten und Neffen dekoriert sind.

Als professionelle Interiordesignerin hat Helena mit Accessoires wo immer möglich kolumbianische Akzente gesetzt (luxuriöse Loto-del-Sur-Kosmetika, wunderschöne Keramik aus Tybso, köstlicher Libertario-Kaffee). Hier steckt in allem sehr viel Liebe zum Detail – ungeachtet der leckeren Snacks und täglichen Drinks!

Four Seasons Casa Medina HISTORICHES HOTEL **$$$**
(Karte S. 56; ☎1-325-7900; www.fourseasons.com/bogotacm; Carrera 7 No 69A–22; Zi. ab 1 323 000 COP; @ 📶) Ohne Frage eines der interessantesten Four-Seasons-Hotels in Bogotá (das andere ist in der Zona Rosa, beide wurden umgebaut). Dieses Zona-G-Hotel ist in zwei historischen Kolonialvillen (Holzgebälk und originelle Fliesen) untergebracht und verfügt über einen grandiosen, lichtdurchfluteten Frühstücksraum/Bar mit einer vertikal angelegten Gartenanlage.

Four Seasons konnte nicht allzu viel verändern, als es 2015 das frühere Charleston Casa Medina umgestaltete. Die aufwendigen Hartholzböden, Schreibtische mit Lederakzenten, Nachtkästchen und Antiquitäten erhalten in einigen Zimmern das historisch-luxuriöse Flair. Das hauseigene spanische Restaurant Castanyoles bietet einen phänomenalen Sonntagsbrunch mit Sekt-Orange ohne Konsumlimit (89 000 COP).

Zona Rosa & Parque 93

Chapinorte Bogotá HOSTEL **$$**
(Karte S. 52; ☎317-640-6716; www.chapinortehostelbogota.com; Calle 79 No 14–59, Apt. 402; EZ/DZ/3BZ mit Bad 75 000/100 000/120 000 COP, ohne Bad 70 000/80 000/105 000 COP; @ 📶) In einem unscheinbaren Wohngebäude, direkt jenseits der nördlichen Randbereiche von Chapinero, bietet diese Fünf-Zimmer-Pension eine wunderbare Alternative zu den Unterkünften in La Candelaria. Die Herberge wird von einem freundlichen Spanier geführt. Einige stilvolle Zimmer haben riesige Bäder und Kabelfernsehen. Im Gemeinschaftsraum (mit Lounge-Sofa) gibt es eine süße kleine Kochnische für Selbstversorger. Frühstück wird hier nicht angeboten.

★ **Hotel Click-Clack** BOUTIQUEHOTEL **$$$**
(Karte S. 52; ☎1-743-0404; www.clickclackhotel.com; Carrera 11 No 93–77; Zi. 389 000-688 000 COP; ❄ @ 📶) In diesem erstklassigen Boutiquehotel lässt sich ein Schwätzchen mit Kolumbiens aktuellen Trendsettern halten. Die urbane, kosmopolitische Raumästhetik bezieht sachte nostalgische Fernseher und effektvolle Scheinwerfer aus Fotostudios in die Einrichtung mit ein. Die beste aller fünf Zimmerkategorien (von extraklein bis groß) ist die mittlere Raumgröße im zweiten Obergeschoss mit direktem Zugang zu den großzügigen Patios unter freiem Himmel: Prächtig grünes Blattwerk rankt sich an den Wänden hoch, an manchen Stellen sind sogar kleine Rasenflächen angelegt.

Ein Spa oder ein Fitnessstudio sucht man hier vergebens – alles hier, angefangen bei Apache, der hochwertigen Miniburger-Bar auf der Dachterrasse mit herrlichen Ausblicken, bis hin zu großzügigen XXL-Tapas à 100 Gramm (im recht trendigen Souterrain-Restaurant) setzt auf Chillen und Genießen. In jedem Zimmer gibt es ein „Erste-Hilfe-Set“ – je nach Gefühlslage, sei es, man braucht ein Aufputschmittel oder man muss seinen Kater auskurieren.

Cité BOUTIQUEHOTEL **$$$**
(Karte S. 52; ☎1-646-7777; www.citehotel.com; Carrera 15 No 88–10; Zi. inkl. Frühstück 320 000-380 000 COP; ❄ @ 📶 🏊) Zwischen der Zona Rosa und dem Parque 93 sowie einem Teil der kleinen Bogotá-Hotelkette liegt dieses 56 Zimmer zählende Businesshotel im Boutique-Stil. Es ist neu und innovativ, mit einigen außergewöhnlichen Vorteilen wie einem beheizten Dachterrassenpool, extragroßen Zimmern mit sehr viel natürlichem Tageslicht, darunter sogar einige mit Badewanne: eine echte Rarität! Vielleicht aber am coolsten ist die Tatsache, dass es einen kostenlosen Fahrradverleih für Hotelgäste gibt – sehr praktisch, weil sich das Hotel direkt an der CicloRuta befindet.

Essen

„Fusion“ ist heute das Schlagwort für viele Gastronomen in Bogotá, die eine Mischung aus verschiedenen kulinarischen Genüssen anbieten und damit typischen kolumbianischen Gerichten eine mediterrane, italienische, kalifornische oder panasiatische Note verleihen. Jedoch ist auch Slowfood im Kommen (Küche mit regionalen Produkten). Die besten Speiselokale sind u. a. in der Zona Rosa, in Nogal und in der Zona G zu finden; ebenso empfehlenswert ist das Künstlerviertel Macarena gleich nördlich von La Candelaria.

La Candelaria

La Puerta Falsa
FAST FOOD $

(Karte S. 48; www.restaurantelapuertafalsa.inf.travel; Calle 11 No 6–50; Süßigkeiten und Snacks 2000-2500 COP; ⊙Mo–Sa 7–21, So 8–19 Uhr) La Puerta Falsa ist Bogotás berühmtester Laden für Naschfreunde – und das schon seit 1816! An den farbenfrohen Süßigkeiten im Schaufenster kann kaum einer vorbeigehen. Einige beschweren sich schon, dass nur noch Amerikaner mit ihrem Lonely-Planet-Reiseführer vorbeischauen – aber das muss man nicht unbedingt für bare Münze nehmen. Jedenfalls war bei unserem letzten Besuch dort kein einziger Yankee zu sehen. Sagenhaft wie eh und je, und typisch für Bogotá sind die saftigen Maistaschen namens *tamales* und die berühmte *ajiaco* (Hühnersuppe mit Kartoffeln und Mais) sowie *chocolate completo* (heiße Schokolade mit Käse, Butterbrötchen und Keks; 7500 COP).

Café de la Peña Pastelería Francesa
CAFE $

(Karte S. 48; www.cafepasteleria.com; Carrera 3 No 9–66; Teilchen 2200-6900 COP; ⊙Mo–Sa 9–19, So 9–18 Uhr; 📶) Diese fabelhafte Patisserie im französischen Stil wird von Kolumbianern geführt, was man jedoch gar nicht merken würde. Die Inhaber stellen einige der besten Süßigkeiten in der Gegend her, so auch *pan de chocolate*, Éclairs und Mandelcroissants; der ausgezeichnete Kaffee wird hier direkt vor Ort geröstet. Die Gartenmauern schmückt einheimische Kunst, außerdem gibt es einige Sitzgelegenheiten.

Restaurante de la Escuela Taller
KOLUMBIANISCH $

(Karte S. 48; www.escuelataller.org; Calle 9 No 8–71; Hauptgerichte 16 500–26 800 COP; ⊙Mo–Sa 12–15 Uhr; 📶) 🍃 Dieser tolle Lunch-Treffpunkt ist in einer Kreativwerkstatt und Kochschule für sozial benachteiligte Jugendliche versteckt (wo auch noch andere Aktivitäten stattfinden), Hier fühlt man sich wie in einer echten Oase. Ein Besuch und das Verzehren der Speisen im sonnenbeschienenen Innenhof unterstützten die Arbeit der Lehrlinge, die nicht nur die Küche betreiben, sondern auch die Möbel für das Restaurant gezimmert haben. Auf der Speisekarte stehen moderne und recht raffiniert zubereitete kolumbianische Gerichte, die nach alten, traditionellen Rezepten zubereitet werden.

Die ausgezeichnete, preisgekrönte *Ajiaco* (19 000 COP; Hühnersuppe mit Kartoffeln und Mais) schmeckt unschlagbar gut. Es gibt täglich wechselnde Mittagspecials (13 500 COP), z. B. *Panela*-Schweinerippchen (gegrillt, mit Zuckerrohrglasur), gegrillten Tilapia mit Tamarindensoße und vieles mehr; dazu trinkt man z. B. *Panela*-Limonade. Als kostenlose Beilagen kommen leckere Biofritten und würzige *ají* (Chilischoten) auf den Tisch.

Papaya Gourmet
CAFE $

(Karte S. 48; www.facebook.com/cpapayagourmet; Carrera 3 No 12C–90; 100 000 COP pro Pint Bier; ⊙Mo 12–17, Mi–Sa 12.30-21.30, So 12.30–19 Uhr; 🚉Las Aquas TransMilenio | Museo del Oro TransMilenio) Diese helle und supergemütliche Minischenke bzw. Café bietet Burritos (10 000–13 500 COP) und Tacos (9500–12 500 COP) als Unterlage für gut gekühltes, regionales Craftbier, das aus drei Zapfhähnen kommt. Es ist eines der wenigen Lokale in Bogotá, wo man das Gigante-Bier außerhalb der Brauerei bekommt; auch das Spitzenbier von Madriguera Brewing Co. fließt hier normalerweise aus dem Zapfhahn.

Der erstklassige Service, besonders beliebt bei Australiern, und die Happy Hour (16–18 Uhr, 2-für-1-Getränke) lassen Bierfreunde in La Candelaria hier so richtig schön zechen, sodass sich im Anschluss ein Spaziergang in den Norden der Stadt oder nach Parkway erübrigt. Hier ist auch Cidre Golden Lion (kolumbianischer Most) auf Lager, hergestellt von der einzigen Mostkellerei des Landes. Bogota & Beyond (S. 63) und die Bogotá-Craftbier-Tour (S. 63) werden auch von hier aus organisiert.

★ Sant Just
FRANZÖSISCH $$

(Karte S. 48; ☎314-478-1460; www.santjustbogota.com; Calle 16A No 2–73; Hauptgerichte 10 000–35 000 COP; ⊙Mo–Mi 11–16, Do & Fr 11–16 & 17–20, Sa 12.30–16.30 Uhr; 📶) 🍃 Dieses herrliche Café mit französischem Inhaber offeriert täglich eine neue Speisekarte, effektvoll präsentiert auf einer Schiefertafel: Darauf stehen französische Gerichte mit kolumbianischer Note. Was auch immer die Küche an diesem Tag hervorbringt – frische Obstsäfte, Meeresfrüchte mit Slowfood-Prädikat (frisch, regional und nachhaltig), herrliches Lammfleisch, neben Gemüsesorten, die bis vor Kurzem noch außergewöhnlich waren, wie z. B. *cubio* (Andenwurzel) – das Café trifft voll den Zeitgeist, sowohl in puncto Präsentation wie auch in Bezug auf ein ausgewogenes Convenience- und Qualitätsverhältnis. Hier kann es allerdings schon einmal etwas länger dauern.

Madre PIZZA $$

(Karte S. 48; Calle 12 No 5–83; Pizza 26 000–38 000 COP; ⌚Di–Sa 12–22, 12–16 Uhr; 📶) Diese hippe Pizzeria/Bar würde von der Straße aus gar nicht weiter auffallen – sie ist nämlich an einer unscheinbaren Shopping-Plaza versteckt. Madre wird aber im Vorübergehen die Aufmerksamkeit auf sich ziehen. Wer sich in ihr künsterlisch-industrielles Milieu hineinwagt, taucht in eine Welt bröckelnder Backsteinwände, exotischer Dschungelpflanzen, hängender Vogelkäfige und zeitgenössischer Streetart ein.

Leckere Pizza aus dem Ziegelsteinofen und Cocktails (28 000 COP) werden einem unkonventionellen Insiderpublikum schwungvoll serviert, untermalt von coolen Melodien, die so laut sind, dass man mitwippen muss. Wenn an Sonntagen die Shopping-Plaza geschlossen ist, öffnet das Wachpersonal die Pforten.

Quinua y Amaranto VEGETARISCH $$

(Karte S. 48; www.quinuayamaranto.com.co; Calle 11 No 2–95; Mittagstisch 16 000 COP; ⌚Mo–Sa 12–14.30 Uhr; 🖉) Dieses reizvolle Lokal – zwei Damen managen die offene Küche am Eingang – serviert werktags nur vegetarische Gerichte (wochenends gibt es oft *ajiaco*, eine Hühnersuppe mit Mais und Kartoffeln); die Mittagsmenüs, Empanadas und Salate schmecken fantastisch, eine gute Tasse Kaffee gibt es hinterher auch.

Eine gute Auswahl an Hausdelikatessen, beispielsweise Kokosblätter, Backwaren und verlockende Käsehäppchen (immer an Samstagen) – Marke Eigenproduktion – runden das kulinarische Angebot an hausgemachten Leckerbissen ab.

Capital Cocina KOLUMBIANISCH $$

(Karte S. 48; Calle 10 No 2–99; Gerichte 23 000–33 000 COP; ⌚Mo 12.15–15 & 6.45–21, Di–Fr 12.15–15 & 18.45–22, So 12.15–15 & 18–22 Uhr; 📶) Wer einen Platz in diesem originellen Café ergattern will, muss um einen der wenigen Tisch richtig kämpfen. Hier gibt sich die Speisekarte schlicht und kolumbianisch, ohne viel Schnickschnack: Fisch des Tages, Schweinehack, Steak, Grillhähnchen – die allerdings alles andere als langweilig zubereitet sind. Das Menü des Tages (20 500 COP) besteht aus drei überraschend preiswerten Gängen im Verhältnis zu der Qualität, die der Küchenchef Juan Pablo auf den Teller zaubert; außerdem gibt es kolumbianische Craftbiere, ordentliche Weine und Kaffee mit geschützter Ursprungsbezeichnung.

★**Prudencia** INTERNATIONAL $$$

(Karte S. 48; ☎1-394-1678; www.prudencia.net; Carrera 2 No 11–34; Fixpreis 40 000–50 000 COP; ⌚Mo–Fr 12–15.30, Sa bis 16 Uhr; 📶🖉) 🍃 Das heißeste, neue Restaurant in La Candelaria ist dieses Paradebeispiel eines Designlokals, das von einem kolumbianisch-amerikanischen Duo namens Mario und Meghan betrieben wird. Das sonnenbeschienene Baumkronendach, eine originelle Verbindung aus Bambus und Stahl, nach einem Entwurf des preisgekrönten Architekten Simón Vélez, ist eine grandiose Kulisse für die wöchentlich wechselnden Vier-Gänge-Menüs (vegetarisch oder nicht) mit lokalen Zutaten und oft mit multikulturellem BBQ-Aroma.

Die Speisekarte ist nie die gleiche, sie enthält aber Vegetarisches wie Schmortopf mit Fenchel und Zucchini, Safran und Tomate sowie Polenta und frischen Büffel-Mozzarella; zudem auch Proteinhaltiges wie Pulled Pork nach Jamaika-Art oder Pastrami-Ribeye-Steaks. Der Pistazienkuchen mit Olivenöl als Nachspeise schmeckt phänomenal!

★**La Condesa**
Irina Lazaar AMERIKANISCH $$$

(Karte S. 48; ☎1-283-1573; Carrera 6 No 10–19; Hauptgerichte 40 000–55 000 COP; ⌚Mo–Di 12–15.30, Mi–Fr 12–15.30 & 18.30–22 Uhr; 📶) 🍃 Dieses kleine unauffällige Zehn-Tische-Lokal wird von einem tüchtigen halb mexikanischen, halb amerikanischen Wirt aus Kalifornien betrieben. Zu seinem Stammpublikum gehören Künstler, Richter, Parlamentarier und Botschafter mit Insiderwissen. Das Lokal ist nach einer Figur aus dem unvergessenen Westernfilm *Man nennt mich Shalako* (u. a. mit Sean Connery und Brigitte Bardot) benannt worden. Glücklicherweise schmeckt das Essen weitaus besser, als der Film ist. Der Küchenchef Edgardo zaubert einfache, aber schmackhafte Gerichte (wenn möglich in Bioqualität!).

Von fein filettiertem Fisch bis hin zu Biohühnchen, leckeren Lammkoteletts und Dörrfleisch (Beef) bis hin zu herrlich gewürzten Garnelen-Étouffée – jedes dieser kleinen Menüs ist eine wahre Wonne für sich und überhaupt ist das kulinarische Erlebnis insgesamt wohl das Beste, was La Candelaria zu bieten hat.

Stadtzentrum

Chantonner Delikatessen FEINKOSTGESCHÄFT $

(Karte S. 48; www.chantonner.com.co; Carrera 5 No 16-01; Sandwiches 11 400-15 600 COP; ⌚Mo–Mi

RESTAURANTKETTEN IN BOGOTÁ

Keineswegs soll hier die Werbetrommel für Gastronomieketten gerührt werden, doch hat Bogotá einige wirklich lohnende Franchising-Lokale zu bieten, von denen viele noch vor dem Aufkommen der Dritten Kaffeewelle, dem Gourmet-Burger- und Craftbier-Trends ihr Spezialangebot zu behaupten wussten.

Mit Abstand das Beste von allen ist das **Wok** (Karte S. 52; www.wok.com.co; Calle 93B No 12–28, Parque 93; Hauptgerichte 15 900–34 900 COP; ⌚Mo–Sa 12–22.30, So bis 21 Uhr; 📶). Hier wird erstklassiges asiatisches Fusion-Food mit Zutaten aus nachhaltigen Herkunftsregionen zubereitet und es ist wahrscheinlich das Beste, was man in Südamerika finden kann. In anderen Stadtteilen sollte man nach typisch bogotanischen Standardgerichten Ausschau halten, u. a. im **El Corral** (Karte S. 52; www.elcorral.com; Calle 85 No 13–77; Burger ab 18 900 COP; ⌚24 Std.; 📶) (ausgezeichnete Fastfood-Hamburger), **Crepes & Waffles** (Karte S. 52; www.crepesywaffles.com.co; Carrera 9 No 73–33; Hauptgerichte 10 900–28 400 COP; ⌚Mo–Do 11.45–21.30, Fr & Sa bis 22, So bis 20 Uhr; 📶), **Bogotá Beer Company** (Karte S. 52; www.bogotabeercompany.com; Calle 85 No 13–06; Pint 16 900 COP; ⌚So–Mi 12.30–2, Do–Sa bis 3 Uhr; 📶) (Craftbier-Pubs) und **Juan Valdez** (S. 75) Cafe (Franchising-Café à la Starbucks). Es existieren noch weitere vergleichbare Gastroketten wie La Hamburguesería für Burger, Julia für authentische italienische Pizza, Tostao Café & Pan für Kaffee und Backwaren etc.

Man findet sie in den meisten Stadtvierteln, vor allem im Norden und einige haben es heute sogar bis in die weite Welt hinaus geschafft. Auf jeden Fall sind sie stets eine feste Größe in der Gastrolandschaft – für einen schnellen Happen oder einen Schluck zwischendurch, auf den Verlass ist und der nach etwas schmeckt.

7–19, Do–Fr bis 20, Sa bis 17 Uhr; 📶) Einst eine kleine *tienda* (Laden) für Zigaretten und Süßigkeiten, ist das Chantonner Delikatessen heute ein beliebter Lunch-Treffpunkt für alle, die die Spezialitäten des Hauses mögen: rund 12 Stunden geräuchertes Fleisch, Käseplatten sowie Unmengen an leckeren Sandwiches mit Pulled Pork oder anderen BBQ-Spezialitäten (Forelle, Ochsenbrust, Pancetta aus dem Smoker).

Eine neue Craftbier-Bar in Quinta Camacho TK wurde erst vor Kurzem eröffnet. Im **Tierra Santa** (Karte S. 56; www.facebook.com/pg/tierrasantacervezaartesanal; Calle 71 No 10–47; Pint 11 000 COP; ⌚Mo–Mi 10–21, Do–Sa bis 23 Uhr) fließen acht verschiedene Craftbiere aus dem Zapfhahn, darunter auch süffige Starkbiere und Pale Ales.

Pastelería Florida KOLUMBIANISCH $

(Karte S. 48; www.facebook.com/PasteleriaFlorida; Carrera 7 No 21–46; Hauptgerichte 6600–24 500 COP, chocolate completo 12 500 COP; ⌚6–24 Uhr) Alle, die ihren *chocolate santafereño* (heiße Schokolade mit Käse) mit einigem Pomp oder Geschichte garnieren wollen, sollten einen kurzen Abstecher in dieses klassische Ladenrestaurant machen (die legendäre Adresse für heiße Schokolade seit 1936). Fein livrierte Kellner bedienen den ganzen Tag hindurch eine Community von Frühstücksfreunden mit Tamales nach Tolima-Art sowie mit süßem Kuchen und leckerem Feingebäck (2200–7500 COP).

Macarena

Ázimos CAFE $

(Karte S. 48; www.azimos.com; Carrera 5 No 26C–54; Frühstück 6500–13 000 COP; ⌚Mo–Sa 8–20, So 8–14 Uhr; 📶) 🌿 So kann ein wunderbarer Tag beginnen: Dieses Biocafé mit Supermarkt in Macarena lockt mit einer Reihe regionaler Frühstücksvariationen. Hier speisen hippe Vegetarier oder andere Nachhaltigkeitsverfechter unter Lampenschirmen aus recycelter Pappe und Kronleuchtern aus Altglas. Zum Mittagessen bieten sich verschiedene *Menú-del-día*-Optionen an (18 200 COP) – darunter Falafel mit grünen Erbsen oder Schweinerippchen mit Physalis-Glasur. Jeden Tag gibt es etwas anderes. Originell und cool zugleich!

La Tapería TAPAS $$

(Karte S. 48; www.lataperia.co; Carrera 4A No 26D–12; Tapas 14 000–31 000 COP; ⌚Mo–Mi 12–15 & 6–23, Do–Sa 12–15 & 19–24, So 13–17 Uhr; 📶) Hier gibt es köstliche Tapas, die quasi in (fast) aller Munde sind, so zum Beispiel unser Favorit: Cherrytomaten mit Blauschimmelkäse und Speck, mit einem Schuss

NICHT VERSÄUMEN

ANDRÉS CARNE DE RES

Unbeschreibliches ist nicht zu beschreiben, hier nun wenigstens ein Versuch: Das legendäre **Andrés Carne de Res** (☎1-861-2233; www.andrescarnederes.com; Calle 3 No 11A–56, Chía; Steaks zum Teilen für 36 700–98 900 COP, Fr & Sa Gedeck 21 000 COP; ⏲Do–Sa 11–3, So bis 24 Uhr; 📶) eine Mischung aus Bar und Restaurant, gleicht einem überirdischen Unterhaltungscocktail, der zu gleichen Teilen aus Tim Burton, Disneyland und Willy Wonka besteht – sprich ein Verschnitt aus Schrottplatzkitsch und und Geisterbahnspektakel.

Nein, Moment mal! Ein schwedischer Tourist drückte es noch besser aus: „Es ist wie ein Abendessen in einer Waschtrommel." Wie auch immer: Andrés schleudert alle Gäste durch – sogar Stammgäste –, das Ambiente macht Laune, die ehrfurchteinflößenden Steaks sind spitze, die Speisekarte besteht gar aus einem 75-seitigen Magazin! – und dazu der ganze Klimbim mit surrealer Dekoration. Noch etwas vergessen? Für die meisten ist Andrés mehr als ein Abendschmaus: vielmehr ein Spektakel der Superlative, das einen die ganze Nacht hindurch wie eine Torpedo-Show fasziniert.

Der einzige Haken dabei ist die Entfernung. Die Party-Location befindet sich in Chía, 23 km nördlich von Bogotá, Richtung Zipaquirá. Eine einfache Fahrt dorthin mit dem Fahrdienst Uber kostet ca. 27 000 bis 48 000 COP abhängig von der Nachfrage (ja nicht die überteuerten Taxis nehmen!). Freitag- und Samstagabends fährt um 22 Uhr auch ein Party-Bus (70 000/ 80 000 COP) ab dem **Hostal Sue Candelaria** (Karte S. 48; ☎1-344-2647; www.hostalsuecandelaria.com; Carrera 3 No 12C–18; B 27 000 COP, EZ/DZ ohne Bad 70 000/80 000 COP, EZ/DZ mit Bad 85 000/95 000 COP, inkl. Frühstück; @📶). Der Bus fährt am frühen Morgen zurück – im Preis sind Eintritt und Getränke im Bus inbegriffen. Eine andere Option, um ein bisschen Geld zu sparen, ist die Anfahrt mit einem Trans-Milenio-Bus (Richtung Chía), der am Busbahnhof Portal del Norte (S. 90) in den Haltebuchten der Intermunicipales-Busse abfährt; die Busse fahren bis 23 Uhr (2700 COP, 30 Min.) im Zwei-Minuten-Takt (2300 COP, 30 Min.). Jeder sollte für sich selbst herausfinden, ob die berüchtigte Partynacht im Andrés das Verrückteste ist, was Kolumbiens Nachtleben zu bieten hat – oder eben nicht.

Eine ruhigere, stadtnähere Variante ist das **Andrés D.C** (Karte S. 52; ☎1-863-7880; www.andrescarnederes.com; Calle 82 No 12–21, Centro Comercial El Retiro; Steaks zum Teilen 36 700–98 900 COP, Fr & Sa Gedeck 21 000 COP; ⏲12–3 Uhr; 📶), jedoch fehlt es hier an dem gewissen Etwas, das sich aber kaum beschreiben lässt.

Balsamico! Die Gerichte werden unter dem wachsamen Auge eines holländischen Musik-Freaks kredenzt. In der lässigen Atmosphäre dieser ästhetischen Loft-Lounge lässt es sich sehr gut speisen!

Jeden Donnerstag und jeden Samstag gibt es Musik mit feurigen Flamenco-Klängen; freitags tummelt sich hier vor allem quirliges Jungvolk, wenn im Rahmen der „Música del Barrio" (Musik im Viertel) eigens ein DJ auflegt. Online reservieren!

★ Agave Azul MEXIKANISCH $$$
(Karte S. 48; ☎315-277-0329; www.restauranteagaveazul.blogspot.com.co; Carrera 3A No 26B–52; Mahlzeiten durchschnittlich 65 000–85 000 COP; ⏲Di–Fr 12–15 & 18.30–22, Sa 13–16 & 10–22 Uhr; 📶) Dieses hervorragende Lokal lädt buchstäblich zu einer Reise durch authentisch mexikanische Küche ein, allerdings mit Zwischenstationen in Chicago, New York und Oaxaca. Die Küchenchefin Tatiana Navarro hat kein festes Programm – nur eine täglich wechselnde Speisekarte mit „Verkostungen" aller Art. Ohne erkennbares Türschild ist das Lokal gar nicht so einfach zu erkennen. Es liegt versteckt in einem Wohnhaus an einer nicht ungefährlichen Straße in Macarena. Besser mit dem Taxi hinfahren!

Wer dann einmal sicher dort angekommen ist, den erwarten exotische Leckerbissen, die immer für eine Überraschung gut sind, so etwa butterweich geräucherte Jalisco-Ribs mit Ancho-Chilis, Ceviche mit mörderischer Habanero-Schärfe und eingekochter Passionsfrucht oder *carnitas* (Minisandwiches) mit *chicharrones* (Grieben), Avocado und marinierte Zwiebeln.

Zum Schluss heißt es den Brand zu löschen – und zwar richtig, mit dem sicherlich besten eisgekühlten Chipotle-Margarita-Cocktail (22 900 COP) von ganz Kolumbien. Herzlich willkommen im Nirwana der *cocina mexicana*!

★ Leo Cocina y Cava KOLUMBIANISCH **$$$**
(Karte S. 48; ☎1-286-7091; http://restauranteleo.com/; Calle 27B No 6–75; Hauptgerichte 52 000–87 000 COP; ⏲Mo–Sa 12–15.30 & 19–23 Uhr; 📶) Küchenchefin Leo Espinosa ist die Hohepriesterin der innovativen, kolumbianischen Gourmet-Küche, an der wirklich kein Feinschmecker vorbeikommt! Ihre epischen 12-Gänge-Degustationsmenüs (120 000 COP) in Kombination mit Wein und ausgezeichneten regionalen Getränken (280 000 COP) sind eine mehrstündige kulinarische Entdeckungsreise, begleitet von exotischen regionalen Zutaten, die von den meisten kolumbianischen Köchen gar nicht erst verwendet werden. Hier zu speisen ist eine Offenbarung – mit gewagten Farben und außergewöhnlichen Aromen. Bei Leo werden großartige Gaumenfreuden aufgetischt, die ihresgleichen suchen!

Chapinero & Chapinero Alto

Insurgentes Taco Bar MEXIKANISCH **$**
(Karte S. 56; Calle 56 No 5-21; Tacos 5500–8000 COP; ⏲12–24 Uhr ; 📶) In einer ehemaligen Kolonialvilla in Chapinero Alto haben sich gleich zwei Restaurants etabliert: Eines davon ist Insurgentes, ein hipper Neuzugang in der Gastrowelt, mit gemütlicher, superstylisher Tacos-Bar, das ein cooles, kreatives Publikum anzieht. Hier werden hervorragend scharfe und preiswerte Häppchen wie *carnitas*, *al pastor* und Fischtacos mit *micheladas* und Mezcal kombiniert, um sogleich damit den Brand zu löschen.

Arbol de Pan BÄCKEREI **$**
(Karte S. 56; www.facebook.com/panaderiaarboldelpan; Calle 66 No 4A–35; Gebäck 2500–7800 COP; ⏲Mo–Fr 8–20, Sa bis 18 Uhr; 📶) Frühstück im Hotel oder im Hostel? Kann man ab sofort vergessen! Denn diese Bäckerei und Konditorei mit Biolabel lockt mit einem unendlich reichen Angebot an täglich frischen Brotsorten (Mehrkornbrot, mit Datteln, Hafer usw.) und leckeren Backwaren in großer Vielfalt, u. a. mit köstlichen Mandelcroissants (4200 COP). Auch herzhaftere Frühstückskost (6000–19 500 COP) ist hier zu bekommen, wie etwa Croissants mit pochiertem Ei, Spargel-Schinken-Röllchen und Sauce Hollandaise.

Mesa Franca KOLUMBIANISCH **$$**
(Karte S. 56; ☎1-805-1787; www.facebook.com/mesafrancabogota; Carrera 6 No 55–09; kleine Teller 17 000–42 000 COP; ⏲Mo–Mi 12–22, Do–Sa bis 23 Uhr) 🌿 In diesem neuen trendigen Lokal, einem wunderbaren Beispiel für die Gastro-Avantgarde in Bogotá und speziell in Chapinero Alto, erweckt Küchenchef Iván Cadena seine araukanischen Ursprünge zu neuem Leben – denn in der Farm, wo er einst aufgewachsen ist, wurde stets an einem großen Tisch gespeist!

In einer umgebauten Villa (die Küche befindet sich in einer ehemaligen Garage) wird Slowfood in kleineren Portionen aufgetischt und zwar mit Zutaten aus erster Hand, sprich direkt von heimischen Landwirten – alles perfekt in Szene gesetzt: Ziegenkäse aus Cundinamarca mit süßem Sauerteig-Apfel-Crumble à la *criolla* (nach kreolischer Art), Santa-Rosa-Chorizo-Agnolotti (nach Art von Piemonter Teigtäschchen) mit *Hogao*-Confit (sämige Tomaten-Zwiebel-Soße etc.). Alle Gerichte sind zum Teilen in großer Runde gedacht und der englisch-polnische Chefbartender hat echtes Cocktail-Know-how – Hier kann man also wirklich einen tollen kulinarischen Abend erleben!

Salvo Patria CAFE **$$**
(Karte S. 56; ☎1-702-6367; www.salvopatria.com; Carrera 54A No 4–13; Hauptgerichte 16 000–32 000 COP; ⏲Mo–Sa 12–23 Uhr; 📶) Dieses Café in Chapinero Alto, das in Coolness und Qualität seinen Prinzipien treu geblieben ist, gilt als einer der Pioniere der inzwischen gut etablierten Slowfood-Szene (auf einer Schiefertafel am Eingang stehen lokale Erzeuger mit Kreide angeschrieben).

Einerseits ist das Salvo Patria ein klassisches Kaffeehaus; der *Bogotano*-Inhaber hat sein Barista-Know-how in Australien verfeinert, sodass sich hier wirklich keiner der Gäste über die Qualität beschwert. Andererseits tummelt sich in dem feinen französischen Bar-Restaurant mit mediterranem Flair ein künstlerisch-intellektuelles Publikum. Herrliche Cocktails, kolumbianisches Craftbier und ein *menú del día* mit einem gutem Preis-Leistungs-Verhältnis (22 000 COP) zeichnen das Salvo Patria aus.

★ Mini-Mal KOLUMBIANISCH **$$**
(Karte S. 56; ☎1-347-5464; www.mini-mal.org; Carrera 4A No 57–52; Hauptgerichte 24 900–37 900 COP; ⏲Mo–Do 12–15 & 19–22, Fr & Sa 12–23 Uhr; 📶) 🌿 Kreativere Küche ist schwerlich zu finden: In diesem erstklassigen Slow-

food-Restaurant in Chapinero Alto erleben einige der interessanteren Regionalzutaten des Landes gerade eine Renaissance – alles stammt aus nachhaltigen Betrieben und bringt einen willkommenen frischen Wind in die moderne kolumbianische Küche.

Wirklich alles schmeckt hier ausgezeichnet und rundherum innovativ: köstlich geschmortes Rindfleisch mit *tucupi* (einer recht scharfen Variante der *Adobo*-Soße aus gegarter Yuccawurzel, mit Chilis und Ameisen); sautiertes Hühnchen mit *chicha* (naturtrübes Spuckbier aus fermentiertem Mais) und Zuckerrohrglasur; Wildpilze mit Küstenkäse und Kapuzinerkresse-Pesto. Man hebe sich Appetit auf für ein herrlich saftiges Maisbrot mit Guavensoße!

Zona G

Guerrero SANDWICHES **$**

(Karte S. 56; www.facebook.com/guerrero.cia; Carrera 9 No 69–10; Sandwiches 13 000–20 000 COP; Mo–Sa 12–21.30 Uhr;) Guerrero ist ein trendiges Sandwichlokal in Quinta Camacho mit einer großen Auswahl an Gourmet-Sandwiches, die einem das Wasser im Mund zusammenlaufen lassen: fantastische Burger (mit gebratener Forelle, Hühnchen- oder Schweinefleisch, Schweinelendchen, Rindfleisch und Riesenchampignons) auf herrlichen Brötchen, mit gebratenem Gemüse oder Biofritten als Beilage. Eine tolle Adresse für einen schnellen Imbiss!

Cantina y Punto MEXIKANISCH **$$**

(Karte S. 56; 1-644-7766; www.cantinaypunto.co; Calle 66 No 4A–33; Hauptgerichte 12 300–49 800 COP; Mo–Mi 12–23, Do–Sa bis 22.30, So 12–18 Uhr;) Die Kochkunst des mexikanischen Küchenchefs Roberto Ruíz (mit Punto MX bzw. Michelstern!) sollte man in diesem Spitzenlokal der *comida mexicana* nicht verpassen: hier werden als Auftakt feurig-scharfe, frisch zubereitete Salsas und Guacamole in einem traditionellen *molcajete* (Steingutmörser) serviert, während man sich beim Durchlesen der Karte nur schwer für eine Speise entscheiden kann: *cochinita pibil* oder Ochsenbrust-Tacos? Mit Habanero-, Ancho- und Pasilla-Chilis geschmorte Schweinshaxe oder Schweinefleisch-Confit? Eine echte Qual der Wahl!

Restaurante La Herencia KOLUMBIANISCH **$$**

(Karte S. 56; 1-249-5195; http://restaurantelaherencia.com; Carrera 9 No 69A–26, Quinta Camacho; Hauptgerichte 16 500–43 000 COP; Mo–Sa 7–22, So 9–17 Uhr; Flores TransMilenio | AK 7 – CL 70A) La Herencia nimmt wirklich das Beste aus der kolumbianischen Küche und serviert die Gerichte in gehobener und freundlicher Atmosphäre. In diesem angenehm dekorierten Restaurant kann man entspannt eine kulinarische Tour durch Kolumbien machen, in dem man Gerichte und Getränke probiert, die von weither kommen, wie z. B. von der Karibik- und Pazifikküste oder aus den Anden.

De/Raíz VEGETARISCH **$$**

(Karte S. 56; Calle 65 No 5–70; Hauptgerichte 16 000–21 500 COP; 1Mo–Di 10–21, Mi–Sa bis 22, So bis 16 Uhr;) Dieses stylishe Slowfood-Bistro, hervorgegangen aus einer MBA-Abschlussarbeit des Jungunternehmers und Inhabers, verschreibt sich ernsthaft und weitestgehend der Förderung von Partnerschaften mit lokalen Erzeugern. Auf der Speisekarte steht eine Handvoll kleiner, aber feiner Standardgerichte (man denke an Quinoa- und Grünkohlsalat sowie gegrilltes Gemüse) und ein wechselndes Tagesgericht. Zudem gibt es Bioweine aus Chile.

Rafael PERUANISCH **$$$**

(Karte S. 56; 1-255-4138; www.rafaelosterling.pe/en/bogota.html; Calle 70 No 4–63/65; Hauptgerichte 34 500–69 500 COP; Mo–Sa 12.30–15 & 19.30–23 Uhr;) Feinschmecker und Köche aus Bogotá bezeichnen das kreative Slowfood des peruanischen Küchenchefs Rafael Osterling unumwunden als das innovativste der ganzen Stadt. Der moderne Gastraum mischt kühle Ästhetik wie Betondecken mit anheimelnder Gartenidylle, wo das Essen keine Wünsche offen lässt.

Favoriten wie Entenrisotto mit Dunkelbier oder ein knuspriges *cochinillo* (Spanferkel) sind Standards auf der stets wechselnden Speisekarte; für das Dessert sollte man sich etwas Spielraum bewahren. Osterlings kreative Version des traditionellen *suspiro de limeña* (mehrschichtiges Baiser mit *dulce de leche*, hier mit Stachelannone, Himbeere und Portwein-Baiser) ist ein passendes Finale für eine verblüffende Globetrotter-Mahlzeit, vor allem wenn Peru nicht im Reiseprogramm steht.

Zona Rosa & Parque 93

Raw VEGETARISCH **$**

(Karte S. 52; Carrera 12A No 78–54; Hauptgerichte 8500–17 000 COP; Mo–Fr 9–20, Sa bis 17 Uhr;) Diese hinreißende, kleine Pflan-

BOGOTÁS KAFFEE-ENTWICKLUNG

Zwar denkt man, Kolumbien sei *muy famosa* („sehr berühmt") für seinen Kaffee, in Wirklichkeit aber ist es seit jeher nur für sein bemerkenswertes Kaffee-Marketing berühmt. Trotz internationalen Renommees und einer angenehmen und liebenswürdigen (erdichteten) Galionsfigur Juan Valdez (geschaffen vom Staatlichen Kaffeeanbauerverband Kolumbiens im Jahr 1958) schmeckte der kolumbianische Kaffee in Kolumbien jahrzehntelang schrecklich. Der allgegenwärtige *tinto* (normaler schwarzer Kaffee) ist eine kaum genießbare Brühe. Der Hintergrund: Die Kolumbianer sind daran gewöhnt, dass zu trinken, wofür die restliche Welt keine Lust hat – die besten Bohnen wurden immer exportiert, der Bodensatz aber wurde im Inland bzw. landesweit geröstet, gemahlen und gesüßt in bunte Thermoskannen abgefüllt, auf denen keinesfalls marktschreierisch steht: „einmaliges Kaffee-Erlebnis"!

Trotz der Dritten Kaffeewelle (der Begriff wurde hochwertigen Kaffeezubereitungsmethoden verliehen, wie sie in Manufaktur-Expresso-Bars von edlen Baristas praktiziert werden, die z. B. einen Latte nach allen Regeln der Kunst zaubern), die in den meisten Ländern in den frühen Nullerjahren aufkam, hinkte Kolumbien arg hinterher. Und es musste hinsichtlich des ihm vorauseilenden Rufs im Tourismus einen Zwiespalt bewältigen: Denn sobald die Welt begann, Kolumbien zu bereisen, erwartete man sich natürlich auch einen ausgezeichneten Kaffee vor Ort. Während aber die Destination Kolumbien ein echter Verkaufsschlager wurde, konnte der *tinto* überhaupt nicht mithalten.

Im Jahr 2002 sah es mit der Eröffnung des ersten **Juan Valdez**-Cafés (Karte S. 48; www.juanvaldezcafe.com; Carrera 6 No 11–20, Centro Cultural Gabriel García Márquez; Kaffee 3600–7900 COP; ⌚Mo 8–20, Di–Sa 7–20, So 9–18 Uhr; 📶) in Bogotá dann gleich viel rosiger aus. Obwohl es nur etwas besser war als ein kolumbianisches Starbucks, war die Zweite Kaffeewelle angekommen und die Kolumbianer kamen allmählich vom *tinto* ab und entdeckten den Geschmack wirklich guten Kaffees! Jedoch entwickelte sich alles immer noch nur zaghaft – und es sollten noch weitere zehn Jahre vergehen, bis auch die Dritte Kaffeewelle nach Kolumbien hinüberschwappte.

Gerade einmal im Jahr 2012 deckte Kolumbien nach Schätzungen des US-Landwirtschaftsministeriums seinen Kaffeekonsum zu rund 90 Prozent aus dem Import – nach den Zahlen des Staatlichen Statistikamts Kolumbiens waren es eher etwa 80 Prozent. Was allerdings immer noch zu viel wäre. Warum ist das eigentlich so? Im Wesentlichen, weil es immer noch wesentlich preisgünstiger war, sich auf dem internationalen Markt mit qualitativ gleichwertigen Arabica-Bohnen einzudecken. Inzwischen aber zeichnet sich glücklicherweise eine Trendwende ab.

Seit den Anfängen mit Juan Valdez (im Jahr 2007 tranken lediglich 10 Prozent der kolumbianischen Bevölkerung ihren Kaffee außer Hause, heute sind es immerhin schon etwa 50 Prozent) und parallel zu dem steigenden Haushaltseinkommen des Mittelstands und des wieder entdeckten Nationalstolzes in Sachen Eigenkonsum eines weltweit renommierten Produkts, schmeckt der kolumbianische Kaffee heute im In- und Ausland ganz einfach fantastisch gut.

Gewissermaßen habe Juan Valdez wie Starbucks und Peet's Coffee & Tea in den USA den Weg für die Dritten Kaffeewelle geebnet und sei heute mit Bourbon, Devoción, Varietale, Amor Perfecto, Pergamino und Azahar auf Augenhöhe mit seinen Pendants in den USA und Europa, kommentiert Tyler Youngblood, Mitgründer des **Azahar Café** (S. 80), das 2013 eröffnet hat und zu den Vorreitern der Dritten Kaffeewelle in Bogotá gehört.

Seit 2017 gibt es schon mehr als 50 Gourmet-Cafés in Bogotá. Von **Contraste Coffee Lab** (S. 77) und **Arte y Pasión Café** (S. 77) in La Candelaria bis zu **Bourbon Coffee Roasters** (S. 80), **Café Cultor** (S. 80) und **Amor Perfecto** (S. 79) in Quinta Camacho und Chapinero sowie Azahar Cafe und Catación Pública (www.catacionpublica.co) im Norden der Hauptstadt, werden Koffeinliebhaber nie wieder unter dem *tinto* zu leiden haben.

Alles in allem hat es Azahar von Anfang an auf den Punkt gebracht: „Porque Colombia Merece su Mejor Café" („Weil Kolumbien den besten Kaffee verdient").

zen(fr)esser-Oase ist eine tolle Adresse für ein vegetarisches Frühstück (Rübenhummus, *arepa* mit Pilzen, Tomate, Zwiebel und Koriander etc.), Verjüngungssäfte und sogar Rohkostgerichte wie Zucchinispaghetti. Es ist ein einfaches, buntes Café mit einladendem Patio. Für die Vegetarier der Stadt gehört es zu den besten in Bogotá.

Les Amis Bizcochería CAFE **$**

(Karte S. 52; www.lesamisbizcocheria.com; Carrera 14 No 86A-12, Piso 2; Gebäck 5000–6500 COP; Mo–Fr 8.30–19.30, Sa 9–17 Uhr; TransMilenio Calle 85) Eher ein erweitertes Wohnzimmer als ein Café, bietet Les Amis Bizcochería den Rahmen für vertraute Gespräche in heimeliger Atmosphäre, die lediglich durch eine unentschlossene Inspektion frisch gebackener, köstlicher Torten, Kuchen, Croissants und Keksen unterbrochen werden, die schön ausladend auf einem großen Küchentisch präsentiert werden.

Alle Backwaren werden in einer offenen Küche zubereitet, sodass man während des geräuschvollen Genusses dabei zusehen kann, wie weiteres Naschwerk gezaubert wird. Eine weitere Filiale gibt es in der Calle 70A, ein Café von Les Amis mit ähnlichem Angebot, jedoch ohne „Showküche".

Home Burger BURGER **$**

(Karte S. 52; www.homeburgers.com.co; Carrera 9 No 81a-19; Burger 10 500–15 500 COP; Mo–Do 12–21, Fr & Sa 22, So bis 20 Uhr) Während einige vom Höhepunkt der geheimen Burger-Kriege in Bogotá sprechen, geht Home Burger dem ganzen Gourmet-Gehabe mit Bodenständigkeit aus dem Weg: Die Leute stehen hier an, um einen Einfach- und Doppelburger mit Käse und/oder Speck und mit hauchdünnen, gut gewürzten Fritten als Beilage zu ergattern – und davon wird man dann auch noch richtig satt!

Da nicht viel Platz zum Verweilen vorhanden ist, nehmen die meisten ihren Burger mit und verspeisen ihn im nahe gelegenen Parque El Nogal, der eine ganz nette Kulisse für eine Mahlzeit im Freien abgibt; mit einer gewissen Ellenbogenmentalität lässt sich aber wohl auch ein Tisch ergattern.

★ Canasto Picnic Bistró KOLUMBIANISCH **$$**

(Karte S. 52; www.facebook.com/canastopicnicbistro; Calle 88 No 13a-51; Frühstück 4100–15 900 COP, Hauptgerichte 16 100–34 000 COP; Mo 12–22, Di–Sa 7–22.30, So bis 17 Uhr;) Dieses künstlerisch motivierte Bistro mit Nachhaltigkeitsanspruch nahe dem Parque El Virrey ist der absolute Renner. Frühstücksangebote wie Avocado-Toast mit Räucherforelle und eine lange, bunte Liste mit köstlichen Eiergerichten in Bioqualität schmecken ganz einfach fantastisch zu einem starken Espresso, der in wunderschönen blauen Keramiktassen aus Santa Paloma (Chías) kredenzt wird – am liebsten möchte man die Tassen mitgehen lassen.

Im Laufe des Tages bietet die vegan-vegetarisch geprägte Speisekarte Gerichte wie Couscous und Salate auf Quinoa-Basis, herrliche Sandwiches und herzhaftere Hauptgerichte. Der Patio mit vielerlei Topfpflanzen ist ein Szenetreff für die Reichen und Schönen von Bogotá, die gerne zum Frühstücken hierher kommen.

★ Central Cevicheria MEERESFRÜCHTE **$$**

(Karte S. 52; 1-644-7766; www.centralcevicheria.com; Carrera 13 No 85-14; Ceviche 19 900–22 800 COP; Mo–Sa 12–1, So bis 21 Uhr;) Diese niveauvolle Cevicheria mit Party-Ambiente bietet ein sagenhaftes Preis-Leistungs-Verhältnis: Bogotás Reiche und Schöne kommen hierher, um zu sehen und gesehen zu werden bzw. um die herrlichen Ceviches zu beäugen, die es in scharf gewürzter Version oder in milderen Varianten gibt – auf jeden Fall sind Dutzende originelle Kreationen im Angebot. Besser vorher reservieren! Das absolute Highlight ist das raffinierte *picoso* – in zwei Paprikahälften gefüllt, mit Koriander und frischem Mais. Damit aber nicht genug: Es gibt zahlreiche *tiraditos* (längsgeschnittene Ceviches mit Zwiebeln, Tartar-Variationen) sowie Hauptgerichte mit frischen Meeresfrüchten und gute lateinamerikanische Cocktails (22 800 COP). Kolumbiens Küche befindet sich gerade auf der Überholspur. Man sollte sich ein bisschen Platz für den dickcremigen Kokospudding (12 900 COP) lassen.

Container City GASTROHALLE **$$**

(Karte S. 52; www.facebook.com/ContainerCity93; Calle 93 No 12-11; 7.30–23 Uhr;) In diesem atmosphärischen Gourmet-Foodcourt aus etwa zehn Schiffscontainern kann man nach Lust und Laune schlemmen, beispielsweise mexikanische Kost, Gourmetburger, lateinamerikanische Tapas und Craftbier.

Usaquén

★ Abasto FRÜHSTÜCK **$$**

(www.abasto.co; Carrera 6 No 119B-52; Hauptgerichte 7900 bis 37 900 COP; Mo–Do 7–22, fr bis 22, Sa 9–22.30, So 9–17 Uhr; 🛜✍) Wer am Wochenende nach Usaquén pilgert, tut dies in der Regel nur aus einem Grund: um die kreativen Frühstücksvariationen, köstlichen Hauptgerichte und Desserts in diesem rustikal-trendigen Lokal in vollen Zügen zu genießen. Echte Kenner der nahrhaften Frühstückskultur ergötzen sich hier an erfinderischen *arepas* und wirklich fantastischen Eiergerichten wie *migas* (Rühreier, vermischt mit *arepas* und *hogao*, einer wirklich originellen und gelungenen Komposition aus Zwiebeln, Tomaten, Kreuzkümmel und Knoblauch); dazu mundet der Biokaffee ganz besonders gut.

Egal, was man hier bestellt, zu allem passt – wohldosiert darüber gestreut – der aromatisch verpackte Amazonas-Pfeffer. In der gleichen Straße befindet sich ein paar Schritte weiter das neue Delikatessengeschäft **La Bodega de Abasto** (www.abasto.com; Calle 120A No 3A-05; Hauptgerichte 7800–27 900 COP; ⏲Di–So 9–17 Uhr; 🛜) 🍃 mit ähnlichem Angebot, jedoch stärker noch mit Schwerpunkt auf Gourmet-Produkten und einfachen (aber fabelhaften) Mittagessen, wie etwa Slowfood-Brathähnchen, sprich Fleisch aus heimischen Gefilden.

80 Sillas CEVICHE **$$**

(☎1-644-7766; www.80sillas.com; Calle 118 No 6A-05; Ceviche 19 900–22 900 COP; ⏲Mo–Sa 12–23, So 12–22 Uhr; 🛜) In Usaquéns quirligstem Lokal steht das traditionelle Ceviche mit all seinen modernen Spinnereien, sprich Variationen im Mittelpunkt; diese Cevicheria befindet sich in einem restaurierten Kolonialgebäude an der südwestlichen Ecke der Plaza. Hier stehen verschiedenste Arten von Ceviche zur Wahl (beispielsweise Ingwer oder ein herzhaftes *criollo* mit Speck, Kartoffel, Limette und Käse).

Ach ja, wie es der Name des Lokals schon besagt – hier gibt es tatsächlich 80 Stühle!

Ausgehen & Nachtleben

In La Calendaria locken etwa 300 Jahre alte, atmosphärische Kolonialbauten mit Kaminecken und alten Kachelböden. Weiter nördlich bestärken einschlägige Ausgehlokale diesen Retrotrend, vor allem in Chapinero Alto, Zona Rosa und Parque 93. Künstlerviertel westlich der Avenida Caracas, beispielsweise Parkway und La Soledad sind in den letzten paar Jahren Tummelplätze für Craftbier-Brauereien und andere Trends geworden.

La Candelaria

Arte y Pasión Café KAFFEE

(Karte S. 48; www.arteypasioncafe.com; Calle 10 No 8-87; Kaffee 3500–18 000 COP; ⏲Mo–Fr 7–19, Sa 8–17 Uhr; 🛜) Was als Möglichkeit begann, Kolumbianer in die Wunder der Kaffeewelt einzuweihen, wurde eine erfolgreiche, praxisnahe Baristaschule mitsamt einem schicken Fachgeschäft, wo „Kunst und Leidenschaft“ auf kolumbianischen Kaffee trifft und ein einzigartiges Genusserlebnis beschert. Diese weitere, neuere Adresse bietet 12 Single-Origin-Sorten (mit Kaffeebohnen einer bestimmten Anbauregion Kolumbiens), acht Brühmethoden und Baristas in perfektem Outfit, die nach allen Regeln der Kunst Kaffee zubereiten.

Man bestelle sich einen Irish Coffee, die Kaffeespezialität des Hauses, der hier mit fantastischem Know-how zubereitet wird! Das etwas in die Jahre gekommene Stammhaus befindet sich nahe dem Museo del Oro.

Stadtzentrum

Contraste Coffee Lab KAFFEE

(Karte S. 48; www.facebook.com/contrastelab; Calle 16 No 4-51; Kaffee 3500–15 000 COP; ⏲Mo–Fr 8–19, So 9–17 Uhr; 🛜) Im Schoppingcenter des Hotel Continental versteckt, findet man diese winzige, ernst zu nehmende Javakaffee-Kaschemme, die von dem sanft aufretendem Manuel betrieben wird, einem professionellen kolumbianischen Barista, der den besten Flat White auf dieser Seite des Pazifiks zubereitet. Sein täglich frisch gerösteter Single-Origin-Kaffee kommt aus Viotá (Cundinamarca) und kann nach allen möglichen seriösen Methoden und Zubereitungsarten getrunken werden (Pour Over bzw. handgefiltert, als Espresso oder Cold Brew, sprich schonend mit kaltem Wasser zubereitet).

CLUBBING IN BOGOTÁ

Rein ins Getümmel stürzen und einfach mitgeschwoft! – Bogotá tanzt zu allen möglichen Rhythmen: von Rock über Techno und Heavy Metal bis hin zu Salsa, Vallenato und Samba. Wer das Tanzen nicht beherrscht, sollte sich dennoch auf eine Bewährungsprobe gefasst machen; denn Fremde fordern sich oftmals gegenseitig zum Tanz auf, und jeder scheint alle Songtexte auswendig zu kennen.

Macarena

Café Origami CAFE

(Karte S. 48; www.planetaorigami.com; Carrera 4A No 26C–04, La Macarena; Kaffee 3000–6000 COP; ⌚Mo–Mi 3.30–21, Do–Sa bis 22.30, So 13.30–20 Uhr; TransMilenio CL26) Japanische Papierfaltkunst, libanesische Küche und kolumbianischer Kaffee gehen hier eine perfekte Symbiose ein und sind in diesem reizvollen Konzept-Café beste Freunde geworden! Es fügt sich nahtlos in das sogenannte multikulturelle Viertel La Macarena ein und ist ein wunderbarer Ort zum Entspannen und Kaffeeschlürfen, während man einen Fetzen Papier in ein Origami-Kunstwerk verwandelt.

Im Café finden in regelmäßigen Abständen auch Kunst- und Designausstellungen sowie Kreativ-Workshops statt.

★ **El Bembe** BAR

(Karte S. 48; www.facebook.com/elbembebar; Calle 27B No 6–73; Fr & Sa Pauschale 25 000 COP; ⌚Mo–Mi 12–21, Do bis 1, Fr & Sa bis 3 Uhr) Der Weg zum El Bembe, einem Stück *tropicalia* mitten in Macarena, führt über eine bunt bemalte Treppe, wie man sie oft auf Kuba sieht, und über eine zauberhafte, kopfsteingepflasterte Straße. So könnte Havanna ohne US-Embargo aussehen: helle Farben, wunderschöne Balkone, auf denen eine frische Meeresbrise weht, und Salsa vom Feinsten!

Freitags gibt es Mojitos umsonst (normale Preise 25 000–42 000 COP); bis spät in die Nacht findet dann die ausschweifende Salsa-*revolución* statt, die oftmals bis in den frühen Morgen andauert.

Chapinero, Chapinero Alto & Quinta Camacho

Taller de Té TEEHAUS

(Karte S. 56; www.tallerdete.com; Calle 60A No 3A–38; Tee 4000–10 000 COP; ⌚Mo–Sa 10–20 Uhr; WLAN) Einfach umwerfend und einzigartig zugleich ist dieses inhabergeführte Teehaus mitten in Bogotá, dessen gute Qualität sich bereits herumgesprochen hat. Lauras Sortiment besteht aus über 70 Teesorten (Teeblätter und Kräutertees mit Aufgussbeutel). Die Teeblätter bezieht sie von Plantagen auf der ganzen Welt, um sie mit kolumbianischen Kräutern, Blüten, Gewürzen, Tee- und herkömmlichen Pflanzen zu mischen; ein paar leichte vegan-vegetarische Biohäppchen aus bewährten Manufakturen – alle aus Kolumbien – gibt es auch noch dazu, um die Verkostung abzurunden.

La Negra CLUB

(Karte S. 46; www.facebook.com/LaNegraBta; Carrera 7 No 47–63; Pauschale 15 000 COP; ⌚Fr & Sa 21.30–2.30 Uhr) Mit seinem schrillen Retro-Logo und einem Soundtrack, der zwischen Salsa, Vallenato, Reggaeton, Cum-

SCHWULEN- & LESBENSZENE IN BOGOTÁ

Bogotá hat eine große, oft im Wandel begriffene Schwulenszene, meist aber konzentriert sie sich auf Chapinero, weswegen das Viertel auch den Spitznamen „Chapi Gay" trägt (zwischen Carrera 7 und 13, Calle 58 bis Calle 63). Wer einen richtigen Event daraus machen will, kann das Angebot auf **Queer Scout** (www.thequeerscout.co) durchforsten. Dort findet man alles, was Kolumbien an LGBT-Nightlife-Touren zu bieten hat.

Auf **Guia Gay Colombia** (www.guiagaycolombia.com/bogota) kann man nach Dutzenden verschiedener Clubs und Bars surfen; ebenso auf den Online-Verzeichnissen von **Colombia Diversa** (☎1-483-1237; www.colombiadiversa.org; Calle 30A No 6–22, oficina 1102), einer gemeinnützigen Organisation zur Förderung der Rechte für Lesben und Schwule in Kolumbien. Die Lesbenszene hat hier noch nicht wirklich Fuß gefasst, insofern ziehen die meisten Schwulenkneipen und -Clubs ein gemischtes Publikum an, darunter auch der Video Club mit Schwulenpartys an Sonntagen bzw. verlängerten Wochenenden mit Feiertag.

Unsere LGBT-Favoriten:

Theatron (Karte S. 56; www.theatron.co; Calle 58 No 10–32; ⌚Do–Sa 21–5 Uhr)

El Mozo (Karte S. 52; www.elmozoclub.com; Calle 85 No 12–49/51; ⌚Mi–Sa 17–3 Uhr)

Village Cafe (Karte S. 56; www.villagecafebogota.com; Carrera 8 No 64–29; ⌚16–3 Uhr; WLAN)

El Recreo de Adan (Karte S. 52; www.elrecreodeadan.com; Carrera 12A No 79–45; ⌚So–Do 5–23, Fr & Sa bis 12.30 Uhr)

bia und seltenen kolumbianischen Musikgenres hin und her springt, ist La Negra ein informeller, aber äußerst populärer Crossover-Magnet für Studenten der gehobenen Mittelklasse und junge Berufstätige, die beim ausgelassenen Tanzen hochprozentigen Aguardiente (kolumbianischer Anis-Schnaps) aus der Flasche trinken.

Wer nicht schon vor 22 Uhr eintrifft, muss sich auf Warteschlangen gefasst machen. 6000 COP vom Verzehrgutschein können in Form von *cerveza* konsumiert werden.

Cervecería Statua Rota CRAFTBIER
(Karte S. 46; Calle 40 No 21-34; Pint 15500–17000 COP; ⏲Mo–Mi 12–23, Do-Fr bis 24, Sa bis 1 Uhr; 📶) Einst wäre es abartig gewesen, sich auf der Avenida Caracas weiter westlich vorzuwagen, aber diese Mikrobrauerei mit Bierschenke in Parkway zieht ganze Heerscharen von sauflustigen Hipstern und Bierfans an, die von Double Red IPAs (mit Blutorange und harziger Pinie) und spritzigen Witbieren (erfrischendes, helles Sommerbier mit Orangenschalen- und Korianderaroma) gar nicht genug kriegen können. Oftmals werden diese Biere mit kolumbianischen Früchten oder anderen lokalen Zutaten gebraut; zudem sorgen Indie-Sound, Alternative Rock und Metal für eine geräuschvolle Klang- und Partykulisse.

Amor Perfecto CAFÉ
(Karte S. 56; www.amorperfectocafe.net; Carrera 4 No 66-46, Chapinero Alto; Kaffee 4200–24900 COP; ⏲8Mo-Sa-8-21 Uhr; 📶) Hier in diesem hippen Chapinero-Alto-Café kann jeder seine Single-Origin-Spezialkaffeebohne aus einer bestimmten Anbauregion Kolumbiens auswählen und die Zubereitungsart selbst bestimmen (Chemex, Siphon, AeroPress oder französische Kaffeepresse); der Rest ist dann Sache der hochprofessionellen Baristas, die schon nationale Meisterschaftstitel gewonnen haben. Wer Lust hat, kann auch nur auf eine Verkostung vorbeischauen oder an einem Kurs teilnehmen.

Mi Tierra BAR
(Karte S. 56; www.facebook.com/mitierra2; Calle 63 No 11-47; ⏲16–3 Uhr) Die beliebte Chapinero-Bar hat auch etwas Beengendes an sich, denn hier sieht es aus wie auf einem offiziellen Flohmarkt – inmitten eines Sammelsuriums an ausrangierten alten Schreibmaschinen, Sombreros, Elchtrophäen, Musikinstrumenten und Fernsehern muss man erst einmal einen Platz finden. Aber keine Sorge: Das Publikum ist entspannt und die alten Macheten hängen nur zur Zierde an der Wand; eine wirklich nette Sammlung, weiter nichts. Die Hintergrundmusik ist angenehm – gut aufgelegt.

Nördliches Bogotá

★El Mono Bandido PUB
(Karte S. 56; www.elmonobandido.com; Carrera 10A No 69-38; Pint 9500–10 500 COP; ⏲Di-Sa 12–1, So bis 24 Uhr; 📶) Einer der aufregendsten Pubs in Bogotá ist in die ehemalige Quinta Camacho eingezogen und bietet eine Bombenstimmung. Im El Mono Bandido kann man auf zwei Stockwerken Craftbiere des Hauses trinken. Die Raumgestaltung setzt auf offene Backsteinwände, sichtbare Rohrleitungen und schlichte Glühbirnenbeleuchtung. Auf einigen der Gartentischen im Freien flackern Kerzenlichter.

Das Stammhaus in der Carrera 4 No 54-85 in Chapinero ist ebenfalls eine sehr gute Ausgehdresse.

★Cervecería Gigante CRAFTBIER
(Karte S. 46; www.cerveceriagigante.com; Carrera 22 No 70A-60; Pint ab 8000 COP; ⏲Do-Sa 17–23 Uhr; 📶) US-Mikrobrauer Will Catlett hat etwas geschaffen, was sich wie ein Partykeller anfühlt. Westlich der Carrera 14, von außen ganz unscheinbar und ohne Türschild, jedoch mitten im Craftbier-Paradies von Bogotá, wird ordentlich was weggezecht! Aus 12 Zapfhähnen fließt süffig-spritziges Nass; drei davon sind hausgemachten Limos vorbehalten; jedoch ist es mehr als ein freuchtfröhlicher Ausgehschuppen, denn superleckeres Wirtshausessen gibt es hier auch, wie hausgemachte Chorizo (mit Hühnchen- und Schweinefleisch, Porree, Mango und Jalapeño), Burger und Chicken Wings.

Besonders empfehlenswert sind die Fassbiere Citra Pale Ale und das Sequioa Roja IPA sowie das glutenfreie Oatmeal Pale Ale und das Rauchbier Saison, jeweils von den Partnerbrauereien Madriguera Brewing Co. und Viteri Cervecería. Auf zu einer Pilgerfahrt rund ums Bier (mit Taxi!).

★Video Club CLUB
(Karte S. 56; ☎1-474-7000; www.facebook.com/pg/videoclubbogota; Calle 64 No 13-09; Verzehrgutschein 25000–45000 COP; ⏲Fr & Sa 22 Uhr–5 Uhr) Zum Glück ist der Video Club (mit leider etwas unglücklichem Namen) cooler, als es der Name (bzw. die Fassade) vermuten lässt. Die ehemaligen, zweistöckigen Lagerhausräumlichkeiten in Chapinero ziehen

ein buntgemischtes Publikum an. Die einen tanzen im Erdgeschoss zu Salsa- und experimentellen Latin-Rhythmen, die anderen toben sich auf der zweiten Ebene mit Techno aus. Unten bestimmt Holzdekor das Ambiente, oben Bögen mit Backsteinoptik und stählernes Industriedesign.

Hier auf der mondbeschienenen Außenterrasse schütteln sich einige der trendigsten Clubgänger Bogotás (Homos, Heteros und Bi) den Stress vom Leib und tanzen durch bis zum Frühstück. Sonntagspartys für Schwule gibt es meistens an verlängerten Wochenenden mit Feier- oder Brückentag (vorher checken!).

Azahar Café

CAFE

(Karte S. 52; www.azaharcoffee.com; Calle 93B No 13–91; Kaffee 4000–16 000 COP; ⏲Mo–Fr 7–20, Sa & So 8–18 Uhr; 📶) Azahar war einer der Pioniere der Dritten Kaffeewelle in Bogotá. Schon lange bevor in ganz Kolumbien der neue Kaffeetrend aufkam, entzog es sich der *Tinto*-Tradition (klassischer schwarzer Kaffee an jeder Straßenecke). Als todsichere Java-Kaschemme mit neuartigem Einrichtungsstil, wird hier Single-Origin-Kaffee aus Kaffeebohnen von Kleinbetrieben kredenzt. Der Kaffee wird hier auf alle erdenkliche Arten zubereitet, die nur echte Koffeinvernarrte als Routine bezeichnen würden: Siphon, Chemex und Ähnliches.

Inzwischen werden in dem teils von einem US-Mitinhaber geführten Café auch Wein und Moonshine-Craftbier ausgeschenkt, und es gibt kleine Gerichte (5500–18 000 COP). Im üppig begrünten Patio kann man ganz einfach wunderbar sitzen. Die Kaffeebohnen werden hier wesentlich besser weiterverarbeitet als in in den allgegenwärtigen Franchising-Cafés.

Bourbon Coffee Roasters

CAFE

(Karte S. 56; www.bourboncoffeeco.tumblr.com; Calle 70A No 13–83, Quinta Camacho; Kaffee 3200–12 000 COP; ⏲Mo–Fr 8–20, Sa 10–18.30 Uhr; 📶; 🚌Calle 72 TransMilenio | Flores TransMilenio) Sogar schon bevor man in die schummrige Atmosphäre der viktorianischen Backsteinvilla eintaucht, weckt das urige Ambiente des Stadtviertels große Erwartungen.

Als Oase für Hipster und Konservative bringt das Café Professionalität und Stil unprätentiös und perfekt in Einklang. Hier wird direkt vor Ort kolumbianischer Single-Origin-Kaffee geröstet und gemahlen und von den qualifizierten Baristas je nach individueller Vorliebe serviert.

Chelarte

CRAFTBIER

(Karte S. 52; www.chelarte.com; Carrera 14 No 93B–45; Pint ab 12 600 COP; ⏲Mo–Mi 10–23, Fr & Sa bis 1 Uhr; 📶) Chelarte – ein Kunstwort, das sich aus dem mexikanischen Slangwort für Bier (*chela*) und *artesanal* (dt. handwerklich) zusammensetzt – hat dem Craftbier in Bogotá mit zum Durchbruch verholfen, als dem Brauer Camilo Rojas vor sechs Jahren klar wurde, dass mit einem 0815-Bier wie Club Colombia oder Aguila kein Blumentopf mehr zu gewinnen ist. Heute ist seine Craftbier-Lounge mit Kerzenlicht eine der atmosphärischsten Locations in Bogotá.

Aus neun Zapfhähnen fließen „Standardbiere“ wie Summer Ale, Pale Ale und Brown Ale (alle Biere sind nach fiktiven Frauennamen wie Pamela, Rachel und Carmela benannt); daneben gibt es turnusmäßig Spezialbiere (beispielsweise India Pale Ale und Bio-Ale) sowie Biere von kolumbianischen Partner-Biermanufakturen, die hier einen Gaststatus genießen. Leckere Burger und Bar-Snacks werden auch serviert.

Café Cultor

KAFFEE

(Karte S. 56; www.cafecultor.co; Calle 69 No 6–20; ⏲Mo–Do 8–19.30, Sa 9.30–15.30, So bis 15 Uhr; 📶; 🚌TransMilenio AK 7 – CL68) Getreu dem Motto „Das Leben ist zu kurz, um schlechten Kaffee zu trinken” kredenzt dieses Container-Kultcafé mit Dachterrasse beständig seine landesweit anerkannten Kaffeespezialitäten. In Bogotás trendiger Zona G gelegen, bietet das Café Cultor turnusmäßig zehn diverse kolumbianische Single-Origin-Kaffeebohnen, die alle von nachhaltigen, heimischen Fairtrade-Plantagen kommen.

Tap House

CRAFTBIER

(Karte S. 52; www.facebook.com/TapHouseBog; Calle 93 No 12–11; Pint 13 000 COP; ⏲Mo–Mi 16–22, Do–Sa bis 2 Uhr; 📶) Im Schulterschluss mit zwei kolumbianischen Craftbier-Brauereien (der US-amerikanisch-kolumbianische Tomahawk-Bräu und die Traditionsbrauerei Tierra Alta) erweist sich dieser Craftbier-Treffpunkt auf der zweiten Ebene der Container City als gute Plattform, um auf der neuen kolumbianischen *Cerveza-artesanal*-Welle mitzuschwimmen.

Aus den 13 Zapfhähnen fließen mehr oder weniger gleich verteilt die hausgebrauten Biere sowie „Partnerbiere“ von Kooperationsbrauereien. Getrunken wird in lockerer Atmosphäre am Tresen mit trendiger Glühbirnenbeleuchtung. Hier geht man keinerlei Risiko ein (keine Experimente mit in Fässern gereiften Bieren oder anderen exzentrischen Getränken); hier hingegen ist die Lunte gezündet und die Musik rockt – alles ohne Handbremse!

★ Cine Tonalá KINO, CLUB

(Karte S. 46; www.cinetonala.co; Carrera 6A No 35–37; Filme 7000 COP; ⌚Di & Do–Sa 12–2.30, Mi 12–20 Uhr;) Zwar besteht Bogotás Kinowelt ausschließlich aus unabhängigen Produktionen, d. h. Filmen aus Lateinamerika und Kolumbien sowie international erfolgreichen Kultfilmen, jedoch lässt sich dieser Import aus Mexiko City mitnichten einordnen. Das vielschichtige Kulturzentrum, untergebracht in einem restaurierten La-Merced-Herrenhaus aus den 1930er-Jahren, ist ein Refugium für „Kunstflüchtlinge": Sie flohen gewissermaßen hierher in ihre zweite Heimat – eine überaus angesagte Barszene, ausgezeichnetes mexikanisches Essen und rauschende Clubnächte (immer donnerstags bis samstags).

Armando Records CLUB

(Karte S. 52; www.armandorecords.org; Calle 85 No 14–46; Verzehrgutschein Do–Sa 17 000–30 000 COP; ⌚Di–Do 20.30–2.45, Fr & Sa ab 20 Uhr) Der Jazzclub ist nach wie vor der absolute Szenetreff in Bogotá, und das schon seit mehreren Jahren! Der Nachtschuppen ist gleich auf mehreren Ebenen eingezogen; im zweiten Stockwerk mit Armando's All Stars, mit Musik von jüngeren Crossover-Jazzkünstlern. Die Bühne befindet sich im gartenähnlichen Hinterhof, wo sich vor allem ein junges, rastloses Publikum tummelt. In der Dachterrassenbar mit Retroflair im vierten Stockwerk wird man allabendlich von LCD-Soundsystem und Empire-of-the-Sun-Klängen eingelullt.

Bistro El Bandido BAR

(Karte S. 52; ☎1-212-5709; www.elbandidobistro.com; Calle 79B No 7–12; Hauptgerichte 34 000–65 100 COP; ⌚Mo–Sa 12–1 Uhr;) Ein Besuch im El Bandido ist wie eine Reise in die Vergangenheit: Die beliebte Luxusbar und Brasserie versteckt sich hinter den Sträuchern gepflegter Gärten im Wohnviertel Nogal. DJs legen hier Oldies wie Big Band oder Elvis Presley auf; ab und zu treten im Bistro El Bandido auch Jazz- und Swing-Bands live auf. Ein gehobenes Publikum nippt währenddessen vornehm an klassischen Cocktails (ab 23 000 COP). Neben den Standardgerichten bietet die ausgezeichnete Speisekarte auch noch ein paar besondere Spezialitäten wie etwa Chorizo-Häppchen, Coq au Vin und panierten Fisch.

In der Mitte des Lokals befindet sich eine große, herrliche „Social"-Bar – eine Art Neuheit in Bogotá. Jedoch sollte man nicht vergessen, in der kleinen, aber feinen (rückwärtigen) Bar Enano vorbeizuschauen (der „Bar in der Bar!") – denn die ist nämlich einer der Hotspots der Stadt. Nach 19 Uhr nur noch mit Reservierung!

☆ Unterhaltung

In Bogotá gibt es eine gut etablierte Kunst-, Theater- und Musikszene. Die besten Theater der Stadt befinden sich in La Candelaria, während Livemusikbühnen und Clubs eher im Norden liegen – angefangen mit dem etwas rauerem/trendigerem Chapinero bis hin zu Mainstream-Spielorten in der Zona Rosa.

Die einschlägigen Rubriken lokaler Programmzeitschriften können im Internet unter *entretenimiento* (Unterhaltung) aufgerufen werden; man browse bei **El Tiempo** (www.eltiempo.com/cultura/entretenimiento) und **El Espectador** (www.elespectador.com/entretenimiento/eventos) sowie bei Civico (www.civico.com/bogota) nach besonderen Veranstaltungen. Für Kulturevents und und Rezensionen in Englisch besorge man sich das kostenlose Monatsblatt **City Paper** (www.thecitypaperbogota.com). Spielpläne und Tickets zu zahlreichen Events (Theater, Rockkonzerte, Fußball) findet man auf **Tu Boleta** (www.tuboleta.com).

Livemusik

In den Clubs überall in der Stadt wird abends Livemusik gespielt. Im Freien finden ebenfalls Veranstaltungen statt, beispielsweise im Rock al Parque, wo auf riesigen Festivals Fans aus allen Ecken des Kontinents zusammenströmen. Dann prangen überall in der Stadt auf gewaltigen Werbeplakaten die Namen großer Stars, die im Estadio El Campín, im Parque Simón Bolívar oder im Parque Jaime Duque (auf dem Weg nach Zipaquirá, nördlich der Stadt) auftreten.

Latino Power LIVEMUSIK

(Karte S. 56; Calle 58 No 13-88; Gedeck 10 000–35 000 COP; ⌚Fr & Sa 21–3 Uhr) Trotz der Metamorphose, die diese Graffiti-bemalte Disko momentan erfährt – einhergehend mit einer unglücklichen Namensänderung (zuvor hieß es Boogalop und hatte weit mehr Klasse), folgt sie nach wie vor dem gleichen Mantra: ein Refugium für die ewigen Indie-Rock-Fans mit eklektischer, alternativer

DJ-Musik sowie energiegeladenen Liveauftritten talentierter einheimischer Musiker (Ska, Punk, Vallenato).

Gaira Café LIVEMUSIK
(Karte S. 52; ☎1-746-2696; www.gairacafe.co; Carrera 13 No 96–11; Gedeck/Minimalverzehr 10 000–30 000 COP; hMo–Sa 12–2, So 17 Uhr; 📶) Carlos Vives, die Vallenato-Legende, hat diese megastarke Tanzhalle mit Restaurant gegründet, um den Gästen Livemusik anzubieten – und zwar in den typischen Rhythmen der Atlantikküste (Vallenato, Cumbia und Porro); manchmal wird hier aber auch „modern" gespielt.

Die Einheimischen strömen gerne ins Gaira Café scharenweise herein, zum Essen oder um sich gemütlich quer durch verschiedenste Rumcocktails zu trinken. Getanzt wird übrigens auf engstem Raum – auch rund um die Tische zur heißen Livemusik (ab 21 Uhr) der elfköpfigen Band.

Sport

Viele Outsider setzen Kolumbiens Nationalsport – Fußball – mit dem Attentat auf Andrés Escobar gleich, nachdem dieser bei der Weltmeisterschaft 1994 gegen den Gastgeber USA den Ball unglücklich ins eigene Tor geschossen hatte. Sonst aber sind Fußballspiele hierzulande in der Regel eine ruhige Angelegenheit. Vielleicht ist es dennoch keine schlechte Idee, im Stadion neutrale Farben zu tragen. Die zwei großen Rivalen am Platz sind die (blau-weißen) **Millonarios** (www.millonarios.com.co) und die (rot-weißen) **Santa Fe** (www.independientesantafe.co).

Hauptaustragungsort ist das **Estadio el Campín** (Karte S. 46; ☎315-8726; Carrera 30 No 57-60) mit etwa 36 340 Sitzplätzen. Die Spiele finden immer mittwochabends und sonntagnachmittags statt. Für die großen Fußballderbys sollte man im Voraus eine Online-Reservierung vornehmen (ordentliche Sitzplätze liegen preislich zwischen 200 000 und 350 000 COP); ansonsten am Abendschalter früh genug vor Spielbeginn die Eintrittskarten besorgen. Um Karten für internationale Matches zu ergattern, sollte man sich auf der Website der **Federación Colombiana de Fútbol** (www.fcf.com.co) erkundigen, wo man diese im Vorverkauf erhält oder aber man sucht auf **StubHub** (www.stubhub.co).

Stierkämpfe wurden im Jahr 2012 durch eine Verfügung des Bürgermeisters Gustavo Petro verboten. Damit war die Stierkampfarena an der Plaza de Toros de Santamaría – ein Monumentalbau mit roter Backsteinoptik aus dem Jahr 1931 – erst einmal auf ein bloßes Dasein als historische Sehenswürdigkeit reduziert. Der Beschluss wurde jedoch im Jahr 2014 vom kolumbianischen Verfassungsgericht aufgehoben. Der Rechtsstreit dauert also bis auf Weiteres an, während trotz großer Protestwellen weiterhin Stierkämpfe stattfinden. Am besten vor Ort überprüfen, was gerade der Stand der Dinge ist.

Lonely Planet ist übrigens gegen Tierquälerei – über Stierkampf wird hier nur zu Informationszwecken berichtet.

Club de Tejo La 76 TEJO
(Karte S. 52; Carrera 24 No 76-56; 70 000 COP pro Std.; ⏲10–22.30 Uhr) Dieser Club zieht einen gelungen Mix aus Einheimischen und Ausländern an. Willkommen sind auch Neulinge, die nicht so geschickt sind wie die *bogotanos*, wenn es darum geht, im Bierrausch mit einer eisernen Diskusscheibe eine *mecha* (dreieckige Schwarzpulvertasche) zu treffen und im geschlossenen Raum explodieren zu lassen. Trinken gehört hier zu den Spielregeln – eine *petaca* (ein Kasten mit 30 Bierflaschen à 0,3 l) pro Stunde. Größere Gruppen haben bei der Buchung einer Spielbzw. Wurfbahn selbstverständlich Vorrang.

Shoppen

Kolumbianer lieben Malls. Das **Centro Comercial El Retiro** (Karte S. 52; www.elretirobogota.com; Calle 81 No 11–84; ⏲Mo–Do 10–20, Fr & Sa 21, So 12–19 Uhr) und **Centro Comercial Andino** (Karte S. 52; www.centroandino.com.co; Carrera 11 No 82–71; ⏲Mo–Do 10–20, Fr–So 7–3 Uhr) sind die besten Einkaufsparadiese – für Touristen aber sind die Sonntagsflohmärkte und die quirlige **Plaza de Mercado de Paloquemao** (Karte S. 46; Ecke Avda. 19 & Carrera 25; ⏲Mo–Sa 3–16.30, So bis 14.30 Uhr) einladendere Attraktionen. Entlang der Carrera 9, südlich der Calle 60, kann man auch in Chapineros Antiquitätenläden herumstöbern.

Neueste kolumbianische Topdesignmode gibt es in verschiedenen Chapinero-Boutiquen, beispielsweise in der Carrera 7 zwischen den Calles 54 und 55.

Orientierung

Das Ballungsgebiet Bogotás erstreckt sich größtenteils in Richtung Nord–Süd (in den letzten Jahren auch nach Westen), die hochaufragenden Gipfel des Monserrate und des Guadalupe bilden im Osten eine natürliche Wand.

SMARAGDE KAUFEN – GEWUSST WIE!

Einige der hochwertigsten Smaragde der Welt werden hauptsächlich in den Minengebieten Muzo und Chivor in Boyacá abgebaut. Kolumbien ist der weltweit größte Smaragd-Exporteur. Daher stehen die wertvollen Steine zumeist auch auf den Einkaufslisten der Touristen, die Bogotá und Umgebung besuchen.

In den vergangenen Jahren war allerdings die Schönheit der kolumbianischen Smaragde überschattet von den gefährlichen Arbeitsbedingungen im Zusammenhang mit dem Untertageabbau. Einige einheimische Kritiker verglichen den Smaragdmarkt mit der berüchtigten Diamantenindustrie in Afrika.

Im Jahr 2005 schob die Regierung durch die Abschaffung der Bergbautarife und Steuern dem mächtigen Schwarzmarkt und anderen schlimmen Auswüchsen der Schattenwirtschaft einen Riegel vor.

Heute können Touristen Smaragde mit gutem Gewissen kaufen. In der Hauptstadt werden die Smaragde in dem boomenden **Emerald Trade Center** (Karte S. 48; Av Jiménez No 5-43; ⌚Mo–Fr 7.30–19, Sa 8–17 Uhr) verkauft wo Dutzende von *comisionistas* (Händler) Edelsteine kaufen und verkaufen – manchmal werden die Smaragde auch auf den Gehsteigen oder direkt auf der Straße angeboten. Jedoch ist von einem vorschnellen Kauf abzuraten – manchmal wirken die geschickt gefertigten Glasimitate täuschend echt! Und selbst wenn sie das wären, sind sie hoffnungslos überteuert!

Wer wirklich vernünftig einkaufen will, sollte sich an **Colombian Emerald Tours** (☎313-317-6534; www.colombianemeraldtours.com) wenden und an einer geführten, zweistündigen Tour quer durch die Stadt teilnehmen. Im Rahmen dieser Tour lernt man verschiedene *comisionistas* kennen. Zudem kann man im Emerald Trade Center etwas über verschiedene Schliffe, Qualität und dergleichen lernen. Niemand steht dabei unter dem Druck, irgendetwas kaufen zu müssen, jedoch werden bei einem Einkauf die Tourkosten in Höhe von 60 000 COP komplett gutgeschrieben.

Angeboten werden auch ganze Tagestouren zur Smaragdmine in Chivor, Boyacá, einer regionalen Initiative im Zeichen des Ökotourismus (1 700 000 COP all-inclusive für zwei Personen; bei großen Gruppen wird es günstiger).

Beim Kauf von Edelsteinen sollten folgende Tipps beherzigt werden:

➡ Wer sich die Smaragde näher anschaut, sollte dabei auch die Person genau mustern, die die Ware verkauft – am besten einen Verkäufer suchen, bei dem sich ein gutes Gefühl einstellt. Wer seinem Gegenüber wohldosierte Aufmerksamkeit schenkt, wird überrascht sein, wie schnell einem klar wird, ob es besser ist, das Weite zu suchen oder sich zu entspannen und zu bleiben.

➡ Juwelen und Schmuck sind natürlich reine Geschmackssache, und oftmals ist der erste Eindruck der beste und verlässlichste, egal ob in den Läden oder bei Händlern. Wer einen Edelstein oder ein Schmuckstück kauft, sollte am besten nicht in Eile sein. Die Qualität eines Juwels ist in jedem kolumbianischen Geschäft durch festgesetzte Regeln gewährleistet, deshalb gibt es hierüber keine Streitigkeiten. Der Käufer kann sich also voll und ganz auf den Preis konzentrieren. Wem der Betrag zu hoch ist, sollte sich nicht scheuen, einfach weiterzugehen.

➡ Die wichtigsten Bewertungskriterien für einen Edelstein sind seine Harmonie im Zusammenspiel von Farbe, Klarheit, Helligkeit und Größe.

➡ Kolumbianer sind gastfreundlich und oft auch ziemlich ulkig. Wer einen sympathischen Juwelier oder Händler findet, sollte ihn zum Tee oder auf einen *tinto* (schwarzen Kaffee) einladen. Auf die Art erfährt man gute Geschichten und bekommt einen „Verbündeten" im Geschäft mit den Smaragden.

Ein verlässlicher Smaragdhändler in Bogotá ist **Gems Metal** (Karte S. 46; ☎311-493 1602; Carrera 7 No 12c–28, Edificio America, Büro 707). Der Inhaber Oscar Baquero hat mehr als 35 Jahre einschlägige Erfahrung – man spricht Englisch. Das Preisspektrum fängt bei 50 US$ an und kennt nach oben hin keine Grenzen.

Die Orientierung in Bogotá ist dank des logischen Straßensystems (wenn man es einmal verstanden hat!) ein Kinderspiel. Alle Straßen, die von Norden nach Süden oder entgegengesetzt verlaufen, heißen Carrera und die von Osten nach Westen bzw. Westen nach Osten Calle. Beide sind durchnummeriert, d. h., statt Straßennamen gibt es Zahlen. Osten ist immer dort, wo die Bogotá umgebenden Berge am nächsten erscheinen. Praktischerweise steckt in jeder Adresse auch ein Hinweis auf die nächstgelegenen Querstraßen; Calle 15 No 4-56 ist z. B. die 15. Straße zwischen den Carreras 4 und 5.

Bogotás Zentrum ist viergeteilt: Es besteht aus dem teilweise erhaltenen Kolonialviertel La Candelaria (südlich der Avenida Jiménez und zwischen den Carreras 1 und 10), wo sich hauptsächlich Studenten tummeln, sowie mit einer Fülle von Bars und Hostels; dem traditionellen Geschäftsviertel oder der „Innenstadt" (hauptsächlich Carrera 7 und Calle 19, zwischen der Avenida Jiménez und der Calle 26), dem Wolkenkratzerviertel Centro Internacional (Carreras 7, 10 und 13, grob zwischen Calles 26 und 30) und direkt im Osten zu den Bergen hin dem Künstler- und Schlemmerviertel Macarena.

Das nördliche Bogotá gilt als der wohlhabendste Teil der Stadt. Der Norden beginnt mehr oder weniger 2 km nördlich des Centro Internacional. Etwas weniger geordnet ist das weitläufige Viertel Chapinero mit seiner Theaterszene, seinen Antiquitätengeschäften und den zahlreichen Schwulenkneipen (grob zwischen der Carrera 7 und der Avenida Caracas, von Calle 40 bis Calle 67); es beginnt mit der Zona G, einem kleinen Streifen mit Spitzenrestaurants (östlich der Carrera 7 und der Calle 80). Chapinero Alto gilt als kleine Künstlerenklave (in Chapinero zwischen Carrera 7a und Avenida Circunvalar ab den Calles 53 bis 65).

Zehn Blocks weiter nördlich beginnt die quirlige Zona Rosa (oder Zona T, der Name leitet sich von der T-förmigen Fußgängerzone und Einkaufspassage zwischen den Carreras 12 und 13, bei Calle 82A ab). Dieses Viertel hat zahlreiche Clubs, Einkaufszentren und Hotels zu bieten. Eine beschaulichere Version davon – mit vielen Restaurants – verläuft am schickeren Parque 93 (Calle 93 zwischen Carreras 11A & 13), der schon zum Stadtviertel Chicó gehört, und dann gibt es noch das einstige *pueblo plaza* in Usaquén (Ecke Carrera 6 und Calle 119). Eine Reihe ziemlich unattraktiver moderner Gebäude bildet die Kulisse des sogenannten Bankenviertels in der Calle 100 zwischen Avenida 7 und Carrera 11.

Die beliebtesten Verbindungsstraßen zwischen dem Zentrum und dem Norden sind die Carrera Séptima (Carrera 7, „La Séptima") und die Carrera Décima (Carrera 10); hier wimmelt es von Stadtbussen. Ein weiterer Boulevard, die Avenida Caracas (folgt der Carrera 14, dann der Av 13 nördlich der Calle 63), ist die Hauptverkehrsader in Richtung Nord-Süd für den TransMilenio-Busverkehr. Die Calle 26 (oder Avenida El Dorado) führt in Richtung Westen zum Flughafen.

Praktische Informationen

GEFAHREN & ÄRGERNISSE

Seit den 1990ern hat Bogotá überraschenderweise viele Fortschritte gemacht, u. a. beim Rückgang von Tötungsdelikten (1993 kamen noch 80 Ermordungen pro Jahr auf 100 000 Einwohner, 2016 nur noch 15,8; im Vergleich zuum Vorjahr wurden auch 20 % weniger Handydiebstähle angezeigt). – Diese Statistik spiegelt den Abwärtstrend wider, wonach im gleichen Jahr die Mordrate insgesamt zurückgegangen ist (in den letzten vier Jahrzehnten war sie auf niedrigstem Stand). Heute ist Bogotá eines der sichersten städtischen Gebiete in ganz Lateinamerika – de facto so sicher, dass Papst Franziskus 2017 hierher zu Besuch kam.

2016 unterzeichneten die kolumbianische Regierung und die FARC (Revolutionäre Streitkräfte Kolumbiens – linksgerichtete Volksarmee) ein historisches Waffenstillstandsabkommen; damit sind die Bombenattentate möglicherweise drastisch zurückgegangen im Vergleich zu der Zeit, als der bewaffnete Konflikt seinen Höhenpunkt erreicht hatte, was aber nicht heißt, dass die Guerilla ihre Aktivitäten ganz eingestellt hat: bei einem Bombenanschlag im Centro Comerical Andino wurden 2017 drei Menschen getötet (der Terrorakt wurde einer kleineren städtischen Guerillagruppe zugeschrieben, bekannt als Movimiento Revolucionario del Pueblo, kurz MRP; es war ihr erster Anschlag mit Todesopfern). Ebenfalls 2017 wurden durch eine Bombenexplosion in Macarena 29 Menschen (darunter 26 Polizisten) verletzt. Zwar wurden keine Verhaftungen vorgenommen, jedoch werden Mitglieder der Nationalen Befreiungsarmee (ELN) per Steckbrief gesucht. Touristen hingegen sind nicht ausdrücklich Zielscheibe der Terroristen, jedoch kann man der Gefahr nirgendwo so richtig ausweichen. Zum Glück hat die kolumbianische Regierung 2017 einen Waffenstillstand mit der ELN bekanntgegeben, während die aktiven Friedensgespräche in Quito, Ecuador, noch andauern. Bogotà – und damit ganz Kolumbien – konnte erleichtert aufatmen.

Hostelinhabern zufolge sind Raubüberfälle in La Calendaria erheblich zurückgegangen. Das Viertel ist tagsüber in der Regel sicher, nachts aber kann es immer noch etwas brenzlig werden. Man sollte in seiner näheren Umgebung immer wachsam bleiben und an der Straßenecke nicht auf dem Smartphone herumtippen, denn schnell wird es einem durch vorbeifahrende Taschendiebe (auf Motorrädern oder Fahrrädern) weggeschnappt. Wer in La Calendaria übernachten will, sollte also seine Unterkunft nicht nur nach allgemeinen Kriterien auswählen, sondern auch die Sicherheit nicht außer Acht lassen; insbesondere ist es für Nachtschwärmer ratsam, nicht alleine loszuziehen oder etwas Wertvolles (bei sich) zu tragen. Zwar ist heute nachts mehr Polizei im Stadtbezirk präsent, jedoch immer noch weitaus weniger als tagsüber.

Rund um die Calle 9 und dort am Hügel eher in der Nähe des ärmeren Barrio Egipto kommt es nach wie vor zu Überfällen. Das „Ägyptische Viertel" bleibt ein nennenswerter Brennpunkt für Kriminalität. Trotz geführter Touren, die inzwischen durch das Viertel angeboten werden, sollte man hier nie auf eigene Faust herumstromern und vor allem nicht über die Carrera 1 hinaus. An ihrem nördlichen Ende, im Parque de los Periodistas, sind heute Wachmänner einer privaten Sicherheitsfirma unterwegs (man sieht sie mit Hunden patrouillieren), die von den Universitäten angeheuert werden; damit ist diese einst prekäre Gegend heute ebenfalls sicherer. Alleinreisende sollten auf der Straße zwischen der Universidad de Los Andes und Monserrate immer Vorsicht walten lassen, obwohl Polizeipräsenz ab 6 Uhr früh an den Wegen zum Hausberg hoch zu einem drastischen Rückgang von Vorfällen geführt hat.

Auch in La Macarena ist heute wesentlich mehr Polizei zugegen, obwohl es immer noch eine gute Idee ist, ein Taxi zu nehmen und sich an die Hauptstraßen zu halten – im Barrio La Perseverancia gleich nördlich von Macarena kann man sich leicht verirren, wenn man mit der Gegend nicht vertraut ist.

Im Allgemeinen ist Bogotás Süden etwas gefährlicher, während es sich im Norden insgesamt ganz anders verhält. Viele Einheimische gehen hier, also in der Club- und Restaurantszene von Zona Rosa und Parque 93, nach Einbruch der Dunkelheit unbeschwert aus. In La Candelaria hingegen sollte man etwas vorsichtiger sein.

In Bussen und im TransMilenio-Verkehrsnetz sollte man immer vor Taschendieben auf der Hut sein – denn diese treiben sich gerne dort herum, wo viel Menschenandrang herrscht.

Einsame Straßen sind zu meiden, und nach Feierabend sollte man lieber ein Taxi nehmen – am besten immer mit doppelt sicherer Taxi-App!

Polizeiwachen, auf Spanisch Comando de Acción Inmediata (CAI), sind strategisch vorteilhaft überall in der Stadt vertreten – im Notfall kann man sich immer an diese wenden.

GELD

Im **Emerald Trade Center** (S. 83) gibt es zwei Wechselstuben, jedoch zieht man besser Geld an den zahlreichen Geldautomaten überall in der Stadt.

Banco de Bogotá (Calle 11 No 5–60)

Bancolombia (Carrera 8 No 12B–17)

INTERNETZUGANG

WLAN ist in Bars, Restaurants, Hotels und Hostels in Bogtá allgegenwärtig verfügbar; überall in der Stadt gibt es auch diverse Internet-Hotspots mit öffentlichem Onlinezugang, und zwar mit dem deutlichen Hinweis *Wi-Fi Gratis para la Gente* oder man schaue auf http://micrositios.mintic.gov.co/zonas-wifi nach der nächstgelegenen Zone.

MEDIZINISCHE VERSORGUNG

In Privatkliniken ist die Versorgung weitaus besser als in staatlichen Krankenhäusern. Letztere sind zwar günstiger, womöglich aber weniger gut ausgestattet.

Mediziner für Einwanderer (☎311-271-6223; Carrera 11 No 94A–25, Oficina 401; ⌚Mo–Fr 7–17, Sa 8–12 Uhr)

Fundación Santa Fe (☎1-603-0303; www.fsfb.org.co; Calle 119 No 7–75)

Clínica de Marly (☎1-343-6600; www.marly.com.co; Calle 50 No 9–67)

NOTFALL

Ambulanz	☎125
Polizeiruf	☎112
Feuerwehr	☎119

TOURISTENINFORMATION

Kolumbiens dynamisches **Instituto Distrital de Turismo** (Karte S. 46; ☎1-800-012-7400; www.bogotaturismo.gov.co; Carrera 24 No 40–66; ⌚Mo–Fr –16.30 Uhr) verbreitet bei allen Besuchern das Gefühl, im Land willkommen zu sein.

An zahlreichen zentralen Stellen rund um Bogotá steht in einer Reihe Puntos de Información Turística (PIT-Filialen) ein sehr freundliches englischsprachiges Personal zur Verfügung, das mit Informationen gerrne weiterhilft.

Einige PITs bieten auch kostenlose Führungen an (in Englisch oder Spanisch, zu unterschiedlichen Zeiten).

Zusätzlich zu den hier aufgeführten PITs gibt es noch eine ganze Anzahl weiterer in jedem der Flughafenterminals und an anderen Standorten rund um die Stadt, u. a.

Casa de Las Comuneros (PIT; Karte S. 48; ☎1-555-7627; www.bogotaturismo.gov.co; Carrera 8 No 9–83, Casa de Las Comuneros; ⌚Mo–Sa 8–18, So bis 16 Uhr)

Centro Internacional (PIT; Karte S. 48; ☎01-800-012-7400; www.bogotaturismo.gov.co; Carrera 13 Nr, 26–62; ⌚Mo–Sa 9–17 Uhr)

Terminal de Transportes (PIT; Karte S. 46; ☎01-800-012-7400; www.bogotaturismo.gov.co; Diagonal 23 No 69–60, La Terminal, Módulo 5; ⌚7–19 Uhr)

An- & Weiterreise

BUS

Bogotás großer Busbahnhof **La Terminal** (Karte S. 46; ☎ 423-3630; www.terminaldetransporte.gov.co; Diagonal 23 No 69-11), liegt ca. 5 km westlich des Stadtzentrums in der blitzblanken Retortenstadt Salitre. Er ist einer der besten Busbahnhöfe Südamerikas, mit höchsten Standards, was Effizienz und eine erstaunlich reibunglose Organisation anbelangt. Das Terminal befindet sich in einem riesigen, gewölbten Backsteingebäude, das in fünf *módulos* (Einheiten) aufgeteilt ist.

Busse in Richtung Süden starten am westlichen Ende der Halle im Modul 1 (gelb markiert); Busse in Richtung Osten und Westen im Modul 2 (blau markiert); und Richtung Norden im Modul 3 (rot markiert). *Colectivos* (Sammeltaxis) oder Kleinbusse fahren in einige nahe gelegene Städte wie Villavicencio, ihre Abfahrt ist in Modul 4, während alle ankommenden Busse im Modul 5 anhalten, das am östlichen Ende des Terminals gelegen ist.

Im Terminal gibt es eine Vielzahl an Imbiss-Angeboten, außerdem Geldautomaten, Gepäckaufbewahrung, eine (saubere) Toilette und sogar Duschen (7000 COP) sowie ein PIT-Informationscenter im Modul 5, wo man sich nach Busfahrplänen erkundigen oder telefonisch Unterkünfte reservieren kann.

In jedem *módulo* schwirren einige aufdringliche Fahrkartenverkäufer verschiedener Gesellschaften herum, die den Reisenden manchmal Fahrten in ihren Bussen aufdrängen wollen. Für einige Langstreckenziele – vor allem an die Karibikküste – ist es in der Nebensaison manchmal möglich, um die Preise zu feilschen.

Die allermeisten Busse sind *climatizado*, d. h. mit einer Klimaanlage ausgestattet. Manche Anbieter sind nicht gerade sehr professionell, was die Beschilderung angeht – egal ob Fahrziel, Preise oder Fahrpläne betreffend. Am besten informiert man sich gleich auf der offiziellen Website von La Terminal.

Inlandsbusse

Zu den meisten Inlandsreisezielen verkehren tagsüber zahlreiche Busse von verschiedenen Busunternehmen (nach Medellín, Cali oder Bucaramanga; normalerweise in halbstündlichem Takt).

Ein Preisvergleich bzw. ein Gegencheck von Abfahrtszeiten kann nicht schaden; denn je nach Saison, Busunternehmen und Service-Qualität können Preise und Abfahrtszeiten sehr stark variieren.

Expreso Bolivariano (☎ 1-424-9090; www.bolivariano.com.co; La Terminal, Diagonal 23 No 69–11) ist Kolumbiens beste staatliche Busgesellschaft mit Komfortbussen. Fahrkarten für viele der beliebtesten Inlandsverbindungen sind online auf **PinBus** (https://pinbus.com) erhältlich.

Internationale Busverbindungen

Expreso Ormeño (☎ 1-410-7522; www.grupo-ormeno.com.co; La Terminal, Diagonal 23 No 69–11) und **Cruz del Sur** (☎ 1-428-5781; www.cruzdelsur.com.pe; im La Terminal, Diagonal 23 No 69–11) sind Fahrkarten für die meisten Reiseziele in ganz Südamerika erhältlich.

FLUGZEUG

Bogotás nagelneuer **Aeropuerto Internacional El Dorado**, der nahezu alle In- und Auslandsflüge abfertigt, liegt 13 km nordwestlich des Stadtzentrums. 2014 wurden insgesamt satte 900 Mio. Euro in die Sanierung und den Ausbau investiert – in den nächsten Jahren sollen hier jährlich zusätzliche 12 Mio. Passagiere abgefertigt werden können.

Terminal T1, der das alte El-Dorado-Terminal ersetzt, wickelt alle Auslandsflüge ab sowie Hauptinlandsrouten von Avianca (Flüge nach Barranquilla, Cali, Cartagena, Medellín und Pereira) und Inlandsflüge anderer Airlines.

INTERNATIONALE BUSROUTEN UND FAHRPREISE

Vor Redaktionsschluss wurden Busverbindungen nach Caracas aufgrund von Grenzschließungen auf unbestimmte Zeit aufgehoben.

REISEZIEL	FAHRPREIS (COP)	FAHRZEIT	ABFAHRT
Buenos Aires	1120 000	6 Tage	Mo & Mi 11, Fr 9 Uhr
Guayaquil	335 000	36 Std.	Mo & Mi 11, Fr 9 Uhr
Lima	472 000	3 Tage	Mo & Mi 11, Fr 9 Uhr
Mendoza	990 000	5 Tage	Mo & Mi 11, Fr 9 Uhr
Quito	450 000	28 Std.	Mo & Mi 11, Fr 9 Uhr
Rio de Janeiro	1275 000	8½ Tage	Mo & Mi 11, Fr 9 Uhr
Santiago	900 000	5½ Tage	Mo & Mi 11, Fr 9 Uhr
São Paulo	1209 000	8 Tage	Mo & Mi 11, Fr 9 Uhr

Terminal T2 (meist Puente Aéreo genannt), 1 km westlich von T1 und über Flughafen-Shuttle erreichbar, fertigt die restlichen Inlandsrouten von Avianca ab (Flüge nach Armenia, Barrancabermeja, Bucaramanga, Cúcuta, Florencia, Ibagué, Leticia, Manizales, Montería, Neiva, Pasto, Popayán, Riohacha, San Andrés, Santa Marta, Valledupar, Villavicencio und Yopal).

Die meisten Airlinebüros sind im Norden Bogotás angesiedelt; einige davon sind mit mehr als nur einer Filiale vertreten.

Unterwegs vor Ort

Stoßzeiten sind frühmorgens und nachmittags. Dann sind die Straßen wirklich verstopft, sodass kein Bus mehr durchkommt.

VOM/ZUM FLUGHAFEN

Die preisgünstigste und schnellste Verbindung zum Flughafen ist per Bus, siehe TransMilenio-Fahrplan (S. 88). Jedoch aufgepasst! Im Bus wird kein Bargeld akzeptiert; wer mitfahren will, muss eine *Tarjeta Tu Llave* kaufen, die man von blau-gelb unformiertem Personal draußen vor der Puerta 8 (Ankunftshalle) haben kann und zwar direkt da, wo die Busse abfahren.

Wer seine Unterkunft in Chapinero gebucht hat oder Richtung Norden weiterfahren muss, nimmt Bus M86/K86, der vor der Puerta 8 (Ankunftshalle) ca. alle sieben Minuten abfährt (Mo–Fr 4.30–22.45, Sa 6–22.45, So 6–21.45 Uhr); Richtung Centro Internacional, dann weiter Richtung Norden sowie über die Carrera 7 bis zur Calle 16.

Wer in La Candelaria wohnt, muss umsteigen. Ab dem Flughafen nimmt man Bus K86 bis Portal El Dorado und steigt dann in die TransMilenio 1 Richtung Universidades um, eine Haltestelle, die unterirdisch mit dem **Bahnhof Las Aguas** (Karte S. 48; Ecke Carrera 3 & Calle 18) verbunden ist. Zum Flughafen fährt man zunächst mit der Linie 1 von Universidades bis Plaza de la Democracia und dann weiter mit Flughafenbus K86.

Für beide Strecken, egal in welche Richtung, sollte man bei normaler Verkehrslage mit einer guten Stunde Fahrtzeit rechnen und zur Sicherheit während der Stoßzeiten eine Pufferzeit berücksichtigen.

Ab dem Flughafen sorgt Taxi Imperial (☎ 317-300-3000; www.taxiimperial.com.co) mit ihrer weißen Fahrzeugflotte für eine reibungslose Verbindung zum Flughafen – die Taxifahrer sind mit ihren orangefarbenen Jacken gut erkennbar. Die weißen Taxis sind preiswerter (und komfortabler! Mit funktionierenden Sicherheitsgurten!), jedoch sind die gelben Standardtaxis auch OK.

Hier ein paar Richtwerte für Taxikosten ab Flughafen: La Candelaria (30 000–32 000 COP), Chapinero (35 000–37 000 COP) und Zona Rosa (3500–38 000 COP). Die Taxis reihen sich in einer gewöhnlich langen Warteschlange vor dem Hauptterminal auf. Vom bzw. zum Flughafen wird ein *sobrecargo* (Zuschlag) von 4900 COP fällig; manchmal fällt auch für das Gepäck eine zusätzliche Gebühr an. Eine oft preiswertere Option ist der Fahrdienst UBER.

VOM/ZUM BUSTERMINAL

Eine Kombination aus TransMilenio-Busfahrt und kurzem Fußmarsch ist die schnellste und praktischste Verbindung zum großen Busbahnhof **La Terminal**.

Der Bahnhof El Tiempo an der TransMilenio-Flughafenstrecke M86–K86, ist 950 m vom Terminal entfernt. Zum Terminal (Ausgang Bahnhof) El Tiempo geht es über eine Fußgängerbrücke rechter Hand, und dann nochmal weiter rechts einen Gehweg entlang; hier immer geradeaus laufen an 1½ Häuserblocks vorbei bis zur Carrera 69, dann links abbiegen (zwischen der Cámara de Comercio Bogotá (Handelskammer) und dem Hafenkomplex (World Business Port Buildings). Nach weiteren fünf Häuserblocks (an **Maloka** (S. 61), zur linken Seite vorbei, läuft man über zwei Fußgängerbrücken (über der Calle 24A bzw. Avenida La Esperanza), dann weitere 300 m auf einem Gehweg Richtung „T"-Turm. Bei den Angaben auf Google-Maps sind die Fußgängerbrücken nicht mit eingerechnet bzw. machen die empfohlenen Routen einen Umweg; stattdessen sollte man nach dem Verlassen des Terminals in umgekehrter Reihenfolge laufen.

Módulo 5 im La Terminal organisiert Taxifahrten; dort stehen die Taxis in langen Staus, aber man zahlt nach gefahrenen Kilometern. Hier ein paar Tarife: nach La Candelaria oder Chapinero Alto 14 000–16 000 COP; zur Zona Rosa 15 000–16 000 COP. In der Regel ist der Fahrdienst von Uber günstiger. Zwischen 8 und 5 Uhr zahlt man 2000 COP mehr.

FAHRRAD

Bogotá hat weltweit eines der bestausgebauten Fahrradwegenetze mit über 350 km gut ausgeschilderten und schön aufgeteilten Fahrradwegen, die sogenannte CicloRuta. Kostenlose Bogotá-Stadtpläne, die bei den PIT-Informationsstellen erhältlich sind, zeigen die CicloRuta-Wege.

Zusätzlich gibt es sonntags und feiertags ca. 113 km autofreie Straßen von 7 bis 14 Uhr, damit die stadtweite **Ciclovía** (S. 61) stattfinden kann. Es handelt sich dabei um ein gut organisiertes Event, das es den Stadtbewohnern erlaubt, Bogotá auf zwei Rädern zu erkunden. Bei **Bogotá Bike Tours** (S. 63) ist es möglich, ein Fahrrad zu mieten. Die Ciclovía führt die gesamte Carrera 7 entlang, von La Candelaria bis Usaquén – selbst für Fußgänger ist es ein echtes Erlebnis.

BUS

Abgesehen vom **TransMilenio** wird Bogotás öffentlicher Nahverkehr von der öffentlichen Verkehrsgesellschaft **SiTP** (Sistema Integrado de Transporte Público; www.sitp.gov.co) betrieben und besteht hauptsächlich aus *Servicio-Urbano*-Stadtbussen (blaue Busse namens *azules*, die Routen außerhalb des TransMilenio-Verkehrsnetzes fahren), *Servicio-Complementario*-Stadtbusse (orangefarbene Busse, die zu/von nahe gelegenen TransMilenio-Bahnhöfen verkehren) sowie dem *Servicio Alimentador* (grüne Busse von/zu TransMilenio-Zentralen) und dem *Servicio Troncal* (rote Busse; im Wesentlichen Erweiterungen der TransMilenio-Linien).

Gezahlt werden kann nur mit der **Tarjeta Tu-Llave** (www.tullaveplus.com), die an Bahnhöfen und ausgewählten Läden/Zeitungskiosken erhältlich ist und/oder dort aufgeladen werden kann. Pauschaltarife, unabhängig von der zurückgelegten Entfernung, bewegen sich im Allgemeinen zwischen 2000 und 2200 COP. Haltestellen sind gekennzeichnet.

Es gibt auch *Servicio-Especial*-Busse (im SiTP-Netz als weinrote Linie bezeichnet), die bis in die Randregionen verkehren. Gelegentlich ältere Busse, bekannt als *coletivos* oder *busetas*, die keinem festen Fahrplan folgen bzw. an ausgewiesenen Haltestellen halten, sieht man entlang der Hauptdurchgangsstraßen wie Carrera 7, 11 und Carerra 15 und in La Candelaria auch herumfahren. Vielen wurde ein vorläufiger Status gewährt und sind in das SiTP-Verkehrsnetz integriert, während andere langsam aus dem Betrieb genommen werden. Die Tarife bewegen sich zwischen 1450 und 1600 COP; die Fahrkarten können im Bus bar bezahlt werden.

Zur leichteren Koordination der TransMileno- und SiTP-Routen wird sehr gerne die App **TransmiSitp** (www.movilixa.com/english) verwendet. Die Linien durchqueren die Stadt in voller Länge und Breite, und sofern es die Verkehrslage erlaubt, zügig bzw. ohne Zeitverlust.

TAXI

Bogotás beeindruckende Taxiflotte besteht aus gelben Taxis made in Korea. Sie sind ein sicheres, zuverlässiges und relativ günstiges Fortbewegungsmittel vor Ort. Zur Zeit der Recherche waren sie alle mit Taxametern ausgestattet, seit Kurzem sollten jedoch gemäß der neueren Gesetzgebung alle Taxameter gegen Apps mit automatischer Tarifangabe ausgetauscht werden, vergleichbar mit den Taxi-Apps im Uber-Fahrdienst. Bogotás Taxis sollten auf navibasierte Apps umgestellt werden, die per GPS die Routen und entsprechende Fahrpreise berechnen – und mit der Umstellung sollen dann auch die Tarife generell um 7,4 % ansteigen. Wer an der Straße ein Taxi herbeiwinkt (sollte man allerdings nie machen!), sollte darauf achten, dass die Taxis hinten auf der Beifahrerseite die obligatorischen Tablets installiert haben, um die Route und den jeweiligen Fahrpeis vorab anzuzeigen (allerdings haben sich Taxifahrer dagegen gesträubt, denn sie fürchten damit einen Anstieg der Raubüberfälle, so gesehen könnte die Umsetzung dieser neuen Strategie heikel sein).

Bis die Änderungen wirksam werden, bleibt es bei der alten Vorgehensweise: Zur festen Ausstattung gehört ein Taxameter, das von den Fahrern in der Regel auch benutzt wird. Zu Beginn einer Taxifahrt sollte der Taxameter immer auf „28" stehen. Dies entspricht einer kodierten Preistabelle (die laminierte Karte mit den Preisen sollte gut sichtbar über dem Beifahrersitz hängen). Die Grundgebühr liegt beim Wert „50", was 4100 COP entspricht. Die Anzeige auf dem Taxameter sollte sich alle 100 m ändern. Sonntags und feiertags sowie nach Einbruch der Dunkelheit wird ein Aufschlag von 2000 COP fällig; dieser beträgt bei Fahrten zum Flughafen 4900 COP. Bei bestellten Taxis beträgt der Aufpreis 700 COP.

Wer mehrere Fahrten zu verschiedenen Zielen vorhat, sollte besser ein Taxi pro Stunde mieten (ca.18 500 COP) und damit Geld sparen.

Ohne Begleitung durch einen Einheimischen ein Taxi herbeiwinken? Kann man vergessen! Wer das versucht, wird gar nicht erst bemerkt und missachtet alle Sicherheits- und Schutzmaßnahmen bzw. erhöht damit enorm sein Risiko, ausgeraubt zu werden. Stattdessen ist es sinnvoll, eine der zahlreichen Taxizentralen anzurufen und ein Fahrzeug per Funk zu bestellen, z. B. bei **Taxis Libres** (☎ 311 1111, www.taxislibres.com.co) oder **Tax Express** (☎ 411-1111; www.4111111.co); sogar noch besser sind Bogotás Taxi-Apps Uber (www.uber.com), Tappsi (www.tappsi.co) und Cabify (www.cabify.com), zumal sie alle Sprachbarrieren überwinden.

Auf keinen Fall mitfahren, wenn sich der Fahrer weigert, den Taxameter einzuschalten. Die meisten Fahrer sind ehrlich, dennoch lohnt es sich, den endgültigen Fahrpreis anhand der Preistabelle festzulegen. Einige Taxifahrer runden die Beträge zu später Stunde etwas auf, denn sie bekommen selten ein Trinkgeld.

TRANSMILENIO

Das ehrgeizige Verkehrskonzept namens TransMilenio (www.transmilenio.gov.co), nach dem Vorbild des brasilianischen ÖNV-Modells Curitiba, hat Bogotás öffentlichen Nahverkehr revolutioniert, als er im Jahr 2000 in Betrieb genommen wurde. Nach zahlreichen Plänen und Studien für den Bau einer U-Bahn, die in den letzten 30 Jahren alle in der Schublade gelandet sind, wurde das Metro-Projekt schließlich gestrichen und stattdessen die Einführung eines schnellen Busverkehrssystems namens TransMilenio beschlossen.

Im Wesentlichen handelt es sich um ein Verkehrskonzept, das so ähnlich wie ein U-Bahn-System funktioniert. Das Gesamtstreckennetz beträgt 112 km mit einer Busflotte von 2000 Fahrzeugen. TransMilenio kümmert sich in Eigenregie um 147 Busbahnhöfe (und sorgt dafür, dass alles ordentlich und sicher abläuft).

Einige verfügen sogar über WLAN. Die Busse fahren auf autofreien Busspuren. Die Fahrpreise sind recht günstig (ca. 2200 COP). In der Regel verkehren die Linien von Montag bis Samstag von 4.30 bis 24 Uhr und sonntags von 6 bis 23 Uhr; einige Linien allerdings fahren früher bzw. länger.

INLANDSROUTEN UND FAHRPREISE

REISEZIEL	FAHRPREIS (COP)	FAHRZEIT	MÓDULO (NR.)	BUSUNTERNEHMEN
Armenia	47 000–53 000	7 Std.	gelb (1)	Bolivariano, Magdalena, Velotax
Barranquilla	100 000	17–20 Std.	rot (3) & blau (2)	Brasilia, Continental Bus, Ochoa
Bucaramanga	40 000–80 000	8–9 Std.	rot (3)	Autoboy, Berlinas, Copetran & andere
Cali	60 000–65 000	8–10 Std.	gelb (1)	Bolivariano, Magdalena, Palmira, Velotax
Cartagena	80 000–120 000	12–24 Std.	rot (3)	Autoboy, Berlinas, Brasilia, Copetran
Cúcuta	70 000–120 000	15–16 Std.	rot (3) & blau (2)	Berlinas, Bolivariano, Copetran, Cotrans, Ormeño
Ipiales	120 000–125 000	22 Std.	gelb (1) & rot (3)	Bolivariano, Brasilia, Continental Bus, Ormeño
Manizales	50 000	8–9 Std.	gelb (1), blau (2) & grün (4)	Bolivariano, Palmira, Tax La Feria, Tolima
Medellín	55 000–60 000	9 Std.	blau (2)	Arauca, Bolivariano, Brasilia, Magdalena
Neiva	35 000–46 000	5–6 Std.	gelb (1)	Bolivariano, Coomotor, Cootranshuila, Magdalena, Taxis Verdes, Tolima
Pasto	120 000	18–20 Std.	gelb (1) & blau (2)	Continental Bus, Cruz del Sur
Pereira	50 000–62 000	7–9 Std.	gelb (1)	Bolivariano, Magdalena, Velotax
Popayán	80 000–85 000	12 Std.	gelb (1)	Continental Bus, Cruz del Sur, Velotax
Ráquira	22 000	3–4 Std.	rot (3)	El Carmen, Coflonorte, La Verde
Riohacha	160 000	18–19 Std.	rot (3)	Copetran
San Agustín	64 000–67 000	9–10 Std.	gelb (1)	Coomotor, Taxis Verdes
San Gil	50 000	6–7 Std.	rot (3)	Omega
Santa Marta	70 000–140 000	16–17 Std.	rot (3)	Berlinas, Brasilia, Copetran
Tunja	18 000–20 000	3 Std.	rot (3) & grün (4)	Autoboy, Los Muiscas, Nueva Flota Boyaca
Villavicencio	21 000	3 Std.	blau (2)	Arimena, Autollanos, Bolivariano, Macarena, Velotax
Villa de Leyva	22 000–27 400	4 Std.	blau (2) & rot (3)	Aguila, Alianza, El Carmen, Cundinamarca usw.

Die **Tarjeta TuLlave** (www.tullaveplus.com; 3000 COP; aufladbar bis zu 115 000 COP) für Vielfahrer wird immer öfter genutzt. Die Abokarte ist an allen größeren Endhaltestellen sowie an bestimmten Bahnhöfen erhältlich; z. B. an allen Bahnhöfen bzw. in ausgewählten Stores, Drogeriemärkten und *papelerías* (Schreibwarengeschäfte; siehe http://mapas.tullaveplus.com/recarga).

Wer sie nicht voll ausnutzt oder nur ein paar Tage in Bogotá bleibt, kann die Karte personalisieren lassen (Pass vorlegen!). Im Falle eines Verlusts oder Diebstahls wird damit auch der Restbetrag zurückerstattet. Wer dann seine Karte nicht dabei hat, kann sich beim Personal die Fahrtstrecke einlesen lassen.

Täglich nutzen bis zu 2,2 Mio. Menschen das TransMilenio-Bussystem, sodass die Busse zu den Stoßzeiten immer überfüllt sind; Einheimische sprechen deshalb im Scherz von *TransFULL* statt *TransmiLLENO*. Das Umsteigen in der Avenida Jiménez gleicht einer Ansammlung von Menschentrauben wie in einem Moshpit auf einem Punk-Rock-Konzert.

TransMilenios aktuelle Zukunftspläne sehen bis zum Jahr 2031 einen weiteren Ausbau des Streckennetzes vor; insgesamt sollen die Kapazitäten auf 388 km ausgeweitet werden. Inzwischen spricht Bogotás Bürgermeister von Plänen, das System bis 2022 um eine Hochbahnstrecke zu erweitern.

In den Busbahnhöfen hängen Streckenpläne aus, auf denen die Routen mit unterschiedlichen Farben kodiert sind. Die jeweiligen Busnummern entsprechen verschiedenen Haltestellen. Jedoch ist das alles selbst für Einheimische etwas verwirrend.

Die TransMilenio-Hauptlinie, die auch für Besucher interessant ist, verläuft entlang der Avenida Caracas von Nord nach Süd, zwischen den Bahnhöfen der Avenida Jiménez und Portal el Norte; von Nordwest nach Südost (bis zum Busterminal und zum Flughafen); von Nord nach Süd entlang der 2014 eingeführten Hybridbuslinie (teils BRT, teils regulärer Stadtbus) entlang der Carrera 7; Letztere macht Chapinero, Zona Rosa und Usaquén leichter erreichbar.

Von den insgesamt neun Teminals wird nur eines wirklich von Touristen genutzt, nämlich das **nördliche Terminal** (Carrera 45 mit Calle 174, Portal del Norte).

Auf den meisten Hauptstrecken von Nord in Richtung Zentrum steigt man direkt in der Calle 22 um, während man in der Avenida Jiménez mehrere Umsteigemöglichkeiten hat (manchmal sogar auch mit einem kleinen unterirdischen Fußmarsch zwischen benachbarten Bahnhöfen).

Für die Wahl der richtigen Buslinie braucht es etwas Routine. Die Busse der *Ruta Fácil* (nummerierte schwarze Routen) z. B. halten an jedem Bahnhof einer Linie in kürzeren Zeitintervallen, während die *Expresos* und *Súper-Expresos* (Strecken mit farbiger Buchstaben-/ Nummerkombination) an einer Art Expressroute entlangfahren – und oft verwirrend mal da, mal dort halten.

Auf den *Vagones* (Wagen mit farbigem Ziffern-code) wird die Einsteigestelle für spezifische Linien innerhalb der Bahnhöfe angezeigt.

Die Routen lassen sich aber auch online, allerdings auch hier mit einer leicht verwirrenden App (inklusive lästiger Werbe-Popups) vorausplanen. Einheimische nutzen hierfür oft **TransmiSitp** (www.movilixa.com/english); dort klickt man auf den Abfahrtsort und das Ziel, wie das bei den meisten mobilen Stadtplan-Apps gehandhabt wird.

Hier sind nachfolgend die Hauptrouten aufgeführt (aber vorbehaltlich wechselnder Fahrpläne):

La Candelaria nach Portal del Norte F23 ab Museo del Oro zur Avenida Jiménez; umsteigen in B74 Portal del Norte (letzte Haltestelle).

La Candelaria nach Chapinero Ab San Victorino, M82 in die Calle 67.

La Candelaria nach Zona G G47 ab San Victorino nach Guatoque-Veraguas; umsteigen in B72 zur Avenida Chile.

La Candelaria nach Zona Rosa B74 ab Las Aguas oder Museo del Oro; umsteigen in B23 in die Calle 85.

Portal del Norte to La Candelaria J72 ab Portal del Norte in die Avenida Jiménez; umsteigen in F23 zum Museo del Oro.

Chapinero nach La Candelaria L82 ab Calle 67 oder Universidad La Salle nach San Victorino.

Zona G nach La Candelaria H61 ab Avenida Chile nach Tygua-San José; umsteigen in M47 nach San Victorino.

Zona Rosa nach La Candelaria K23 ab Calle 85 in die Calle 57; umsteigen in J72 zur Avenida Jiménez.

RUND UM BOGOTÁ

Viele *bogotanos*, die gerne einmal einen Tag Auszeit vom Arbeitsalltag genießen möchten, wollen natürlich ebenfalls Wärme tanken und flüchten gerne in die niedrigeren Höhenlagen, die fernab der Stadt gelegen sind.

Dort sehen auch die Landschaften ganz anders aus. Neben Seen, Wasserfällen, Regenwäldern und Bergen findet sich dort ein Mix aus kleineren Ortschaften und

LAGUNA DE GUATAVITA: GOLDSEE – VON WEGEN!

Traditionellerweise glaubten die Muisca, dass die **Laguna de Guatavita** – einst eingebettet in einen perfekt gerundeten Krater, umrahmt von grünen Bergen – durch einen Meteoriteneinschlag entstand. Er soll der Legende nach einen Goldgott mit auf die Erde gebracht haben, der fortan auf dem Grund des Sees residierte. Realistisch betrachtet waren wohl eher Vulkane an der Entstehung des Sees beteiligt. Mit diesem kleinen, runden See, der sich circa 50 km nordöstlich von Bogotá befindet, waren einst viele Hoffnungen verbunden, das mythische El Dorado zu finden. Die Laguna de Guatavita galt als heiliger See und diente dem Stamm der Muisca als rituelles Zentrum. Der Sage nach fand hier vor etwa 500 Jahren eine Zeremonie zur Krönung des neuen Herrschers Zipa statt, bei der der Stammeshäuptling mit Goldstaub bedeckt wurde. Dann warf man wertvolle Opfergaben in den See, so etwa fein gearbeitete *tunjos* (reich verzierte Goldgehänge und Statuetten), auf denen Wünsche eingraviert waren. Sodann warf sich Zipa selbst in die Gewässer der Lagune, um gottähnliche Macht zu erlangen. Viele solcher *tunjos* sind heute in Bogotás Museo del Oro („Goldmuseum") zu bestaunen.

Dieses Vorgehen löste bei den Spaniern einen Goldrausch aus, und so fanden sich zahlreiche Einwanderer ein. Über die Jahre hinweg wurden viele mühsame und ergebnislose Anstrengungen unternommen, um die verborgenen Schätze zu bergen, die da derart verlockend auf dem Seegrund lagern sollten.

In den 1560er-Jahren ließ ein wohlhabender Kaufmann namens Antonio de Sepúlveda an einem Seeufer eine noch heute sichtbare Bresche schlagen, um das Wasser aus dem See abfließen zu lassen. Diese Aktion brachte jedoch nur 232 Goldpesos ein, und Sepúlveda starb als bankrotter Mann. Gegen Ende des 19. Jhs. gelang es einer englischen Gesellschaft, die Lagune zu entwässern. Es wurden aber lediglich 20 seltsame Objekte gefunden, die nicht annähernd so viel wert waren, um rund 40 000 Britische Pfund bzw. acht lange Investitionsjahre wettzumachen.

In den 1940er-Jahren suchten amerikanische Taucher mit Metalldetektoren nach den Goldschätzen, und so ging es weiter. Schließlich sprachen kolumbianische Behörden im Jahr 1965 ein Verbot für solche Aktivitäten aus. Das heißt aber noch lange nicht, dass sich alle Goldsucher daran hielten. In den 1990er-Jahren war eine Genehmigung für den Zugang zum See erforderlich, um die große Zahl an Besuchern kontrollieren zu können. Viele von ihnen kreuzten sogar mit ihrer Taucherausrüstung auf, um daraufhin auf illegale Weise nach den verborgenen Schätzen zu suchen.

Trotz allen Ruhms spuckte Guatavita nie große Goldmengen aus. Kolumbiens wohl bekanntestes Stück – die Balsa Muisca (auch im Museo del Oro) – wurde letztlich in einer Höhle nahe dem Dorf Pasca gefunden.

Heute herrscht Badeverbot im See; deshalb lässt sich die Zipa-Route auch nicht mehr weiterverfolgen; jedoch gibt es mehrere Aussichtspunkte entlang eines Wanderpfads oberhalb des Sees. Die Gegend liegt noch höher als Bogotá – und man merkt im Rahmen der obligatorischen 90-minütigen geführten Touren bereits den Höhenunterschied im Vergleich zum Ausgangspunkt am **Eingang** (Einheimische/ausländische Besucher 12 000/17 000 COP; ⏲ Di–So 8.30–16 Uhr).

Dörfern, die ihr koloniales Flair bislang bewahren konnten.

Nördlich von Bogotá

Zahlreiche Tagesausflügler aus der Hauptstadt fahren in diese Richtung im Rahmen einer Erkundungstour nach Zipaquirá und nach Guatavita – diverse Reisebüros, beispielsweise Impulse Travel (S. 63) bieten kombinierte Tagesausflüge an.

Suesca

Eines der beliebtesten Ziele Kolumbiens für Sportkletterer lockt gleich südlich dieses alten Kolonialstädtchens Kletterfreaks an. Suesca liegt etwa 65 km nördlich von Bogotá. Zwar ist das *pueblo* selbst recht unscheinbar, die grandiose 4 km lange und rund 120 m hoch aufragende Sandsteinwand entlang des Río Bogotá ist allerdings – gleich einem Postkartenmotiv – atemberaubend schön und verfügt über rund 300 Kletterrouten.

Viele Besucher kommen im Rahmen eines Tagesausflugs von Bogotá aus hierher, vor allem am Wochenende. Dann sind gleich mehrere Sportswear-Läden und Outfitter geöffnet, die täglich Hunderte von Kletterern als Kundschaft herzlich willkommen heißen. MTB-Spaß ist dort auch möglich.

Kletterveteran und Bergsteiger Rodrigo Arias (der in Suesca wohnt, wenn er nicht gerade im Nationalpark El Cocuy klettert) ist ein ausgezeichneter ortskundiger Bergführer und kann mehrtägige Klettertouren (250 000 COP pro Tag), MTB- und Bergwandertouren zusammenstellen.

Schlafen

Niddo CAMPINGPLATZ **$$$**
(☎1-357-5943; www.niddo.co; Zelte Wochenende/Woche ab 340 000/170 000 COP; 📶) Dieser neue „Glamour-Platz" direkt unterhalb der Sandsteinwand von Suesca bietet mit Sicherheit das schönste „Naturkino" in der ganzen Umgebung. Er besteht aus gerade mal sechs luxuriösen Tipi-Zelten mit Doppelbetten, Sofas und Heizöfen; außerdem werden über 40 Aktivitäten angeboten, u. a. Klettern, Ausritte, Yoga und Höhlenwanderungen. Mahlzeiten (Aufpreis 90 000 COP) werden in einem stimmungsvollen Gemeinschaftszelt eingenommen.

Es gibt eine kleine Rezeption, eine Bar und überall Feuerstellen.

Praktische Informationen

Touristeninformation (☎350-653-6203; Carrera 4 No 2–20; ⌚9–17 Uhr) Kleines, aber nützliches, städtisches Tourismusbüro.

An- & Weiterreise

Um nach Suesca zu gelangen, nimmt man den TransMilenio-Bus bis zum nördlichen Terminal in Portal del Norte; ab da besteht eine regelmäßige Verbindung mit dem Bus (7000 COP, 1 Std.), der in der Intermunicipales-Haltebucht innerhalb des Busbahnhofs Portal zwischen 5.25 und 23 Uhr alle 12 Minuten fährt.

Westlich von Bogotá

Wer an den Strand will, nach Medellín oder in die Kaffeeregion, verlässt Bogotá in Richtung Westen. An vielen Punkten wird gar nicht erst angehalten, aber es gibt einige Ortschaften, die sich durchaus schon als Reiseziel bewährt haben. Wer mit eigenem Fahrzeug unterwegs ist, hat zwei Möglichkeiten, Bogotá auf der Autobahn zu verlassen – über die schönere nördliche Route via La Vega (westlich in die Calle 80) oder über die südliche Route via Facatativa. Letztere mündet aber dann etwa 65 km weiter westlich doch wieder bei Villeta in die La Vega ein (allerdings erst nach einigen Vorstädten und Lkw-Staus).

Der beste Grund, diese Route stadtauswärts zunehmen, ist der **Parque Natural Chicaque** (☎1-368-3114; www.chicaque.com; Eintritt 15000 COP; ⌚8–15 Uhr) 20 km westlich von Bogotá, wo man durch *bosque de niebla* (Nebelwald) wandern kann.

Der Park bietet auf etwa 3 km² Fläche sechs verschiedene Spaziergänge (auf einem insgesamt etwa 20 km langen Wegenetz); so gut wie hier sind die Wanderwege nirgendwo sonst in Kolumbien ausgeschildert. Idealerweise in der Regenzeit lässt sich im Park auch ein Wasserfall erkunden. Außerdem leben dort mehr als 300 Vogelarten, nachtaktive Affen und Faultiere. Und beim Abseilen auf einem 340 m langen Flying Fox kann man sich einen Adrenalkick holen.

Es stehen verschiedene **Unterkunftsmöglichkeiten** zur Auswahl (☎1-368-3114; www.chicaque.com; Parque Nacional Chicaque; Campingplatz 77 700 COP, Bungalow EZ/DZ 283 000/360 000, Baumhaus 202 000–515 000 COP inklusive alle Mahlzeiten); u. a. auch ein Berghostel, Bungalows und zwei grandiose Baumhäuser (Vorabreservierungen sind absolut erforderlich sowie die Hinterlegung einer Kaution auf einer Bank, was sich in der Praxis für Ausländer als eine echte Schikane erweist). Mahlzeiten werden in einem der zwei Restaurants serviert; das heißt im Arboloco (Hauptgerichte 19 500–38 000 COP) und im Refugio (Tagesgericht für 13 000 COP).

Nahe am Eingang kann man auf dem Campingplatz Portería Camp auch für 31 700 COP übernachten (ohne Mahlzeiten).

An Wochenenden ist es außerdem möglich, die steilen Berghänge im Rahmen eines Ausritts zu erkunden.

Das Reservat ist nur wenige Kilometer von der Straße entfernt, die von Soacha nach La Mesa führt. Um aus der Stadtmitte Bogotás hierher zu gelangen, nimmt man einen TransMilenio-Bus nach Terreros, wo jeweils am Wochenende um 7, 8, 9, 11, 2.15, 3.15 und 16.15 Uhr Busse abfahren. Wieder zurück geht es um 9, 14, 15 und 16 Uhr (6000 COP, min. 6 Fahrgäste). Die Haltestelle liegt auf dem Weg zum Servientrega-Büro gegenüber der Fußgängerbrücke; dort steht ein Mitarbeiter in orangefarbener Jacke mit grünem Chicacque-Logo.

Werktags kann man mit einer umständlichen Tour in verschiedenen *colectivos,* (Sammeltaxis; mehrmals umsteigen!) beinahe bis dorthin gelangen. Einfacher jedoch ist es, einen privaten Shuttle-Service zu buchen (25 000 COP für bis zu vier Fahrgästen; bei über vier jeweils 6000 COP pro Person).

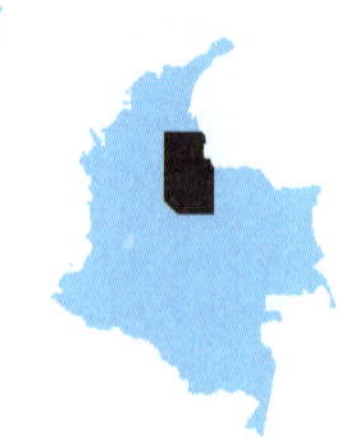

Boyacá, Santander & Norte de Santander

Inhalt ➡

Villa de Leyva........96
Sogamoso..........105
Monguí.............106
San Gil.............115
Barichara...........119
Bucaramanga.......123
Guadalupe..........127

Gut essen

➡ Mercagán (S. 125)

➡ Mercado Municipal (S. 102)

➡ Restaurante Savia (S. 102)

➡ Gringo Mike's (S. 118)

➡ Penelope Casa Gastronómica (S. 123)

Schön übernachten

➡ Refugio La Roca (S. 129)

➡ Suites Arco Iris (S. 100)

➡ Color de Hormiga Posada Campestre (S. 120)

➡ Renacer Guesthouse (S. 100)

➡ La Posada del Molino (S. 109)

Auf nach Boyacá, Santander & Norte de Santander!

Boyacá, Santander und Norte de Santander bilden die Region, in der die spanischen Konquistadoren sich zuerst ansiedelten. Es ist keine Übertreibung, sie als Kernland Kolumbiens zu bezeichnen. Hier sprang der Funke der Revolution über, der im Sieg am Puente de Boyacá gipfelte und letztendlich zur Unabhängigkeit Kolumbiens führte.

Inmitten der tiefen Schluchten, schnell fließenden Flüsse und schneebedeckten Berge gibt es viele Möglichkeiten für Extremsportarten. San Gil und die eisigen Gipfel des Parque Nacional Natural (PNN) El Cocuy sind Kolumbiens Zentren für Outdoor-Abenteuer. Doch den nachhaltigsten Eindruck hinterlassen die idyllischen Dörfer der Kolonialzeit – etwa das hübsche Villa de Leyva, das authentische Monguí, versteckt unterhalb des Lago de Tota, Kolumbiens größtem See, das ursprüngliche Playa de Belén in der Área Natural Única Los Estoraques und das perfekt erhaltene Barichara.

Reisezeit

Bucaramanga

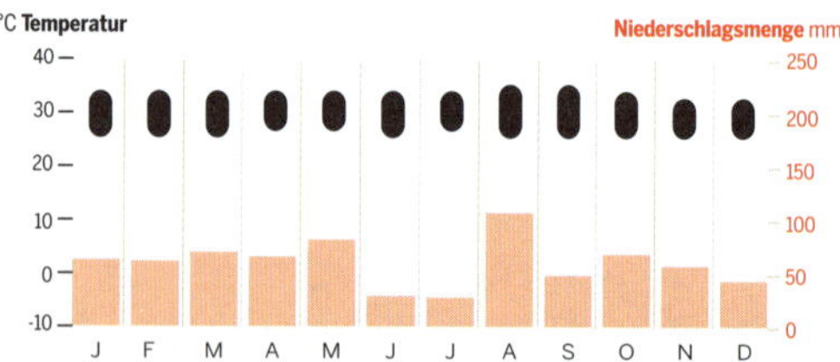

Jan. Die trockensten, klarsten Tage im Nationalpark El Cocuy, Kolumbiens beliebtestem Park für Trekking.

Febr. & März Vor der Semana Santa sind weniger Reisende unterwegs; die Parks stehen in voller Blüte.

Dez. Wie in ganz Kolumbien erstrahlen auch hier die Dörfer in festlichem Lichterglanz.

Highlights

1 Barichara (S. 119) Durch die malerischen Straßen mit kolonialem Flair bummeln.

2 Parque Nacional Natural El Cocuy (S. 111) Wandern unterhalb von Gletschern und spektakulären Gipfeln in diesem selten besuchten Park.

3 Villa de Leyva (S. 96) Gepflasterte Straßen, versteckte Wasserfälle und prähistorische Fossilien erkunden.

4 San Gil (S. 115) Sich dem grandiosen Cañón del Río Suárez nähern, via Rafting oder Extrem-Mountainbiken.

5 Sugamuxi (S. 105) Durch den ungewöhnlichen *Páramo* wandern und den hoch gelegenen Lago de Tota besuchen.

6 Cañon del Chicamocha (S. 122) Bei einem Gleitschirmflug durch die wunderbare Bergwelt gleiten.

7 Playa de Belén (S. 130) Verrückte Felsformationen und das Dorf erkunden.

8 Monguí (S. 106) Sich selbst in diesem von der Zeit vergessenen Dorf verlieren.

Geschichte

Die Muisca (Boyacá) und die Guane (Santander) lebten einst im Gebiet nördlich des heutigen Bogotá. Die Muisca besaßen gut entwickelte Acker- und Bergbautechniken und betrieben Handel mit ihren Nachbarn. Dabei hatten sie häufig Kontakt zu den spanischen Konquistadoren. Ihre Geschichten über Gold und Smaragde lieferten Stoff für den Mythos von El Dorado. Die Suche der Konquistadoren nach der berühmten Stadt führte zur Errichtung von Siedlungen, so gründeten die Spanier mehrere Städte, darunter Tunja im Jahr 1539.

Einige Generationen später erhoben sich kolumbianische Nationalisten erstmalig in Socorro (Santander) gegen die spanische Herrschaft; der Kampf um die Unabhängigkeit griff auf andere Städte und Regionen über. Hier ließen sich auch Simón Bolívar und seine Armee von Neureichen auf einen Kampf mit der spanischen Infanterie ein und errangen bei Pantano de Vargas und bei dem Puente de Boyacá entscheidende Siege. Wenig später entstand Kolumbiens erste Verfassung in Villa del Rosario, das zwischen der venezolanischen Grenze und Cúcuta gelegen ist.

An- & Weiterreise

Boyacá besitzt häufige Busverbindungen nach Bogotá im Süden und Santander im Norden. Der Hauptort der Region, Tunja, ist auch Verkehrsknotenpunkt; er liegt nur zwei Stunden vom Nordrand von Bogotá entfernt. Zahlreiche Busse fahren auch direkt von Bogotá nach Sogamoso für Besuche in der Region Sugamuxi. In Tunja und Paipa gibt es zwar Flugplätze, doch nur wenig Flugverkehr. Aeroboyaca (www.aeroboyaca.com) bietet zweimal wöchentlich Flüge zwischen Paipa und Bogotá an. Der El-Dorado-Airport in Bogotá ist der nächste Flughafen mit regelmäßigen Flügen zu weiter entfernten Zielen.

BOYACÁ

Das Departement Boyacá weckt in vielen Kolumbianern ein starkes Nationalgefühl. Hier errangen kolumbianische Truppen in der Schlacht von Boyacá die Unabhängigkeit von Spanien. Es gibt hier viele malerische Kolonialstädte, wer sie alle besuchen möchte, benötigt gut ein paar Tage. Boyacás Highlight ist der beeindruckende Parque Nacional Natural El Cocuy, der 249 km nordöstlich von Tunja, der Hauptstadt des Departements, liegt. Der Zugang zum Park wurde allerdings in jüngster Zeit ein wenig eingeschränkt.

Villa de Leyva

8 / 17 506 EW. / HÖHE 2140 M

In Villa de Leyva, einem der schönsten Kolonialorte in Kolumbien scheint die Zeit stehen geblieben zu sein. 1954 zum nationalen Denkmal erklärt, wurde die gesamte fotogene Gemeinde mit ihren Kopfsteinpflasterstraßen und den weiß gekalkten Häusern erhalten.

Die Schönheit der Stadt und ihr mildes, trockenes Klima ziehen schon seit Langem Fremde an. Die Stadt wurde 1572 von Hernán Suárez de Villalobos gegründet; in der Frühzeit lebten vorwiegend Militärs, Kirchenleute und Adelige dort.

In den letzten Jahren hat der Zustrom wohlhabender Besucher und Expats dieses verborgene Juwel langsam aber stetig verändert. Boutiquehotels, Gourmetrestaurants und Läden mit Touristenkitsch verdrängen viele der alten Familien-*hosterías* und Cafés und zerstören damit die Authentizität. An Wochenenden sind die engen Gassen manchmal regelrecht verstopft von Tagesausflüglern aus Bogotá. Zum Glück herrscht an Werktagen wieder eine friedliche, ländliche Atmosphäre in einem der hübschesten Orte Kolumbiens.

Sehenswertes

Villa de Leyva ist ein ruhiger Ort, wie geschaffen dafür, um in den hübschen gepflasterten Straßen auf und ab zu bummeln, dem Klang der Kirchenglocken zu lauschen und den geruhsamen Rhythmus vergangener Zeiten zu genießen. Der Ort ist auch berühmt für die Vielzahl an Fossilien aus der Kreidezeit und dem Mesozoikum, einem Erdzeitalter, in dem dieses Gebiet noch unter Wasser lag. Bei genauerem Hinsehen lässt sich feststellen, dass Fossilien auch als dekoratives Baumaterial unter anderem für Böden, Wände und Straßenpflaster eingesetzt worden sind.

Im Rahmen des Spaziergangs lohnt sich ein Abstecher in die **Casa de Juan de Castellanos** (Carrera 9 No 13-15), die Casona La Guaca (S. 98) und die Casa Quintero (S. 101), drei perfekt restaurierte Herrenhäuser der Kolonialzeit nicht weit von der Plaza, in denen es heute malerische Cafés, Restaurants und Läden gibt.

Villa de Leyva

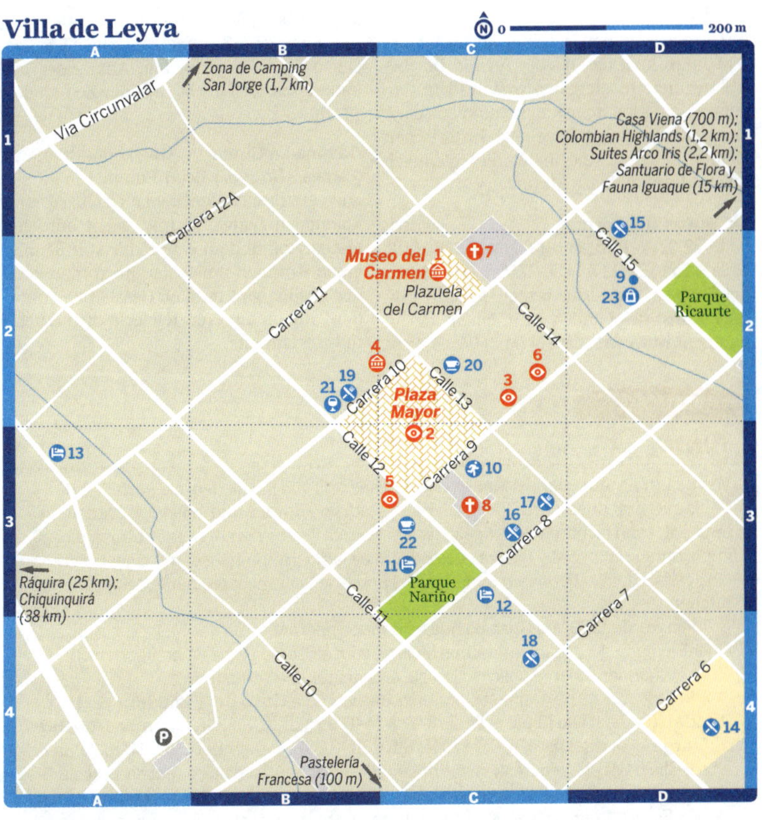

Villa de Leyva

Highlights
1 Museo del Carmen C2
2 Plaza Mayor C3

Sehenswertes
3 Casa de Juan de Castellanos C2
4 Casa Museo de Luis Alberto Acuña B2
5 Casa Quintero C3
6 Casona La Guaca C2
7 Iglesia del Carmen C2
8 Iglesia Parroquial C3

Aktivitäten, Kurse & Touren
9 Ciclotrip D2
10 Colombia Natural Sport C3

Schlafen
11 Alfondoque C3
12 Posada de San Antonio C3
13 Villa del Angel A3

Essen
14 Don Salvador D4
15 Entre Panes D1
16 Mercado Municipal C3
17 miCocina C3
18 Restaurante Coreano C4
19 Tartas y Tortas de la Villa B2

Ausgehen & Nachtleben
20 Cafe del Gato C2
21 La Cava de Don Fernando B2
22 Sybarrita Cafe C3

Shoppen
23 La Tienda Feroz D2

★ **Plaza Mayor** PLATZ

Mit einer Fläche von 120 mal 120 m ist die Plaza Mayor einer der größten Stadtplätze in Amerika. Sie ist mit großen Steinen gepflastert und von großartigen kolonialen Bauten sowie einer schlichten Pfarrkirche umgeben. Nur ein kleiner im Mudéjar-Stil errichteter Brunnen in seiner Mitte, der fast 400 Jahre lang das Wasser für die Dorfbewohner lieferte, ziert den weiten Platz. Anders als in den meisten kolumbianischen Orten, deren Hauptplätze nach historischen Helden benannt sind, heißt dieser einfach nur traditionell Plaza Mayor.

★ **Museo del Carmen** MUSEUM
(☎8-732-0214; Plazuela del Carmen; 3000 COP; ⏲Sa & So 10.30–13 & 14.30–17 Uhr) Das Museo del Carmen, eines der besten Museen sakraler Kunst des Landes, ist in einem gleichnamigen **Konvent** (Calle 14 No 10-04; ⏲Messe Mo–Fr 7, Di 18, Sa 7, 11 & 18, So 6, 7, 11 & 18 Uhr) untergebracht. Zu sehen sind hier kostbare Gemälde, Schnitzarbeiten, Altarbilder und andere sakrale Objekte aus der Zeit ab dem 16. Jh.

Casona La Guaca BEMERKENSWERTES GEBÄUDE
(Carrera 9 No 13-57) Beim Bummel lohnt sich auch ein Besuch der Casona La Guaca, eines kolonialen Bauwerks mit einem hübschen ersten Hof, in dem eine Reihe von Bäumen einen Brunnen umstehen. Im vorderen Teil der Casona gibt es auch Geschäfte, ein großer Patio im hinteren Teil lockt die Besucher mit Restaurants.

ABSTECHER

TUNJA

Von Kolumbianern über die Maßen angepriesen und von Reisenden, die nach Villa de Leyva eilen, oft übersehen. Tunja, die Hauptstadt von Boyacá und lebendige Studentenstadt, kann nicht mit den Highlights von Boyacá konkurrieren, aber es besitzt einen imposanten Hauptplatz, die Plaza de Bolívar, elegante Herrenhäuser mit einigen der einzigartigsten Verzierungen Südamerikas und eine Vielzahl herausragender kolonialer Kirchen.

Tunja wurde 1539 von Gonzalo Suárez Rendón gegründet, an der Stelle von Hunza, einer Siedlung der präkolumbischen Muisca. Vom indigenen Erbe ist praktisch nichts mehr vorhanden, aber reichlich koloniale Architektur blieb erhalten.

Etliche koloniale Herrenhäuser in Tunja, darunter die **Casa del Fundador Suárez Rendón** (Carrera 9 No 19-68; ⏲Di–So 8–12 & 14–17 Uhr) GRATIS und die **Casa de Don Juan de Vargas** (☎313-208-6176; Calle 20 No 8-52; 3000 COP; ⏲Di–Fr 9–11.30 & 14–16.30, Sa & So 9–15.30 Uhr), haben Decken, die mit ungewöhnlichen Gemälden geschmückt sind, welche einen merkwürdigen thematischen Mischmasch aus verschiedenen Traditionen zeigen. Es gibt Szenen aus der Mythologie, menschliche Figuren, Tiere und Pflanzen, Wappen und Architekturdetails. Zeus und Jesus halten sich inmitten tropischer Pflanzen auf, ein Elefant steht unter einer Renaissance-Arkade.

Quelle dieses bizarren Schmucks war wohl Juan de Vargas. Als Gelehrter besaß er eine große Bibliothek mit Werken zur europäischen Kunst und Architektur, zum antiken Griechenland und Rom, zu Religion und Naturgeschichte. Und die Illustrationen dieser Bücher lieferten wohl den unbekannten Malern, den Schöpfern der Deckengemälde, ihre Motive. Da die Originalillustrationen in Schwarz-Weiß gehalten waren, beruht die Farbgebung offenbar auf dem Geschmack dieser anonymen Künstler.

Tunja ist auch ein Schatzkästlein an kolonialen Kirchen, die bekannt für ihren Mudéjar-Stil sind, einen Stil, der von islamischer Kunst beeinflusst ist und zwischen dem 12. und 16. Jh. in Spanien entstand. Ein herrliches Beispiel ist die reich geschmückte **Iglesia de Santo Domingo** (Carrera 11 No 19-55; ⏲Mo–Fr 9–12 & 14–19, Sa & So 7–12 Uhr). Die meisten Kirchen sind nachmittags für Besucher geöffnet.

Wer hierher kommt, sollte passende Kleidung mitbringen: Tunja ist die höchstgelegene und kälteste Hauptstadt eines Departements in Kolumbien. Zu jeder Zeit kann das Gebirgsklima windig oder nass sein.

Der Busbahnhof befindet sich an der Avenida Oriental, einen kurzen, steilen Spaziergang südöstlich der Plaza de Bolívar. Busse nach Bogotá (19 000 COP, 2½–3 Std.) fahren alle 10 bis 15 Minuten. Busse Richtung Norden nach San Gil (25 000 COP, 4½ Std.), Bucaramanga (35 000 COP, 7 Std.) und darüber hinaus fahren mindestens stündlich.

Minibusse nach Villa de Leyva (7000 COP, 45 Min.) starten zwischen 6 und 19 Uhr und nach Sogamoso (6500 COP, 1½ Std.) zwischen 5 und 20 Uhr.

Casa Museo de Luis Alberto Acuña MUSEUM
(☎8-732-0422; www.museoacuna.com.co; Plaza Mayor; Erw./Kind 6000/4000 COP; ⏲10–18 Uhr) Hier werden Werke von einem der einflussreichsten Maler, Bildhauer, Autoren und Historiker Kolumbiens präsentiert, den Quellen von der Muisca-Mythologie bis hin zu zeitgenössischer Kunst inspirierten. Das Museum wurde in dem Haus eingerichtet, in dem Acuña (1904–1993) seine 15 letzten Lebensjahre verbrachte. Es zeigt die umfassendste Sammlung seiner Werke in Kolumbien. Wenn die Tür zu ist, einfach läuten.

Iglesia Parroquial KIRCHE
(Plaza Mayor; ⏲Messe Mo, Mi, Do & Fr 18, Sa 12 & 17, So 7, 10, 12 & 19 Uhr) Diese Pfarrkirche am Hauptplatz wurde 1608 erbaut und hat sich kaum verändert. Glanzstück ist ein großartiger Barockaltar.

Aktivitäten

Zu den Aktivitäten in der Umgebung von Villa de Leyva zählen Wandern, Radfahren, Reiten und Schwimmen, dazu Extremsportarten wie Abseilen, Canyoning und Höhlenwandern.

Es gibt viele Wanderwege um Villa de Leyva, außerdem einige längere Touren im Santuario de Iguaque. In der Stadt beginnt ein toller Weg direkt hinter dem Renacer Guesthouse (S. 100). Er ist nicht nur für Gäste des Hauses zugänglich – man muss an der Rezeption um Erlaubnis für die Durchquerung des Besitzes fragen und bekommt dann eine Karte und den Hinweis, wo der Weg beginnt. Er führt zwischen zwei Wasserfällen hindurch zu einem Aussichtspunkt mit spektakulärem Blick auf die Stadt. Der Rundweg dauert nicht einmal zwei Stunden.

Schwimmteiche gibt es unterhalb von einigen der nahen Wasserfälle oder direkt außerhalb der Stadt die Pozos Azules (S. 105). Die spektakulärsten Wasserfälle der Gegend sind **El Hayal**, Guatoque (S. 105) und La Periquera, doch Letzterer war zur Zeit der Recherche offiziell geschlossen, nachdem sich im Lauf der Jahre zu viele Unfälle, darunter auch tödliche, ereignet hatten.

Radfahren und Reiten werden vielerorts in der Stadt angeboten. Für ein vernünftiges Fahrrad fallen etwa 9000 COP pro Stunde an, es gibt auch günstigere Angebote für 15 000/25 000 COP für einen halben/ganzen Tag. Wer reiten möchte, zahlt 25 000 COP bis 30 000 COP pro Stunde für ein Pferd; es wird aber erwartet, dass jede Gruppe auch einen Führer engagiert. Für die Besichtigung mehrerer nahe gelegener Attraktionen ist es oft günstiger einen organisierten Reitausflug bei einem Touranbieter zu buchen.

Colombia Natural Sport ABENTEUERSPORT
(☎311-850-8324; www.colombianaturalsport.com; Carrera 9 No 12-68; ⏲Mi–Mo 8.30–12 & 14–18 Uhr) Ein leidenschaftlicher Kolumbianer namens Oscar führt diese Agentur für Adrenalin-Junkies, die Abseilen an Wasserfällen und Canyoning in der umgebenden Region anbietet. Im Büro gibt es niemanden, der Englisch spricht, aber Englisch und Deutsch sprechende Guides stehen zur Verfügung.

Geführte Touren

Taxis am Busbahnhof bieten Rundfahrten zu den Sehenswürdigkeiten – die Kosten belaufen sich pro Sehenswürdigkeit auf etwa 25 000 bis 30 000 COP inklusive Wartezeit. Beim Besuch mehrerer Sehenswürdigkeiten lässt sich vielleicht ein besserer Preis aushandeln. Der Preis gilt pro Auto; es lohnt sich also, eine kleine Gruppe zusammenzubekommen.

Wer mehr zu den einzelnen Attraktionen erfahren möchte, sollte eine Tour in Betracht ziehen. Zu den Standardrouten der örtlichen Anbieter zählen El Fósil (S. 105), die **Estación Astronómica Muisca** (El Infiernito; Erw./Kind 7000/5500 COP; ⏲Di–So 9–12 & 14–17 Uhr) und der Convento del Santo Ecce Homo (S. 104) (142 000 COP), Ráquira und der **Monasterio de La Candelaria** (☎1-223-7276; Erw./Kind 6000/4000 COP; ⏲9–12 & 13–17 Uhr) (152 000 COP). Die Preise, in denen Fahrt, Guide und Versicherung (aber kein Eintritt) enthalten sind, gelten pro Person bei zwei teilnehmenden Personen; bei größeren Gruppen sind sie günstiger.

Ciclotrip RADFAHREN
(☎320-899-4442; www.ciclotrip.com; Carrera 9 No 14-101; ⏲Mo–Fr 9–18, Sa & So 8–20 Uhr) Dieser sehr empfehlenswerte Fahrradladen mit Reisebüro bringt Reisende auf zwei Rädern zu allen üblichen Sehenswürdigkeiten, aber auch zu ausgefalleneren Wasserfällen und Gebirgspfaden. Der Besitzer, Francisco, ist einer guter Typ und in Erster Hilfe und Bergrettung ausgebildet. Geführte Tagestouren kosten zwischen 80 000 und 160 000 COP. Auf der Website sind alle Touren zu finden.

Wer allein losziehen möchte, kann hier auch ein Rad mieten, und zwar eine Stufe besser als anderswo. Das Personal hilft bei der Routenplanung und versorgt Kunden mit einer Karte mit eingezeichneter Route und sogar mit einem Handy, um bei Schwierigkeiten Hilfe anzufordern.

Colombian Highlands ÖKOTOUREN
(☎8-732-1201, 310-552-9079; www.colombianhighlands.com; Av Carrera 10 No 21-Finca Renacer) Das vom Biologen und Besitzer des Renacer Guesthouse, Oscar Gilède, geführte Reisebüro hat eine Reihe unkonventioneller Touren im Angebot, darunter Ökotouren, Bergtouren, Nachtwanderungen, Vogelbeobachtung, Abseilen, Canyoning, Höhlenwandern. Außerdem werden Farhräder und Pferde vermietet. Es wird Englisch gesprochen.

Feste & Events

Festival de las Cometas KULTUR
(Aug.) Einheimische und fremde Fans lassen bei diesem bunten Fest im Wettbewerb ihre Drachen steigen.

Festival de Luces FEUERWERK
(Dez.) Dieses große Feuerwerk findet in der Regel am ersten oder zweiten Wochenende im Dezember statt.

Schlafen

Villa de Leyva bietet eine große Auswahl an Hotels aller Preiskategorien. Am Wochenende können die Preise höher liegen und nur schwer freie Zimmer zu finden sein. In der Hochsaison, einschließlich Semana Santa und 20. Dez. bis 5. Jan. verdoppeln sich die Preise zum Teil. Vorausplanen lohnt sich. Camping kostet in dieser Gegend etwa 20 000 COP pro Person.

★ **Renacer Guesthouse** HOSTEL $
(☎311-308-3739, 8-732-1201; www.colombianhighlands.com; Av Carrera 10 No 21-Finca Renacer; Camping pro Person ab 20 000 COP, B ab 32 000 COP, EZ/DZ ab 80 000/110 000 COP;) Etwa 1,2 km nordöstlich der Plaza Mayor schuf der außergewöhnliche Biologe und Tourguide Oscar Gilède aus dem kolumbianischen Hochland dieses schöne „Boutique-Hostel“. Hier kann man sich wirklich zu Hause fühlen: Hängematte in einem makellosen Garten, eine Gemeinschaftsküche im Freien mit einem Ofen aus Ziegelsteinen, dazu blitzsaubere Schlafsäle und Zimmer. Es gibt auch einen Schwimmteich und ein kleines Café.

Alfondoque HOSTEL $
(☎316-617-9301; contactalfondoque@gmail.com; Carrera 8A No 11-49; B 35 000 COP) Das neue Hostel in großartiger Lage am Parque Nariño und mit Topangeboten ist die beste Hostel-Wahl im Stadtzentrum.Die Schlafsäle sind sauber und ordentlich mit Balkendecken; es gibt auch eine Gästeküche.

Casa Viena HOSTEL $
(☎8-732-0711, 314-370-4776; www.hostel-villadeleyva.com; Carrera 10 No 19-114; EZ/DZ ohne Bad 30 000/45 000 COP, Zi. 70 000 COP;) Diese anheimelnde kleine Pension direkt am Ortsrand mit nur vier Zimmern, von denen zwei einen Bergblick haben, bietet ein gutes Preis-Leistungs-Verhältnis. Vom Zentrum ist es nur ein kurzer Spaziergang und doch bekommt man hier ein privates Zimmer für den Preis eines Schlafsaalbetts anderswo. Das Personal ist hilfsbereit, es gibt eine gute Gästeküche und einen gemütlichen Gemeinschaftsbereich.

Zona de Camping San Jorge CAMPINGPLATZ $
(☎8-732-0328; campingsanjorge@gmail.com; Vereda Roble; Camping pro Person Haupt-/Nebensaison 22 000/20 000 COP;) Auf dieser großen Grasfläche etwa 2 km nordöstlich der Stadt haben 120 Zelte Platz – mit schönem Ausblick auf die umgebenden Berge. Zu den Annehmlichkeiten zählen ein kleines Restaurant (Mahlzeiten von 14 000 bis 18 000 COP), ein Laden und makellos saubere Bäder mit heißem Wasser.

Villa del Angel HOTEL $$
(☎8-732-1506; www.hotelvilladelangel.co; Calle 9 No 11-52; EZ/DZ 110 000/127 000 COP) Günstig zum Stadtzentrum und zum Busbahnhof gelegen, bildet dieses kleine Hotel im zweiten Stock einen perfekten Ausgangspunkt für die Erkundung von Villa de Leyva. Die fünf makellosen modernen Zimmer sind sehr hell und bequem.

★ **Suites Arco Iris** BOUTIQUEHOTEL $$$
(☎311-254-7919; www.suitesarcoiris.com; Km 2 Vila la Colorada; Zi. Berg-/Stadtblick inkl. Frühstück ab 239 000/289 000 COP;) Auf einem Hügel oberhalb des Ortes und inmitten eines hübschen Gartens liegt dieses romantische Hotel mit 26 Zimmern, die wohl beste Unterkunft in Villa de Leyva. Die großen Zimmer, alle bunt und mit Kunst, aber unterschiedlich gestaltet, sind ausgesprochen schick und mit Jacuzzi, Terrasse, farbenfrohem Bad und Kamin ausgestattet. Die Aussicht, egal ob auf die Berge oder auf den Ort, ist hinreißend. Wer nicht über ein eigenes Auto verfügt, bezahlt zusätzlich 24 000 bis 30 000 COP für eine Fahrt zum Ort und wieder zurück.

BOLÍVARS BRÜCKE

Der **Puente de Boyacá** ist eines der wichtigsten Schlachtfelder in der Geschichte des modernen Kolumbiens. Am 7. August 1819 besiegten die Truppen von Simón Bolívar entgegen jeder Erwartung das spanische Heer unter General José María Barreiro und besiegelten so Kolumbiens Unabhängigkeit.

Auf dem ehemaligen Schlachtfeld erheben sich heute mehrere Denkmäler. Am bedeutendsten ist das **Monumento a Bolívar**, eine 18 m hohe Skulptur, die den Helden Kolumbiens zeigt, umgeben von fünf Engeln, die für die *países bolivarianos* stehen, also für Venezuela, Kolumbien, Ecuador, Peru und Bolivien, jene Länder, die Bolívar befreit hat. Ganz in der Nähe brennt eine ewige Flamme für Bolívar.

Der Puente de Boyacá, die Brücke, nach der das Schlachtfeld benannt ist und über die einst Bolívars Truppen marschierten, um gegen die Spanier zu kämpfen, ist nur eine kleine einfach konstruierte Brücke, die 1939 rekonstruiert wurde.

Das Schlachtfeld liegt an der Hauptstraße von Tunja nach Bogotá, 15 km südlich von Tunja. Um hierher zu gelangen, nimmt man am besten einen Regionalbus von Tunja Richtung Tierra Negra.

Posada de San Antonio BOUTIQUEHOTEL **$$$**
(☎ 8-732-0538; www.hotellaposadadesanantonio.com; Carrera 8 11-80; EZ/DZ inkl. Frühstück ab 301 000/342 000 COP; @ 📶) Natürliches Licht durchströmt jeden Winkel dieses mit Antiquitäten bestückten, charismatischen Kolonialhauses aus dem Jahr 1860; es ist eine sehr gute Wahl. In den Zimmern sieht man teilweise die freigelegten Backsteinmauern; es gibt eine hübsche offene Küche, ein atmosphärisches Restaurant/Wohnzimmer, einen kleinen tragbaren Altar und einen schönen Innenhof.

Essen

Villa de Leyva ist in Boyacá das beste Ziel für Gourmets. Es gibt einige Gourmet-Food-Courts im Ort, wobei die **Casa Quintero** (Ecke Carrera 9 & Calle 12) und die Casona La Guaca (S. 98) die besten und vielfältigsten Optionen darstellen. In der Nebensaison bieten viele der Spitzenrestaurants preiswerte Mittagsmenüs an.

Tartas y Tortas de la Villa DESSERTS **$**
(☎ 310-296-5624; Carrera 10 No 12-13; Desserts 2000–8000 COP; ⏲ 8–21 Uhr) In dem niedlichen kleinen Café direkt am Hauptplatz können Süßschnäbel aus einer großen Zahl üppiger Desserts und guter Kaffees wählen. Es gibt ein halbes Dutzend verschiedene Käsekuchen, dazu Puddings, Obstkuchen und Brownies. Es stehen außerdem vegane Optionen und für Gesundheitsfreaks auch etliche Diätangebote zur Verfügung. Wer Zeit und Muße hat, kann sich auch am kleinen Bücherschrank bedienen.

Pastelería Francesa BÄCKEREI, FRANZÖSISCH **$**
(Calle 10 No 6-05; Teilchen 1500–3600 COP; ⏲ Do–So 8–19 Uhr, Feb. & Sept. geschl.) Schon wenn man noch einen Block davon entfernt ist, steigt einem der köstliche Gebäckduft dieser authentischen französischen Bäckerei in die Nase: Croissants (hmm, die mit Mandeln), Baguettes, Obstkuchen, Quiches, Mini-Pizzas, Kaffee und heiße Schokolade. Wer während der Öffnungszeiten vorbeikommt, hat Glück – der Besitzer liebt nämlich seine Freizeit.

Don Salvador KOLUMBIANISCH **$**
(Markt; Mahlzeiten 5000–10 000 COP; ⏲ Sa 6–15 Uhr) Der geschäftige Samstagsmarkt von Villa de Leyva bietet eine ausgesprochen gute Gelegenheit, um die regionale Küche kennenzulernen. An diesem Stand serviert Don Salvador die besten *mute* (Maissuppe mit einem Rinderfuß oder einem Hähnchenschenkel) und *carne asada* (Steak vom Grill) des ganzen Marktes.

Entre Panes SANDWICHES **$$**
(entrepanesbistro@gmail.com; Calle 15 No 9-58; Sandwiches 19 000–26 000 COP; ⏲ Mo & Di 13–21, Fr 13–22, Sa 10–22, So 10–17 Uhr) Einige Blocks von der Plaza entfernt liegt dieses ansprechende Outdoor-Café, das einige der besten Sandwiches in ganz Kolumbien serviert. Die Wahl besteht zwischen französischen Klassikern und Gourmet-Variationen, die alle auf selbst gebackenem Brot angeboten werden; dazu gibt es herausragend gute hausgemachte Mayonnaise. Unbedingt einen Versuch wert ist die Version mit Lamm und Tsatsiki.

NICHT VERSÄUMEN

SUTAMARCHÁN

Wer in Villa de Leyva unterwegs ist, sollte auch einen Stopp in Sutamarchán einlegen, der *longaniza*-Hauptstadt von Kolumbien, 14 km westlich von Villa an der Straße nach Ráquira. *Longaniza* ist eine regionale Wurstspezialität, ähnlich der portugiesischen *linguiça*. In der Stadt wird sie überall gegrillt – nur immer der Nase nach!

Der beste Platz, um sie zu kosten ist die **Fabrica de Longaniza & Piqueteadero Robertico** (Carrera 2 No 5-135; Portion ab 7000 COP; ⌚8–20 Uhr) – für die rustikalere, würzigere Version – und **La Fogata** (☎312-355-8677; www.lafogatasutamarchan.com; Av Principal, salida a Tunja; Portion 6000 COP; ⌚9–19.30 Uhr), eine einfachere Version.

Restaurante Savia VEGETARISCH $$
(☎322-474-9859; www.restaurantesavia.com; Calle 10 No 6-67; Hauptgerichte 14 000–34 000 COP; ⌚So–Do 12–21, Fr & Sa bis 23 Uhr;) Das reizvolle Savia spezialisiert sich auf einfallsreiche vegetarische, vegane und organische Kost sowie ökologisch-kunsthandwerkliche Produkte der Region. Fleischesser finden aber auch etwas – es gibt eine Auswahl an Fisch und Meeresfrüchten sowie Geflügel (aber kein rotes Fleisch). Das Lokal befindet sich in einem grandiosen alten Kolonialgebäude mit einem großen Innenhof und einem Garten hinter dem Haus. Auf dem Gelände gibt es auch einen kleinen Lebensmittelladen, der Bio-Produkte und Kunsthandwerk verkauft.

Restaurante Coreano KOREANISCH $$
(☎320-285-5755; Carrera 7 No 11-83; Hauptgerichte 19 000–20 000 COP; ⌚Do–Mo 12–21 Uhr;) Das von Koreanern geführte Restaurant trägt nicht gerade den einfallsreichsten Namen der Stadt, aber die authentische asiatische Küche lohnt einen Besuch. Auf der Speisekarte stehen nur acht Gerichte, aber sie sind alle gut, vor allem der hausgemachte gewürzte Tofu. Auch für Vegetarier ist hier gut gesorgt.

★ **Mercado Municipal** KOLUMBIANISCH $$$
(☎318-363-7049; Carrera 8 No 12-25; Hauptgerichte 24 000–65 000 COP; ⌚Mo–Sa 13–22, So bis 21 Uhr) Dieses von einem Küchenchef geführte Restaurant im Freien, in den Gärten eines Kolonialgebäudes aus dem Jahr 1740, hat eine alte Kochmethode wiederentdeckt. Das Fleisch wird auf Holz in einer 1 m tiefen Grube (Barbecue) gegart. Das Lokal ist dabei Boyacás interessantestes Restaurant zu werden. Zu den Spezialitäten zählen Schweinerippchen mit Aprikosensoße; das zarte Fleisch löst sich mühelos vom Knochen.

miCocina KOLUMBIANISCH $$$
(www.academiaverdeoliva.com; Calle 13 No 8-45; Hauptgerichte 22 000–73 000 COP; ⌚So–Do 11–16, Fr & Sa bis 21 Uhr;) Dieses farbenfrohe Restaurant mit Kochschule erklärt sich selbst für 100 % kolumbianisch und ist wirklich der beste Ort, um gehobene kolumbianische Küche zu kosten, nicht nur *sancocho* (Suppe) und *patacones* (gebratene Süßkartoffeln). Da die einheimische Küche im Mittelpunkt steht, haben es Vegetarier schwer, aber Fleischliebhabern bietet sich eine große Auswahl.

Ausgehen & Nachtleben

Das Nachtleben von Villa konzentriert sich um die bezaubernde Plaza; Einheimische und Besucher gehen gleichermaßen die Stufen an der Carrera 9 hinunter, in ein Gebiet, das sich am frühen Abend in ein einziges Straßenfest verwandelt.

Cafe del Gato CAFE
(Kaffeehaus; Calle 13 No 9-82, Plaza Mayor; ⌚Mi–So 11–24 Uhr) Einer der besten Baristas (mit Zertifikat) Boyacás führt dieses kleine Café, das erstklassigen Kaffee aus den besten regionalen Bohnen serviert.

Sybarrita Cafe CAFÉ
(Carrera 9 No 11-88; Kaffee 1600–5000 COP; ⌚8.30–21 Uhr) Villa de Leyvas beliebtestes Café, das täglich wechselnd Kaffee aus Kolumbiens erlesensten Anbauregionen serviert. Und das in einer Umgebung, die trotz des relativ neuen Entstehungsdatums absolut klassisch wirkt. An den wenigen Tischen drängen sich Einheimische und reisende Kaffeekenner gleichermaßen.

La Cava de Don Fernando BAR
(Carrera 10 No 12-03; ⌚So–Do 16–1, Fr & Sa bis 2 Uhr;) Eine hübsche Bar an der Ecke der Plaza Mayor mit guter Musik, stimmungsvollen Kerzen und sehr guter Bierauswahl.

Shoppen

Der farbenprächtige Markt, der jeden Samstag auf einem Platz drei Blocks südöstlich der Plaza Mayor abgehalten wird, lohnt auf jeden Fall einen Besuch. Am meisten ist dort am frühen Morgen los. An Donnerstagen findet hier auch ein Bio-Markt statt. Villa de Leyva besitzt eine Reihe von Kunsthandwerksläden, die für ihre schönen Korbwaren und ihre hochwertigen Webarbeiten bekannt sind.

La Tienda Feroz KUNSTHANDWERK
(www.latiendaferoz.com; Carrera 9 No 14-101; ⏲ Mo–Fr 9–18, Sa & So 8–20 Uhr) Dieser großartige kleine Laden präsentiert die einzigartige Kunst von 27 kolumbianischen Künstlern; hier gibt es nicht nur die typischen Souvenirs zu kaufen. Die Besitzer kommen von der Illustration, der Animation und dem Industriedesign her.

An- & Weiterreise

Von Villa de Leyva kann man zu einigen der nahe gelegenen Sehenswürdigkeiten zu Fuß gehen, mit dem Rad fahren oder reiten. Auch eine Fahrt mit dem Taxi oder eine geführte Tour von einem der Reisebüros in Villa de Leyva ist möglich. Wer ein Taxi nimmt, sollte unbedingt vorab mit dem Fahrer besprechen, welche Sehenswürdigkeiten angesteuert werden sollen, und den Preis aushandeln. Eine Rundfahrt mit dem Taxi (für bis zu vier Personen) von Villa de Leyva nach **El Fósil** (S. 105), **El Infiernito** (S. 99) und **Ecce Homo** sollte inklusive Wartezeit etwa 75 000 COP kosten.

Die Regionalbusse fahren nahe an einigen Sehenswürdigkeiten vorbei, verkehren aber nicht gerade regelmäßig. Deshalb gilt es unbedingt, vorab die Fahrpläne zu studieren.

Villa de Leyva & Umgebung

Man sollte Villa nicht verlassen, ohne einige der nahe gelegenen Sehenswürdigkeiten besucht zu haben, darunter archäologische Stätten, koloniale Denkmäler, Felszeichnungen, Höhlen, Seen und Wasserfälle. Die Gegend ist vollkommen sicher.

Sehenswertes & Aktivitäten

★ **Centro de Investigaciones Paleontológicas** MUSEUM
(CIP; ☎ 314-219-2904, 321-978-9546; info@centropaleo.com; Erw./Kind 9000/5000 COP; ⏲ Di–Do 8–12.30 & 14–17, Fr–So 8–17 Uhr) Über die Hauptstraße gegenüber dem berühmten El Fósil (S. 105), verbindet dieser elegante neue Bau eine Forschungsstätte mit einer beachtlichen Sammlung von Fossilien, darunter ein erstaunlich vollständiger Plesiosaurus (eine Meerechse aus dem Jura), das älteste bekannte Schildkrötenfossil und der einzige Zahn eines Säbeltigers, der je in Kolumbien entdeckt wurde. Alles ist auch in Englisch beschriftet.

Das Ganze macht sehr viel Spaß und für junge Besucher gibt es interaktive Exponate. Bei Ausgrabungskursen können Kinder Repliken von Fossilien ausbuddeln und in Workshops in Gussformen Fossilien herstellen, die sie dann mit nach Hause nehmen dürfen.

EIN TAG BEI DEN TÖPFERN

25 km südwestlich von Villa de Leyva liegt **Ráquira**, die Töpferhauptstadt Kolumbiens, wo sich von Keramikschalen, -krügen und -tellern bis zu Spielzeug und Christbaumschmuck alles finden lässt. Bunt gestrichene Fassaden, viele Kunsthandwerksläden und jede Menge Brennöfen und Keramikarbeiten sind ein gewohnter Anblick an der Hauptstraße dieser autofreien Stadt. Es gibt im Ort und in der Umgebung viele Werkstätten, in denen man zuschauen kann, wie die Töpferarbeiten entstehen. Die beste Zeit für einen Besuch ist Sonntag, wenn der Markt mit den örtlichen Produkten in vollem Gang ist, aber die Souvenirläden haben jeden Tag geöffnet.

Ráquira ist 5 km von der Straße Tunja–Chiquinquirá entfernt, über eine Seitenstraße nach Tres Esquinas. Vier Minibusse verkehren von Montag bis Freitag zwischen Villa de Leyva und Ráquira (6000 COP, 45 Min., 7.30, 12.45, 15 und 16.50 Uhr), mit einem zusätzlichen fünften am Wochenende.

Auf dem Rückweg von Ráquira nach Villa de Leyva fahren die meisten Busse nicht in die Stadt hinein – die Fahrgäste müssen am Muisca-Sol-Monument an der Sáchica-Kreuzung aussteigenund den Bus von Tunja nach Villa nehmen. Einige Busse fahren auch täglich von Bogotá hierher. Eine Rundtour mit dem Taxi ab Villa de Leyva mit etwa einer Stunde Aufenthalt kostet etwa 80 000 COP, oder 100 000 COP mit einem Abstecher nach La Candelaria (S. 99).

★ Paso de Angel BERG

(3000 COP) Dieser Schwindel erregende Bergpfad führt auf einem Grat zum Wasserfall Guatoque (S. 105) und ist selbst eine beliebte Sehenswürdigkeit. An der schmalsten Stelle, dem **Schritt des Engels**, ist er auf einer Strecke von anderthalb Metern nur etwa 40 cm breit, während es auf der Seite mehr als 100 m, auf der anderen 30 m hinuntergeht. Die Blicke nach beiden Seiten sind fantastisch.

Besucher mit Höhenangst sollten den Paso de Angel nur aus der Ferne betrachten – es ist schon oft vorgekommen, dass Besucher, die ihren ganzen Mut zusammengenommen haben, um hinüberzukommen, sich nicht getraut haben, wieder zurückzugehen. Am Eingang sammelt der Landbesitzer meist eine Eintrittsgebühr ein; es kommt auch vor, dass ein Stück weiter des Wegs seine Frau eine weitere Gebühr kassiert. Es ist nur ein kleiner Betrag und die Haupteinnahmequelle des Ehepaars, also sollten Besucher das Spiel mitspielen. Der Weg ist vom kleinen Dorf Santa Sofía aus zugänglich. Von der Bushaltestelle aus überquert man die Plaza und geht 1,5 km auf der Straße am Friedhof entlang bis zu einer ausgeschilderten Abzweigung an einem orangefarbenen Haus. Dann folgen weitere 3,5 km an der Zuckermühle und der Schule vorbei bis zum Beginn des Wegs.

Convento del Santo Ecce Homo KIRCHE

(Kirche 5000 COP; ⌚ Di–So 9–17 Uhr) Das Kloster, von Dominikanermönchen 1620 gegründet, ist ein großes Bauwerk aus Stein und Lehmziegeln mit einem hübschen Innenhof. Die Böden sind mit Steinen aus der Region gepflastert, in denen Ammoniten und Fossilien eingeschlossen sind, darunter auch versteinerter Mais und Blumen. Auch im Sockel einer Statue in der Kapelle finden sich Fossilien.

Das Prunkstück der Kapelle bildet der vergoldete Hauptaltar mit einem kleinen Ecce-Homo-Bild. Die originale hölzerne Decke steckt voller faszinierender Details: Die Darstellungen von Ananas, Adlern, Sonnen und Mond sollten helfen, die Indigenen zum Christentum zu bekehren. Ebenfalls beachtenswert sind Schädel und gekreuzte Knochen mit einer Art bolivianischer Mütze in der Sakristei und das Kruzifix im **Kapitelsaal**, das Jesus noch lebendig zeigt (mit geöffneten Augen), eine Seltenheit in Südamerika. Im westlichen Kreuzgang gibt es außerdem ein Wandgemälde von Jesus, auf dem er – je nach Blickwinkel – die Augen mal offen und mal geschlossen hält.

Das Kloster liegt 13 km von Villa de Leyva entfernt. Besucher können jeden Bus nach Santa Sofía nehmen; von der Haltestelle an der Zufahrtsstraße aus sind es 15 Minuten Fußweg bis zum Kloster.

NICHT VERSÄUMEN

EIN WUNDER!

Chiquinquirá ist die religiöse Hauptstadt Kolumbiens und zieht wegen eines Gemäldes der Jungfrau Maria, das im 16. Jh. Mittelpunkt eines Wunders war, ganze Massen katholischer Pilger an.Es ist das älteste in Kolumbien dokumentierte Gemälde.

Der spanische Künstler Alonso de Narváez malte die *Rosenkranzmadonna* um 1555 in Tunja. Das Bild zeigt Maria, wie sie das Jesuskind auf dem Schoß hält, zu ihren beiden Seiten stehen der heilige Antonius von Padua und der Apostel Andreas. Kurz nach der Fertigstellung begann das Bild zu verblassen, ein Ergebnis des minderwertigen Materials und des undichten Kapellendachs. 1577 kam das Bild nach Chiquinquirá, wurde eingelagert und geriet in Vergessenheit.

Einige Jahre später entdeckte Maria Ramos, eine fromme Frau aus Sevilla, das Bild wieder. Obwohl es in einem schrecklichen Zustand war, setzte sich Ramos gern davor und betete. Am 26. Dezember 1586 erhielt das Gemälde vor ihren Augen und während ihrer Gebete seine alte Pracht zurück. Danach wuchs sein Ruhm rasch, und es geschahen immer mehr Wunder, die der Jungfrau zugeschrieben wurden.

Die **Basílica de la Virgen de Chiquinquirá**, die das heilige Bild beherbergt, dominiert die Plaza de Bolívar. Der Bau der riesigen klassizistischen Kirche begann 1796 und wurde 1812 beendet. Das geräumige dreischiffige Innere besitzt 17 Kapellen und einen kunstvollen Hochaltar mit einem Gemälde von 113 mal 126 cm.

Täglich verkehren acht Busse von 7 bis 16 Uhr ab Villa de Leyva (8000 COP, 1 Std.). Busse nach Bogotá starten alle 15 Minuten (18 000 COP, 3 Std.).

El Fósil ARCHÄOLOGISCHE STÄTTE

(☎310-629-1845; Erw./Kind 8000/5000 COP; ⌚8–18 Uhr) Dieses beeindruckende 120 Millionen Jahre alte Fossil eines Baby-Kronosaurus ist das vollständigste Exemplar dieses prähistorischen Meeresreptils. Das Fossil ist 7 m lang – das Wesen war insgesamt etwa 12 m lang, aber der Schwanz ging verloren – und es ist genau an dem Platz zu sehen, an dem es 1977 gefunden wurde.

Das Fossil befindet sich an der Straße nach Santa Sofía, 6 km westlich von Villa de Leyva. Zu Fuß benötigt man etwa eine Stunde, man kann aber auch den Bus ab Santa Sofía nehmen, der etwa 80 m vom Fossil entfernt hält.

Cascada Guatoque WASSERFALL

Der Weg führt über den nervenaufreibenden Weg Paso de Angel außerhalb des Dorfs Santa Sofía. Dieser hübsche, 80 m hohe Wasserfall stürzt in einen schönen Teich. Vorsicht: Das letzte Stück des Wegs ist sehr steil und es geht tief hinunter. Der Weg endet am oberen Rand des Wasserfalls und Besucher sollten auf keinen Fall auf eigene Faust, ohne professionellen Guide, versuchen, zum unteren Ende des Wasserfalls zu klettern. Der Abstieg ist sehr gefährlich.

Der einzige sichere Weg nach unten zum Teich führt in einiger Entfernung zum oberen Rand des Wasserfalls durch die Berge. Es ist eine heikle zweistündige Wanderung, die dann mit einem erfrischenden Sprung in einen einsamen Schwimmteich belohnt wird.

Pozos Azules SCHWIMMEN

(Via Santa Sofía; mit/ohne Schwimmen 10 000/5000 COP; ⌚8–18 Uhr) Nicht zu verwechseln mit der anderen Ansammlung blauer Teiche unter dem gleichen Namen ganz in der Nähe. Hier gibt es eine Reihe leuchtend farbiger Teiche, darunter einen großen, in dem Besucher schwimmen dürfen. In der Mitte ist er ziemlich tief.

Santuario de Iguaque

Hoch über dem benachbarten Tal und in Dunst eingehüllt liegt eine unberührte Wildnis, die bei den Muisca als Geburtsstätte der Menschheit galt. Nach der Legende der Muisca tauchte die wunderschöne Göttin Bachué mit einem männlichen Baby in den Armen aus der Laguna de Iguaque auf. Als der Junge erwachsen war, heirateten sie, bekamen Kinder und bevölkerten die Erde. Im Alter verwandelte sich das Paar dann in Schlangen und tauchte wieder in den heiligen See ein.

Heute ist der Garten Eden der Muisca ein 67,5 m^2 großer Nationalpark namens **Santuario de Flora y Fauna de Iguaque** (Kolumbianer/Ausländer 17 000/44 000 COP; ⌚8–17 Uhr). Es gibt acht kleine Bergseen im Schutzgebiet, die auf Höhen zwischen 3550 m und 3700 m liegen. Für Besucher ist allerdings nur die **Laguna de Iguaque** zugänglich. Dieses einzigartige neotropische *páramo-* (Hochgebirgsebenen)-Ökosystem beherbergt Hunderte Arten von Flora und Fauna, aber am bekanntesten ist es für den *frailejón*.

Hier kann es ziemlich kalt werden, mit Temperaturen von 4 °C bis 13 °C. Es ist auch sehr nass, mit einem durchschnittlichen jährlichen Niederschlag von 1648 mm. Die besten Monate für einen Besuch sind Januar, Februar, Juli und August.

Die einzige Unterkunft ist im **Besucherzentrum** (B 50 000 COP, Camping pro Person 10 000 COP; ⌚8–17 Uhr). Im Dezember, Januar, Juni, der zweiten Oktoberwoche und an allen Feiertagen sind Reservierungen über **Naturar** (☎312-585-9892, 318-493-5704; naturariguaque@yahoo.es; 🐾) nötig; ansonsten kann man einfach vorbeikommen. Es ist ein wunderbarer Platz, um im Gebirge zu chillen – mit nächtlichen Besuchen von wilden Truthähnen.

Um von Villa de Leyva zum Park zu gelangen, nimmt man den Bus nach Arcabuco (Abfahrt 6, 7 und 8 Uhr) und sagt dem Fahrer, dass er in Casa de Piedra (auch als Los Naranjos bekannt; 4000 COP) bei Km 12 halten möchte; von dort sind es noch 3 km Fußweg über eine raue Straße zum Besucherzentrum. Die Fahrt um 6 Uhr ist die beste Wahl, da sie näher an der Zugangsstraße vorbeikommt.

Die Rückkehr nach Villa muss unbedingt vor 16 Uhr erfolgen, da dann der letzte Bus an der Casa de Piedra abfährt. Colombian Highlands (S. 100) bietet ganztägige Touren ab Villa de Leyva für 170 000 COP pro Person bei zwei Teilnehmern (weniger bei größeren Gruppen).

Sogamoso

☎8 / 112 287 EW. / HÖHE 2569 M

Sogamoso ist eine gänzlich uninteressante kolumbianische Arbeiterstadt, doch es war ein religiöses Zentrum der Muiscas und ist ein guter Ausgangspunkt für Erkundungen am Lago de Tota und in seiner Umgebung. Die Stadt darf sich auch des einzigen archäologischen Museums des Muisca-Volkes in Kolumbien rühmen.

Sehenswertes & Aktivitäten

Museo Arqueológico Eliécer Silva Célis MUSEUM
(☎1-770-3122; Calle 9A No 6-45; Erw./Kin 7000/5000 COP; ⌚Mo–Sa 9–12 & 14–17, So 9–15 Uhr) Dieses sehr gut gestaltete archäologische Museum entstand auf den Überresten von Sogamosos Muisca-Friedhof und beleuchtet diese wichtigste *Chibcha* sprechende Kultur u.a. durch Kunst, Keramiken, Skulpturen, Musik etc. Zu den interessantesten Exponaten zählen die mumifizierten Überreste eines Stammeshäuptlings und die Schrumpfkopf-Techniken der Jivaros und Shiworas.

Schlafen

La Cazihita HOSTEL $
(☎314-411-6104; www.lacazihita.com; Carrera 8 No 9-66, Barrio Santa Ana; B 30 000 COP, EZ/DZ 45 000/80 000 COP, ohne Bad 35 000/60 000 COP; 📶) Ein freundliches Hostel, geführt von einem einheimischen Paar, in einer der wenigen alten Straßen von Sogamoso. Die Zimmer sind eher klein, aber sauber und ordentlich. Den Gemeinschaftsbereich wärmt ein Kamin.

An- & Weiterreise

Regelmäßig verkehren Busse von Sogamoso nach Bogotá (25 000 COP, 3 bis 4 Std., stündl.) und Tunja (6500 COP, 1 Std., alle 15 Min.). Von Sogamoso betreibt **Cootracero** (☎8-770-3255) Busse nach Iza (2800 COP, 40 Min.) und Monguí (3800 COP, 1 Std.) alle 20 Minuten und Lago de Tota (9000 COP, 1½ Std., stündl.). Sechsmal am Tag fährt ein Bus nach San Gil (35 000 bis 40 000 COP, 6 Std.).

Monguí

☎8 / 4984 EW. / HÖHE 2900 M

Einst wurde Monguí zum schönsten Dorf von Boyacá gewählt. Und obwohl es nur 14 km östlich von Sogamoso liegt, fühlt man sich Welten entfernt von dessen Industrielandschaften. Die ersten Missionare kamen um 1555 in die Gegend, doch der Ort wurde erst 1601 gegründet und entwickelte sich später zu einem religiösen Zentrum der Franziskaner. Das beweist eines der erstaunlichsten Gebäude des Ortes, der Convento de los Franciscanos, der die Plaza beherrscht.

Heute rühmt sich das idyllische Dorf seiner einheitlichen grünen und weißen Kolonialarchitektur, die nur gelegentlich von neueren Backsteinbauten unterbrochen wird, die an englische Landhäuser erinnern. All die schönen Fassaden werden geschmückt von leuchtend roten, nach Rosen duftenden Geranien und von Efeu. Es handelt sich um ein wirklich ganz bezauberndes *pueblo*, das an seinen Traditionen festhält, eine Art Miniaturausgabe von Villa de Leyva.

Sehenswertes

Convento de los Franciscanos KLOSTER
(Plaza Principal; Ausländer/Kolumbianer 12 000/7000 COP; ⌚Di–Fr 10–12 & 14–16.30, Sa & So 9–16.30 Uhr) Der Bau dieses Franziskanerklosters, des imposantesten Gebäudes in Monguí, begann 1694 und dauerte bis zur Fertigstellung 100 Jahre. Das erstaunliche rote Steingebäude schließt an die **Basílica Menor de Nuestra Señora de Monguí** an, in deren dreischiffigem Innenraum ein reich vergoldeter Hauptaltar steht sowie die Statue der Virgen de Monguí, die 1929 als Patronin von Monguí gekrönt wurde. Das **Museo de Arte Religioso** ist im Kloster untergebracht. Wenn dort niemand anzutreffen ist, kann man im Büro um die Ecke an der Calle 5 fragen .

Aktivitäten

Monguí ist Ausgangspunkt für einige ausgezeichnete Höhenwanderungen. Es ist Startpunkt des schönen 18 km langen Wegs **Páramo de Ocetá**, allerdings war es bei unserem Besuch wegen Streitigkeiten mit den Landbesitzern nicht möglich, den ganzen Weg zurückzulegen. Es ist wichtig, einen örtlichen Guide zu engagieren, der weiß, welche Wegstrecken für Wanderer offen sind. Eine etwas einfachere Halbtagestour führt zur **Laguna Colorada**; der Weg verläuft durch einige hinreißende Landschaften mit sechs verschiedenen Arten von *frailejones*.

Monguí Travels WANDERN
(☎313-424-8207; www.monguitravels.com; Ecke Carrera 4 & Calle 5, Plaza Principal; ⌚7–20 Uhr) Dieser ganz neue Touranbieter wird von einer Gruppe enthusiastischer junger Leute geführt, die eine ganze Reihe von Wanderungen in der Umgebung des Ortes anbie-

ten, darunter auch zum Páramo de Ocetá. Im Büro an der Plaza können Interessenten die verschiedenen Möglichkeiten in Erfahrung bringen.

Ganztagestouren kosten rund 37 000 COP pro Teilnehmer, Mahlzeiten gibt es für 10 000 COP. Für Wanderungen in den *páramo* muss man weitere 30 000 COP pro Gruppe für den Transport rechnen. Es gibt auch eine Tagestour zur Laguna Colorado für pauschal 50 000 COP pro Wanderer sowie Radtouren durch die Landschaft der Umgebung.

Schlafen & Essen

Mongui Plaza Hotel HOTEL **$$**
(☎313-209-0067; monguiplaza@gmail.com; Carrera 4 No 4-13; EZ/DZ inkl. Frühtück ab 60 000/100 000 COP) in Vorzugslage am Hauptplatz bietet dieses Hotel in einem klassischen Herrenhaus der Kolonialzeit die bequemsten Zimmer des Ortes. Sie verfügen über Heizung, große Betten und gute moderne Bäder mit großen Duschköpfen, aus denen heißes Wasser kommt. Die Zimmer nach vorne heraus bieten einen guten Blick auf die Kirche und das Kloster an der Plaza.

Calicanto Real Hostal PENSION **$$**
(☎311-811-1519; calicantoreal.hostal@gmail.com; Carrera 3; Zi. pro Person inkl. Frühstück 45 000 COP; 📶) Mit Blick auf eines der malerischsten Ensembles von ganz Monguí – den steinernen Puente Real de Calicanto über den Río Morro – befindet sich diese Pension mit sechs Zimmern in einer altmodischen *casona* (einem weitläufigen alten Haus) mit kolonialem Charakter, ausgestattet mit Mobiliar im Stil der Zeit. Viele der Zimmer bieten einen beeindruckenden Blick auf die Brücke.

Pizza Cabubara PIZZA **$**
(Carrera 3 No 2-85; Pizzastück 3000 COP; ⌚6–22.30 Uhr) Ein extrem freundliches familiengeführtes Lokal, das eine erstaunlich leckere Pizzaauswahl sowie Lasagne und auch Burger serviert.

Praktische Informationen

Der nächste Geldautomat befindet sich in Sogamoso.

Cafe Net (Calle 3a No 2-12; pro Std. 1200 COP; ⌚9–19 Uhr)

Monguí Touristeninformation (☎350-653-6191; Calle 5 No 3-24; ⌚8Mo–Fr 8–12.30 & 14–18, Sa & So 10–12 & 14–16 Uhr) Es gibt Grundinformationen auf Spanisch und einige Karten.

An- & Weiterreise

Minibusse nach Sogamoso (3800 COP, alle 20 Min.) fahren von der Plaza in Monguí ab. Es gibt zwei Verbindungen täglich nach Bogotá, aber ein *super directo* ab Sogamoso ist deutlich schneller.

Sierra Nevada del Cocuy

Obwohl sie außerhalb Kolumbiens nur wenigen bekannt ist, ist die Sierra Nevada del Cocuy einer der spektakulärsten Gebirgszüge Südamerikas. Dieses himmlische Stück Erde besitzt einige der dramatischsten Landschaften Kolumbiens, von schneebedeckten Bergen und brausenden Wasserfällen bis hin zu eisigen Gletschern und kristallklaren blauen Seen.

Es ist der höchste Teil der Cordillera Oriental, des östlichen Teils der kolumbianischen Anden. Die Sierra Nevada del Cocuy umfasst 21 Gipfel, von denen 15 höher sind als 5000 m. Der höchste Gipfel, der Ritacuba Blanco, erreicht 5330 m.

Die Berge sind ziemlich kompakt, relativ leicht zu erreichen und ideal fürs Trekking; allerdings vor allem für geübte Wanderer. Ausgangspunkt für diese Wanderungen sind die hübschen Dörfer Güicán und El Cocuy, beide besitzen eine landschaftliche Schönheit, die auch Nicht-Wanderer zu schätzen wissen.

El Cocuy

☎8 / 5157 EW. / HÖHE 2750 M

Das dramatisch von hohen Bergen umgebene, hübsche Kolonialdorf El Cocuy ist für Reisende der beste Ausgangspunkt für einen Besuch des Parque Nacional Natural (PNN) El Cocuy. Hier gibt es einige gute Hotels, etliche ansprechende Restaurants und gute logistische Unterstützung. El Cocuy hat sich den kolonialen Charakter bewahrt; nahezu alle Häuser sind hier weiß gestrichen mit grünen Verzierungen und roten Ziegeldächern.

Die Schließung des PNN El Cocuy 2016 war ein heftiger Schlag für die örtliche Wirtschaft; viele auf Besucher ausgerichtete Unternehmen mussten schließen. Und obwohl der Park inzwischen wieder eröffnet wurde, muss der Ort sich erst wieder vollständig erholen. Doch es bleibt ein herrlich friedlicher Platz, von dem aus sich Outdoor-Aktivitäten organisieren lassen und wo man die frische Bergluft genießen kann.

Sierra Nevada del Cocuy

ABSTECHER

DAS TAL DER SONNE

Rund 130 km östlich von Villa de Leyva liegt die weitgehend unerschlossene Region, die in der Sprache der einheimischen Muisca, dem Chibcha, „Sugamuxi" heißt – Tal der Sonne. Der Ökotourismus floriert in dieser Gegend, die sehr traditionsverbunden ist und eine Seite von Kolumbien zeigt, die vom Massentourismus unberührt ist.

Es gibt hier einige wunderbar erhaltene Kolonialdörfer. Monguí ist der Star, doch **Iza** spielt ebenfalls eine bedeutende Rolle. Das kleine Dorf 15 km südwestlich von Sogamoso ist besonders bekannt für seine Desserts. Es begann alles damit, dass *merengón* (Baisers mit einheimischen Früchten) vom Wagen aus verkauft wurden. Daraus hat sich eine Tradition entwickelt, die vor allem am Wochenende Süßschnäbel auf die Plaza lockt. Den Rest der Woche ist Iza herrlich ruhig und lohnt eine Übernachtung, um einmal die Stille eines kolonialen Weilers zu genießen, an dem der große Tourismus vorbeigegangen ist.

In einem malerischen Tal 3 km von der Stadt entfernt, liegt das professionell geführte **El Batan** (☎ 321-242-7511, 312-592-3325; www.elbatan.travel; Vereda La Vega, Cuítiva; EZ/DZ inkl. Frühstück 179 000/243 000 COP; P 🛜 ≋) mit Spa und den besten Zimmern in der Gegend. Die Unterkünfte liegen in einem Bau im Kolonialstil und verfügen über große Betten, Flachbildschirme und elegante Möblierung. Die Gäste haben Zutritt zu einigen exklusiven Thermal-Pools – das Wasser hier ist dunkelgrün und geruchlos.

Es gibt eine Reihe weiterer Siedlungen in der Gegend, die einen Besuch lohnen: **Tópaga**, berühmt für die Teufelsskulptur in seiner Kirche und die Kunstgewerbearbeiten aus Kohle; **Nobsa**, bekannt für Kunsthandwerk; und **Tibasosa**, Kolumbiens Hauptstadt der *feijoa* (Ananas-Guave). Die Natur ist ein weiterer Anziehungspunkt in Sugamuxi, mit großartigem Sightseeing um den **Lago de Tota**, Kolumbiens größten See, und einem weißen Sandstrand, der **Playa Blanca**, auf 3015 m Höhe.

Regelmäßige Busse verkehren zwischen Iza und Sogamoso (2800 COP, 30 Min.) zwischen 6.30 und 19 Uhr. Busse zur Playa Blanca (6000 COP, 1 Std.) fahren an der Hauptstraße einen Block vom Park.

Geführte Touren

Convite Travel KULTUR
(☎ 310-294-9808; www.convitetravel.com.co; Calle 4 No 3-52, Guacamayas) Ein dynamischer Touranbieter, der eine Vielfalt an interessanten Touren in Städte der Region im Programm hat. Interessierte können lernen, in El Cocuy eine eigene *ruana* (Woll-Poncho) zu machen, in Guacamayas die einheimischen Weber beobachten oder einige der endemischen Vogelarten in den Wäldern der Umgebung aufspüren.

Schlafen & Essen

Die meisten Restaurants sind in Hotels. Am Abend preisen Straßenverkäufer ihre *comida corriente* (Tagesmenü) in kleinen Läden rund um den Platz an.

Hotel San Gabriel HOTEL $
(☎ 320-984-3629; sangabrielcocuy@gmail.com; Calle 8 No 2-55; Zi. pro Person 35 000–50 000 COP; 🛜) Das San Gabriel, eine charmante kleine Pension in einer engen Straße, verfügt über sechs warme und einladende Zimmer mit poliertem Holzboden und modernem Bad.

★ **La Posada del Molino** HISTORISCHES HOTEL $$
(☎ 8-789-0377; http://elcocuycasamuseo.blogspot.com; Carrera 3 No 7-51; Zi. pro Person Haupt-/Nebensaison 50 000/30 000 COP, Cabaña Hochsaison 250 000 COP; 🛜) Dieses 230 Jahre alte koloniale Herrenhaus bietet jede Menge Komfort und eine starke Atmosphäre. Das leuchtend blaue und gelbe Innere erinnert an die bunte Geschichte des Hauses. Hier saß einst die örtliche Polizei (die Haftzelle ist noch zu sehen) und laut Zeugen spukt es dort (unser Fernseher schaltete sich um 2.49 Uhr von allein ein. Und nein, wir schliefen nicht auf der Fernbedienung!).

Einige Zimmer sind mit geschmackvollen Holzmöbeln ausgestattet, während einige einfachere, neuere Cabañas mit je fünf Betten bestückt sind. Am schönsten ist das „Paso de Balcones"-Zimmer mit grandiosem Bergblick von der Veranda.

Alle Zimmer besitzen Annehmlichkeiten wie Satelliten-TV, WLAN, Hartholzböden und renovierte Bäder. Der Bach im herrlichen Innenhof mit Fossilien plätschert die Gäste in den Schlaf. Der Service ist erstklassig und hier findet sich auch eines der besten Restaurants der Stadt (Mahlzeiten 7000 bis 18 000 COP).

Das Hotel ist eine der wenigen Adressen in der Stadt, wo Kredit- und Debitkarten akzeptiert werden; das Personal kann auch einen Barvorschuss organisieren.

Las Empanadas de Mamá FASTFOOD $
(☎313-252-3370; Carrera 3; Empanadas 1000–2500 COP, Burger 3000–7500 COP; ⌚Mo–Sa 14–21 Uhr) Eine freundliche kleine Cafeteria mit einer Vielfalt an leckeren Empanadas, Burgern und anderen Snacks. Einer der wenigen Orte in der Stadt, wo es frisch gepresste Säfte gibt.

Praktische Informationen

Banco Agrario de Colombia (Ecke Carrera 4 & Calle 8) Der einzige Geldautomat der Stadt.

Internet Central (Carrera 5 No 7-72; pro Std. 1500 COP; ⌚8–12 & 14–20 Uhr)

Oficina de Seguros (☎312-531-9031; Carrera 5; ⌚7–11.45 & 13–16.45 Uhr)

Parque Nacional Natural (PNN) El Cocuy Headquarters (☎8-789-0359; cocuy@parquesnacionales.gov.co; Calle 5A No 4-22; ⌚7–11.45 & 13–16 Uhr)

Punto Información Turistica (Carrera 4 No 8-36; ⌚9–12 & 14–17 Uhr)

An- & Weiterreise

Alle Busse halten an den jeweiligen Büros (viele davon sind kleine Lebensmittelläden) am Stadtplatz enlang der Carrera 5.

Luxuriöse Busse von **Libertadores** (☎313-829-1073; www.coflonorte.com; Carrera 5 No 7-28; ⌚8–12 & 14–20 Uhr) nach Bogotá (45 000 COP, 9 Std.) fahren täglich um 18.30 und 20 Uhr am Platz vor dem **Hotel Casa Muñoz** (☎8-789-0328, 313-829-1073; www.hotelcasamunoz.com; Carrera 5 No 7-28; Zi. pro Person Nebensaison 20 000 COP, DZ/4BZ Hauptsaison 70 000/120 000 COP) ab; in Bogotá starten die Busse nach El Cocuy am zentralen Busbahnhof um 18 und 20.50 Uhr. Ein kleinerer Bus von **Concorde** (☎313-463-0028; Carrera 5 No 7-16; ⌚6–12 & 14–19 Uhr) fährt um 4 Uhr nach Bogotá über Capitanejo (45 000 COP, 11 Std.) ab. (kleine Busse) von **Gacela** (Expreso Paz de Rio; ☎310-787-3394; www.expresopazderio.com; Carrera 5 No 7-56; ⌚8–12 & 14–20 Uhr) starten um 4.30, 6, 11, 17 und 19.30 Uhr nach Bogotá (40 000 COP, 11 Std.); von Bogotá nach El Cocuy fahren Busse um 5, 6, 14, 18 und 20.30 Uhr täglich ab. Alle Busse nach Bogotá halten in Tunja (32 000 COP, 7 Std.).

Alternativ können Reisende auch einen Bus von **Cootradatil** (☎8-788-0217; Carrera 5 No 7-72; ⌚6–20 Uhr) um 7.30, 12 und 12.30 Uhr nach Soatá (15 000 COP, 4 Std.) nehmen, von wo aus es dann häufigere Verbindungen nach Bogotá gibt.

Nach Güicán (3000 COP, 30 Min.) starten Cootradatil-Busse um 11.30, 16 und 20 Uhr. Es gibt auch Gacela-Busse von Bogotá nach Güicán, die man in El Cocuy um 4.30 und 18 Uhr für das letzte Stück Wegs (3000 COP, 30 Min.) nehmen kann.

Reisende nach Bucaramanga nehmen den Concorde-Bus bis Capitanejo (15 000 COP, 2 Std., 4 Uhr) und steigen dort um. Die Fahrt dauert etwa 14 Stunden, meist auf Staubpisten. Zusätzlich verzögern Erdrutsche oft die Weiterfahrt. Es ist günstiger, nach Tunja zurückzufahren und dort in einen der Busse zu steigen, die häufig Richtung Norden fahren.

Güicán

☎8 / 6701 EW. / HÖHE 2880 M

Obwohl das kühle Dorf Güicán nicht so fotogen oder fremdenfreundlich ist wie sein Rivale El Cocuy, ist es doch von spektakulärer Natur umgeben und hat sich zu einem beliebten Ausgangspunkt für Wanderer entwickelt, die auf die Berge wollen. Das liegt daran, dass es von hier einen näheren und einfacheren Zugang zum Parque Nacional Natural El Cocuy gibt. Wer nicht wandern möchte, findet in Güicán einiges Sehenswertes, für das keine anstrengenden Bergpfade zu bewältigen sind.

Der Ort ist ein Eingangstor zum traditionellen Land der indigenen Gemeinschaft der U'wa. Auch religiöser Tourismus ist ein wesentlicher Einkommensfaktor – wegen des Wunders der Virgen Morenita de Güicán.

Sehenswertes & Aktivitäten

Güicáns bekannteste Sehenswürdigkeit ist die **Virgen Morenita de Güicán**. Der Schrein der Morenita befindet sich in der Kirche **Nuestra Señora de la Candelaria** am Hauptplatz des Ortes, dem Parque Principal. Das Äußere des Gebäudes aus braunen Ziegelsteinen und falschem Marmor macht nicht viel her, doch das Innere ist reich verziert und in pastelligen Rosa-, Grün- und Blautönen ausgemalt.

Östlich des Ortes befindet sich eine 300 m hohe Klippe, **El Peñón de los Muertos**, von wo sich die U'wa bei der Ankunft der Konquistadoren lieber in den Tod stürzten, um nicht unter spanischer Herrschaft leben zu müssen. Der Weg zur Klippe beginnt am Ende der Carrera 4. Eine Wanderung zum höchsten Punkt der Klippe dauert etwa zwei Stunden. Das diesem Massenselbstmord gewidmete **Monumento a la Dignidad de la Raza U'wa** befindet sich am Ortseingang.

Eine gute Wanderung zur Akklimatisierung führt von Güicán auf den **Cerro Monseratte** – Ort eines Heiligtums auf einem Gipfel mit Blick auf den Ort. Eine weitere Möglichkeit ist der Rundweg zum **Alto de San Ignacio**, von wo sich ein Blick auf die Gletscher bietet.

Im Canyon außerhalb des Ortes gibt es **Petroglyphen**, die von indigenen Gemeinschaften der präkolumbischen Zeit hinterlassen wurden.

Direkt am Ortsrand liegen einige mit Haken ausgestattete Kletterwände inmitten prächtiger Kulisse. Aseguicoc kann Guides und Ausrüstung organisieren. Pro Klettertour belaufen sich die Kosten auf rund 80 000 COP.

Termales de San Luis THERMALBÄDER

(☎320-222-3705; 12 000 COP; ⌚9–20 Uhr) Diese schön erschlossenen Thermalbäder in einem dramatischen Tal an der Straße nach Güicán hinein sind perfekt, um sich nach einer anstrengenden Wanderung zu entspannen. Es gibt einen großen Pool und zwei kleinere Bäder in einem hübschen Garten an einem rasch fließenden Bach, der Schmetterlinge und Vögel anlockt. Direkt außerhalb der Tore liegt El Chorro – eine Dusche aus Thermalwasser, umgeben von Felsen, wo man kostenlos baden kann.

Schlafen

Casa del Colibri GUESTHOUSE $

(☎319-297-4148; www.hotelcasadelcolibri.com; Calle 2 No 5-19; Zi. pro Person 25 000–35 000 COP) In einem reizenden Kolonialgebäude bietet dieses kleine freundliche Hotel große Zimmer um einen netten Innenhof mit Tischen und Sonnenschirmen zum Entspannen. Alle Zimmer haben Holzböden und Flachbildfernseher, manche auch Bergblick. Es gibt Mahlzeiten (5500–10 000 COP).

Hotel Ecológico El Nevado GASTHOF $$

(☎310-297-7166, 310-806-2149; www.econevado.com; Km 3 Carretera Güicán–Panqueba, San Luis; Zi. 140 000–180 000 COP) Direkt bei der Straße nach Güicán vor prächtiger Gebirgskulisse ist dieser geräumige Landgasthof ein wunderbarer Platz, um vor oder nach einer Tour in den Park zu entspannen. Es handelt sich um einen Neubau im Stil der klassischen Bauernhäuser der Region. Die modernen bequemen Zimmer verfügen über kleine private Balkone. Auf dem Gelände liegt ein großer Thermal-Pool.

Die Fahrt von Güicán hierher dauert etwa 15 Minuten. Wer kein Auto zur Verfügung hat, ist von den unregelmäßig verkehrenden Bussen abhängig.

Praktische Informationen

Banco Agrario de Colombia (Carrera 5) Der einzige Geldautomat in Güicán.

Cafeteria La Principal (Carrera 5 No 3-09; pro Std. 2000 COP; ⌚8–20 Uhr; 📶) Internetzugang.

Parque Nacional Natural El Cocuy (☎8-789-7280; cocuy@parquenacionales.gov.co; Transversal 3 No 9-17; ⌚7–11.45 & 13–16.45 Uhr)

An- & Weiterreise

Alle Busse halten vor den jeweiligen Büros an der Plaza mit Ausnahme von **Libertadores** (☎320-448-9181; www.coflonorte.com; Carrera 5 & Calle 4, Casa Cural), deren Büro nahe der Plaza an der Carrera 5 bei der Casa Cural ist.

Die luxuriösen Busse von Libertadores nach Bogotá (45 000 COP, 11 Std.) starten täglich um 18 und 19 Uhr; Busse von Bogotá nach Güicán verlassen Bogotás zentralen Busbahnhof täglich um 18 und 20.50 Uhr. Weniger bequeme Busse von **Concorde** (☎314-340-0481; www.cootransbol.com; Calle 4 No 4-20) starten um 3 Uhr an der Plaza nach Bogotá (45 000 COP, 11 Std.), während um 3.30, 5, 9, 16.30 und 18.30 Uhr Busse von **Gacela** (Expreso Paz de Rio; ☎314-214-9742; Carrera 5 No 3-09; ⌚8–20 Uhr; 45 000 COP, 11 Std.) abfahren.

Nach El Cocuy (3000 COP, 40 Min.) verkehren die örtlichen Busse von **Cootradatil** (☎320-330-9536; Carrera 3 No 4-05) 3, 7, 11 und 14 Uhr. Alternativ kann man einen der Busse nach Bogotá nehmen, die auf ihrem Weg in die Hauptstadt alle durch El Cocuy kommen.

Wer nach Bucaramanga, Cúcuta, Santa Marta oder zu anderen Orten im Nordwesten möchte, fährt mit dem frühen Bus von Concorde Richtung Bogotá bis Capitanejo und steigt dort um (es gibt um 23 Uhr einen Copetran-Bus, der bei Reisenden sehr beliebt ist). Alternativ bietet sich ein 20-minütiger Charterflug von Capitanejos' nächstgelegenem Flugplatz in Málaga nach Bucaramanga (150 000 COP).

Parque Nacional Natural El Cocuy

Der Parque Nacional Natural (PNN) El Cocuy erstreckt sich über eine riesige Fläche von 306 000 Hektar. In dieser Hauptsehenswürdigkeit der Region der Sierra Nevada del

Cocuy finden sich einige von Kolumbiens eindrucksvollsten Landschaften. Es gibt 15 Gipfel, die mindestens 5000 m hoch sind, der höchste ist der Ritacuba Blanco mit 5330 m.

Einst war wegen der Sicherheitslage der Zugang verboten, doch der Park ist jetzt wieder sicher für einen Besuch. Trotzdem kann der Zugang schwierig sein. 2013 wurde die Hauptattraktion, der Güicán–El Cocuy Circuit Trek, auf unbestimmte Zeit für Besucher geschlossen. 2016 war der Park komplett geschlossen, während die Regierung mit den lokalen indigenen Gemeinschaften verhandelte. Anfang 2017 wurde er wieder eröffnet, doch mit noch mehr Einschränkungen. Man darf die Gletscher nicht mehr berühren, was eine Besteigung der Gipfel unmöglich macht und man darf nicht mehr über Nacht bleiben. Am besten vorab abklären, wie sich die Situation zur Zeit eines Besuchs entwickelt hat.

Geführte Touren

Guides kann man an jeder der bei den Bergen oder bei der ausgezeichneten Gemeinschaft von Führern **Aseguicoc** (Asociación de Servicios Turisticos de Guican y El Cocuy; ☎ 314-252-8977, 311-255-1034; aseguicoc@gmail.com) in El Cocuy und Güicán engagieren. Für einen *campesino* oder Dolmetscher (die gerade mal den Weg zeigen können) zahlt man etwa 100 000 COP pro Tag für bis zu acht Personen. Für einen akkreditierten Trekking-Guide muss man mit 120 000 bis 150 000 COP für bis zu sechs Personen rechnen. Träger verlangen etwa 100 000 COP pro Tag (Pferde wurden 2013 auf Höhen über 4000 m verboten). Einzelne Wanderer oder kleine Gruppen können sich mit anderen zusammentun, um die Kosten geringer zu halten.

Während der Hauptrundweg gesperrt ist, gibt es drei Wege im Norden, im Zentrum und im Süden des Parks, die offen sind.

Um die Wege wandern zu können, müssen Besucher um 9 Uhr am Kontrollpunkt sein, später wird niemand mehr eingelassen. Der früheste Zugang ist um 5 Uhr. Außerdem müssen alle Wanderer ihren Rückweg um 13 Uhr beginnen, um rechtzeitig zur Schließzeit den Park wieder verlassen zu haben.

Auf jeden Weg wird täglich nur eine bestimmte Anzahl von Wanderern zugelassen, deshalb ist es eine gute Idee, sich so weit im Voraus wie möglich beim Parkbüro zu registrieren. Ihr Guide kann vielleicht einen Platz reservieren, aber trotzdem muss sich jeder Wanderer bei Ankunft in El Cocuy oder Güicán persönlich registrieren.

Die nördlichste Wanderung ist ein 15,2 km langer Rundweg vom Büro der Ranger zum Rand des Gletschers am Ritacuba Blanco, dem höchsten Gipfel in der Cocuy-Kette; er beginnt bei 4000 m und führt bis zu einer Höhe von 4800 m. Der Rundkurs dauert bei entspanntem Wandertempo etwa acht Stunden.

Spektakulärer ist der 21 km lange Weg im Zentrum der Gebirgskette zur Laguna Grande und zum Rand des Gletschers auf dem Nevado Concavo auf 4700 m Höhe. Hier bieten sich tolle Ausblicke auf viele der Gipfel im südlichen Teil des Parks. Es ist ein langer Rundweg von etwa zehn Stunden, der gutes Durchhaltevermögen erfordert. Die ersten 2 km führen durch Andenhochwald, bevor La Cuchumba, ein Wasserfall und eine Höhle erreicht werden, die knapp außerhalb des Parks ein Ort religiöser Wallfahrten sind. Von La Cuchumba verläuft der Weg relativ flach durch den Valle de los Frailejones, bevor er zur Laguna Grande auf 4400 m aufsteigt. Vom See bis zum Rand des Gletschers dauert es noch einmal eine Stunde.

Der dritte für Besucher offene Weg geht von der Laguna Pintada hinauf zum Púlpito del Diablo und dem Gletscher des Pan de Azúcar auf 4800 m im südlichen Teil des Parks. Mit 8,6 km und sechs Stunden ist es nicht gerade ein langer Weg, aber er enthält den schwierigsten Anstieg der drei Wege – ein Stück von 600 m vom Hotelito zum Alto del Conejo. Highlight der Wanderung ist die eindrucksvolle rechteckige Formation des Púlpito vor der dramatischen Kulisse der schneebedeckten Gipfel.

Es gibt auch eine Reihe von Akklimatisierungswanderungen, die man außerhalb des Parks unternehmen kann. Die südliche Version ist ein 3–4 km langer Weg vom Refugio Lagunillas an einem Fluss durch den Valle de Lagunillas und an einigen kleinen Seen vorbei durch wunderbare *páramo*-Landschaften. Der größte Teil des Wegs verläuft außerhalb des Parks, doch ein kurzes Stück gegen Ende kreuzt den Park. Theoretisch müsste hier Eintritt bezahlt werden, doch meist wird er nicht verlangt. Am besten vor dem Start in Cocuy nachfragen.

Der nördliche Akklimatisierungsweg ist ein vier Stunden langer Rundkurs entlang der Straße zur Parada de Romero – eine re-

VIRGEN MORENITA DE GÜICÁN

Güicán ist wegen des Wunders der Virgen Morenita de Güicán in ganz Kolumbien bekannt, der Erscheinung einer dunkelhäutigen Jungfrau Maria bei den indigenen U'wa. Die Geschichte beginnt im späten 17. Jh., als die spanischen Konquistadoren das Gebiet erreichten und versuchten, die U'wa zum Christentum zu bekehren. Doch diese beugten sich der spanischen Herrschaft nicht. Der U'wa-Häuptling Güicány, nach dem der Ort benannt ist, führte sein Volk stattdessen zu einer Klippe, von der sie in den Tod sprangen. Diese Klippe heißt heute El Peñol de Los Muertos. Güicánys Frau Cuchumba blieb verschont, weil sie schwanger war. Cuchumba und eine Handvoll Überlebender flohen in die Berge und versteckten sich in einer Höhle. Am 26. Februar 1756 kam es zu einer wunderbaren Erscheinung der Jungfrau Maria auf einem Stück Stoff. Maria war dunkelhäutig und trug den U'wa ähnliche Gesichtszüge, die sich daraufhin rasch zum Christentum bekehren ließen.

In Güicán entstand eine kleine Kapelle, um die Virgen Morenita aufzunehmen. Während eines der zahlreichen Bürgerkriege zwischen den rivalisierenden Orten Güicán und El Cocuy wurde die Virgen gestohlen. Versteckt wurde sie in El Cocuy, vermutlich hinter einer Hauswand, die heute zum **Hotel La Posada del Molino** (S. 109) gehört. Die Bewohner des Hauses wurden wiederholt von Unglücksfällen heimgesucht, bis die Virgen schließlich an Güicán zurückgegeben wurde, wo sie heute gut gesichert ist.

Das große **Fest der Virgen Morenita** findet alljährlich vom 2. bis 4. Februar statt.

lativ einfache, ebene Wanderung mit herrlichen Blicken auf das Bergpanorama und ins Tal nach Güicán.

Der altgediente Kletterer und Bergsteiger Rodrigo Arias von **Colombia Trek** (☎ 320-339-3839; www.colombiatrek.com; 2-/3-/4-Tage Wanderungen ab 650 000/800 000/1.100 000 COP) ist ein erfahrener, sehr empfehlenswerter Guide und einer der wenigen in den Bergen, die Englisch sprechen. Er bietet sowohl maßgeschneiderte als auch Pauschaltouren für Einzelne oder Gruppen an. Die Pauschalwanderungen beginnen in Güicán und umfassen Transport, Mahlzeiten, Eintritt, Unterkunft und Führer. Wenn die Beschränkungen wieder aufgehoben werden, bietet er auch die organisierte mehrtätige Paso-del-Conejo-Tour, die durch einige der imposantesten Landschaften des Parks führt. Er verleiht auch Camping- und andere Ausrüstung.

Schlafen & Essen

Nach einem Besuch in El Cocuy oder Güicán entscheiden sich die meisten Wanderer zur Gewöhnung an die Höhe erst einmal, eine Nacht in einer von mehreren *cabañas* direkt außerhalb der Parkgrenzen zu verbringen. Die bequemsten befinden sich am Nordrand des Parks bei Güicán, aber es gibt auch gute Möglichkeiten in den Bergen zwischen El Cocuy und Güicán am Südrand. Innerhalb des Parks gibt es keine Restaurants.

Hacienda La Esperanza BAUERNHOF **$**
(☎ 320-328-1674; haciendalaesperanza@gmail.com; Zi. pro Person inkl. Frühstück 40 000 COP) Auf halbem Weg zwischen El Cocuy und Güicán in 3600 m Höhe befindet sich dieser noch betriebene Bauernhof, die Hacienda La Esperanza. Es ist ein großes Gebäude im Kolonialstil aus gestampfter Erde mit Zimmern, die um einen Innenhof angeordnet sind. Er liegt günstig für Wanderungen zur Laguna Grande und zu El Cóncavo. Weitere Mahlzeiten sind für 15 000 COP erhältlich.

Refugio Lagunillas PENSION **$$**
(Cabañas Sisuma; ☎ 311-255-1034; aseguicoc@gmail.com; Zi. pro Person mit/ohne Bad 50 000/40 000 COP) Diese Lodge mit fünf Zimmern auf 3980 m in der südlichen Region wird von der örtlichen Guide-Vereinigung betrieben. Sie liegt günstig, um Lagunillas auf einer Akklimatisierungswanderung zu erkunden oder die Wanderung zum Púlpito del Diablo und dem Pan de Azúcar zu starten. Mahlzeiten gibt es für 15 000 COP.

Achtung: Die *refugios* haben keinen Zugang zur Straße; die letzten 3 km müssen mit der gesamten Ausrüstung zu Fuß zurückgelegt werden, doch es ist ein relativ flaches Gelände.

Cabañas Kanwara GUESTHOUSE **$$**
(☎ 311-237-2660, 311-231-6004; kabanaskanwara@gmail.com; Zi. pro Person 45 000 COP) Gemütliche *cabañas* liegen am Nordrand des Parks

San Gil

San Gil

Sehenswertes
1 Parque El Gallineral D3

Aktivitäten, Kurse & Touren
2 Colombia Rafting Expeditions C3
3 Connect4 .... B1
Macondo Adventures .... (s. 6)

Schlafen
4 Hostel Casa Rome B1
5 La Posada Familiar C3
6 Macondo Guesthouse C2
7 Sam's VIP B2

Essen
8 Autoservice Veracruz B2
9 El Maná C2
10 Gringo Mike's B2
11 Metro B3

Ausgehen & Nachtleben
12 La Habana C3

Shoppen
13 Centro Comercial El Puente B3

bei Güicán. Die vier Hütten in A-Form verfügen jeweils über 14 Betten, einen Kamin, eine Küche und ein Bad. Frühstück kostet 15 000 COP, andere Mahlzeiten liegen zwischen 20 000 und 25 000 COP.

An- & Weiterreise

Wer seinen Geldbeutel schonen möchte, der wandert am besten entweder von El Cocuy oder Güicán zum Park; das hilft auch bei der Akklimatisierung, bevor man sich die Wege im Park vornimmt.

Von Güicán aus führt entweder eine dreistündige Wanderung durch liebliche Landschaft zur **Hacienda La Esperanza** oder man wählt eine fünfstündige Wanderung, die hinauf zu den **Cabañas Kanwara** geht, wo dann der nördliche Weg beginnt.

Von El Cocuy zum Startpunkt des Wegs zur Laguna del Púlpito/Pan de Azúcar benötigt man einen ganzen Tag, während der Ausgangspunkt des Wegs zur Laguna Grande etwa sechs Stunden Wanderung von der Stadt entfernt ist. Wer zum Park wandert, muss vor dessen Betreten eine Nacht in einer der *cabañas* verbringen.

Wer nur wenig Zeit hat, findet eine ganze Reihe von Fahzeugen mit weißen Nummernschildern in El Cocuy, die von **Corpotuc** (☎ 315-860-6083; Carrera 3 No 7-51) betrieben werden und gemietet werden können, um Besucher hinzubringen, wo immer sie möchten. Eine Fahrt zu einer der *cabañas* oder einem der Wegenden kostet etwa 80 000 bis 100 000 COP für ein Fahrzeug mit bis zu fünf Wanderern. Eine Buchung ist an der hilfsbereiten Rezeption in der **Posada del Molino** (S. 109) in Cocuy möglich. Einige können auch die Fahrt organisieren; die Preise richten sich nach dem Ziel und der Gruppengröße.

Ein preiswertere Alternative ist eine Fahrt auf einem *lechero* (5000 bis 12 000 COP), einem der morgendlichen Milchwagen, die ihre Runde zu den Bergbauernhöfen machen. Das kann jedoch weder als bequem noch als sicher bezeichnet werden. Die Polizei hält die Milchwagen auch an, weil sie nicht die nötigen Papiere zur Fahrgastbeförderung besitzen. Es kann also schwierig sein, eine Mitfahrgelegenheit zu finden.

Die Fahrzeuge starten um 5 Uhr an der Plaza in Güicán, erreichen die Plaza von El Cocuy um 6 Uhr und fahren dann gegen den Uhrzeigersinn zurück nach Güicán. Es gibt mehrere solcher *lecheros*, durch Nachfragen lässt sich herausfinden, wer welches Ziel ansteuert. Die meisten Milchwagen halten nicht direkt an den *cabañas*; sie lassen ihre Mitfahrer an der nächstgelegenen Kreuzung aussteigen, von wo aus der restliche Weg dann zu Fuß zurückgelegt werden muss.

SANTANDER

Das *departamento* Santander im zentralen Norden ist ein Flickenteppich aus steilen, schroffen Bergen, tiefen Canyons, herabstürzenden Wasserfällen, wilden Flüssen und unerforschten Höhlen mit einem gemäßigten trockenen Klima. All das zusammengenommen, fällt es nicht schwer, sich vorzustellen, dass Naturliebhaber und Outdoor-Abenteurer gern hierher kommen. Wer Extremsport liebt, kann zwischen Wildwasser-Rafting, Gleitschirmfliegen, Höhlenerkundung, Abseilen, Wandern und Mountainbiken wählen. Weniger abenteuerlustige Besucher können den rustikalen Charme des kolonialen Barichara, einen Bummel durch die Straßen mit den weiß getünchten Häusern von Girón oder das Tanzen in den Nachtclubs der *departamento*-Hauptstadt Bucaramanga genießen.

San Gil

☎7 / 44 561 EW. / HÖHE 1110 M

Für eine Kleinstadt ist in San Gil ganz schön viel los. Es ist die Outdoor-Hauptstadt Kolumbiens und ein Mekka für Extremsportler. Am bekanntesten ist die Gegend für das Wildwasser-Rafting, aber auch Gleitschirmfliegen, Höhlenerkundung, Abseilen und Trekking sind beliebt. Für weniger Abenteuerlustige bietet San Gil einen malerischen 300 Jahre alten Stadtplatz und den Parque El Gallineral, ein wunderschönes Naturschutzgebiet an den Ufern des Río Fonce.

San Gil ist vielleicht nicht der hübscheste Ort in Kolumbien, aber wer ein bisschen hinter die Fassade schaut, findet eine wunderbare Stadt mit natürlicher Schönheit und freundlichen Bewohnern. San Gil macht seinem Motto Ehre: „La Tierra de Aventura" (das Land der Abenteuer).

Sehenswertes

Cueva de la Vaca HÖHLE

(Curití; Führung 35 000 COP; ⏲7–16.30 Uhr) Am Ortsrand von Curití gelegen, ist La Vaca die attraktivste und abenteuerlichste Höhle der Gegend mit zahlreichen Räumen, gefüllt mit Stalagmiten und Stalaktiten. Wer die Höhle erkunden will, muss sich einer der Führungen (90 Min.) anschließen, die im Ort organisiert werden können. An einer Stelle muss man durch einen wassergefüllten Tunnel schwimmen; es gibt allerdings ein Führungsseil. Alte Kleider anziehen, man wird schmutzig. Das ist nichts für Leute mit Klaustrophobie.

Cascadas de Juan Curi WASSERFALL

(7000–10 000 COP; ⏲6–17 Uhr) Eine Tagestour führt zu diesem spektakulären 180 m hohen Wasserfall, wo man im Schwimmteich zu seinen Füßen baden oder auf den Felsen relaxen kann. Adrenalinjunkies können sich am Wasserfall entlang abseilen; diese Aktivität lässt sich bei einem Anbieter buchen. Juan Curi liegt 22 km von San Gil an der Straße nach Charalá. Busse nach Charalá (5000 COP, 1 Std.) fahren zweimal stündlich vom örtlichen Busbahnhof ab. Wer zum Wasserfall möchte, bittet, bei „Las Cascadas" aussteigen zu dürfen; von dort führt ein 20-minütiger Fußweg zum Wasserfall. Die meisten Reisenden wählen den preiswerteren (wenn auch etwas weniger schönen) Weg im Juan Curi Parque Ecologico, den ersten Eingang nehmen, von San Gil kommend. Nur dieser Weg ermöglicht den Zugang zu den oberen Bereichen des Falls.

Parque El Gallineral PARK

(☎7-724-4372; Ecke Malecón & Calle 6; mit/ohne Schwimmen 10 000/6000 COP; ⏲8–18 Uhr) San Gils Prunkstück ist der geheimnisvolle Parque El Gallineral, ein 4 ha großer Park auf einer dreieckigen Insel zwischen zwei Armen von Quebrada Curití und Río Fonce.

Viele der 1900 Bäume sind mit langen silbrigen Strähnen eines Mooses namens *barbas de viejo* (Bart des alten Mannes) bedeckt. Die von den Ästen hängenden und durchscheinende Blattvorhänge bildenden Strähnen, die das Sonnenlicht filtern, erzeugen eine fantastische Szenerie wie aus J. R. R. Tolkiens Mittelerde.

Mehrere Wege und überdachte Brücken schlängeln sich durch diesen städtischen Wald und führen über schnell fließende Bäche. Zwei große Pools mit gechlortem Wasser wurden geschaffen, um den natürlichen Schwimmteich zu ersetzen, der wegen der Verursachung von Gesundheitsproblemen geschlossen werden musste. Sie passen zwar nicht so ganz in diese herrliche Landschaft, sind aber doch angenehme Orte für eine willkommene Abkühlung. Oder aber man erfrischt sich innerlich mit einer *cerveza* (Bier) in einem der Restaurants und Cafés. Beim Bezahlen des Eintritts erhalten die Besucher ein Armband, das den Zutritt den ganzen Tag lang bis zur Schließung um 17 Uhr ermöglicht.

Aktivitäten

Für Wildwasser-Rafting auf den lokalen Flüssen gibt es in San Gil mehrere Anbieter. Eine 10-km-Tour auf dem Río Fonce (Grad I bis III) kostet 45 000 COP pro Person und dauert 1½ Stunden. Wer bereits Erfahrung mit Wildwassertouren mitbringt, kann auch die extremen Stromschnellen des Río Suárez in Angriff nehmen (130 000 COP, bis Grad V). Die Mehrzahl der Anbieter hat darüber hinaus Gleitschirmfliegen, Höhlenerkundung, Reiten, Abseilen, Mountainbiken, Bungee-Jumping und Öko-Wanderungen in ihrem Programm.

★ Colombian Bike Junkies — MOUNTAINBIKEN

(☎ 316-327-6101; www.colombianbikejunkies.com; inkl. Frühstück & Mittagessen 250 000 COP) Dieser neue Anbieter von extremen Mountainbike-Touren mit kolumbianisch-ecuadorianischem Inhaber orientiert sich am Vorbild von Gravity in Bolivien. Im Angebot ist eine 50 km lange Überdosis an Adrenalin auf zwei Rädern den Berg hinunter durch den Cañón del Río Suárez, mit Verpflegung durch Gringo Mike's (S. 118). Die abenteuerliche Ganztagestour führt durch eine absolut fantastische Landschaft. Wer für die Tour keine gepolsterte Radlerhose besitzt, der sollte ernsthaft in Erwägung ziehen, sich seine Hose mit Haushaltsschwämmen auszupolstern.

★ Macondo Adventures — ABENTEUERSPORT

(☎ 7-724-8001; www.macondohostel.com; Carrera 8 No 10-35) Beim professionellen Touranbieter im Hostel Macondo kann man die ganze Vielfalt an Abenteuersportarten buchen. Das hilfsbereite Personal hat alle Aktivitäten selbst ausprobiert und kann gute Empfehlungen je nach Interessenlage und Trainingszustand geben.

Colombia Rafting Expeditions — RAFTING

(☎ 7-724-5800; www.colombiarafting.com; Carrera 10 No 7-83; ⏲ 8–17 Uhr) Der Rafting-Spezialist für den Río Suárez bietet auch Hydrospeed- oder Kajaktouren.

Pescaderito — SCHWIMMEN

GRATIS Diese Gruppe von fünf Schwimmteichen ist ein großartiger kleiner Platz, um einen Tag lang zu relaxen. Der erste Teich lohnt nicht so sehr – es wird besser, je weiter man kommt (der fünfte ist der beste; kein Tauchen im dritten). Es ist auch ein schöner Platz zum Campen.

Um hierher zu gelangen, nimmt man einen Bus vom örtlichen Busbahnhof zum Hauptplatz von Curití (2700 COP, alle 15 Min.), spaziert dann vier Blocks weit, an der Kirche vorbei, und nimmt dann die Straße aus der Stadt heraus etwa 40 Minuten flussaufwärts.

Peñon Guane — ABENTEUERSPORT

(Km 2 Via San Gil–Barichara; Zipline 50 000 COP) Für einen Adrenalinstoß sind diese beiden 300 m langen Ziplines am Berg hoch über der Straße (an der Straße nach Barichara) gut geeignet. Es gibt auch eine große extreme Schaukel, die die Benutzer weit über den Abgrund hinausschwingt. Die Bar vor Ort bietet tolle Ausblicke und ist beliebt bei Paaren, die angesichts des Ausblicks auf die Lichter der Stadt hier ein romantisches Plätzchen suchen.

Kurse

Connect4 — SPRACHE

(☎ 7-724-2544; www.connect4.edu.co; Carrera 8 No 12-19) Ein professionell geführtes Sprachenzentrum, das Intensivkurse, aber auch gut strukturierte 12-stündige Spanischkurse (320 000 COP) anbietet, um Reisenden die Grundlagen zu vermitteln, damit sie sich auf der Reise verständigen können. Die Zeit für jedes Drei-Stunden-Modul kann frei gewählt werden, sodass zwischen den Stunden genügend Zeit für Abenteueraktivitäten bleibt. Es besteht darüber hinaus die Möglichkeit, einen eintägigen Sprachkurs (80 000 COP) oder Privatstunden (42 000 COP pro Stunde) zu buchen.

Schlafen

In San Gil gibt es zahlreiche preiswerte Unterkünfte. Die Privatzimmer in den meisten Hostels sind so ansprechend, dass man nicht unbedingt in der mittleren Preisklasse buchen muss. Es gibt viele weitere einfache und preiswerte Hotels an der Calle 10. Wer sich mehr verwöhnen lassen möchte, findet elegante Resorts am Ortsrand.

★ Macondo Guesthouse HOSTEL $
(☎ 7-724-8001; www.macondohostel.com; Carrera 8 No 10-35; B 25 000 COP, EZ/DZ mit Bad 70 000/ 90 000 COP, ohne Bad 50 000/65 000 COP; @ 📶) Das ursprüngliche Hostel San Gil ist noch immer das beste in der Stadt. Es ist ein legeres, aber sicheres (CCTV) Hostel, wo man ein bisschen das Gefühl hat, bei einem Freund untergekommen zu sein. Es gibt einen wunderschönen begrünten Innenhof mit einem Jacuzzi für zehn Personen und eine Vielfalt an Schlafsälen und Zimmern, darunter drei gehobene Privatzimmer, die über Hostelqualität hinausgehen.

Es ist nicht gerade die schrillste Unterkunft, aber es verfügt absolut über die typische San-Gil-Atmosphäre. Die hilfsbereite Geschäftsführung und das Personal kennen das Gebiet in- und auswendig und haben all die Abenteueraktivitäten selbst ausprobiert. Daher können sie gute Ratschläge geben. Nicht versäumen: die Tejo-Dienstage.

Hostel Casa Rome HOSTEL $
(☎ 7-723-8819; www.hostelcasarome.com; Carrera 8 No 11-90; B/EZ/DZ 30 000/60 000/75 000 COP; 📶) Die Casa Rome, das neue Angebot des Teams, das hinter den langjährig bestehenden Santander-Alemán-Hostels steht, ist ein einladender Bau im Kolonialstil mit Holzbalkendecken und gefliesten Böden. In den Privatzimmern gibt es Flachbildschirme und gute moderne Bäder; einige verfügen über einen kleinen Balkon. Die geräumigen Schlafsäle, ganz ohne Stockbetten, bieten ein gutes Preis-Leistungs-Verhältnis.

La Posada Familiar PENSION $$
(☎ 7-724-8136, 301-370-1323; laposadafamiliar@hotmail.com; Carrera 10 No 8-55; Zi. pro Person 40 000 COP; @ 📶) Señora Esperanza verhätschelt ihre Gäste in dieser kolumbianischsten aller Unterkünfte in San Gil. Die hübsche Pension mit sechs Zimmern umgibt einen üppig mit Pflanzen bestückten Innenhof mit einem plätschernden Brunnen. Die gut gepflegten Zimmer sind schlicht, bieten aber moderne Bäder mit heißem Wasser. Es gibt auch eine kleine, aber schöne Gästeküche mit einer Spüle aus Hartholz.

Sam's VIP HOSTEL $$
(☎ 7-724-2746; www.samshostel.com; Carrera 10 No 12-33; B 30 000 COP, EZ/DZ mit Bad 80 000/ 100 000 COP, ohne Bad 65 000/90 000 COP; @ 📶 🏊) San Gils glänzendstes Hostel liegt direkt an der Plaza und wird für seine hochwertigen Möbel und Dekorationen gerühmt. Die Privatzimmer im obersten Stock sind großartig, die Schlafsäle darunter bekommen nur wenig Tageslicht und Frischluft. Hinter dem Haus gibt es einen kleinen Pool mit herrlichem Blick auf die Berge.

Essen

Auch wenn San Gil kein Reiseziel für Gourmets ist, besitzt es eine Auswahl an guten Restaurants, die Hausmannskost sowie einige internationale Gerichte servieren. Für Selbstversorger gibt es hier zwei Supermärkte: **Autoservice Veracruz** (Calle 13 No 9-24; ⌚ Mo–Sa 8–21, So bis 14 Uhr) an der Plaza (gutes Angebot an frischem Obst und Gemüse) und **Metro** (⌚ So–Fr 8–21, Sa bis 22 Uhr) , San Gils größter Einkaufsmarkt, mit dem besseren Angebot an Non-Food-Produkten, im Centro Comercial El Puente, San Gils modernem Einkaufszentrum.

★ El Maná KOLUMBIANISCH $
(Calle 10 No 9-42; Menüs 14 000 COP; ⌚ Mo–Sa 11–15 & 18–20.30, So bis 15 Uhr) Dieses beliebte, durch Mundpropaganda weiterempfohlene Lokal bietet die beste kolumbianische Küche der Stadt. Man schmeckt die Liebe, mit der die fantastischen Menüs – etwa sieben pro Tag – zubereitet werden. Man sollte traditionelle Gerichte wie Hähnchen in Pflaumensoße, *estofado de pollo* (Hähncheneintopf) und gegrillte Forelle kosten. Nicht gut ist, dass es so früh schließt – ein Problem, wenn man den ganzen Tag unterwegs ist.

Piqueteadero Doña Eustaquia KOLUMBIANISCH $
(Calle 3 No 5-39, Valle de San José; chorizo 1300 COP; ⌚ 7–20 Uhr) Dieses Lokal im Dorf Valle de San José auf dem Weg zu den Juan-Curi-Fällen ist berühmt für seinen Chorizo, der in (fermentiertem Zuckerrohrsaft) gekocht wird. Es gibt eine Filiale im Food-Court der Mall in San Gil.

Barichara

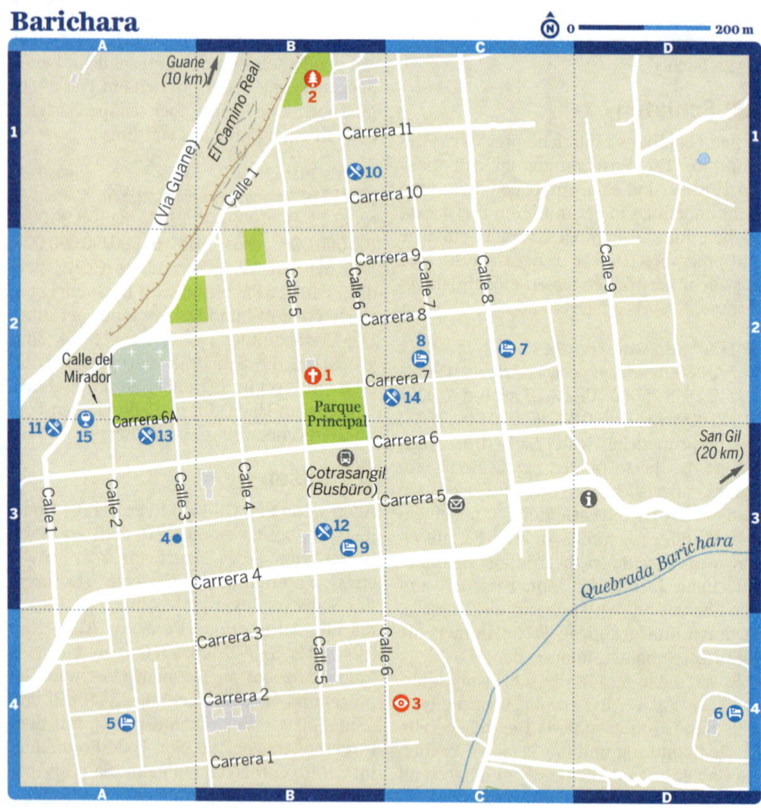

Barichara

Sehenswertes
1 Catedral de la Inmaculada Concepción B2
2 Parque Para Las Artes B1
3 Taller Centro Dia C4

Aktivitäten, Kurse & Touren
4 Fundación San Lorenzo A3

Schlafen
5 Artepolis A4
6 Color de Hormiga Posada Campestre D4
7 La Mansión de Virginia C2
8 La Nube Posada C2
9 Tinto Hostel B3

Essen
10 7 Tigres B1
11 Carambolo A3
12 El Compa B3
13 Ristorante Al Cuoco A3
14 Shambalá C2

Ausgehen & Nachtleben
15 Iguá Náuno A3

★ **Gringo Mike's** AMERIKANISCH $$
(☎7-724-1695; www.gringomikes.net; Calle 12 No 8-35; Burger 18.500–24.500 COP; ⏲8–23 Uhr; 📶) In einem stimmungsvollen, von Kerzen erhellten Innenhof liegt dieses US-amerikanisch-britische Gemeinschaftsunternehmen, das heimwehkranke Reisende mit einem Übermaß an Gourmet-Burgern, reich mit Bacon belegten Sandwiches, Frühstücks-Burritos und französischem Kaffee versorgt. Die Liste der Highlights ist lang: der scharfe Jalapeño-Burger; der Salat mit Mango, Erdnuss, Blauschimmelkäse und Garnelen oder der mexikanische Rinder-

filet-Burrito. Außerdem gibt es eine große Auswahl an tollen Cocktails und Gemüsegerichten.

Unbedingt Platz lassen für die erstaunlichen Desserts. Unser Favorit? Der riesige, frisch gebackene Cookie mit Schokoladen-Chips.

Ausgehen & Unterhaltung

Wer einen Espresso möchte, findet an der Plaza mehrere Cafés mit entsprechenden Maschinen, doch den besten Kaffee gibt es im **Centro Comercial El Puente** (www.elpuente.com.co; Calle 10 No 12-184; ⏲9–21 Uhr). Biertrinken an der Plaza war ein Lieblingszeitvertreib in der Stadt, doch neue Gesetze verbieten das. Es gibt jedoch zahlreiche Bars im Umkreis des Parks, die kaltes Bier mit Aussicht servieren.

La Habana BAR

(☎300-407-5138; Calle 8 No 10-32; ⏲Mo–Do 15–24, Fr & Sa bis 1, So 9–1 Uhr) In den Neubauten beim *malecón* bringt diese einfache Bar im zweiten Stock eine Mischung aus Salsa, Reggae, Rock und Blues. Für den späten Abend ist es die beste Wahl in der Nähe der meisten Hostels und Hotels.

Comite Municipal de Tejo TRADITIONELLER SPORT

(☎7-724-4053; Carrera 18 No 26-70; ⏲16–22.30 Uhr) Steine werfen auf Feuerwerkskörper am Tejo-Platz von San Gil. Wer nicht weiß, worum es geht, dem wird empfohlen, am besten im Rahmen einer Führung zu kommen.

Praktische Informationen

An und in der Nähe der Plaza gibt es einige Geldautomaten (der von der Banco Agrario macht oft Probleme). Auflistungen von Hotels und Abenteuersportanbietern finden sich unter www.sangil.com.co.

4-72 (Carrera 10 No 10-50; ⏲Mo–Fr 8–12 & 14–18, Sa 9–12 Uhr) Postamt.

Bancolombia (Calle 12 No 10-44)

BBVA (Carrera 10 No 12-23)

Davivienda (Ecke Carrera 10 & Calle 11)

Punto Información Turística (Malecón contiguo a Parque Gallineral; ⏲10–17 Uhr)

Touristenpolizei (☎320-302-8489, 7-724-3433; Ecke Carrera 11 & Calle 7; ⏲24 Std.)

An- & Weiterreise

San Gil besitzt zwei Bushaltestellen mit vielen Namen, aber Besucher kommen vermutlich am **Intercity Bus Terminal** (Vía San Gil–Bogotá) (hier als *terminal principal* bekannt) an, 3 km westlich der Stadt an der Straße nach Bogotá. Örtliche Busse verkehren regelmäßig zwischen dem Terminal und dem Stadtzentrum; oder man nimmt ein Taxi (4000 COP).

Minibusse starten zwischen 4 und 20 Uhr halbstündlich nach Bucaramanga (16 000 COP, 2½ Std.) über den **Parque Nacional del Chicamocha** (S. 123). Später am Abend kann man einen Fernbus nehmen.

Häufig fahren Busse über Tunja (25 000 COP, 4 Std.) nach Bogotá (35 000 COP, 7 Std.). Meist abends fahren Busse nach Barranquilla (73 000 COP, 13 Std.), Cartagena (87 000 COP, 15 Std.), Santa Marta (68 000 COP, 12 Std.), Medellín (85 000 COP, 12 Std.) und Cúcuta (50 000 COP, 9 Std.). Direkte Busse zu anderen Zielen starten in Bucaramanga, aber man kann am Busbahnhof von San Gil in den Büros der Gesellschaften Buchungen vornehmen. **Copetran** (☎313-333-5740; www.copetran.com.co) bietet die regelmäßigsten Verbindungen.

Vom **Cotrasangil Busbahnhof** (Terminalito; ☎7-724-2155; www.cotrasangil.com; Ecke Calle 17 & Carrera 10) – vor Ort als *terminalito* bekannt – verkehren zwischen 6 und 18.45 Uhr häufig Busse nach Barichara (4800 COP, 45 Min.). Dieser Busbahnhof ist u. a. auch Ausgangspunkt für Fahrten nach Guane (7000 COP, 1 Std., 8-mal tägl.), Curití (2700 COP, 20 Min., von 6 bis 19.30 Uhr alle 15 Min.) und Charalá (6000 COP, 1 Std., von 6.30 bis 16 Uhr alle 30 Min.).

Örtliche **Taxis** (Carrera 9) halten am Nordrand des Parks.

Barichara

☎7 / 7112 EW. / HÖHE 1336 M

Von einem Ort wie Barichara träumen Hollywoods Filmemacher. Eine spanische Kolonialstadt voller Atmosphäre, mit gepflasterten Straßen und weiß verputzten Häusern mit roten Ziegeldächern, die fast so neu aussehen wie vor rund 300 Jahren, als sie entstanden. Es ist kein Wunder, dass viele spanischsprachige Filme und Telenovelas hier gedreht werden. Zugegeben, der historische Eindruck ist zu einem guten Teil Restaurierungsarbeiten zu verdanken, die vorgenommen wurden, seit der Ort 1978 zum Nationalmonument erklärt wurde.

Der Ort liegt 20 km nordwestlich von San Gil hoch über dem Río Suárez. 1705 gegründet, locken seine natürliche Schönheit, sein mildes Klima und sein Bohème-Lebensstil seit Langem Besucher an. In den letzten Jahren hat sich Barichara zum Anziehungspunkt für wohlhabende Kolumbianer entwickelt. Im Vergleich zu Villa de Leyva ist Barichara wesentlich eleganter, aber deutlich weniger touristisch. Es ist zweifellos eine der schönsten Kolonialstädte Kolumbiens.

Sehenswertes & Aktivitäten

Parque Para Las Artes PARK
Ein hübscher kleiner Park mit eindrucksvollen Wasserspielen (wenngleich sie bei unserem Besuch nicht eingeschaltet waren), Statuen von einheimischen Künstler und einem Amphitheater, wo es gelegentlich Konzerte gibt. Vom Park aus hat man atemberaubende Blicke auf das benachbarte Tal.

Catedral de la Inmaculada Concepción KIRCHE
(Parque Principal; 5.45–19 Uhr) Die im 18. Jh. aus Sandstein erbaute Kirche ist das aufwendigste Gebäude des Ortes und wirkt fast schon ein bisschen überdimensioniert. Das golden schimmernde Mauerwerk (das bei Sonnenuntergang in dunklen Orangetönen leuchtet) bildet einen Kontrast zu den weißen Häusern der Umgebung. Die Kirche besitzt einen Obergaden (eine zweite Reihe von Fenstern hoch oben im Schiff) – was für eine spanische Kolonialkirche sehr ungewöhnlich ist.

Taller Centro Dia ATELIER
(Museo Parra; Ecke Carrera 2 & Calle 6; 8–15 Uhr) Im Innenhof des **Museo Aquileo Parra** fertigt dieses Kollektiv von 24 Senioren auf traditionellen Webstühlen Taschen und andere Textilien aus den Fasern einer Agavenart. Man kann ihnen bei der Arbeit zusehen und beim Abschied eine Tasche kaufen – sie sind preiswert und die Gruppe hat dadurch ihr Einkommen.

★ **Fundación San Lorenzo** FÜHRUNGEN
(Taller de Papel; 7-726-7234; www.fundacionsanlorenzo.wordpress.com; Carrera 5 No 2-88; Führungen mit/ohne Papierherstellung 4000/3000 COP; Mo–Fr 7.30–13 & 15–17, Sa 8–13 & 15–18, So 10–13 Uhr) Diese kleine Papierfabrik, die von einer Kooperative allein erziehender Mütter betrieben wird, ermöglicht einen faszinierenden Einblick in den vier Monate dauernden Herstellungsprozess von handwerklich gefertigtem Papier aus der natürlichen Faser einer Agavenart, die in den Anden wächst, und Ananasblättern. Besucher können an einem Workshop teilnehmen, um ihr eigenes Blatt Papier herzustellen. Die hier produzierten Papierprodukte sind tolle Souvenirs.

Schlafen

Barichara ist nicht der preiswerteste Ort (Reisende mit knapper Reisekasse sollten besser in San Gil übernachten), aber die Stadt belohnt jene, die bleiben. Die Preise können in der *temporada alta* (Hauptsaison) um bis zu 30 % steigen, etwa in der Zeit zwischen 20. Dezember und 15. Januar sowie in der Semana Santa. Während der Hauptsaison sollte man unbedingt vorab reservieren.

★ **Tinto Hostel** HOSTEL $
(7-726-7725; www.tintohostel.com; Carrera 4 No 5-39; B ab 25 000 COP, EZ/DZ ab 60 000/80 000 COP; @) Barícharas bestes Hostel ist in einem schönen, mehrstöckigen Haus untergebracht. Es gibt drei Schlafsäle und fünf Privatzimmer mit guten Bädern, Gewölben und heißem Wasser. Die Gemeinschaftsräume – Gästeküche mit kunstvoller Keramik, Lounge, Platz für Hängematten und Terrasse – sind alle wunderbar. Von der Terrasse bietet sich ein fantastischer Ausblick. Überall gibt es kleine künstlerische Akzente.

Artepolis HOTEL $
(300-203-4531; www.artepolis.info; Calle 2 No 1-50; Zi./3BZ ab 65 000/80 000 COP;) Dieses kleine freundliche Hotel auf einem Hügel am Ortsrand mit großartigem Blick auf die umgebende Landschaft bietet ein super Preis-Leistungs-Verhältnis. Hier kann man wunderbar relaxen. Die Zimmer liegen im zweiten Stock eines Neubaus im Kolonialstil und sind lichtdurchflutet. Sie haben ein eigenes Bad im Freien und gehen auf eine Gemeinschaftsveranda hinaus.

★ **Color de Hormiga Posada Campestre** PENSION $$
(315-297-1621; Vereda San José; EZ/DZ inkl. Frühstück 100 000/180 000 COP, B/EZ/DZ ohne Bad 22 000/40 000/60 000 COP; P) Diese wunderbare Pension in einem 29 ha großen Naturschutzgebiet nahe des Ortes verfügt über vier rustikale Zimmer im Haupthaus mit Bädern im Freien, die mit Regenduschen ausgestattet sind. Die Umgebung eignet sich großartig für einen Spaziergang; hier gibt es jede Menge Nester der berühmten *hormigas culonas* (eine Art der Blattschneiderameisen) zu sehen.

Die Mahlzeiten sind ausgezeichnet und alles ist auf Erholung ausgerichtet. Es gibt preiswertere Zimmer mit Gemeinschaftsbad in einem gesonderten Gebäudeteil.

Ein 800 m langer Spaziergang über den Camino Real den Berg hinauf führt zur Pension; der Weg beginnt am südlichen Ende der Calle 7 (Motorradtaxi 6000 COP).

La Mansión de Virginia GUESTHOUSE **$$**
(☎315-625-4017; www.lamansiondevirginia.com; Calle 8 No 7-26; Zi. pro Person 50 000 COP; 📶) Eine ruhige, freundliche Einrichtung mit sauberen, bequemen Zimmern mit Fernseher und renoviertem privatem Bad; dazu ein hübscher Innenhof.

La Nube Posada BOUTIQUEHOTEL **$$$**
(☎7-726-7161; www.lanubeposada.com; Calle 7 No 7-39; EZ/DZ 240 000/275 000 COP; 🚭📶) Hinter dem unscheinbaren Äußeren dieses Hauses aus der Kolonialzeit verbirgt sich ein unaufdringliches Boutiquehotel mit minimalistischer Ausstattung. Die acht einfach möblierten Zimmer mit französischen Betten und Gewölben, deren Holzbalken freiliegen, umgeben einen Innenhof. Dort finden auch wechselnde Ausstellungen statt.

Das dazugehörige Gourmetrestaurant mit Bar zählt zu den besten der Stadt; es rühmt sich, Rum aus 14 Ländern im Angebot zu haben. In einem neuen Anbau befinden sich Suiten und ein Spa. Das einzige Manko sind die Bäder – sie würden eher in ein Holiday Inn passen.

Essen & Ausgehen

In Barichara gibt es eine gute Auswahl an internationalen Speisen und traditionellen regionalen Gerichten wie *cabrito* (gegrilltes Zicklein) und die berühmten *hormigas culonas* (Blattschneiderameisen). Viele Lokale schließen unter der Woche sehr früh, vor allem am Dienstag.

El Compa KOLUMBIANISCH **$$**
(Calle 5 No 4-48; Mahlzeiten 12 000–20 000 COP; ⏲8–18 Uhr) Das beste örtliche Restaurant – einfach, nicht touristisch und nicht gerade von herausragendem Service – bietet rund 15 Gerichte kolumbianischer Hausmannskost. Schmackhaften *cabrito* (Zicklein) ebenso wie *sobrebarriga* (Flanksteak), Forelle, Hähnchen, *carne oreada* (luftgetrocknetes Rindfleisch) und das alles mit jeder Menge Beilagen wie Salat, Maniok, *pepitoria* (Ziegeninnereien, Blut, gewürzter Reis – wir haben dankend verzichtet!) und Kartoffeln.

Carambolo SPANISCH **$$**
(☎313-210-1257; www.elcarambolo.com; Calle 1 No 6-39; Hauptgerichte 25 000–30 000 COP; ⏲Do & Fr 19–22, Sa & So 12–14.30 & 19–22 Uhr; 📶) Baricharas beste Wahl fürs Abendessen ist eine elegante Angelegenheit im Freien mit fantastischem Blick über den Canyon des Río Suárez. Der gesellige spanische Besitzer bereitet eine Auswahl an mediterran inspirierten Gerichten zu, die Preise sind in Anbetracht der Qualität sehr angemessen.

Shambalá VEGETARISCH **$$**
(Carrera 7 No 6-20; Hauptgerichte 20 000–30 000 COP; ⏲Do–Di 12.30–16 & 18–21.30 Uhr; 📶🌶) Ein winziges, extrem beliebtes Café, in dem vor allem vegetarische Gerichte frisch zubereitet werden. Die Auswahl umfasst Wraps, Reisgerichte und Pasta im mediterranen oder indischen oder Thai-Stil (man kann auch Hühnchen oder Shrimps dazu bestellen), dazu ausgezeichnete Säfte, Tees und Ähnliches.

7 Tigres PIZZA **$$**
(Calle 6 No 10-24; Pizza 18 000–20 000 COP; ⏲18–21 Uhr) Reisende lieben die Pizzas mit ihrem knusprigen dünnen Boden. Die „Argentina" mit Rinderfilet, Salami und Pesto schmeckt am besten.

Ristorante Al Cuoco ITALIENISCH **$$$**
(☎320-232-5422; Carrera 6A No 2-54; Hauptgerichte 28 000–35 000 COP; ⏲Mo–Sa 12–21.30, So bis 18 Uhr) Diese ziemlich elegante italienische One-Man-Show findet im Haus eines freundlichen römischen Küchenchefs statt. Die Speisekarte ist zwar nicht sehr umfangreich (Ravioli, Cannelloni, Gnocchi, Risotto, einige Hauptgerichte und einige Desserts), doch die hausgemachte Pasta ist großartig und eine wunderbare Abwechslung mit einer kulinarischen Reise auf den italienischen Stiefel. Am Wochenende und an Feiertagen wird vorherige Reservierung empfohlen.

Keinesfalls sollte man das Lokal verlassen, ohne die Kreation des Hauses probiert zu haben: Parmesan-Eis (13 000 COP); der Käse kontrastiert mit Brombeeren und Mandeln und bietet ein hinreißendes Geschmackserlebnis.

Iguá Náuno BAR
(Ecke Calle del Mirador & Carrera 7; ⏲17–23 Uhr) Hier trifft sich die angesagte Gesellschaft der Stadt zu einem Drink. Es ist keine besonders tolle Bar, aber Importbiere (gut schmeckt das *micheladas*), einige Cocktails und ein stimmungsvoller Garten sorgen für Atmosphäre. Hier wird auch gegessen, und es gibt sogar eine gute Auswahl vegetarischer Gerichte.

Praktische Informationen

An der Plaza gibt es zwei Geldautomaten.

Banco Agrario (Parque Principal)

Banco de Bogotá (Parque Principal)

4-72 (Ecke Carrera 5 & Calle 7; ⌚8–12 & 14–18 Uhr) Poststelle in einem Lebensmittelladen.

Polizei (☎8-726-7173; Ecke Calle 7 & Carrera 4) Die Touristenpolizei ist manchmal auch in einem Kiosk am Parque Principal zu finden.

Punto Información Turística (☎315-630-4696; www.barichara-santander.gov.co; Carrera 5, Salida San Gil; ⌚Mi–Mo 9–17 Uhr)

An- & Weiterreise

Busse verkehren zwischen 5 und 18.45 Uhr alle 30 Minuten zwischen Barichara und San Gil (4800 COP, 45 Min.). Sie fahren am Büro von **Cotrasangil** (☎8-726-7132; www.cotrasangil.com; Carrera 6 No 5-70) an der Hauptplaza ab. Zwischen 5.30 und 17.45 Uhr gibt es täglich zehn Busse nach Guane (2200 COP, 15 Min.).

Guane

Guane, ein verschlafener Ort, in dem die Zeit stehen geblieben zu sein scheint, ist eindeutig ein angenehmer Platz für einen Bummel. Es gibt einen hübschen Hauptplatz, an dem eine ländliche Kirche steht, die **Iglesia Santa Lucía**, die im Jahr 1720 erbaut wurde. Besonders interessant sind die Fossilien in den Steinen an der Plaza vor der Kirche.

Am Westrand des Ortes liegt ein Aussichtspunkt mit hübschem Blick in das Tal des Río Suárez. Von der Plaza bei der Kirche führt der Weg nach links durch die Calle 9 dorthin.

Das einzigartige **Museum of Paleontology & Archaeology** (Carrera 6 No 7-24; 3000 COP; ⌚8–12 & 14–18 Uhr) besitzt eine Sammlung von mehr als 10 000 Fossilien, eine 700 Jahre alte Mumie, einige Schädel, Artefakte der Guane und sakrale Kunst. Der Kurator sperrt die Vordertür ab und führt persönlich durch die Sammlung (auf Spanisch), wann immer jemand kommt – also eventuell ein bisschen warten. In einem renovierten Kolonialhaus war einst ein Haltepunkt für Maultiertreiber, die im Land unterwegs waren; heute ist dort Guanes bestes Hotel, das **Casa Misiá Custodia** (☎316-566-3187; misiacustodiahotelboutique@gmail.com; Carrera 5 No 7-21; EZ/DZ ab 150 000/180 000 COP; 🏊). Es bietet viel Ruhe zu einem guten Preis. Neben den eleganten, geräumigen Zimmern gibt es ein Restaurant im Freien, einen kleinen Pool und einen Jacuzzi im hinteren Innenhof.

Solange es hell ist, wandern die meisten Reisenden von Guane nach Barichara und nehmen für den Rückweg den Bus. Wasser, Sonnenschutz und gutes Schuhwerk nicht vergessen.

Busse nach Barichara (2200 COP, 20 Min.) und weiter nach San Gil (7000 COP, 1 Std.) starten zwischen 6 und 18.15 Uhr zehnmal täglich von der Plaza in Guane.

BARICHARAS INSEKTEN ZUM ANBEISSEN

Von allen kulinarischen Traditionen Kolumbiens ist wohl keine so speziell wie die Delikatesse in Santander: *hormigas culonas* – wörtlich übersetzt „Ameisen mit dickem Hintern". Die Tradition reicht mehr als 500 Jahre zurück, als die indigenen Guane Ameisen wegen ihrer angeblich aphrodisierenden und heilsamen Eigenschaften züchteten und aßen. Die riesigen dunkelbraunen Ameisen werden gebraten oder geröstet und ganz oder zu Pulver zermahlen verzehrt. In fast jedem Laden in Santander, aber vor allem in Barichara, San Gil und Bucaramanga werden Snacks aus gebratenen Ameisen verkauft. Eigentlich haben sie im Frühling Saison, aber inzwischen findet man sie ganzjährig. Sie schmecken, na ja, wie knuspriger Schmutz gemischt mit altem Kaffeepulver. Der Geschmack ist definitv gewöhnungsbedürftig – aber man sollte es einmal ausprobieren.

Cañon del Chicamocha

Auf halbem Weg zwischen San Gil und Bucaramanga liegt der spektakuläre Canyon des Río Chicamocha, eine trockene Landschaft majestätischer Berge, die über den bräunlichen Fluss unterhalb wachen. Die windige, von Felsen gesäumte Straße zwischen den beiden Städten ist eine der malerischsten Strecken in Santander.

Sehenswertes

Die größte Sehenswürdigkeit hier ist der Canyon selbst, der beste Blick darauf bietet sich von der Seilbahn zwischen Panachi und Mesa de Los Santos aus.

Parque Nacional del Chicamocha VERGNÜGUNGSPARK
(☎7-639-4444; www.parquenacionaldelchicamocha.com; Km 54, Vía Bucaramanga–San Gil; Erw./Kind 25 000/18 000 COP; ⏲Mi–Fr 10–18, Sa & So 9–21 Uhr; 👪) Der Name Parque Nacional del Chicamocha, oder „Panachi", wie die Einheimischen ihn nennen, täuscht: Es ist kein Nationalpark im üblichen Sinn. Es ist ein etwas heruntergekommener Vergnügungspark in spektakulärer Berglandschaft. Es gibt keine Wanderwege, aber einen Aussichtspunkt mit einer fantastischen Rundumsicht. Highlight des Parks ist die 6,3 km lange, 22-minütige Fahrt mit dem **teleférico** (Rückfahrkarte für die Seilbahn inkl. Eintritt in den Park Erw./Kind 50 000/32 000 COP; ⏲Mi–Fr 10.30–11, 12.30–13, 14.30–15 & 16.30–17, Sa & So 9–18 Uhr; 👪), der zum Grund des Canyons fährt und dann wieder hinauf zum gegenüberliegenden Rand.

Weitere Aktivitäten sind eine riesige Schaukel und eine Zipline. Der Park beherbergt auch ein **Museum der Guane-Kultur**, mehrere Restaurants, ein 4D-Kino, einen Kinderspielplatz, eine zu vernachlässigende Straußenfarm und das *Monumento a la Santandereanidad*, das an den revolutionären Geist der Bewohner von Santander erinnert. Die neueste Attraktion ist ein Wasserpark für 6 Mio. US$ – eine interessante Idee auf einem trockenen Gebirgszug.

An- & Weiterreise

Jeder Bus zwischen San Gil und Bucaramanga setzt Reisende am Eingang von Panachi ab. Um wieder in eine der beiden Städte zurückzufahren, winkt man einfach einem Bus von der Haltestelle am Highway aus.

An anderen Stellen am Highway entlang des Canyons gibt es keine sicheren Ausstiegsmöglichkeiten: Es gibt keine Fußwege und es geht neben der Straße steil bergab.

Der Startplatz für Gleitschirmflieger liegt direkt beim Highway im Süden des Parks, doch die Anbieter von Flügen kümmern sich auch um den Transport.

Bucaramanga

☎7 / 528 497 EW. / HÖHE 960 M

Mit einer Bevölkerung von rund einer Million im Einzugsbereich ist Bucaramanga, die Hauptstadt von Santander, eine der größten Städte Kolumbiens. Es gibt viele Wolkenkratzer, umgeben von hohen Bergen. Dies ist zwar nicht die interessanteste Stadt des Landes und es wird auch nicht gerade von Touristen überlaufen, aber es ist ein guter Platz, um sich einen Eindruck von der regionalen Kultur zu verschaffen.

Buca, wie die Stadt von den Einheimischen genannt wird, wurde 1622 gegründet und entwickelte sich um das Areal, das heute vom Parque García Rovira bedeckt wird. Der Großteil der Kolonialarchitektur ist längst verschwunden. Über die Jahrhunderte verlagerte sich das Stadtzentrum ostwärts, und heute bildet der Parque Santander das Herz von Bucaramanga. Weiter östlich sind neuere, elegante Viertel mit vielen Hotels und Nachtclubs entstanden.

Buca, das auch den Beinamen „Stadt der Parks" trägt, verfügt über einige hübsche Grünflächen und eignet sich gut zum Aufladen der Batterien. Richtig zum Leben erwacht es am Abend, wenn Dutzende Clubs, Hunderte Bars und die Studenten von zehn Universitäten hier Party machen.

Sehenswertes & Aktivitäten

Jardín Botánico Eloy Valenzuela GÄRTEN
(☎7-648-0729; Av Bucarica, Floridablanca; 5000 COP; ⏲8–16 Uhr) Nur einen kurzen Spaziergang vom Park in Floridablanca entfernt, ist dieser üppige botanische Garten an einem hübschen Bach ein guter Ort, um sich von der Stadt zu erholen, obwohl man den hektischen Verkehr in der Ferne noch hören kann. Außer den wunderschönen Bäumen mit herabhängendem Moos gibt es auch zwei kleine Seen und eine Schildkrötenpopulation.

Im Eintritt ist eine Führung inbegriffen, aber man darf auch auf eigene Faust herumspazieren.

Museo Casa de Bolívar MUSEUM
(☎7-630-4258; www.academiadehistoriadesantander.org; Calle 37 No 12-15; 2000 COP; ⏲Mo–Fr 8–12 & 14–18, Sa 8–12 Uhr) In einem kolonialen Herrenhaus, in dem sich Bolívar 1828 zwei Monate lang aufhielt, präsentiert dieses Museum verschiedene historische und archäologische Exponate, darunter Waffen, Dokumente und Gemälde sowie Mumien und Artefakte der Guane, die hier lebten, bevor die Spanier kamen. Das Haus selbst lohnt einen Besuch. Unbedingt den hinteren Innenhof ansehen, der von schönen Palmen bestanden ist.

Colombia Paragliding GLEITSCHIRMFLIEGEN
(☎312-432-6266; www.colombiaparagliding.com; Km 2 Via Mesa Ruitoque) Der populärste Sport

Bucaramanga

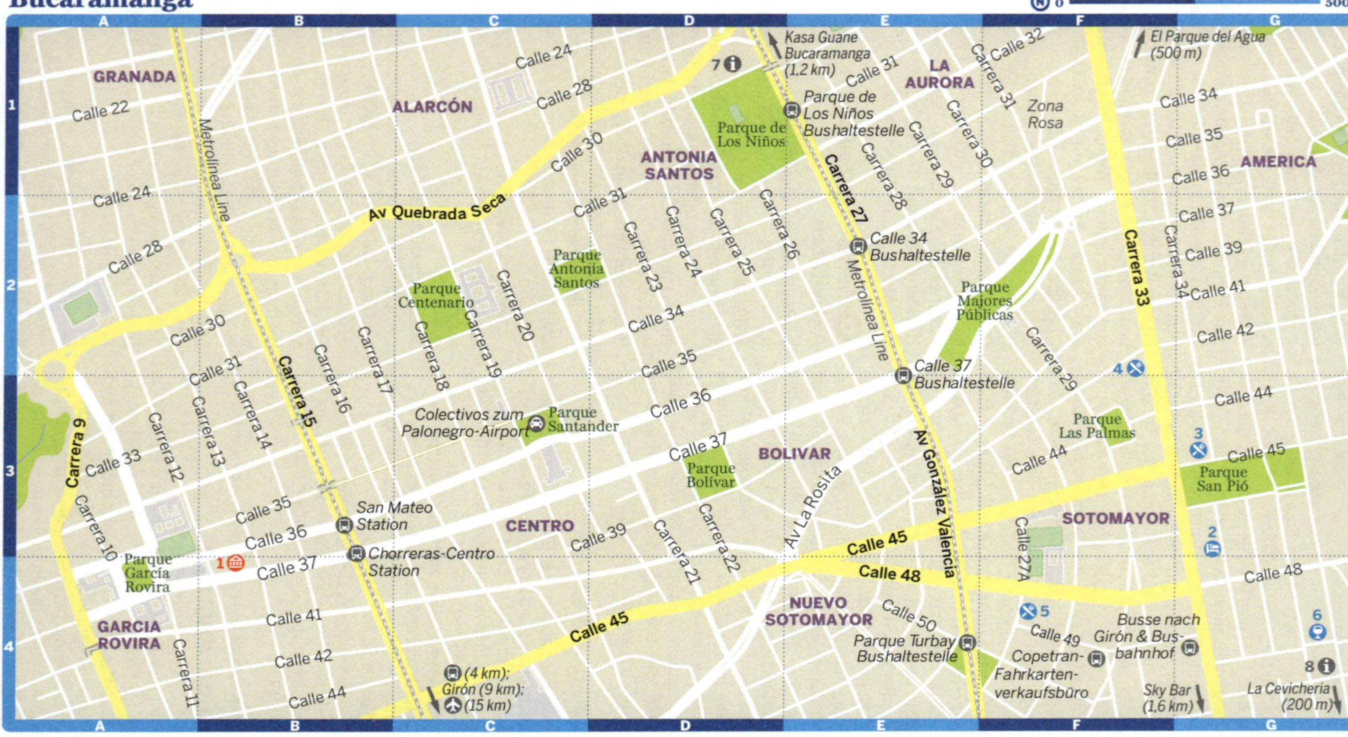

Bucaramanga

Sehenswertes
1 Museo Casa de Bolívar B4

Schlafen
2 Hotel Tamarindo G3

Essen
4 Mercagán F2
3 Mercagán G3
5 Penelope Casa Gastronómica F4
SazonArt .... (s. 5)

Ausgehen & Nachtleben
6 Vintrash G4

Information
7 Oficina de Turismo D1
8 Punto Información Turística G4

in Bucaramanga ist das Gleitschirmfliegen. Das Zentrum dieser Aktivität liegt oben auf der Mesa von Ruitoque. Colombia Paragliding bietet Tandemflüge von 15/30 Minuten Dauer für 80 000/150 000 COP. Es gibt aber auch Kurse, um eine internationale Lizenz als Gleitschirmpilot zu erwerben; 12-tägige Kurse inkl. Unterkunft kosten ab 3 400 000 COP.

Schlafen & Essen

Kasa Guane Bucaramanga HOSTEL $
(☎7-657-6960; www.kasaguane.com; Calle 11 No 26-50, Barrio Universidad; B 25 000 COP, EZ/DZ ab 60 000/80 000 COP; @☎) In einem Neubaugebiet im Westen der Stadt liegt Bucaramangas bestes Hostel; die Zimmer sind hell mit bunten Wandgemälden, Kabelfernsehen und Bädern mit heißen Wasser. Das Management ist sehr hilfsbereit, bietet jede Menge Informationen und organisiert auch Aktivitäten für die Gäste. Das eigentliche Highlight ist aber die Bar auf dem Dach, wo man gut in Kontakt mit Einheimischen kommen kann.

In jedem Schlafsaal sind nur vier Betten und es gehört ein Bad dazu. Interessant ist das soziale Projekt des Hostels, Goals for Peace: Fußball mit benachteiligten Kindern. Der neue Standort ist nicht so günstig im Hinblick auf Bars und Restaurants, aber eine Station der Metrolínea ist dicht dabei.

Nest HOSTEL $$
(☎7-678-2722; www.thenesthostel.com; Km 2 Vía Mesa Ruitoque; B 40 000 COP, EZ/DZ ab 60 000/90 000 COP; @☎) Dieses Hostel liegt hoch oben auf einem Hügel mit erstaunlichen Ausblicken auf die Stadt. Direkt daneben ist Bucaramangas bester Startplatz für Gleitschirmflieger, 20 Minuten Fahrt vom Stadtzentrum entfernt. Die Mehrzahl der Gäste sind Gleitschirmschüler, aber das Hostel ist auch eine gute Wahl für alle, die Ruhe und Frieden suchen.

Im Preis ist ein gutes Frühstück inbegriffen; es gibt eine prima Küche für Gäste, außerdem einen kleinen Pool. Es liegt neben dem Aguilas-Parapenting-Komplex – vor dem braunen Tor steht die Statue eines Vogelnests. Hierher fährt ein Vorstadtbus ab der Bushaltestelle Papi Quiero Piña. Ein Taxi ab Bucaramanga kostet etwa 20 000 COP.

Hotel Tamarindo HOTEL $$
(☎7-643-6502; www.hoteltamarindobucaramanga.com; Carrera 34 No 46-104; EZ/DZ/3BZ 130 000/160 000/190 000 COP; ❄☎) Das Tamarindo, ein kleines freundliches Hotel in einer ruhigen Straße gleich beim Ausgehbezirk, hat bequeme Zimmer rund um einen begrünten Hof und viel mehr Atmosphäre als die Unterkünfte für Geschäftsleute.

SazonArt KOLUMBIANISCH $
(Ecke Calle 48 & Carrera 27A; Menüs 8500–12 000 COP; ⏰Di–Sa 7–14, So & Mo 8–15 Uhr) Dieses sehr beliebte, sehr saubere Eckrestaurant serviert täglich eine kleine Auswahl an Gerichten, die auf Spanisch auf einer Tafel angeschrieben sind – für alle, die Spanisch besser lesen als sprechen können.

★**Penelope Casa Gastronómica** INTERNATIONAL $$
(☎7-643-1235; Carrera 27A No 48-15; Hauptgerichte 20 000–35 000 COP; ⏰11.30–22.30 Uhr) Eine vielfältige Auswahl an Gourmetgerichten aus fernen Ländern wartet in diesem hippen Restaurant, das von talentierten jungen Küchenchefs geführt wird. Zur Auswahl zählen Naan-Brot mit Lamm und gebackenem Gemüse, *causa limena* (leckere peruanische Kartoffelkuchen) und Hähnchen-Tikka mit Mandelreis und Kichererbsen. Alle Gerichte sind wunderschön angerichtet und kombinieren viele feine Aromen.

Zahlreiche Zutaten kommen aus organischem Anbau aus der Gegend von Villa de Leyva. Unbedingt die hausgemachten Fruchtlimonaden kosten.

★**Mercagán** STEAK $$
(☎7-632-4949; www.mercaganparrilla.com; Carrera 33 No 42-12; Steak 21.500–47.500 COP; ⏰Mo & Di 11.30–15, Mi–So 11.30–24 Uhr) Diese traditionelle *parrilla*, die von einem Team von

Brüdern geleitet wird, wird oft als bestes Steakhaus in Kolumbien gepriesen. Perfekte Fleischstücke von der eigenen Farm werden in 200-, 300- oder 400-Gramm-Portionen auf glühend heißen Eisenplatten serviert.

Im Mittelpunkt steht *lomo finito* (Tenderloin). Ein weiteres Lokal in der Nähe ist das **Parque San Pí** (☎7-643-5630; www.mercaganparrilla.com; Carrera 34 No 44-84; Steak 21.500–47.500 COP; ⌚Mo & Di 11.30–23, Mi & Do bis 15, Fr & Sa bis 24, So bis 16 Uhr). Eines der beiden Steakhäuser sollte eigentlich immer geöffnet sein.

La Cevicheria FISCH, MEERESFRÜCHTE **$$**
(☎7-647-4739; www.lacevicheria.co; Carrera 37 No 52-17; Cviche 19 500 COP; ⌚Mo–Do 12–22, Fr & Sa bis 23, So 18–22 Uhr; 📶🍷) Bunt, nett und voller Action. Das Essen bietet Abwechslung vom üblichen Fleisch, Reis und Maniok. Es gibt sechs fertig zusammengestellte Gerichte, das mindert die Qual der Wahl. Man bekommt hier nicht gerade Gourmetküche, aber das Essen schmeckt und kommt recht zügig auf den Tisch. Es gibt sogar Sushi, außerdem Säfte, Tee und Smoothies.

Ausgehen & Nachtleben

Bucaramanga wird lebendig, wenn die Sonne untergeht. *La vida nocturna* (das Nachtleben) zieht Nachtschwärmer aus der ganzen Region an. Im Bereich zwischen Calle 48 und 49 und von der Carrera 34 bis zur 39 ist mit Sicherheit immer etwas los. Traditioneller (mit Salsa, Vallenato, Merengue) wird zwischen Calle 34 und 36 auf Höhe der Carrera 32 gefeiert.

★**Vintrash** BAR
(Calle 49 No 35A-36; Gedeck Fr & Sa 10 000 COP; ⌚Mo–Mi 16–23, Do bis 24, Fr & Sa bis 3 Uhr; 📶) Unter alten Ölfässern und aufgehängten Fahrrädern lockt diese Bar die coolen Indie-Kids mit elektronischen Klängen. Vor allem an den Wochenenden wird im Hinterzimmer kräftig eingeheizt.

Sky Bar BAR
(Ecke Transversal Oriental & Calle 93, 18. Stock; Cocktails 18 000–20 000 COP; ⌚So–Do 9.30–22.30, Fr & Sa bis 23.30 Uhr) Bucaramangas schickste Bar ist im 18. Stock des neuen Holiday Inn untergebracht. Sie befindet sich im Freien und bietet einen atemberaubenden Blick auf die Stadt.

ℹ Praktische Informationen

Es gibt hier reichlich Geldautomaten; viele sind beim Parque Santander an der Calle 35 und in Sotomayor an der Carrera 29.

Bancolombia (Carrera 18 No 34-28)

BBVA (Ecke Carrera 19 & Calle 36)

Davivienda (Ecke Calle 49 & Carrera 29)

Oficina de Turismo (☎7-634-1132 Nebenstelle 112; www.imct.gov.co; Calle 30 No 26-117, Biblioteca Pública Gabriel Turbay, Piso 4; ⌚Mo–Fr 8–12 & 14–17 Uhr) Zentrale Touristeninformation.

Punto Información Turística (Ecke Carrera 35A & Calle 49, Centro Commercial Cabecera Etapa IV; ⌚10–19 Uhr) Günstig gelegener Informationsstand in der Cabecera Mall.

Servicoffee La 35 (Carrera 35 No 48-67; pro Std. 2000 COP; ⌚7–19.45 Uhr) Zuverlässiger Internetzugang.

NICHT VERSÄUMEN

GIRÓN

Zwischen den gepflasterten Straßen, den Pferdewagen sowie der entspannten Atmosphäre von **San Juan de Girón** und dem nur 9 km entfernten geschäftigen Bucaramanga liegen Welten. Die hübsche Stadt wurde 1631 am Ufer des Río de Oro gegründet und 1963 zum Nationalmonument erklärt. Heute lockt sie Künstler und Tagesausflügler an, die der Großstadt entfliehen wollen, dafür aber hohe Temperaturen in Kauf nehmen – Girón liegt in einem windstillen Winkel des Tales und es ist meist glühend heiß.

Ein Bummel in Girón lohnt sich: durch enge Kopfsteinpflasterstraßen, vorbei an weiß getünchten Häusern, schattigen Patios, kleinen steinernen Brücken und über den *malecón* (Promenade) am Ufer. Der Bau der **Catedral del Señor de los Milagros** am Parque Principal (dem Hauptplatz) begann 1646, wurde aber erst 1876 vollendet. Ein Muss sind auch die hübschen Plazas **Plazuela Peralta** und **Plazuela de las Nieves**, an letzterer steht eine reizende Dorfkirche, die **Capilla de las Nieves**, die im 18. Jh. erbaut wurde.

Von Bucaramanga aus verkehren häufig Stadtbusse nach Girón (2000 COP). Der Preis für ein Taxi ab Bucaramanga beträgt etwa 14 000 COP.

An- & Weiterreise

BUS

Bucaramangas **Terminal TB** (☎7-637-1000; www.terminalbucaramanga.com; Transversal Central Metropolitana) liegt südwestlich des Stadtzentrums, auf halbem Weg nach Girón; häufig verkehren mit „Terminal" gekennzeichnete Stadtbusse ab der Carrera 15 (2000 COP) oder man nimmt ein Taxi (8000 COP).

Copetran (☎7-644-8167; www.copetran.com.co; Terminal de Transporte) ist die größte Busgesellschaft hier; sie bedient die meisten Ziele wie Bogotá (60 000–80 000 COP, 10 Std.), Cartagena (90 000 COP, 13 Std.), Medellín (70 000 COP, 8 Std.), Santa Marta (70 000 COP, 12 Std.), Pamplona (30 000 COP, 4 Std.) und Cúcuta (35 000 COP, 6 Std.). Es gibt ein günstig gelegenes **Kartenbüro** (☎7-685-1389; Calle 49 No 28-64; ⌚Mo–Sa 8–12 & 14–18 Uhr) im Stadtzentrum.

Cootrasangil (www.cotrasangil.com; Terminal de Transporte) verkehrt nach San Gil (16 000 COP, 3 Std.) über den Parque Nacional del Chicamocha (10 000 COP, 1½ Std.). Es braucht in der Regel weniger Zeit, einen Bus nach San Gil an der Haltestelle Papi Quiero Piña am Stadtrand bei Floridablanca zu nehmen, als den kompletten Weg zum Terminal zurückzulegen.

Cootransunidos (☎7-637-3811; Terminal de Transporte) betreibt stündlich Busse nach Ocaña (40 000 COP, 5 Std.) für die Weiterfahrt zur Playa de Belén.

Busse nach Girón (Ecke Carrera 33 & Calle 49) starten an der Ecke Carrera 33 und Calle 49.

Wer nach Venezuela möchte, nimmt am besten einen Bus ab dem **Parque del Agua** (Diagonal 32 No 30A-51); dort fährt alle 30 Minuten ein Bus (35 000 COP, 6 Std.) ab. Allerdings bekommt man an dieser Haltestelle nicht immer einen guten Platz und einige der besser ausgestatteten Busse halten hier gar nicht.

FLUGZEUG

Der **Palonegro-Flughafen** (BGA; Lebrija) liegt auf einer *meseta* (Plateau) hoch oberhalb der Stadt, 20 km westlich von Lebrija. Die Landung hier ist atemberaubend. Am Flughafen kommen Direktflüge aus Bogotá, Medellín, Cali und Cartagena an, dazu internationale Flüge aus Panama City.

Colectivo Taxis (Parque Santander; ⌚Mo–Sa 6–18 Uhr) zum Flughafen (11 000 COP) parken beim Parque Santander an der Carrera 20 und starten zwischen 5 und 18 Uhr alle 15 Minuten. Der Festpreis für ein Taxi ab dem Stadtzentrum liegt bei 32 000 COP.

Wer von San Gil kommt, steigt an der Bushaltestelle Papi Quiero Piña aus und nimmt ein Taxi zum Flughafen.

Unterwegs vor Ort

Metrolínea (www.metrolinea.gov.co; pro Fahrt 2100 COP; ⌚Mo–Fr 4.30–22, Sa & So bis 21 Uhr), ist nach dem Beispiel von Bogotás TransMilenio organisiert und bedient die Stadt von Bucaramanga bis Piedecuesta. Die Hauptlinien verlaufen in Nord-Süd-Richtung entlang der Carrera 15, während kleinere Busse entlang der Carrera 27 und 30 verkehren. Für Touristen bringen sie nicht viel; da werden sie hauptsächlich auf der Strecke nach Mesa de los Santos genutzt, oder um die Bushaltestelle Papi Quiero Piña zu erreichen und dort den Bus nach San Gil zu nehmen.

Passagiere müssen vor dem Einsteigen eine aufladbare Tarjeta Inteligente (3000 COP) kaufen. Eine Einzelfahrt kostet 2100 COP und man darf ohne Zusatzkosten von einem Bus in den anderen umsteigen.

Guadalupe

☎7

Nur eine Stunde vom Haupt-Highway zwischen Bogotá und Bucaramanga liegt das verschlafene landwirtschaftlich geprägte Städtchen Guadalupe. Es ist erst in jüngster Zeit zum Touristenziel geworden, mit Busladungen kolumbianischer Besucher und einem dünnen Strom von Backpackern, die zur hübschen palmenbestandenen Plaza kommen.

Das Interesse beruht vor allem auf der Quebrada Las Gachas, auch als Caño Cristales de Santander bekannt, einem flachen Fluss, der über rötliche Felsen fließt und in dem es Dutzende von Schwimmteichen gibt. Aber Guadalupe bietet Naturliebhabern viele andere Attraktionen, darunter weniger besuchte Flüsse, natürliche Pools und majestätische Wasserfälle.

Die Stadt selbst ist attraktiv und freundlich, aber sehr ruhig. Besucher werden kaum länger bleiben wollen, wenn sie alles gesehen haben.

Sehenswertes & Aktivitäten

Las Gachas FLUSS

Santanders Antwort auf den Caño Cristales, Las Gachas, ist ein klares flaches Flüsschen, das aus einer Quelle in der üppig grünen Landschaft kommt und durch ein Flussbett aus roten Steinen fließt. Dort entstehen Dutzende Schwimmteiche unterschiedlicher Größe – oder Jacuzzis, wie die Einheimischen sie nennen. Im Gegensatz zum spektakuläreren Rivalen in der Macarena rührt die rote Farbe hier von Mineralstoffen in den Felsen, nicht von Algen her. Es ist ein beeindruckender Anblick und ein wunderbarer Platz zum Relaxen.

Las Gachas besucht man am besten am frühen Morgen, wenn noch nicht so viele Besucher da sind. Vom Ort aus ist es ein Fußweg von 45 Minuten auf einem Weg, der an der Tankstelle an der Straße nach Oiba beginnt. Der Weg ist teilweise gepflastert und teilweise ein bisschen schlammig. Bevor Las Gachas erreicht wird, kommt man an eine Reihe anderer Bäche – den Weg dann nicht verlassen. Wenn Las Gachas erreicht ist, sind zur Rechten zwei Schwimmteiche zu sehen.

Besser nicht gleich in die ersten beiden Teiche springen: Sie sind ein bisschen gefährlich und es ist schwierig, wieder herauszukommen. Beim Gehen am Fluss entlang eignen sich Socken wegen der Reibung besser als Sandalen oder Schuhe; man sollte daran denken, ein Ersatzpaar mitzubringen.

Cascada Los Caballeros WASSERFALL

Los Caballeros, der imposanteste Wasserfall der Gegend, ist eine donnernde Wasserwand mit einer großen Menge Wasser, die in drei Stufen über eine 90 m hohe Klippe hinabstürzt. Von der Stadt ist es etwa eine Stunde Fahrt auf einer Staubpiste; die Straße führt sehr nah am Wasserfall vorbei, man muss also nicht mehr weit laufen.

Cascada La Llanera WASSERFALL

Es ist nicht der höchste und nicht der mächtigste Wasserfall in der Gegend, doch La Llanera lohnt einen Besuch wegen seiner mystischen einsamen Lage in großartiger Natur. Der Felsen springt so weit vor, dass es möglich ist, durch die Grotte hinter dem Wasserfall auf die andere Seite zu gehen. Schon der Weg zu La Llanera ist ein Vergnügen: eine 8 km lange Wanderung durch die grüne Landschaft. Zum Anfang des Weges fährt man von der Stadt aus etwa 20 Minuten.

★ José Navarro WANDERN

(☎ 311-833-0526, 311-835-1573; j.navarro151@hotmail.com) Der erfahrene Guide José Navarro stammt aus Guadalupe und half mit seiner Energie und seiner Begeisterung mit, die Stadt für Backpacker interessant zu machen. Eine Tour mit José verbindet Natur und Abenteuer; er macht auf die besten Schwimmteiche genauso aufmerksam wie auf glatte Felsen, dazu auch auf die eindrucksvollsten Aussichtspunkte.

Er vermietet auch Zimmer (pro Person 20 000 bis 25,000 COP) in einer Reihe von nicht gekennzeichneten Häusern in der Stadt. Wenn er nichts frei hat, hat er Verbindungen zu anderen Vermietern.

Schlafen & Essen

Während des Tages gibt es einige Restaurants, die eine *comida corriente* servieren, doch wenn es dunkel wird, nehmen die Möglichkeiten, etwas zu essen zu bekommen, drastisch ab. Wer bereit ist, früh zu Abend zu essen, bekommt vielleicht noch eine richtige Mahlzeit.

Hotel Colonial HOTEL $

(☎ 313-394-4335; Zi. pro Person 25 000 COP; 📶) Das beste Hotel des Ortes ist keineswegs luxuriös, aber sauber und bequem. Es bietet kleine, ordentliche Zimmer mit hölzernen Decken, Flachbildschirmen und privaten Bädern. Mahlzeiten können nach Voranmeldung zubereitet werden.

Praktische Informationen

Banco Agrario (Parque Principal) Der einzige Geldautomat.

An- & Weiterreise

Guadalupe liegt gerade einmal 24 km abseits der Hauptstraße von Bogotá nach Bucaramanga, an der Abzweigung nach Oiba. Pickups (7000 COP, 1 Std.) verkehren zwischen 6 und 19 Uhr ein- oder zweimal pro Stunde zwischen den Orten.

Von Bucaramanga gibt es einige direkte Busverbindungen. Omega (30 000 COP, 4½ Std.) fährt 12.15 Uhr am Terminal ab und erreicht San Gil um ca. 15 Uhr, während Cotrasaravita (28 000 COP, 4½ Std.) um 13.30 Uhr abfährt und gegen 16 Uhr San Gil erreicht. Direkte Verbindungen von Guadalupe nach San Gil und Bucaramanga starten an der Hauptplaza um 4 und um 6 Uhr.

Von Bogotá bietet Omega eine Direktverbindung um 22.30 Uhr (50 000 COP, 8 Std.); alternativ kann man jeden Bus nach Bucaramanga nehmen und in Oiba umsteigen.

NORTE DE SANTANDER

Norte de Santander ist dort, wo die Cordillera Oriental auf die heißen Ebenen des Tieflands trifft, das sich bis ins benachbarte Venezuela zieht. Die malerische Straße von Bucaramanga klettert an der Grenze der Provinz beim Städtchen Berlin auf 3300 m, bevor der rapide Abstieg Richtung Vene-

ABENTEUER IN MESA DE LOS SANTOS

Auf der entfernteren Seite des Chicamocha-Canyon ist die Mesa de Los Santos ein großes Plateau mit einem kühleren Klima und vielen Aktivitäten, die am Wochenende zahlreiche Besucher aus Bucaramanga anlocken. Hier kann man viel mehr unternehmen als im Chicamocha (Klettern, Wandern, Wasserfälle, Kaffee-*fincas*) in einer wesentlich weniger touristischen Umgebung. Eine beliebte Art, einen entspannten Tag zu verbringen.

So wie das kleine **Refugio La Roca** (☎313-283-1637; www.refugiolarocacolombia.com; Km 22.7 Mesa de Los Santos; Zi. 150 000–200 000 COP, ohne Bad 60 000–80 000 COP; @ 📶) 🍃 am Felsen hängt, ist es kein Wunder, dass es – vor allem von den Privatzimmern mit Bad im Freien aus – atemberaubende Blicke gibt, die die Badbenutzung zu einem Erlebnis machen. Das strikt auf Nachhaltigkeit bedachte Hostel liegt neben La Mojarra, dem besten Kletterfelsen der Gegend. Kletterkurse sind im Angebot. Alexandra und Ricardo, das junge Paar, das das Hostel führt, bietet auch Abseilen, Slacklining, Yoga, einen guten Küchenchef (Hauptgerichte 25 000–32 000 COP) und eine große Gastfreundlichkeit.

Um von Bucaramanga aus hierher zu kommen, nimmt man die Metrolínea P8 oder einen der privaten Busse an der Carrera 33 nach Piedecuesta; von dort starten stündlich von 8 bis 19.45 Uhr (8000 COP, 1½ Std.) Busse von **La Culona** (☎7-655-1182; Carrera 6 No 12-60, Piedecuesta) nach Los Santos. Reisende müssen den Fahrer bitten, sie in La Mojarra/Refugio La Roca aussteigen zu lassen.

Von San Gil aus nimmt man den **Teleférico** (S. 123) in Panachi. Jemand vom Hostel holt die Gäste für 30 000 COP nach vorheriger Vereinbarung vom *teleferico* ab.

zuela beginnt. Man kommt am hübschen Pamplona vorbei, bevor die Bezirkshauptstadt und größte Stadt Cúcuta erreicht wird, die sich an die Grenze zu Venezuela schmiegt. Fast 300 km nordöstlich gilt das winzige Playa de Belén als malerischster Ort der Gegend.

Pamplona

☎7 / 58 200 EW. / HÖHE 2290 M

Vor spektakulärer Kulisse liegt das koloniale Pamplona in der tiefen Valle del Espíritu Santo in der Cordillera Oriental. Es wurde 1549 von Pedro de Orsúa und Ortún Velasco gegründet, eine reizende Stadt mit alten Kirchen, engen Straßen und quirligen Geschäften. Mit einer Durchschnittstemperatur von gerade einmal 16 °C ist diese Universitätsstadt nicht unbedingt ein lohnendes Reiseziel, bietet aber eine willkommene Abwechslung zu den nahe gelegenen heißen Städten Bucaramanga und Cúcuta und ist außerdem ein angenehmer Stopp auf dem Weg von oder nach Venezuela. Unglücklicherweise zerstörte 1875 ein Erdbeben einen großen Teil der Stadt. Heute ist die ansprechende Plaza eine Mischung aus rekonstruierter kolonialer und aus moderner Architektur. Es gibt eine überraschende Anzahl angesagter Cafés, Bars und Restaurants für die vielen junge Leute, die hier leben.

Sehenswertes

Pamplona besitzt eine Reihe von Museen, fast alle in restaurierten Häusern aus der Kolonialzeit untergebracht. Es gibt rund zehn alte Kirchen und Kapellen, die Pamplonas religiösen Status in der Kolonialzeit bezeugen, auch wenn die meisten inzwischen leider von ihrem Glanz eingebüßt haben.

Museo de Arte Moderno Ramírez Villamizar MUSEUM
(Calle 5 No 5-75; 1000 COP; ⌚Di–Sa 9–12 & 14–17, So 9–16 Uhr) In einem 450 Jahre alten Herrenhaus präsentiert dieses Museum mehr als 40 Werke von Eduardo Ramírez Villamizar, einem der herausragenden Künstler Kolumbiens, der 1923 in Pamplona geboren wurde. Die Sammlung gibt einen guten Überblick über seine künstlerische Entwicklung vom Expressionismus der 1940er-Jahre bis hin zu den realistischen Skulpturen, die er in den letzten Jahrzehnten seines Lebens geschaffen hat.

Casa Colonial MUSEUM
(Calle 6 No 2-56; ⌚Mo–Fr 8–12 & 14–18 Uhr) GRATIS Die Casa Colonial, eines der ältesten Gebäude der Stadt, stammt aus der frühen Zeit der Spanier. Zur Sammlung gehören präkolumbische Töpferwaren, sakrale Kunst der Kolonialzeit, Artefakte verschiedener örtlicher indigener Gemeinschaften, darunter der Motilones und U'wa, dazu Antiquitäten.

Casa de las Cajas Reales SEHENSWERTES GEBÄUDE
(Ecke Carrera 5 & Calle 4; ⌚Mo–Sa 8–18 Uhr) Die Casa de las Cajas Reales, eines der schönsten kolonialen Herrenhäuser Pamplonas, wird gegenwärtig von einem Gymnasium genutzt, doch Besucher können eine Aufsicht um die Erlaubnis bitten, sich umzusehen.

Schlafen & Essen

El Solar HOTEL $$
(☎7-568-2010; Calle 5 No 8-10; Zi. pro Person ab 50 000–65 000 COP; 📶) Ein gut geführtes Hotel in einem großen Kolonialhaus mit einem fantastischen Preis-Leistungs-Verhältnis. Die Räume im ersten Stock sind schlichter; über die knarzende Treppe geht es zu den sehr geräumigen modernen Zimmern im zweiten Stock mit großer Küche und kleinem Balkon zur Straße.

El Solar besitzt ein ausgezeichnetes Bar-Restaurant, das am Abend von einem offenen Feuer geheizt wird. Hier gibt es auch das beliebteste *menú del dia* (Tagesgericht) für 10 000 COP – entweder man kommt vor 13 Uhr oder man kann es gleich bleiben lassen.

1549 Hostal GUESTHOUSE $$
(☎7-568-0451; www.1549hostal.com; Calle 8B No 5-84; EZ/DZ inkl. Frühstück 80 000/130 000 COP; @📶) Dieses freundliche Boutique-Guesthouse mit zehn Zimmern ist eine der besten Optionen in Pamplona. Es befindet sich in einem Kolonialgebäude in einer hübschen Seitenstraße mit einem guten, großen Bar-Restaurant im rückwärtigen Innenhof. Einige Zimmer sind ein bisschen klein, aber die Ausstattung mit einheimischer Kunst, kreativem Trödel, Kerzen und Bademänteln tragen zum Wohlfühlen bei.

Ein Nachteil sind die elektrischen Duschen. Das Personal gibt sich bei Ausländern besonders viel Mühe.

London Coffee CAFE $
(Ecke Carrera 6 & Calle 8B; Kaffee 2000–7000 COP, Cocktails 15 000 COP; ⌚So–Do 13.30–23.30, Sa bis 1 Uhr; 📶) Das beste Café der Stadt bietet guten Espresso, Cocktails und Importbiere, dazu süße und pikante Waffeln, Tapas und Gourmet-*michelada* (Bier mit Salz und Zitronensaft). Die Drinks sind gut, aber Essen und Service sind Glücksache.

Piero's ITALIENISCH $$
(Carrera 5 No 8B-67; Pizza 15 000–46 000 COP, Pasta 11 000–20 000 COP; ⌚Mo–Sa 17–23.30, So 12–15 & 17–23.30 Uhr) Wer weiß, wie es einen Italiener hierher verschlagen hat, aber jetzt serviert er gute italienische Küche. Doch seltsamerweise fehlen die Klassiker (wo ist die Pizza Margherita), doch das, was angepasst an den kolumbianischen Geschmack aufgetischt wird, ist gut. Besonders lohnend ist die leckere Pasta.

Im angeschlossenen Caffè Romani gibt es auch Pizzastücke, Süßigkeiten und frisch Gebackenes. Wer noch Lust auf mehr hat, besorgt sich ein Eis an der Theke.

Praktische Informationen

Geldautomaten finden sich in und um den Parque Agueda Gallardo.

Bancolombia (Calle 7 No 5-70)

Davivienda (Calle 6 No 6-70)

Servibanca (Calle 5 No 5-23)

4-72 (Calle 8 No 5-33; ⌚Mo–Fr 8–12 & 13–18, Sa 9–12 Uhr) Postamt.

Navegar (Carrera 7 No 7-42; pro Std. 1000 COP; ⌚13–19 Uhr) Internetcafé im Zentrum.

Punto Informacíon Turística (Ecke Calle 5 & Carrera 6; ⌚Mo–Fr 8–12 & 14–17 Uhr)

An- & Weiterreise

Pamplonas **Busbahnhof** (Terminal de Transporte) ist nur 750 m östlich des Hauptplatzes..

Pamplona liegt an der Straße Bucaramanga–Cúcuta. Busse von **Cotranal** (☎7-568-2421; Terminal de Transporte) fahren alle 30 Minuten nach Cúcuta (17 000 COP, 2 Std.). Regelmäßig verkehren Busse nach Bucaramanga (25 000 COP, 4 Std.). Es gibt täglich mehrere direkte Busse nach Bogotá (65 000 COP, 14 Std.), ebenso zur Karibikküste. Um nach Ocaña und weiter nach Playa de Belén zu kommen, steigt man in Cúcuta um, wo alle 30 Minuten ein Bus von Cootraunidos nach Ocaña (35 000 COP, 5 Std.) startet.

Die Busfenster auf der rechten Seite bieten dramatische Ausblicke entlang der spektakulären Straße von Bucaramanga nach Pamplona.

Reisende, die zu Reisekrankheit oder zu Höhenkrankheit neigen, sollten auf jeden Fall vor der Fahrt entsprechende Medikamente einnehmen. Es empfiehlt sich auch unbedingt, einen Pullover mitzunehmen.

Playa de Belén

☎7 / 8559 EW. / HÖHE 1450 M

Das winzige farblich abgestimmte *pueblo* von Playa de Belén scheint in die außerirdisch wirkende Landschaft aus Steinformationen im fernen Norden von Norte de Santander gemeißelt zu sein. Das traumhaf-

EINREISE NACH VENEZUELA

Als Grenzstadt könnte **Cúcuta** schlimmer sein. Es ist zwar ein heißes, schmutziges Durcheinander, aber es ist auch eine große Stadt mit allen Arten von Restaurants, modernen Shopping Malls, ordentlichen Hotels, schicken Vierteln (vor allem jene in Richtung Avenida Libertadores) und einem Flughafen. Das heißt, es hat mehr zu bieten als die meisten südamerikanischen Grenzstädte. Doch wahrscheinlich ist die berüchtigt chaotische Bushaltestelle, das Einzige, was Reisende sehen.

Durch die politische Krise in Venezuela 2017 ist die Situation an der Grenze zwischen Kolumbien und Venezuela unvorhersehbar. Gelegentlich wurde die Grenze auf venezolanischer Seite schon ganz geschlossen; über längere Zeiträume war sie nur für Fußgänger geöffnet.

Zur Zeit unserer Recherche war die Grenze offen, aber keineswegs normal, weil Tausende Venezolaner nach Kolumbien kamen, um dem Chaos in ihrer Heimat zu entgehen. In die andere Richtung gab es praktisch keinen Verkehr.

Wer plant, nach Venezuela zu reisen, sollte vor der Abreise die Sicherheitslage in diesem Land gründlich prüfen und das regionale Büro von **Migracíon Colombia** (☎7-630-8925; www.migracioncolombia.gov.co; Carrera 11 No 41-13; ⌚Mo–Fr 8–12 & 14–17 Uhr) in Bucaramanga kontaktieren, um die aktuelle Situation einschätzen zu können.

Wenn die Grenze normal funktioniert, verkehren Busse von Expresos Bolivarianos (zwischen 5 und 17.30 Uhr alle 20 Min.) und Corta Distancia (zwischen 5 und 18.30 Uhr alle 8 Min.) nach San Antonio del Táchira in Venezuela ab der Muelle de Abordaje (Boarding Zone) 1 im Busbahnhof von Cúcuta. Private Taxis fahren für rund 12 000 COP (obwohl auch weit höhere Preise verlangt werden!). Den kolumbianischen Ausreisestempel gibt es bei der **Migración Colombia** (☎7-573-5210; www.migracioncolombia.gov.co; CENAF – Simón Bolívar) links vor der Brücke. Zu Fuß hinübergehen oder ein Motorradtaxi nehmen (3000 COP).

In Venezuela angelangt, müssen im Einwanderungsgebäude die Einreiseformalitäten beim Büro von SAIME im Zentrum von San Antonio del Táchira (nicht im Büro von SAIME direkt an der Brücke) erledigt werden. Am besten nimmt man für den ganzen Weg ein Motorradtaxi.

Bei der Einreise von Kolumbien nach Venezuela muss die Uhr um 30 Minuten vorgestellt werden. Bürger der USA, Kanadas, Australiens, Neuseelands, Japans, des UK und der meisten west- und mitteleuropäischen Länder brauchen kein Visum für Venezuela.

Die Krise in Venezuela hat der Währung einen Riesenschaden zugefügt – es ist unumgänglich sich über die Währungssituation zu informieren, bevor man eine Tour plant.

Wer im Grenzbereich übernachten muss, der hat in Cúcuta mehr Auswahl als in San Antonio:

Hotel Mary (☎7-572-1585; www.hotelmarycucuta.com; Av 7 No 0-53; Zi. mit Ventilator/Klimaanlage 66 000/86 000 COP; ❄@📶) Das attraktive Foto auf der Website ist nicht so ganz zutreffend, doch das Mary ist ein sicheres Hotel mit 56 Zimmern gegenüber der Bushaltestelle.

Hotel La Bastilla (☎7-571-1629; Av 3 No 9-42; EZ/DZ 28 000/32 000 COP; 📶) Eine akzeptable Budget-Unterkunft im Zentrum mit schlichten Zimmern mit Ventilator und privatem Bad.

te, verschlafene Dorf ist direkt an der Área Natural Única Los Estoraques, einem der kleinsten Naturschutzgebiete Kolumbiens, gelegen. Alles im Dorf ist genauestens geplant, bis hin zu den sorgfältig bepflanzten Töpfen an der Wand, die viele der Häuser im Ort schmücken. Playa de Belén ist zwar kein kolumbianisches Geheimnis, aber nur wenige Ausländer dringen so weit nach Norden in Norte de Santander vor. Wer sich zu einem Besuch hier entschließt, der findet ein freundliches Dorf vor, das bisher nicht vom Tourismus vereinnahmt ist.

Sehenswertes

Área Natural Única Los Estoraques NATIONALPARK
(2000 COP; ⌚7–18.30 Uhr) Dieses 6 km^2 große Naturschutzgebiet, eines der kleinsten in

Kolumbien, bietet ein schier außerirdisches Szenario von verwitterten Sandsteinformationen, die in den Himmel ragen – Säulen, Sockel, Höhlen. Regenfälle und tektonische Gesteinsverschiebungen haben sie im Lauf der Zeit geschaffen. Mit etwas Fantasie erinnern sie an Kappadokien (ohne all die Menschen, die dort in Höhlen leben). Der Park liegt 350 m nördlich vom Ende der ausgebauten Carrera 3.

Zurzeit ist der Park Streitobjekt zwischen der Regierung und örtlichen Landbesitzern. Nach Meinung der Regierung ist er geschlossen. Aber man kann dennoch hineingehen; einer der Landbesitzer betreibt einen kleinen Kiosk an der Zugangsstelle und verlangt eine kleine Eintrittsgebühr.

Guides sind nicht vorgeschrieben, doch einige Einheimische sind da und arbeiten für ein Trinkgeld; sie können bei einem Spaziergang durch das Gebiet führen. Die Kosten belaufen sich pro Gruppe für einen kleinen Rundgang auf 20 000 COP, für eine längere Tour auf 30 000 COP. Vorsicht vor Schlangen!

Mirador Santa Cruz AUSSICHTSPUNKT

Ein prima Panoramablick auf das Pueblo und die umgebenden Felsformationen bietet sich von diesem Aussichtspunkt oberhalb der Stadt, 15 Minuten Aufstieg Richtung Osten von der Calle 4.

Aktivitäten

Yaragua ABENTEUERSPORT

(☎314-315-4991; Carrera 3 No 3-58; Zipline 20 000 COP; ⏲7–18 Uhr) Direkt am Rand des Stadtzentrums verfügt dieser kleine Abenteuerpark über eine 400 m lange Zipline und einen Aussichtspunkt in Richtung Los Estoraques. Es werden auch einige gut ausgestattete *cabañas* (EZ/DZ 60 000/100 000 COP) vermietet.

Schlafen & Essen

Casa Real PENSION $

(☎318-278-4486; karo27_03@yahoo.es; Vereda Rosa Blanca; Zi. pro Person mit Mahlzeiten 50 000 COP) Diese kleine *finca* bietet saubere, bequeme Unterkünfte mit sehr viel Platz und frischer Luft zum Relaxen. Man ist zwar außerhalb des Pueblo, aber die Terrasse mit Hängematten und die Gästeküche – beide mit Blick auf Los Estoraques – machen das mehr als wett. Am schönsten ist der Blick im Licht des späten Nachmittags. Die Zutaten für die Mahlzeiten stammen oft aus dem gepflegten Bio-Garten. Von der Carrera 1 aus sind es etwa 700 m.

Posada Marmacrisli PENSION $

(☎322-310-3435, 313-369-5123; www.posadaenlaplaya.com; Calle Central No 5-65; Zi. 70 000 COP; 📶) Die heimeligste Unterkunft im Ort, mit sechs superbequemen Zimmern, ausgestattet mit dunklen Holzmöbeln, um einen winzigen Backstein-Innenhof. Die stylishen Bäder haben dank Gas heißes Wasser. Frühstück kostet 8000 COP.

El Portal KOLUMBIANISCH $

(Carrera 1; Hauptgerichte 12 000 COP; ⏲10–21 Uhr) Das beste Restaurant am Ort bereitet sowohl Fastfood als auch üppigere, typisch kolumbianische Gerichte zu. Serviert wird in einem Speisesaal im Freien unter einem strohgedeckten Dach. Von der Plaza sind es fünf Minuten Fußweg in Richtung Norden.

Praktische Informationen

Der nächste Geldautomat ist in Ocaña.

Punto Información Turística (☎310-572-2012; www.laplayadebelen-nortedesantander.gov.co; Ecke Carrera 1 & Calle 3; ⏲Do–Mo 9–12 & 15–17 Uhr) Hilfreiche, gut ausgestattete Touristeninformation.

Telecom (Ecke Carrera 2 & Calle 4; pro Std. 1500 COP; ⏲8–21 Uhr) Internet am Park.

An- & Weiterreise

Cootrans Hacaritama (☎314-215-5316; Carrera 1 No 5-01) betreibt viermal täglich einen Kleinbus, der von der Playa de Belén nach Ocaña fährt (6000 COP, 45 Min.), und zwar jeweils um 5.30, 6, 8 und 14.30 Uhr. Aus Ocaña fährt er wieder zurück, wenn er voll besetzt ist. Ansonsten verkehren bis etwa 18 Uhr zum gleichen Preis *colectivo*-Taxis, die dann abfahren, wenn sie voll besetzt sind. Wer aus Cúcuta oder Bucaramanga kommt, muss nicht bis Ocaña fahren – einfach den Fahrer bitten, an der Kreuzung nach Playa de Belén aussteigen zu dürfen. Am Laden auf der anderen Seite der Straße warten schon Moto-Taxis, die die Reisenden die restlichen 11 km (5000 COP, 15 Min.) weiter befördern, selbst mit Gepäck.

Karibikküste

Inhalt ➡

Cartagena 135
Islas del Rosario.....153
Playa Blanca........155
Santa Marta 156
Minca..............161
Taganga 164
Valledupar..........178
Mompóx............179

Gut essen

➡ Ouzo (S. 160)

➡ Súa (S. 169)

➡ El Fuerte San Anselmo (S. 182)

➡ El Boliche (S. 148)

➡ Josefina's (S. 187)

Schön übernachten

➡ Hotel Casa San Agustin (S. 146)

➡ Mundo Nuevo (S. 162)

➡ Casa Amarilla (S. 180)

➡ Finca Barlovento (S. 167)

➡ Masaya Santa Marta (S. 157)

Auf zur Karibikküste!

Von der Sonne verwöhnt und voller kultureller Highlights bietet Kolumbiens Karibikküste unterschiedliche Ökosysteme – vom dichten Regenwald des Tapón del Darién (Darién Gap) an der Grenze zu Panama bis hin zur stimmungsvollen Wüstenlandschaft der Halbinsel La Guajira.

Kronjuwel dieser Küste ist die Kolonialstadt Cartagena: schöner und romantischer als jeder andere Ort in Kolumbien – trotz der vielen Besucher. Eine noch fast unentdeckte Alternative findet man im Hinterland: Das wunderbar einsame, mitten im Regenwald gelegene koloniale Mompós ist ein verschlafenes Nest, dessen Stern gerade erst im Aufstieg begriffen ist. Weitere Attraktionen sind der Parque Nacional Natural Tayrona mit herrlichen Sandstränden und unberührtem Regenwald, aber auch die aufregende und anstrengende Wanderung zur Ciudad Perdida, der „Verlorenen Stadt". Hier stößt man auf die Überreste einer alten Zivilisation inmitten einer grandiosen Bergkulisse.

Reisezeit

Cartagena

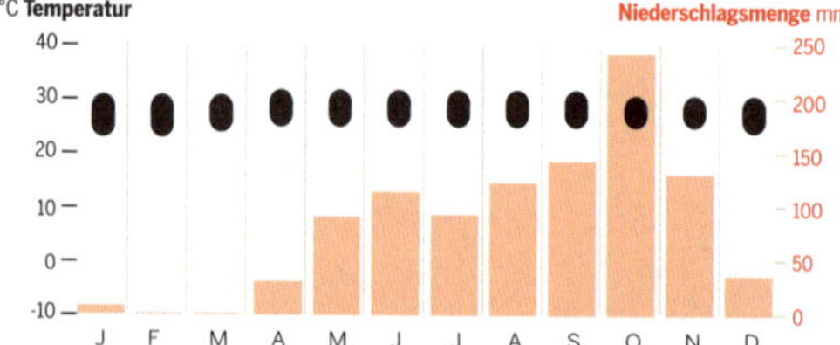

Dez. & Jan. Um Weihnachten ist es nicht so schwül, dann ist ein Strandurlaub am schönsten.

Feb.–April In der Trockenzeit wird der Tag nur sehr selten von einem Regenguss unterbrochen.

Sept. & Okt. Die Preise sind am niedrigsten und die Ortschaften am wenigsten überlaufen.

CARTAGENA & UMGEBUNG

Das Zentrum dieses dramatischen und historisch interessanten Abschnitts von Kolumbiens Karibikküste ist die fabelhafte Kolonialstadt Cartagena, die mit ihrer herben Schönheit und historischen Bedeutung, hervorragender Küche und einem pulsierenden Nachtleben das ganze Jahr über einen steten Strom von Besuchern anlockt.

Die Hauptstadt des Departamento Bolívar ist die bei Weitem größte Attraktion in dieser Region, und das zu Recht: Kaum jemanden lässt diese ungeschminkte, romantische und durch und durch kolumbianische Stadt kalt. Rund um Cartagena lohnen zahlreiche Destinationen einen Tagesausflug, darunter die hübschen Islas del Rosario, der eigentümliche Volcán de Lodo El Totumo und der wunderbare weiße Sandstrand Playa Blanca. Nirgendwo gerät man hier abseits der Touristenpfade, aber ziemlich schnell weiß man auch, warum so viele Menschen von Cartagena und seiner Umgebung so fasziniert sind.

Cartagena

☎5 / 971 500 EW. / 2 M

Cartagena de Indias ist die unangefochtene Königin der Karibikküste. Diese märchenhafte Stadt der Romantik und der Legenden liegt innerhalb einer eindrucksvollen etwa 13 km langen, jahrhundertealten Stadtmauer und ist makellos erhalten. Cartagenas Altstadt ist eine Unesco-Welterbestätte – ein Labyrinth aus Kopfsteinpflastergassen, von Bougainvilleen überwucherten Balkonen und massiv gebauten Kirchen, die ihre Schatten auf die Plazas werfen.

Hier verabschieden sich Besucher am besten gleich vom Sightseeing-Programm. Stattdessen empfiehlt es sich, egal zu welcher Tageszeit durch die Altstadt zu schlendern, die geradezu sinnliche Atmosphäre aufzusaugen und hin und wieder in einem der unzähligen exzellenten Lokale vor der Hitze und Schwüle zu entschwinden.

Cartagena kann es im Wettstreit der mitreißendsten und besterhaltenen Kolonialstädte durchaus mit Brasiliens Ouro Preto und Perus Cuzco aufnehmen – hier zieht man nur ungern weiter, denn diese wunderschöne Ortschaft hält ihre Besucher mit ihren hochbetagten Händen fest und lässt sie ganz einfach nicht mehr los.

Geschichte

Cartagena wurde 1533 von Pedro de Heredia an der Stelle der Karibensiedlung Calamari gegründet. Schnell wuchs es zu einer wohlhabenden Stadt heran. Doch bereits im Jahr 1552 zerstörte ein Großbrand viele der aus Holz errichteten Gebäude. Danach erlaubte die Stadtverwaltung nur noch Stein, Ziegel und Kacheln als Baumaterialien.

Innerhalb kürzester Zeit entwickelte sich Cartagena zum bedeutendsten spanischen Hafen an der Karibikküste und zum wichtigsten Einfallstor nach Südamerika. Die Spanier nutzten es zudem als Zwischenlager für die im Land erbeuteten Schätze, die von hier aus weiter nach Spanien verschifft wurden. Dies machte die Stadt jedoch gleichzeitig zu einem begehrten Ziel von Freibeutern, die in der Karibik ihr Unwesen trieben. Allein im 16. Jh. wurde Cartagena fünfmal von Piraten belagert, so auch vom berühmt-berüchtigten Sir Francis Drake. Er plünderte im Jahr 1586 den Hafen und stimmte gegen die horrende Summe von 10 Mio. Pesos – die er in seine Heimat England verbrachte – „gnädigerweise" zu, die Stadt nicht dem Erdboden gleichzumachen.

Als Reaktion auf die Piratenüberfälle bauten die Spanier rund um die Stadt eine Reihe von Befestigungsanlagen, die sie vor späteren Belagerungen schützen sollten, so auch vor dem heftigsten Angriff im Jahr 1741 unter Edward Vernon. Blas de Lezo, ein spanischer Offizier, der in früheren Schlachten bereits einen Arm, ein Bein und ein Auge verloren hatte, führte die erfolgreiche Gegenwehr an. Mit gerade einmal 2500 schlecht ausgebildeten und ausgerüsteten Männern schaffte es Don Blas, rund 25 000 englische Soldaten und eine Flotte aus 186 Schiffen abzuwehren. In diesem Kampf verlor er sein zweites Bein und kurz darauf auch sein Leben. In die Geschichte Cartagenas ging er als der große Retter ein. Seine Statue steht heute stolz vor dem Castillo de San Felipe de Barajas.

Trotz des hohen Preises, den die Piratenangriffe Cartagena abverlangten, gedieh die Stadt weiter. Dank des Canal del Dique, der 1650 gebaut wurde, um die Cartagena-Bucht mit dem Río Magdalena zu verbinden, wurde die Stadt zum wichtigsten Hafen für Schiffe, die flussaufwärts unterwegs waren. Ein Großteil der Waren, die ins Landesinnere verschifft wurden, passierte damals Cartagena. In der Kolonialzeit war die Stadt die bedeutendste Bastion des spanischen

0 100 km

KARIBISCHES MEER

Parque Nacional Natural Tayrona
Taganga
2
SANTA MARTA
5 Minca
3 Ciudad Perdida
Parque Nacional Isla de Salamanca
BARRANQUILLA
Atlántico
Ciénaga
Baranoa
Luruaco
Aracataca
Volcán de Lodo El Totumo
Fundació
Cartagena 1
Turbaco
Islas del Rosario
Calamar
Parque Nacional Natural Corales del Rosario y San Bernardo
El Copey
Magdalena
Bosconia
San Jacinto
Plato
Islas de San Bernardo
San Onofre
Golfo de Morrosquillo
Tolú
Coveñas
Río Magdalena
Corozal
Lorica
SINCELEJO
Magangué
4 Mompóx
El Banco
Arboletes
Cereté
MONTERÍA
Sapzurro 7
7 Capurganá
Antioquia
Sucre
Bolívar
Golfo de Urabá
Neccolí
Titumate
Planeta Rica
Chocó
Valencia
Río Cauca
PANAMA
Tierralta
Río Atrato
Turbo
Parque Nacional Natural Los Katíos
Córdoba
Caucasia
Apartadó
Medellín (285 km)
Medellín (250 km)

Highlights

1. **Cartagena** (S. 135) Durch die farbenfrohen Straßen dieser Kolonialstadt bummeln.

2. **Parque Nacional Natural (PNN) Tayrona** (S. 166) Strand-Hopping an den malerischen Buchten dieses Küsten-Nationalparks.

3. **Ciudad Perdida** (S. 170) Durch dichten kolumbianischen Regenwald zur geheimnisvollen präkolumbischen Hauptstadt des Tairona-Volkes wandern.

4. **Mompóx** (S. 179) Einen Spaziergang durch diese zauberhafte Kolonialstadt machen.

5 Minca (S. 161) In diesem Bergort und entspannten Backpacker-Ziel der Hitze an der Küste entkommen.

6 Punta Gallinas (S. 177) Die wilde und küstennahe Wüstenlandschaft der Halbinsel La Guajira bis zu den atemberaubenden und beeindruckenden Dünenstränden an ihrem nördlichsten Punkt durchstreifen.

7 Capurganá und Sapzurro (S. 185) Hinter den beschaulichen Dörfern am Tapón del Darién mit exzellenten Stränden die kolumbianisch-panamaische Grenze passieren.

Cartagena Altstadt

A B C D

1 2 3 4 5 6 7

KARIBISCHES MEER

Av Santander

Las Murallas

Playa del Tejadillo

Metrocar-Busse zum Busbahnhof

Calle del Torno

Calle de las Bóvedas

Calle del Curato

Plaza de San Diego

Stuard

Cochera del Hobo

Tumbamuerto

SAN DIEGO

Del Tejadillo

C del Santísimo

C de los 7 Infantes

Sargento Mayor

Plaza Fernandez de Madrid

Merced

Estanco del Aguardiente

Calle Don Sancho

Calle del Cuartel

De la Factoría

Calle de la Mantilla

EL CENTRO

San Agustín Chiquita

Calle Segunda de Badillo

Calle de los Puntales

Calle de la Bomba

Calle de la Moneda

Calle Primera de Badillo

La Soledad

Estanco del Tabaco

Del Porvenir

Calle Gastelbondo

Av Carlos Escallón

Plaza de Santo Domingo

Calle de Ayos

Del Coliseo

Dolores

Calle de los Estribos

Palacio de la Inquisición

Del Colegio

Proclamación

Román

Playa de la Artillería

Calle Baloco

C de la Inquisición

Velz Danies

Candilejo

Vicaria Santa

Sta Teresa

De las Damas

Amargura

San Juan deDios

Plaza Santa Teresa

Plaza de San Pedro Claver

Parque de la Marina

Av Blas de Lezo

Parque del Centenario

Muelle Turístico de los Pegasos

Av del Mercado

Santa Orden

GETSEMANÍ

Centro de Convenciones

Calle Larga

Av del Arsenal

Bahía de las Animas

Kiosco El Bony (2,4 km)

1 3 4 5 6 8 10 11 12 13 14 15 16 17 18 19 20 22 23 25 27 28 30 33 34 35 36 37 40 44 45 46 49 50 51 52 53 55 56 58 60 62 63 64 65 66 67

Weltreichs in der Neuen Welt und prägte Kolumbiens Geschichte entscheidend mit.

Zu Zeiten der Unabhängigkeitsbestrebungen wurde die Unbeugsamkeit der Einwohner erneut geweckt. Cartagena war eine der ersten Städte, die sich bereits 1810 von Spanien unabhängig erklärten und Bogotá und andere Städte veranlassten, es ihnen gleichzutun. Die Unabhängigkeitserklärung wurde am 11. November 1811 unterzeichnet, doch die Stadt musste dafür teuer bezahlen. Im Jahr 1815 schickte man unter der Führung von Pablo Morillo spanische Truppen, um die Stadt zurückzuerobern und zu „befrieden", was nach einer vier Monate andauernden Belagerung schließlich auch Erfolg hatte. Bis dahin waren allerdings mehr als 6000 Einwohner verhungert oder an Krankheiten gestorben.

Im August 1819 bezwangen Simón Bolívars Truppen die Spanier in der Schlacht von Boyacá und verhalfen Bogotá zum Frieden. Cartagena indes musste bis zum Oktober 1821 auf seine Befreiung warten: Dann erst nahte die Rettung vom Meer her kommend und brachte die Stadt endgültig in ihre Hände. Es war Bolívar, der Cartagena den wohlverdienten Beinamen verlieh: „La Heroica" – „die Heldenhafte".

Cartagena erholte sich und wurde erneut zum wichtigen Handelszentrum und Hafen. Der Wohlstand der Stadt lockte Einwanderer aus anderen Ländern an – Juden, Italiener, Franzosen, Türken, Libanesen und Syrer ließen sich hier nieder. Ihre Nachfahren sind heute Geschäftsleute, die in Cartagena z. B. Hotels und Restaurants führen.

Sehenswertes

Altstadt

Die Altstadt ist zweifellos Cartagenas Hauptattraktion, vor allem die innere ummauerte Stadt mit den Vierteln El Centro und San Diego. Das westlich gelegene El Centro war einstmals das Refugium der oberen Klassen, in San Diego im Nordosten lebte dagegen der Mittelstand. In beiden Vierteln finden sich perfekt erhaltene Kirchen, Klöster, Plätze, Paläste und Herrenhäuser mit Balkonen und schattigen Patios, allesamt noch aus der Kolonialzeit und geschmückt mit farbenfrohen Blumen.

Getsemaní, die äußere ummauerte Stadt, wirkt zunächst weniger beeindruckend und architektonisch bescheidener. Da sie aber mehr Wohnhäuser hat und weniger her-

Cartagena Altstadt

Highlights
1 Palacio de la Inquisición ... B5

Sehenswertes
2 Casa de Rafael Núñez ... F1
3 Catedral ... C4
4 Convento & Iglesia de San Pedro Claver ... C5
5 Iglesia de Santo Domingo ... B4
6 Iglesia de Santo Toribio de Mogrovejo ... D3
7 Las Bóvedas ... E1
8 Las Murallas ... C2
9 Monumento a la India Catalina ... F3
10 Muelle Turístico de la Bodeguita ... C6
11 Museo de Arte Moderno ... C5
12 Museo del Oro Zenú ... C5
13 Museo Naval del Caribe ... B5
14 Plaza de Bolívar ... B5
15 Plaza de la Aduana ... C5
16 Plaza de los Coches ... C5
17 Puerta del Reloj ... C5

Aktivitäten, Kurse & Touren
18 Aventure Colombia ... B4
19 Centro Catalina Spanish School ... D3
20 Diving Planet ... C3
21 Nueva Lengua ... E6
22 Sico ... D3

Schlafen
23 Bantú ... D3
24 Casa Canabal ... E4
25 Casa La Fe ... D3
26 Casa Villa Colonial ... E5
27 El Genovés Hostal ... D3
28 El Viajero Cartagena ... D3
29 Friends To Be ... E5
30 Hostal Santo Domingo ... B4
31 Hostel Mamallena ... E5
32 Hotel Casa de las Palmas ... E7
33 Hotel Casa San Agustin ... C4
34 Hotel Don Pedro de Heredia ... D4
35 Hotel Monterrey ... D5
36 La Passion ... C4
37 Mama Waldy Hostel ... D5
38 Media Luna Hostel ... E5
39 San Pedro Hotel Spa ... E3

Essen
40 Agua de Mar ... D3
41 Beiyu ... E6
42 Caffé Lunático ... F5
Cevichería Chipi Chipi ... (s. 40)
43 Demente ... E6
44 El Bistro ... C4
45 El Boliche ... D3
46 Espíritu Santo ... C4
47 Gastrolab Sur ... F5
48 Interno ... E2
49 La Cevichería ... D2
50 La Mulata ... D3
51 Oh Là Là ... D6
52 Pastelería Mila ... C4
53 Pezetarian ... D3
54 Restaurante Coroncoro ... E5
55 Señor Toro ... B4

Ausgehen & Nachtleben
56 Alquímico ... C4
57 Bazurto Social Club ... E5
58 Café del Mar ... A4
59 Café Havana ... E5
60 Donde Fidel ... C5
61 León de Baviera ... E7
62 Quiebra-Canto ... D5
63 The Beer Lovers ... B4
64 Tu Candela ... C5

Shoppen
65 Ábaco ... B4
66 Colombia Artesanal ... B4
67 El Arcón ... D2

ausgeputzt ist, bietet sie authentisches Flair und lohnt durchaus einen Erkundungsrundgang. In den letzten Jahren entwickelte sich das Viertel zum Hotspot von Rucksacktouristen. Leider setzte die Gentrifizierung erstaunlich schnell ein, trendige Restaurants, überquellende Cocktailbars und Salsa-Clubs schossen wie Pilze aus dem Boden. Inzwischen gibt es hier beinahe schon so viele Boutiquehotels wie in der inneren Altstadt. Die schöne Flaniermeile Muelle Turístico de los Pegasos (S. 153) verbindet Getsemaní mit der Altstadt.

Diese ist komplett von **Las Murallas** umgeben, den dicken Stadtmauern, die einst zu ihrer Verteidigung hochgezogen worden waren. Die Bauarbeiten begannen Ende des 16. Jhs. nach dem Angriff von Francis Drake – zuvor war Cartagena fast völlig ungeschützt. Da die Mauern wiederholt von Stürmen und Piratenattacken beschädigt wurden, dauerte es 200 Jahre, bis das Projekt schließlich vollendet war. 1786 war die Mauer fertig – nur 25 Jahre, bevor die Spanier schließlich vertrieben wurden.

★ **Palacio de la Inquisición** MUSEUM
(Plaza de Bolívar; Erw./Kind 19 000/16 000 COP; ⌚9–18 Uhr) Der Inquisitionspalast ist heute eines der schönsten Bauwerke der Stadt, in der Vergangenheit jedoch war er Sitz der berüchtigten grausamen Inquisition, deren

blutige Aufgabe es war, die Ketzerei im kolonialen Cartagena auszumerzen.

Der Palast ist heute ein Museum, in dem die Folterinstrumente des Inquisitors präsentiert werden, von denen einige wirklich schrecklich sind. Daneben werden aber auch präkolumbische Tonwaren und historische Objekte aus der Kolonialzeit sowie aus der Zeit der Unabhängigkeitskämpfe ausgestellt, darunter befinden sich Waffen, Gemälde, Möbel und Kirchenglocken.

Obwohl sich hier schon seit 1610 der Sitz des Straftribunals der Inquisition befand, wurde der Palast erst im Jahr 1776 fertiggestellt. Er ist ein schönes Werk spätkolonialer Architektur. Besondere Beachtung verdienen das steinerne Portal mit dem spanischen Wappen obenauf und die lang gezogenen Balkone an der Fassade.

An der Seite, vom Eingang aus um die Ecke, ist ein kleines Fenster mit einem Kreuz darüber zu sehen. Hier wurden damals Ketzer angeklagt, Voraussetzung dafür, dass die Inquisition das Verfahren gegen den Beschuldigten einleiten konnte. Das „Verbrechen" bestand zumeist in Zauberei, Hexerei oder Blasphemie. Wenn die Delinquenten für schuldig befunden wurden, verurteilte man sie in einem Autodafé (portugiesisch für „Glaubensgericht"; Hinrichtung von Ketzern, oftmals auf dem Scheiterhaufen verbrannt) zum Tode. Bis zur Unabhängigkeit 1821 fanden hier fünf Autodafés statt. Etwa 800 Personen wurden zum Tode verurteilt und hingerichtet. Über die indigene Bevölkerung richtete die Inquisition jedoch nicht.

Ein gutes Modell Cartagenas aus dem frühen 19. Jh. und eine interessante Sammlung alter Karten des Nuevo Reino de Granada aus verschiedenen Epochen sind ebenfalls ausgestellt. Die Beschriftungen sind bis auf einige Ausnahmen auf Spanisch gehalten, Besucher können sich aber für 40 000 COP einen Englisch sprechenden Führer nehmen, damit man mehr davon hat. Der Preis gilt für bis zu fünf Personen – am besten also ein paar Leute zusammentrommeln.

Convento & Iglesia de San Pedro Claver — MUSEUM

(☎5-664-4991; Plaza de San Pedro Claver; Erw./Kind 12 000/8000 COP; ⏲8–20 Uhr) Das in der ersten Hälfte des 17. Jhs. als Convento San Ignacio de Loyola gegründete Kloster wurde später zu Ehren des in Spanien geborenen Mönchs Pedro Claver (1580–1654), der hier lebte und starb, umbenannt. Claver, der „Apostel der Schwarzen" und „Sklave der Sklaven", kümmerte sich sein ganzen Leben lang um die versklavten Menschen aus Afrika. 1888 war er die erste Person in der Neuen Welt, die heiliggesprochen wurde.

Das Kloster ist ein monumentales dreistöckiges Gebäude rund um einen von Bäumen bestandenen Innenhof. Ein Teil ist als **Museum** zugänglich. Zur Sammlung gehören religiöse Kunst und präkolumbische Töpferwaren. Eine Abteilung widmet sich außerdem zeitgenössischen afro-karibischen Werken und zeigt wunderbare haitianische Gemälde und afrikanische Masken.

Besucher können die Zelle, in der San Pedro Claver lebte und starb, besichtigen und in der Kirche nebenan die schmale Treppe zur Chorempore hochsteigen. Führer (35 000 COP, englischsprachig, für bis zu 7 Pers.) finden sich am Kartenschalter. Die in der ersten Hälfte des 18. Jhs. vollendete Iglesia de San Pedro Claver hat eine eindrucksvolle Steinfassade, schöne Buntglasfenster und einen Hochaltar aus italienischem Marmor. Die sterblichen Überreste von San Pedro Claver liegen in einem gläsernen Sarg im Altar. Sein Schädel ist deutlich zu sehen.

Plaza de Bolívar — PLATZ

Der Platz mit schattenspendenden Bäumen, ehemals die Plaza de Inquisición, wird von einigen der elegantesten, mit Balkonen ausgestatteten Kolonialhäusern eingerahmt. Er gehört zu den charmantesten Plätzen in der Stadt und bietet eine wunderbare Zuflucht vor der karibischen Hitze. Mitten auf dem Platz erhebt sich die **Statue** des namensgebenden Simón Bolívar.

Museo del Oro Zenú — MUSEUM

(Plaza de Bolívar; ⏲Di–Sa 9–17, So 10–15 Uhr) GRATIS Das Museum ist eine Art Miniaturausgabe des Museo del Oro, des berühmten Goldmuseums von Bogotá. Es ist zwar relativ klein, präsentiert aber eine faszinierende Sammlung mit Gold und Keramik der Zenú (auch als Sinú bekannt). Die Zenú besiedelten vor der Eroberung durch die Spanier die Region der heutigen Departamentos Bolívar, Córdoba, Sucre und das nördliche Antioquia. Einige der Ausstellungsstücke sind wunderbar fein gearbeitet.

Für alle, die unterwegs nach Bogotá sind, bietet dieses Goldmuseum einen Vorgeschmack auf das weit größere und eindrucksvollere Pendant in der Hauptstadt. Da die Klimaanlage auf „arktische" Temperaturen eingestellt ist, kann man sich hier hervorragend abkühlen.

Iglesia de Santo Domingo KIRCHE

(Plaza de Santo Domingo; Erw./Kind 12 000/ 8000 COP; ⌚Di–Sa 9–19, So 12–20 Uhr) Die Iglesia de Santo Domingo ist angeblich die älteste Kirche der Stadt. Ursprünglich wurde sie 1539 auf der Plaza de los Coches errichtet, doch nachdem der Originalbau einem Feuer zum Opfer gefallen war, baute man die Kirche 1552 an ihrer jetzigen Stelle wieder auf.

Die Bauherren verpassten ihr ein besonders breites Hauptschiff und ein schweres Dach. Leider waren sie keine guten Statiker, sodass das Gewölbe schon bald Risse bekam. Massive Stützpfeiler an den Mauern waren nötig, um das Bauwerk vor dem Einsturz zu bewahren. Auch der Glockenturm machte Probleme, was nicht zu übersehen ist, denn er ist eindeutig schief.

Der hohe Innenraum wirkt groß. Den Barockaltar im rechten Seitenschiff ziert eine aus Holz geschnitzte Christusfigur. Im Boden vor dem Hochaltar und in den beiden Seitenschiffen befinden sich alte Grabsteine, die größtenteils aus dem 19. Jh. stammen.

Bis vor Kurzem war das Gotteshaus ausschließlich zu den Gottesdienstzeiten geöffnet, doch inzwischen ist es möglich, den ganzen Tag über die etwa 20-minütige Audiotour (die in mehreren Sprachen erhältlich ist) zu absolvieren.

Puerta del Reloj TOR

Das Tor – ursprünglich wurde es Boca del Puente genannt – war der wichtigste Zugang zur inneren ummauerten Altstadt. Eine Zugbrücke über dem Graben verband das Tor mit Getsemaní. In seinen seitlichen Bögen, die heute als Fußgängerdurchgänge geöffnet sind, waren früher eine Kapelle und eine Waffenkammer untergebracht. Der Turm im republikanischen Stil mit vierseitiger Uhr wurde 1888 hinzugefügt.

Plaza de los Coches PLATZ

Auf der dreieckigen Plaza de los Coches, die früher Plaza de la Yerba hieß und gleich hinter der Puerta del Reloj liegt, fand einst der Sklavenmarkt statt. Den Platz säumen alte, farbenfroh gestrichene Häuser mit Balkonen und Arkaden aus der Kolonialzeit im Erdgeschoss. Beim Bogengang El Portal de los Dulces sind heute Stände mit regionalen Süßwaren zu finden. Die Statue des Stadtgründers Pedro de Heredia thront in der Mitte des Platzes.

Plaza de la Aduana PLATZ

Der größte und älteste Platz in der Altstadt diente einst als Paradeplatz. Zu Kolonialzeiten standen hier alle wichtigen Regierungs- und Verwaltungsgebäude. Das alte Königliche Zollhaus wurde zwischenzeitlich restauriert, es fungiert heute als Rathaus. Das Zentrum des Platzes schmückt eine Statue von Christoph Kolumbus.

Museo de Arte Moderno MUSEUM

(Museum der Modernen Kunst; Plaza de San Pedro Claver; Erw./Kind 8000/4000 COP; ⌚Mo–Fr 9–12 & 15–19, Sa 10–13, So 16–21 Uhr) Das perfekt proportionierte Museum für Moderne Kunst ist in einem schön umgestalteten Teil des früheren Königlichen Zollhauses aus dem 17. Jh. untergebracht. Gezeigt werden in Wechselausstellungen Stücke aus der eigenen Sammlung, darunter Werke von Alejandro Obregón und Enrique Grau. Obregón war einer der berühmtesten kolumbianischen Maler, der in Cartagena zur Welt kam, Grau ein einheimischer Kunstmaler, der dem Museum einige Werke vererbte. Auch die Skulpturen, die abstrakte Kunst und die Wechselasusstellungen lohnen einen Blick.

Museo Naval del Caribe MUSEUM

(Calle San Juan de Dios No 3-62; 16 000 COP; ⌚9–17 Uhr) 1992, zum 500. Jahrestag von Kolumbus' Ankunft in der Neuen Welt, eröffnete das Marinemuseum seine Pforten. Es befindet sich in einem großen Gebäude aus der Kolonialzeit, das früher ein Jesuitenkolleg war. Kernstück des Museums ist eine umfangreiche Sammlung rekonstruierter Stadtansichten und Schiffsmodellen aus mehreren Jahrhunderten. Echte Artefakte sind jedoch Mangelware – immerhin gibt es ein paar hübsche Torpedos.

Catedral KATHEDRALE

(Calle de los Santos de Piedra) Im Jahr 1586, etwa ein Jahrzehnt nach dem Baubeginn der Kathedrale von Cartagena, zerstörten Francis Drakes Kanonen Teile des Bauwerks, sodass das Gotteshaus erst 1612 fertiggestellt werden konnte. In den Jahren zwischen 1912 und 1923 ließ der erste Erzbischof von Cartagena Umbaumaßnahmen durchführen: Das Gebäude wurde mit Stuck versehen, der so bemalt wurde, dass er wie Marmor aussah. 2017 wurde die Kathedrale erneut für Renovierungsarbeiten geschlossen. Wenn sie 2019 wieder ihre Pforten öffnet, wird sie sicherlich noch beeindruckender sein.

Iglesia de Santo Toribio de Mogrovejo KIRCHE

(Calle del Curato, San Diego; ⌚10–22 Uhr) Santo Toribio zählt zu den kleineren Kirchen

Cartagenas. Das zwischen 1666 und 1732 errichtete herrliche Gotteshaus wurde 2015 komplett renoviert. Die Decke ist mit Mudéjar-Täfelung verkleidet, und der rosa-goldene Barockaltar ist einzigartig in der Stadt. Während Vernons Angriff im Jahr 1741 flog während des Gottesdienstes eine Kanonenkugel durch ein Fenster, doch wie durch ein Wunder gab es keine Todesopfer. Die Kugel ist heute in einem Glaskasten in der linken Kirchenwand zu besichtigen.

Casa de Rafael Núñez MUSEUM

(⌚Di–Fr 9–17, Sa & So 10–16 Uhr) GRATIS In diesem hübschen Haus gleich hinter den Mauern von Las Bóvedas wohnte der frühere Präsident, Richter und Poet Rafael Núñez (1825–1894). Er verfasste den Text zu Kolumbiens Nationalhymne und war einer der Väter der Verfassung von 1886, die (mit ein paar Änderungen) bis 1991 in Kraft war. Das aus Holz errichtete weiß und grün gestrichene Haus zeigt heute als Museum Dokumente und persönliche Habseligkeiten aus dem Besitz von Núñez. Es fällt schwer, Núñez nicht um das schöne überdachte Esszimmer im Freien oder den riesigen Balkon zu beneiden. In der Kapelle gegenüber, der Ermita del Cabrero, ist seine Urne verwahrt.

Monumento a la India Catalina STATUE

Das Denkmal am Hauptzugang zur Altstadt vom Festland aus zollt den Kariben Tribut, die auf diesem Land lebten, ehe die Spanier kamen. Die Bronzestatue zeigt Catalina, eine schöne Karibin, die bei der Ankunft der Spanier als Dolmetscherin für Pedro de Heredia fungierte. Die 1974 geschaffene Statue ist das Werk des spanischen Bildhauers Eladio Gil, der viele Jahre in Cartagena lebte.

Spanische Forts

Cartagenas Altstadt ist eine Festung für sich, aber auch außerhalb gibt es an strategisch wichtigen Punkten militärische Befestigungsanlangen, die den Besuch lohnen. Die berühmteste ist das massive Castillo de San Felipe de Barajas, das über der Stadt thront und vielleicht eine der eindrucksvollsten kolonialen Festungen Südamerikas darstellt. Für Geschichtsenthusiasten sind aber auch andere, weniger bekannte Forts interessant. Sie sollten sich jedoch zuvor im Hotel oder im Reisebüro nach den aktuellen Sicherheitsinformationen erkundigen, da ein Ausflug zu einigen abgelegenen Festungen auf eigene Faust zu gefährlich wäre.

★Castillo de San Felipe de Barajas FESTUNG

(Av Arévalo; Erw./Kind 25 000/10 000 COP; ⌚8–18 Uhr) Dies ist die größte Festung, die die Spanier jemals in ihren Kolonien errichtet haben, es dominiert noch immer einen wesentlichen Teil von Cartagenas Stadtbild. Es sollte auch die erste Wahl in puncto Festungsbesichtigungen sein.

Das ursprüngliche Bauwerk, 1630 in Auftrag gegeben, war noch recht klein. 1657 begann man auf dem 40 m hohen Hügel San Lázaro mit den Bauarbeiten. 1762 wurden umfangreiche Erweiterungen durchgeführt, bis schließlich der gesamte Hügel vom mächtigen Bollwerk eingenommen wurde. Es erwies sich tatsächlich als unbezwingbar und wurde nie eingenommen – trotz zahlreicher Versuche, es zu erstürmen.

Um an Proviant zu gelangen und um das Castello nötigenfalls evakuieren zu können, war die Festung mit einem komplizierten Tunnelsystem ausgestattet. Die Tunnel waren so konstruiert, dass sie Geräusche ins ganze System weiterleiteten, sodass der leiseste Tritt eines Angreifers zu hören war und man sich außerdem problemlos untereinander verständigen konnte.

Ein paar Tunnel sind heute beleuchtet und für die Öffentlichkeit zugänglich – ein einmaliges, etwas gespenstisches Erlebnis! Im Rahmen einer Audio-Tour (10 000 COP, in Englisch) erfahren die Besucher mehr über die ausgefallenen Erfindungen von Antonio de Arévalo, dem Militärtechniker, der den Bau des Forts leitete.

Von Getsemaní führt ein kurzer Spaziergang über die Brücke zur Festung.

Convento de la Popa

Convento de la Popa KIRCHE

(Erw./Kind 11 000/8000 COP; ⌚8–18 Uhr) Das Kloster steht auf einem 150 m hohen Hügel, dem höchsten Punkt Cartagenas. Der Ausblick von dort oben über die Stadt ist grandios. Der Name des Klosters bedeutet „Konvent des Hecks“ – nach der augenfälligen Ähnlichkeit des Hügels mit dem hinteren Teil eines Schiffskörpers. Im Jahr 1607 bauten hier Augustinermönche eine kleine Holzkapelle, die jedoch zwei Jahrhunderte später, als man den Hügel befestigte, durch ein stabileres Gebäude ersetzt wurde.

In der Klosterkapelle befindet sich ein schönes Bildnis von Cartagenas Schutzheiliger, La Virgen de la Candelaria, der Patio voller Blumen ist einfach zauberhaft. Grausam ist indessen die Statue des aufgespießten Padre Alonso García de Paredes, eines Priesters, der zusammen mit fünf spanischen Soldaten ermordet wurde, als er den Anwohnern das Wort Gottes lehren wollte.

Zum Kloster hinauf führen eine im Zickzack verlaufende Straße (keine öffentlichen Verkehrsmittel) und Wege, die die Haarnadelkurven der Straße schneiden. Zu Fuß würde der Weg nach oben eine halbe Stunde dauern, Sicherheit und Gesundheit sprechen jedoch dagegen – der Marsch käme nämlich einer Wüstenwanderung gleich! Bequemer ist es mit dem Taxi (50 000 COP).

Wer höflich, aber bestimmt zu feilschen versteht, bezahlt wahrscheinlich nur halb so viel wie der eine oder andere Taxifahrer zunächst einmal verlangt.

Mercado Bazurto

Mercado Bazurto MARKT

(Av Pedro de Heredia; 24 Std.) Nur für abenteuerlustige Zeitgenossen zu empfehlen ist Cartagenas labyrinthartiger zentraler Markt. Schmutzig und spannend zugleich, ist er ein wahrer Angriff auf alle Sinne. An zahllosen Ständen wird hier einfach alles angeboten, was man sich so vorstellen kann: Obst und Gemüse, Fleisch und Fisch, unzählige Snacks und gekühlte Getränke.

Besucher sollten auffälligen Schmuck besser zu Hause lassen und gut auf die eigenen Habseligkeiten achten. Ein Taxi von der Altstadt zum Markt kostet etwa 7000 COP.

Aktivitäten

Cartagena hat sich dank der ausgedehnten Korallenriffe entlang der Küste zu einem wichtigen Tauchzentrum entwickelt. La Boquilla, gleich vor der Stadt, ist vor allem bei Kitesurfern sehr beliebt.

Diving Planet TAUCHEN

(320-230-1515, 310-657-4926; www.divingplanet.org; Calle Estanco del Aguardiente No 5-09) Die 5-Sterne-PADI-Tauchschule bietet für 400 000 COP Ausflüge mit zwei Tauchgängen vor den Islas del Rosario an. Transport, Ausrüstung, Mittagessen und Lehrer sind inklusive. Bei Online-Buchung gibt es zehn Prozent Preisnachlass.

Kitesurf Colombia KITESURFEN

(311-410-8883; www.kitesurfcolombia.com; Carrera 9, hinter Edificio Los Morros 922, Cielo Mar) Die Kitesurfing-Schule befindet sich am Strand hinter dem Flughafen, abseits der Hauptstraße nach Barranquilla. Colombia bietet auch Windsurfen, Surfen, Kajaktouren und andere Aktivitäten an.

Sico RADFAHREN

(300-339-1728; www.sicobikerental.com; Calle Puntales 37-09, San Diego; 9–22 Uhr) Die nette Agentur mitten in der Altstadt bietet geführte Radtouren durch die Stadt und in die Umgebung und verleiht hochwertige Crossräder und Mountainbikes (24 000 COP für einen halben Tag). Die Stadttouren beginnen täglich um 8 und 16 Uhr.

Kurse

Centro Catalina Spanish School SPRACHSCHULE

(310-761-2157; www.centrocatalina.com; Calle de los 7 Infantes No 9-21) Diese empfehlenswerte Spanisch-Schule befindet sich in beneidenswerter Lage im Herzen der ummauerten Stadt. Sie bietet unterschiedliche Kurse, der Preis für einen einwöchigen Kurs mit 20 Unterrichtsstunden etwa beginnt bei 239 US $ plus 60 US $ Einschreibegebühr. Unterkünfte und verschiedenste Aktivitäten können auf Wunsch arrangiert werden.

Nueva Lengua SPRACHSCHULE

(315-8559-551, 1-813-8674; www.nuevalengua.com; Callejón Ancho No 10b-52, Getsemaní) Die Sprachkurse in dieser zwanglosen Schule beginnen bereits bei 185 US $ die Woche für insgesamt 20 Unterrichtsstunden, darin eingeschlossen ist ein Kochkurs, um nicht nur die Spanischkenntnisse zu intensivieren.

Feste & Events

Hay Festival Cartagena KUNST

(www.hayfestival.com; Jan) Die kolumbianische Version dieses berühmten walisischen Literatur- und Kunstfestivals wird an vier Tagen im Januar ausgetragen. Zu den Veranstaltungen gehören Vorträge und Lesungen bekannter Literaten aus aller Welt.

Fiesta de Nuestra Señora de la Candelaria PROZESSION

(2. Feb.) Am Tag der Schutzheiligen von Cartagena findet am Convento de la Popa eine Prozession statt, bei der die Gläubigen brennende Kerzen tragen. Schon in den neun Tagen zuvor, den sogenannten *novenas*, ziehen Pilgerscharen zum Kloster.

Schlafen

Cartagena hat eine große Auswahl an Unterkünften, aber für alles über einem Hostel oder einem sehr einfachen Mittelklassehotel heißt es tief in die Tasche greifen. Die Hotels am oberen Ende der Preisskala, die auf wohlhabende Kolumbianer und Wochenendbesucher aus den USA ausgerichtet sind, sind nahezu utopisch teuer, und inzwischen gibt es auch sehr viele schön restaurierte Kolonialhäuser, die als Boutiquehotels dienen.

In Getsemaní, hauptsächlich in der Calle de la Media Luna, befinden sich die meisten der preiswerten Unterkünfte.

El Genovés Hostal HOSTEL $
(☎5-646-0972; www.elgenoveshostal.com; Calle Cochera del Hobo No 38-27, San Diego; B 40 000–49 000 COP, Zi. ab 160 000 COP, alle inkl. Frühstück; ❄📶🏊) Das charmante, farbenfrohe El Genovés verfügt über mehrere Schlafsäle sowie eine Auswahl an Doppel- und Dreibett-Zimmer mit eigenen Bädern. Im Innenhof lockt ein Tauchbecken und ganz oben eine kleine Dachterrasse. Die Gemeinschaftsküche ist gut ausgestattet.

Mama Waldy Hostel HOSTEL $
(☎5-645-6805, 300-696-9970; mamawaldyhostel@gmail.com; Calle La Sierpe No 29-03, Getsemaní; B mit/ohne Klimaanlage 30 000/40 000 COP, DZ 120 000 COP, alle inkl. Frühstück; ❄📶) Dieses populäre, nette Hostel in einem umgebauten Kolonialhaus ist der perfekte Ort, um Cartagena in einer gechillten, freundlichen Atmosphäre zu genießen. Alle Schlafsäle haben eigene Bäder, die Doppelzimmer sind deutlich kostspieliger, aber recht klein.

Das Frühstück ist im Preis inbegriffen – außer an Sonntagen, dann müssen sich die Gäste selbst versorgen.

Hostel Mamallena HOSTEL $
(☎5-670-0499, 5-660-9969; www.mamallena.travel; Calle de la Media Luna No 10-47, Getsemaní; B/DZ/3BZ/4BZ inkl. Frühstück 40 000/120 000/160 000/200 000 COP; 📶) Die saubere, aber einfache Unterkunft in Getsemaní bietet gepflegte Zimmer rund um einen hübsch bemalten Innenhof. Das Personal spricht Englisch, arrangiert Touren und Busfahrten zu Orten in Kolumbien sowie Bootstouren nach San Blas und Panama. Es gibt einen Wäschedienst, rucksackgroße Spinde sowie preiswertes, gutes Essen und Getränke.

★ **Friends To Be** BOUTIQUEHOTEL $$
(☎5-660-6486; www.casadelmangocartagena.com; Calle del Espíritu Santo No 29-101, Getsemaní; B 40 000 COP, EZ/DZ inkl. Frühstück 160 000/180 000 COP; ❄📶🏊) Dieses zauberhafte Hotel, eine der besten preisgünstigen Mittelklasse-Unterkünfte in Getsemaní, ist eine herrlich rustikale Holzkonstruktion hinter den Mauern eines Kolonialhauses. Die beeindruckendsten Zimmer sind die zwei nach vorne hinaus, die beide über zwei Etagen verfügen. Eines davon verfügt über eine eigene Dachterrasse und vier Betten. Es gibt auch einen kleinen Swimmingpool.

★ **Casa Villa Colonial** HOTEL $$
(☎5-664-5421; www.casavillacolonial.co; Calle de la Media Luna No 10-89, Getsemaní; EZ/DZ/3BZ inkl. Frühstück 130 000/220 000/250 000 COP; ❄📶) In Getsemaní steigen die Zimmerpreise ständig, aber hier sind sie nach wie vor vernünftig – und dafür bekommen die Gäste einen persönlichen 4-Sterne-Service, schöne Gemeinschaftsbereiche mit bequemen Sofas und geräuscharme Klimaanlagen.

Die besten Zimmer verfügen über kleine Balkone zum Innenhof. Es gibt eine kleine Gästeküche und den ganzen Tag über bekommt man hervorragenden Kaffee.

Hotel Don Pedro de Heredia HOTEL $$
(☎5-664-7270; www.hoteldonpedrodeheredia.com; Calle Primera de Badillo No 35-74; Zi. ab 235 000 COP inkl. Frühstück; ❄📶🏊) Eine exzellente Wahl für Reisende, die in der Altstadt nächtigen und mehr als nur einen Hauch Geschichte verspüren möchten, sich aber die Luxus-Boutiquehotels nicht leisten können. Das Don Pedro bietet ein hervorragendes Preis-Leistungs-Verhältnis und obendrein gutes Frühstück im luftigen Dachrestaurant.

El Viajero Cartagena HOSTEL $$
(☎5-660-2598; www.elviajerohostels.com; Calle de los 7 Infantes No 9-45; B 45 000–55 000 COP, DZ 180 000 COP, EZ/DZ ohne Bad 100 000/195 000 COP, alle inkl. Frühstück; ❄📶) Das auf Rucksackreisende ausgerichtete Viajero ist das zentralst gelegene und eines der geselligsten Hostels der Stadt. Alle Zimmer haben Klimaanlagen – ein absoluter Traum bei dieser Hitze und zu diesem Preis! Die Matratzen sind fest, die Küche gut ausgestattet und blitzblank, und im hübschen Innenhof herrscht ein fröhliches Flair.

Media Luna Hostel HOSTEL $$
(☎5-664-3423; www.medialunahostel.com; Calle de la Media Luna No 10-46, Getsemaní; B/Zi. 37 500/107 000 COP inkl. Frühstück; ❄@📶🏊) Dieses Boutiquehostel ist zweifellos das Zentrum der Backpacker-Szene in Getsemaní. Es gibt einen großen Innenhof, Billardtische und eine tolle Dachterrasse – hier steigen regelmäßig große Partys. Die Zimmer sind ein-

wandfrei gepflegt, die Betten verfügen über gute Matratzen und sauberste Bettwäsche. Wer feiern will, ist hier goldrichtig.

Hostal Santo Domingo HOSTEL **$$**
(☎5-664-2268; hsantodomingopiret@yahoo.es; Calle Santo Domingo No 33-46, El Centro; EZ/DZ/3BZ 110 000/150 000/180 000 COP inkl. Frühstück; ❄📶) Durch einen Kunsthandwerksladen gelangt man in dieses freundliche kleine Hostel. Läge es in Getsemaní, könnte es für die einfachen Zimmer nur halb so viel verlangen – aber es befindet sich nun einmal in einer schönen Straße in der Altstadt, nur einen Steinwurf von einigen der attraktivsten Bauten in ganz Lateinamerika entfernt.

★ **Hotel Casa San Agustin** LUXUSHOTEL **$$$**
(☎5-681-0621; www.hotelcasasanagustin.com; Calle de la Universidad; Zi. ab 1 130 000 COP inkl. Frühstück; ❄📶≋) Die Casa San Agustin ist definitiv Cartagenas nobelstes Hotel. Schon die zentrale Lage ist grandios, aber das einzigartige Gebäude (dessen rechteckiger Pool vom früheren Aquädukt der Stadt durchschnitten wird) schafft eine einzigartige Atmosphäre. Das Personal ist höchst engagiert und zuvorkommend, das Flair clubartig.

Das Hotel mit einem umwerfenden Bibliotheksraum bietet – wenig überraschend – prunkvolle Gästezimmer mit Marmorbädern samt allem Designer-Schnickschnack und einer Regendusche. Die iPads auf den Zimmern, die riesigen Balkone und die massiven, aus Holz gebauten Himmelbetten runden das positive Bild ab.

★ **Bantú** HOTEL **$$$**
(☎5-664-3362; www.bantuhotel.com; Calle de la Tablada No 7-62, San Diego; EZ/DZ ab 480 000/539 000 COP inkl. Frühstück; ❄@📶≋) Zwei wunderbar restaurierte Wohnhäuser aus dem 15. Jh. bilden zusammen dieses zauberhafte Open-Air-Boutiquehotel mit Bogen aus freiliegendem Mauerwerk. Die 28 elegant eingerichteten, mit lokaler Kunst dekorierten Zimmer passen sich hervorragend in das alte Gemäuer ein. Weitere Pluspunkte sind ein Swimmingpool auf dem Dach, eine Wasserorgel und eine Schaukel am hohen Mangobaum im Innenhof.

Hotel Monterrey HISTORISCHES HOTEL **$$$**
(☎5-650-3030, 318-695-1837; www.hotelmonterrey.com.co; Av del Mercardo No 25-100; EZ/DZ 320 000/330 000 COP inkl. Frühstück; ❄📶≋) Das Hotel mit wunderbarem Blick auf die ummauerte Stadt steht in perfekter Lage mit Getsemaní auf der einen und El Centro auf der anderen Seite. Die Gästezimmer sind geräumig, verfügen über hohe Decken, komfortable Betten und eindrucksvolles Mobiliar. Das Frühstück ist besonders gut, aber der abendliche Cocktail auf dem Dach ist schlicht und einfach unschlagbar gut.

San Pedro Hotel Spa BOUTIQUEHOTEL **$$$**
(☎664-5800; www.sanpedrohotelspa.com.co; Calle San Pedro Mártir No 10-85; Zi. inkl. Frühstück ab 560 000 COP; ❄📶≋) Das San Pedro in einem herrlichen umgebauten Kolonialhaus bietet Zimmer voller Antiquitäten, eine grandiose Dachterrasse mit Whirlpool und einen kleinen Pool im Innenhof. Das originellste Element ist wohl die tolle Gemeinschaftsküche, in der jeder Gast Meisterkoch spielen darf. In dem nicht eben unbeträchtlichen Preis ist eine Handmassage inbegriffen.

Casa Canabal BOUTIQUEHOTEL **$$$**
(☎5-660-0666; www.casacanabalhotel.com; Calle Tripita y Media No 31-39, Getsemaní; Zi. ab 330 000 COP inkl. Frühstück; ❄📶≋) Luxus zu erschwinglichen Preisen bietet dieser Schlupfwinkel in Getsemaní, den elegantes Design und die Alte-Welt-Höflichkeit des aufmerksamen Personals bestimmen. Die schönen, minimalistisch ausgestatteten Zimmer haben hohe Decken, viel Holz und stilvolle Bäder. Das größte Plus ist definitiv die wunderbare Dachterrasse mit Bar, Pool und Spa (in dem natürlich jeder Gast gratis eine Willkommens-Massage erhält).

La Passion HOTEL **$$$**
(☎5-664-8605; www.lapassionhotel.com; Calle Estanco del Tabaco No 35-81, El Centro; Zi. inkl. Frühstück ab 327 000 COP; ❄📶≋) Ein französischer Filmproduzent betreibt das Hotel in einem Anfang des 17. Jhs. errichteten Wohnhaus im republikanischen Stil. Ein paar der acht individuell eingerichteten Zimmer haben römische Bäder und Duschen im Freien. Bestes Beispiel für den exzentrischen, wenn auch insgesamt stilvollen Gesamteindruck ist die Kanuschaukel im Innenhof. Der Pool und die Dachterrasse mit Blick auf die Kathedrale machen den Eindruck perfekt.

Casa La Fe B&B **$$$**
(☎5-660-0164, 5-660-1344; www.kalihotels.com/casa-la-fe/; Calle Segunda de Badillo No 36-125, San Diego; Zi. ab 359 000 COP inkl. Frühstück; ❄📶≋) Ein britisch-kolumbianisches Paar betreibt dieses mit geschmackvoller religiöser Kunst dekorierte Boutique-B&B mitten in der Altstadt. Die Gäste speisen im dschungelartigen Innenhof, faulenzen auf Sonnenliegen

oder erfrischen sich im Tauchbecken auf dem Dach. Die kostspieligeren Zimmer haben Balkone zur Plaza Fernández de Madrid.

Hotel Casa de las Palmas HOTEL $$$
(☎5-664-3630; www.hotelcasadelaspalmas.com; Calle de las Palmas No 25-51, Getsemaní; EZ/DZ/3BZ 168 000/193 000/235 000 COP inkl. Frühstück;) Dieses umgebaute Kolonialhaus am Rand von Getsemaní mit seinen kleinen Innenhöfen, kolumbianischer Folklorekunst an den Wänden und einem kleinen erfrischenden Pool strotzt vor Charme. Die Zimmer sind zwar etwas klein, aber sauber und behaglich. Das Hotel ist dank vieler umschlossener Bereiche ideal für Kinder.

Essen

Das Essen in Cartagena ist fabelhaft – hier gibt es mit die beste Küche ganz Kolumbiens –, mit einer riesigen Auswahl und durchweg hochwertig. Backpacker sollten nach Lokalen Ausschau halten, die mittags *comida corriente* (Tagesmenü) anbieten, das pro Person nur um die 15 000 COP kostet. Für alle, die nicht aufs Geld achten müssen, sind die Möglichkeiten unbegrenzt.

Auch Streetfood ist in Cartagena überall zu finden: In vielen Snackbars in der Altstadt gibt es lokale Snacks wie *arepas de huevo* (mit Ei gefüllte Maisfladen), *dedos de queso* (frittierte Käsesticks), Empanadas und *buñuelos* (frittierte Mais-Käse-Bällchen). Probieren sollte man auch die einheimischen Süßwaren an den zahlreichen Ständen, die das Portal de los Dulces an der Plaza de los Coches säumen.

Espíritu Santo KOLUMBIANISCH $
(Calle del Porvenir No 35-60; Hauptgerichte 12 000–16 000 COP; ⏲11.30–15.30 Uhr) Außen weist nichts darauf hin, aber hinter der Mauer befindet sich ein extrem beliebtes Mittagsrestaurant. Oft hat man den Eindruck, halb Cartagena trifft sich hier wegen der einfachen, aber unglaublich leckeren *comidas corrientes*. Zu den Standardgerichten gehören Fischfilet in Kokosmilch, gebratenes Rindfleisch und exzellente Salate. Die Portionen sind groß und das Preis-Leistungs-Verhältnis ist grandios.

Restaurante Coroncoro KOLUMBIANISCH $
(☎5-664-2648; Calle Tripita y Media No 31-28, Getsemaní; Hauptgerichte 5000–15 000 COP; ⏲7.30–22 Uhr) Diese *Comida-corriente*-Institution in Getsemaní ist immer voller hungriger Anwohner, die sich hier günstige Menüs und köstliche Tagesspezialiäten schmecken lassen. Ein großartiges und günstiges Lokal mit viel kolumbianischer Atmosphäre auf den Tellern und rundherum.

★ **Beiyu** CAFÉ $$
(Calle del Guerrero No 29-75, Getsemaní; Frühstück ab 9000 COP, Hauptgerichte ab 15 000 COP; ⏲Mo–Sa 7–21, So 9–18 Uhr;) Exzellenter kolumbianischer Kaffee, frisch gepresste Fruchtsäfte, Frühstück und eine einfallsreiche Auswahl an Mittags- und Abendgerichten – das Beiyu ist ein Stückchen biologischer, nachhaltiger Himmel im Herzen Getsemanís und ideal für ein geruhsames Dinner. Die Portionen sind sehr großzügig. Unbedingt probieren: die Açai Bowl!

★ **Gastrolab Sur** KARIBISCH, MEDITERRAN $$
(Calle del Espíritu Santo No 29-140; Hauptgerichte 18 000–30 000 COP; ⏲19–23 Uhr;) Dieses Juwel ist leicht zu übersehen: Es befindet sich im schön beleuchteten Hinterhof mit Kiesboden des Kulturzentrums **Ciudad Móvil**, dem lebhaften Mittelpunkt des wiederbelebten Getsemaní-Viertels.

Serviert werden köstliche *aranchinas* (Reisbällchen), gedämpfter Fisch, Quinoasalat, *bruschettas costeñas* und Pizzas. Man kann aber auch einfach nur etwas trinken. Das Personal ist superfreundlich.

Oh Là Là FRANZÖSISCH $$
(☎5-664-4321; Calle Larga No 4-48, Getsemaní; Hauptgerichte 18 000–38 000 COP; ⏲Mo–Sa 8–22 Uhr;) Diese grandiose neue Option in Getsemanís immer vielfältiger und interessanter werdender Restaurantszene bringt ein Stückchen französischer Kultur in Cartagenas hippstes Viertel. In einem wunderbaren umgebauten, behaglichen Raum mit hohen Decken bietet das Oh Là Là auch beliebte **Kochkurse** und konzentriert sich auf gesunde, zuckerfreie Gerichte. Die Frühstücke sind superb, und auf den saisonalen Mittags- und Abendkarten stehen großartige, einfallsreiche Kreationen.

Pezetarian SUSHI $$
(☎5-668-6155; www.pezetarian.com; Calle Segunda de Badillo No 36-19; Hauptgerichte 17 000–23 000 COP; ⏲8–22 Uhr;) Erschwingliches und leckeres Sushi, Ceviche, Wokgerichte und Salate serviert dieses Restaurant in ultrazentraler Lage. In dieser Gegend findet man kaum etwas so Preiswertes, ganz zu schweigen von komplett biologischen, gesunden und frischen Speisen. Das Pezetarian erinnert auf den ersten Blick ein bisschen

an ein Fastfood-Restaurant, davon darf man sich nicht abschrecken lassen. Der Service ist flink und nett.

Caffé Lunático TAPAS $$
(☎320-383-0419; Calle Espíritu Santo No 29-184, Getsemaní; Tapas 15 000–20 000 COP, Hauptgerichte 26 000–53 000 COP; ⊙11–23 Uhr; 📶✍) Die Gäste dieses wunderbaren kleinen Lokals begrüßt ein großes Wandgemälde von Amy Winehouse in akrobatischer Pose, als würde sie sich auf Beute stürzen wollen. Vielleicht hat sie von „Tribute to the Arepa" (mit Avocado, Oktopus und Schweinebauch) oder von dem Dessert „Saving the Planet" (offenbar zu 100 % Schokolade) gehört – beide Gerichte haben treue Fans.

Demente PIZZAS, TAPAS $$
(☎5-660-4226; Plaza de la Trinidad, Getsemaní; Tapas 15 000–30 000 COP, Pizzas ab 20 000 COP; ⊙So–Do 18–24, Fr & Sa 18–2 Uhr; 📶✍) Das Demente, mitten im Trubel von Getsemaní, ist ein angesagtes Open-Air-Restaurant (okay, es hat ein einfahrbares Dach), in dem zu exzellenten Tapas und mit den besten Pizzas der Stadt Craft-Biere und superleckere Cocktails serviert werden. Der Service ist freundlich und flott. Danach geht es schnurstracks ins Partyflair auf der Plaza.

Pastelería Mila BÄCKEREI $$
(Calle de la Iglesia No 35-76; Frühstück 16 0500–28 000 COP, Hauptgerichte 17 500–35 000 COP; ⊙8–22 Uhr; 📶) Cartagenas schickste Konditorei liegt im Herzen der Altstadt und serviert Frühstück und Mittagessen. Die auf alt getrimmten Wände und Holzbalken sorgen für ein zeitgemäßes Flair, die Lederbänke für einen herrschaftlichen Touch.

Das Kombi-Frühstück (Pfannkuchen mit *dulce de leche,* saurer Sahne, Rühreiern und knusprigem Speck) würde in anderen, weniger toleranten Rechtssystemen vermutlich als „Verbrechen" geahndet.

Kiosco El Bony FISCH & MEERESFRÜCHTE $$
(Av 1 Bocagrande; Hauptgerichte 15 000–30 000 COP; ⊙Mo–So 10–22 Uhr) Dem ehemaligen olympischen Boxer Bonifacio Ávila gehört diese Cartagena-Institution am Strand, die für ihre riesigen Fischgerichte zu Mittag berühmt ist. Am Wochenende drängen sich hier viele, sehr viele Kolumbianer.

La Mulata KOLUMBIANISCH $$
(☎5-664-6222; Calle Quero No 9-58, El Centro; Menü 20 000–25 000 COP; ⊙11–16 & 18.30–22 Uhr; 📶) Die stilvolle und etwas exzentrische *comida corriente* ist nach wie vor hervorragend, wenngleich die Preise in La Mulata in den letzten Jahren angehoben wurden. Das Tagesmenü in dem für Cartagenas Altstadt eigentlich zu hippen Ambiente besteht aus einer Handvoll exzellenter Gerichte und frischen Säften. Die Bedienungen sind zauberhaft, die Deckenventilatoren surren, und die Hauptgerichte werden auf geschnitztem Holzplatten serviert.

La Cevichería FISCH & MEERESFRÜCHTE $$
(☎5-664-5255; Calle Stuart No 7-14, San Diego; Hauptgerichte 25 000–70 000 COP; ⊙Mi–Mo 12–23 Uhr; 📶) Das früher kaum bekannte und nur von Einheimischen umjubelte Restaurant lockt seit ein paar Jahren berühmte Küchenchefs und Reisemagazine an – das heißt, es ist häufig recht voll und kein Geheimtipp mehr. Jedes Gericht wird mit Schwung und Eleganz zubereitet. Der Oktopus in Erdnusssoße ist schier unglaublich, ebenso der Reis mit schwarzer Tintenfischsoße und das peruanische Ceviche.

El Bistro EUROPÄISCH $$
(☎5-664-1799; http://elbistrocartagena.wixsite.com/elbistro; Calle de Ayos No 4-46, El Centro; Sandwiches ab 10 000 COP, Hauptgerichte 15 000–25 000 COP; ⊙Mo–Sa 9–23.30 Uhr; 📶) Das beliebte Lokal mit seinem Shabby-Chic-Ambiente voller Kuriositäten bietet frisches Brot und viele Gerichte. Besonders beliebt sind die Mittagsmenüs, bestehend aus einer Suppe und einer sättigenden Hauptmahlzeit. Unbedingt probieren: die besonders gute *limonada de coco* (Kokoslimonade).

Señor Toro STEAKHAUS $$
(☎5-656-4077; Calle Santo Domingo No 35-55; Hauptgerichte 25 000–70 000 COP; ⊙12–24 Uhr; 📶) Dieses zentral gelegene Steakhaus ist in Sachen Fleischeinkauf und -zubereitung das rigoroseste der Stadt. Nirgendwo sonst in der Stadt findet man derart perfekt medium-rare gebratenes Porterhouse-Steak oder Entrecôte. Für alle, die kein Steak wünschen, stehen aber auch Ceviche und Burger auf der Speisekarte.

★ **El Boliche** CEVICHE $$$
(☎310-368-7908, 5-660-0074; Cochera del Hobo No 38-17; Hauptgerichte 48 000–60 000 COP; ⊙Mo–Sa 12.30–15 & 19–23 Uhr; 📶) Dieses reizende Lokal hat sich langsam auf die Touristen-Landkarte geschlichten, ist aber noch immer relativ unbekannt und nicht überlaufen. Hier gibt es hervorragendes, einfallsreiches und wunderschön präsentiertes

Ceviche – eine Kreation der Besitzer Oscar Colmenares und Viviana Díaz, deren Passion für Produkte wie Tamarinde, Kokosmilch und Mango aus jedem Gericht spricht.

★ **Interno** KOLUMBIANISCH $$$
(☎ 310-327-3682, 310-260-0134; www.restauranteinterno.com; Cárcel San Diego, Calle Camposanto, San Diego; 3-Gänge-Menü 80 000 COP; ⊙ Di–So 19–23 Uhr) Das Interno ist in Sachen dahinterstehender Story kaum zu überbieten: Das Restaurant befindet sich in Cartagenas Frauengefängnis, das Gelder für die Rehabilitierung seiner Insassen sammelt, die hier die Gäste bekochen und bewirten. Die von einem Küchenchef aus Bogotá angelernten Köchinnen bereiten die Tagesmenüs aus schmackhaften Versionen moderner kolumbianischer Gerichten zu. Gespeist wird in einem wunderbar umfunktionierten Innenhof unter freiem Himmel.

Die Gäste müssen sich 24 Stunden im Voraus mit Ihrer Passnummer anmelden und dann ihren Reisepass mitbringen.

Cevichería Chipi Chipi CEVICHE $$$
(☎ 5-660-1156; Cochera del Hobo No 38-86; Hauptgerichte 30 000–52 000 COP; ⊙ Mo–Sa 11.30–15 & 18.30–23, So 15–23 Uhr; 📶) Um die Ceviche-Qualifikation des Restaurants zu unterstreichen, präsentiert sich der Speiseraum deutlich nautisch, ist aber durchaus stilvoll und cool. Das Ceviche ist superfrisch und lecker, und es stehen vielerlei Versionen zur Auswahl. Abends können die Gäste auch draußen auf der Plaza speisen.

Agua de Mar TAPAS $$$
(☎ 5-664-5798; Calle del Santísimo No 8-15; Tapas 18 000–35 000 COP, Hauptgerichte 38 000–46 000 COP; ⊙ Di–So 18–23 Uhr; 📶 🍸) Das umwerfende und einladende Agua de Mar ist eines der interessantesten Restaurants in Cartagena mit Meeres-Features und einer sehr coolen Ginbar (der nette Wirt kreiert individuelle atem- und geldraubende Gin-Tonic-Versionen). Die Gourmet-Tapas-Karte ist voll von interessanten Angeboten und besonders stark in Sachen Seafood, aber es gibt auch viele vegetarische Optionen.

Ausgehen

Cartagena tanzt sich durch seine langen, schweißtreibenden Nächte. Die Barszene konzentriert sich an der Plaza de los Coches in El Centro – hier hört man Salsa und Vallenato –, die angesagteren, hipperen Läden findet man heute jedoch im pochenden Getsemaní, wo die Clubs größer und die Leute jünger sind. Am Wochenende ist am meisten los, dann heizt sich die Stimmung allerdings erst nach Mitternacht richtig auf.

★ **Alquímico** COCKTAILBAR
(☎ 318-845-0433; www.alquimico.com; Calle del Colegio No 34-24; ⊙ So–Do 17–2, Fr & Sa 17–3.30 Uhr) Das elegante Alquímico, das sich in einem prächtigen Kolonialgebäude über drei Etagen verteilt, ist ein willkommener Neuzugang in der Altstadtszene. Die schummrig beleuchtete Loungebar im Erdgeschoss ist perfekt für einen Aperitif; im ersten Stock befinden sich eine Küche und ein Billardtisch – und auf der immer gut besuchten Dachterrasse ganz oben werden kreative Aguardiente-Cocktails geschlürft.

Das Etablissement glänzt mit seinem lässigen Ambiente – eine der niveauvollsten Bars in ganz Cartagena. Die Dachterrasse ist der ideale Platz für tropische Nächte.

★ **Café Havana** CLUB
(http://cafehavanacartagena.com; Ecke Calles del Guerrero & de la Media Luna, Getsemaní; Eintritt 10 000 COP; ⊙ Do–Sa 20–4, So 17–2 Uhr) Das Café Havana bietet alles: Live-Salsa mit kubanischen Trompetern, starke Drinks, eine prächtige hufeisenförmige Theke, an der brillante Exzentriker stehen, holzvertäfelte Wände und surrende Ventilatoren an der Decke. Heute ist die Bar zwar kein Geheimtipp mehr, lohnt aber einen Besuch. Dass schon Hillary Clinton hier saß, ist schwer vorzustellen, aber genau das tat sie, als sie einmal in Cartagena zu Besuch war.

Bazurto Social Club CLUB
(www.bazurtosocialclub.com; Av del Centenario No 30-42; Eintritt 5000 COP; ⊙ Mi–Sa 19–3.30 Uhr) In diesem herrlich trubeligen Club tanzen die Einheimischen unter einem gigantischen leuchtenden roten Fisch zu Live-*champeta*. Touristen mischen sich unters Volk, nippen an starken Cocktails und lauschen der Gerüchteküche Getsemanís. Die Musik ist mitreißend, und auch die Gäste, die eigentlich nicht tanzen wollten, wippen nach ein paar Drinks begeistert mit – auch wenn ihre Ohren noch Tage danach klingeln.

Donde Fidel BAR
(☎ 5-664-3127; El Portal de los Dulces No 32-09, El Centro; ⊙ 11–2 Uhr) Die außergewöhnliche Salsa-Sammlung von Don Fidel zieht einen beständigen Besucherstrom in diese beliebte, wenn auch etwas zwielichtige Altstadt-Institution. Knutschende Pärchen tanzen hier

in Nischen unter Porträts vom Wirt, zahlreichen leicht verwirrten Touristen und alten Cartagenern. Die große Terrasse mit Tischen eignet sich ideal zum Leutebeobachten.

Tu Candela CLUB
(☎664-8787; El Portal de los Dulces No 32-25, El Centro; ⌚20–4 Uhr) Der Club bietet eine gute Mischung aus Reggaeton, Vallenato, Merengue und anständigem Salsa. Es geht ziemlich eng zu, aber die Atmosphäre ist cool und alles ist möglich. In diesem Club nahm im Jahr 2012 der Kokain- und Prostitutionsskandal rund um einige von Barrack Obamas Secret-Service-Beamten seinen verhängnisvollen Lauf. Für den Eintrittspreis gibt es Cocktails an der Bar.

The Beer Lovers CRAFT-BIERE
(☎5-664-2202; Ecke Calles Gastelbondo & Factoría; ⌚9–23, Do–Sa bis 1 Uhr; 📶) Das laute und schummrige Lokal bietet eine riesige Auswahl an Craft-Bieren aus aller Welt, darunter Dutzende kolumbianische. Die beste Bar, um Craft-Biere aus Kolumbien und anderen Ländern zu probieren.

Quiebra-Canto CLUB
(☎5-664 1372; Camellón de los Mártires, Edificio Puente del Sol, Getsemaní; ⌚Di–Sa 19–4 Uhr) Dieser exzellente Schuppen für Salsa, Son und Reggae in Getsemaní ist vollgepackt mit Gästen in allen Größen und Körperformen. Vom Club im zweiten Stockwerk lässt sich der Pegasos und der Uhrenturm wunderbar überblicken. Puristen behaupten, die Salsa hier sei mitreißender als im Café Havana, allerdings soll hier das Publikum etwas weniger attraktiv sein.

León de Baviera BAR
(☎5-664-4450; Av del Arsenal No 10B-65; ⌚Di–So 16–4 Uhr; 📶) Der bayerische Auswanderer Stefan Pellkofer betreibt eine der wenigen echten Bierkneipen der Stadt. Das gemütliche Lokal füllt sich schnell mit Anwohnern, die maßkrügeweise europäisches und kolumbianisches Bier hinunterspülen. Die freundlichen Bedienungen tragen – wie zu erwarten – stilecht Dirndl.

Café del Mar BAR
(☎5-664-6513; Baluarte de Santo Domingo, El Centro; Cocktails 20 000–35 000 COP; ⌚17–1 Uhr; 📶) Die Meeresbrise bringt eine willkommene Kühle in diese touristische Open-Air-Lounge auf der westlichen Stadtmauer. Wer dazugehören will, muss sich aufbrezeln und 10 000 COP für ein Bier berappen. Aber dafür ist die Aussicht unschlagbar.

RITUELLER RAUSCH: KOKABLÄTTER

Wer die Karibikküste hoch- und runterfährt, sieht in Lokalbussen immer wieder Mitglieder des Kogi-Volks mit Taschen voller Muschelschalen. Sie sammeln sie jedoch nicht zur Dekoration. Die Kogi in der Sierra Nevada de Santa Marta benutzen die Muscheln stattdessen für ihre heilige, ritualisierte Methode, Koka zu konsumieren, bekannt als *poporo*.

Wenn Kokablätter zu Kokain verarbeitet und in dieser Form geschnupft, geraucht oder injiziert werden, wirken die darin enthaltenen aktiven Alkaloide sehr stimulierend. Werden die Blätter jedoch nur gekaut, haben sie kaum Wirkung. Kaut man sie aber zusammen mit einer alkalischen Substanz, multiplizieren sich ihre aktiven Inhaltsstoffe und befähigen einen, meilenweit ohne Pause oder Essen zu marschieren, auch in großen Höhen – sehr praktisch, wenn man im höchsten Küstengebirge der Welt lebt.

Für den *poporo* werden Tausende von Muscheln, *caracucha* genannt, gesammelt, über einem Feuer geröstet und dann zu feinem Pulver zerrieben. Dieser Muschelkalk wird in einen ausgehöhlten Flaschenkürbis, *totuma*, aufbewahrt, der die Weiblichkeit symbolisiert. Männer erhalten solch ein Gefäß, wenn sie erwachsen werden.

Die Frauen dieser Stämme sammeln Kokablätter und trocknen sie, indem sie sie zusammen mit heißen Steinen in *mochilas* (kübelförmige, gewebte Umhängetaschen) füllen. Die Männer stopfen sich große Büschel Blätter in den Mund und tauchen ein Stäbchen in die *totuma*, um damit etwas Muschelkalk aufzunehmen, den sie dann vom Stäbchen absaugen. Die überschüssige Spucke-Pulver-Mischung wird außen auf den Flaschenkürbis gerieben, um ihn wachsen zu lassen – ein Symbol für Weisheit. Die Koka-Kalk-Mischung kauen die Kogi bis zu 30 Minuten lang. Durch den alkalisierten Speichel setzen die Kokablätter ihre aktiven Komponenten frei, wodurch die Konsumenten in leichten Kokainrausch fallen. Die Kogi glauben, dass der *poporo* Wissen einflößt – so, als würde man Bücher lesen oder Vorlesungen besuchen.

Unterhaltung

Cartagenas Fußballteam, Real Cartagena, spielt im **Estadio Olímpico Jaime Morón León** (Villa Olímpico), etwa 5 km südlich der Innenstadt. Fußballspiele finden das ganze Jahr über statt. Eintrittskarten sind am Stadion erhältlich. Die Taxifahrt dort hinaus kostet etwa 12 000 COP.

Shoppen

Cartagena besitzt eine große Auswahl an Läden für meist hochwertiges Kunsthandwerk und Souvenirs. Das größte Einkaufszentrum für Touristen innerhalb der Stadtmauern ist **Las Bóvedas** (Playa del Tejadillo) mit Handwerk, Kleidung und kitschigen Mitbringseln. Interessantere Souvenirs findet man jedoch bei einem Bummel durch Getsemaní, San Diego und El Centro.

Ábaco BÜCHER
(☎5-664-8338; Ecke Calles de la Iglesia & de la Mantilla; ⏲Mo–Sa 9–21, So 15–21 Uhr; 📶) Der wunderbare Buchladen mit Café führt eine gute Auswahl an Büchern über Cartagena und ein paar Titel in englischer Sprache, darunter alle Werke von Gabriel García Márquez. Daneben gibt es italienisches Bier, spanischen Wein und starken Espresso.

El Arcón ANTIQUITÄTEN
(☎5-664-1197; www.arconanticuario.com; Calle del Camposanto No 9-46, San Diego; ⏲Mo–Sa 9–12 & 13–19 Uhr) In einem schönen Kolonialhaus befindet sich dieser eindrucksvolle Antiquitätenladen, der angeblich beste innerhalb der Stadtmauern und ein echtes Schatzkästlein für Kunst, Möbel und verschiedenste Kuriositäten. Hier finden Besucher wirklich einprägsame Erinnerungen an und Mitbringsel von ihrer Kolumbienreise.

Colombia Artesanal KUNSTHANDWERK
(www.artesaniasdecolombia.com.co; Callejón de los Estribos No 2-78; ⏲Mo–Sa 10–20, So 11–19 Uhr) Unter diesem Namen führen mehrere Läden in der Altstadt ein exzellentes Sortiment farbenprächtiger kolumbianischer Kunstwerke aus dem ganzen Land. Die Verkäufer kennen sich wirklich gut aus und bieten faszinierende Einblicke in die Herstellung und die Geschichte jedes Stücks.

Orientierung

Reisende konzentrieren sich hauptsächlich auf die ummauerte Stadt, also auf die Viertel El Centro, San Diego und Getsemaní. Auf der südlich gelegenen Halbinsel Bocagrande – Cartagenas Miami Beach – treffen sich modebewusste *cartageneros* in trendigen Cafés zum Kaffeetrinken, sie dinieren in noblen Restaurants und wohnen in luxuriösen Hochhäusern, die wie Wächter einer neuen Zeit aus der Skyline ragen. In dieser Gegend übernachten kaum Touristen, sie ist aber durchaus eine sichere und glamouröse Alternative zur hübschen Altstadt, die innerhalb der Stadtmauern liegt.

Zu beachten ist, dass Cartagenas Straßen sowohl Nummern als auch Namen haben. In diesem Reiseführer haben wir die Namen verwendet, da diese für gewöhnlich vor Ort angeschrieben sind.

Praktische Informationen

GEFAHREN & ÄRGERNISSE

Cartagena ist die sicherste Stadt Kolumbiens, etwa 2000 Polizisten patrouillieren allein in der Altstadt. Dennoch sollten Reisende ihre Wertgegenstände nicht offen zeigen und abends in weniger frequentierten Gegenden wie La Matuna, dem modernen Viertel zwischen Getsemaní und der Altstadt, auf der Hut sein. Es ist aber wahrscheinlicher, dass Bettler nerven, als dass man Opfer eines Verbrechens wird. Aufdringliche, illegale Straßenhändler, die aggressiv Touristenplunder, Frauen oder Kokain anbieten, sind hier definitiv das größte Ärgernis. Ein einfaches „*No quiero nada*" („Ich will nichts") reicht meistens, um sie zu verscheuchen.

GELD

Casas de cambio (Wechselstuben) und Banken gibt es im historischen Zentrum zuhauf, vor allem rund um die Plaza de los Coches und die Plaza de la Aduana. Es lohnt sich, zuvor die Wechselkurse zu vergleichen. Überall in Cartagena treiben sich „Geldwechsler" herum, die „fantastische" Kurse anbieten. Sie sind jedoch ausnahmslos Betrüger – insofern sollte man auf gar keinen Fall auf der Straße Geld tauschen! In El Centro und San Diego sind Geldautomaten leider Mangelware, dafür befinden sich einige an der Avenida Venezuela.

MEDIZINISCHE VERSORGUNG

Bei einem medizinischen Notfall wird man häufig ins **Hospital Naval de Cartagena** (☎8-655-4306; http://honac.sanidadnaval.mil.co; Carrera 2 No 14-210, Bocagrande; ⏲24 Std.) gebracht. Hier ist auch eine Überdruckkammer vorhanden.

TOURISTENINFORMATION

Das größte **Fremdenverkehrsbüro** (Turismo Cartagena de Indias; ☎5-660-1583; Plaza de la Aduana; ⏲Mo–Sa 9–12 & 13–18, So 9–17 Uhr) befindet sich an der Plaza de la Aduana. Kleinere Informationsstände gibt es an der Plaza de San Pedro Claver und an der Plaza de los Coches.

VISA

Migracíon Colombia (☎5-666-0172, 5-670-0555; www.migracioncolombia.gov.co; Carrera 29d No 20-18; ⏲8–12 & 14–17 Uhr) etwas abseits der Altstadt ist die Anlaufstelle bei Einreiseformalitäten und Visaverlängerungen.

An- & Weiterreise

BUS

Für die Fahrt nach Barranquilla oder Santa Marta bietet sich der **Berlinastur-Terminal** (☎318-354-5454, 318-724-2424; www.berlinastur.com; bei Calle 47 & Carrera 3) an, eine kurze Taxifahrt von der Altstadt entfernt. Klimatisierte Minibusse fahren von 5 bis 20 Uhr alle 20 Minuten von hier nach Barranquilla (20 000 COP, 2 Std.) und weiter nach Santa Marta (40 000 COP, 4 Std.).

Eine noch komfortablere, aber kostspieligere Option für diese Route ist der Bus von **MarSol** (☎5-656-0302; www.transportesmarsol.net; Carrera 2 No 43-111) nach Santa Marta (48 000 COP, 3 Std.), Taganga (50 000 COP, 3 Std.), zum PNN Tayrona (67 000 COP, 4 Std.) und nach Palomino (77 000 COP, 5 Std.). Er holt die Fahrgäste an ihrer Unterkunft in Cartagena ab, übergeht Barranquilla völlig und setzt die Passagiere bei ihrer Unterkunft in Santa Marta oder den anderen Ortschaften ab. Die Route wird zweimal täglich bedient; einfach einen Tag im Voraus anrufen und einen Sitzplatz reservieren.

Für Busse zu anderen Orten sowie günstigere Fahrten nach Barranquilla und Santa Marta muss man Cartagenas Busbahnhof **Terminal de Transportes de Cartagena** (☎304-577-5743; www.terminaldecartagena.com; Calle 1A No 3-89) aufsuchen. Er befindet sich am östlichen Stadtrand, weit weg vom Zentrum – die Fahrt dorthin dauert (außer nachts) ungefähr eine Dreiviertelstunde.

Mehrere Busunternehmen fahren tagsüber nach Bogotá und Medellín. **Expreso Brasilia** (☎5-663-2119; www.expresobrasilia.com; Terminal de Transportes de Cartagena, Calle 1A No 3-89) steuert Bogotá (ab 90 000 COP, 18 Std., 6 Busse tgl.) und Medellín (ab 50 000 COP, 12 Std., 6 Busse tgl.) an. **Unitransco** (☎5-663-2665, 5-663-2067; Terminal de Transportes de Cartagena, Calle 1A No 3-89) fährt nach Barranquilla (15 000 COP, 2½ Std., stündl.) mit Weiterfahrt nach Santa Marta (30 000 COP, 4 Std., stündl.). **Caribe Express** (☎5-371-5132; Terminal de Transportes de Cartagena, Calle 1A No 3-89) fährt um 7 Uhr morgens nach Mompóx (65 000 COP, 6 Std., tgl.) und um 6.30 Uhr nach Tolú (35 000 COP, 3 Std., tgl.). Nach Riohacha auf der Halbinsel La Guajira bieten sowohl Expreso Brasilia, als auch **Rápido Ochoa** (☎5-693-2133, 312-843-1249; Terminal de Transportes de Cartagena, Calle 1A No 3-89) stündliche Verbindungen (40 000 COP, 8 Std.).

Für Überlandfahrten nach Panama nimmt man den Bus nach Montería (60 000 COP, 5 Std.) und steigt dort in einen Bus nach Turbo (ab 35 000 COP, 5 Std., stündl.). Wer es nicht schafft, Cartagena bis 11 Uhr vormittags zu verlassen, läuft Gefahr, den letzten Bus nach Turbo zu verpassen, und muss dann in Montería übernachten. In Turbo kann man am nächsten Morgen mit dem Schiff nach Sapzurro fahren, wo wiederum regelmäßig Boote nach Obaldia starten.

Busse zur Playa Blanca (Calle de la Magdalena Concolón, La Matuna) (1500 COP, 70 Min.) – für alle, die keine Bootstour machen wollen – fahren den ganzen Tag über. Nach Bussen mit der Aufschrift „Pasocaballos" Ausschau halten und dem Busfahrer sagen, wo man genau aussteigen möchte.

FLUGZEUG

Alle großen kolumbianischen Fluggesellschaften bieten Flüge zu und von Cartagenas **Aeropuerto Internacional Rafael Núñez** (☎5-693-1351; www.sacsa.com.co; Calle 71 No 8-9) . **Avianca** (☎5-655-0287; www.avianca.com; Calle 7 No 7-17, Bocagrande) und **Copa** (☎5-655-0428; www.copaair.com; Carrera 3 No 8-116, Bocagrande) fliegen nach Bogotá, Cali, Medellín, San Andrés und viele andere große Städte. Internationale Verbindungen gibt es nach Panama, Miami, Fort Lauderdale and New York.

Im Terminal befinden sich vier Geldautomaten und eine *casa de cambio* (in der Ankunftshalle der Inlandsflüge), und im Terminal selbst sowie in unmittelbarer Nähe sind mehrere Autovermietungen vorhanden.

SCHIFF

Eine beliebte Art, nach Panama zu reisen, ist ein Segeltörn. Verschiedene Boote fahren von Cartagena über den San-Blas-Archipel nach Panama und zurück; der Fahrplan wird ein paar Monate im Voraus festgelegt, und beinahe jeden Tag legen Boote in beide Richtungen ab. Der Ausflug dauert normalerweise fünf Tage und schließt einen dreitägigen Aufenthalt auf den San-Blas-Inseln zum Schnorcheln und Inselhüpfen ein. Die Touren kosten pro Person etwa 550 US$, die Preisspanne liegt jedoch zwischen 450 und 650 US$, da hier zahlreiche Faktoren eine Rolle spielen.

Die meisten Boote legen in den panamaischen Häfen Porvenir, Puerto Lindo oder Portobello an. Von allen drei Häfen gelangt man leicht nach Panama City.

Blue Sailing (☎321-687-5333, 310-704-0425; www.bluesailing.net; Calle San Andrés No 30-47), eine kolumbianisch-amerikanische Agentur, hat in den letzten Jahren das Gewerbe geradezu revolutioniert, indem sie das zuvor unkontrollierte Business zu regelementieren versuchte. Zurzeit betreibt Blue Sailing 22 Boote und verspricht, dass alle für die sichere Navigation auf hoher See ausgerüstet sind. Zudem kontrolliert man rund um die Uhr die Standorte der Boote und stellt ausschließlich lizenzierte Kapitäne ein. Es empfiehlt sich also, ein Boot über Blue Sailing für den Ausflug zu buchen, um sicher – und vor allem legal – nach Panama zu gelangen.

Auch andere Agenturen in Cartagena bieten Überfahrten an, man sollte sich aber zuvor von den Sicherheitseinrichtungen an Bord überzeugen und nach der Lizenz des Kapitäns fragen. Am besten vor Ort und im Internet über das Boot und die Crew recherchieren, bevor man in See sticht.

Wöchentlich fahren mehrere Boote ab, auch in der Nebensaison; man sollte einfach eine E-Mail mit dem bevorzugten Datum an eine Agentur eigener Wahl schicken, und man wird mit einem Boot abgeholt, das den Bedürfnissen gerecht wird. Die Vorabreservierung ist wichtig, insbesondere von Dezember bis März, weil die Boote im Allgemeinen schon einige Wochen im Voraus ausgebucht sind.

Der Segeltörn ist eine beliebte Art, die San-Blas-Inseln zu erkunden, auch wenn man eigentlich nicht vorhatte, nach Panama zu fahren. Ein paar Fluggesellschaften – die bekanntesten sind Viva Colombia, Wingo, Air Panama und Avianca – bieten preiswerte Flüge von Panama zurück nach Kolumbien.

Für Reisende mit Auto bieten mehrere Reedereien Containerverschiffung oder „Roll-on/Roll-off"-Fähren zwischen Cartagena und Colón (700–1200 US$, 6–8 Tage inkl. Be- und Entladen). Die Passagiere können mit dem Segelboot zum Abladehafen fahren. Von Puerto Lindo oder Portobello aus verkehren zahlreiche Boote nach Colón.

Unterwegs vor Ort

ZUM/VOM FLUGHAFEN

Auf der 3 km langen Strecke zum bzw. vom **Flughafen** in Crespo verkehren regelmäßig Lokalbusse. Es gibt auch *colectivos* nach Crespo (2000 COP) sowie komfortablere, klimatisierte Shuttledienste namens **Metrocar** (Av Luis Carlos López; 2000 COP). Beide fahren am Monumento a la India Catalina ab (die Metrocar-Busse tragen grüne Markierungen).

In Taxis muss man für Fahrten zum Flughafen einen Aufschlag von 5000 COP bezahlen. Vom Zentrum zum Flughafen kostet es insgesamt 10 000–15 000 COP, in umgekehrter Richtung gilt ein Fixpreis, der sich nach Entfernung und Tageszeit richtet. Nach Getsemaní, San Diego und El Centro bezahlt man zwischen 10 000 und 15 000 COP, aber zuvor sollte man sich in der Abfertigungsstelle im Flughafen einen Beleg holen, damit man weiß, wie viel die Fahrt ungefähr kosten darf.

ZUM/VOM BUSBAHNHOF

Große grün-rot markierte **Metrocar-Busse** (Av Santander; 2000 COP) verkehren alle 15 bis 30 Minuten zwischen Innenstadt und Busbahnhof (3000 COP, 40 Min.). Im Zentrum fahren sie an der Avenida Santander ab. Ein Taxi vom Busbahnhof nach El Centro kostet 15 000 COP (ab 20 Uhr mit 5000 COP Aufschlag).

Islas del Rosario

Die Inselgruppe rund 35 km südwestlich von Cartagena besteht aus 27 kleinen Koralleninseln, darunter wirklich winzige Eilande. Der gesamte Archipel ist von Korallenriffen umgeben; die Farbe des Meeres changiert hier von Himmelblau bis Türkis. Die ganze Gegend wurde zum Nationalpark erklärt, der den Namen **Parque Nacional natural (PNN) Corales del Rosario y San Bernardo** (www.parquesnacionales.gov.co; 7500 COP) trägt. Leider haben Warmwasserströme die Riffe rund um die Islas del Rosario erodieren lassen, sodass das Tauchen hier inzwischen nicht mehr so schön ist wie früher. Aber der Wassersport ist nach wie vor sehr beliebt; die zwei größten Inseln, **Isla Grande** und **Isla del Rosario**, haben schöne Lagunen innerhalb der Korallenriffe und bieten ein paar touristische Einrichtungen wie Hotels und eine Ferienanlage. Die Inseln können von Cartagena aus auf einem Tagesausflug erkundet werden. Aber um sie wirklich kennenzulernen und Besuchermassen zu vermeiden, sollte man hier besser eine Nacht oder zwei Nächte verbringen.

Geführte Touren

Die meisten Touristen besuchen den Park im Rahmen eines eintägigen Bootsausflugs zu den Inseln. Schiffe starten das ganze Jahr über am **Muelle Turístico de la Bodeguita** in Cartagena, sie legen täglich zwischen 8 und 9 Uhr ab und kehren etwa zwischen 16 und 18 Uhr zurück.

Das Ausflugsbüro am *muelle* (Pier) bietet solche Touren an (pro Pers. ab 60 000 COP inkl. Mittagessen). Auch über viele weitere kleinere Unternehmen können entsprechende Ausflüge am Pier gebucht werden, meist zu niedrigeren Preisen.

Beliebte preiswerte Hotels in Cartagena verkaufen Touren, viele davon zu günstigeren Preisen – 50 000 COP sind üblich. Das Mittagessen ist normalerweise inbegriffen, nicht aber Hafengebühren und der Eintritt zum Nationalpark und zum Aquarium; das

Rund um Cartagena

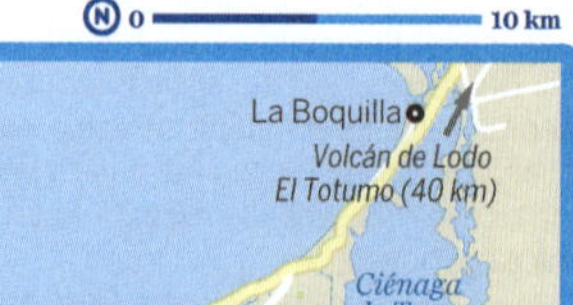

sollte man vorher beim Anbieter klären. Ein paar noblere Hotels bieten ihre eigenen Bootstransfers von Cartagena aus.

Die Boote nehmen alle ungefähr die gleiche Route zu den Inseln, gewisse Unterschiede gibt es nur zwischen kleinen und größeren Booten. Alle fahren jedoch durch die Bahía de Cartagena und dann durch die Bocachia-Meerenge zwischen Batería de San José und Fuerte de San Fernando hindurch aufs offene Meer hinaus. Dann schippern sie zwischen den Inseln entlang (unterwegs gibt es diverse Erklärungen auf Spanisch) bis zur kleinen **Isla de San Martín de Pajarales**, wo es ein Aquarium (30 000 COP) und einen schattigen Abschnitt zum Dösen sowie einen Strand gibt, an dem man bis zur Weiterfahrt baden kann.

Nächste Station ist die Playa Blanca auf der Isla de Barú, wo es ein Mittagessen gibt. Insgesamt hat man hier einen Aufenthalt von ungefähr zwei Stunden.

Schlafen

Die meisten Hotels befinden sich auf der Isla Grande. Sie sind unabhängig vom Preis – der am oberen Ende nicht eben niedrig ist – eher sehr rustikal.

Eco Hotel Las Palmeras PENSION $$
(☎ 314-584-7358; Isla Grande; Hängematte/Zi. pro Person inkl. Vollpension 80 000/120 000 COP) Die auf Ökotourismus ausgerichtete Anlage auf der Isla Grande wird von der charmanten Ana Rosa geführt. Alles wirkt hier sehr schlicht und rustikal; aber hier lässt es sich wunderbar entspannen. In den Lagunen in der Nähe kann man Kanu fahren, zudem gibt es gute Schnorchelgründe, und der beste Strand der Insel, Playa Bonita, liegt nur fünf Gehminuten entfernt.

Hotel San Pedro de Majagua HOTEL $$$
(☎ 5-693-0987; www.hotelmajagua.com; Isla Grande; Zi. & Bungalows ab 520 000 COP; ❄ 📶) Dieses

luxuriöse Hotel auf der Isla Grande bietet schicke Steinbungalows mit gewebten Stoffdächern und minimalistischem Dekor. Es gibt zwei Strände und ein Restaurant. Man fühlt sich fast wie auf einer privaten Insel – ein wirklich fabelhaftes Erlebnis.

Coralina Island BOUTIQUEHOTEL **$$$**
(☎313-245-9244; www.coralinaisland.com; Isla del Rosario; Zi. ab 680 000 COP; 📶) Das Hotel ist trotz des hohen Preises wirklich sehr rustikal. Es befindet sich innerhalb des Nationalparks und ist so konstruiert, dass es sich in die Umgebung einfügt. Die *cabañas* sind zauberhaft schlicht und perfekt fürs vollständige Abschalten. Es gibt kostenlose Schnorchelausrüstung und ein paar schöne Strände. Für Gäste, die nicht mit dem normalen Boot fahren wollen, organisiert das Hotel die Abholung von Cartagena.

Playa Blanca

Der Strand macht seinem Namen wirklich alle Ehre: Dies ist in der Tat ein hübscher Streifen zuckrigen weißen Sandes und einer der schönsten Strände in der Umgebung von Cartagena. Leider wird das Gelände zusehends erschlossen, und in der Hauptsaison sowie an den Wochenenden ist der Strand inzwischen extrem überlaufen. Am besten also wochentags kommen und vor allem den Dezember und Januar meiden.

Der Strand auf der Isla de Barú, der sich rund 20 km südwestlich von Cartagena erstreckt, ist einer der Haltepunkte im Rahmen der Bootsausflüge zu den Islas del Rosario. Wenn diese Boote anlegen, dann fallen zugleich Touristen und Strandverkäufer hier ein – und der ansonsten idyllische Strand wird für ungefähr zwei Stunden zu einer regelrechten Einkaufszone (das Einzige, was sich hier zu kaufen lohnt, ist jedoch *cocada*, eine süße Kokosnascherei in verschiedenen Geschmacksrichtungen).

Schnorcheln ist an der Playa Blanca besonders schön, weil das Korallenriff unmittelbar vor dem Strand anfängt. Eine Schnorchelausrüstung kann man sich am Strand für 5000 COP ausleihen.

Schlafen & Essen

Am Strand gibt es ein paar rustikale Unterkünfte – und vor 10 Uhr sowie nach 16 Uhr ist es hier herrlich einsam.

Ein paar Restaurants servieren frischen Fisch und Reis für ca. 20 000 COP. Wer den Strand im Rahmen einer Tour besucht, sollte vorher besser nachfragen, ob das Mittagessen im Preis inbegriffen ist.

La Estrella HÜTTEN **$**
(☎312 602 9987; Hängematte 10 000 COP, B ab 50 000 COP) Wer nah am Wasser schlafen möchte, ist bei José, einem freundlichen Einheimischen, genau richtig. Er bietet hübsche Zelte unter Strohdächern für drei bis vier Personen, typische Hängematten (mit Moskitonetz) und Hütten mit Sandboden.

An- & Weiterreise

Eine organisierte Tour bietet die einfachste Möglichkeit, zur Playa Blanca zu gelangen – weit ruhiger ist es jedoch, wenn gerade keines der Ausflugsboote dort ist. Am besten an der Avenida El Lago, hinter Cartagenas Mercado Bazurto, ein Taxi nehmen (8000 COP) und den Fahrer bitten, an den Bootsanlegestellen zur Playa Blanca zu halten. Die Boote starten (wenn genügend Fahrgäste an Bord sind) täglich außer sonntags zwischen 7.30 und 9.30 Uhr. Die Fahrt dauert eine Stunde und kostet ca. 25 000 COP – jedoch sollten Passagiere nicht bezahlen, bevor sie den Strand erreicht haben.

Alternativ ist es möglich, an der Ecke von der Avenida Luis Carlos López und Calle del Concolon in La Matuna in einen Bus (1500 COP) mit der Aufschrift „Pasocaballos" zu steigen (diese Busse fahren den ganzen Tag hindurch) und den Fahrer zu bitten, einen an der Fähre (1500 COP) über den Canal del Dique aussteigen zu lassen. Auf der anderen Seite fahren Mototaxis (15 000 COP) zur Playa Blanca. Auf dieser Route sollte man mit drei Stunden Fahrzeit rechnen.

Volcán de Lodo El Totumo

Der faszinierende 15 m hohe Hügel, etwa 50 km nordöstlich von Cartagena gelegen, schaut wie die Miniaturversion eines Vulkans aus. Allerdings spuckt er statt Lava und Asche lauwarmen Matsch, der die Konsistenz von Schlagsahne hat. Wer mag, kann in den Krater hinabsteigen und ein erfrischendes Schlammbad nehmen – die darin enthaltenen Mineralien sollen angeblich heilsame Wirkung haben. Danach läuft man etwa 50 m zur Lagune und wäscht sich dort den Matsch wieder ab.

Der Vulkan ist von Sonnenaufgang bis -untergang zugänglich, ein Schlammbad kostet 10 000 COP. Besucher sollten genügend Kleingeld parat haben, um den Einheimischen, die einen hier verwöhnen, ein Trinkgeld geben zu können: Sie verabreichen eher dilettantische Massagen, spülen den Schlamm ab, halten Kameras und machen Fotos. Alles in allem ist es ein großer Spaß und ein zu Recht beliebter Tagesausflug von Cartagena aus.

An- & Weiterreise

Die bequemste und schnellste Art, El Totumo zu besuchen – und obendrein nicht teurer als die Fahrt auf eigene Faust –, ist eine organisierte Tour. Mehrere Reisebüros in Cartagena bieten Minibus-Ausflüge zum Vulkan an (ohne Mittagessen 30 000 COP, mit Mittagessen 40 000 COP). Die Touren können in beinahe allen Hotels gebucht werden.

NORDÖSTLICH VON CARTAGENA

Die Departamentos Atlántico und Magdalena liegen im Nordosten von Cartagena, wo sich das höchste Küstengebirge der Welt, die Sierra Nevada de Santa Marta, aus dem Meer erhebt. Die 5775 m hohen Gipfel liegen etwa 45 km von der Küste entfernt.

Das malerische Kolonialstädtchen Santa Marta und die schöne Küsten- und Berglandschaft in der Umgebung gehören zu Kolumbiens Hauptreisezielen. Zu den meistbesuchten Attraktionen zählen der Parque Nacional Natural Tayrona, die Ciudad Perdida, Minca und Palomino.

Santa Marta

5 / 450 000 EW. /2 M

Santa Marta ist Südamerikas älteste noch bestehende Stadt und die zweitwichtigste Kolonialstadt an Kolumbiens Karibikküste. Doch trotz ihrer langen Geschichte und ihres bezaubernden Zentrums hat die Stadt einen schlechten Ruf. Schuld ist die – berechtigte – Kritik vieler Reisender an der unschönen Zersiedlung und dem chaotischen Verkehr. Das Geheimnis von Santa Marta besteht darin, das zu nutzen, was an der Stadt positiv ist – Hotels, Restaurants und Bars –, und tagsüber Ausflüge in die wunderschöne Umgebung zu unternehmen.

Allerdings bekommt auch Santa Marta selbst durch eine beeindruckende Verschönerung ihres kolonialen Zentrums inzwischen etwas mehr Charme, und manche verbringen hier mehr Zeit, als sie sich vorgenommen hatten. Das Klima ist heiß, aber trockener als in Cartagena. Die abendliche Meeresbrise sorgt für Abkühlung.

Geschichte

Rodrigo de Bastidas hisste 1525 an dieser Stelle die spanische Flagge. Er hatte bewusst einen Platz am Fuß der Sierra Nevada de Santa Marta gewählt, um leicht an die angeblich unendlichen Goldschätze der indigenen Tairona heranzukommen.

Sobald die Spanier mit der Plünderung der Sierra begannen, stellten sich die Ureinwohner ihnen mutig entgegen. Ende des 16. Jhs. waren die Tairona jedoch ausgerottet, und viele ihrer fantastischen Objekte aus Gold lagen – eingeschmolzen – in den Truhen der spanischen Krone.

Santa Marta war auch eines der ersten Tore ins Landesinneren der Kolonie. Von hier aus brach Jiménez de Quesada im Jahr 1536 zu seinem mühsamen Marsch hoch zum Magdalena-Tal auf, wo er zwei Jahre später Bogotá gründen sollte.

Wegen der Kämpfe mit den Tairona und wiederholter Plünderungen durch Piraten hatte Santa Marta in seiner Kolonialzeit wenige glorreiche Momente und wurde schon bald von der jüngeren, fortschrittlicheren Nachbarstadt Cartagena in den Schatten gestellt. Am 17. Dezember 1830 starb hier Simón Bolívar, der sechs lateinamerikanischen Ländern die Unabhängigkeit gebracht hatte. Seine sterblichen Überreste wurde 1842 an Venezuela übergeben, wo sie seitdem in seiner Heimatstadt Caracas in einem Mausoleum ruhen.

Sehenswertes

In Santa Marta selbst gibt es wenig zu sehen, aber ein Bummel über die Seepromenade Avenida Rodrigo de Bastidas (Carrera 1C) und die Hauptgeschäftsstraße Avenida Campo Serrano (Carrera 5) ist allemal lohnend. **El Rodadero**, 5 km südlich vom Zentrum, ist wegen seiner Strände sehr beliebt.

★ Quinta de San Pedro Alejandrino MUSEUM

(5-433-1021; www.museobolivariano.org.co; Av. Libertador; 21 000 COP; 9–16.30 Uhr) In dieser Hazienda verbrachte Simón Bolívar 1830 seine letzten Tage, ehe er entweder an Tuberkulose oder an Arsenvergiftung starb – es kursieren unterschiedliche Versionen. Zu jener Zeit gehörte das Anwesen einem Spanier, der Kolumbiens Unabhängigkeitsbestrebungen unterstützte und Bolívar einlud, sich vor seiner Reise ins europäische Exil auszuruhen. Doch dieser starb, ehe er zu dieser Seereise aufbrechen konnte.

Auf dem Gelände wurden mehrere Denkmäler errichtet, die an Simón Bolívar erinnern. Das wohl beeindruckendste ist eine massive, zentral stehende Konstruktion namens **Altar de la Patria**, von der ein stolzer Bolívar herabblickt.

Gleich rechts davon präsentiert das **Museo Bolivariano** Werke, die Künstler aus verschiedenen lateinamerikanischen Ländern spendeten, hauptsächlich aus den von Bolívar befreiten Staaten Kolumbien, Venezuela, Panama, Ecuador, Peru und Bolivien. Zu den Highlights im Haus gehört eine absolut dekadente Marmorbadewanne.

Auf der im frühen 17. Jh. gegründeten Hacienda wurde einst Zuckerrohr angebaut und verarbeitet. Sie verfügte über eine eigene *trapiche* (Zuckerrohrpresse) und eine *destilería* (Brennerei).

Auch die wunderschönen Gärten, in denen Santa Martas 22 ha großer **Jardín Botánico** angelegt wurde, lohnen einen Spaziergang. Die *quinta* liegt im östlichsten Vorort Mamatoco, etwa 4 km vom Stadtzentrum entfernt. Mit dem Bus (1600 COP) von der Carrera 1C im Hafen ist die Hazienda in 20 Minuten zu erreichen.

Museo del Oro MUSEUM

(Calle 14 No 1-37; Di–Sa 9–17, So 10–15 Uhr) GRATIS Dieses hervorragende Museum erzählt die Geschichte von Santa Marta und der umliegenden Region. Untergebracht ist es in der prächtig renovierten Casa de la Aduana (Zollhaus), die in Gabriel García Márquez' Roman *Der Oberst hat niemand, der ihm schreibt* erwähnt wird.

Gezeigt werden Tairona-Objekte, hauptsächlich Töpferwaren und Schmuck, aber auch ein herrlicher Raum mit Goldstücken. Oben ist eine detailliertere Historie des kolonialen Santa Marta zu sehen.

Geführte Touren

Im Ausflugsangebot ab Santa Marta dreht sich beinahe alles um die Wanderungen zur Ciudad Perdida. Die gleichen Unternehmen können auch andere Wanderungen, beispielsweise Touren für Vogelbeobachter oder für Mountainbiker sowie Besuche in die Ortschaft Minca und im Parque Nacional Natural Tayrona organisieren.

Individuell zugeschnittene Wanderungen in die Bergwelt stellt der nur Spanisch sprechende Führer **José „Chelo" Gallego** (320-580-4943, 311-622-9813; jose087301@hotmail.com) zusammen.

Zwei sehr empfehlenswerte Veranstalter sind **Aventure Colombia** (5-430-5185; www.aventurecolombia.com; Calle 14 No 4-80) sowie Expotur (S. 173).

Schlafen

Da Fremdenverkehr in Santa Marta boomt, gibt es eine große Auswahl an Hostels und Hotels, von denen viele zu den besten an der Küste gehören. Im Zentrum finden sich zahlreiche Optionen, aber auch die Unterkünfte etwas außerhalb lohnen, in die engere Wahl gezogen zu werden.

★ **Masaya Santa Marta** HOSTEL $

(5-423-1770; www.masaya-experience.com; Carrera 14 No 4-80; B 40 000–50 000 COP, Zi. inkl. Frühstück 120 000–200 000 COP;) Dieses fabelhafte Hostel ist schwerlich zu toppen. Ein altes Wohnhaus mitten in der Stadt wurde clever und stilvoll in ein mehrstöckiges Hostel verwandelt, das absolut preiswerte Schlafsäle und – für Reisende mit dickerem Geldbeutel – traumhaft schöne Privatzimmer bietet. Zudem gibt es eine gut besuchte Bar auf dem Dach, drei Tauchbecken, eine große Open-Air-Küche und unzählige Freizeitaktivitäten. Das Frühstück auf dem Dach kostet für Schlafsaal-Gäste 8000 COP extra. Das Personal ist zuvorkommend und kompetent, das Flair großartig.

Drop Bear Hostel HOSTEL $

(5-435-8034; www.dropbearhostel.com; Carrera 21 No 20-36, Barrio Jardín; B mit Klimaanlage/Ventilator 35 000/30 000 COP, Zi, mit Klimaanlage/Ventilator ab 120 000/80 000 COP;) Es ist zwar im ehemaligen Haus einer Drogenkartell-Familie untergebracht, doch das helle, luftige Hostel ist alles andere als zwielichtig. Bei Interesse führt einen der australische Besitzer Gabe gern durchs Haus – er glaubt übrigens, dass noch irgendwo in den Mauern Geld versteckt sein soll. Das Drop Bear befindet sich in einem etwas ungünstig gelegenen Stadtteil, doch die großen Zimmer, der tolle Pool und das supernette Flair sorgen dafür, dass Gäste gerne wiederkommen. Ein paar der privaten Zimmer, die seit ihrer Blütezeit in den 1980er-Jahren kaum verändert wurden, sind wirklich großartig, und manche Bäder größer als die meisten Hotelzimmer in Kolumbien. Ein definitiv ungewöhnlicher Ort, an dem sich sowohl relaxen als auch Party machen lässt und der sicherlich jedem gefällt, der etwas Besonderes zu schätzen weiß. Das Taxi von hier ins Zentrum kostet rund 6000 COP.

Santa Marta

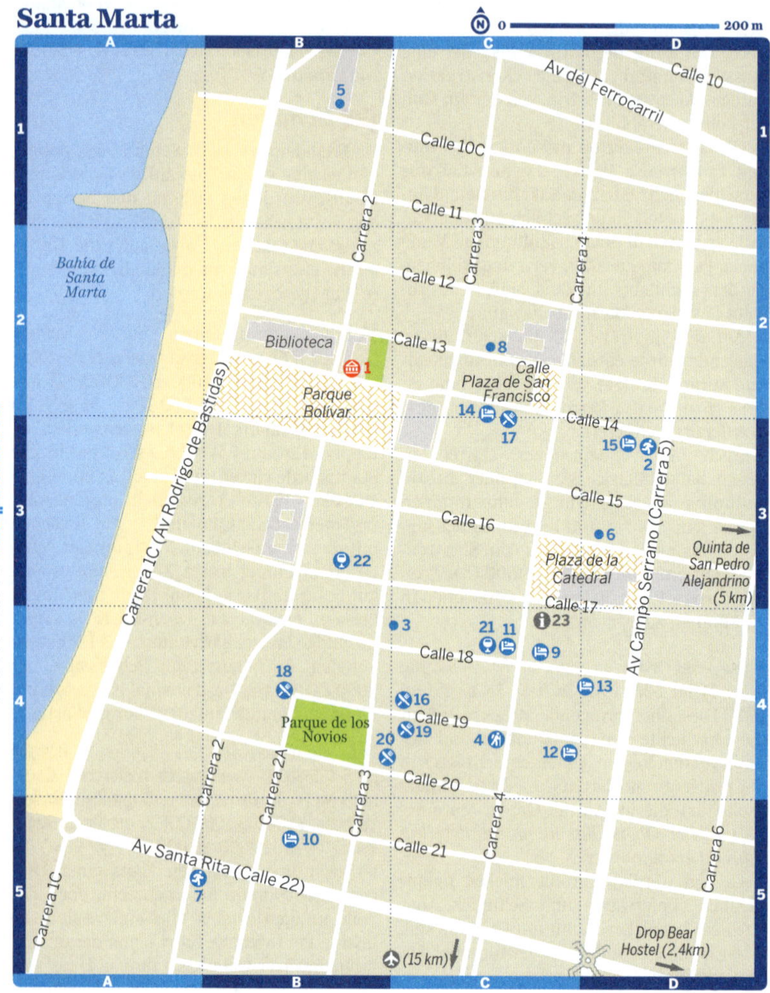

The Dreamer HOSTEL $
(☎300-251-6534, 5-433-3264; www.thedreamer hostel.com; Diagonal 32, Los Trupillos, Mamatoco; B ab 38 000 COP, DZ ab 126 000 COP;) Die Zimmer dieses noblen, durchdacht gestalteten Hostels gruppieren sich um einen der besten Swimmingpools der Stadt. Sogar die Schlafsäle haben Klimaanlage, ein sauberes Gemeinschaftsbad und gute Betten. Dementsprechend ist die Unterkunft bei anspruchsvollen Reisenden besonders beliebt. Die italienischen Besitzer leiten auch die Küche – somit kann man sicher sein, dass auch das Essen fantastisch ist. The Dreamer liegt etwas außerhalb der Stadt, aber ideal für Trips in die Ciudad Perdida, in den PNN Tayrona, nach Minca und zu einigen der besseren Strände in der Region. Man erspart sich hier einfach das in der Stadt herrschende Verkehrschaos, wann immer man irgendwohin möchte.

Casa Verde HOTEL $$
(☎313-420-7502, 5-431-4122; www.casaverdesanta marta.com; Calle 18 No 4-70; Zi. inkl. Frühstück 184 000–217 000 COP, Suite 270 000 COP;) Ideal für jene Reisenden, die der entspannte, aber aufmerksame Besitzer (der übrigens

Santa Marta

Sehenswertes
1 Museo del Oro ... B2

Aktivitäten, Kurse & Touren
2 Aventure Colombia ... D3
3 Expotur ... C4
4 Guías Indígenas Tours ... C4
5 Guías y Baquianos Tours ... B1
6 Magic Tours ... D3
7 Osprey Expeditions ... A5
8 Turcol ... C2

Schlafen
9 Casa del Agua ... C4
10 Casa del Árbol ... B5
11 Casa del Farol ... C4
12 Casa del Piano ... C4
13 Casa Verde ... D4
14 La Brisa Loca ... C2
15 Masaya Santa Marta ... D3

Essen
16 À Deriva ... C4
17 Amargo ... C3
18 Donde Chucho ... B4
19 Ikaro ... C4
20 Ouzo ... B4

Ausgehen & Nachtleben
21 Crabs ... C4
22 La Puerta ... B3

Information
23 Parques Nacionales Naturales de Colombia ... C4

selbst hier wohnt) „Backpacker im Ruhestand" nennt: ein hübsches Haus mit neun gut gestalteten, weiß getünchten Zimmern, Kieselwänden, eleganten Bädern und knisternder Bettwäsche. Die Gäste können am kühlen Swimmingpool bei der Lobby dösen oder auf der neuen Dachterrasse die Aussicht über die Stadt genießen.

La Brisa Loca HOSTEL $$
(317-585-9598, 5-431-6121; www.labrisaloca.com; Calle 14 No 3-58; B mit/ohne Klimaanlage ab 45 000/30 000 COP, Zi. mit/ohne Bad 120 000/ 100 000 COP;) Das „Verrückte Lüftchen" ist bei jungen, fröhlichen Reisenden beliebt, die die rund 100 Betten des Hostels belegen. Es gibt Säle mit vier bis zehn Schlafplätzen sowie mehrere Privatzimmer. Alle verfügen über feste Matratzen, hohe Decken, schöne alte Fliesen und Spinde, in denen die Gäste sogar ihre Handys in sicherer Verwahrung aufladen können, während sie in der Stadt unterwegs sind.

Der Mittelpunkt des Hostels ist die turbulente Bar mit netter Atmosphäre, Billardtisch und anzüglichen Cartoons an den Wänden. Auf der großen Dachterrasse steigen am Wochenende tolle Partys.

★ **Casa del Farol** BOUTIQUEHOTEL $$$
(5-423-1572; www.lacasadelfarol.com; Calle 18 No 3-115; Zi./Suite inkl. Frühstück ab 240 000/ 330 000 COP;) Das Boutiquehotel mit zwölf Gästezimmern in einem 1720 erbauten Haus wird von der energischen Sandra geführt, einer Spanierin aus Barcelona, die Santa Martas Hotelszene heimlich, still und leise revolutioniert hat. Die großen Zimmer sind individuell dekoriert und nach Städten benannt, alle haben alte Fliesenböden, hohe Decken und Dachbalken. Die Mitarbeiter tragen Uniformen und sind der Inbegriff an Höflichkeit und Freundlichkeit.

Die fantastische Dachterrasse mit zahlreichen Sonnenliegen bietet einen schönen Blick auf die Kathedrale. Und im Innenhof gibt es ein exzellentes Restaurant. Sandra betreibt auch die **Casa del Agua** (5-432-1572; www.lacasadelagua.com.co; Calle 18 No 4-09; Zi. inkl. Frühstück 215 000–395 000 COP;), die **Casa del Arbol** (5-422-4817; www.lacasadelarbol.com.co; Calle 21 No 2A-38; Zi. inkl. Frühstück 215 000–395 000 COP;) und die **Casa del Piano** (5-420-7341; www.xarmhotels.com; Calle 19 No 4-76; Zi. inkl. Frühstück 215 000–395 000 COP;). Alle drei befinden sich in stilvoll umgebauten Kolonialhäusern im Stadtzentrum.

Essen

In Santa Marta wird mit das beste Essen an der Küste angeboten. Der Zuzug von latein- und nordamerikanischen Gastronomen hat die Speisekarten vereinfacht; man legt Wert auf Ambiente, klassische Gerichte und stilvolle Präsentation. Rund um den **Parque de los Novios** konzentrieren sich die meisten Restaurants und Lokale.

★ **À Deriva** FRANZÖSISCH $$
(304-548-9062; Calle 19 No 3-25; Hauptgerichte 20 000–30 000 COP; Do–Mo 17–23 Uhr;) Das recht dunkle, aber glamouröse À Deriva, das nach dem gleichnamigen Film mit Vincent Cassel benannt ist, hat ein mondän-alternatives Flair, das man sonst in Santa

Marta vergeblich sucht. Das Restaurant im Keller bietet eine regelmäßig wechselnde Karte mit köstlichen französischen und internationalen Gerichten. Die Cocktailbar oben ist ebenfalls exzellent.

★Ikaro VEGETARISCH **$$**
(☎5-430-5585; www.ikarocafe.com; Calle 19 No 3-60; Hauptgerichte 12 000–32 000 COP; ⏲Mo–Sa 8–21 Uhr; 📶🖉) 🍃 Ein Traum nach einer Wanderung durch die Ciudad Perdida: In dem freundlichen, luftigen Restaurant gibt es sehr guten Kaffee, leckere Salate und Sandwiches (mit selbst gebackenem Brot), Smoothies, Frühstück und Burger – alles ohne Fleisch oder Fisch. Es gibt auch diverse vegane Optionen sowie Craft-Biere und Cocktails sowie mehrere Lounge-Bereiche mit Liegen zum Entspannen.

★Ouzo MEDITERRAN **$$**
(☎5-423-0658; www.ouzosantamarta.com; Carrera 3 No 19-29, Parque de los Novios; Hauptgerichte 20 000–45 000 COP; ⏲Mo–Do 12–22.30, Fr & Sa 12–23 Uhr; 📶) Das Ouzo hat eine kurze, klassisch griechisch-italienische Speisekarte mit hervorragenden Pizzas aus dem Holzofen und eine gute Weinkarte. Der Oktopus wird zwei Stunden lang in Knoblauchbrühe gegart und dann über Kohlenglut scharf angebraten, um den Geschmack besser zu erhalten. Durch das clever gestaltete Interieur bleibt die Hitze in der Küche. Aufgrund der enormen Popularität hat oben ein neuer Bereich, El Balcón, eröffnet. Hier sitzt man im Freien mit Blick auf den Parque de los Novios. Für das Abendessen ist eine Reservierung empfehlenswert.

Amargo TAPAS **$$**
(☎5-431-6121; Calle 14 No 3-74; Tapas 15 000–23 000 COP; ⏲Mo–Sa 12–23 Uhr; 📶) Das fabelhafte, legere Amargo wirkt wie eine Eckbar, die eher zufällig Tapas allererster Güte und eine herausragende Ginauswahl zu bieten hat. Ein toller Ort für ein einfaches Abendessen wie Krabben-Apfel-Salat, panierte Calamari oder exzellente Sandwiches.

Donde Chucho FISCH & MEERESFRÜCHTE **$$**
(☎5-421-4663; Calle 19 No 2-17; Hauptgerichte 25 000–55 000 COP; ⏲Mo–Sa 11–23 Uhr) Das

BARRANQUILLA: KOLUMBIENS GRÖSSTE PARTY

Barranquilla, Kolumbiens viertgrößte Stadt, ist eine lebhafte, von Industrie geprägte Hafenstadt, die in Form eines gewundenen Bandes entlang Mangroven und dem Karibischen Meer angelegt ist. Sie schwitzt und schuftet unter der sengenden Sonne und hat sich hauptsächlich dem Geldverdienen verschworen. Berühmtheit erlangte die Stadt, Geburtsort der Popgöttin Shakira, mit ihrem alljährlichen **Karneval** (www.carnavaldebarranquilla.org; ⏲Feb), wenn die Stadt für kurze Zeit die Vernunft ablegt, die fröhlichsten Klamotten überstreift und die größte Straßenparty des Landes gibt.

Der Karneval findet (wie bei uns) in den vier Tagen vor Aschermittwoch statt, weshalb sich das Datum jedes Jahr ändert. Wie beim Karneval in Rio de Janeiro ist er von Straßenkapellen, Maskerade und fantastischen Kostümen, von Live-Darbietungen und einer ausschweifenden, zügellosen Atmosphäre geprägt. Die Stadt trinkt und tanzt sich quasi selbst in Grund und Boden. Häufig geht es recht rau zu, und die Teilnehmer sollten immer auf ihre Habseligkeiten und ihre Begleiter achtgeben – wer es aber schafft, alle Hemmungen fallenzulassen, kann hier das Highlight der Reise erleben.

Die meisten günstigen Unterkünfte sind rund um den Paseo Bolívar (Calle 34) angesiedelt, aber diese Gegend ist zwielichtig. Wer wegen des Karnevals in die Stadt kommt, sollte schon Monate im Voraus ein Zimmer reservieren, sonst hat man überhaupt keine Chance. Das charmante, von Italienern betriebene **Meeting Point Hostel** (☎5-318-2599, 320-502-4459; www.themeetingpoint.hostel.com; Carrera 61 No 68-100; B/Zi. ab 30 000/90 000 COP; ❄📶) bietet wohl das beste Preis-Leistungs-Verhältnis und ist wohl die geselligste Unterkunft in Barranquillas ansonsten eher langweiliger Hotelszene. Es gibt ein exzellentes Frühstück, saubere Zimmer, nettes, mehrsprachiges Personal und einen sehr schönen Hof zum Entspannen.

Außerhalb der Karnevalszeit verzeichnet Barranquilla jedoch kaum Besucher, und die meisten Reisenden lassen es links liegen (es gibt hier im Vergleich zu anderen Ortschaften an der Küste sehr wenig zu sehen). Doch die Stadt ist stolz darauf, Heimat der *Costeño*-Kultur zu sein, und sie verfügt über zahlreiche hervorragende Restaurants, lebhafte Bars und ein paar ordentliche Museen.

Donde Chucho ist eine hiesige Legende und serviert das beste Seafood an der Küste. Unsere Empfehlung: als Vorspeise die Spezialität des Hauses, *ensalada Chucho* (Garnelen, Oktopus, Calamari und Manta, mit Olivenöl geräuchert), und danach *róbalo au gratin* (mit Mozzarella und Parmesan überbackener Wolfsbarsch). Einfach himmlisch, wenngleich man etwas Zeit mitbringen sollte – der Service ist relaxt, und alle Gerichte werden nach Bestellung zubereitet.

 Ausgehen & Nachtleben

Nach Einbruch der Dunkelheit ist in Santa Marta viel los, und junge Leute beleben die Straßen, Bars und Clubs im Zentrum.

Der **Parque de los Novios** dient als zwangloser Treffpunkt für Jung und Alt, ehe man zum ausgelassenen Tanzen – bis in den frühen Morgen – weiterzieht.

La Puerta CLUB

(Calle 17 No 2-29; ⌚ Di & Mi 18–1, Do–Sa 18–3 Uhr) Hier mustern sich Studenten und Gringos gegenseitig und betrinken sich fröhlich nach harmloser kolumbianischer Art. Soca, Salsa, House, Hip-Hop und Reggae heizen auf der übervollen Tanzfläche ein.

Crabs BAR

(Calle 18 No 3-69; ⌚ Mi–Sa 20–3 Uhr) Eine immer gut besuchte Bar mit Billardtisch, Raucherterrasse, Bier und Drinks zu ordentlichen Preisen und fröhlichen Kolumbianern.

Praktische Informationen

4-72 (☎ 5-421-0180; Calle 22 No 2-08; ⌚ Mo–Fr 8–12 & 14–18, Sa bis 12 Uhr) Postamt.

Aviatur (☎ 5-423-5745; www.aviatur.com; Calle 15 No 3-20; ⌚ Mo–Fr 8–12 & 14–16 Uhr) Reservierungen für die Unterkünfte im Parque Nacional Natural Tayrona.

Parques Nacionales Naturales de Colombia (☎ 5-423-0758; www.parquesnacionales.gov.co; Calle 17 No 4-06) Das Büro der Nationalparkverwaltung bietet grundlegende Infomationen über den PNN Tayrona.

Policía Nacional (☎ 5-421-4264; Calle 22 No 1C-74)

 An- & Weiterreise

BUS

Der **Busbahnhof** (Calle 41 No 31-17) befindet sich am südöstlichen Stadtrand. Von der Carrera 1C im Zentrum fahren regelmäßig Minibusse dorthin, die Taxifahrt kostet 6000 COP.

Die großen Busunternehmen bieten tägliche Verbindungen in folgende Städte:

Reiseziel	Preis (COP)	Fahrzeit (Std.)	Häufigkeit
Barranquilla	13 000	2	stündl.
Bogotá	70 000	18	stündl.
Bucaramanga	60 000	9	2 x tgl.
Cartagena	24 000	4	stündl. bis 17.30 Uhr
Medellín	90 000	15	5 x tgl.
Riohacha	18 000	2½	Alle 30 Min.
Tolú	50 000	7	3 x tgl.

Um nach Palomino zu gelangen, nimmt man den am Marktplatz in Santa Marta den Mamatoco-Bus (7000 COP, 2 Std.).

FLUGZEUG

Der **Aeropuerto Internacional Simón Bolívar** (☎ 5-438-1360; http://smr.aerooriente.com.co; km 18 Vía Ciénaga Santa Marta), etwa 16 km südlich der Stadt an der Straße von Barranquilla nach Bogotá gelegen, ist einer der wenigen Flughäfen der Welt, die sich direkt am Strand erstrecken. Stadtbusse mit der Aufschrift „El Rodadero Aeropuerto" fahren von der Carrera 1C in etwa 45 Minuten zum Flughafen. Angeflogen werden u. a. Bogotá und Medellín.

Minca

☎ 5 / 1200 EW.

In etwa 600 m Höhe in der Sierra Nevada über Santa Marta thront Minca, ein kleines Bergdorf, das für organisch angebauten Kaffee und – vielleicht noch wichtiger – für seine weit milderen Temperaturen als die brütend heiße Küste unten berühmt ist. Das Dorf selbst, das bis vor wenigen Jahren lediglich über eine staubige Piste zu erreichen war, ist zauberhaft und von dichtem Nebelwald und hohen Berggipfeln umgeben. Obwohl es seit dem Jahr 1980 als Unesco-Biosphärenreservat anerkannt ist, hat sich Minca erst in den letzten Jahren zum beliebten Reiseziel gemausert. Inzwischen sind einige neue Hostels und Hotels entstanden.

Heute gilt Minca als eine feste Größe auf der touristischen Landkarte Kolumbiens. Die Ortschaft ist auf ultraruhige Reiseunterkünfte spezialisiert, die sich auf den steilen Berghängen rund um das Dorf verteilen. Es ist eine ausgezeichnete Ausgangsbasis zum Mountainbiking, Vogelbeobachten und Wandern – und die freundlichen Einwohner freuen sich anscheinend wirklich noch über ihre Gäste.

Sehenswertes

Cascada de Marinka WASSERFALL

(4000 COP; 8–18 Uhr) Dieser schöne Platz ist von Minca zu Fuß in 1½ Stunden und mit dem Motorradtaxi (7000 COP) in zehn Minuten zu erreichen. Unter zwei überraschend eindrucksvollen Wasserfällen laden hier kühle Becken zum Baden ein. Da es recht voll werden kann, am besten morgens oder nach 16 Uhr herkommen. Vor Ort gibt es auch ein kleines **Café**.

Finca La Victoria FARM

(Führung 10 000 COP; 9–17 Uhr) Die im späten 19. Jh. gegründete Kaffeeplantage in Familienhand bietet interessante 40-minütige Führungen (für gewöhnlich auf Englisch), bei denen der Prozess der Kaffeeherstellung detailliert erklärt wird. Das zauberhafte Café im Obergeschoss serviert Kaffee aus Eigenproduktion und köstliche Kuchen. Die Wanderung von Minca aus – mit steilen Anstiegen – dauert 1½ Stunden, und ein Motorradtaxi hierhin kostet 10 000 COP.

Pozo Azul NATÜRLICHES WASSERBECKEN

GRATIS Dieser herrliche natürliche Badeplatz mit Wasserfall ist bei Einheimischen und bei Touristen beliebt. An Wochenenden sowie in der Hauptsaison kann es hier entsprechend voll werden. Von der Stadt ist man zu Fuß in 30 Minuten hier: Nach Überquerung der gelben Brücke in Minca geht es einfach immer geradeaus. Die Fahrt mit dem Motorradtaxi kostet ungefähr 7000 COP.

Aktivitäten

Die Vogelbeobachtung und das Mountainbiken sind in Minca die beliebtesten Ferienaktivitäten und können von den meisten Hotels und Hostels organisiert werden. Minca liegt auch ideal für eine Wanderung zur Ciudad Perdida (S. 170) und ist perfekt, um sich danach davon zu erholen.

Marcos Torres López VOGELBEOBACHTUNG

(314-637-1029; marcostorres92@yahoo.com.co) Marcos spricht zwar kein Englisch, hat aber das schärfste Auge aller Guides in Minca. Auf seinen Ausflügen zur Vogelbeobachtung begleiten ihn inzwischen Gäste aus aller Welt. Für einen Tagesausflug nach El Dorado inklusive Mittagessen und Transport verlangt er gerade einmal 160 000 COP.

Fidel Travels TOUREN

(321-589-3678; www.fideltravels.com) Fidel Travels hat gleich neben der Kirche ein Büro und bietet Ausflüge zur Vogelbeobachtung, Besuche der Kaffeefarm La Victoria und Trips zu dem phänomenalen Badeplatz El Pozo Azul. Die sehr empfehlenswerte Kombi-Tour zu allen Hauptattraktionen Mincas dauert etwa einen ganzen Tag.

Lucky Tours MOUNTAINBIKING

(310-397-5714) Die auf Mountainbike-Touren spezialisierte Agentur im Tienda Café de Minca leitet Andrés, der seine Kunden auf hervorragende Fahrten mitnimmt. Bei der „Kraken"-Tour wird durch elf verschiedene Ökosysteme geradelt, eine weitere Weltklasse-Route heißt „Clockwork Orange".

Jungle Joe Minca Adventures TOUREN

(317-308-5270; www.junglejoeminca.com) Joe Ortiz organisiert Autoreifen- oder Kanufahrten auf dem Wasser, Ausritte, Abseilen, Mountainbike- und Vogelbeobachtungstouren. Er spricht Englisch und ist derart zuvorkommend, dass die Kunden in den höchsten Tönen von ihm schwärmen.

Schlafen

Minca blüht seit ein paar Jahren auf und kann sich inzwischen der besten Hostels an der Küste rühmen, von denen viele obendrein eine grandiose Aussicht bieten. In Minca selbst gibt es zahlreiche Herbergen, die besten Unterkünfte befinden sich allerdings oben in den Bergen und sind häufig nur mit dem Motorrad zu erreichen.

★ **Mundo Nuevo** HOSTEL $

(300-360-4212; www.mundonuevo.com.co; B/DZ 35 000/70 000 COP) Bei diesem fantastischen Hostel handelt es sich um ein nachhaltiges und umweltfreundliches Projekt, das die Gemeinde unterstützt, der es auch gehört. Das in einer früheren Viehfarm untergebrachte Mundo Nuevo will bezüglich Lebensmittel, Wasser und Strom autark sein. Die Bergszenerie ist einfach wunderbar, und jeder Gast fühlt sich hier von Anfang an als Teil des Teams.

Ein Motorradtaxi von Minca aus kostet ungefähr 20 000 COP.

★ **Casa Elemento** FERIENANLAGE $

(313-587-7677, 311-655-9207; www.casaelemento.com; oberhalb von Minca; Hängematte/B 25 000/40 000 COP, Cabaña ab 150 000 COP;) Die Casa Elemento befindet sich im wahrsten Sinn hoch über Minca: Schon der Weg zu diesem fantastischen Ort ist ein wahres Abenteuer an sich und sorgt dafür, dass sich

ABSTECHER

ARACATACA: MAGIE & WIRKLICHKEIT

Willkommen in Macondo! Laut Einheimischen, Landkarten, Busfahrer und Regierungsbeamten heißt der Ort in Wirklichkeit Aracataca, auch entschieden sich die Anwohner im Jahr 2006 in einem Referendum gegen eine Umbenennung. Aber jeder, der Gabriel García Márquez' Meisterwerk *Hundert Jahre Einsamkeit* gelesen hat, weiß wahrscheinlich, dass die Geburtsstadt des Schriftstellers das Vorbild für seine fiktive Stadt Macondo war, die in dem Roman so wunderbar beschrieben wird.

Zwar sind Cartagena und Mompóx die wichtigsten Orte in Kolumbien, die mit Gabriel García Márquez assoziiert werden – das prächtige Mompóx sieht heute sogar fast so aus wie das fiktive Macondo –, doch Aracataca ist ein Muss für jeden echten Márquez-Fan. Die langweilige, recht unansehliche Stadt hat in Sachen Atmosphäre oder Architektur nicht viel zu bieten, kann sich aber der interessanten und gut zusammengestellten **Casa Museo Gabriel García Márquez** (☎(5) 425-6588; http://casamuseogabo.unimagdalena.edu.co; Carrera 6 No 5-46; ⏱Di–Sa 8–13 & 14–17, So 9–14 Uhr) GRATIS rühmen, in dem der Nobelpreisträger seine Kindheit verbrachte.

Das Museum befindet sich in einem gewissenhaften Nachbau des Hauses, in dem der Schriftsteller 1927 zur Welt kam – das Originalhaus wurde von der Familie verkauft und schon vor Jahrzehnten abgerissen. Das heutige Gebäude ist also nur eine Kopie, die aber sorgfältig gestaltet wurde. In jedem Zimmer stehen Tafeln, auf denen (nur auf Spanisch) Szenen aus Marquéz' Büchern beschrieben sind, die ebendort spielen und die die Geschichte des Hauses mit dem Werk des Autors in Verbindung bringen.

In der Nähe des Museums gibt es mehrere einfache Speiselokale, darunter ein paar *panaderías* (Bäckereien) auf dem Hauptplatz, der Plaza Bolívar. Das Restaurant **El Patio Mágico de Gabo & Leo Matiz** (☎301-571-7450, 301-739-7516; Calle 7 No 4-57; Menüs 25 000 COP; ✎) ist für alle Besucher, die sich für das Mittagessen etwas länger Zeit nehmen möchten, sehr zu empfehlen.

Reisende können auf eigene Faust vom Marktplatz in Santa Marta mit dem Bus (90 000 COP, 1½ Std., stündl.) oder von Barranquillas Busbahnhof (17 000 COP, 2½ Std., stündl.) nach Aracataca fahren. Auch von Cartagena verkehren zweimal am Tag Busse nach Aracataca und zurück (29 000 COP, 5 Std.). In Aracataca fahren die Busse am **Berlinave Terminal** (Carrera 1 & Carrera 2E) ab.

nur die wirklich Unerschrockenen auf den beschwerlichen Weg dorthin machen.

Die von einem internationalen Team betriebene Unterkunft hat eine unglaubliche Lage mit spektakulärem Blick und ist der perfekte Platz, um für ein paar Tage der Welt zu entfliehen. Von Minca ist man mit dem Motorradtaxi (15 000 COP) in 30 Minuten dort oben. Die Unterbringung ist schlicht und im Hostel-Stil gehalten, es gibt einen kleinen Pool, Toiletten mit Urwaldblick und ein betriebsames Restaurant mit Bar.

Im Zentrum des Interesses steht eine riesige Hängematte, in der ein Dutzend Personen bequem Platz finden, um Drinks und die Aussicht zu genießen. Zwischen den Bäumen sind Seilbrücken und Plattformen angebracht – perfekt zum Beobachten der bunten, vielfältigen Vogelwelt.

Der mangelnde Handyempfang fördert die Geselligkeit der Gäste, deren Hauptbeschäftigung ansonsten im Abschalten und Relaxen besteht. Wer will, kann nach Minca hinuntermarschieren, den Weg hoch sollten nur wirklich gut Trainierte zu Fuß gehen.

Casas Viejas HOSTEL $

(☎310-828-0761, 321-523-7613; casasviejasminca@gmail.com; B 35 000 COP, Zelt für 2 Pers. 40 000 COP, DZ mit/ohne Bad 130 000/90 000 COP) Das außergewöhnliche Hostel ist der perfekte Ort, um sich in den Bergen über Minca zurückzuziehen. Geboten werden ein autarkes, hippiemäßiges Flair, eine spektakuläre Lage, eine öffentliche Feuerstelle und gutes Essen. Die Gäste können zwischen einem Schlafsaal, Zweimannzelten und Doppelzimmern wählen. Die drei Mahlzeiten am Tag werden gemeinsam eingenommen; der köstliche Kaffee aus hiesigem Anbau ist gratis. Aufgrund der einsamen Lage ist man jedoch auf das hauseigene

Essen angewiesen, und die Kosten dafür summieren sich schnell. Ein Motorradtaxi von Minca aus – eine recht aufregende Fahrt (am besten nur das Nötigste an Gepäck mitnehmen!) kostet 20 000 COP. Die Wanderung hier herauf ist anstrengend und dauert mindestens zwei Stunden.

Minca Ecohabs CABAÑAS **$$**
(☎317-586-4067; www.mincaecohabs.com; Zi. inkl. Frühstück ab 145 000 COP; 📶) Das an einem steilen Hang gelegene Hotel, mit Blick in Richtung Karibik und Santa Marta, wurde vor Kurzem von einem Hotelier aus Santa Marta übernommen, der ihm neues Leben einhauchen möchte. Die Zimmer mit zwei Ebenen sind vollständig aus Naturmaterialien erbaut und haben abgeschirmte Fenster, Balkone, Ventilatoren, Strom und Kühlschrank. Ein wunderbarer Ort, um Mincas einzigartige Lage zu genießen.

Hotel Minca HOTEL **$$**
(☎317-437-3078; www.hotelminca.com; EZ/DZ inkl. Frühstück 85 000/150 000 COP; 📶🏊) Dieses Haus mit 13 Gästezimmern kommt in Minca einem formellen Hotel am nächsten. Die großen, einfachen Zimmer befinden sich in einem im Kolonialstil gehaltenen Gebäude, das früher ein Kloster war und von dichter Vegetation umgeben ist. Das Frühstück auf dem Balkon wird von einem unglaublichen Spektakel begleitet, wenn Hunderte von Kolibris heranfliegen, um aus den Behältern mit Zuckerwasser zu naschen, die das Personal extra für sie aufhängt.

Essen

In Minca gibt es ein paar Restaurants und zahlreiche kleine Cafés und Bäckereien, die kulinarische Rafinesse Santa Martas oder Cartagenas sucht man hier jedoch vergeblich. In den meisten Hotels und Hostels werden Mahlzeiten angeboten, sodass man immer etwas zu essen finden sollte.

Lazy Cat INTERNATIONAL **$**
(Calle Principal Diagonal; Hauptgerichte 12 000–25 000 COP; ⏲9–21 Uhr; 📶✎) Das von einem englisch-kolumbianischen Paar geführte Lokal mitten im Ort ist ein Favorit unter Rucksackreisenden. Es gibt ein Frühstück (8000–10 0000 COP), einen hervorragenden lokal angebauten Kaffee, Smoothies, Quesadillas und Wokgerichte. Vom schönen Balkon blickt man auf das daruntergelegene Tal, und die namensgebenden faulen Katzen sieht man tatsächlich irgendwo dösen.

★ **Casa d'Antonio** SPANISCH **$$$**
(☎312-342-1221; www.hotelrestaurantecasadantonio.com; Hauptgerichte 30 000–60 000 COP; ⏲12–15 & 18–23 Uhr; 📶) Antonio aus Málaga ist vor Kurzem von seinem Haus auf einem Hügel ins Dorfzentrum gezogen, wodurch sein Lokal mit schmackhaftem spanisch zubereitetem Seafood noch leichter zu erreichen ist. Wer ein wenig mehr Zeit mitbringt, sollte unbedingt die Spezialitäten *paella de mariscos* oder *pulpo a la gallega* (Oktopus auf galicische Art) bestellen.

An- & Weiterreise

Colectivos und Sammeltaxis (8000 COP, 30 Min.) von und nach Santa Marta kommen den ganzen Tag über in der Dorfmitte von Minca an und fahren dort auch ab. Selten muss man länger als 20 Minuten warten, bis der Wagen voll ist und losfährt. Ein Taxi nach Santa Marta kostet ca. 40 000 COP.

In Santa Marta fahren *colectivos* und Sammeltaxis nach Minca vor dem Markt an der Ecke Calle 11 und Carrera 12 ab. Schneller und dabei kaum kostspieliger sind Motoradtaxis, die allerdings in Yucal, einem Ortsteil am Stadtrand Santa Marta, losfahren. Das bedeutet, dass man fürs Taxi vom Zentrum nach Yucal bereits 6000 COP berappen muss.

Taganga

☎5 / 5000 EW.

Das einst winzige Fischerdorf Taganga schien den Jackpot geknackt zu haben, als es Anfang der 2000er-Jahre zur bedeutenden Backpacker-Destination wurde. Es lockte einen vielfältigen, schier endlosen Strom von Gästen an, und die Hostels und Restaurants in der Ortschaft blühten auf.

Heute kann Taganga jedoch als abschreckendes Beispiel für die Überentwicklung kleiner Ortschaften herangezogen werden, und in den letzten Jahren hat es sich von einem nahezu obligatorischen Stopp auf dem „Gringo Trail" zu einer eher deprimierenden Ortschaft entwickelt, in der Armut weit verbreitet ist und vieles von dem, was die Besucher einst anlockte, verschwunden ist. Dennoch kommen nach wie vor ein paar Urlauber, die hier billig unterkommen, Party machen, zum Tauchen gehen und die Nähe zum PNN Tayrona schätzen, der nur eine kurze Bootsfahrt entfernt ist.

Die hiesigen Hostelwirte sind indes fest entschlossen, Tanganga wieder zur einstigen Pracht und Attraktivität zu verhelfen.

Aktivitäten

Taganga ist wegen der niedrigen Preise ein beliebtes Tauchrevier. Mehrere Tauchschulen bieten Kurse und Exkursionen an. Viertägige Open-water-PADI-Kurse kosten zwischen 80 000 und 1 000 000 COP.

Poseidon Dive Center TAUCHEN
(☎314-889-2687, 5-421-9224; www.poseidondivecenter.com; Calle 18 No 1-69) Bei der gut ausgerüsteten, professionellen Tauchschule kosten Open-water-Kurse 1 150 000 COP, ein Ausflug mit zwei Tauchgängen ist für 240 000 COP zu bekommen.

Expotur TOUREN
(☎5-421-9577; www.expotur-eco.com; Calle 18 No 2A-07) Die Niederlassung dieser hervorragenden Agentur mit Hauptsitz in Santa Marta bietet Ausflüge in die Ciudad Perdida, nach La Guajira und in den Parque Nacional Natural Tayrona sowie Mountainbike- und Vogelbeobachtungstouren.

Geführte Touren

In Sachen Ausflüge in die Ciudad Perdida (S. 170) ist Taganga noch immer sehr beliebt und durchaus wettbewerbsfähig, und ein paar in Santa Marta angesiedelte Agenturen haben hier Filialen mit dementsprechenden Tourenangeboten.

Schlafen & Essen

Casa de Felipe HOSTEL $
(☎316-318-9158, 5-421-9120; www.lacasadefelipe.com; Carrera 5A No 19-13; B ab 27 000 COP, EZ/DZ ab 45 000/50 000 COP, Apartment ab 65 000 COP; @ wifi) Das Hostel unter französischer Leitung ist die beste günstige Unterkunft im Ort. Es ist auch sehr gut abgesichert, bei Dunkelheit sollte man aber dennoch ein Taxi dorthin nehmen. In dem attraktiven Haus inmitten üppiger Gärten oberhalb der Bucht gibt es hervorragendes Personal, schöne Zimmer, eine gute Bar, eine Küche, Kabelfernsehen, zahlreiche Hängematten, ein exzellentes Frühstück – und eine fröhliche Gästeschar aus aller Welt.

Divanga B&B PENSION $$
(☎5-421-9092; www.divanga.com; Calle 12 No 4-07; B ohne/mit Klimaanlage 42 000/47 000 COP, EZ/DZ ohne/mit Klimaanlage 90 000/120 000 COP, alle inkl. Frühstück; ❄ wifi pool) Die Französin Lucie, die seit 20 Jahren in Taganga lebt und sich leidenschaftlich in der Ortschaft engagiert, betreibt diese zauberhafte und farbenfrohe Pension. Die meisten der 13 Zimmer liegen an einem Swimmingpool; daneben existieren auch zwei „Kiosks“ (erhöht stehende Hütten mit Strohdach). Es gibt eine von der Meeresbrise umwehte Dachterrasse mit Bar, in der ein großes Frühstück serviert wird.

★ **Pachamama** FRANZÖSISCH $$
(☎5-421-9486; Calle 16 No 1C-18; Hauptgerichte 20 000–35 000 COP; ⏰Mo–Sa 17–24 Uhr; wifi) Das Pachamama mit seinem Tiki-Stil und einer entspannten Atmosphäre schaut vielleicht wie eine Indoor-Strandbar aus, aber so leger es auch ist: Dies ist mit Leichtigkeit Tagangas kulinarisches Highlight. Der französische Küchenchef stellt eine der kreativsten Speisekarten der ganzen Küste zusammen. Das Filet in Rotwein-Pilz-Soße schmeckt sensationell, und das Thunfisch-Carpaccio ist schlicht perfekt.

Babaganoush INTERNATIONAL $$
(Carrera 1C No 18-22; Hauptgerichte 20 000–30 000 COP; ⏰Do–So 13–23, Mi 18.30–22.30 Uhr; wifi) Dieses gemütliche Dachrestaurant hat eine tolle Aussicht über die Bucht sowie ein vielseitiges Speisenangebot, das etliche Gäste immer wieder hierher anlockt. Zu empfehlen sind etwa die exzellenten Falafel, das perfekt gegarte Filet Mignon oder das grandiose grüne Thai-Curry. Das Lokal befindet sich auf dem Hügel an der Straße, die Richtung Santa Marta führt.

Praktische Informationen

In den letzten Jahren ist Taganga merklich unsicherer geworden. Reisende sollten zu jeder Tageszeit auf der Hut sein und die Hauptstraßen nicht verlassen, wenn sie allein unterwegs sind. Auch wenn die Playa Grande nur 1 km vom Ort entfernt ist, sollte man nicht zu Fuß hingehen – Leute wurden hier schon am helllichten Tag ausgeraubt. Nach Einbruch der Dunkelheit sollte man generell ein Taxi nehmen.

In Taganga gibt es lediglich einen Geldautomaten, und der ist ständig defekt oder leer. Die nächsten verlässlichen Geldautomaten befinden sich in Santa Marta.

Die **Touristeninformation** (Carrera 1; ⏰Mo–Sa 9–18 Uhr) befindet sich direkt am Strand, gleich am Ortseingang an der Hauptstraße.

An- & Weiterreise

Taganga ist leicht zu erreichen. Von den Carreras 1C und 5 in Santa Marta fahren regelmäßig Minibusse hierhin (1600 COP, 15 Min.). Ein Taxi kostet 10 000 COP.

Von Taganga verkehrt täglich ein Boot von der Touristeninformation nach Cabo San Juan del Guía im Parque Nacional Natural Tayrona.

Parque Nacional Natural Tayrona

Es fährt um 11 Uhr los und um 16 Uhr zurück. In der Hauptsaison fährt das Boot dreimal täglich. Die einfache Fahrt dauert 1 Stunde und kostet 50 000 COP; die Boote legen bei der Touristeninformation ab.

Parque Nacional Natural (PNN) Tayrona

Der Parque Nacional Natural Tayrona ist ein zauberhafter Abschnitt von Kolumbiens Karibikküste mit goldfarbenen Sandstränden vor Kokospalmen und dichtem Regenwald. Dahinter erheben sich die steilen Berge der Sierra Nevada de Santa Marta, der höchsten Küstenbergkette der Welt. Der Park erstreckt sich von der Bahía de Taganga bei Santa Marta die Küste entlang bis zur Mündung des Río Piedras, 35 km weiter östlich, und besteht aus rund 12 000 ha Land und aus etwa 3000 ha korallenreichem Meer.

In der Hauptsaison (Dezember und Januar) kann der Park sehr überlaufen sein. Es ist zu beachten, dass aufgrund der heftigen Strömungen an den meisten der wunderschönen Strände Schwimmen nicht möglich ist. Nur an ein paar wenigen Abschnitten kann man – mit großer Vorsicht! – baden und schnorcheln. Trotz dieser Einschränkungen ist der Tayrona-Nationalpark sehr attraktiv und lohnt die Erkundung.

Sehenswertes

Der **Parque Nacional Natural Tayrona** (www.parquetayrona.com.co; Erw./Pers. bis 26 J. & Studenten 42 000/8500 COP; ⌚8–17 Uhr) hat mehrere Zufahrten, an denen die Eintrittsgebühr zu entrichten ist. Sie gilt so lange, wie man sich im Park aufhalten mag; es ist auch möglich, bis 17 Uhr am Tag des Ticketkaufs den Park zu verlassen und ihn an einem anderen Eingang wieder zu betreten. An den Eingängen wird man eventuell auf Alkohol und Glasflaschen durchsucht, beide sind im Nationalpark verboten.

★ Cabo San Juan del Guía STRAND

Cabo San Juan del Guía ist ein schönes Kap mit grandiosem Strand. Dies ist die bei Weitem meistfrequentierte Gegend im Park. Hier gibt es ein **Restaurant** und einen Campingplatz. In einem Holzgebäude auf einem Felsen mitten am Strand locken Hängematten zu einer sehr stimmungsvollen Nacht unterm Sternenzelt. Im Meer kann man meistens baden, man sollte aber nicht zu weit hinausschwimmen.

Playa Cristal STRAND

(Bahía Neguange) Dieser wunderschöne Strand an der Bahía Neguange war einst als Playa del Muerto – Strand der Toten – bekannt; kein Wunder, dass er umbenannt wurde. Die Playa Cristal ist ideal für einen Tag am Strand, und **Hütten** bieten frischen Fisch und kaltes Bier.

Hierher gelangt man nur mit dem Boot, das etwa 60 000 COP für bis zu zehn Personen kostet; es lohnt sich also zu warten, bis mehr Leute mitfahren möchten.

La Aranilla STRAND

Der schöne Strand in einer kleinen, von massiven Felsen gesäumten Bucht hat groben Sand, im Wasser glitzert Katzengold. Von den Tischen des netten **Restaurants** genießen die Gäste die herrliche Sicht aufs

Meer. La Aranilla ist eine gute Alternative zur Massentourismus-Atmosphäre des benachbarten San Juan del Guía.

Cañaveral STRAND

Die Strände von Cañaveral sind zwar wunderschön – goldfarbener Sand und blaues Wasser –, allerdings ohne Schatten; und das Baden kann aufgrund der tückischen Strömungen gefährlich sein. Hier gibt es zahlreiche **Unterkünfte**.

Pueblito DORF

Vom Cabo San Juan del Guía führt ein reizvoller Weg hoch in das kleine indigene Dorf Pueblito mit schönem Blick auf den herrlichen tropischen Regenwald. Die Wanderung dauert etwa eineinhalb Stunden. In dem beschaulichen Dorf gibt es traditionelle Häuser und mehrere Stätten, die den Anwohnern heilig sind – eine interessante Abwechslung zum Strandleben.

Die Wanderung von Cabo San Juan del Guía hoch ist definitiv anstrengender als andere Routen im Park – zumeist geht es über zum Teil recht große Steine. Ganz darauf verzichten sollte man bei Regen oder mit schwerem Gepäck. Nach Pueblito gelangt man auch von der Hauptstraße am Calabazo-Parkeingang aus, diese Wanderung dauert ungefähr zwei Stunden.

Schlafen

Es gibt zahlreiche Optionen, um eine oder zwei Nächte im Park zu verbringen, sie sind aber entweder extrem kostspielig oder sehr einfach. **Castilletes** (☎313-653-1830, 300-405-5547; www.campingcastilletespnntayrona.blogspot.com; Stellplatz/Zelt pro Pers. 20 000/30 000 COP), die erste Ortschaft nach dem Parkeingang in El Zaíno, bietet einen ruhigen Campingplatz mit Meerblick. In Cañaveral befinden sich die schickeren Unterkünfte. **Arrecifes** sowie Cabo San Juan del Guía sind bei Rucksackreisenden am beliebtesten.

Camping Don Pedro CAMPINGPLATZ **$**

(☎315-320-8001, 317-253-3021; campingdonpedro@hotmail.com; Arrecifes; Hängematte 15 000 COP, Stellplatz pro Pers. mit/ohne Mietzelt 20 000/18 000 COP, Cabaña pro Pers. inkl. Frühstück 60 000 COP) Von den drei Möglichkeiten zum Essen und Schlafen in Arrecifes ist dies die beste. Der Platz ist über einen etwa 300 m langen Nebenpfad zu erreichen, der direkt vor Arrecifes vom Hauptweg abzweigt. Das weitläufige Gelände ist gepflegt und dicht von Obstbäumen bestanden.

Den Gästen stehen Kochgelegenheiten zur Verfügung, allerdings kosten hervorragende fertig zubereitete Mahlzeiten, beispielsweise mit sehr gutem Fisch, im Schnitt auch nur etwa 15 000 COP. Die Gäste werden herzlich empfangen.

Camping Cabo San Juan del Guía CAMPINGPLATZ **$**

(☎333-356-9912; www.cabosanjuantayrona.com; Cabo San Juan del Guía; Stellplatz 30 000 COP, Hängematte mit/ohne Aussicht 30 000/25 000 COP, Zi. 200 000 COP) Die meisten Backpacker landen auf diesem Campingplatz, auf dem es in der Hauptsaison zugeht wie auf einem Musikfestival. Zur Anlage gehören zwei wunderschöne Badestrände und ein Restaurant. Für 30 000 COP kann man im *mirador* auf einem Felsen über dem Strand in einer Hängematte schlafen – mit einer grandiosen Aussicht auf das Meer, die Strände und die Berge inklusive. Ganz oben im *mirador* gibt es auch zwei Doppelzimmer.

★**Finca Barlovento** HOTEL **$$$**

(☎314-626-9789; http://barloventotayrona.com; km 33 Via Riohacha; EZ/DZ/3BZ inkl. Halbpension ab 330 000/450 000/695 000 COP) Die Finca Barlovento ist vermutlich die schönste Unterkunft in dieser Gegend und befindet sich vor den Toren des PNN Tayrona direkt am Strand Playa Los Naranjos. Hier, wo der Río Piedras aus der Sierra Nevada hervorbricht und sich in das Karibische Meer ergießt, klammert sich das architektonisch einzigartige Haus an einen Felsen.

Neben dem Originalgebäude gibt es eine *maloka*, eine strohgedeckte Konstruktion im indigenen Stil, in der sich Gästezimmer befinden. Zum Angebot gehören Open-Air-Betten auf einer Terrasse über dem Meer und sensationell gutes Essen.

★ **Ecohostal Yuluka** HOSTEL $$$
(☎310-361-9436; www.aviatur.com; km 28 Via Santa Marta; B 40 000 COP, Zi. ab 160 000 COP; alle inkl. Frühstück; 📶) Diese grandiose Anlage wurde sehr stilvoll extra für anspruchsvolle Rucksackreisende geschaffen, die den Park erkunden wollen, ohne auf Komfort zu verzichten. Alles ist recht rustikal, aber höchst komfortabel – große private Badezimmer, geräumige Schlafsäle und sogar eine Wasserrutsche. Alle Betten sind mit Moskitonetzen ausgestattet – und das Essen schmeckt einfach großartig.

Cayena Beach Villa BOUTIQUEHOTEL $$$
(☎314-800-5471; www.cayenabeachvilla.com; km 39 Villa Troncal Caribe; Zi. inkl Halbpension ab 500 000 COP; ❄📶🏊) Das Hotel liegt etwas außerhalb des Nationalparks und eröffnete im Jahr 2016 als autarke Luxusanlage. Es befindet sich direkt am Meer und verfügt über einen herrlichen eigenen Strand. Die Gästezimmer sind riesig und eindrucksvoll gestaltet, sie haben sogar Doppelduschen mit Blick auf einen fabelhaften großflächigen Swimmingpool. Ein wunderbarer Ort zum Entspannen und Herunterkommen – so man es sich leisten kann.

Ecohabs CABIN $$$
(☎5-344-2748; www.aviaturecoturismo.com; Cañaveral; 4-Pers.-Cabaña inkl. Frühstück ab 695 000 COP; 📶) Die Kolonie aus luxuriösen Cabañas befindet sich fünf Gehminuten vom Parkplatz entfernt, der das Ende der befahrbaren Straße in den Nationalpark markiert. Jede der zweistöckigen, in der Tairona-Bauweise gestalteten Hütten verfügt über eine Minibar, eine große schattige Terrasse, kleine Flachbildfernseher und eine spektakuläre Aussicht. Innerhalb des Nationalparks mit Abstand die hübscheste Unterkunft zum Übernachten.

Essen

Im Park gibt es mehrere Strandrestaurants, die frische Fisch- und weniger frische Hühnchengerichte servieren. Camper können versuchen, sich selbst zu versorgen, aber weil die Einrichtungen sehr einfach sind, essen die meisten in den schlichten Lokalen auf dem Campingplatz. Zu beachten ist, dass es verboten ist, Alkohol in den Park mitzubringen, aber es gibt ihn vielerorts zu kaufen.

Estadero Doña Juana FISCH & MEERESFRÜCHTE $$
(Playa Cristal; Hauptgerichte 20 000-40 000 COP; ⏲Nebensaison 11–16 Uhr, Hauptsaison 7–16 Uhr) Von Bahía Neguange fahren Boote hinüber zur herrlichen Playa Cristal. Dort steht Doña Juanas provisorisch wirkendes Strandrestaurant. Die Gäste werden in die Küche geführt und dürfen sich einen Fisch aussuchen, der 20 Minuten später lecker zubereitet auf den Tisch kommt.

An- & Weiterreise

Nach El Zaíno (70 000 COP, 1 Std.) verkehren Palomino-Busse, die regelmäßig von Santa Martas Markt losfahren; einfach beim Einsteigen dem Fahrer sagen, wo man aussteigen möchte.

Von El Zaíno kann man den Jeep nehmen, der zwischen dem Parkeingang und Cañaveral (3000 COP, 10 Min.) pendelt, oder man legt die etwa 2,5 km zu Fuß zurück.

Palomino

☎5 / 6000 EW.

Palomino macht bei der Durchfahrt auf dem Highway zwischen Santa Marta und Riohacha nicht viel her, aber auf der einen Seite des bebauten Gebiets versteckt sich einer der perfektesten Strände ganz Kolumbiens, und auf der anderen Seite erheben sich die dramatischen Berge der Sierra Nevada, die das Wayúu-Volk noch immer vor Außenstehenden abschirmt. Palomino ist eine großartige Ausgangsbasis, um sowohl den Strand, als auch die Berge zu erkunden. Es gibt zahlreiche Unterkünfte und ein Backpacker-Flair, das man nicht an vielen Orten entlang der Küste findet.

An Palominos palmenbestandenen Stränden sind Fischer zu sehen, die nach traditionellen Methoden mit Netzen auf Fang gehen, während das Volk im bergigen Hinterland noch so lebt wie vor Jahrhunderten. Angesichts von sieben verschiedenen Ökosystemen zwischen dem Strand und den Gletschern der Sierra Nevada ist es kaum verwunderlich, dass hier der Ökotourismus auf dem Vormarsch ist und Palomino inzwischen ein nahezu obligatorisches Ziel für Kolumbien-Reisende darstellt.

Leider ist es nur selten möglich, an diesem schönen Strand im Meer zu schwimmen, weil die Strömungen viel zu tückisch sind. Die rote Flagge ist unbedingt zu beachten – ist sie aufgezogen, dann sollte man auf jeden Fall an Land bleiben. Und auch sonst ist im Wasser Vorsicht angesagt. Außer

Faulenzen ist hier die Hauptbeschäftigung eine Flussfahrt mit Lkw-Reifen (Tubing) von den Bergen bis ans Meer.

Schlafen

Palomino hat einige der besten Hostels und relaxten Strandhotels des ganzen Landes. Die meisten unserer empfohlenen Unterkünfte befinden sich am Strand. Alle Häuser arrangieren auf Wunsch Ausflüge in die Berge inklusive Wanderungen, Tubing oder Wildwasser-Rafting.

★Tiki Hut Hostel Palomino HOSTEL **$**
(☎314-794-2970; www.tikihutpalomino.co; B/DZ inkl. Frühstück 40 000/160 000 COP;) Das Tiki Hut, unser Favorit unter Palominos Hostels, ist eine schöne Anlage rund um einen großen Swimmingpool mit freundlichem Personal und komfortablen, rustikalen Zimmern mit Moskitonetzen an allen Betten. Weniger gut sind die nicht vollständig abgeschlossenen Toiletten in den großen Schlafsälen, aber damit kann man zur Not leben. Zum Strand sind es zwei Gehminuten.

The Dreamer Hostel HOSTEL **$**
(☎300-609-7229, 320-556-7794; www.thedreamerhostel.com; B/DZ inkl. Frühstück 32 000/95 000 COP;) Das beliebte Party-Hostel bietet einen großen Garten mit Swimmingpool; der Strand ist leicht zu Fuß zu erreichen. Die Zimmer mit Fliesenböden, Ventilatoren und Strohdächern sind geräumig. Es geht sehr gesellig zu, die Gäste können sich mit vielerlei Freizeitaktivitäten die Zeit vertreiben und sich in der rührigen Bar sowie im guten Restaurant stärken.

Finca Escondida HOSTEL **$**
(☎315-610-9561, 310-456-3159; www.fincaescondida.com; Hängematte 25 000 COP, B 35 000 COP, Zi. ab 160 000 COP;) Der große, von einem netten internationalen Team betriebene Komplex am Strand bietet unterschiedlich große Unterkünfte an. Die besseren sind riesig und haben große Balkone. Die hölzernen Bauten, die sich über Gärten mit Obstbäumen verteilen, haben rustikales Flair. Den Gästen werden zahlreiche Aktivitäten – von Surfen bis Pilates – angeboten. Das dazugehörige Restaurant mit Tischen direkt am Strand ist eines der besten am Ort und serviert exzellentes Seafood und eiskaltes Bier.

La Sirena LODGE **$$**
(☎310-718-4644; www.ecosirena.com; Zi./Cabaña inkl. Frühstück ab 120 000/225 000 COP;) Die luftigen Hütten am Strand bieten viel Platz und eine angenehme Atmosphäre. Die Zimmer verfügen über Outdoor-Bäder und Moskitonetze. Die größeren Cabañas sind den verlangten Aufpreis wirklich wert. Die Betreiber der Anlage inmitten eines beschaulichen Gartens nehmen ihre Verantwortung der Umwelt gegenüber sehr ernst. In der Hauptsaison gilt ein Mindestaufenthalt von zwei Nächten. Das kleine, hauptsächlich auf Vegetarier ausgerichtete Café ist ebenfalls sehr zu empfehlen.

Reserva Natural El Matuy HÜTTEN **$$**
(☎317-504-9340, 315-322-0653; www.elmatuy.com; Cabañas pro Pers. inkl. Vollpension 186 000 COP;) Die herrlich rustikalen Strandhütten sind alle mit bestickten Bettüberwürfen, Outdoor-Bädern und Veranden mit Hängematten ausgestattet. Weil die Anlage etwas abgeschieden von den Hostels und Strandverkäufern liegt, ist El Matuy perfekt, um abzuschalten. Tatsächlich sind Strom und Handyempfang ausschließlich in der Rezeption verfügbar; überall sonst sind nach Einbruch der Dunkelheit Kerzen die einzigen Lichtquellen.

Aité Eco Hotel HOTEL **$$$**
(☎321-782-1300; www.aite.com.co; DZ/Cabaña/Suite inkl. Frühstück ab 428 000/489 000/514 000 COP;) Palominos nobelste Unterkunft ist diese wunderbare 15-Zimmer-Oase auf einem abgeschiedenen Hügel, von den Hostels einen kurzen, angenehmen Strandspaziergang entfernt. Das Haupthaus steht ganz oben, am schönsten sind jedoch die Cabañas am Strand, die im wahrsten Sinn des Wortes zum Meer hin offen sind. Alles ist höchst stilvoll und bezaubernd.

Essen

Da fast alle Hostels drei Mahlzeiten am Tag servieren, essen die meisten Urlauber in ihrer Unterkunft. Auch Nicht-Gäste dürfen dort zumeist speisen. Eigenständige Restaurants sind in Palomino eher Mangelware – mit ein paar rühmlichen Ausnahmen.

★Suá KOLUMBIANISCH **$$**
(Hauptgerichte 18 000–35 000 COP; Mi–So 12–23 Uhr;) Das Suá, das an eine herrliche neue Adresse mit hübschem Garten umgezogen ist, ist ein kollektiv betriebenes Projekt mit erstklassigen Qualifikationen in Sachen Umweltschutz und Nachhaltigkeit, unter anderem bietet es eine tolle Auswahl an vegetarischen Optionen. Die Gerichte sind einfallsreich – auf der zweisprachigen

Speisekarte (spanisch/englisch) stehen Spezialitäten wie in Knoblauch, Meersalz und Butter marinierte Garnelen oder Rinderlende in Rotwein-Gewürz-Soße.

Pizzería La Frontera PIZZAS **$$**
(Carrera 6 Calle 1A-90; Pizzas 10 000–30 000 COP; ⌚12–23 Uhr; ☑) Dieser hell erleuchtete Schuppen zwischen Hauptstraße und Strand sieht ziemlich unscheinbar aus, aber hier wird die beste Pizza im Ort serviert. Abends wird es in dem Lokal mit nettem, geselligem Flair für gewöhnlich sehr voll.

ℹ An- & Weiterreise

Palomino hat zwar keine eigentliche Bushaltestelle, aber regelmäßig verkehren Busse auf der Hauptstraße in beiden Richtungen, z. B. nach Santa Marta (9000 COP, 2 Std.), in den PNN Tayrona (6000 COP, 1 Std.) und nach Riohacha (8000 COP, 1½ Std.). Zusteigen kann man am besten am Anfang der Carrera 6.

Wer in Palomino ankommt, kann die 500 m zum Strand gehen oder mit einem Motorradtaxi (2000 COP) fahren. Busse und Motorradtaxis verkehren den ganzen Tag bis spätabends – keine schlechte Option, wenn man viel Gepäck hat.

Ciudad Perdida

Was könnte geheimnisvoller sein als die Entdeckung einer uralten verlassenen Stadt? Die Ciudad Perdida („Verlorene Stadt") verschwand um die Zeit der spanischen Eroberung und wurde erst in den 1970er-Jahren „wiederentdeckt". Die Fundstätte tief in den Bergen der Sierra Nevada de Santa Marta ist nur zu Fuß zu erreichen - auf einer der aufregendsten und atemberaubendsten Wanderungen in ganz Kolumbien. Die Stadt mit dem indigenen Namen Teyuna wurde von den Tairona an den nördlichen Hängen des Gebirges angelegt. Heute ist die Ciudad Perdida eine der größten je entdeckten präkolumbischen Städte auf dem amerikanischen Kontinent und Ziel von Kolumbiens beliebtester mehrtägiger Wanderung. Diese Wanderung ist ein fantastisches Erlebnis, für das man nicht einmal besonders kräftig oder erfahren sein muss. Die Landschaften und das Gefühl der Abgeschiedenheit bleiben noch lange danach in Erinnerung.

Die Ciudad Perdida erstreckt sich über die steilen Hänge des oberen Río-Buritaca-Tals in Höhen zwischen 950 und 1300 m. Der zentrale Teil der Stadt liegt auf einem Bergkamm, von dem aus mehrere steinerne Wege in die anderen Stadtteile hinabführen. Die Holzhäuser der Tairona sind schon lange verschwunden, aber die Steinkonstrukte, darunter Terrassen und Treppen, sind erstaunlich gut erhalten geblieben.

Die meisten der etwa 170 Terrassen dienten wohl einstmals als Fundamente von Häusern. Auf den größten Terrassen auf dem zentralen Kamm fanden jedoch rituelle Zeremonien statt. Der größte Teil dieser Stätte liegt allerdings unangetastet unter der Erde, da die Ureinwohner inzwischen keine weiteren Ausgrabungen erlauben.

Neue Untersuchungen weisen auf ungefähr 300 weitere Tairona-Siedlungen hin, die sich auf den Hängen verteilten und einst durch gepflasterte Straßen verbunden waren. Die Ciudad Perdida ist jedoch die größte dieser Siedlungen und war vermutlich die frühere „Hauptstadt" der Tairona.

Bei archäologischen Grabungen wurden verschiedene Objekte der Tairona gefunden (glücklicherweise fanden die *guaqueros* nicht alles), hauptsächlich einige Töpferwaren (für Zeremonien wie für den Haushalt), Goldarbeiten und einzigartige Halsketten aus Halbedelsteinen.

Einige dieser wunderbaren Artefakte sind im Museo del Oro (S. 157) in Santa Marta und im größeren Pendant in Bogotá ausgestellt. Wer es möglich machen kann, sollte zuerst das Goldmuseum in Santa Marta besuchen und erst anschließend die Ciudad Perdida erkunden.

☞ Geführte Touren

Früher hatte nur eine einzige Agentur, Turcol, Zutritt zur Ciudad Perdida. Doch 2008 vertrieb das kolumbianische Militär die paramilitärischen Organisationen aus der Region, wodurch sich auf der Route zur Ciudad Perdida ein gesunder Wettbewerb um die Kunden entwickeln konnte. Inzwischen bieten hauptsächlich sechs Agenturen – alle mit Sitz in Santa Marta - die vier- bis sechstägigen Wanderungen zu den antiken Ruinen an. Sich allein oder mit einem selbstständigen Guide auf den Weg zu machen, ist nicht möglich. Wer sich bezüglich der Legitimierung eines Guides oder einer Agentur unsicher ist, sollte nach dem Zertifikat der OPT (Operación de Programas Turísticos) fragen. Dieses Dokument muss jeder legitimierte Guide vorweisen können.

Als sich der Markt 2008 öffnete, begann die Abwärtsspirale: Mit den Preisen sank auch die gebotene Qualität. Die Regierung schritt ein und regulierte die Preise und den

DIE VERLORENE ZIVILISATION

In präkolumbischer Zeit war die Sierra Nevada de Santa Marta an der Karibikküste Heimat mehrerer indigener Gesellschaften. Das dominanteste und fortschrittlichste Volk war das der Tairona, die zur Sprachfamilie der Chibcha gehörten. Die Tairona haben sich, so glaubt man, ab dem 5. Jh. n. Chr. zu einer eigenständigen Kultur entwickelt. Tausend Jahre später, kurz bevor die Spanier Amerika entdeckten, waren die Tairona eine überlegene Zivilisation mit komplexen gesellschaftlichen und politischen Strukturen sowie hoch entwickelten technischen Fähigkeiten.

Die Stadt Teyuna wurde zwischen dem 11. und dem 14. Jh. erbaut, aber ihre Ursprünge reichen vermutlich bis ins 7. Jh. zurück. Die sich über rund 2 km^2 erstreckende Ortschaft war damals die weitläufigste Stadt der Tairona und wahrscheinlich ihre größte urbane Ansiedlung und ihr wichtigstes politisches und wirtschaftliches Zentrum. Man glaubt, dass auf dem Höhepunkt der Stadt hier 2000 bis 4000 Menschen lebten.

Während ihrer Eroberungszüge merzten die Spanier die Tairona aus, und ihre Siedlungen verschwanden spurlos unter der üppig wuchernden tropischen Vegetation. Die Tairona-Kultur war im Jahr 1499 die erste hoch entwickelte Kultur, auf die die Spanier in der Neuen Welt stießen. Hier in der Sierra Nevada staunten die Eroberer das erste Mal über das viele Gold vor Ort – der Mythos von El Dorado war geboren.

Die Spanier zogen kreuz und quer durch die Sierra Nevada, trafen dabei aber auf indigene Völker, die sich ihnen mutig entgegenstellten. Die Tairona verteidigten sich zwar erbittert, aber sie wurden in den etwa 75 Jahren unentwegter Kriege jedoch nahezu vollständig dezimiert. Eine Handvoll Überlebender verließ die Dörfer und floh in die höher gelegenen Gebiete der Sierra. Ihre Spuren sind für immer verloren.

Die Ciudad Perdida lag vier Jahrhunderte lang vergessen im Regenwald vergraben, ehe *guaqueros* (Grabräuber) sie in den frühen 1970er-Jahren entdeckten: Ein Einheimischer, Florentino Sepúlveda, und seine Söhne Julio César und Jacobo, stolperten auf einem ihrer Raubzüge über die Ruinenstätte. Der Fund sprach sich in Windeseile herum, und schon bald kamen weitere *guaqueros* in die Ciudad Perdida. Es kam zu Kämpfen zwischen rivalisierenden Banden, und eines der Todesopfer war Julio César.

Im Jahr 1976 schickte die kolumbianische Regierung Soldaten und Archäologen, um die Stätte zu schützen und ihr ihre Geheimnisse zu entlocken, doch noch mehrere Jahre lang kam es zu weiteren Kämpfen und Plünderungen. In dieser Zeit nannten die *guaqueros* die Stätte Infierno Verde („Grüne Hölle").

Service. Der offizielle Preis für die Tour liegt nun bei 850 000 COP – wenngleich es im Jahr 2017 noch immer möglich war, Touren für 800 000 COP zu finden.

Im Preis enthalten sind Transport, Verpflegung, Unterkunft (normalerweise Matratzen mit Moskitonetzen, wenngleich manche Agenturen für eine Nacht immer noch Hängematten bieten), Proviantträger, Führer (ausschließlich spanischsprachig) und alle anfallenden Gebühren.

Wer die Tour in kürzerer Zeit schafft, bezahlt dafür nicht weniger. Die meisten Gruppen brauchen vier Tage, weniger fitte Wanderer und jene, die sich einfach mehr Zeit lassen möchten, sind fünf Tage unterwegs. Sechs Tage sind das Maximum und eigentlich nur für die ganz langsamen und konditionsschwachen Teilnehmer. Wir empfehlen die Vier-Tage-Variante.

Absolut nötig ist das stärkste Insektenschutzmittel, das man finden kann und das alle paar Stunden erneut aufgetragen werden sollte. Das im Land erhältliche Nopikex ist sehr gut und schützt besser als viele stärkere ausländische Produkte. Lange Hosen und langärmelige T-Shirts empfehlen sich vor allem für die Ciudad Perdida selbst, wo die Mücken ganz besonders gierig sind.

Die Gruppenwanderung mit bis zu 15 Personen findet ganzjährig statt, sobald genügend Leute zusammen sind. In der Hauptsaison startet beinahe täglich eine Tour. In der Nebensaison bündeln die vier Agenturen ihre Anmeldungen und bilden gemeinsame Gruppen, allerdings schickt jede Agentur ihren eigenen Guide mit. Andere Unternehmen fungieren quasi nur als Agenten der vier Agenturen; es gibt daher keinen Grund, sie zu kontaktieren.

Fast im gesamten Monat September ist übrigens jedweder Zutritt zur Ciudad Perdida verboten, weil sich zu diesem Zeitpunkt die indigenen Völker dann dort zu rituellen Reinigungszeremonien treffen.

Die Wanderung

Nachdem sich die (obligatorische) Tourengruppe morgens in Santa Marta versammelt hat, wird sie ins Dorf El Mamey (auch Machete genannt) gefahren, wo die Straße dann auch endet. In dem Ort wird vor dem Aufbruch zu Mittag gegessen. Die Wanderung hoch zur Ciudad Perdida dauert normalerweise eineinhalb Tage. An der Stätte ist ein halber Tag Aufenthalt anberaumt, für den Rückweg zwei weitere Tage. Insgesamt werden 40 km zurückgelegt. In der Trockensaison kann der Zeitplan etwas abweichen. Am besten fragt man die Agentur nach dem detaillierten Plan. Auf dem Hin- und dem Rückweg ist man auf derselben Route unterwegs, was recht schade ist. Die Agenturen stehen deshalb in Verhandlung mit den indigenen Wiwa, um eine andere Route zu erschließen, aber die Wiwa wollen verständlicherweise ihr Land schützen. Seit 2018 bieten Guías Indígenas Tours (S. 173) und Expotur (S. 173) eine weit anstrengendere Rundroute, die fünf Tage und vier Nächte dauert

WANDERUNG ZUR CIUDAD PERDIDA: AUSRÜSTUNG

Die folgenden Gegenstände sind in die Kategorien „unbedingt nötig" und „optional" unterteilt. Da die meisten Camps irgendeine Art von generatorbetriebener Aufladestation haben, ist es übrigens gar nicht lächerlich, Handys und Ladekabel für den Akku mitzunehmen (aber nur, um mit dem Telefon zu fotografieren – auf dem gesamten Weg gibt es keinen Handyempfang!). Generell sollte man so wenig wie möglich mitnehmen, mit zu viel Gepäck ist die Wanderung zu beschwerlich.

Unbedingt nötig

- Taschenlampe
- Wasserflasche (1,5 l)
- Insektenschutzmittel
- Sonnenschutzmittel
- Sonnenbrille
- Lange Hosen
- Ein frisches T-Shirt pro Tag
- Mehrere Paar Socken und Unterwäsche zum Wechseln
- Zwei Paar Schuhe (am besten Wanderschuhe und – für Flussdurchquerungen – wasserfeste Trekkingsandalen)
- Mehrere Plastiktüten (sehr nützlich für den Transport nasser Kleidung)
- Handtuch
- Medikamente wie Ciprofloxacin und Loperamide (Antibiotikum und Durchfallmittel)

Optional

- Spielkarten
- Pflaster und Verbandsmaterial für Blasen an den Füßen
- Schirmmütze
- Wasserdichter Rucksackschutz
- Jogginghose oder Pyjama für den Abend
- Zip-Beutel, um darin Sachen trocken zu halten
- Antihistamin (für Mückenstiche) und Blasensalbe
- Ein Buch oder eine Zeitschrift für den Abend
- Ohrstöpsel (für gemeinsame Nächte)

und 1 200 000 COP pro Person kostet. Sie ist anspruchsvoller als die normale Route, erlaubt aber auch Einblicke in völlig andere Abschnitte der Sierra Nevada. Diese Touren sind für Gruppen mit maximal 30 Personen am Tag limitiert, und das wird auch streng überprüft.

Die normale Wanderung ist anstrengend, aber gut zu schaffen. Zwar sind pro Tag nur 5 bis 8 km zurückzulegen, aber fast immer geht es steil auf- oder abwärts. Unterwegs kraxelt man an schwindelerregenden Schluchten entlang und klammert sich dabei zuweilen an Schlingpflanzen. Wer Wanderstöcke dabei hat, sollte sie auf diese Wanderung unbedingt mitnehmen.

Die Regenzeit sorgt für ganz andere Probleme: anschwellende Flüsse, dicker Schlamm, in dem die Stiefel stecken bleiben, und eingestürzte Stege. Einige Aufstiege sind in der sengenden Dschungelhitze brutal und man sehnt sich den Schatten herbei. Scheint die Sonne nicht, können die Wege wiederum sehr schlammig sein – man tauscht also Schweiß gegen einen unsicheren Tritt (die trockenste Zeit ist von Ende Dezember bis Februar/Anfang März).

Je nach Saison muss am dritten Tag der zuweilen knöcheltiefe Río Buritaca gleich mehrfach durchquert werden. Und zuletzt müssen sich die ganz Mutigen noch die glitschigen und moosbewachsenen Steinstufen, insgesamt 1260 an der Zahl, bis zur Ciudad Perdida hochquälen.

Das unterwegs servierte Essen ist überraschend gut und die Unterkünfte komfortabel. Meist liegen sie angenehm an Flüssen, wo man sich im kühlen Wasser erfrischen kann. Und die Landschaft ist einfach grandios. Dies ist eine der Touren, die mindestens genauso sehr wegen des Weges selbst unternommen werden wie wegen des eigentlichen Ziels. Und für viele – das sagen jedenfalls diejenigen, die hier schon gewandert sind – ist der Weg das eigentliche Ziel.

Die archäologische Stätte selbst liegt auf einer von Urwald umgebenen Hochebene und fasziniert vom ersten Augenblick an. Meist ist man mit der Gruppe und den wenigen vor Ort stationierten kolumbianischen Soldaten allein in den Ruinen unterwegs.

Die Berge gelten den hier lebenden indigenen Völkern als heilig – Besucher sollten entsprechend keinen Müll liegen lassen (und jeden unterwegs gefundenen Abfall ebenfalls mitnehmen) und sich in der Ciudad Perdida respektvoll benehmen.

Tourunternehmen

★ Expotur WANDERUNGEN

(☎ 5-420-7739; www.expotur-eco.com; Carrera 3 No 17-27, Santa Marta) Expotur ist in Sachen Mitarbeiterpolitik vorbildlich und tut viel, damit alle seine Guides ausreichend geschult werden. Die zertifizierten einheimischen Führer, die während der Touren in ständigem Funkkontakt mit der Agentur stehen, sind ausgezeichnet, auch wenn sie kein Englisch sprechen – normalerweise gehen aber Dolmetscher mit. Bei der Agentur mit jahrelanger Ciudad-Perdida-Erfahrung ist man in guten Händen.

Filialen befindeen sich in Taganga (S. 165) und Riohacha (S. 175).

Magic Tours WANDERUNGEN

(☎ 317-679-2441, 5-421-5820; www.magictourcolombia.com; Calle 16 No 4-41, Santa Marta) Die sehr empfehlenswerte Agentur spielte eine Vorreiterrolle bezüglich der guten Behandlung ihrer Tour-Guides und bezahlt ihnen Sozial-, Kranken- und Rentenversicherung. Zudem tut sie viel, damit die Erträge aus dem Tourismus den indigenen Völkern zugutekommen. Die Guides stammen aus den Bergen, sind kundig und zertifiziert.

Guías Indígenas Tours WANDERUNGEN

(☎ 321-742-7902, 5-422-2630; www.guiasindigenas.com; Calle 19 No 4-12, Santa Marta) Diese neue Agentur gibt es erst seit dem Jahr 2017, aber wie der Name schon sagt, sind hier ausschließlich indigene Menschen beschäftigt. Die Organisation hat entsprechend hervorragenden Zugang zu Zielen in der Sierra Nevada und bietet Wanderungen in die Ciudad Perdida, unter anderem die Rundtour durch den Regenwald.

Guías y Baquianos Tours WANDERUNGEN

(☎ 316-745-8947, 5-431-9667; www.guiasybaquianos.com; Hotel Miramar, Calle 10C No 20-42, Santa Marta) Die Agentur im Hotel Miramar gehörte zu den ersten Unternehmen, die Trekkingtouren zur Ciudad Perdida anboten. Sie beschäftigt Guides mit mindestens zehn Jahren Erfahrung (häufig aber auch doppelt so lange) und pflegt enge Beziehungen zu den indigenen Gemeinden, mit denen sie zusammenarbeitet. Viele der Führer haben selbst Farmen in der Sierra Nevada.

Turcol WANDERUNGEN

(☎ 5-421-2256; www.turcoltravel.com; Calle 13 No 3-13 CC San Francisco Plaza, Santa Marta) Bei Turcol hat man die meiste Erfahrung auf der Ciudad-Perdida-Route: Seit den 1990er-Jahren bietet sie Touren in die „Verlorene Stadt". Die professionellen Guides leisten harte Arbeit für ihre Gruppen. Die meisten sprechen jedoch kein Englisch, aber ein Dolmetscher ist immer mit dabei; falls man als Teilnehmer kein Spanisch versteht, sollte man das beim Buchen der Tour angeben.

Osprey Expeditions TOUREN
(☎300-478-7320; www.ospreyexpeditions.com; Calle 22 & Carrera 2) Nach jahrelanger Erfahrung in Venezuela haben Osprey Expeditions eine Niederlassung in Kolumbien eröffnet und organisieren hier Ausflüge ins gesamte Land, darunter Touren in die Ciudad Perdida und den PNN Tayrona. Als eine von sehr wenigen Agenturen bietet diese auch einen Transport nach Venezuela an. Der Besitzer Ben Rodriguez spricht fließend Englisch und ist ein wahrer Quell an praktischen Informationen.

An- & Weiterreise

Die Ciudad Perdida liegt Luftlinie ca. 40 km südöstlich von Santa Marta. Sie versteckt sich tief im dichten Wald inmitten zerklüfteter Berge, weit entfernt von jeglicher menschlichen Siedlung und ohne Zufahrtswege. Die einzige Möglichkeit, sie zu erreichen, ist ein Fußmarsch. Der Weg beginnt in El Mamey (Machete), 90 Autominuten von Santa Marta entfernt.

HALBINSEL LA GUAJIRA

Britische Piraten, niederländische Schmuggler und spanische Perlentaucher haben immer wieder versucht, die Halbinsel La Guajira – einen großen Streifen kargen Landes, der Kolumbiens nördlichsten Punkt bildet – zu erobern. Doch ohne großen Erfolg, denn niemand konnte die indigenen Wayúu unterwerfen, die clever entweder mit den Eindringlingen Handel trieben oder gegen sie Krieg führten. Aufgrund ihrer komplexen und eigenständigen politischen und wirtschaftlichen Strukturen konnten die Wayúu ihr Land erfolgreich verteidigen – auf Pferden und mit Feuerwaffen (zur Überraschung der Spanier).

In dieser ziemlich staubigen Landschaft weht ein strenger Wind der Gesetzlosigkeit. Ihr Symbol sind die Plastiktüten, die sich hier oft in Büschen verfangen. Alta Guajira (Ober-Guajira) ist das Ziel der meisten Abenteuerlustigen; hier findet man einsame Paradiese wie das Kitesurfing-Zentrum Cabo de la Vela und Punta Gallinas, wo die Sanddünen der Wüste und das tiefblaue Meer derart mustergültig aufeinandertreffen, dass dies als der atemberaubendste Abschnitt der gesamten Karibikküste gilt.

Auf die Halbinsel gelangt man normalerweise über die Hauptstadt Riohacha und nach Media und Alta Guajira über die kleine Stadt Uribia, den Verkehrsknotenpunkt für die ganze Halbinsel. Es gibt keine planmäßig verkehrenden Busse, und die öffentlichen Jeeps mit Vierradantrieb fahren erst ab, wenn jeder Platz besetzt ist. Im Allgemeinen ist es nicht anzuraten, sich in diesem Teil Kolumbiens auf öffentliche Verkehrsmittel zu verlassen – wir empfehlen eine Gruppenreise inklusive Transport.

Riohacha

☎5 / 278 000 EW.

Riohacha, früher Endstation der Reisen durch Kolumbien, ist das Tor zur semiariden Wüstenregion La Guajira und hat noch immer das Flair einer kleinen Grenzstadt. Da sich jedoch in den letzten Jahren der Tourismus auf der Halbinsel entwickelt hat, wurde Riohacha zu einem kleinen Zentrum für Reisende, und viele verbringen hier auf dem Weg zu oder von einsameren und schöneren Regionen Kolumbiens die Nacht.

Die Stadt wimmelt nicht gerade vor Unterhaltungsangeboten, ist aber trotzdem ganz nett. Es gibt einen rund 5 km langen Strand mit Kokospalmen, der 1937 errichtete lange Pier lädt zum Abendspaziergang ein. Tagsüber stöhnt Riohacha unter der großen Hitze, aber abends kommt von der Karibik her eine kühlende Brise und macht die Stadt freundlich und einladend.

Sehenswertes

Die Küstenstraße Calle 1 ist die Hauptdurchfahrtsstraße der Stadt. Zwei Blocks vom Strand entfernt, zwischen der Carrera 7 und 9, liegt Riohachas Hauptplatz, der **Parque José Prudencio Padilla**. Am Wochenende füllen sich abends der **Malecón** (die Strandpromenade) und seine Parallelstraße, die Carrera 1, mit Feiernden, die die Strandrestaurants und -bars aufsuchen.

Santuario de Fauna y Flora Los Flamencos NATURSCHUTZGEBIET
(www.parquesnacionales.gov.co; Camarones) GRATIS
Das 700 ha große Naturschutzgebiet befindet sich 25 km von Riohacha entfernt in Camarones. In dieser ruhigen Oase leben

rosa Flamingos – in der Regenzeit (September bis Dezember) steigt ihre Zahl auf bis zu 10 000 Vögel, und Gruppen von bis zu 2000 Exemplaren sind beinahe immer in einer der vier Lagunen des Parks zu sehen.

Wer die Flamingos sehen möchte, braucht ein Kanu (1–3 Personen 30 000 COP, jede weitere Person zusätzlich 15 000 COP), um zu ihnen hinauszufahren. Die Bootsführer wissen für gewöhnlich, wo sich die Vögel gerade aufhalten, fahren aber nur auf eine bestimmte Distanz an sie heran.

Camellón de Riohacha PIER

(Camino de Playa) Der im Jahr 1937 errichtete imposante Holzpier bietet sich für einen schönen Abendspaziergang an.

 Geführte Touren

Expotur ABENTEUERTOUREN

(☎5-728-8232; www.expotur-eco.com; Carrera 5 No 3A-02) Die Zweigstelle der exzellenten Agentur in Santa Marta ist auf Touren nach Punta Gallinas und auf der gesamten Halbinsel La Guajira spezialisiert. Sie hat hervorragende Beziehungen zu den Wayúu und beschäftigt Englisch sprechende Guides.

Kaí Ecotravel ABENTEUERTOUREN

(☎311-436-2830, 5-729-2936; www.kaiecotravel.com; Hotel Castillo del Mar, Calle 9A No 15-352) Diese hervorragende Agentur öffnete La Guajira für den Ökotourismus und pflegt seit Jahren sehr gute Beziehungen zu den Wayúu, die ihr Zutritt zu Punta Gallinas gewähren. Dies ist eine gute Agentur für Touren auf der Halbinsel sowie für Übernachtungen bei indigenen Familien.

Falls sie freie Sitzplätze in ihren Wagen mit Vierradantrieb hat, bietet sie zudem Transport nach Cabo de la Vela.

Alta Guajira Tours ABENTEUERTOUREN

(☎5-729-2562, 311-678-4778; www.altaguajiratours.com; Calle 1 No 9-63) Eine weitere routinierte und sehr verlässliche Agentur für All-inclusive-Ausflüge nach Alta Guajira – angefangen bei einer Tour nach Cabo de la Vela mit zwei Übernachtungen für 250 000 COP pro Person. Im Angebot stehen auch Übernachtungen bei indigenen Familien, Führungen durch die Mine von Cabo de la Vela und – natürlich – Ausflüge nach Punta Gallinas.

Schlafen & Essen

★ Bona Vida Hostel HOSTEL $

(☎314-637-0786; www.bonavidahostel.com; Calle 3 No 10-10; B inkl. Frühstück 30 000 COP, DZ ohne/mit eigenem Bad 98 000/109 000 COP; ❄📶) Das entzückende neue Hostel mitten im Zentrum von Riohacha ist das „Baby" eines österreichisch-kolumbianischen Paars, das damit einen schönen, ruhigen und makellosen Ort geschaffen hat, an dem es sich vor oder nach einem La-Guajira-Ausflug hervorragend entspannen lässt. In den Schlafsälen hat jedes Bett einen eigenen Ventilator, Vorhänge und einen Spind. Das Hostel organisiert Touren überall auf La Guajira.

Falls das Hostel ausgebucht ist, kommt man eventuell in einem dazugehörigen zweiten komfortablen Haus samt Balkon unter (auf der anderen Straßenseite).

Taroa Hotel HOTEL $$$

(☎5-729-1122; www.taroahotel.com; Calle 1 No 4-77; EZ/DZ inkl. Frühstück 243 000/279 000 COP; ❄📶) Das als „Wayúu-Lifestyle-Hotel" bezeichnete Taroa, ein modernes Hochhaus am Meer, ist bei Weitem die nobelste Unterkunft in Riohacha, die ausschließlich Wayúu-Mitarbeiter beschäftigt.

Geboten werden riesige Zimmer mit Minibar, Flachbild-TV, Kaffeemaschine und Balkon sowie eine Bar auf dem Dach und ein augezeichnetes Restaurant. Der perfekte Ort, um für die nächste La-Guajira-Tour so richtig Energie zu tanken.

★ Lima Cocina Fusión FUSIONKÜCHE $$

(☎5-728-1313; Calle 13 No 11-33; Hauptgerichte 15 000–35 000 COP; 📶🌿) Dieses Restaurant bietet das mit Abstand beste Essen in der Stadt und serviert es in herrlich luftigem Ambiente – entweder im kühlen Innenraum oder abends draußen auf der Straße. Zu den ungewöhnlicheren Kreationen gehören eine Auswahl an gefüllten Pitabroten, vielerlei vegetarische Gerichte und – für die Region schon viel typischer – Ziegenbraten.

La Casa del Marisco FISCH & MEERESFRÜCHTE $$

(☎5-728-3445; Calle 1 No 4-43; Hauptgerichte 20 000–50 000 COP; ⌚Mo–Sa 11–22, So 11–21 Uhr; 📶) Das Restaurant direkt am Meer ist den ganzen Tag voller Einheimischer, die sich köstliches Seafood – frisch aus dem Meer – schmecken lassen. Zu den Spezialitäten gehören mehrere Variationen von Fischauflauf, *calamari al gusto* und *fritura de mariscos* (gebratene Meeresfrüchte).

Praktische Informationen

Hospital Nuestra Señora de los Remedios
(☎5-727-3312; www.hospitalnsr.gov.co; Calle 12 & Carrera 15)

Policía de la Guajira (☎ 5-727-3879; Carrera 5 No 15-79)

Touristeninformation (☎ 5-727-1015; Carrera 1 No 4-42; ⏲ Mo–Fr 8–12 & 14–18 Uhr)

An- & Weiterreise

BUS

Der **Busbahnhof** (Calle 15 & Carrera 11a) befindet sich an der Ecke von Avenida El Progreso (Calle 15) und Carrera 11, ungefähr 1 km vom Zentrum entfernt. Ein Taxi dorthin kostet etwa 5000 COP.

Expreso Brasilia (☎ 727-2240) fährt alle 30 Min. Fahrten nach Santa Marta (20 000 COP, 2½ Std.) und Barranquilla (30 000 COP, 5 Std.), stündlich nach Cartagena (40 000 COP, 7 Std.) und alle 45 Min. nach Maicao an der venezolanischen Grenze (10 000 COP, 1 Std.). Einmal am Tag, um 15.30 Uhr, fährt ein Bus via Valledupar (30 000 COP, 4 Std.) nach Bogotá (76 000–91 000 COP, 18 Std.).

Copetran (☎ 313-333-5707; Terminal de Transporte Riohacha) bietet ähnliche Verbindungen nach Santa Marta, Cartagena und Bogotá sowie zweimal am Tag nach Bucaramanga (95 000 COP, 12 Std.).

Cootrauri (☎ 5-728-0000; Terminal de Transporte Riohacha) betreibt *colectivos*, die losfahren, sobald alle Plätze im Fahrzeug besetzt sind. Sie verkehren täglich von 5 bis 18 Uhr nach Uribia (14 000 COP, 1 Std.), wo man für das letzte Stück nach Cabo de la Vela (12 000–18 000 COP, 2½ Std.) umsteigen muss. Wenn man dem Fahrer mitteilt, dass man nach Cabo möchte, wird man am Umsteigeplatz abgesetzt. Der letzte Wagen nach Cabo de la Vela fährt in Uribia um 13 Uhr los. Es ist auch möglich, mit Privatpersonen nach Cabo zu fahren (bis zu vier Personen, 400 000 COP – wer es versteht gut zu feilschen, zahlt eventuell weniger), die die Strecke hin und zurück an einem Tag meistern und dabei die Highlights in halsbrecherischem Tempo absolvieren, um nicht zu sagen, daran rasend vorbeirauschen. **Kaí Ecotravel** nimmt Fahrgäste für 50 000 COP auf den täglichen Fahrten mit nach Cabo – allerdings nur, wenn noch Sitzplätze frei sind.

Wer das **Santuario de Fauna y Flora Los Flamencos** besuchen möchte, nimmt am Kreisverkehr Francisco El Hombre (Ecke Calle 14 & Carrera 8) ein *colectivo* (5000 COP), der in Richtung Camarones fährt, und lässt sich am Parkeingang absetzen.

FLUGZEUG

Der Flughafen liegt 3 km südwestlich der Stadt. Ein Taxi von der Innenstadt kostet 6000 COP. **Avianca** (☎ 5-727-3627; www.avianca.com; Calle 7 No 7-04) fliegt zweimal täglich nach Bogotá bzw. von Bogotá nach Riohacha.

Cabo de la Vela

☎ 5 / 1500 EW.

Das abgelegene Fischerdorf Cabo de la Vela liegt etwa 180 km nordwestlich von Riohacha und war bis vor Kurzem kaum mehr als eine verstaubte Siedlung der Wayúu. Diese leben dort in traditionell gebauten Hütten aus Kaktusholz, die sich in Richtung Meer aneinanderreihen.

In den letzten Jahren hat sich Cabo jedoch zu einem Hort des Ökotourismus und Kitesurfens gemausert. Inzwischen bietet es zahlreiche Unterkünfte im indigenen Stil. Noch immer gibt es Strom ausschließlich aus dem Generator, nur wenige Festnetz- und Internetanschlüsse – und auch sonst sind kaum Möglichkeiten zum Zeitvertreib vorhanden. Allerdings ist die Umgebung eine der schönsten Landschaften Kolumbiens. Das Kap, nach dem das Dorf benannt ist, besteht aus vielen felsigen Klippen und Sandstränden, alles vor der Kulisse der überwältigenden ocker- und aquamarinfarbenen Wüstenszenerie. Wer Ruhe sucht, sollte Cabo an Ostern sowie im Dezember und Januar meiden, denn dann machen die Kolumbianer hier Party.

Sehenswertes & Aktivitäten

Cabo de la Vela ist ein bekanntes Zentrum für Kitesurfer. **Kite Addict Colombia** (☎ 320-528-1665; www.kiteaddictcolombia.com) bietet individuell zugeschnittene Kurse mit Einzelunterricht und Ausrüstung für 100 000 COP die Stunde. Die Kitesurfing-Schule befindet sich am Strand (auf das Schild „Area de Kite Surf" achten). Dort bieten auch andere Unternehmen Unterricht an.

Playa del Pilón STRAND

Die Playa del Pilón ist mit Abstand der schönste Strand von Cabo: eine leuchtend rostorangefarbene Sandfläche, an die überraschend kühles Wasser schwappt, eingerahmt von flachen Felsen. Spektakulär ist der Anblick zu jeder Tageszeit, aber ganz besonders beeindruckend ist das herrliche Farbenspiel bei Sonnenauf- und -untergang. In der Regenzeit, wenn sich das Grün der Wüstenflora daruntermischt, wirkt die Szenerie beinahe schon filmreif.

Pilón de Azúcar
AUSSICHTSPUNKT

Der Pilón de Azúcar, der über dem Strand aufragt, ist der beste Aussichtspunkt der Gegend: Vom Berg oben ist ganz Alta Guajira mit der Bergkette Serranía del Carpintero in der Ferne zu überblicken. Im Jahr 1938 stellten spanische Perlentaucher auf dem Hügel eine Statue von Cabos Schutzpatronin, La Virgen de Fátima, auf.

El Faro
LEUCHTTURM

Die Wayúu und auch die Touristen wandern gern zu El Faro, einem kleinen Leuchtturm auf einer Landzunge, und genießen dort die Ansichtskarten-Sonnenuntergänge. Die Aussicht ist hier tatsächlich atemberaubend. Vom Dorf aus sind es 3,5 km zum Leuchtturm – man geht entweder zu Fuß oder lässt sich von einem Einheimischen fahren (hin und zurück ca. 30 000 COP).

Schlafen & Essen

In Cabo de la Vela gibt es über 60 Posadas, die zu einem von der Regierung finanzierten Öko-Tourismus-Projekt gehören. Die Unterkünfte befinden sich in Wayúu-Hütten, gefertigt aus *yotojoro* (dem Kern des Cardón-Kaktus, der hier in der Wüste wächst). Gäste haben die Wahl zwischen kleineren Hängematten, größeren, wärmeren traditionellen Wayúu-*chinchorros* (vor Ort gewebten Hängematten) und Betten mit eigenem Bad (fließendes Wasser gibt es jedoch eher selten). Eigene Handtücher müssen mitgebracht werden.

Fast alle Posadas sind zugleich Restaurants, in denen mehr oder weniger überall das Gleiche serviert wird: Fisch oder Ziege für 10 000 bis 15 000 COP und Hummer zum tagesaktuellen Marktpreis.

Ranchería Utta
PENSION $

(☎313-817-8076, 312-678-8237; www.rancheriautta.com; Hängematte/Chinchorro/Cabaña pro Pers. 15 000/25 000/40 000 COP) Die Cabañas mit offenen bzw. Bambus-„Wänden" stehen eng beieinander und bieten kaum Privatsphäre, befinden sich aber direkt am Strand, in ruhiger Lage außerhalb des Dorfs. Die saubere, gut geführte Unterkunft ist vor allem bei kleinen Reisegruppen beliebt, die nach Punta Gallinas unterwegs sind. Zur Anlage gehört ein ordentliches Restaurant.

Hostería Jarrinapi
PENSION $

(☎311-683-4281; Hängematte 15 000 COP, Zi. pro Pers. 35 000 COP, Hauptgerichte 15 000 bis 40 000 COP) Die Hostería Jarrinapi, eine der zentraler gelegenen Unterkünfte in Cabo, hat sehr schöne öffentliche Bereiche und tadellos gepflegte Zimmer mit Fliesenböden (in dieser Gegend nicht selbstverständlich!). Aufgrund der Rezeption und des fließenden Wassers glaubt man beinahe schon, dass man in einem richtigen Hotel abgestiegen ist. Die Generatoren sorgen die ganze Nacht dafür, dass sich die Ventilatoren drehen und die Gäste ruhig schlafen können.

An- & Weiterreise

Die Fahrt nach Cabo de la Vela ist nicht gerade die leichteste Reise in Kolumbien, die meisten Besucher schließen sich daher organisierten Touren an. Trotzdem ist es natürlich auch möglich, auf eigene Faust dorthin zu reisen: Von Riohacha nimmt man ein *colectivo* von **Cootrauri** (S. 176) nach Uribia. So ein Gefährt startet zwischen 5 und 18 Uhr immer dann, wenn alle Plätze belegt sind (15 000 COP, 1 Std.). Der Fahrer lässt seine Fahrgäste vor der Panadería Peter-Pan raus, wo Lkws und Geländewagen nach Cabo fahren (10 000–20 000 COP, 2½ Std.). Mit normalen Pkws sind die staubigen und felsigen Straßen nicht zu bewältigen.

Punta Gallinas

Punta Gallinas ist Südamerikas nördlichster Punkt und bietet eine der umwerfendsten Landschaften des Kontinents. Nach Punta Gallinas gelangt man über die **Bahía Hondita**, wo dunkelbraun-orangefarbene Klippen eine smaragdgrüne Bucht mit breitem natürlichem Strand umrahmen. Dahinter hat sich eine Kolonie rosaroter Flamingos häuslich eingerichtet. Außer ihnen leben noch acht Wayúu-Familien in dieser von kräftig grüner Vegetation durchsetzten Wüstenszenerie, die ansonsten nur Ziegenherden und Heuschreckenschwärme anzieht.

Wo das südamerikanische Festland auf die Karibik stößt, erheben sich vor dem glitzernden türkisblauen Meer gewaltige, bis zu 60 m hohe Sanddünen – wie ein fünf Stockwerke hoher Tsunami – nur in die falsche Richtung. Dies ist die **Playa Taroa**, Kolumbiens vielleicht schönster und sicherlich am wenigsten frequentierter Strand. Am besten einfach eine Düne herunterrutschen und dann direkt ins Wasser gleiten.

Schlafen

Hospedaje Alexandra
PENSION $

(☎318-500-6942, 315-538-2718; hospedajealexandra@hotmail.com; Hängematte/Chinchorro/Cabaña pro Pers. 15 000/20 000/30 000 COP) Von der wunderbaren Lage direkt an der Bucht eröffnen sich Blicke auf wild lebende Flamingos und dichte Mangrovenwälder. Den Gästen der Pension stehen bezaubernde Hütten zur Verfügung – und das Essen schmeckt einfach hervorragend.

An- & Weiterreise

Punta Gallinas ist fast ausschließlich im Rahmen organisierter Touren zu erreichen, auch wenn die Anreise auf eigene Faust technisch durchaus machbar ist. Nahezu das ganze Jahr über können Geländewagen von Cabo de la Vela aus die vier- bis fünfstündige Fahrt nach La Boquita an der Spitze der Bucht – gegenüber den Posadas – bewältigen. Wer sich vorher anmeldet, wird von Posada-Mitarbeitern mit dem Boot abgeholt (für Gäste kostenlos). Wenn die Straßen wegen Regens unpassierbar sind, ist die einzige Möglichkeit, nach Punta Gallinas zu kommen, eine dreistündige Bootsfahrt von Puerto Bolívar aus, das eine kurze Autofahrt von Cabo de la Vela entfernt bei der Kohlengrube El Cerrejón liegt. Wer sich für die Tour interessiert, sollte **Aventure Colombia** (☎ 314-588-2378, 5-660-9721; Calle de la Factoria No 36-04) in Cartagena bzw. **Kaí Ecotravel** (S. 175) oder **Expotur** (S. 175) in Riohacha kontaktieren. Sowohl Kaí Ecotravel, als auch Expotur bieten auch nur den Transport (ohne Tour) nach Punta Gallinas an; im Voraus die Preise und die Verfügbarkeit erfragen.

VALLEDUPAR

Im lang gezogenen, fruchtbaren Tal zwischen der Sierra Nevada de Santa Marta im Osten und Venezuelas Serrania del Parijá im Westen liegt Valledupar. Die Stadt liegt nach wie vor außerhalb des Touristenradars. In den dunklen Zeiten der kolumbianischen Unabhängigkeitskämpfe war sie sozusagen von der Außenwelt abgeschnitten und eine Art Geisel der Guerillas, die die bergige Umgebung damals kontrollierten.

Heute verzeichnet die Stadt mit ihrem kleinen, gut erhaltenen Zentrum aus der Kolonialzeit, ein paar tollen Möglichkeiten für Outdoor-Spaß und einem geschäftigen Nachtleben durchaus ein paar Besucher.

Das Land der Viehherden und Cowboys wird von den Kolumbianern als Ursprungsort des *vallenato* verehrt, der an der Küste allgegenwärtigen, temperamentvollen, vom Akkordeon dominierten Volksmusik, die von der Liebe, der Politik und dem Kummer erzählt, seine Frau (oder sein Pferd) an einen anderen Mann zu verlieren.

Aktivitäten

Valledupar ist eine Ortschaft zum Abschalten, Entspannen und Kräftetanken und ein wunderbarer Zwischenstopp auf der Rundreise von Santa Marta über die Halbinsel La Guajira nach Mompóx.

Balneario La Mina SCHWIMMEN

(10 000 COP; ⏲ Sonnenaufgang bis 17 Uhr) Der Río Badillo fließt in bizarren, Gehirnwindungen ähnlichen Kurven von der Sierra Nevada hinab und bildet schließlich dieses tolle Schwimmbecken. Wichtig ist hier, ausreichend Insektenmittel mitzunehmen! Und in der Regenzeit muss man mit stark anschwellenden Wassermassen rechnen. Wer hier baden möchte, nimmt an der Carrera 6 im Stadtzentrum ein *colectivo* in Richtung Atanquez und lässt sich in La Mina absetzen. Die *colectivos* fahren zwischen 11 und 14 Uhr. Zurück geht es per Motoradtaxi (15 000 COP), die letzten fahren um 16 Uhr.

Hier gibt es auch eine interessante Frauen-Kooperative unter Leitung von María Martínez, die alle nur La Maye nennen. Alle Einnahmen aus dem Verkauf der hochwertigen Webtaschen kommen den hiesigen Frauen zugute, die ihre Männer und Söhne in den bewaffneten Konflikten verloren haben. Im Hof ihres einfachen Hauses serviert La Maye außerdem einen preiswerten (12 000 COP), aber fantastischen *sancocho de gallina,* einen Hähncheneintopf, der über dem Holzfeuer gekocht wird.

Balneario Hurtado SCHWIMMEN

GRATIS An Sonn- und Feiertagen kommen die Vallenatos hierher, um im Río Guatapurí zu schwimmen, zu kochen und zu plaudern: ein super-entspannter Familienausflug. Es gibt auch ein paar einfache Restaurants und umherziehende Imbissverkäufer. Das Bad liegt am Parque Lineal; Busse starten von Cinco Esquinas im Stadtzentrum.

Feste & Events

Festival de la Leyenda Vallenata MUSIK

(www.festivalvallenato.com; ⏲ Apr.) Das Festival de la Leyenda Vallenata ist eine vier Tage dauernde Orgie aus *vallenato* und Old-Parr-Whisky – einem Lieblingsdrink der Einwohner. Sie mögen ihn so sehr, dass viele ihre Stadt Valle de Old Parr nennen.

Schlafen & Essen

In Valledupar gibt es ein sehr gutes Hostel, das auch ein paar Einzel- und Doppelzimmer hat. Während des alljährlichen Festival de la Leyenda Vallenata im April sind die Zimmer überall viermal so teuer als sonst – und schon ein Jahr im Voraus ausgebucht.

★ Provincia Hostel HOSTEL $$
(☎5- 580-0558, 300-241-9210; www.provinciavalledupar.com; Calle 16A No 5-25; B/EZ/DZ/3BZ 30 000/75 000/94 000/125 000 COP; ❄ 📶) Das freundliche, sichere, saubere und charmante Provincia ist die beste Unterkunft der Stadt – für jede Reisekasse. In die Einzel- und Doppelzimmer dringt kein natürliches Licht, dafür aber Lärm aus der Küche und dem Gemeinschaftsbereich, und dennoch: Sie sind sehr behaglich. Die Schlafsäle bieten ein gutes Preis-Leistungs-Verhältnis. Die Gäste können sich Fahrräder ausleihen, der Besitzer gibt gerne Tipps für Tagesausflüge.

Joe Restaurante GRILLRESTAURANT $$
(☎5-574- 9787; Calle 16A No 11-67; Hauptgerichte 20 000–40 000 COP; ⏱17.30–23 Uhr) El Joe, eine Institution in Valledupar, ist ein Paradies für Fleischesser. Die gemischte Grillplatte mit einem Berg aus Rind-, Schweine- und Ziegenfleisch reicht für zwei. Das Restaurant ist sauber, das Personal nett.

El Varadero KUBANISCH $$$
(☎5-570-6175; Calle 12 No 6-56; Hauptgerichte 30 000–50 000 COP; ⏱12–15 & 18–22 Uhr; 📶) In diesem Restaurant mit Fotos einheimischer Promis an den Wänden wird sehr gutes (nicht nur) kubanisches Seafood serviert: Der Hummersalat als Vorspeise ist großartig, ebenso die Knoblauchmuscheln. Wie wäre es mit einem kulinarischen Ausflug ins Nachbarland mit Meeresfrüchten Al Macho auf peruanische Art mit gelbem Paprika?

ℹ An- & Weiterreise

Der **Busbahnhof** (Carrera 7 & Calle 44) befindet sich eine halbstündige Taxifahrt (5000 COP) vom Zentrum entfernt, alternativ kann man an der Carrera 7 und der Calle 17 jeden Bus mit dem Ziel „Terminal" nehmen. Fernbusse fahren in folgende Städte:

Reiseziel	Preis (COP)	Fahrzeit (Std.)	Häufigkeit (am Tag)
Bucaramanga	89 000	8	2
Cartagena	45 000	5½	4
Medellín	100 000	12	1
Mompóx	55 000	5	1
Riohacha	25 000	3	1
Santa Marta	28 000	2	stündl.

SÜDÖSTLICH VON CARTAGENA

In der Gegend im Südosten von Cartagena, die der gewaltige Río Magdalena dominiert, liegt die prächtige Kolonialstadt Mompóx.

Mompóx

☎5 / 44 000 EW. / 33 M

Mompóx (auch Mompós genannt) ist eine der besterhaltenen Kolonialstädte des Landes. Der Niedergang des abgeschieden im Landesinneren, am Ufer des Río Magdalena gelegenen Städtchens begann Mitte des 19. Jhs., als der Schiffsverkehr neu geregelt wurde und Mompóx zum bedeutungslosen Provinznest abstieg. Die Ähnlichkeiten mit García Márquez' fiktionaler Stadt Macondo sind frappierend, und tatsächlich ist Mompóx viel besser geeignet, um der Atmosphäre des Romans *Hundert Jahre Einsamkeit* nachzuspüren, als Márquez' Heimatstadt Aracataca. Im 21. Jh. nun blüht dieses nahezu vergessene Juwel wieder auf; in den letzten Jahren entstanden viele neue Boutiquehotels und Restaurants. Mompóx ist die bezauberndste Stadt im nördlichen Kolumbien, und seine verfallenden Fassaden und farbenfrohen Kirchen ähneln eher Havannas Altstadt als dem polierten und herausgeputzten Cartagena.

Geschichte

Im Jahr 1540 gründete Alonso de Heredia (der Bruder von Pedro de Heredia, dem Gründer Cartagenas) die Stadt am rechten Arm des Río Magdalena. Santa Cruz de Mompóx entwickelte sich schon bald zu einem wichtigen Handelszentrum und verkehrsreichen Hafen, wo alle Waren von Cartagena durch den Canal del Dique und den Río Magdalena ins Landesinnere der Kolonie transportiert wurden.

Anfangs gedieh die Stadt, sie prägte die Münzen der Kolonie und wurde für ihre Goldschmiedearbeiten berühmt – von denen heute noch Mompóx' prächtiger Filigranschmuck zeugt. 1810 erklärte sich Mompóx als erste Stadt in Kolumbien unabhängig von Spanien. Während des Unabhängigkeitskriegs wurde Mompóx zum wichtigen Militärstützpunkt, den Simón Bolívar zwischen 1812 und 1830 ganze acht Mal aufsuchte – die genauen Daten und Details seiner Besuche sind auf der am Flussufer stehenden Piedra de Bolívar nachzulesen.

Gegen Ende des 19. Jhs. wurde der Schiffsverkehr auf den anderen Arm des Río Magdalena, den Brazo de Loba, umgeleitet. Diese schicksalshafte Entscheidung machte Mompóx sozusagen über Nacht zu einer isolierten Provinzstadt im Landesinneren Kolumbiens. Dieses biografische Detail wiederholt sich in Gabriel García Márquez' *Hundert Jahre Einsamkeit*, in dem viele Leser Hinweise auf Mompóx Schicksal erkennen, obwohl der Roman eigentlich in Márquez' Heimatstadt Aracataca angesiedelt ist. Zu jener Zeit fiel Mompóx in einen jahrhundertelangen Dornröschenschlaf, aus dem es erst Anfang des 21. Jhs. von den klingelnden Touristendollars geweckt wurde.

Sehenswertes

So richtig schöne Sehenswürdigkeiten gibt es hier jedoch kaum, die beste Beschäftigung ist ein Bummel durch die wunderbar verfallenen Straßen, entlang dem malerischen Ufer des Río Magdalena, um dabei einfach die Farben, Geräusche und Gerüche wahr- und aufzunehmen.

Iglesia de Santa Bárbara KIRCHE
(Carrera 1 & Calle 14) Die ungewöhnliche, 1613 erbaute Kirche am Fluss ist zweifellos das auffälligste Bauwerk der Stadt. Sie präsentiert großäugige Löwen und Greifvögel und einen kuriosen Glockenturm mit Rundum-Balkon – und die darin lebenden Fledermäuse und Schwalben fliegen sogar während der Abendmesse ständig herein und heraus. Vom Glockenturm (Aufstieg 2000 COP) hat man weite Sicht über den Fluss und die Landschaft.

Piedra de Bolívar DENKMAL
(Calle de la Albarrada) Der ehrwürdige Stein am Flussufer erzählt von den Besuchen Simón Bolívars während den Unabhängigkeitskämpfen gegen die Spanier. Am wichtigsten war dessen erste Reise nach Mompóx im Jahr 1812, als er ungefähr 400 Soldaten rekrutierte, die ihm schließlich bei der Befreiung von Caracas beistanden, wodurch Venezuela unabhängig wurde.

Palacio San Carlos HISTORISCHES BAUWERK
(Carrera 2 & Calle 18) Dieses schöne Gebäude, ehemals ein Jesuitenkloster und heute das Rathaus, stammt von 1600. Davor steht die bemerkenswerte Statue eines befreiten Sklaven mit zerrissenen Ketten. Die Inschrift „*Si a Caracas debo la vida, a Mompox debo la gloria*" („Wenn ich Caracas mein Leben verdanke, dann verdanke ich Mompóx meinen Ruhm") stammt von Simón Bolívar höchstpersönlich und bezieht sich auf jene Tatsache, dass etwa 400 Soldaten aus Mompóx die Kerntruppe seiner siegreichen Revolutionsarmee bildeten.

Museo del Arte Religioso MUSEUM
(Carrera 2 No 17-07; 5000 COP; ⌚Di–Sa 8–11.45 & 14–16 Uhr) Mompóx' wichtigstes Museum zeigt eine herrliche Sammlung aus religiösen Gemälden, Gold- und Silberkreuzen sowie anderen sakralen Objekten. Es erstreckt sich über mehrere Räume in einem prächtigen Kolonialhaus.

Feste & Events

Zwei alljährliche Veranstaltungen lohnen die Reise nach Mompóx: Die Feierlichkeiten zur **Semana Santa** (⌚März/Apr.) gehören zu den aufwendigsten im ganzen Land, während das relativ junge **Mompox Jazz Festival** (www.facebook.com/mompoxjazzfestival; ⌚Ende Sept.) eines der besten Musikfestivals in Kolumbien ist und ein großes Publikum anlockt. Für beide Veranstaltungen sind die Hotelzimmer bereits viele Monate im Voraus ausgebucht.

Schlafen & Essen

Es gibt ein paar Boutiquehotels für die wohlhabenderen Wochenendgäste, aber auch Reisende mit schmalerem Geldbeutel werden in den vielen kleinen Hostels fündig.

Hostal La Casa del Viajero HOSTEL $
(☎320-406-4530; http://lacasadelviajeromompox.business.site; Calle 10 No 1-65; B ab 20 000 COP, DZ mit/ohne Bad 80 000/50 000 COP, alle inkl. Frühstück; ❄📶) Diese nette Unterkunft ist vom Zentrum an den Stadtrand umgezogen, ist aber nach wie vor eine großartige preiswerte Option und bietet alles, was man für einen günstigen Aufenthalt in Mompóx braucht: eine Gemeinschaftsküche, einen eher chaotisch wirkenden Garten mit Hängematten, eine Karaoke-Maschine, geräumige Schlafsäle und gemütliche Doppelzimmer. Besitzer Juan Manuel sorgt dafür, dass sein Haus gesellig und schwulenfreundlich bleibt.

★**Casa Amarilla** BOUTIQUEHOTEL $$
(☎5-685-6326, 310-606-4632; www.lacasaamarillamompos.com; Carrera 1 No 13-59; Zi. inkl. Frühstück 90 000–260 000 COP; ❄📶) Dieses schöne Hotel wurde von einem britischen Journalisten und seiner einheimischen Frau in einem restaurierten Wohnhaus aus dem 17. Jh. ge-

Mompóx

schaffen. Es hat mehrere wunderbar stimmungsvolle Zimmer, und die großen Suiten ganz oben sind perfekt für einen romantischen Urlaub. Das gemeinsame Frühstück wird an einem langen Tisch mit Blick auf den Garten eingenommen. Die Mitarbeiter sprechen Englisch, sind eine Fundgrube nützlicher Informationen über Mompóx und tun ihr Bestes, damit die Gäste sich zu Hause fühlen. Reservierung empfohlen.

Bioma Boutique Hotel BOUTIQUEHOTEL **$$$**
(☎316-625-0669, 5-685-6733; www.bioma.co; Calle Real del Medio No 18-59; Zi. inkl. Frühstück ab 230 000 COP; ❄📶🏊) Das entzückende Hotel befindet sich in einem komplett restaurierten und umgebauten Kolonialhaus mitten in der Stadt. Elf einfach ausgestattete, aber herrliche Zimmer gruppieren sich rund um einen zauberhaften Innenhof samt Swimmingpool zum Abkühlen. Zum Hotel gehört das exzellente Restaurante Mompoj.

Mompóx

Sehenswertes
1 Iglesia de Santa Bárbara C3
2 Museo del Arte Religioso B2
3 Palacio San Carlos B1
4 Piedra de Bolívar B1

Schlafen
5 Bioma Boutique Hotel B1
6 Casa Amarilla C3
7 Hostal La Casa del Viajero D4

Essen
8 Casa Sol del Agua C2
9 El Fuerte San Anselmo D3
Restaurante Mompoj ..... (s. 5)

Casa Sol del Agua CAFÉ **$**
(Carrera 1 No 15-101; Frühstück 3500–6000 COP, Sandwiches 6000–11 000 COP; ⏲7–19 Uhr; 📶📝) Die Speisekarte dieses netten kleinen Cafés am Fluss empfiehlt: ein Buch lesen, eine Tasse Kaffee trinken und die Aussicht genießen.

Serviert werden in dem schlichten Lokal hervorragendes Frühstück, frische Fruchtsäfte, getoastete Sandwiches und leckere Kuchen, und die freundliche Wirtin bemüht sich um alle ihre Gäste. Für 6000 COP die Stunde kann man Fahrräder mieten.

★El Fuerte San Anselmo EUROPÄISCH **$$$**
(☎314-564-0566, 5-685-6762; www.fuertemompox.com; Carrera 1 No 12-163; Hauptgerichte ab 40 000 COP; ⌚18.30–23 Uhr) Mit seinem schön gestalteten Interieur und einem großen, kühlen Garten mit einer hohen Bananenstaude ist El Fuerte eines der Highlights der Stadt. Wir empfehlen die hervorragende Pizza aus dem Holzofen, die liebevoll zubereiteten Pastagerichte oder den sehr guten Gazpacho. Er lohnt sich, rechtzeitig zu kommen, um einen Tisch im Freien zu ergattern.

Restaurante Mompoj INTERNATIONAL **$$$**
(☎5-685-6733; www.bioma.co; Bioma Boutique Hotel, Calle Real del Medio No 18-59; Hauptgerichte 35 000 COP; ⌚12–15 & 18–22 Uhr; 📶) Das exzellente Restaurant hat ein vielseitiges Speisenangebot, z. B. Schweinefleisch-Curry, Hühncheneintopf oder Kalbsmedaillons in Tamarindensoße. Unbedingt vorher reservieren, weil das Restaurant erst öffnet, wenn sicher ein paar Gäste kommen.

ℹ An- & Weiterreise

Mompóx liegt sehr abgeschieden, es gibt aber eine direkte Busverbindung von und nach Cartagena und andere große Städte. Die meisten Reisenden kommen von Cartagena mit dem Bus von **Caribe Express** (S. 152), der täglich um 7 Uhr abfährt (65 000 COP, 6 Std.).

Auch von Medellín fahren Busse nach Mompóx (120 000 COP, 10 Std., tgl. 8 Uhr), ebenso von Bucaramanga (65 000 COP, 7 Std., tgl. 10 & 21.45 Uhr) und von Bogotá (100 000 COP, 15 Std., dreimal tgl.). Diese drei Routen werden von Copetrans bedient.

Die Direktverbindungen von Mompóx nach Barranquilla, Cartagena und Santa Marta dauern alle zwischen fünf und sechs Stunden und kosten 75 000–85 000 COP. Wer einen Bus nehmen möchte, bittet am besten im Hotel darum, telefonisch die Abholung zu organisieren.

SÜDWESTLICH VON CARTAGENA

Unberührte Strände und verkehrsarme Straßen kennzeichnen die Karibikküste südwestlich von Cartagena – eine Gegend, die in den letzten 20 Jahren aufgrund mangelnder Sicherheit kaum Touristen gesehen hat. Heute sind Gebiete wie Tolú und die Islas de San Bernardo sicher und warten darauf, Kolumbianern und auch Ausländern einen angenehmen Aufenthalt zu bescheren.

Bei einer Fahrt durch die Nordküsten-Departamentos Sucre, Córdoba, Antioquia und Chocó verändert sich die Landschaft merklich. Sumpfiges Weideland mit saftigen Kapokbäumen, den Boden überwuchernden Mangroven und kristallklare Lagunen säumen die Küste des Golfo de Morrosquillo, während sich der Regenwald nahe dem Tapón del Darién (Darién Gap) bis zum azurblauen Wasser und den Stränden des Golfo de Urabá erstreckt. Hier beginnt hinter den malerischen Dörfern Capurganá und Sapzurro der Nachbarstaat Panama.

Hier voranzukommen, kann aufgrund der großen Entfernungen, der abgeschiedenen Orte und fehlender Straßen mühsam sein. Zwar ist alles mit Bus oder Boot (und häufig einer Kombination aus beidem) zu erreichen, aber man muss viel Zeit einplanen und sich mit weniger komfortablen Bedingungen zufriedengeben.

Tolú

☎5 / 48 000 EW. / 2 M

Vielleicht hat man noch nie davon gehört, aber das beschauliche Pueblo Tolú, Hauptort des Golfo de Morrosquillo, ist eines der meistbesuchten Urlaubsziele Kolumbiens. In der Hauptsaison bevölkern Kolumbianer den Ort wegen seines Kleinstadtflairs und der umliegenden Strände, Ausländer sind jedoch selten zu sehen. Den Rest des Jahres geht es in Tolú sehr ruhig zu. Die Strände sind nicht besonders beeindruckend, bieten sich aber für einen Zwischenstopp an.

Tolús lang gezogener *malecón* (Strandpromenade) mit vielen Bars, Restaurants und kleinen Kunsthandwerksständen lohnt einen Bummel. Der größte Reiz für Besucher aus dem Ausland sind die nahe gelegenen, malerischen Islas de San Bernardo, die zum Parque Nacional Natural (PNN) Corales del Rosario y San Bernardo gehören.

Sehenswertes & Aktivitäten

Tolú ist die wichtigste Ausgangsbasis für Tagesausflüge zu den Islas de San Bernardo. Im nahen Coveñas gibt es zwar weniger Einrichtungen, dafür aber bessere Strände. Dort stehen vielerorts strohüberdachte Tische, an denen sich Gäste nachmittags entspannt einen Drink genehmigen können.

Ciénega la Caimanera NATURSCHUTZGEBIET
(km 5, Via Tolú-Coveñas) GRATIS Das rund 1800 ha große Naturschutzgebiet ist ein Süß- und Salzwassersumpf mit fünf verschiedenen Mangroven. Die Wurzeln der Roten Mangrove drehen und winden sich wie hyperaktive Spaghettistränge im und auf dem Wasser. Eine Kanufahrt ist eine wunderschöne Art und Weise, den Park in eineinhalb Stunden zu erkunden und dabei durch künstliche Mangroventunnel zu mäandern und Austern direkt von den Wurzeln zu klauben.

Wer nach Ciénega fahren möchte, nimmt irgendeinen Bus (2500 COP) der in Richtung Coveñas unterwegs ist und bittet den Fahrer, bei La Boca de la Ciénega anzuhalten. Kanu-Guides warten bereits auf der Brücke auf Touristen. Sie verlangen 30 000 COP für bis zu zwei Personen, bei größeren Gruppen lediglich 10 000 COP pro Person.

Playa Blanca STRAND
Wer auf der Suche nach einem guten Strand ist, sollte am besten die Playa Blanca ansteuern. Von Coveñas verkehren Motorradtaxis (6000 COP) dorthin.

Punta Bolívar STRAND
Dieser Strand ist eine gute Option für alle, die einen ganzen Tag am Meer verbringen möchten. Weil aber auch dieser recht abgelegen ist, braucht man von Coveñas ebenfalls ein Motorradtaxi (5000 COP).

Mundo Mar TOUREN
(☎ 312-608-0273, 321-809-7009; www.clubnauticomundomartolu.com; Carrera 1 No 14-40) Die gut geführte Agentur bietet täglich Ausflüge zu den Islas de San Bernardo (45 000 COP). Los geht es um 8.30 Uhr, und um 16 Uhr ist man dann wieder zurück in Tolú.

Schlafen & Essen

Villa Babilla HOSTEL $$
(☎ 312-677-1325; www.villababillahostel.com; Calle 20 No 3-40; EZ/DZ ab 40 000/80 000 COP; 📶) Das Hostel/Hotel unter deutscher Leitung befindet sich nur drei Blocks vom Meer entfernt. Das Highlight der freundlichen Anlage ist die Open-Air-Fernseh-Lounge mit Strohdach. Zudem gibt es eine Küche, Wäscheservice und den ganzen Tag kostenlosen Kaffee. Die Villa hat kein Schild, ist aber leicht zu erkennen, weil sie das höchste Gebäude im ganzen Block ist.

Doña Mercedes KOLUMBIANISCH $
(Plaza Pedro de Heredia; Arepas ab 5000 COP; ⏲ Mo–Sa 8–18 Uhr) Niemand sollte Tolú verlassen, ohne Kolumbiens köstlichste *arepas* (runde Maisfladen) probiert zu haben, die Doña Mercedes in ihrem Imbissstand mit Eiern und würzigem Fleisch füllt. Knusprige, sättigende Perfektion! Der Stand befindet sich an der südöstlichen Ecke des Platzes neben dem Büro von Expres Brasilia.

Praktische Informationen

In der Stadt gibt es zahlreiche Geldautomaten, unter anderem in der **Bancolombia** (Calle 14 No 2-88).

Die Mitarbeiter in der **Touristeninformation** (☎ 5-286-0192; Carrera 2 No 15-43; ⏲ 8–12 & 14–18 Uhr) sind sehr hilfsbereit.

An- & Weiterreise

Expreso Brasilia/Unitransco (☎ 5-288-5180; Calle 15 No 2-36), **Rápido Ochoa** (☎ 5-288-5226; Calle 15 No 2-36) und **Caribe Express** (☎ 5-288-5223; Calle 15 No 2-36) teilen sich eine kleine Bushaltestelle an der Südwestseite der Plaza Pedro de Heredia. Stündlich fahren Busse nach Cartagena (35 000 COP, 3 Std.) und Montería (25 000 COP, 2 Std.). Wer weiter nach Turbo und an die panamaische Grenze möchte, fährt nach Montería und steigt dort in den Bus nach Turbo um.

Tolú ist eine kleine Stadt, in der die Bewohner lieber Rad als Auto fahren, und Fahrradtaxis, *bicitaxis* genannt, sind eine wahre Kunstform: Jedes ist individuell und mit viel Flair verziert, und aus ihren großen, voll aufgedrehten Lautsprechern tönt Salsa und Reggaeton.

Colectivos (2500 COP) nach Coveñas fahren jeden Tag alle zehn Minuten in der Nähe des Supermercado Popular (Ecke von Carrera 2 und Calle 17) in Tolú ab.

Islas de San Bernardo

Die zehn Inseln, die den San-Bernardo-Archipel vor der Küste Tolús bilden, sind bei Weitem spektakulärer und interessanter als ihre Nachbarinseln, die Islas del Rosario im Norden, mit denen sie zusammen den Parque Nacional Natural (PNN) Corales del Rosario y San Bernardo bilden.

Einst waren die Inseln die Heimat der karibischen *indígenas,* die es lange Zeit schafften, den Archipel vor ausländischen Touristen versteckt zu halten. Heute werden die *indígenas* aber immer stärker von kolumbianischen Urlaubern verdrängt. Die malerischen Inseln mit ihrem kristallklaren

Wasser, den dichten Mangrovenlagunen und den herrlich weißen Sandstränden sind eine einzigartige Oase der Ruhe und Entspannung an der Karibikküste.

 Geführte Touren

Die ganztägigen Touren zu den Inseln starten jeden Morgen in Tolú. Sie führen an einer der dichtest besiedelten Inseln der Welt, **Santa Cruz del Islote**, vorbei: Hier leben bis zu 1000 Menschen, zumeist Fischer, in einer tropischen, gerade einmal nur 1200 m^2 großen Barackensiedlung am Meer. Auch die Isla Tintipán, die größte Insel des Archipels, steht auf dem Programm.

Die meisten touristischen Einrichtungen finden sich auf der **Isla Múcura**, wo die Boote anlegen und die Passagiere drei Stunden zur freien Verfügung haben. Hier können sie für 5000 COP Schnorchelausrüstung ausleihen, entspannen, sich ein Mittagessen und ein Bier genehmigen (nicht im Tourpreis inbegriffen) oder einfach nur durch die Gegend mit den Mangroven wandern.

Schlafen

Hostal Isla Múcura HOSTEL $

(☎ 316-620-8660; www.hostalislamucura.com; Isla Múcura; Zelt oder Hängematte 15 000 COP pro Pers., B/Zi./Cabaña 20 000/50 000/60 000 COP pro Pers.) Diese exzellente Anlage mit entspannter Atmosphäre und supernettem Personal, zudem direkt am Strand gelegen, bietet die Möglichkeit, auf den Inseln zu erschwinglichen Preisen zu nächtigen. Die Optionen reichen von Stellplätzen fürs eigene Zelt über Hängematten bis zu den extrem beliebten „Kiosken“, strohgedeckten Hütten auf Stelzen mit schöner Aussicht und einer erfrischenden Meeresbrise.

Die köstlichen Mahlzeiten kosten rund 20 000 COP. Freiwillige Helfer sind ganzjährig willkommen. Sie helfen beim Servieren des Frühstücks, beim Organisieren von Veranstaltungen, schenken an der Bar aus und holen auch noch die Gäste ab.

★ **Casa en el Agua** HOTEL $$

(www.casaenelagua.com; vor der Isla Tintipán; Hängematte/B 70 000/80 000 COP, DZ 180 000 COP) Diese unglaubliche Unterkunft wird ihrem Namen gerecht: Die Casa en el Agua liegt tatsächlich mitten im Wasser. Das umweltfreundliche Hotel wurde auf einer künstlich aufgeschütteten Insel, auf der sich Korallen ansiedelten, errichtet. Die Zimmer sind rustikal, aber behaglich, das Essen ist gut; außerdem werden zahlreiche Freizeitaktivitäten angeboten, und die hervorragenden Cocktails sind preiswert.

Turbo

☎ 4 / 163 000 EW. / 2 M

Turbo ist eine düstere, abgelegene Hafenstadt, in der viele, die nach Capurganá oder Sapzurro unterwegs sind, übernachten, weil die Boote dorthin das ganze Jahr über morgens ablegen. Hier gibt es absolut nichts, was zu einem längeren Aufenthalt einlädt, und da die Stadt recht ärmlich und alles andere als charmant ist, möchten Reisende nach Einbruch der Dunkelheit ihr Hotel auch gar nicht mehr verlassen.

Schlafen & Essen

Bei den Anlegestellen gibt es ein paar kleine Cafés, in denen man von 5 Uhr morgens bis zur Abenddämmerung etwas essen kann.

Hotel El Velero HOTEL $$

(☎ 4-827-4173, 312-618-5768; www.hotelelvelero turbo.com; Carrera 12 No 100-10; Zi. ab 90 000 COP; ❄ 📶) Ganz in der Nähe der Anlegestelle für die Boote nach Capurganá steht das Hotel El Vero, definitiv Turbos beste Unterkunft. Die Gästezimmer sind klein, aber behaglich und bieten saubere, frische Bettwäsche und eine gut sortierte Minibar. Nach der langen Reise nach Turbo wie ein Stück vom Himmel.

An- & Weiterreise

In Cartagena muss man vor 11 Uhr einen Bus nach Montería nehmen (60 000 COP, 5 Std.) und dort in den Bus nach Turbo (40 000 COP, 5 Std.) umsteigen. Dort gibt es keinen zentralen Busbahnhof, die meisten Busunternehmen befinden sich aber an der Calle 101, darunter **Coointur** (☎ 4-828-8091; www.coointur.com; Carrera 19 & Calle 1) und **Sotrauraba** (☎ 4-230-5859; www.sotrauraba.com; Calle 100 & Carrera 14). Busse zurück nach Montería verkehren zwischen 4.30 und 16 Uhr. Zwischen 5 und 22 Uhr fahren stündlich Busse von Turbo nach Medellín (65 000 COP, 8 Std.).

Boote nach Capurganá (55 000 COP, 2½ Std.) und Sapzurro (60 000 COP, 2½ Std.) legen im Hafen täglich ab 7 Uhr ab. Passagiere müssen um spätestens 6 Uhr vor Ort sein, um sich Fahrkarten zu sichern, weil die Boote schnell voll besetzt sind. In der Hauptsaison und an Wochenenden werden auf diesen Routen häufig zusätzliche Boote eingesetzt, aber es ist anzuraten, nach Möglichkeit einen Tag vorher online zu reservieren.

Capurganá & Sapzurro

☎4 / 2200 EW.

Kolumbiens außergewöhnliche Karibikküste endet mit einem Fanfarenstoß: Die idyllischen, entspannten Dörfer Capurganá und Sapzurro und ihre Strände verstecken sich in einer abgeschiedenen Ecke im Nordwesten des Landes und gehören zu seinen wunderbarsten – und seltenst besuchten – Highlights. Die Ortschaften zwischen dicht bewaldeten Bergen und tiefblauem Wasser locken vor allem Einheimische an, die sich hier vom chaotischen kolumbianischen Alltag erholen möchten. Wer sich ihnen anschließt, tut sich selbst einen Gefallen.

Schon die Anreise ist Teil des Abenteuers: Sowohl Capurganá als auch Sapzurro sind nur auf recht langen Bootsfahrten von Turbo oder Necoclí oder per Flug von Medellín aus zu erreichen. Dementsprechend gehören die Strände nach wie vor zu den einsamsten in ganz Kolumbien. Doch das wird sich wohl schon bald ändern, denn Rucksackreisende aus dem Ausland haben diese fantastischen Ziele für sich entdeckt – und inzwischen boomt der Fremdenverkehr.

Aktivitäten

Das Korallenriff hier ist phänomenal, mehrere Tauchschulen erkunden die Küste und erschließen sich neue Reviere. Capurganá hat die besten Tauchgründe direkt vor der kolumbianischen Karibikküste. Das Riff ist sehr intakt, und von August bis Oktober hat man eine bis zu 25 m weit reichende Sicht. Zwischen Januar und März ist die See ziemlich rau. Bei **Dive & Green** (☎311-578-4021, 316-781-6255; www.diveandgreen.com; Capurganá) und im **Centro de Buceo Capurganá** (☎314-861-1923; centrodebuceocapurgana@gmail.com; Luz de Oriente) kosten Ausflüge mit zwei Tauchgängen zwischen 180 000 und 220 000 COP, für einen nächtlichen Tauchgang werden 130 000 COP verlangt.

Die Strände direkt in Capurganá und Sapzurro sind zwar schon schön, aber ein kurzer Marsch von Sapzurro über den Hügel nach Panama führt einen zum berühmtesten Sandstreifen der Gegend, La Miel (den Reisepass mitnehmen – hier gibt es einen militärischen Checkpoint). Die Wanderung führt über eine Reihe steiler Stufen hoch zur Grenze und auf der anderen Seite wieder hinab. Unten geht es nach rechts den Fußweg entlang. Der kleine Strand präsentiert sich mit perfekt weißem Sand, azurblauem Wasser und ein paar kleinen Lokalen, die frischen Fisch und kaltes Bier servieren.

El Cielo, eine 3 km lange Dschungelwanderung von Capurganá aus in die Berge, führt an mehreren natürlichen Schwimmbecken und Wasserfällen vorbei, wo mit etwas Glück Brüllaffen und Totenkopfäffchen, Tukane und Papageien zu sehen sind. Auf der schönen, ebenfalls eine Stunde dauernden Küstenwanderung nach Aguacate (3,5 km) wird an ruhigen Stränden ein Halt eingelegt.

Der wunderbare Strand namens Playa Soledad wiederum ist Ziel einer etwa 8 km langen Wanderung von Capurganá gen Osten. Wem das zu lang sein sollte, kann mit einem der Fischerboote, die an Capurganás Hauptstrand liegen, die kurze Strecke über das Wasser dorthin zurücklegen.

Schlafen & Essen

Die Zwillingsdörfer bieten eine gute Auswahl an Hotels, Hostels und Campingplätzen, und im Zuge des Tourismusbooms werden hier wohl noch mehr Etablissements entstehen. Die meisten Hotelbesitzer warten häufig am Dock auf die Passagiere; im Allgemeinen sind sie keine Schlepper, und in der Nebensaison bieten sie sogar Preisnachlässe auf die Zimmer.

★ **Posada del Gecko** PENSION $

(☎314-525-6037, 314-629-1829; www.posadadelgecko.com; Capurganá; EZ/DZ/3BZ/4BZ 25 000/80 000/110 000/140 000 COP; ❄📶) Die nette Pension hat einfache, mit viel Holz ausgestattete Zimmer zu hervorragenden Preisen sowie Optionen mit Klimaanlage und eigenem Bad. Das dazugehörige Restaurant mit Bar serviert Pizza und Pasta und ist ideal für einen Drink. Der Besitzer organisiert dreitägige Touren zu den San-Blas-Inseln.

ABSTECHER

DER GOLFO DE URABÁ

Am Golfo de Urabá schmiegen sich ein paar kleine Dörfer an den Rand des Tapón del Darién. In Acandí, Triganá und San Francisco gibt es ein paar ordentliche, erschwingliche Unterkünfte, ruhige Strände und schöne Wanderrouten. Alle drei Orte sind von Turbo aus mit dem Boot zu erreichen. In Acandí kommen von März bis Mai Hunderte von Lederschildkröten an Land, um ihre Eier abzulegen. Sie werden bis zu 2 m lang und rund 750 kg schwer.

La Gata Negra PENSION $

(☎321-572-7398; www.lagatanegra.net; Sapzurro; Zi. pro Pers. 35 000–55 000 COP) Die Pension unter italienischer Leitung ist ein wunderschönes Holzhaus unweit vom Dorfstrand. Einige der von Ventilatoren gekühlten Gästezimmer haben Gemeinschaftsbäder, andere eigene Badezimmer. Die Preise variieren mit den Jahreszeiten. In einer Cabaña können dank Doppelbett und Stockbetten bis zu vier Personen schlafen. Die **italienische Hausmannskost** von Wirt Giovanni ist ein definitiver Pluspunkt.

★ **La Posada** HOSTEL $$

(☎310-410-2245; www.sapzurrolaposada.com; Sapzurro; EZ/DZ ab 70 000/140 000 COP, Zeltplatz oder Hängematte pro Pers. 15 000 COP) Die komfortabelste und bestgeführte Unterkunft im Dorf hat einen schönen Garten mit blühenden Guaven, Kokospalmen und Mangobäumen; außerdem gibt es Open-Air-Duschen für die Camper und attraktive, luftige Zimmer mit Holzböden und freiliegenden Balken sowie Hängematten auf den Balkonen. Besitzer Mario spricht gut Englisch, dessen Frau bereitet das **Essen** zu (Hauptgerichte 20 000 COP – wer etwas essen möchte, muss aber vorher Bescheid geben).

Eco Hotel Punta Arrecife PENSION $$

(☎320-687-3431, 314-666-5210; luzdelaselva52@yahoo.es; Sapzurro; Zi. pro Pers. inkl. Frühstück 75 000–100 000 COP) Dieses wundervolle Gästehaus über einem Riff am Dorfrand ist von einem prächtig verwilderten Garten umgeben. Die Besitzer Rubén und Myriam sind charmante, witzige Aussteiger, die der

DER LANGE WEG NACH PANAMA

Von Kolumbien nach Panama zu fahren, ist nicht möglich – die Panamericana (Carretera Panamericana) endet vor den Sümpfen des Tapón del Darién. Immer wieder ignorieren Verrückte die Gefahren und versuchen, mit Geländewagen oder sogar zu Fuß die 87 km lange Strecke zu meistern, und riskieren dabei unschöne Begegnungen mit Guerillas, Paramilitärs oder Drogenhändlern. Dieses Wagnis sollte man auf keinen Fall eingehen.

Es ist aber durchaus möglich und verhältnismäßig sicher, Panama überwiegend auf dem Landweg zu erreichen – mit einigen Bootsfahrten und einem kurzen Flug. Zur Zeit der Recherche zu diesem Buch war die folgende Route gesichert und ruhig – dennoch sollten man aktuelle Sicherheitswarnungen prüfen und stets an der Küste bleiben.

➡ 1. Busfahrt nach Turbo: Die Strecke Medellín–Turbo (62 000 COP, 8 Std.) ist inzwischen ungefährlich, eine Fahrt ist aber immer noch ausschließlich bei Tag zu empfehlen. Von Cartagena aus fährt man nach Montería (50 000 COP, 5 Std.) und steigt dort in den Bus nach Turbo um (30 000 COP, 5 Std.). Die Busse verkehren zwischen 7 und 17 Uhr in regelmäßigem Rhythmus, man muss aber in Cartagena vor 11 Uhr losfahren, um nicht in Montería übernachten zu müssen. Die Übernachtung in Turbo ist zwar kein tolles Erlebnis, aber ein Teil dieses Abenteuers.

➡ 2. Bootsfahrt von Turbo nach Capurganá (55 000 COP, 2½ Std.): Passagiere müssen mindestens eine Stunde vor der Abfahrt vor Ort sein, um noch Fahrkarten zu bekommen. Gut festhalten – die Überfahrt kann ganz schön unruhig werden. Wer mehr als 10 kg Gepäck dabeihat, muss 500 COP pro Kilogramm Aufpreis bezahlen.

➡ 3. Bootsfahrt von Capurganá nach Puerto Olbaldía in Panama (30 000 COP, 45 Min.). Am Tag zuvor ist bei **Migración Colombia** (☎311-746-6234; www.migracioncolombia.gov.co; Capurganá; ⏲Mo–Fr 8–17, So 9–16 Uhr) in der Nähe von Carpurganás Hafen der Abreisestempel abzuholen (das Büro hat so früh am Morgen, wenn die Boote abfahren, noch nicht geöffnet). Die Boote legen in Capurganá täglich um 7.30 Uhr ab – spätestens um 7 Uhr sollten die Fahrgäste am Dock sein. Auch diese Fahrt kann je nach Wetterbedingungen unangenehm werden. Die Bootsfahrt kostet mindestens 100 000 COP; bei nur einem Passagier muss dieser den vollen Preis für alle Plätze bezahlen.

➡ 4. Im panamaischen Einreisebüro in Puerto Olbaldía bekommen Reisende den Einreisestempel in den Pass, eventuell wird man um zwei Ausfertigungen des Passes gebeten. Kopien können vor Ort erstellt werden. Weiter geht es per Flug zum Inlandsflughafen Albrook in Panama City. Am Tag gibt es zwei bis drei Flüge dorthin. Da Puerto Olbaldía nicht viel zu bieten hat, sollte man so bald wie möglich nach Panama City aufbrechen.

modernen Welt den Rücken gekehrt haben. Ihre Gäste schlafen in hinreißenden, einfachen Zimmern mit viel Holz und geschmackvollem Kunsthandwerk.

Sie bauen viele ihrer Lebensmittel selbst an und ermutigen ihre Gäste, so gut es geht abzuschalten. Zum Strand von Cabo Tiburón sind es nur ein paar Gehminuten – und das Riff direkt vor der Tür ist ein wunderbarer Platz zum Schnorcheln. Einige Spanischkenntnisse sind hier von Vorteil.

★ Josefina's FISCH & MEERESFRÜCHTE **$$**
(Capurganá; Hauptgerichte 20 000–40 000 COP; ⏲12–21.30 Uhr) An der ganzen Küste findet sich kein besseres Seafood – und kein herzlicherer Empfang – als bei Josefina. Ihr Krebs in scharfer Kokos-Sahne-Soße, in unglaublich knusprigen, dünnen Kochbananenkörbchen serviert, schmeckt grandios, ebenfalls die *crema de camarón* (Garnelencremesuppe) und ihre Version von *langostinos* (Langusten). Das Lokal befindet sich in einer Hütte an Capurganás Hauptstrand.

Capurgarepa KOLUMBIANISCH **$$**
(Capurganá; Hauptgerichte 15 000–25 000 COP; ⏲8–21 Uhr; 🖉) Das nette kleine Lokal mit dem albernen Namen bietet tolle *arepas* (runde Maisfladen), aber der Besitzer und Küchenchef Amparo kreiert auch Raffinierteres, darunter wahre Vegetarier-Festessen, wenn man ein paar Stunden vorher anruft. Auch Frühstück wird serviert.

ℹ Praktische Informationen

Da es weder in Capurganá noch in Sapzurro Geldautomaten gibt, müssen die Besucher ausreichend Bargeld mitbringen. Notfalls können sie sich im **Hostal Capurganá** (☎318-206-4280, 316-482-3665; www.hostalcapurgana.net; Calle de Comercio, Capurganá; B 25 000 COP, EZ/DZ inkl. Frühstück 75 000/125 000 COP; 📶) mit der Kreditkarte Bargeld auszahlen lassen. Dort (und in ein paar anderen Unterkünften) werden auch US-Dollar gewechselt, für beide Transaktionen werden allerdings Gebühren fällig.

ℹ An- & Weiterreise

Boote nach Capurganá (55 000 COP, 2½ Std.) und Sapzurro (60 000 COP, 2½ Std.) legen täglich um 7 Uhr im Hafen von Turbo ab. Häufig fahren mehrere Boote am Tag, manchmal sogar vier oder fünf, aber das um 7 Uhr fährt – sofern das Wetter es zulässt – immer. Da die Boote schnell von Einheimischen voll besetzt sein können, sollte man mindestens eine Stunde vorher am Hafen sein oder bereits am Vortag einen Sitzplatz reservieren. In der Hauptsaison ist es sogar unbedingt erforderlich, einen Tag im Voraus zu buchen. Die Fahrt kann nass und manchmal recht unruhig sein; am besten das Gepäck mit einem Müllsack schützen (Straßenverkäufer bieten welche für 1000 COP feil). Wichtig: Pass und reichlich Bargeld mitnehmen, weil es in Capurganá und Sapzurro keine Geldautomaten gibt. Bei der Rückkehr sind die lauthals rufenden Einheimischen zu meiden, die den Passagieren zum Bus „helfen" wollen. Sie arbeiten auf Provision und wollen die Touristen nur ausnehmen. Es gibt auch schnellere Überfahrten von Necoclí aus (72 000 COP, 1½ Std.). Diese Fahrten sind zwar teurer als die von Turbo aus, die Boote sind aber auch komfortabler ausgestattet.

Derzeit gibt es keine planmäßigen Flüge zu Capurganás Flugplatz; **ADA** (☎1-800-051-4232; www.ada-aero.com) bietet täglich Flüge von Medellín nach Acandí (ab 200 000 COP, einfach). Von dort fahren Boote nach Capurganá (30 000 COP pro Pers.). Vom Flugplatz zum Hafen können Packesel gemietet werden (5000 COP). Beim Buchen von Flügen und Weitertransport hilft die Agentur **Capurganá Tours** (☎4-824-3173; Hostal Capurganá, Capurganá).

San Blas Adventures (☎321-505-5008; www.sanblasadventures.com; Sapzurro) bietet Ausflüge zur Kuna Yala in Panama sowie zu den San-Blas-Inseln. Beide Touren beginnen in Sapzurro. Die Teilnehmer müssen sich in Capurganá die Ausreisebestätigung in den Reisepass stempeln lassen.

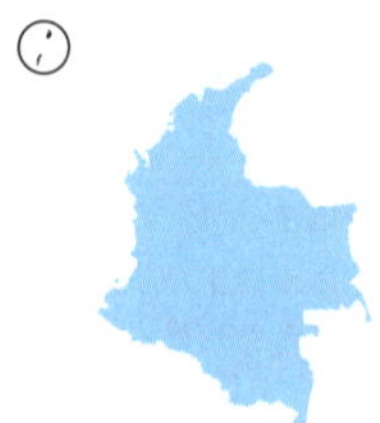

San Andrés & Providencia

Inhalt ➡

San Andrés 190
Providencia 197

Gut essen

- ➡ Restaurante La Regatta (S. 195)
- ➡ Caribbean Place (S. 202)
- ➡ Gourmet Shop Assho (S. 195)
- ➡ Donde Francesca (S. 195)
- ➡ Café Studio (S. 202)

Schön übernachten

- ➡ Karibbik Haus Hostel (S. 193)
- ➡ Hotel Deep Blue (S. 201)
- ➡ Frenchy's Place (S. 201)
- ➡ Cocoplum Hotel (S. 194)
- ➡ Hotel Playa Tranquilo (S. 194)

Auf nach San Andrés & Providencia!

San Andrés und Providencia heißt eine Inselgruppe und kolumbianische Provinz, die historisch eng mit England verbunden ist. Besucher finden hier abgelegene Strände, unberührte Korallenriffe und verführerisches Inselflair. Und sie müssen nicht tief graben, um die 300 Jahre alte englisch-kreolische Raizal-Kultur zu entdecken.

San Andrés, die größte Insel der Inselgruppe und gleichzeitig ihr wirtschaftliches und administratives Zentrum, zieht viele Touristen auf der Suche nach zollfreien Schnäppchen an. Es ist jedoch nicht schwer, den Menschenmengen aus dem Weg zu gehen. Providencia bietet ebenfalls türkisblaues Wasser und große Korallenriffe, ist aber weniger kommerzialisiert. Hier ist das koloniale Erbe in den kleinen Inseldörfern aus bunten Holzhäusern noch immer lebendig.

Beide Inseln unterscheiden sich grundlegend vom Festland, und die Anreise lohnt sich auf jeden Fall.

Reisezeit

San Andrés

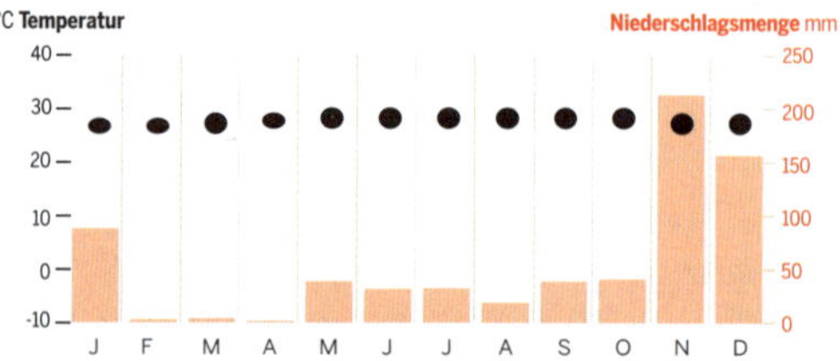

Jan.–Juni In der Trockenzeit entgehen Reisende den karibischen Orkanen, die häufiger werden.

April–Juli Während der Krabbenwanderung sind viele Straßen in Providencia zum Schutz gesperrt.

Aug. & Dez August und Weihnachten sind Hauptreisezeiten – Reservierungen obligatorisch.

Highlights

1 Bahía Suroeste (S. 197) Auf diesem herrlichen Sandstrand einen *coco loco* schlürfen und den Sonnenuntergang beobachten.

2 Bahía Aguadulce (S. 197) Selbst an diesem beliebtesten Strand auf Providencia sieht man nur ein paar Dutzend andere Urlauber.

3 Johnny Cay (S. 190) Im grandiosen, 4 ha großen Parque Regional Johnny Cay die Zehen in den weichen Sand graben.

4 El Pico (S. 200) Durch das Land der Leguane und Krabben hoch zu Providencias höchsten Gipfel mit famoser Aussicht wandern.

5 Haynes Cay (S. 191) Bei Sonnenuntergang mit den Stachelrochen vor San Andrés schwimmen.

6 Tauchen (S. 194) In Providencias blauem Wasser Kolumbiens schönste Korallenriffe und Meerestiere bestaunen.

7 Old Providence McBean Lagoon (S. 197) Eine Bootsfahrt durch die dichten Mangrovensümpfe vor Providencias Küste unternehmen.

Geschichte

Die ersten Bewohner der Inseln waren vermutlich niederländische Kolonisten, die sich gegen Ende des 16. Jhs. auf Providencia niederließen. 1631 wurden sie von den Engländern vertrieben, die die Inseln vollständig kolonisierten. Die Engländer brachten afrikanische Sklaven aus Jamaika mit und bauten Tabak und Baumwolle an. Die Raizal sind die Nachkommen aus Verbindungen zwischen den Kolonialherren und ihren Sklaven. Die Spanier, die wütend auf den englischen Erfolg auf den Inseln waren, versuchten 1635 erfolglos, die Inselgruppe zu erobern.

Ihre strategische Lage machte die Inseln besonders für Piraten attraktiv; sie lauerten in den Gewässern spanischen Galeonen auf, die mit Gold und anderen Reichtümern beladen waren. Der berühmte Pirat Henry Morgan schlug 1670 sein Lager auf Providencia auf und überfiel von hier aus sowohl Panama als auch Santa Marta. Der Legende zufolge ist sein Schatz noch immer irgendwo auf der Insel versteckt.

Bald nach Kolumbiens Unabhängigkeit im Jahre 1810 erhob das junge Land Anspruch auf die Inseln. Nicaragua bestritt diesen allerdings energisch. Der Konflikt wurde im Jahr 1928 schließlich in einem Vertrag gelöst, der Kolumbiens Anspruch auf die Inseln bestätigte.

Die geografische Isolation sorgte lange Zeit dafür, dass der einzigartige anglo-karibische Charakter der Inseln intakt blieb. Dies änderte sich erst in den 1950er-Jahren, als eine Fluglinie die Verbindung nach Kolumbien herstellte. 1954 erklärte die Regierung die Inseln zu einem zollfreien Gebiet, was Tourismus, Kommerz, Unternehmer und die kolumbianische Kultur auf die Inseln brachte. Sie alle verdrängten nach und nach die 300 Jahre alte Raizal-Kultur.

Zu Beginn der 1990er-Jahre erließ die Regionalregierung deshalb Obergrenzen für die Neuansiedlung auf den Inseln, um die rasant wachsende Zuwanderung zu verlangsamen und die lokale Kultur und Identität zu bewahren. Inzwischen machen Kolumbianer vom Festland dennoch zwei Drittel der Bevölkerung von San Andrés aus. Seit 1991 sind Englisch und Spanisch die beiden offiziellen Amtssprachen.

Der touristische und wirtschaftliche Boom hat San Andrés einen großen Teil seines ursprünglichen Charakters gekostet. Die Kultur der Insel ist heute eine Mischung aus lateinamerikanischen und englisch-karibischen Einflüssen. Es gibt allerdings Bestrebungen, die Wurzeln der Raizal-Kultur wiederzubeleben. Providencia konnte sich hingegen seine koloniale Kultur wesentlich besser bewahren, auch wenn der Tourismus hier den traditionellen Lebensstil ebenfalls bedroht und man inzwischen ebenso häufig wie den traditionellen englischen Dialekt, der bis vor Kurzem dominierte, Spanisch hört – wenn nicht sogar häufiger.

Obwohl es nicht sehr wahrscheinlich ist, dass sich der politische Status von San Andrés und Providencia ändern wird, macht Nicaragua seine Ansprüche auf die Inseln noch immer vor dem Internationalen Gerichtshof in Den Haag geltend. Das Gericht bestätigte 2007 Kolumbiens Souveränität über die Hauptinseln und 2012 über ihre Seegrenze und die kleineren Inseln.

San Andrés

☎8 / 70 000 EW.

Gerade einmal 150 km östlich von Nicaragua, aber etwa 800 km nordwestlich von Kolumbien liegt San Andrés. Die Insel, die in der Form an ein Seepferdchen erinnert, gilt als Kolumbiens beliebtestes Wochenendziel. Festlandbewohner kommen nach San Andrés, um zu feiern, in der Sonne zu liegen und zollfrei einzukaufen. Die gleichnamige Hauptstadt San Andrés, Mittelpunkt der Action, wird wohl nicht so bald auf Ansichtskarten glänzen. Aber sie hat eine attraktive Strandpromenade, und seit ein paar Jahren versucht sie das Problem anzugehen, das man freundlich ausgedrückt als Schönheitslücke bezeichnen könnte.

Besucher würdigen San Andrés am besten außerhalb des Stadttrubels. Wenn sie eine Bootstour zu einem der vorgelagerten malerischen Inselchen unternehmen, die exzellenten Tauch- und Schnorchelangebote wahrnehmen oder die landschaftlich reizvolle, 30 km lange Tour rund um die Insel machen, auf der sich die englisch-karibische Raizal-Kultur gegen die viel später importierte kolumbianische durchzusetzen versucht, kann die Insel sie häufig doch in den Bann ziehen.

Sehenswertes

Parque Regional Johnny Cay STRAND

(2000 COP) Die unter Naturschutz stehende, nur 4 ha große Insel Johnny Cay liegt etwa 1,5 km nördlich der Stadt. Sie ist von

Kokospalmenhainen bewachsen und wird von einem wunderbar weißen Sandstrand eingefasst, der mit Abstand der schönste der ganzen Insel ist. Hier kann man herrlich in der Sonne baden, im Meer sollte man aber wegen der gefährlichen Strömungen sehr vorsichtig sein. Boote legen am Hauptstrand von San Andrés ab (hin & zurück im *colectivo*/Privatboot 10 000/30 000 COP pro Pers.). Die letzte Rückfahrt ist in der Hauptsaison um 17 Uhr, in der Nebensaison schon um 15.30 Uhr.

Neben den Transportkosten und der Eintrittsgebühr schlagen auch Essen und Trinken auf dem Inselchen zu Buche. Die meiste Zeit ist ein inoffizieller Kellner bzw. Mittelsmann in der Nähe, der etwas zu essen und zu trinken organisiert, sich alles notiert und am Ende die Rechnung präsentiert. Die Insel kann recht überlaufen sein, sodass sich die Touristen mit den etwa 500 Leguanen, die hier zu Hause sind, um die Plätze streiten müssen.

San Luis — DORF

San Luis an der Ostküste der Insel bietet weiße Sandstrände sowie einige schöne traditionelle Holzhäuser. Das Meer hier eignet sich ideal zum Schnorcheln, obwohl es manchmal auch etwas rau sein kann. San Luis hat kein Zentrum im eigentlichen Sinn und besteht im Grunde nur aus einer 3 km langen Reihe von mehr oder weniger windschiefen Häusern. San Luis ist eine sehr angenehme, ruhige Alternative zur Stadt San Andrés.

Cayo El Acuario — STRAND

Acuario vor der Ostküste von San Andrés, gleich neben Haynes Cay, ist eine Sandbank, die regelmäßig von Booten angesteuert wird (hin & zurück 15 000 COP). Das Wasser hier ist seicht und ruhig und gut zum Schnorcheln geeignet. Wer seine Ausrüstung nicht dabeihat, der kann sich Schnorchel und Taucherbrille auch einfach am Strand ausleihen.

Haynes Cay — INSEL

Die kleine, felsige Insel besitzt keinen Strand, ist aber ein idyllischer Platz mit vielen Leguanen und ein großartiges Schnorchelrevier. Auf Haynes gibt es ein paar Restaurants, und das Eiland bietet sich fast zu allen Jahreszeiten für einen schönen Tagesausflug an. An den Wochenenden und in den Ferien im August kann es hier allerdings auch sehr voll werden. Die Bootsfahrt kostet 15 000 COP.

Hoyo Soplador — GEYSIR

Der Hoyo Soplador an der Südspitze der Insel ist ein kleiner Geysir, der durch ein natürliches Loch im Korallenfels Meerwasser in die Luft bläst (manchmal bis zu 20 m hoch). Dieses Phänomen ist nur zu bestimmten Zeiten zu beobachten, wenn Wind und Gezeiten günstig sind; es lohnt sich aber, darauf zu warten.

La Piscinita — STRAND

(West View; 5000 COP) Der Strand La Piscinita, auch unter dem Namen West View bekannt, liegt unmittelbar südlich von El Cove und bietet gute Bedingungen zum Schnorcheln.

San Andrés (Stadt)

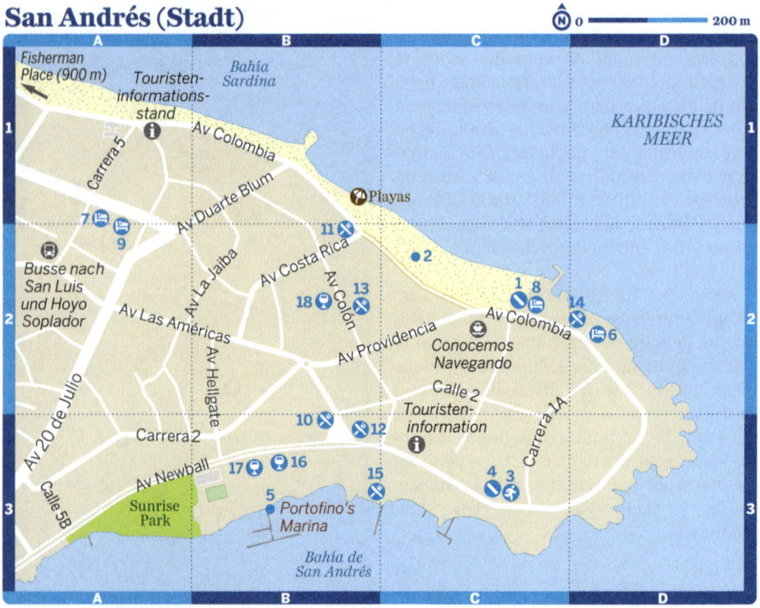

San Andrés (Stadt)

Aktivitäten, Kurse & Touren

1 Banda Dive Shop ... C2
2 Coonative Brothers ... C2
3 Crucero Riviel ... C3
4 Karibik Diver ... C3
5 San Andrés Diving & Fishing ... B3

Schlafen

6 Apartahotel Tres Casitas ... D2
7 Cli's Place ... A1
8 Decameron Los Delfines ... C2
9 Posada Henry ... A2

Essen

10 Gourmet Shop Assho ... B3
11 Mahi Mahi ... B2
12 Miss Celia O'Neill Taste ... B3
13 Mr Panino ... B2
14 Perú Wok ... D2
15 Restaurante La Regatta ... B3

Ausgehen & Nachtleben

16 Banzai ... B3
17 Blue Deep ... B3
18 Éxtasis ... B2

Das Wasser ist meistens ruhig, es sind zahlreiche Fische zu sehen (die einem sogar aus der Hand fressen), und es gibt ein paar Einrichtungen, darunter ein Fischrestaurant und einen Verleih für Schnorchelausrüstungen.

La Loma DORF

Der kleine Ort im Inneren von San Andrés gelegen, wird auch unter der englischen Bezeichnung The Hill geführt und ist eine der traditionellsten Siedlungen hier. Bekannt ist das Dorf für seine alte Baptistenkirche, die 1847 als erstes Gotteshaus auf der Insel errichtet wurde. Auf einem Spaziergang lässt sich die einzigartige Atmosphäre des Dorfs genießen.

Aktivitäten

Aufgrund der schönen Korallenriffe ringsum ist San Andrés ein wichtiges Tauchzentrum mit mehr als 35 Tauchrevieren. Ansonsten bieten sich Inselhüpfen, Tagesausflüge zu diversen Inselchen, andere Wassersportarten und Party machen in der Stadt San Andrés an.

Crucero Riviel BOOTSFAHRTEN

(☎8-512-8840; Av Newball, Stadt San Andrés) Crucero Riviel bietet täglich um 8.30 Uhr Fahrten nach Acuario und Johnny Cay (30 000 COP) sowie weniger regelmäßig Touren zu anderen Inselchen, Schnorchelplätzen und Stränden.

San Andrés Divers TAUCHEN
(☎312-448-7230; www.sanandresdivers.com; Av Circunvalar, km 10) Dieser große Tauchladen mit eigener Tauchschule liegt zwar nicht so zentral wie die anderen, genießt aber einen sehr guten Ruf und bietet PADI-Tauchscheine für 850 000 COP. Zwei Tauchgänge kosten inklusive Ausrüstung 165 000 COP. Das Büro befindet sich im Hotel Blue Cove, Übungsbecken und Tauchzentrum liegen ein Stück die Hauptstraße hinunter.

Banda Dive Shop TAUCHEN
(☎8-513-1080, 315-303-5428; www.bandadiveshop.com; Hotel Lord Pierre, Av Colombia, Stadt San Andrés) Ein besonders freundlicher Tauchladen, der zwei Tauchgänge für 200 000 COP und PADI-Open-water-Scheine für 850 000 COP anbietet. Definitiv eine der professionellsten Tauchschulen der Insel.

Karibik Diver TAUCHEN
(☎318-863-9552, 8-512-0101; www.karibik-diver.com; Av Newball No 1-248, Stadt San Andrés) Die kleine Tauchschule unter deutscher Leitung bietet hochwertige Ausrüstung und einen individuell abgestimmten Service. Zwei Tauchgänge kosten 170 000 COP ohne Ausrüstung, PADI-Tauchscheine 900 000 COP.

San Andrés Diving & Fishing SCHNORCHELN
(☎316-240-2182; sites.google.com/site/sanandresfishinganddiving; Portofino-Marina; 3-Std.-Ausflüge 75 000 COP) Jaime Restrepo organisiert sehr beliebte Ausflüge rund um San Andrés, unter anderem mit der Möglichkeit, mit Stachelrochen zu schwimmen. Die recht entspannte Tour ist auf zehn Teilnehmer beschränkt. Das Boot legt um 14 Uhr an der Marina des Portofino im Barracuda Park in der Stadt San Andrés ab. Eine Buchung vorab ist obligatorisch.

Coonative Brothers BOOTSFAHRTEN
(☎8-512-1923, 8-512-2522) Die Kooperative am Stadtstrand von San Andrés bietet Ausflugsfahrten nach Johnny Cay (20 000 COP, inkl. Eintritt) und Acuario (15 000 COP) sowie eine kombinierte Tour zu beiden Inselchen (25 000 COP).

Schlafen

Die meisten Unterkünfte befinden sich in der Stadt San Andrés. Ein paar Hotels gibt es in San Luis, auf der restlichen Insel sind Übernachtungsmöglichkeiten rar. Die Unterkünfte sind zum größten Teil teurer als auf dem Festland, aber inzwischen gibt es zumindest ein paar Hostels.

San Andrés (Stadt)

★ **Karibbik Haus Hostel** HOSTEL $
(☎8-512-2519, 300-810-3233; www.karibbikhaus.com; Calle 11 No 1a-1, Barrio los Almedros; B 50 000–70 000 COP, DZ ab 150 000 COP; ❄📶) Dieser dringend erwartete Neuzugang in der hiesigen Szene für preiswerte Unterkünfte hat mehr als nur einen Hauch Noblesse. Die Schlafsäle sind groß und mit guten Stockbetten ausgestattet, und die Doppelzimmer mit blitzenden Bädern und allen möglichen durchdachten Extras wären eines Mittelklassehotels würdig.

Cli's Place PENSION $$
(☎8-512-0591; luciamhj@hotmail.com; Av 20 de Julio No 3-47; EZ/DZ/3BZ 80 000/140 000/190 000 COP; ❄📶) Die von Raizal betriebene Pension ist Teil des Programms *Posada Nativa*, bei dem Besucher bei Einheimischen nächtigen. Cli spricht Englisch und vermietet acht einfache Zimmer, einige mit Kochnische. Das Haus erreicht man über eine Gasse neben dem Park. Frühstück gibt es für 10 000 COP pro Person.

Apartahotel Tres Casitas HOTEL $$
(☎8-512-5880; Av Colombia No 1-60; Zi. pro Pers. inkl. Halbpension 130 000 COP; ❄📶🏊) In dem reizenden gelb-blauen Schindelhaus wohnen die Gäste in extragroßen Zimmern, allesamt mit Küchenzeile und abgeteiltem Wohnbereich, einige von ihnen haben sogar Balkone mit Meerblick. Frühstück und Abendessen sind im Preis inbegriffen. Auf jeden Fall eine der charmanteren Unterkünfte in der Stadt.

Posada Henry PENSION $$
(☎8-512-6150; libiadehenry@hotmail.com; Av 20 de Julio No 1-36; EZ/DZ 50 000/90 000 COP) Diese zentral gelegene Pension gehört ebenfalls zum *Posada-nativa*-Programm, das Reisenden ermöglicht, bei Einheimischen zu wohnen. Die Zimmer mit Ventilatoren und Fliesenböden haben alle eigene Bäder und Kühlschränke und sind in leuchtenden Inselfarben gehalten.

Decameron Los Delfines BOUTIQUEHOTEL $$$
(☎8-512-4083; www.decameron.com; Av Colombia No 16-86; Zi. pro Pers., all-inclusive ab 528 000 COP; ❄📶🏊) Das erste Boutiquehotel der Insel und auch das erste der Decameron-Kette vermietet 36 Zimmer, es ist ruhig, diskret und sehr beliebt bei Paaren. Los Delfines bietet ein Restaurant über dem Wasser, einen kleinen Pool und Zimmer mit einer

schicken Einrichtung. Die hochmoderne Architektur könnte genauso gut in einem Hotel in Los Angeles zu finden sein.

San Andrés (Insel)

★Hotel Playa Tranquilo BOUTIQUEHOTEL **$$$**
(☎8-513-0719; www.playatranquilo.com; km 8 Via El Cove; Zi. inkl. Frühstück ab 360 000 COP; ❄📶🏊) Ein Buddha wacht hier über einen kleinen Pool und stimmt auf das Boutiquehotel ein. Die hinreißenden Zimmer kombinieren Moderne und Tradition, einige verfügen über Küchen und Wohnbereiche – eine ideale Unterkunft für Familien mit Kindern.

★Cocoplum Hotel HOTEL **$$$**
(☎8-513-2121; www.cocoplumhotel.com; Via San Luis No 43-39; EZ/DL inkl. Frühstück 294 000/406 000 COP; ❄📶🏊) Das vielfarbige, ruhige Strandresort mit karibischer Architektur liegt an einem hinreißenden privaten, weißen Sandstrand mit Palmen. Das hauseigene Restaurant, das auch Nichtgäste willkommen heißt, serviert den ganzen Tag über frische Mahlzeiten.

Und Rocky Cay, ein gutes, beliebtes Schnorchelrevier, befindet sich ganz in der Nähe des Hotels.

San Luis Village Hotel HOTEL **$$$**
(☎8-513-0500; www.hotelsanluisvillage.com; Av Circunvalar No 71-27, San Luis; EZ/DZ inkl. Frühstück ab 550 000/600 000 COP; ❄📶🏊) Dieses sehr komfortable Hotel mit 18 Gästezimmern bietet luxuriöse Annehmlichkeiten wie Flachbildfernseher und zu jedem Zimmer einen eigenen Balkon oder eine Terrasse.

Essen

Der kreolisch-karibische Einfluss auf der Insel zeigt sich in Zutaten wie Brotfrucht, die hier *patacones* (gebratene Kochbananen) als Stärke ersetzt, und der Meeresschnecke, die auf fast jeder Speisekarte zu finden ist. Reisende sollten auf jeden Fall das traditionellste Gericht probieren: *rundown* (oder *rondon* im lokalen Kreolisch), eine Suppe aus leicht paniertem Fisch, Kochbananen, Yucca und anderen klebrigen Zutaten, in reichlich Kokosmilch lange gekocht.

TAUCHEN VOR SAN ANDRÉS & PROVIDENCIA

Die Kurse und Tauchgänge mögen auf dem Festland preiswerter sein, die Korallen und die Vielfalt der maritimen Flora und Fauna können es hier aber mit fast allen anderen Tauchrevieren in der Karibik aufnehmen.

Sowohl San Andrés als auch Providencia besitzen ausgedehnte Korallenriffe – 15 bzw. 35 km lang sind sie – und sie sind berühmt für ihre Schwämme, die hier in einer faszinierenden Vielfalt an Formen, Größen und Farben auftreten. Weitere Attraktionen sind Barrakudas, Haie, Meeresschildkröten, Hummer, Rochen und Red Snapper. Wracktaucher tauchen zu den Wracks der *Blue Diamond* und der *Nicaraguense*, die beide vor San Andrés gesunken sind.

Die fünf besten Tauchreviere im Überblick:

Palacio de la Cherna Eine steile Meeresschlucht südöstlich von San Andrés, die von 12 auf über 300 m Tiefe abfällt. Papageienfische, Tigerbarsche, Königskrabben, Hummer und sogar Ammen- und Riffhaie sind häufig zu sehen.

Cantil de Villa Erika Südwestlich von San Andrés, zwischen 12 und 45 m tief. In diesem farbenfrohen Riff sind Schwämme, Weich- und Hartkorallen, Meeresschildkröten, Mantas und Adlerrochen sowie Seepferdchen zu Hause.

La Piramide Ein seichter Tauchgang im Riff an der Nordseite von San Andrés. Piramide ist ein Paradies für Stachelrochen. Die Vielzahl an Fischarten, Tintenfischen und Muränen macht dieses Revier zu einem der schönsten vor der Insel.

Tete's Place Große Schwärme mittelgroßer Meerbarben, Grunzer, Schulmeister-Schnapper und Gemeine Husaren frequentieren das Meer 1 km vor der Bahía Suroeste auf Providencia.

Manta's Place Trotz des Namens bevölkern keine Mantas dieses Revier vor Providencia. Dafür schweben hier Stachelrochen mit einer Spannweite von bis zu 1,5 m durchs Wasser. Taucher, die den Sand unter sich genau beobachten, werden Felder von Röhrenwürmern sehen, in denen Braune Röhrenaale sich im Sand verstecken.

Perú Wok PERUANISCH $$
(www.peruwok.com; Av Colombia, Big Point; Hauptgerichte 20 000–50 000 COP; ⏲12–23 Uhr; 📶) Dieses Restaurant serviert peruanisch-asiatische Fusionküche, beispielsweise Ceviche, Seafood sowie Reis-, Wok- und Grillgerichte. Das schicke, moderne Ambiente hebt es von den meisten Konkurrenten ab. Neben dem kühlen Gastraum gibt es auch eine luftige Terrasse mit Meerblick.

Mr Panino ITALIENISCH $$
(Edifico Breadfruit, 106-107, Av Colón; Hauptgerichte 20 000–50 000 COP; ⏲Mo–Sa 10–22, So 16–22 Uhr) Trotz des touristisch klingenden Namens ist der italienische Feinkostladen in der Stadt San Andrés absolut authentisch. Es gibt Parmaschinken, Käse sowie Sandwiches, Pasta, Pizza, Risotto und sogar Tintenfisch-Carpaccio.

Miss Celia O'Neill Taste FISCH & MEERESFRÜCHTE $$
(Av Newball; Hauptgerichte 20 000–40 000 COP; ⏲12–15 & 18–22 Uhr) Das reizende Restaurant in einem farbenfrohen traditionell karibischen Haus mit großem Garten und luftiger Veranda serviert lokale Gerichte wie *rondon* sowie gedünstete Krebse und Fische.

Fisherman Place FISCH & MEERESFRÜCHTE $$
(☎8-512-2774; Av Colombia; Hauptgerichte 15 000–50 000 COP; ⏲12–16 Uhr) Dieses Open-Air-Strandrestaurant in der Stadt San Andrés ist eine hervorragende Möglichkeit, die örtlichen Fischer zu unterstützen und gleichzeitig gut zu essen. *Rondon* und Backfisch sind die beliebtesten Gerichte.

Grog FISCH & MEERESFRÜCHTE $$
(Rocky Cay; Hauptgerichte 20 000–40 000 COP; ⏲Mi–Mo 10–18 Uhr) Das nette kleine Lokal mit Tischen, die im Halbschatten über den Strand verteilt sind, hat ein tolles Angebot an Fischgerichten, darunter Ceviche, Reis- und Wokgerichte und leckere Vorspeisen.

★ Gourmet Shop Assho EUROPÄISCH $$$
(Av Newball; Hauptgerichte 30 000–85 000 COP; ⏲Mo–Sa 12–15 & 18–23, So 12–23 Uhr; 📶) Das Restaurant mit dem merkwürdigen Namen ist der Konkurrenz um Längen voraus. Es zeichnet sich durch eine sehr schöne Einrichtung und ein beeindruckendes Speisenangebot aus: Hier gibt es blutige Steaks, wunderbar gewürztes Seafood, diverse Salate, Tapas und vegetarische Gerichte, zudem eine exzellente Weinkarte, großartigen Kaffee und super Desserts.

★ Restaurante La Regatta FISCH & MEERESFRÜCHTE $$$
(☎317-744-3516; www.restaurantelaregatta.com; Av Newball; Hauptgerichte 30 000–100 000 COP; ⏲12–15 & 18.30–23 Uhr; ✎) Das beste Restaurant der ganzen Insel befindet sich in einem hölzernen Ponton-Gebäude über dem Meer im Club Náutico in der Stadt San Andrés. Trotz einer großen Dosis Piratenkitsch verströmt es mit seinen weißen Tischdecken eine formelle Atmosphäre, und das Essen ist himmlisch. Die *langosta regatta* ist schlicht perfekt.

★ Donde Francesca FISCH & MEERESFRÜCHTE $$$
(San Luis; Hauptgerichte 30 000–60 000 COP; ⏲9–18 Uhr; 📶) Das luftige Lokal direkt am Strand mag zwar nur eine Bretterbude sein, aber es serviert absolut köstliches, traditionell karibisches Essen wie *langostinos al coco* (panierte und mit Koskosnussfett frittierte Langusten), *pulpo al ajillo* (Tintenfische mit Knoblauch) und panierte und frittierte Calamari.

Das Lokal bietet auch Duschen und Umkleidekabinen, sodass die Gäste ein Essen hier direkt mit einem Bad im Meer verbinden können.

Mahi Mahi THAILÄNDISCH $$$
(Hotel Casablanca, Av Colombia; Hauptgerichte 30 000–95 000 COP; ⏲12–23 Uhr; 📶) Das schicke Thai-Restaurant am Meer gehört zum Hotel Casablanca und sorgt mit seinen würzigen Currys und Gerichten mit Inselflair für eine willkommene Abwechslung von der üblichen kolumbianischen Küche. Neben der preisgünstigeren thailändischen Speisekarte gibt es aber auch eine Karte mit kostspieligem kolumbianischen Seafood.

El Paraíso FISCH & MEERESFRÜCHTE $$$
(San Luis; Hauptgerichte 30 000–60 000 COP; ⏲9–17 Uhr; 📶) Das El Paraíso an einem grandiosen weißen Sandstrand hat im Vergleich zu den schlichteren Strandbuden zwar ein etwas gehobeneres Ambiente, seine frischen Fische und Meeresfrüchte sind aber von der gleichen hervorragenden Qualität.

Ausgehen

Am östlichen Ende der Avenida Columbia in der Stadt San Andrés gibt es zahlreiche Nachtlokale, allerdings ist hier mit betrunkenen kolumbianischen Urlaubern und ohrenbetäubender Musik zu rechnen, die ausländische Besucher eventuell nicht besonders anspricht.

Banzai COCKTAILBAR
(Av Newball, local 119, Stadt San Andrés; ⌚19–2 Uhr) Wer nicht in einen Club gehen, aber trotzdem spätabends etwas trinken möchte, ist im Banzai richtig. Die Cocktailbar ist auch bei den Einheimischen sehr beliebt. Zu Reggaeklängen werden gut zubereitete Drinks serviert. Das Ambiente ist schick und eher alternativ, ohne aber bemüht zu wirken.

Éxtasis CLUB
(Hotel Sol Caribe San Andrés, Av Colón, Stadt San Andrés; ⌚Mo–Do 21.30–3, Fr & Sa bis 4 Uhr) Der lebhafteste und etablierteste Club in San Andrés befindet sich im obersten Stock des Hotels Sol Caribe. Auf der Tanzfläche tummeln sich am Wochenende bis zu 500 Leute. Von der unterschiedlich hohen Eintrittsgebühr werden 15 000 COP in Form eines Cocktails erstattet.

Blue Deep CLUB
(Sunrise Beach Hotel, Av Newball, Stadt San Andrés; ⌚Do–Sa 21.30–3 Uhr) Die größte Disko der Stadt bietet Livemusik (Salsa und Reggaeton) und Platz für rund 700 verschwitzte Tänzer. Die Gäste sind eine gute Mischung aus Einheimischen und Touristen, die alle nach ein paar Gläsern Rumpunsch zu viel zuweilen nicht mehr sicher auf den Beinen stehen. Der Eintritt kostet 20 000 COP.

Praktische Informationen

Viele Tipps und Hinweise für Besucher von San Andrés bieten sowohl die **Haupttouristeninformation** (Secretaría de Turismo; ☎8-513-0801; Av- Newball, Stadt San Andrés; ⌚Mo–Fr 8–12 & 14–18 Uhr) als auch der kleinere **Touristeninformationsstand** (Ecke Av Colombia & Av 20 de Julio; ⌚8–18 Uhr) am Meer.

An- & Weiterreise

FLUGZEUG

Der Flughafen, **Gustavo Rojas Pinilla International Airport** (Aeropuerto Internacional Sesquicentenario; ☎8-512-6112; San Andrés), liegt im Zentrum der Stadt, und die Landebahn endet am Strand. Reisende müssen auf dem Festland eine Touristenkarte (tarjeta de turismo, 44 000 COP) kaufen, bevor sie für den Flug nach San Andrés einchecken. Die Karten werden am Gate verkauft, ohne diese kommt niemand an Bord. Zu den Fluggesellschaften, die San Andrés anfliegen, gehören **Avianca** (☎8-512-3216; www.avianca.com; Gustavo Rojas Pinilla International Airport), **LATAM** (☎1-800-094-9490; www.latam.com; Gustavo Rojas Pinilla International Airport) und **Copa** (☎8-512-7619; www.copaair.com; Gustavo Rojas Pinilla International Airport). Direktflüge werden unter anderem nach Bogotá, Barranquilla, Cali, Cartagena, Medellín und Panama City angeboten.

Satena (☎8-512-1403; www.satena.com; Gustavo Rojas Pinilla International Airport) und **Searca** (☎8-512-2237; www.searca.com.co; Gustavo Rojas Pinilla International Airport) haben in der Nebensaison täglich zwei Flüge zwischen San Andrés und Providencia (hin & zurück 450 000 COP), in der Hauptsaison bis zu sechs Flüge im Angebot.

SCHIFF

Conocemos Navegando (☎gebührenfrei 01-8000-111-500; www.conocemosnavegando.com; Centro Comercial New Point L.111, Av Providencia; einfach/hin & zurück 170 000/300 000 COP; ⌚Mo–Fr 8–19, Sa 8–13 Uhr) bietet täglich außer Dienstag teure Katamaranverbindungen zwischen San Andrés und Providencia in beide Richtungen. Der Katamaran legt am **Muelle Toninos** (Toninos Marina) um 8 Uhr morgens ab und kommt am selben Tag um 14.30 Uhr zurück. Die Passagiere müssen eineinhalb Stunden vorher dort sein, um sich registrieren zu lassen. Die Überfahrt dauert drei Stunden und kann extrem rau sein. Es ist möglich, mit dieser Verbindung Providencia in einem Tagesausflug zu besuchen, das bedeutet aber große Hetze. Da die Boote häufig voll besetzt sind, empfiehlt sich – selbst in der Nebensaison – die Buchung im Voraus.

Unterwegs vor Ort

ZUM/VOM FLUGHAFEN

San Andrés' **Gustavo Rojas Pinilla International Airport** ist vom Stadtzentrum aus in zehn Gehminuten zu erreichen, ein Taxi/Motorradtaxi kostet 15 000/7000 COP. Mit wenig Gepäck kann man die Strecke gut zu Fuß zurücklegen. Im Flughafen gibt es eine Gepäckaufbewahrung (Gepäckstück/24 Std. 5000 COP).

BUS

Auf der Insel verkehren Busse auf der Küstenstraße und nach El Cove im Inselinneren. Sie sind das preiswerteste Verkehrsmittel (2000 COP pro Fahrt) und setzen die Passagiere in der Nähe aller wichtigen Attraktionen ab.

Ein Bus mit der Aufschrift „San Luis" fährt an der Ostküste entlang bis zur Südspitze der Insel. Dieser Bus fährt nach **San Luis** und zum **Hoyo Soplador**. Der Bus mit der Aufschrift „El Cove" fährt ins Binnenland nach El Cove und kommt dabei durch La Loma, wo er die Passagiere bei der Baptistenkirche absetzt. Von dort geht es zu Fuß zum Strand La Pisciniata weiter. Beide Busse fahren in der Stadt San Andrés am Ende der Carrera 5 ab.

FAHRRAD

Radfahren auf San Andrés ist eine wunderbare Art, ein Gefühl für die Insel zu bekommen. Die Straßen sind asphaltiert, es gibt kaum Steigungen und wenig Verkehr. Für Leihräder werden für einen halben/ganzen Tag ab 10 000/ 20 000 COP verlangt.

MOTORROLLER

Auf eigene Faust lässt sich die Insel am besten auf einem Motorroller (pro Tag 70 000 COP, in der Hauptsaison bis zu 120 000 COP) oder einem Golfbuggy (*mula* genannt, ab 100 000 COP am Tag) erkunden. Von den Dutzenden Verleihstellen sind viele in der Avenida Newball in der Stadt San Andrés und an der Spitze der Insel zu finden. Die meisten liefern das Fahrzeug auch bis vors Hotel. Preisvergleich lohnt sich, da die Konditionen recht unterschiedlich sind.

TAXI

Eine Sightseeing-Rundfahrt um die Insel im Taxi kostet ca. 70 000 COP.

Providencia

☎8 / 5000 EW.

Providencia, 90 km nördlich von San Andrés, ist eine herrlich abgeschiedene, traditionell karibische Insel mit umwerfender Landschaft, hinreißenden goldenen Sandstränden, freundlichen Einwohnern und exzellenten Tauchrevieren. Das Beste ist jedoch, dass sie umständlich zu erreichen ist, was garantiert, dass man dieses Stückchen Paradies nur mit anderen unerschütterlichen Reisenden teilen muss, die den Flug in einem klapprigen 20-sitzigen Flugzeug oder die raue dreistündige Überfahrt mit dem Katamaran nicht scheuen.

Da die Insel keine direkte Verbindung zum kolumbianischen Festland hat, gibt es hier nicht annähernd so viel kulturelle Fremdeinflüsse wie auf San Andrés. Dadurch blieben Traditionen und Gebräuche mehr oder weniger intakt. Überall ist noch das englische Kreol zu hören und Ortsschilder tragen noch die alten englischen Namen anstelle der spanischen. All das verleiht Providencia mit seiner wunderschönen Landschaft inmitten eines türkisblauen Ozeans das Anrecht, Paradies genannt zu werden.

Sehenswertes

Parque Nacional Natural (PNN) Old Providence McBean Lagoon PARK

(17 000 COP) 1995 wurde zum Schutz der einzigartigen Meeresflora und -fauna im Nordosten der Insel ein 10 km² großes Naturschutzgebiet eingerichtet. Etwa ein Zehntel der Fläche nimmt ein Ökosystem mit Küstenmangroven östlich des Flughafens ein, die restlichen 905 ha des Parks liegen vor der Küste und schließen die Inselchen Cayo Cangrejo und Cayo Tres Hermanos mit ein. Auf einem 800 m langen Öko-Lehrpfad kann man die unterschiedlichen Mangrovenarten und die darin lebenden Tiere kennenlernen.

Cayo Cangrejo INSEL

(Crab Quay) Cayo Cangrejo, eine kleine Insel im Parque Nacional Natural Old Providence McBean Lagoon, erhebt sich schroff und dramatisch vor der Küste Providencias. Hier gibt es keinen Strand, aber hervorragende Schnorchel- und Tauchgründe, und ein paar Bars bieten Getränke und Seafood an. Bootskapitäne, die in Maracaibo vor dem Hotel Deep Blue (S. 201) zu finden sind, fahren ihre Kunden zum Cayo Cangrejo, wann immer diese es wünschen. Die Fahrt kostet 44 000 COP pro Person plus 17 000 COP Eintritt in den Nationalpark.

Bahía Manzanillo STRAND

(Manicheel Bay) Dieser sehr hübsche weiße Sandstrand ist zugleich Providencias ursprünglichster. Das einzige Gebäude ist die beliebte Roland Roots Bar (S. 202). Das Meer kann hier recht unruhig sein, und der Strand ist häufig voller Seetang, aber die Szenerie ist einfach zauberhaft. Meistens kann man im Meer schwimmen, aber wegen der heftigen Strömungen sollte man vorsichtig sein und sich nicht zu weit hinauswagen.

Bahía Aguadulce STRAND

(Freshwater Bay) Dieser verschlafene kleine Weiler bietet absolute Ruhe und einen bezaubernden Sandstrand. Hier gibt es über ein Dutzend Unterkünfte, viele davon befinden sich direkt am Strand, und ein paar Tauchschulen.

Bahía Suroeste STRAND

(Southwest Bay) Die herrliche Bucht präsentiert sich mit einem prächtigen Palmenstrand, hinter dem steile Hügel aufragen. Da es nur einge wenige Hotels gibt, kann man in der Bahía Suroeste herrlich der Welt entfliehen. Wer sich an einem Samstagnachmittag hier aufhält, hat die Chance, das wöchentliche Ohne-Sattel-Pferderennen am Strand zu beobachten, das um ca. 14 Uhr beginnt.

Providencia

0 — 1 km

A B C D

Cayos Catalina (Catalina Cays)
Punta Bucanera
Gun Point
Santa Catalina
Jones Point
Morgan's Head
KARIBISCHES MEER
8
21
Fuerte Aury
Canal Aury
Pier
9
Cayo Cangrejo
SANTA ISABEL
16
13
23
MARACAIBO
Bluff Point
Bahía Catalina
Cayo Tres Hermanos
Allan Bay
PUEBLO VIEJO
7
1
McBean Hill
LAZY HILL
Bowden Gully
SAN FELIPE
Lazy Hill Gully
Providencia
Iron Wood Hill
s. Vergrößerung
El Pico (360 m)
5
6
Alligator Point
19
22
Bahía Suroeste
24
AGUAMANSA
Kalaloo Point
4
18
Bahía de Aguamansa
Vergrößerung
Black Bay Point
Morris Hill
CASABAJA
25
3
Bahía Manzanillo
San Andrés (90 km)

0 — 200 m
12
15
20
17
Bahía Aguadulce
10
14
AGUADULCE
2
11

Providencia

Sehenswertes
- 1 Almond Bay A3
- 2 Bahía Aguadulce D7
- 3 Bahía Manzanillo B7
- 4 Bahía Suroeste A6
- 5 El Pico Natural Regional Park B5
- 6 Leuchtturm A5
- 7 Parque Nacional Natural (PNN) Old Providence McBean Lagoon D3
- 8 Santa Catalina C2
- 9 Santa Isabel C2

Aktivitäten, Kurse & Touren
- Felipe Diving Shop .... (s. 11)
- Sirius Dive Shop .... (s. 18)
- 10 Sonny Dive Shop D7

Schlafen
- 11 Cabañas El Recreo D7
- Cabañas Miss Elma .... (s. 11)
- 12 Frenchy's Place D6
- 13 Hotel Deep Blue D2
- 14 Hotel El Pirata Morgan D7
- Hotel Miss Mary .... (s. 4)
- 15 Mr Mac D6
- 16 Posada Coco Bay D2
- 17 Posada del Mar D7
- 18 Sirius Hotel A6
- Sol Caribe Providencia .... (s. 2)

Essen
- 19 Café Studio A6
- 20 Caribbean Place D6
- 21 Don Olivo B2
- 22 El Divino Niño A6
- 23 Restaurante Deep Blue D2
- 24 Salt Wata A6

Ausgehen & Nachtleben
- 25 Roland Roots Bar B7

Almond Bay STRAND

Die winzige Almond Bay, ein relativ unbekannter Strand, der von der Inselhauptstraße in nur fünf Gehminuten zu erreichen ist, hat schönen weißen Sand, ruhiges, klares Wasser und nur sehr wenige Besucher. Ein paar Stände bieten Getränke und einfache Snacks an, und Schnorchelausrüstungen kann man sich ausleihen. Weil es fast keinen Schatten gibt, lohnt sich die Mitnahme eines Sonnenschirms.

Santa Catalina INSEL

Auf dieser Insel gibt es einige winzige, verlassene Strände. Ein Abstecher lohnt sich allein schon, um Morgan's Head, eine einem menschlichen Gesicht ähnelnde Klippe zu sehen. Das lässt sich am besten vom Wasser aus erkennen. Am Fuß der Klippe befindet sich eine unterirdische Höhle.

Die Küste verändert sich erheblich mit den Gezeiten. Bei Flut werden manche Strände sehr schmal, manche verschwinden sogar vollständig. Wer die Küste der Insel kennenlernen möchte, nimmt jenseits der Ponton-Brücke den Fußweg auf der linken Seite.

Lighthouse GALERIE

(☎ 313-380-5866; www.lighthouseprovidencia.com; High Hill; ⊙ Di–Sa 17–21 Uhr) Die kommunale Kunstgalerie mit tollem Blick aufs Meer ist gleichzeitig ein kleines Bildungszentrum, Café und sozialer Treffpunkt. Sie zeigt nach Einbruch der Dunkelheit mit einem Projektor Dokumentarfilme (die faszinierende, wenn auch bizarre Doku über die hiesige Krabbenwanderung sollte man sich unbedingt anschauen, 10 000 COP pro Person), serviert guten Kaffee und einige Inselsnacks und fördert das Umweltbewusstsein bei Einheimischen und Besuchern.

Santa Isabel DORF

Seltsamerweise verlaufen sich kaum Touristen nach Santa Isabel, trotz der herrlichen Lage an einer malerischen Bucht, von der eine Pontonbrücke auf die kleine Insel Santa Catalina führt. Der Grund für die geringe Besucherzahl mag der fehlende Strand sein, aber das reizende Dorf lädt dazu ein, durch die Straßen zu bummeln und den Einwohnern bei ihren Beschäftigungen zuzusehen.

Aktivitäten

Die besten Strände sind Bahía Suroeste, Bahía Aguadulce und Bahía Manzanillo am südlichen Ende der Insel, aber auch andere Plätze laden zum Schwimmen ein.

Tauchen & Schnorcheln

Schnorcheln und Tauchen sind die größten Attraktionen der Insel, und man sollte unbedingt beides ausprobieren. Das klare Wasser und die wunderbare Flora und Fauna der Riffe machen Providencia zu einem der besten Tauch- und Schnorchelplätze in der Karibik. Tauchausflüge und -kurse können mit lokalen Anbietern vereinbart werden, die Tauchplätze sind standardisiert, und es entstehen auch immer mehr entsprechende Agenturen, die den Wettbewerb ankurbeln.

Felipe Diving Shop TAUCHEN

(☎8-514-8775; www.felipediving.com; Aguadulce) Dieser empfehlenswerte Tauchladen, der von einem einheimischen Raizal geführt wird, bietet Tauchausflüge und -kurse an. Open-water- und Fortgeschrittenenkurse kosten 880 000 COP. Neben den täglichen Touren zu einem von Dutzenden Tauchplätzen stehen auch nächtliche Tauchgänge (200 000 COP) auf dem Programm.

Sirius Dive Shop TAUCHEN

(☎8-514-8213; www.siriushotel.net; Bahía Suroeste) Der Sirius Dive Shop, der sich auf dem Gelände des Sirius Hotels (S. 201) befindet, bietet einen Open-water- oder einen Fortgeschrittenenkurs für 800 000 COP. Ein Ausflug mit zwei Tauchgängen samt hochwertigem Equipment kostet 200 000 COP und ein nächtlicher Tauchgang beläuft sich auf 220 000 COP.

Sonny Dive Shop TAUCHEN

(☎313-430-2911, 318-274-4524; www.sonnydiveshop.com; Aguadulce) Sonnys Tauchladen in Aguadulce bietet Open-water- und Fortgeschrittenenkurse für 850 000 COP, Touren mit zwei Tauchgängen für 190 000 COP und Tauchen bei Nacht für 150 000 COP.

Wandern

Das bergige Binnenland mit seiner eindrucksvollen Vegetation und seinen zahlreichen kleinen Tieren ermöglicht Wanderern schöne Touren. Es gibt wahrscheinlich keinen anderen Ort in Kolumbien, an dem so viele farbenfrohe Eidechsen, Leguane und Halloweenkrabben im Buschwerk zu sehen sind wie hier. Vorsicht ist bei einem weit verbreiteten Busch mit spektakulären hornförmigen Dornen geboten: Die Ameisen, die darin leben, wehren sich mit schmerzhaften Bissen. Auf der Insel gibt es außerdem sehr viele Moskitos.

Ein herrlicher Wanderweg führt durch den dichten Bergwald des **Parque Regional El Pico** GRATIS auf den Gipfel des El Pico (360 m) mit einer hervorragenden Rundumsicht auf die Karibik. Die beliebteste Route beginnt in Casabaja. Wanderer sollten ruhig nach dem Weg fragen, da im unteren Teil mehrere Pfade kreuz und quer verlaufen (weiter oben gibt es keine Probleme), oder in Casabaja um einen informellen Guide bitten.

Für den Aufstieg, der am besten früh morgens in Angriff genommen werden sollte, sind ungefähr eineinhalb Stunden einzuplanen.

Feste & Events

Krabbenwanderung NATUR

(April–Juli) Die Krabbenwanderung findet zweimal jährlich zwischen April und Juli für jeweils ein bis zwei Wochen statt. Zuerst krabbeln die erwachsenen Schlammkrabben zu den Stränden hinab, legen ihre Eier dort ab und kehren dann in die Hügel zurück. Ein paar Wochen später verlassen die geschlüpften Jungkrabben das Meer und folgen ihnen. Die Straßen sind dann für gewöhnlich gesperrt, damit die Krabben sie ungefährdet überqueren können.

Cultural Festival KULTUR

(Juni) Providencias wichtigstes kulturelles Fest findet in der letzten Juniwoche statt. Es besteht aus Musik und Tanz, einer Motorradparade und einem Spaß-Schönheitswettbewerb für Leguane.

Schlafen

Die Unterkünfte auf Providencia sind ziemlich enttäuschend, und die schlecht geführten Hotels verlassen sich anscheinend ganz auf den Charme der Insel. Die meisten Übernachtungsoptionen finden sich in Aguadulce und in Bahía Suroeste, wo immer mehr kleine Cottages, Hotels und Cabañas entstehen. Übernachtungsmöglichkeiten gibt es aber auch anderswo auf der Insel, und der Norden – in den sich so gut wie keine Touristen verirren – kann einen angenehmen Kontrast zu den Urlauberenklaven im Süden darstellen.

Posada Coco Bay PENSION $$

(☎311-804-0373; posadacocobay@gmail.com; Maracaibo; EZ/DZ ab 100 000/150 000 COP; ❄📶) Diese rustikale Pension mit Blick auf den Cayo Cangrejo und Hängematten auf den Holzbalkonen ist eine gute Wahl für ein relaxtes Inselgefühl. Die Zimmer sind tipptopp, haben Moskitonetze und einige verfügen sogar über eine Küche. Es gibt hier zwar keinen Strand, aber Schwimmen ist dennoch möglich.

Mr Mac CABAÑAS $$

(☎318-695-9540, 316-567-6526; posadamistermack@hotmail.com; Aguadulce; Bungalow/Apartment pro Pers. 70 000/90 000 COP; ❄) Mr Mac ist die preiswerteste Unterkunft auf der Insel und zugleich eine der einladendsten – die Besitzerin Laudina begrüßt alle ihre Gäste herzlich. Das grün gestrichene Holzhaus steht über dem Wasser, und auf der Veranda laden Hängematten zum Entspannen ein.

Die Zimmer sind groß, und die riesigen Apartments haben eine Kochnische. Direkt am Garten kann man im Meer schwimmen gehen.

Cabañas Miss Elma CABAÑAS $$
(☎310-566-3773, 8-514-8229; Aguadulce; Zi. pro Pers. inkl. Frühstück 150 000 COP; ❄) Die freundliche, familiengeführte Anlage mit farbenfrohen Gemeinschaftsbereichen und einem wunderbar zwanglosen Strandrestaurant liegt gleich am kleinen, aber hübschen Strand von Aguadulce. Die sechs holzgetäfelten Cabañas sind einfach, aber makellos sauber und geräumig. Ein paar haben Meerblick, und alle verfügen über Kühlschrank und Fernseher.

Cabañas El Recreo CABAÑAS $$$
(☎317-425-5389; capbryan@hotmail.com; Aguadulce; EZ/DZ/3BZ inkl. Frühstück 120 000/206 000/292 000 COP; ❄📶) Die orange gestrichenen Holzhütten am Rand des Strandes von Aguadulce verströmen vielleicht kaum Charme, aber sie stehen in traumhafter Lage – die Wellen schwappen fast an die Haustür. Jene in der ersten Reihe am Strand kosten genauso viel wie die anderen – da heißt es früh buchen! Alle Hütten haben Kühlschrank und Fernseher.

Posada del Mar HOTEL $$$
(☎8-514-8454; www.decameron.com; Aguadulce; EZ/DZ inkl. Frühstück ab 140 000/250 000 COP; ❄📶) Das zur Decameron-Kette gehörende Hotel wirkt klein, ist aber größer, als es von der Straße her aussieht. Es ist bunt gestrichen und gepflegt, die Gästezimmer haben kleine Balkone mit Meerblick, und vom Garten aus gelangt man direkt ins Meer.

Hotel Deep Blue HOTEL $$$
(☎315-324-8443, 321-458-2099; www.hoteldeepblue.com; Maracaibo; DZ/Suite inkl. Frühstück ab 610 000/770 000 COP; ❄📶🏊) Das Deep Blue ist mit Abstand Providencias schickstes Hotel. Die zwölf großen Zimmer haben Marmorböden, Regenduschen, Flachbild-TV und noble Toilettenartikel. Jene in der höheren Preiskategorie haben sogar kleine Infinity-Pools auf dem Balkon, für alle anderen gibt es einen gemeinsamen Pool auf dem Dach mit tollem Blick in Richtung Cayo Cangrejo. Das dazugehörige Restaurant am Strand ist sehr zu empfehlen.

Frenchy's Place APARTMENTS $$$
(☎315-709-6910, 318-306-1901; posadafrenchysprovidencia@gmail.com; Aguadulce; EZ/DZ/3BZ 190 000/250 000/310 000 COP) Das zauberhaft rustikale, aus Holz gebaute Apartment wird von der Pariserin Marie (Frenchy genannt) geführt und ist wohl die urigste Unterkunft auf der ganzen Insel. Die Wohnung hat einen grandiosen Balkon mit Blick zum Meer, zwei Schlafzimmer (ein Doppel- und ein Einzelzimmer), eine voll ausgestattete Küche, ein Bad und ein Wohnzimmer mit viel Nippes. Unbedingt im Voraus buchen.

Sirius Hotel HOTEL $$$
(☎8-514-8213; www.siriushotel.net; Bahía Suroeste; EZ/DZ/3BZ inkl. Frühstück ab 190 000/310 000/400 000 COP; ❄📶) Das Sirius genießt eine traumhafte Lage in Bahía Suroeste. Die Zimmer sind extrem sauber, ein paar haben schönen Meerblick und sogar Balkone. Eine perfekte Wahl für alle, die ein paar ruhige Tage am Strand verbringen oder tauchen wollen.

Hotel El Pirata Morgan HOTEL $$$
(☎8-514-8232; www.elpiratamorganhotel.org; Aguadulce; EZ/DZ/3BZ inkl. Frühstück 180 000/220 000/310 000 COP; ❄📶🏊) Das Pirata Morgan, eine solide Option im Ortszentrum von Aguadulce, hat vielleicht nicht das karibische Flair wie manche seiner Nachbarn und auch eine eher veraltete Einrichtung, aber die Mitarbeiter sind freundlich und die Zimmer sauber. Es gibt einen schönen Pool und einen Garten, der perfekt ist zum Beobachten des Sonnenuntergangs, und der Strand ist nur einen kurzen Spaziergang entfernt.

Hotel Miss Mary HOTEL $$$
(☎8-514-8454; www.hotelmissmary.blogspot.com; Bahía Suroeste; EZ/DZ inkl. Frühstück 140 000/220 000 COP 000; ❄📶) Miss Mary bietet hübsch aufgemachte Zimmer direkt am Strand von Bahía Suroeste, jedes mit großer Veranda und Hängematten. Es gibt Kabelfernsehen und (selten fließendes) Warmwasser. Das Haus ist komfortabel, die Zimmer mit Meerblick sind toll, und am Strand gibt es in Gehweite mehrere Restaurants.

Sol Caribe Providencia HOTEL $$$
(☎8-514-8230; Aguadulce; Zi. pro Pers. inkl. Frühstück & Abendessen ab 190 000 COP; ❄📶🏊) Das – passend zum kaleidoskopischen Farbschema der Insel – leuchtend gelbe Hotel ist das beste in Aguadulce. Es bietet ein gutes Restaurant am Meer, saubere und geräumige Zimmer mit hübschen Holzmöbeln, Veranden und farbenfrohe karibische Kunst. Mit dem Strand gleich vor der Tür eine großartige Option in Aguadulce.

Essen

El Divino Niño FISCH & MEERESFRÜCHTE $$

(Bahía Suroeste; Hauptgerichte 20 000–44 000 COP; ⌚12–18 Uhr) Warum dieses Restaurant am besten Strand von Providencia so beliebt ist, erkennt man gleich: Die Tische stehen auf dem Strand unter Palmen, die Wellen schwappen bis an die Füße der Gäste, während die Kellner frischen Fisch, Hummer, Krabben und Meeresschnecken servieren. Wer sich nicht entscheiden kann, sollte den hervorragenden *plato mixto* mit Fisch und Meeresfrüchten bestellen. Die laute Musik nervt an solch einem ruhigen Ort, aber: Das ist schließlich Kolumbien.

Salt Wata FISCH & MEERESFRÜCHTE $$

(☎311-253-5087; Bahía Suroeste; Hauptgerichte 20 000–60 000 COP; ⌚Mi–Mo 8–10 & 12–15 & 18–22 Uhr) An gerade einmal zwei Tischen draußen auf der Terrasse und weiteren zwei im hell erleuchteten Gastraum mit offener Küche werden hier traditionelle kreolische Seafood-Gerichte serviert. Auf der umfangreichen Speisekarte stehen unter anderem Ceviche, Sandwiches und Tacos.

★**Café Studio** FISCH & MEERESFRÜCHTE $$$

(☎8-514-9076; Bahía Suroeste; Hauptgerichte 30 000–60 000 COP; ⌚Mo–Sa 11–22 Uhr) Providencias populärstes Restaurant wird geführt von einem kanadisch-raizalischen Paar, und das Essen ist angesichts der Lage sowohl unvergesslich als auch preisgünstig. Gegen Abend wird es beängstigend voll – also rechtzeitig da sein, um noch einen Tisch zu ergattern. Oder zum Mittagessen kommen, wenn es weniger überfüllt ist.

★**Caribbean Place** FISCH & MEERESFRÜCHTE $$$

(Donde Martin; ☎311-287-7238; Aguadulce; Hauptgerichte 40 000–78 000 COP; ⌚Mo–Sa 12.30–16 & 19–22 Uhr) Ein von Weinflaschen gesäumter Weg führt zu diesem zauberhaften Restaurant, einem der kulinarischen Highlights der Insel. Hier zahlt man fürs Seafood zwar ein erkleckliches Sümmchen, aber der in Bogotá ausgebildete Küchenchef Martin Quintero bietet dafür auch seriöse Kreationen in lockerer Atmosphäre. Besonders gut sind z. B. Schlammkrabben auf vielerlei Art, Krebse, Garnelen und verschiedene Seafood-Aufläufe.

Restaurante Deep Blue KARIBISCH $$$

(☎321-215-4818, 321-458-2099; Maracaibo; Hauptgerichte 28 000–60 000 COP; ⌚7–22 Uhr) Das noble Restaurante Deep Blue bietet von seinen Tischen direkt am Meer nicht nur einen umwerfenden Blick auf den Cayo Cangrejo, sondern auch eine sehr beeindruckende, einfallsreiche Speisekarte mit z. B. knusprigen Kokos-Garnelen, Knoblauch-Krabbenscheren und eine hervorragende gemischte Seafood-Platte für zwei Personen. Der Service ist leider zuweilen eher langsam.

Don Olivo FISCH & MEERESFRÜCHTE $$$

(☎310-230-5260; Santa Catalina; Hauptgerichte 35 000–65 000 COP; ⌚Mi–Mo 12–17 Uhr & Abendessen nach Vereinbarung) Don Olivo stammt aus Mauretanien und bereitet aus seinem Fang vom Morgen für seine Gäste leckere Mittagessen zu, die er auf der Terrasse seines Wohnhauses auf Santa Catalina serviert. Im täglich wechselnden Speisenangebot findet man z. B. Meereschnecken-Ceviche und Hummer in Olivos Geheimsoße. Was das Lokal aber auszeichnet, sind sein herzlicher Empfang und die Konversation mit den Gästen.

Ausgehen

Providencia ist vielleicht die verschlafenste Ecke Kolumbiens, aber es ist immer noch Kolumbien – oft steigen spontane Partys am Strand, und abends ist vielerorts laute Musik zu hören. Wem nach Feiern zumute ist, der sollte sich einfach umhören und im Zweifel in die Roland Roots Bar gehen oder bei einem Bummel durch Santa Isabel schauen, wo sich die Einheimischen gerade versammeln.

Roland Roots Bar BAR

(Bahía Manzanillo; ⌚10–24, Fr & Sa 10–2 Uhr) Die Roland Roots Bar genießt unter Reisenden Kultstatus und fasst das Inselleben in einer einzigen geradezu lächerlich stimmungsvollen Strandbar zusammen: Die Sitznischen aus Bambus stehen unter windschiefen Strohdächern auf dem Strand, beschallt von dröhnenden Reggae-Rhythmen. Roland ist eine echte Insellegende und berühmt für seine Partys bis tief in die Nacht und seine *coco loco* – aufgepeppte, in Kokosnüssen servierte Piña Colada. Außerdem gibt es hervorragendes frisches Seafood (Hauptgerichte 20 000–35 000 COP).

Praktische Informationen

Das **Krankenhaus** und die einzige **Tankstelle** der Insel befinden sich in Santa Isabel.

Die beiden einzigen Geldautomaten sind ebenfalls in Santa Isabel zu finden.

Banco Agrario (Santa Isabel)
Banco de Bogotá (Santa Isabel)

An- & Weiterreise

Die Fluggesellschaften **Satena** (S. 196) und **Searca** (S. 196) bieten beide Flüge zwischen San Andrés und Providencia (hin & zurück ab 400 000 COP), in der Nebensaison zweimal, in der Hauptsaison sogar mehrmals täglich. Weil für diese Route kleine Maschinen eingesetzt werden, ist es wichtig, in der Hauptsaison das Flugticket im Voraus zu kaufen. Das Höchstgewicht für Gepäck ist auf 10 kg beschränkt. Was darüber liegt, wird extra berechnet, es kostet aber nicht viel, und für gewöhnlich gibt es damit keine Probleme.

Der Katamaran von **Conocemos Navegando** (S. 196) verkehrt täglich außer dienstags zwischen Providencia und San Andrés in beiden Richtungen (hin & zurück 300 000 COP, 3 Std.).

Unterwegs vor Ort

Providencia hat nur eine Straße, die rundum verläuft, lediglich ein paar kleine Nebenstraßen führen ans Meer oder in die Hügel im Inselinneren. Es empfiehlt sich sehr, bei **Providencia Tours** (☎ 314-310-1326; Aguadulce) einen Motorroller (70 000 COP für 24 Std.) oder einen Golfbuggy (130 000 COP für 8 Std.) 70 000 für 24 Std.) zu mieten, um das Beste aus dem Aufenthalt auf Providencia zu machen. Achtung: Auf den Schildern stehen meist die englischen Namen (z. B. South West Bay, Fresh Water Bay, Manchaneel Bay) statt der im Sprachgebrauch üblicheren spanischen Bezeichnungen. Das kann mitunter recht verwirrend sein.

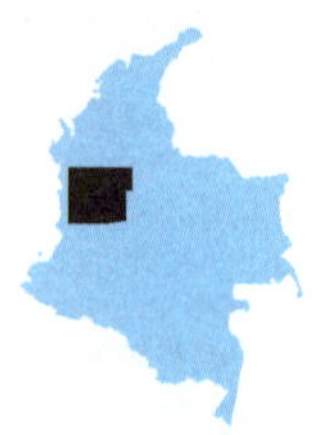

Medellín & Zona Cafetera

Inhalt ➡

Medellín 205
Guatapé 222
Jardín 226
Manizales. 229
Pereira 240
Armenia 244
Salento. 247
Filandia 251

Gut essen

- Carmen (S. 217)
- Helena Adentro (S. 252)
- Casa Clandestino Comedor (S. 216)
- La Fogata (S. 245)
- Verdeo (S. 217)
- Osea (S. 216)

Schön übernachten

- Reserva El Cairo (S. 252)
- Los Patios (S. 213)
- Finca Villa Nora (S. 247)
- Hacienda Venecia (S. 234)
- Termales del Ruiz (S. 236)
- Hotel Dann Carlton (S. 215)

Auf nach Medellín & in die Zona Cafetera!

Willkommen im *país paisa*, wie diese spannende Region mit Kaffeeplantagen und Blumenfarmen, wucherndem Nebelwald, pulsierenden Universitätsstädten und dem geschäftigen Medellín genannt wird. Der Landstrich ist einer der dynamischsten Kolumbiens. In Medellín, der zweitgrößten Metropole des Landes, ragen in der Mitte eines tiefen Tals die Türme hoch in den Himmel – greifbare Beispiele für den Ehrgeiz, der diese Stadt zum Vorreiter für Kolumbiens Neuanfang gemacht hat. Mit einem perfekten Klima, tollen Restaurants, Museen, öffentlichen Kunstwerken und dröhnenden Clubs bezaubert die attraktive Stadt jeden sofort.

Weiter im Süden erstreckt sich die Zona Cafetera, ein Kaleidoskop aus alten Dörfern, hübschen Kaffeefarmen, herrlichen Naturschutzgebieten und majestätischen Bergen. Der Kaffee ist hier mehr als nur eine Einnahmequelle – er ist ein Lebensstil.

Reisezeit

Medellín

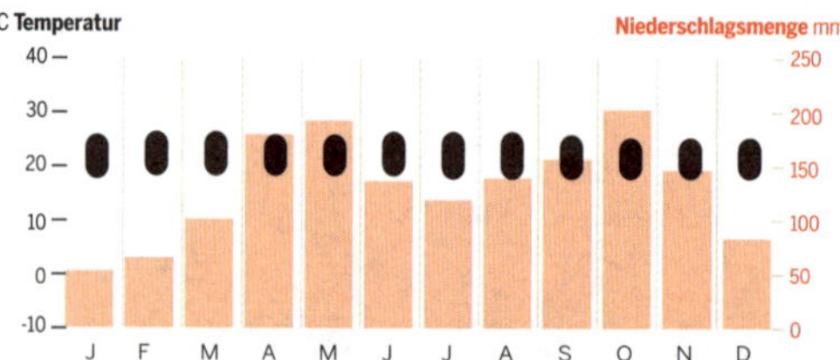

Jan.–März An klaren Tagen lassen sich die Gipfel des Parque Nacional Natural Los Nevados sehen.

Aug. Die Straßen von Medellín gleichen während der Feria de las Flores einer Farbexplosion.

Okt.–Dez. Die Kaffeepflücker der Zona Cafetera strömen zur Erntezeit auf den Farmen zusammen.

National-, Provinz- & Regionalparks

Als Urvater der Nationalparks gilt der Parque Nacional Natural (PNN) Los Nevados (S. 237), der sich bis auf eine Höhe von mehr als 5000 m hinaufzieht. Östlich von Pereira befinden sich der selten besuchte Santuario Otún Quimbaya sowie der Parque Ucumarí. Weiter südlich sollte man das beeindruckende Valle de Cocora in der Nähe von Salento mit hoch in den Himmel ragenden Wachspalmen nicht verpassen.

Anreise & Unterwegs vor Ort

Der **Flughafen von Medellín** (S. 221) ist die wichtigste internationale Drehscheibe für den Flugverkehr in dieser Gegend. Die Flughäfen Pereira und Armenia wickeln beide ebenfalls internationale Flüge ab. In der Region bestehen zudem gute Busverbindungen nach Bogotá, Cali und zur Karibikküste.

Bei Starkregen (meist im April/Mai und Sept./Okt.) empfiehlt es sich, Langstrecken nicht auf der Straße zurückzulegen, denn es kommt häufig zu Erdrutschen, zuletzt im Mai 2015, als der Ort Santa Margarita fast ausgelöscht wurde.

MEDELLÍN

☎4 / 3 MIO. EW. / 1494 M

Medellín hat das Potenzial einer Stadt der doppelten Größe. Es liegt in einem schmalen Tal, wo die Skyline nach dem Himmel zu greifen scheint. Vor der Kulisse zerklüfteter Berggipfel, die in allen vier Himmelsrichtungen die Stadt einrahmen, ragen Apartment-Hochhäuser und Bürotürme auf. Dem angenehmen Klima hat Medellín auch seinen Beinamen zu verdanken: Stadt des ewigen Frühlings. Und die moderaten Temperaturen bewirken tatsächlich, dass die Einheimischen bei der Arbeit wie auch in der Freizeit stets beschwingt daherkommen. Medellín ist ein geschäftiger Industrie- und Handelsstandort, in dem vor allem Textilien hergestellt und Schnittblumen exportiert werden. An den Wochenenden gibt sich die Stadt jedoch betont leger: Die zahlreichen Clubs locken dann die Schönen und Reichen an.

Die Stadt erstreckt sich gen Norden und Süden in der Talsenke; Elendsviertel liegen im oberen Bereich der Berge. Dank seiner *paisa-Wurzeln* (womit Leute aus Antioquia gemeint sind) legt Medellín dem übrigen Kolumbien gegenüber eine gewisse Gleichgültigkeit an den Tag; es gibt sich großstädtisch und wirft gern einen Blick nach Übersee, um sich für sein nächstes öffentliches Projekt inspirieren zu lassen.

Geschichte

Die Spanier kamen bereits in den 1540er-Jahren ins Valle de Aburrá, Medellín wurde allerdings erst 1616 gegründet. Historiker gehen davon aus, dass es sich bei den ersten Siedlern um Juden aus Spanien handelte, die vor der Inquisition geflohen waren. Sie teilten das Land in kleine Haciendas auf, die sie dann selbst bewirtschafteten – ganz im Gegensatz zu der auf Sklaverei gegründeten Plantagenkultur, die einen Großteil Kolumbiens prägte. Diese frühen *paisas* mit starken Autarkiebestrebungen machten sich als harte Arbeiter mit enorm ausgeprägtem Unabhängigkeitsdenken einen Namen – Wesenszügen, die sie in der gesamten Zona Cafetera verbreiteten.

Medellín avancierte 1826 zur Hauptstadt von Antioquia, blieb aber dennoch lange Zeit ein Provinzkaff – eine Erklärung dafür, dass die Kolonialgebäude hier nie so prächtig und zahlreich waren wie andernorts. Die Stadt begann erst Anfang des 20. Jhs. rasant zu wachsen. Auslöser waren die Eisenbahn sowie die boomende Kaffeeindustrie, ein überaus lukratives Geschäft, das einen schnellen Wandel der Stadt bewirkte. Minenbesitzer und Kaffeebarone investierten ihren Profit in die neue Textilindustrie – was sich schnell bezahlt machte. Innerhalb weniger Jahrzehnte konnte sich Medellín so zu einer großen Metropole entwickeln.

In den 1980er-Jahren trat dann die dunkle Seite des Unternehmertums zutage. Unter der Gewaltherrschaft Pablo Escobars wurde Medellín zur Hauptstadt des weltweiten Kokainhandels. Schießereien waren an der Tagesordnung, die Mordrate gehörte zur höchsten der Welt. Ein langsames Ende der Gewalt kam dann mit dem Tod Escobars im Jahr 1993.

Heute zählt Medellín zu den für Reisende unkompliziertesten Zielen des Landes.

Sehenswertes

★ La Comuna 13 — VIERTEL

Eines der gefährlichsten Viertel in Medellín war früher La Comuna 13, das sich oberhalb der Metrohaltestelle San Javier an die Berge klammert. Es vollzog in letzter Zeit jedoch beachtliche Veränderungen und gilt nun als sichere Gegend für einen Besuch. Fixpunkt

Highlights

1. **Valle de Cocora** (S. 252) Sich den Hals verrenken, um die Wipfel der majestätischen Wachspalmen zu bestaunen.
2. **Medellín** (S. 205) Mit der Seilbahn hoch über den Dächern dahingleiten und dann die vielen tollen Restaurants und Bars der Stadt ausprobieren.
3. **Zona Cafetera** (S. 229) Einen Ausflug in die Plantagen unternehmen, um seinen eigenen Kaffee zu pflücken.
4. **Termales San Vicente** (S. 242) Ein Bad in den knallheißen Thermalquellen hoch oben in den Bergen nehmen.
5. **Río Claro** (S. 228) In einem offenen Hotelzimmer übernachten, das auf den Regenwald hinausgeht, und das Tosen des Flusses weiter unten hören.
6. **Parque Nacional Natural Los Nevados** (S. 237) Zu einem geheimnisvollen See unterhalb der majestätischen Berge wandern.
7. **Piedra del Peñol** (S. 223) Auf den Felsen klettern, um den sagenhaften Blick über den Embalse Guatapé zu genießen.
8. **Jardín** (S. 226) Sich auf der quirligen Plaza in der Stadtmitte eine Tasse einheimischen Arabica-Kaffee schmecken lassen.

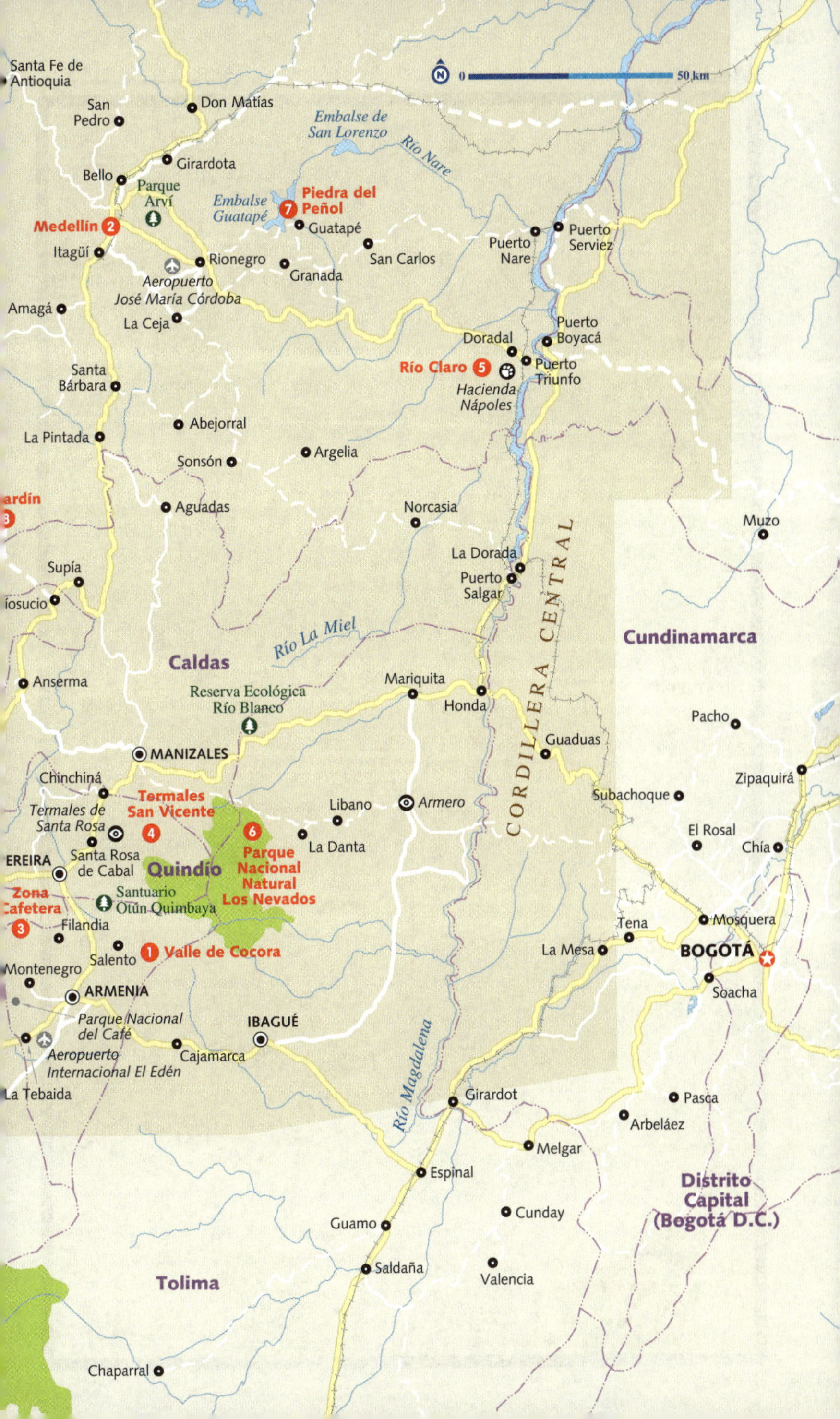
Santa Fe de Antioquia
San Pedro
Don Matías
Embalse de San Lorenzo
Río Nare
0
50 km
Girardota
Bello
Parque Arví
Embalse Guatapé
Piedra del Peñol 7
Medellín 2
Guatapé
Itagüí
Rionegro
Granada
San Carlos
Puerto Nare
Puerto Serviez
Aeropuerto José María Córdoba
Amagá
La Ceja
Puerto Boyacá
Doradal
Río Claro 5
Puerto Triunfo
Hacienda Nápoles
Santa Bárbara
Abejorral
La Pintada
Sonsón
Argelia
ardín 8
Aguadas
Norcasia
Muzo
La Dorada
Supía
Puerto Salgar
íosucio
CORDILLERA CENTRAL
Río La Miel
Cundinamarca
Caldas
Anserma
Mariquita
Reserva Ecológica Río Blanco
Honda
Pacho
Guaduas
MANIZALES
Chinchiná
Zipaquirá
Termales San Vicente
Termales de Santa Rosa
4
6
Libano
Armero
Subachoque
La Danta
El Rosal
Chía
Santa Rosa de Cabal
EREIRA
Quindío
Parque Nacional Natural Los Nevados
Zona Cafetera 3
Santuario Otún Quimbaya
Filandia
Mosquera
Tena
La Mesa
BOGOTÁ
Salento
1 Valle de Cocora
Montenegro
Soacha
ARMENIA
Parque Nacional del Café
IBAGUÉ
Aeropuerto Internacional El Edén
Cajamarca
Río Magdalena
La Tebaida
Girardot
Pasca
Arbeláez
Melgar
Espinal
Distrito Capital (Bogotá D.C.)
Cunday
Guamo
Saldaña
Valencia
Tolima
Chaparral

Medellín

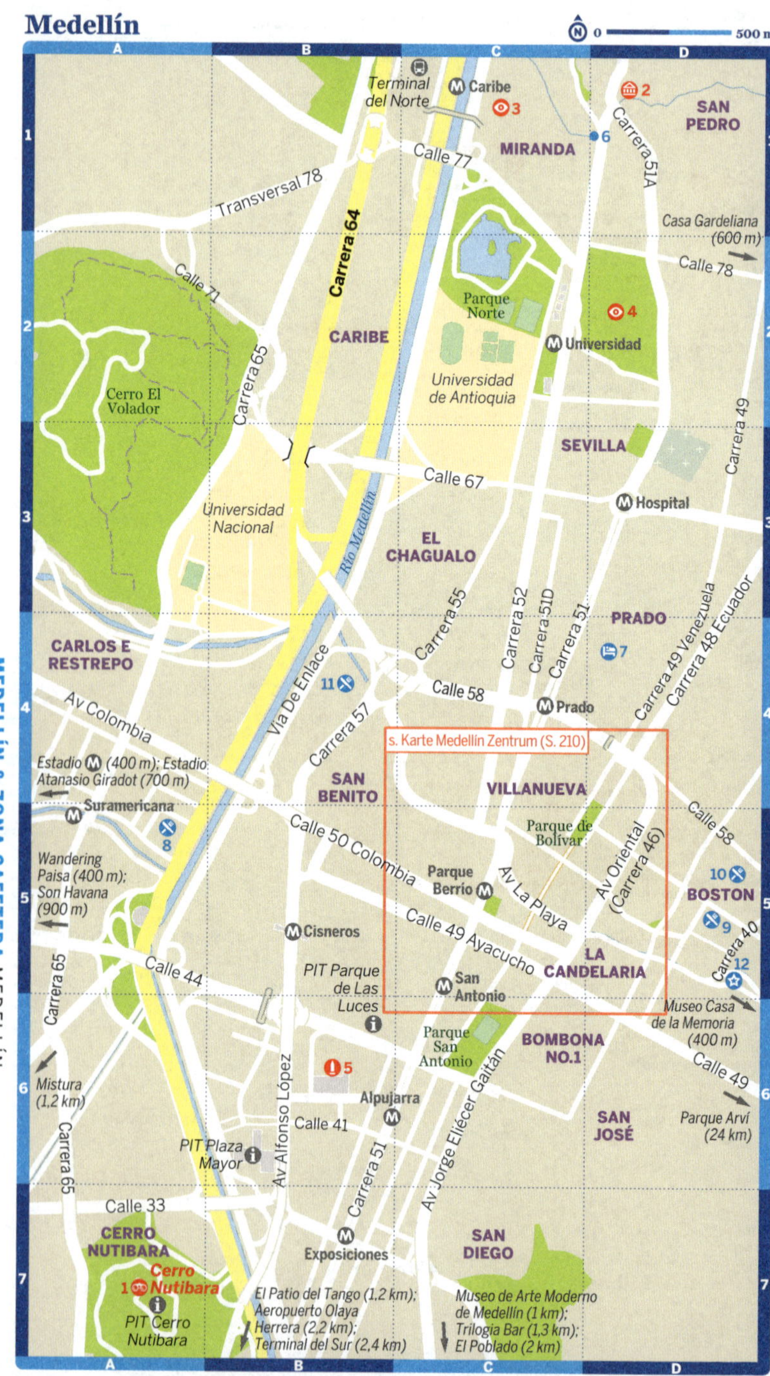

0 500 m
Terminal del Norte
Caribe
3
2
SAN PEDRO
6
Carrera 51A
MIRANDA
Calle 77
Transversal 78
Carrera 64
Casa Gardeliana (600 m)
Calle 78
Calle 71
Parque Norte
4
CARIBE
Universidad
Carrera 65
Cerro El Volador
Universidad de Antioquia
SEVILLA
Carrera 49
Calle 67
Hospital
Universidad Nacional
Río Medellín
EL CHAGUALO
Carrera 55
Carrera 52
Carrera 51D
Carrera 51
PRADO
Carrera 49 Venezuela
Carrera 48 Ecuador
7
CARLOS E RESTREPO
Via De Enlace
11
Calle 58
Prado
Av Colombia
Carrera 57
s. Karte Medellín Zentrum (S. 210)
Estadio (400 m); Estadio Atanasio Giradot (700 m)
SAN BENITO
VILLANUEVA
Suramericana
8
Calle 58
Parque de Bolívar
Calle 50 Colombia
Wandering Paisa (400 m); Son Havana (900 m)
Parque Berrío
Av La Playa
Av Oriental (Carrera 46)
10
BOSTON
9
Cisneros
Calle 49 Ayacucho
Carrera 40
Calle 44
PIT Parque de Las Luces
LA CANDELARIA
12
San Antonio
Carrera 65
Museo Casa de la Memoria (400 m)
Parque San Antonio
BOMBONA NO.1
Calle 49
5
Mistura (1,2 km)
Alpujarra
Av Jorge Eliécer Gaitán
SAN JOSÉ
Parque Arví (24 km)
Calle 41
Carrera 65
PIT Plaza Mayor
Av Alfonso López
Carrera 51
Calle 33
CERRO NUTIBARA
Exposiciones
SAN DIEGO
1 Cerro Nutibara
PIT Cerro Nutibara
El Patio del Tango (1,2 km); Aeropuerto Olaya Herrera (2,2 km); Terminal del Sur (2,4 km)
Museo de Arte Moderno de Medellín (1 km); Trilogia Bar (1,3 km); El Poblado (2 km)

Medellín

Highlights
1 Cerro Nutibara A7

Sehenswertes
2 Casa Museo Pedro Nel Gómez D1
3 El Cerro de Moravia C1
4 Jardín Botánico D2
5 Monumento a la Raza B6
Museo de la Ciudad .... (s. 1)

Aktivitäten, Kurse & Touren
6 Centro de Desarollo Cultural de Moravia D1

Schlafen
7 61 Prado D4

Essen
8 Ciao Pizza Gourmet A5
9 Itaca D5
10 Pizzeria Centro D5
11 Plaza Minorista José María Villa B4

Unterhaltung
12 Teatro Pablo Tobón Uribe D5

für einen Abstecher zur *comuna* ist der Bereich um die *escaleras eléctricas,* die Rolltreppen im Freien, über die man zu Wohngebäuden in den Randgebieten gelangt, die früher von Medellín abgeschnitten waren.

Neben den Metrocable-Linien zählen diese Rolltreppen zu den Symbolen des neu erstarkten Medellín. Die Umgebung rund um die sechs Rolltreppenanlagen strotzt nur so vor Wandmalereinen und Graffiti; ganz oben befinden sich ein Aussichtspunkt und eine Promenade, von wo aus sich schöne Ausblicke auf das quirlige Stadtleben unten bieten.

Wer die Schwierigkeiten und die Gewalt, die diesem Viertel so zugesetzt haben, und seine beeindruckende Erneuerung genauer verstehen möchte, sollte die *comuna* mit einem einheimischen Führer erkunden. Empfehlenswerte Guides lassen sich in der **Casa Kolacho** (☎4-252-0035; casakolacho@gmail.com; Carrera 97 No 43-41; Führungen 30 000 COP) in der Nähe der Metrohaltestelle San Javier buchen.

Zu den *escaleras* gelangt man entweder mit dem Bus 221i oder 225i; sie fahren an der Haltestelle bei der Ampel auf der rechten Seite ab, wenn man aus der Metrostation San Javier herauskommt. Am besten kauft man ein Kombiticket an der Metrohaltestelle, an der man in die U-Bahn einsteigt. Eine andere Möglichkeit ist, ab der Metrostation ein Taxi zu nehmen; es kostet gerade einmal 5000 COP.

★ Museo Casa de la Memoria MUSEUM
(☎4-385-5555; www.museocasadelamemoria.gov.co; Calle 51 No 36-66; ⌚Di–Fr 9–18, Sa & So 10–16 Uhr) GRATIS Das verstörende Museum, das sich dem gewalttätigen Konflikt in Medellín widmet, ist ein Muss für Besucher, die diese Stadt wirklich verstehen wollen. Gezeigt werden interessante Exponate zu den geopolitischen Ursprüngen des Konflikts; am meisten gehen aber wohl die Darstellungen auf den lebensgroßen Videobildschirmen unter die Haut, auf denen Überlebende von ihren Erfahrungen erzählen, als würden sie wirklich vor einem stehen. Verstörend ist auch der dunkle Raum im rückwärtigen Bereich, der die Anwohner ehrt, die bei all der Gewalt ums Leben kamen.

★ Cerro Nutibara AUSSICHTSPUNKT
(Karte S. 208; ☎4-385-8017, 4-260-2416; ⌚6–23 Uhr) Ganz oben auf einem 80 m hohen Hügel, 2 km südwestlich vom Stadtzentrum, befindet sich das kitschige **Pueblito Paisa**, die Miniaturausgabe einer typischen Gemeinde in der Provinz Antioquia. Die Aussicht über die Stadt von der angrenzenden Plattform ist sagenhaft. Neben dem Aussichtspunkt befindet sich das **Museo de la Ciudad** (Karte S. 208; Cerro Nutibara 2000 COP; ⌚10–18 Uhr), ein kleines Museum, das sich der Geschichte von Medellín widmet und das vor allem alte Fotoaufnahmen der Stadt präsentiert.

Am besten fährt man mit dem Taxi auf den Hügel hinauf und legt dann den Rückweg zu Fuß zurück, um auf diese Weise auch den **Parque de las Esculturas** zu besichtigen, in dem eine Handvoll moderner, abstrakter Skulpturen verschiedener Künstler aus ganz Südamerika stehen.

Casa Museo Pedro Nel Gómez MUSEUM
(Karte S. 208; ☎4-444-2633; Carrera 51B No 85-24; ⌚Mo–Sa 9–17, So 10–16 Uhr) GRATIS Das schöne Museum befindet sich in dem Haus, in dem der Künstler einst lebte und arbeitete. Zu sehen gibt es eine umfangreiche Sammlung von Werken des produktiven einheimischen Malers Pedro Nel Gómez (1899–1984), aber gelegentlich auch bedeutende andere Ausstellungen. Das Museum veranstaltet zudem Malerei-Workshops für Besucher (80 000 COP pro Gruppe); die Teilnehmer können im Atelier des Künstlers Unterricht

Medellín Zentrum

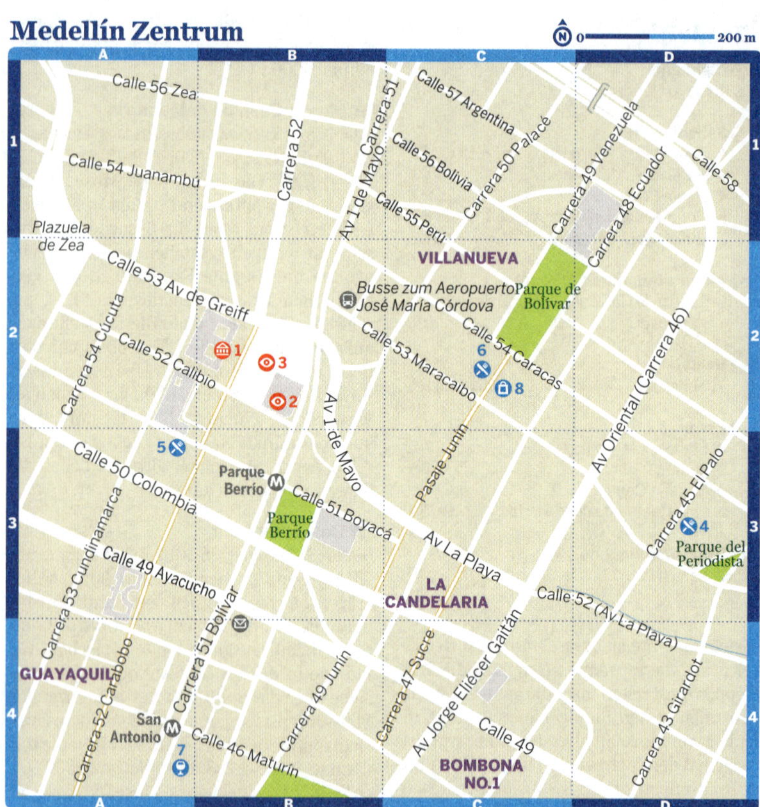

nehmen, das mit einer wunderschönen Wandmalerei ausgestaltet ist; die Kurse müssen im Voraus gebucht werden.

Viele Fassaden der Häuser an der Straße, die vom Viertel Moravia zum Museum hinaufführt, sind mit Reproduktionen von Werken Nel Gómez' bemalt – und somit lohnt es sich, zu Fuß zu gehen, anstatt mit dem Taxi oder Bus zu fahren.

Museo de Arte Moderno de Medellín — GALERIE

(☎4-444-2622; www.elmamm.org; Carrera 44 No 19A-100; Erw./Stud. 10 000/7000 COP; ⊙Di–Fr 9–18, Sa 10–18, So 10–17 Uhr) Das „El MAMM" in einem restaurierten Industriegebäude in Ciudad del Río präsentiert Wechselausstellungen moderner Kunst. Der große neue Trakt beherbergt Exponate der Dauerausstellung, die viele Werke der in Medellín geborenen Malerin Débora Arango zeigt. Mit dazu gehört ein Kino, in dem Independent-Filme laufen.

Monumento a la Raza — MONUMENT

(Karte S. 208; Calle 44, Centro Administrativo La Alpujarra) Von Rodrigo Arenas Betancur, Kolumbiens beliebtestem Denkmaldesigner, gibt es in Medellín gleich mehrere Werke, doch am beeindruckendsten ist das vor dem Rathaus – es erzählt die Geschichte Antioquias in dramatisch geschwungenem Metall.

Plazoleta de las Esculturas — PLAZA

(Plaza Botero; Karte S. 210) Der öffentliche Platz vor dem Museo de Antioquia beherbergt 23 große, geschwungene Bronzeskulpturen des renommierten Medellíner Künstlers Fernando Botero, darunter einige seiner bekanntesten Werke.

El Cerro de Moravia — HÜGEL

(Karte S. 208; Barrio Moravia) Das dicht besiedelte Viertel Moravia war früher einmal die städtische Müllhalde von Medellín mit einem Müllberg im Freien, um den sich weitläufige Elendsviertel erstreckten, deren

Medellín Zentrum

Sehenswertes
1 Museo de Antioquia ... B2
2 Palacio de la Cultura Rafael Uribe Uribe ... B2
3 Plazoleta de las Esculturas ... B2

Essen
4 Café Colombo Credenza ... D3
5 Govinda's ... A3
6 Salón Versalles ... C2

Ausgehen & Nachtleben
7 Salon Malaga ... A4

Shoppen
8 Centro Artesanal Mi Viejo Pueblo ... C2

Bewohner im Abfall herumwühlten. Mittlerweile wurde das Areal zu einem beispielhaften urbanen Zentrum umgestaltet und der Müllberg in einen begrünten Hügel verwandelt. Man kann das Viertel im Rahmen einer Führung erkunden und sich dabei über die spannende Umgestaltung informieren lassen, indem man sich mit dem **Centro de Desarollo Cultural de Moravia** (Karte S. 208; ☎Nebenstelle 108 4-213-2809; www.centroculturalmoravia.org; Calle 82A No 50-25; ⌚nach Vereinbarung) GRATIS in Verbindung setzt.

Der besagte grüne Hügel sieht eigentlich ganz natürlich aus, allerdings qualmt im Inneren der Müll munter weiter, und so mancher Einheimische meint, dass es hier ein paar Grad wärmer sei als in der übrigen Stadt.

Palacio de la Cultura Rafael Uribe Uribe — SEHENSWERTES GEBÄUDE

(Karte S. 210; ☎4-320-9780; www.culturantioquia.gov.co; Carrera 51 No 52-03; ⌚Mo–Fr 8–17, Sa bis 16 Uhr) GRATIS Neben der Metrostation Berrío ist das auffällige schwarz-weiße, neugotische Gebäude, ein Entwurf des belgischen Architekten Agustín Goovaerts', eines der interessantesten Wahrzeichen, die Medellín zu bieten hat. Die Bauarbeiten begannen 1925, obwohl nur ein Viertel des Entwurfs vollendet war. Besucher dürfen nach Lust und Laune durch die erhabenen Gänge und kunstvollen Räume spazieren; in einigen von ihnen finden wechselnde Kunstausstellungen statt.

Wer einen Blick in die majestätische Kuppel werfen möchte, der sollte am Dienstag- oder Donnerstagnachmittag vorbeikommen, denn dann werden um 16 Uhr kostenlose Filme aus dem In- und Ausland gezeigt. Unten gelangt man in einen hübschen zentralen Innenhof mit einem Brunnen, der von Azaleen umrahmt wird.

Jardín Botánico — GARTEN

(Karte S. 208; www.botanicomedellin.org; Calle 73 No 51D-14; ⌚9–17 Uhr) GRATIS In dem 14 ha großen Botanischen Garten wachsen rund 600 verschiedene Baum- und Pflanzenarten, außerdem gibt es einen See, ein Herbarium und ein Schmetterlingshaus. Der Park zählt zu den schönsten Grünflächen, die die Stadt zu bieten hat; hier lassen sich ein paar herrliche Stunden fernab der Hektik der Großstadt verbringen. Die Gärten sind von der Metrohaltestelle Universidad aus problemlos zu erreichen.

Museo de Antioquia — MUSEUM

(Karte S. 210; ☎4-251-3636; www.museodeantioquia.org.co; Carrera 52 No 52-43; 18 000 COP; ⌚Mo–Sa 10–17.30, So bis 16.30 Uhr) Der Palacio Municipal, ein imposantes Art-déco-Gebäude, beherbergt das zweitälteste Museum Kolumbiens, das sich überwiegend der Kunst verschrieben hat. (Das Museo Nacional in Bogotá ist das älteste Museum des Landes.) Die Sammlung umfasst präkolumbische, koloniale und moderne Kunstwerke. Das eigentliche Highlight ist aber wohl die zweite Etage; dort beeindrucken viele Werke von Fernando Botero, einem Sohn der Stadt, aber auch Arbeiten anderer Künstler, die aus seiner persönlichen Sammlung gestiftet wurden. Außerdem sollte man auf die wunderschönen Wandmalereien von Pedro Nel Gómez achten, die das ganze Gebäude schmücken.

BOTEROS SKULPTUREN

In der gesamten Innenstadt stößt man immer wieder auf die markanten, üppigen Skulpturen des *paisa*-Künstlers Fernando Botero, dessen überlebensgroße Figuren zu einem Wahrzeichen der Stadt avanciert sind. Zu denen, die man unbedingt gesehen haben sollte, gehören die kultige **La Gorda** (Die Dicke) vor der Banco de la República im Parque Berrío. Drei weitere Botero-Skulpturen stehen im Parque San Antonio, beispielsweise der **Pájaro de Paz** (Friedensvogel), der neben einer früheren Inkarnation sitzt, die bei einem terroristischen Bombenanschlag zerstört wurde.

El Poblado

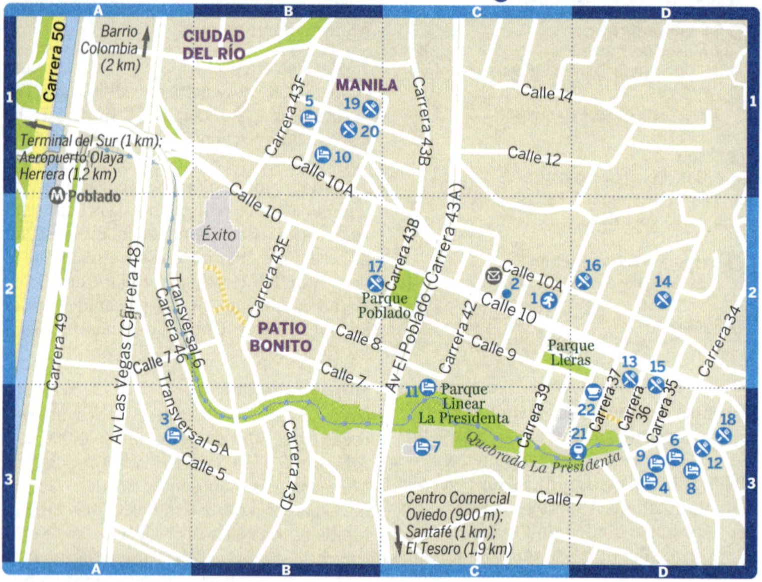

0 — 400 m

El Poblado

Aktivitäten, Kurse & Touren

- Bicitour .... (s. 4)
- 1 Dance Free C2
- 2 Toucan Spanish School C2

Schlafen

- 3 Black Sheep A3
- 4 Casa Kiwi D3
- 5 El Alternativo B1
- 6 Happy Buddha D3
- 7 Hotel Dann Carlton C3
- 8 In House Hotel D3
- 9 La Playa D3
- 10 Los Patios B1
- 11 Rango C3

Essen

- 12 Arte Dolce D3
- 13 Bao Bei D2
- Cafe Zorba .... (s. 11)
- 14 Carmen D2
- 15 Casa Clandestino Comedor D2
- 16 Il Castello D2
- Malevo .... (s. 5)
- 17 Osea B2
- 18 Rocoto D3
- 19 Tal Cual B1
- 20 Verdeo B1

Ausgehen & Nachtleben

- Calle 9 + 1 .... (s. 1)
- 21 La Octava D3
- 22 Pergamino D3

Aktivitäten

Zona de Vuelo PARAGLIDEN

(☎ 319-749-7943, 4-388-1556; www.zonadevuelo.com; Km 5,6 Via San Pedro de los Milagros) Für alle, die sich gerne mal in die Lüfte erheben wollen, bietet der erfahrene Veranstalter Zona de Vuelo 20-minütige Tandemflüge (125 000 COP) sowie 15-tägige Paragliding-Kurse (3 000 000 COP) an. Die Hin- und Rückfahrt zum Startpunkt in San Felix ab Medellín beträgt 90 000 COP für bis zu vier Personen.

Dance Free TANZEN

(Karte s. oben; ☎ 4-204-0336; www.dancefree.com.co; Calle 10A No 40-27; Einzelunterricht pro Std. 65 000 COP, Gruppenunterricht pro Monat 100 000 COP) Die enorm beliebte Tanzschule offeriert Salsa- und Bachata-Unterricht in großzügigen Räumlichkeiten in El Poblado. Es steht sowohl Einzel- als auch Gruppenunterricht auf dem Programm. Abends verwandelt sich die Tanzschule in eine Disko, in der man die neu erlernten Schritte dann gleich ausprobieren kann.

Psiconautica ABENTEUERSPORTARTEN
(☎312-795-6321, 300-212-0748; www.aventura psiconautica.com; Km 5,6 Via San Pedro de los Milagros; Klettern 150 000–350 000 COP) Der Abenteuerladen befindet sich im gleichen Komplex wie Zona de Vuelo. Hier gibt es alles unter einem Dach. Spezialisiert hat sich das Unternehmen auf Klettern, Canyoning und Abseilen, außerdem ist „Zip-Trekking" im Angebot – Touren rund um den Berg, die mehrere Sportarten vereinen. Die erfahrenen zweisprachigen Guides organisieren Berg- und Trekkingtouren im ganzen Land.

Kurse

Toucan Spanish School SPRACHKURSE
(Karte S. 212; ☎4-311-7176; www.toucanspa ,nish.com; Carrera 41A No 10-28; 20-Std.-Kurse 625 000 COP) Die gut organisierte Spanischschule im Herzen von El Poblado mit hellen, klimatisierten Unterrichtsräumen bietet auch gemeinsame Aktivitäten nach dem Unterricht an. Ein nettes Café unten mit einem guten Ausflugsschalter gehört mit dazu.

Geführte Touren

★ **Bicitour** RADFAHREN
(Karte S. 212; ☎312-512-0690; www.bicitour.co; Carrera 36 No 7-10, Casa Kiwi; geführte Touren 70 000 COP) Bicitour steht für eine gesunde und umweltfreundliche Möglichkeit, die Stadt kennenzulernen. Im Angebot sind ausführliche Radtouren durch Medellín, auf denen viele interessante Sehenswürdigkeiten besucht werden, die aufgrund von Lokalgeschichte, Politik und Kultur relevant sind; die 19 km lange Tour führt durch diverse Stadtviertel. Jedenfalls bieten sich auf diese Weise prima Gelegenheiten, Seiten der Stadt kennenzulernen, die einem sonst entgehen würden. Die Radtouren beginnen und enden in El Poblado.

Die Teilnehmer sind etwa vier Stunden unterwegs; im Preis ist ein Erfrischungsgetränk inbegriffen.

★ **Real City Tours** STADTSPAZIERGANG
(☎319-262-2008; www.realcitytours.com) Dieses Unternehmen, das von engagierten jungen Einheimischen betrieben wird, bietet einen kostenlosen Spaziergang durch das Stadtzentrum an; die detaillierten Erklärungen auf Englisch vermitteln die Hintergründe zu den wichtigsten Sehenswürdigkeiten. Es ist erforderlich, sich über das Internet für die Teilnahme an der Stadttour im Vorfeld anzumelden.

Das Unternehmen veranstaltet auch eine kostenpflichtige Exkursion zum Thema Obst (45 000 COP), die zum größten Markt von Medellín führt, und eine sogenannte „Barrio Transformation Tour" (50000 COP), bei der Moravia besucht wird, eines der am dichtesten besiedelten Stadtviertel Medellíns.

Feste & Events

Festival Internacional de Tango TANZ
(Festitango; ☎4-385-6563; cultura.ciudadana@medellin.gov.co; ⌚Juni) Die Stadt feiert ihre Liebe zum Tango mit Wettbewerben, Konzerten und Workshops.

Feria de las Flores KULTUR
(www.feriadelasfloresmedellin.gov.co; ⌚Aug.) Medellíns spektakulärste Veranstaltung dauert eine ganze Woche. Höhepunkt ist das Desfile de Silleteros, bei dem bis zu 400 *campesinos* (Bauern) aus den Bergen in die Stadt strömen, um mit Blumen auf dem Rücken durch die Straßen zu ziehen.

Festival Internacional de Jazz MUSIK
(Medejazz; www.festivalmedejazz.com; ⌚Sept.) Viele Bands aus Nordamerika kommen zu diesem Festival. In der Regel finden auch ein paar kostenlose Konzerte statt.

Schlafen

Wandering Paisa HOSTEL $
(☎4-436-6759; www.wanderingpaisahostel.com; Calle 44A No 68A-76; B 23 000–27 000 COP, EZ/DZ ab 55 000/60 000 COP; @📶) Das dynamische Hostel direkt bei den Bars und Restaurants von La 70 ist eine tolle Wahl für Leute, die ein Mittelding zwischen den hellen Lichtern von El Poblado und der chaotischen Innenstadt suchen. Es gibt hier eine kleine Bar, und das engagierte Management organisiert ständig gesellige Events und Ausflüge in der Gruppe. Es stehen sogar Fahrräder zur Verfügung, mit denen die Gäste die Umgebung erkunden können.

★ **Los Patios** HOSTEL $$
(Karte S. 212; ☎4-366-8987; Carrera 43E No 11-40; B/Zi. 48 000/150 000 COP) Das neue, große Hostel in Manila mit Flashpacker-Komfort setzt Maßstäbe. Hier verlocken cooles Design im Industrieschick und mit die besten Aufenthaltsbereiche, die man auf Reisen überhaupt vorfinden kann. Die offene Küche bietet einen tollen Blick über die Stadt, und von der Lounge und der sagenhaften Dachterrasse ist das Panorama sogar noch schöner. Die modernen Schlafsäle sind mit

Vorhängen ausgestattet, die eine gewisse Privatsphäre gewährleisten, und es sind getrennte Bäder für Frauen und Männer vorhanden.

Mit dazu gehören eine Spanischschule und ein Ausflugsschalter; der hippe Lebensmittelmarkt im Erdgeschoss bedeutet, dass man es nicht weit hat, um etwas zu essen aufzutreiben.

Rango HOSTEL **$$**

(Karte S. 212; ☎ 4-480-3180; www.hostelrango.com; Calle 8 No 42-25; B 43 000–48 000 COP, 2BZ/DZ 180 000/185 000 COP) Die schicke, neue Mischung aus Hostel und Hotel mit Blick auf den Parque La Presidenta weist überall polierte Betonböden und Holzelemente auf. Geboten werden gemütliche Schlafsäle mit super Einrichtungen, beispielsweise große, solide Schließfächer, sowie Privatzimmer mit Minibar, die schon Hotelstandard aufweisen. Eine Gästeküche ist nicht vorhanden, dafür aber ein Restaurant mit anständigen Preisen.

Happy Buddha HOSTEL **$$**

(Karte S. 212; ☎ 4-311-7744; www.thehappybuddha.co; Carrera 35 No 7-108; B/Zi./2BZ inkl. Frühstück 40 000/130 000/140 000 COP; 📶) Das Hostel am Rand der *zona rosa* (Amüsierviertel) in El Poblado tut sich mit einem schicken, modernen Design hervor und ist eine prima Wahl für Leute, die gern Partys feiern, und zwar vor Ort oder auch in einem der vielen Clubs in den Blocks gleich in der Umgebung. Sowohl die Schlafsäle als auch die Privatzimmer sind gemütlich und gut ausgestattet.

Black Sheep HOSTEL **$$**

(Karte S. 212; ☎ 4-311-1589, 317-518-1369; www.blacksheepmedellin.com; Transversal 5A No 45-133, Patio Bonito; B 32 000–37 000 COP, EZ/DZ 80 000/100 000 COP, ohne Bad 70 000/90 000 COP; @📶) Das Hostel zählt zu den ersten seiner Art in Medellín und ist bis heute eines der besten. Das gut geführte, einladende Black Sheep liegt praktisch in der Nähe der Metrostation Poblado. Es herrscht eine gesellige Atmosphäre, aber umtriebig geht es hier nicht zu. Geboten werden diverse Gemeinschaftsbereiche, beispielsweise eine reizende Terrasse. Die Auswahl an gemütlichen, modernen Privatzimmern ist gut.

61 Prado PENSION **$$**

(Karte S. 208; ☎ 4-254-9743; www.61prado.com; Calle 61 No 50A-60; EZ/DZ/Suite 68 000/91 000/103 000 COP; @📶) Die elegante Pension im historischen Viertel Prado eignet sich super als Standort, von dem aus sich die Sehenswürdigkeiten im Zentrum erkunden lassen. Die geräumigen, renovierten Zimmer besitzen hohe Decken und alles weist einen künstlerischen Touch auf. Außerdem verlockt eine hübsche Dachterrasse. Der von Kerzen erleuchtete Speisesaal schafft ein schönes Ambiente, um hier eine Mahlzeit aus dem zugehörigen Restaurant (Hauptgerichte 8000–32 000 COP) zu genießen.

Casa Kiwi HOSTEL **$$**

(Karte S. 212; ☎ 4-268-2668; www.casakiwi.net; Carrera 36 No 7-10; B 35 000–40 000 COP, EZ/DZ 120 000/140 000 COP, ohne Bad 80 000/100 000 COP; @📶) Die Casa Kiwi ist dank ihrer beneidenswerten Lage an einem Bach am Rand der *zona rosa* in El Poblado nahe am Geschehen, jedoch nicht von lauten Clubs umgeben. Es sind verschiedene elegante Privatzimmer sowie die üblichen Standard-Schlafsäle vorhanden. Zu den ansprechenden Gemeinschaftsbereichen gehören eine weitläufige Terrasse mit Hängematten, ein Fernsehzimmer wie ein Kinosaal sowie ein Pool zur Erfrischung auf der Dachterrasse.

La Playa HOSTEL **$$**

(Karte S. 212; ☎ 4-352-0748; www.laplayahostel.com.co; Carrera 35 No 7-69; B 40 000–50 000 COP, Zi. 150 000 COP; 📶) Das La Playa ist ein nettes kleines Hostel mitten im Geschehen von El Poblado – und hell und makellos sauber ist es obendrein. Die Zimmer sind gemütlich eingerichtet und verfügen über sagenhafte Bäder, doch am schönsten ist mit Sicherheit die Bar auf der Dachterrasse mit einem Ausblick auf die Straße hinunter – die perfekte Location, um in einen langen Abend zu starten.

El Alternativo HOSTEL **$$**

(Karte S. 212; ☎ 4-266-3049; www.el-alternativo.com; Carrera 43E No 11A-13; B 30 000–37 000 COP, Zi. mit/ohne Bad 110 000/85 000 ab COP; 📶) Dank der günstigen Lage mitten in Manila und der entspannten, künstlerisch angehauchten Atmosphäre ist das El Alternativo unter französischer Leitung eine gute Wahl für Gäste, die sich ein ruhiges Hostel mit ein bisschen Flair wünschen. Die Zimmer sind ordentlich gestrichen und haben einen künstlerischen Touch; von der Dachterrasse bietet sich ein schöner Blick, und jede Menge Platz zum Abhängen und Relaxen sowie eine Küche für die Gäste sind auch noch vorhanden.

In House Hotel HOTEL $$$
(Karte S. 212; ☎4-444-1786; www.inhousethehotel.com; Carrera 34 No 7-109; EZ/DZ/3BZ inkl. Frühstück 154 000/188 000/244 000 COP; @☎) Das kleine Hotel mit einem hervorragenden Preis-Leistungs-Verhältnis hebt sich von anderen Unterkünften im geschäftigen Poblado sehr positiv ab. Die schicken, hellen Zimmer bieten Kiefernholzmöbel, einen Arbeitstisch und große Fenster. Der Service ist freundlich und professionell, und das kontinentale Frühstück bereits im Preis enthalten. Die Zimmer nach vorne hinaus haben einen Balkon, für die Zimmer nach hinten hinaus spricht, dass sie ruhiger sind.

Hotel Dann Carlton HOTEL $$$
(Karte S. 212; ☎4-444-5151; www.danncarlton.com; Carrera 43A No 7-50; EZ/DZ 280 000/395 000 COP, Suite ab 575 000 COP; ❄☎≈) Das schicke, professionell geführte Hotel liegt beim Komfort einen Tick über den anderen, was den hochwertigen Zimmern und jeder Menge Extras zu verdanken ist, beispielsweise den eleganten Blumenpräsentationen in der Lobby. Vor allem die Suiten fallen riesig aus; sie verfügen über ein Wohnzimmer, einen begehbaren Kleiderschrank und ein gewaltiges Bad.

Essen

Plaza Minorista José María Villa MARKT $
(Karte S. 208; Ecke Carrera 57 & Calle 55; ⏲7–16 Uhr) Hier gibt es eine riesige, überdachte Markt halle mit mehr als 2500 Ständen, die überwiegend Esswaren feilbieten. Ins Leben gerufen wurde der Markt im Jahr 1984, um die Händler von der Straße wegzubekommen. Jedenfalls ist er eine gute Anlaufstelle für Selbstversorger, um sich mit frischem Obst und Gemüse einzudecken.

PROFIT MIT PABLO

Selbst nach seinem Tod verdient der legendäre Kokain-Warlord Pablo Escobar Gaviria noch Geld. Als die Rucksackreisenden wieder nach Medellín strömten – was erst der Sturz des Medellíner Kartellbosses möglich machte –, sahen ein paar Jungunternehmer ihre Stunde gekommen. Sie veranstalteten Touren mit dem Motto Escobar, die zu den einschlägigen Orten seiner Blutherrschaft über die Stadt führten: zu seinen Luxusdomizilen und seinen Büros, zu dem Haus in der Vorstadt, wo er erschossen wurde, sowie zu seinem Grab. Konventionellere Tourenveranstalter griffen die Idee bald auf, und sogar Mitglieder der Familie Escobar führen nun Exkursionen durch, auf denen die Teilnehmer mit dem Bruder des *capo* (Boss) über dessen Vorlieben diskutieren können.

Es erübrigt sich eigentlich anzumerken, dass viele Kolumbianer von der – in ihren Augen – Glorifizierung dieses blutrünstigen Terroristen wenig begeistert sind, schließlich jagte er Flugzeuge in die Luft und bezahlte seinen Handlangern für jeden getöteten Polizisten ein Kopfgeld. Andere hingegen akzeptieren Escobar als bedeutende historische Persönlichkeit und vergleichen diese Touren mit Stadtspaziergängen in anderen Städten, wie sie beispielsweise in München zum Thema „Hitler und der Nationalsozialismus" durchgeführt werden.

Die meisten Exkursionen dauern etwa einen halben Tag. Aber Achtung: Qualität und Preise fallen völlig unterschiedlich aus. Wer sich für eine Escobar-Tour entscheidet, dem sei **Paisa Road** (☎317-489-2629; www.paisaroad.com) empfohlen, ein Unternehmen, das für seine informativen und objektiven Exkursionen immer gute Kritiken bekommt. Noch besser ist aber vielleicht ein Besuch der **Casa Museo de la Memoria** (S. 209) in der Innenstadt von Medellín; hier wird vermittelt, wie verheerend die Herrschaft Escobars für diese Stadt war.

Wer anschließend von Escobar noch immer nicht genug hat, kann sich in der **Hacienda Nápoles** (☎1800-510-344; www.haciendanapoles.com; Km 165 Autopista Medellín–Bogotá; 39 000–75 000 COP; 👪), einer riesigen Farm vier Autostunden von Medellín entfernt, eine Vorstellung vom Ausmaß seines Reichtums und seiner Ambitionen verschaffen; Escobar verwandelte die Farm in sein Privatreich mit diversen Herrschaftshäusern, einer Stierkampfarena und exotischen „Haustieren" wie Giraffen, Zebras und mehreren Flusspferden. Als die Regierung Escobar stärker ins Visier nahm, wurde die Hacienda Nápoles aufgelassen. Heute befindet ich dort ein Safari-Abenteuerpark; die Spuren, die von Escobars Eigentum zeugten, wurden getilgt, aber die Flusspferde kann man sich immer noch anschauen.

Arte Dolce EIS $

(Karte S. 212; ☎4-352-0881; Carrera 33 No 7-167; Eis 4000–8000 COP; ⏲Mo–Fr 12–19.30, Sa & So 8.30–21.30 Uhr) Man sollte unbedingt bei diesem kleinen Café an der Ecke vorbeischauen, um das sagenhafte Eis zu probieren, das hier vor Ort hergestellt wird. Alle Sorten sind lecker, doch unser Lieblingseis ist die Sorte Mittelmeer, eine Mischung aus Pistazien, karamellisierten Mandeln, Zitrone, Orange und Olivenöl. Es ist köstlich und erfrischend.

Itaca KOLUMBIANISCH $

(Karte S. 208; ☎4-581-8538; Carrera 42 No 54-60, Boston; Menü 12 000 COP, Hauptgerichte 15 000–30 000 COP; ⏲Mo–Sa 12–15 & 18–22, So 12–17 Uhr) Dieses winzige Lokal am Rand der Innenstadt bereitet fantastische Gourmet-Platten, die vor Aroma nur so strotzen, zu fairen Preisen zu. Mittags gibt es ein paar Menüs, abends ist dann gar keine Speisekarte vorhanden; man sagt einfach dem netten Koch Juan Carlos, was man gerne essen möchte, und dann zaubert er ein modernes kolumbianisches Traditionsgericht aus seinen Zutaten, die alle frisch von Markt kommen.

Vegetarier werden hier bestens versorgt, und Gäste mit Faible für Fleisch sollten nicht gehen, ohne eine Portion von der hausgemachten Wurst probiert zu haben; sie soll die beste in ganz Antioquia sein. Sonntags steht draußen auf der Straße ein großer Grill. Namenschild ist keines vorhanden – einfach nach der blauen Tür Ausschau halten.

Salón Versalles KOLUMBIANISCH $

(Karte S. 210; www.versallesmedellin.com; Pasaje Junín 53-39; Frühstück 5900–15 900 COP, Menüs 15 900 COP; ⏲Mo–Sa 7–21, So 8–18 Uhr) Das Lokal ist eine Institution in Medellín, die für ihre leckeren Empanadas argentinischer Art bekannt ist, aber es kommt auch ein gutes Menü auf den Tisch, und der Salón Versalles ist auch super, um sich von der Hektik im Zentrum auszuruhen. Hier kommt jeder gern her – von Rentnern mit schmalem Geldbeutel bis hin zu jungen Unternehmern. Der Besuch lohnt sich allein schon, um das Publikum zu beobachten.

Govinda's VEGETARISCH $

(Karte S. 210; ☎4-293-2000; Calle 51 No 52-17; Mahlzeiten 9000–10 000 COP; ⏲11.30–19 Uhr; 🖉) Das Govinda's ist halb Restaurant, halb Hare-Krishna-Kulturzentrum und bietet ein vegetarisches Büfett, bei dem das Preis-Leistungs-Verhältnis wirklich top ist. Die Gäste haben die Wahl unter vielerlei Suppen, Hauptgerichten auf Sojabasis, Salaten und vegetarischen Beilagen. Wer spät kommt, muss sich vermutlich mit der Speisekarte mit dem Fastfood begnügen. In der oberen Etage findet regelmäßig Yoga-Unterricht statt.

★Casa Clandestino Comedor MEXIKANISCH $$

(Karte S. 212; ☎311-683-1984; Carrera 35 No 8A-125, Poblado; Hauptgerichte 25 000–39 000 COP; ⏲So–Mi 12–23, Do–Sa bis 2 Uhr) Wenn ein Lokal Medellíns Wandel von der Provinzhauptstadt zu einem kulinarischen Hotspot symbolisiert, dann dieses hippe Bar-Restaurant in El Poblado, das auch in London oder Brooklyn nicht deplatziert wirken würde. Innen spielt sich das Geschehen rund um die klassische Marmorbar ab – man hat sich bei diesem Lokal ernsthaft etwas in Sachen Design überlegt, und ebenso viele Gedanken macht man sich ums köstliche Essen.

Die Speisekarte ist eher knapp, aber die Gerichte sind überaus gut zubereitet, und die Portionen fallen großzügig aus. Wie der Name des Lokals schon vermuten lässt, liegt es etwas versteckt. Einfach nach der Holztür ohne Namensschild neben dem Taco-Stand auf der Straße Ausschau halten (der übrigens auch total lecker ist) und dann durch den Gang zum Patio voller Pflanzen durchgehen.

Osea KOLUMBIANISCH $$

(Karte S. 212; ☎4-268-3964; www.oseamed.co; Calle 9 No 43B-28, Poblado; Hauptgerichte 26 000–38 000 COP; ⏲Di–Sa 12–14.30 & 19–22, Mo 19–22 Uhr) Das schmucke, kleine Restaurant Osea gleich beim Parque Poblado kann mit einer knappen Speisekarte mit moderner, einfallsreicher Küche zu sinnvollen Preisen aufwarten – und ist echt der Hit. Ein Team von Köchen werkelt in der offenen Küche und bereitet interessante Gerichte mit subtilen, frischen Aromen zu. Auch vegane Speisen sind immer erhältlich. Da es hier nur sechs Tische gibt, empfiehlt es sich, vorab zu reservieren.

Pizzeria Centro PIZZA $$

(Karte S. 208; ☎4-254-4510; Calle 57 No 41-57; Pizzas 30 000 COP; ⏲Di–Sa 16.30–23 Uhr) Die Pizzeria Centro nimmt ein ganzes umfunktioniertes Haus in einer durchschnittlichen Straße zwischen dem Zentrum und Boston ein und bringt mit die beste und knusprigste Pizza in ganz Medellín auf den Tisch. Die Deko ist nichts Besonderes, aber die Pizzas kommen direkt aus dem Holzofen.

Cafe Zorba INTERNATIONAL **$$**
(Karte S. 212; Calle 8 No 42-33, Parque La Presidenta; Pizza 23 500 COP; ⌚17–23.45 Uhr) Das trendige Café im Freien am Rand des Parque La Presidenta serviert hervorragende Pizzas, Salate und Dips, aber auch köstliche Desserts. Das Zorba ist auch eine tolle Location, um nach dem Abendessen noch einen Drink zu nehmen. Mittwochs wird meistens Livemusik gespielt.

Verdeo VEGETARISCH **$$**
(Karte S. 212; ☎4-444-0934; www.ricoverdeo.com; Calle 12 No 43D-77, Manila; Hauptgerichte 18 000–23 500 COP; ⌚Mo & Di 12–21, Mi & Do bis 22, Fr & Sa bis 23 Uhr;) Man muss kein Vegetarier sein, um die kreativen Gerichte zu genießen, die in diesem tollen Lokal in neuen Räumlichkeiten in Manila auf den Tisch kommen. Die Gäste haben die Qual der Wahl unter leckerem vegetarischem Shawarma, Burgern, vietnamesischen Suppen und Salaten. Die Mitarbeiter bereiten auch ein gesundes Mittagsmenü (17 000 COP) zu, und es gibt jede Menge Speisen für Veganer.

Der zugehörige Gemischtwarenladen bietet sich an, um Biogemüse, Tofu und andere Sachen zu erstehen, die in den normalen einheimischen Supermärkten nicht so leicht zu finden sind.

Café Colombo Credenza KOLUMBIANISCH **$$**
(Karte S. 210; Carrera 45 No 53-24, 10. St.; Hauptgerichte 20 000–40000 COP; ⌚Mo–Sa 12–22 Uhr) Das legere Bistro in der obersten Etage des Gebäudes, in dem sich das Centro Colombo Americano befindet, serviert hochwertige Mahlzeiten mit toller Aussicht über die Stadt. Das Lokal bietet sich auch für einen Cocktail am frühen Abend an. Und das leckere Mittagsmenü (17 000 COP), das hier auf den Tisch kommt, ist um Klassen besser als der übliche Standardreis mit Fleisch und Bohnen.

Malevo ARGENTINISCH **$$**
(Karte S. 212; ☎4-580-2150; Calle 11A No 43E-32, Manila; Hauptgerichte 23 000–72 000 COP; ⌚Di–Sa 12–15 & 18–22, So 12–17 Uhr) Es sind nur ein paar Schritte von der Straße, und schon steht man in diesem quirligen kleinen Steakhaus „in Argentinien". In diesem umfunktionierten Gebäude in Manila werden allerlei Steaks zu vernünftigen Preisen serviert. Aber man sollte unbedingt zum Auftakt auch ein paar der berühmten Empanadas bestellen. Der Service ist vom Feinsten, und manchmal wird sogar Livemusik gespielt.

Bao Bei SÜDOSTASIATISCH **$$**
(Karte S. 212; ☎304-396-2418; Carrera 36 No 8A-123; Hauptgerichte 22 000–24 000 COP; ⌚Di–So 12–15 & 18–22 Uhr) In diesem winzigen Lokal, das von einem Koch von den Philippinen und seiner kolumbianischen Frau geführt wird, muss man manchmal auf einen freien Tisch warten – aber ein bisschen Geduld lohnt sich, wenn jemand ein Faible für leckere asiatische Gerichte hat. Spezialisiert hat sich das Bao Bei auf *bao* – gedämpfte Teigtaschen mit Füllung. Aber es kommen auch köstliche Glasnudelgerichte und gute Hauptgerichte mit Hühnchen oder Schweinefleisch auf den Tisch.

Ciao Pizza Gourmet ITALIENISCH **$$**
(Karte S. 208; Ecke Calle 49 & Carrera 64A, Suramericana; Hauptgerichte 12 000–27 000 COP; ⌚Mo–Fr 12–14 & 17–21.15, Sa 12–21.15, So 12–16.30 Uhr) In diesem Restaurant in der Nachbarschaft können die Gäste auf der kleinen Plaza Platz nehmen, um sich die sagenhaften Pizzas und selbst gemachten, perfekt zubereiteten Pastagerichte schmecken zu lassen. Serviert wird auch eines unserer liebsten Mittagsmenüs (13 000–16 000 COP), das vor italienischen Aromen nur so strotzt. Das Restaurant liegt etwas versteckt in einem Wohngebiet hinter dem Suramericana-Gebäude.

Il Castello ITALIENISCH **$$**
(Karte S. 212; ☎4-312-8287; Carrera 40 No 10A-14, Poblado; Hauptgerichte 20 000–40 000 COP; ⌚Mo–Sa 12–14.30 & 18–22.30 Uhr) Wer hochwertiges, original italienisches Essen schätzt, muss nicht lange herumsuchen – und ist in diesem schlichten Bistro goldrichtig. Hier sind die Pizzas schon lecker, aber die Pasta übertrifft wirklich alles, vor allem die Ravioli. Zum Gelage sollte man sich noch eine Flasche Wein von der umfangreichen Karte gönnen.

★ **Carmen** INTERNATIONAL **$$$**
(Karte S. 212; ☎4-311-9625; www.carmenmedellin.com; Carrera 36 No 10A-27, Provenza; Hauptgerichte 45 000–60 000 COP; ⌚Di–Fr 12–14.30 & 19–22.30, Mo & Sa 19–22.20 Uhr) Das Restaurant unter der Leitung eines amerikanisch-kolumbianischen Paares – beide sind Meisterköche! – serviert erlesene internationale Küche mit ausgeprägt kalifornischem Einfluss. Das Restaurant selbst besteht aus mehreren

unterschiedlichen Speisebereichen – einem intimen Speiseraum an der offenen Küche, einem Treibhaus und einem Patio hinten. Die kundigen Ober sprechen Englisch und erteilen gern Ratschläge, welcher Wein am besten zum gewünschten Essen passt.

Obwohl das Carmen zu den feudalsten Restaurants zählt, die Medellín zu bieten hat, liegen die Preise total im Rahmen, wenn man die Qualität der Gerichte bedenkt. Abends geht hier ohne Tischreservierung allerdings gar nichts.

★ Tal Cual FUSIONKÜCHE **$$$**

(Karte S. 212; ☎ 316-478-4555; www.talcualrestaurante.com; Calle 12 No 43D-12, Manila; Hauptgerichte 28 000–56 000 COP; ⏲ 12–15 & 18–22 Uhr) Das eher schlichte Restaurant in Manila mit legerem, künstlerisch angehauchtem Flair serviert kreative Fusionküche zu vernünftigen Preisen. Auf der abwechslungsreichen Speisekarte stehen jede Menge Meeresfrüchte, beispielsweise einige sagenhafte Gerichte aus Peru, aber auch Pasta, Risottos, Steaks und Spareribs. Alles schmeckt köstlich und macht auch optisch viel her. Wirklich herausragend sind die Ceviches und die Thunfisch-Tataki. Der Service ist ebenfalls hervorragend.

Rocoto PERUANISCH **$$$**

(Karte S. 212; ☎ 4-311-8979; Carrera 33 No 8A-14, Provenza; Hauptgerichte 33 900–44 800 COP; ⏲ Mo–Mi 12–21.40, Do–Sa bis 22.40, So bis 16.40 Uhr) Peruanische Restaurants gibt es heutzutage in Medellín wie Sand am Meer, doch dieses Open-Air-Restaurant mit Aussicht auf einen sprudelnden Bach in Provenza ist dank seiner edlen Küche und des guten Service wirklich etwas ganz Besonderes. Billig ist es hier nicht gerade, und einige Gerichte fallen eher klein aus, aber sowohl die Zubereitung als auch die Präsentation sind vom Feinsten. Der Pisco sour hier ist auch lecker.

Mistura PERUANISCH **$$$**

(☎ 4-322-5142; www.misturarestaurante.com; Carrera 39D No 74-62, Laureles; Hauptgerichte 34 000–46 000 COP; ⏲ Mo–Mi 12–15 & 19–22, Do & Fr 12–15 & 19–23, Sa 12–16 & 19–23, So 12–17 Uhr) Das Restaurant ist einen Besuch wert, schon wegen des sagenhaften Tintenfischs vom Grill und der leckeren Reisgerichte mit Meeresfrüchte. Das Essen schmeckt einfach köstlich, das Ambiente wirkt allerdings etwas steril. Eine Zweigstelle des Mistura befindet sich in Provenza in der Nähe des Parque Lleras.

Ausgehen & Nachtleben

★ Salon Malaga BAR

(Karte S. 210; ☎ 4-231-2658; www.salonmalaga.com; Carrera 51 No 45-80; ⏲ 8–1 Uhr) Der Salon Malaga ist in Medellín eine Institution. Er ist nicht nur eine Bar, sondern ein kulturelles Erlebnis. Die Wände sind mit Schwarz-Weiß-Fotos von längst verstorbenen Sängern zugepflastert, außerdem verblüfft die Sammlung alter Grammofone – der reinste Augenschmaus. Aber eigentlich dreht sich im Malaga alles um die Musik, die der schon etwas ältere DJ auflegt – klassische Tangos und Boleros aus einer alten Schallplattensammlung.

★ Pergamino CAFÉ

(Karte S. 212; ☎ 4-268-6444; www.pergamino.co; Carrera 37 No 8A-37; ⏲ Mo–Fr 8–21, Sa 9–21 Uhr) Es lohnt sich, vor dem beliebten Café Schlange zu stehen, um etwas zu trinken. Im Pergamino gibt's nämlich den besten Kaffee in ganz Medellín. Zur Auswahl steht die gesamte Palette an heißen und kalten Getränken, die allesamt aus Kaffeebohnen bester Qualität hergestellt werden. Die Bohnen stammen von kleinen Farmen im ganzen Land. Wer möchte, kann hier auch eine Tüte Kaffeebohnen für zu Hause erstehen.

La Octava BAR

(Karte S. 212; ☎ 4-583-1783; Calle 8 No 37-49; ⏲ 17–4 Uhr) Nach den Maßstäben des Viertels Lleras ist das Octava eine entspannte Bar, in der gute Musik aus dem In- und Ausland gespielt wird. Angesprochen fühlt sich ein legeres, geselliges Publikum. Die Sitzplätze sind beengt, aber wer frühzeitig kommt, ergattert vielleicht noch einen Tisch auf der Veranda – hier kann man super das rege Treiben auf der Straße beobachten. Jedenfalls ist das Lokal ideal, um später von dort in die Clubs loszuziehen.

Son Havana CLUB

(Carrera 73 No 44-56; ⏲ Mi–Sa 20.30–3 Uhr) Das ist die Bar der Wahl für echte Salsafans. Das beliebte Son Havana gleich bei der La 70 hat ein tolles Tropenflair. Die kleine Tanzfläche füllt sich schnell, und so tanzen die Stammgäste dann irgendwann zwischen den Tischen. Und da das Lokal recht schummrig ist, muss sich auch keiner Sorgen machen, sich zu blamieren, wenn die Schritte nicht so gut sitzen. Von Donnerstag bis Samstag ist es hier immer rappelvoll, denn dann treten Livebands auf. Manchmal findet auch kostenloser Salsa-Unterricht statt.

Trilogia Bar CLUB
(www.trilogiabar.com; Carrera 43G No 24-08; Di–Sa 20.30–3.30 Uhr) Wer Lust hat, sich die Nacht um die Ohren zu schlagen, der sollte in diesem Club im Barrio Colombia vorbeischauen. Hier spielen Bands auf einer Drehbühne alle möglichen Musikstile aus Kolumbien, und die beschwipsten Einheimischen singen mit. Besonders unterhaltsam ist es in der Gruppe, vorher sollte man über die Website einen Tisch reservieren, damit einem der Spaß auch wirklich nicht entgeht.

Calle 9 + 1 BAR
(Karte S. 212; Carrera 40 No 10-25; 21 Uhr bis open end) Die hippe, alternative Bar gruppiert sich um einen überdachten Hof. DJs legen für das künstlerisch angehauchte Publikum elektronische Indie-Musik auf – hier herrscht ein ganz anderes Flair als in den meisten eher konservativen Bars in der Umgebung des Parque Lleras.

Unterhaltung

Casa Gardeliana TANZ
(4-444-2633; Carrera 45 No 76-50; Mo–Fr 9–17 Uhr) GRATIS Die Casa Gardeliana im Barrio Manrique galt jahrelang als die Tango-Location schlechthin in Medellín – mit Tango-Livemusik und Tanzshows. Auch heute stehen gelegentlich noch Veranstaltungen auf dem Programm, doch im Grunde ist die Casa jetzt eher ein kleines Tangomuseum. Am letzten Freitag im Monat findet in der Casa die „Gran Fiesta Tangera" (18–21.30 Uhr) statt. Dann gibt es Empanadas aus Argentinien, Wein, und natürlich wird viel Tango getanzt. Tischreservierung empfohlen.

Es besteht die Möglichkeit, hier privaten Tangounterricht zu nehmen (90 Min. 80 000 COP) – der Preis bleibt gleich, egal ob ein Tanzschüler oder mehrere teilnehmen; am besten trommelt man also eine Gruppe zusammen.

Teatro Pablo Tobón Uribe THEATER
(Karte S. 208; 4-239-7500; www.teatropablotobon.com; Carrera 40 No 51-24) Das Theater ist die bedeutendste Mainstream-Bühne von Medellín. Samstags findet hier kostenloser Tanzunterricht statt, am Dienstag und Mittwoch morgens Yoga – die Matte ist mitzubringen. Der Dienstagabend ist Theater- und Tanzvorstellungen vorbehalten.

El Patio del Tango TANZ
(4-235-4595; www.patiodeltango.com; Calle 23 No 58-38; Hauptgerichte 25 000–35 000 COP; Mo–Mi 12–20, Do–Sa bis 1.30 Uhr) Das Steak-Restaurant, das wie eine typische Tango-Kneipe in Buenos Aires aufgemacht ist, gilt als die bedeutendste Bühne in Medellín. Wer am Freitag oder Samstag hier eine Liveshow miterleben möchte, der sollte seine Karte unbedingt frühzeitig reservieren. Hinweise zum Veranstaltungsprogramm auf der Website.

Sport

Medellín besitzt zwei Fußballmannschaften: **Independiente Medellín** (www.dimoficial.com), die im roten Trikot spielen und unter dem Spitznamen „El Poderoso" bekannt sind, und **Atlético Nacional** (www.atlnacional.com.co), die größte Fußballmannschaft Medellíns und auch die erfolgreichste in ganz Kolumbien – im grünen Trikot. Beide spielen im **Estadio Atanasio Girardot** in der Nähe der Metrostation mit dem passenden Namen Estadio.

Im Großraum Medellín gibt es außerdem noch den **Envigado Fútbol Club;** er ist der Verein der Gemeinde Envigado, die im Süden liegt.

Shoppen

Wer ein feudales Einkaufserlebnis sucht, der kommt garantiert in den Shoppingmalls von El Poblado, beispielsweise **Santafé** (Carrera 43A No 7 Sur-170; Mo–Sa 10–21, So 11–20 Uhr), **Oviedo** (Carrera 43A No 6 Sur-15; Mo–Sa 10–21, So 11–20 Uhr) und **El Tesoro** (4-321-1010; Carrera 25A No 1A Sur-45; Mo–Sa 10–21, So 11–20 Uhr) auf seine Kosten.

Kunsthandwerk, Andenken und Mitbringsel sind im **Centro Artesanal Mi Viejo Pueblo** (Karte S. 210; Carrera 49 No 53-20; Mo–Do 9–19.30, Fr & Sa bis 20, So 10–18 Uhr) im Zentrum erhältlich.

WAS LÄUFT WO IN MEDELLÍN?

Opcion Hoy (www.opcionhoy.com) Umfassende Zusammenstellung von Unterhaltungsangeboten mit kulturellem Schwerpunkt. Nach der gedruckten Ausgabe Ausschau halten.

Medellín en Escena (www.medellinenescena.com) Auflistung von Theateraufführungen.

Medellín Zona Rosa (www.medellinzonarosa.com) Konzertprogramm und Nachtleben.

Praktische Informationen

GEFAHREN & ÄRGERNISSE

- Medellín gilt zwar größtenteils als sichere Stadt, dennoch hört man immer wieder von Raubüberfällen. Sie passieren vor allem nach Einbruch der Dunkelheit im Zentrum, wenn die Büroangestellten und Verkäufer nach Hause gehen und die Straßen menschenleer sind.
- Taschendiebe sind in Bussen und in der Metro unterwegs – man sollte also ein wachsames Auge auf seine Sachen haben.

GELD

Es gibt in der ganzen Stadt zahlreiche Geldautomaten, beispielsweise in der Nähe des Parque Berrío im Zentrum, in der Avenida El Poblado und rund um den Parque Lleras.

Im **Centro Comercial Oviedo** finden sich eine Wechselstube, Geldautomaten und Filialen vieler Banken.

Banco de Bogotá (Carrera 49 No 49-16) Geldautomat im Stadtzentrum.

Banco de Bogotá (Carrera 43A No 8-84) Geldautomat in El Poblado.

Banco Popular (Carrera 50 No 50-14) Geldautomaten in der Innenstadt.

Bancolombia (Calle 43A 65-15, Centro Comercial Oviedo) Im Centro Comercial Oviedo in El Poblado.

Bancolombia (Carrera 49 No 52-08) Geldautomat in der Innenstadt.

Bancolombia (Carrera 39 No 8-100) Geldautomat in der Nähe des Parque Lleras.

Citibank (Carrera 43A No 1A Sur-49) Geldautomat in El Poblado.

Giros & Finanzas (Calle 57 No 49-44, Centro Comercial Villanueva, Local 241; ⏲8–17 Uhr) Wechselstube; Western Union-Repräsentanz.

INTERNETZUGANG

Die meisten Einkaufszentren und viele öffentliche Plätze und auch einige Parks sind mit kostenlosen WLAN-Zugangspunkten versehen, wobei es mit der Geschwindigkeit allerdings nicht immer zum Besten steht. Fast alle Cafés und die meisten Restaurants bieten ihren Gästen WLAN an. Im Allgemeinen ist in allen Hotels und Hostels gutes WLAN vorhanden, das allerdings nicht immer auch im Zimmer funktioniert; wer darauf Wert legt, sollte dies vor der Buchung abklären.

Jede Menge Internetcafés gibt es in El Poblado und im Zentrum. Die meisten verlangen rund 2000 COP pro Stunde. Empfehlenswert ist das **Internet Center** (☎4-448-8724; Calle 53 No 47-44; pro Std. 2900 COP; ⏲24 Std.).

MEDIZINISCHE VERSORGUNG

Clínica Las Vegas (☎4-315-9000; www.clinicalasvegas.com; Calle 2 Sur No 46-55; ⏲24 Std.) Diese professionelle medizinische Einrichtung ist die beste Anlaufstelle, wenn man schnell einen Arzt braucht. Die Mitarbeiter können ein bisschen Englisch.

Clínica Medellín (☎4-311-2800; www.clinicamedellin.com; Calle 7 No 39-290; ⏲24 Std.) In dieser Privatklinik in El Poblado sprechen die Mitarbeiter etwas Englisch. Eine Zweigstelle befindet sich im Zentrum von Medellín.

Congregación Mariana (☎4-322-8300; www.vid.org.co; Carrera 42 No 52-82; ⏲8–17 Uhr) Gemeinnütziges Krankenhaus mit vielen Spezialisten und niedrigen Preisen.

NOTFALL & WICHTIGE RUFNUMMERN

Feuerwehr	☎119
Krankenwagen	☎125
Polizei	☎112

POST

4-72 (Karte S. 212; Calle 10A No 41-11; ⏲Mo–Fr 8–12 & 13–18, Sa 9–12 Uhr) Postamt in El Poblado.

4-72 (Karte S. 210; www.4-72.com.co; Ecke Calle 49 & Carrera 51, Centro Commercial Cafetero; ⏲Mo–Fr 8–18, Sa 9–12 Uhr) Postamt im Zentrum.

REISEN MIT BEHINDERUNG

Medellín hat zwar für seine städtischen Innovationsmaßnahmen jede Menge Lob eingeheimst, doch besteht viel Verbesserungsbedarf, wenn es um die Zugänglichkeit für Menschen mit eingeschränkter Mobilität geht.

Es sind mittlerweile zwar alle Metrostationen für Rollstuhlfahrer zugänglich, andere öffentliche Verkehrsmittel wie die vielen kleinen Busse, mit denen man zu anderen Fahrtzielen gelangt, jedoch nicht. Allein schon die geografischen Gegebenheiten Medellíns stellen hohe Anforderungen an Menschen mit eingeschränkter Mobilität. An öffentlichen Wegen gibt es viele Treppen, vor allem natürlich in den höher in den Bergen gelegenen Vierteln.

Die meisten Einkaufszentren, Flughäfen und bedeutenden Museen sind für Reisende mit Behinderung zugänglich und wurden in der Regel mit einer rollstuhlgerechten Toilette ausgestattet. Privatunternehmen verfügen eher nicht über Rampen und andere Einrichtungen; Hotels im obersten Preissegment und auch einige Mittelklassehotels bieten aber zumindest einige behindertengerechte Zimmer.

SCHWULE & LESBEN

So ausgeprägt wie in Bogotá ist das Nachtleben für Schwule und Lesben in Medellín zwar nicht, aber eine kleine, quirlige Szene ist durchaus vorhanden. Viele Bars befinden sich im Stadtzentrum und rund um die Calle 33 in der Nähe von Laureles. Eine Zusammenstellung von entsprechenden Bars und Events bietet der **Guia Gay Colombia** (www.guiagaycolombia.com/medellin).

TOURISTENINFORMATION

Medellín macht es seinen Besuchern mit seinem Netz von Puntos de Información Turística (PIT) leicht, an touristisch relevante Informationen heranzukommen. Überall arbeiten freundliche, bewanderte, zweisprachige Mitarbeiter. Neben den unten aufgeführten Infopunkten gibt es noch Zweigstellen an allen Flughäfen und Busbahnhöfen.

PIT Cerro Nutibara (Karte S. 208; Calle 30A No 55-64; ⌚Mo–Fr 8.30–18.30 Uhr)

PIT Parque Arví (⌚Di–So 9.30–17.30 Uhr)

PIT Parque de Las Luces (Karte S. 208; Ecke Calle 44 & Carrera 54; ⌚Mo–Sa 9–17.30 Uhr)

PIT Plaza Mayor (Karte S. 208; ☎4-261-7277; www.medellin.travel; Calle 41 No 55-80; ⌚Mo–Fr 8–18 Uhr)

VISUM-INFORMATION

Migración Colombia (☎4-238-9252; www.migracioncolombia.gov.co; Calle 19 No 80A-40, Barrio Belén; ⌚Mo–Fr 7–11 & 14-16 Uhr) Zuständiges Amt für eine Visumverlängerung. Von El Poblado aus fährt der Bus Circular Sur 302/303 über die Avenida Las Vegas dorthin.

An- & Weiterreise

BUS

Medellín verfügt über zwei Busbahnhöfe: Vom **Terminal del Norte** (Karte S. 208; www.terminalesmedellin.com; Ⓜ Caribe), 3 km nördlich vom Stadtzentrum, verkehren die Busse nach Norden, Osten und Südosten, darunter Santa Fe de Antioquia (14 000 COP, 2 Std.), Cartagena (130 000 COP, 13 Std.), Santa Marta (130 000 COP, 16 Std.) und Bogotá (65 000 COP, 10 Std.). Dieser Busbahnhof lässt sich problemlos von El Poblado erreichen, und zwar mit der Metro (in Caribe aussteigen) oder mit dem Taxi (14 000 COP).

Am **Terminal del Sur** (www.terminalesmedellin.com), 4 km südwestlich vom Stadtzentrum, werden die Busverbindungen in den Westen und Süden abgewickelt, beispielsweise nach Manizales (35 000 COP, 5 Std.), Pereira (43 000 COP, 7 Std.), Armenia (45 000 COP, 6 Std.) und Cali (55 000 COP, 9 Std.). Von El Poblado ist man mit dem Taxi schnell dort (6000 COP).

FLUGZEUG

Medellín hat zwei Flughäfen. Alle internationalen Flüge und Inlandsflüge gehen am **Aeropuerto Internacional José María Córdova** (MDE; ☎4-402-5110; www.aeropuertorionegro.co; Río-negro), 35 km südöstlich der Stadt ab, in der Nähe der Ortschaft Ríonegro. Shuttlebusse verkehren zwischen dem Stadtzentrum und dem Flughafen im 15-Minuten-Takt (9500 COP, 1 Std., 5–21 Uhr). Die **Bushaltestelle** (Karte S. 210; Carrera 50A No 53-13) in der Stadt befindet sich hinter dem Hotel Nutibara, aber man kann auch in der Nähe des Centro Commercial San Diego einsteigen. Ein Taxi kostet 65 000 COP.

Der kleinere **Aeropuerto Olaya Herrera** (EOH; ☎4-403-6780; http://aeropuertoolayaherrera.gov.co; Carrera 65A No 13-157) befindet sich in der Stadt neben dem Busbahnhof Terminal del Sur. Hier gehen die Inlandsflüge innerhalb der Region ab, beispielsweise die Verbindung zu Zielen wie El Chocó.

Unterwegs vor Ort

BUS

Medellín hat ein gutes innerstädtisches Busnetz. Für die Bedürfnisse der meisten Backpacker reichen die Metro und die Taxis aber bereits aus. Fast alle Linien beginnen in der Avenida Oriental und am Parque Berrío und verkehren bis gegen 22 oder 23 Uhr.

FAHRRAD

Medellín verfügt über ein funktionales, weit verbreitetes öffentliches Fahrradsystem; **Encicla** (www.encicla.gov.co) heißt es. Reisende können sich für kurze Ausflüge ein Fahrrad nehmen, indem sie ihren Pass vorlegen, allerdings muss man sich zuvor registrieren und eine „Tarjeta Civica" in einer der folgenden Metrostationen erstehen: Niquía, San Antonio, Itagüí oder San Javier. Es wurden viele Fahrradwege angelegt, die auch zahlreiche Metrostationen verbinden; wo genau sie sich befinden, verrät die Website.

METRO

Die **Metro** (www.metrodemedellin.gov.co; einfach 2300 COP; ⌚Mo–Sa 4.30–23, So 5–22 Uhr) von Medellín ist der einzige Nahverkehrszug in Kolumbien. Sie ging 1995 in Betrieb und besteht aus einer 23 km langen Nord-Süd-Linie sowie einer 6 km langen Ost-West-Linie. Die Züge verkehren abgesehen von den 5 km durch die Innenstadt auf Bodenniveau. Im Zentrum fahren sie auf einer Trasse oberhalb der Straßen. Das Metrounternehmen betreibt auch vier Seilbahnen; diese sogenannten Metrocables wurden eingerichtet, um die Armenviertel in den umliegenden Hügeln sowie den Park Arví in Santa Elena verkehrstechnisch zu erschließen. Die Fahrten in den großen Gondeln sind nicht nur praktisch, um die Stadt zu erkunden, sondern bieten auch einen tollen Ausblick über Medellín. Für die drei Hauptlinien von Metrocables gelten die normalen Metro-Fahrkarten, auf der Strecke nach Arví benötigt man eigene Fahrkarten.

Wer plant, sich länger in Medellín aufzuhalten, für den könnte sich eine „Civica-Karte" lohnen; sie verhilft zu ermäßigtem Eintritt und kürzeren Wartezeiten.

TAXI

Taxis gibt es in Medellín jede Menge, und es sind auch alle mit einem Gebührenzähler ausgestattet. Der Mindestbetrag liegt bei 5000 COP. Ein Taxi vom Zentrum nach El Poblado sollte so etwa 10 000 bis 12 000 COP kosten.

RUND UM MEDELLÍN

Die Landschaft rund um Medellín, die für die Kolumbianer, die wegen des Bürgerkriegs in ihren Häusern festsaßen, lange Zeit außer Reichweite war, gilt nun als sicher, und dementsprechend ist hier jetzt auch etwas los.

Guatapé

☎4 / 5167 EW. / 1925 M

Der hübsche Urlaubsort Guatapé liegt am Ufer des Embalse Guatapé, eines weitläufigen, künstlich angelegten Stausees. Bekannt ist der Ort für die freskenartigen Verzierungen an den Fassaden der traditionellen Häuser. Die untere Hälfte vieler Gebäude ist mit bunten Basreliefs bemalt, die Menschen, Tiere und allerlei Schnörkel zeigen.

Guatapé bietet sich für einen schönen Tagesausflug von Medellín aus an – die Busfahrt dauert nur zwei Stunden. Einmal dort, ist genügend geboten, um sich eine Weile gut zu amüsieren, sofern jemand Spaß an einer beschaulichen Pause fern der Großstadt hat. Am Wochenende herrscht dort Partystimmung, dann ist Guatapé voller kolumbianischer Touristen. Ein Tipp: Unter der Woche lässt sich die Natur rund um die Stadt erheblich entspannter erkunden als am Wochenende.

Aktivitäten

Eine **Canopy-Line** (pro Fahrt 15 000 COP; ⏲Mo–Fr 13–18, Sa & So 9–18 Uhr), eine Seilrutsche, verläuft am Seeufer entlang von einem großen Hügel bis zum Ortseingang. Ein hydraulisches System befördert die Wagemutigen vom *malecón* (Uferpromenade) den Hügel hinauf – man muss also nicht bergauf gehen.

Eine andere beliebte Aktivität ist, auf der Südseite der Piedra del Peñol Klettern zu gehen. Die meisten Hostels und Hotels können einen einheimischen Guide vermitteln.

Geführte Touren

Mehrere Unternehmen am *malecón* veranstalten im Wechsel Ausflüge aufs Wasser.

Von den größeren Schiffen haben die meisten ein prima Soundsystem, eine Bar und eine Tanzfläche, legen aber keinen Zwischenstopp ein, bei dem man von Bord gehen könnte. Mitte 2017 sank das größte Schiff vor der Stadt, mehrere Tote waren zu beklagen. Wer gern mit einem größeren Schiff fahren möchte, sollte sich jedenfalls aufs Oberdeck setzen, um sich im Notfall retten zu können.

Interessanter ist es allerdings, eine Tour mit einem kleineren Boot zu unternehmen. Die Standardausflüge führen an **La Cruz** (ein Monument, das der alten, überfluteten Ortschaft Peñol gedenkt, die von vielen irrtümlich für einen Teil der alten Kirche gehalten wird) und an der **Isla de las Fantasias** vorbei. Beide Ausflüge kosten pro Person jeweils an die 15 000 COP.

Es besteht auch die Möglichkeit, ein kleineres Boot zu chartern und die Sehenswürdigkeiten im Rahmen einer Privattour zu bestaunen. Zu den Zwischenstopps zählen der Besuch eines Museums, das sich der Entstehung des Stausees widmet, und – auf Wunsch – die verlassene Farm von Pablo Escobar, die **Finca La Manuela**. Die Preise richten sich nach der Fahrtstrecke, die zurückgelegt werden soll, beginnen aber so etwa bei 90 000 COP.

Guatape Motos EXKURSIONEN
(☎313-788-9332; www.guatapemotos.com; Carrera 31 No 22-09; pro Std./Tag 20 000/100 000 COP) Das professionell geführte Geschäft bietet einen Motorradverleih und geführte Touren durch die Region. Die Mitarbeiter sind bei der Planung der Route behilflich, auf der alle Sehenswürdigkeiten besichtigt werden, die der Kunde sich wünscht.

Schlafen

Mi Casa HOSTEL $
(☎4-861-0632; www.micasaguatape.com; Estadero La Mona; B 30 000 COP, Zi. 70 000–80 000 COP) Das beliebte kleine Hostel in der Nähe des Fußes von La Piedra wird von einem freundlichen anglo-kolumbianischen Paar geführt und ist einladend und gemütlich. Manche Zimmer haben Seeblick, außerdem verläuft ein Weg zum Ufer hinunter, wo dann Kajaks zur Verfügung stehen. Die Gäste können eine anständige Küche mit einem Regal mit importierten Gewürzen nutzen.

Lakeview Hostel HOSTEL $
(☎4-861-0023; www.lakeviewhostel.com; Carrera 22 No 29B-29; B 23 000–30 000 COP, EZ/DZ/3BZ

ab 70 000/85 000/110 000 COP;) Das etablierte Hostel kann mit netten, modernen Zimmern aufwarten. Die Schlafsäle unten gehen auf einen Gemeinschaftsbereich hinaus und sind deshalb manchmal laut, aber die Privatzimmer im ersten Stock mit Seeblick sind richtig gut. Die geselligen Inhaber organisieren alle möglichen Aktivitäten. In der obersten Etage lockt ein prima Thai-Restaurant.

Galeria Hostel HOSTEL **$$**
(☎ 4-861-0077; www.galeriahostels.com; Vereda La Peidra, Residencial No 2; B 28 000–34 000 COP, Zi. inkl. Frühstück 160 000 COP) Das hippe kleine Hostel auf einer Halbinsel direkt unterhalb von La Piedra steht bei Backpackern hoch im Kurs, die sich einen herrlichen Blick für wenig Geld wünschen. Das Galeria ist jedenfalls klein und gemütlich – man fühlt sich eher wie bei Freunden zu Hause als im Hostel. Ein steiler Pfad führt zu einem besonders malerischen Seeabschnitt hinunter.

Mansion de Oriente HOTEL **$$**
(☎ 4-861-0218; Vereda La Piedra; Zi. pro Pers. inkl. Frühstück 80 000–119 000 COP;) Das Hotel ist ein tolles Angebot im mittleren Preisbereich in der Nähe von La Piedra. Das ländliche Haus bietet ordentliche, geräumige Zimmer, die auf einen großen, umlaufenden Balkon mit Seeblick hinausgehen. Am schönsten sind aber wohl der große Pool und der gesellige Gemeinschaftsbereich unten am Ufer. Auch Pauschalangebote mit Mahlzeiten können gebucht werden.

Essen

Hecho con Amor CAFÉ **$**
(Carrera 27A No 30-71; kleinere Mahlzeiten 4000–10 000 COP; Sa–Mi 12–19 Uhr;) Expats schwören auf dieses nette kleine Café, in dem überwiegend Vegetarisches auf den Tisch kommt, aber auch ein sagenhafter Speck-Wrap für Gäste mit Lust auf etwas Handfesteres serviert wird. Auf der Speisekarte stehen vielerlei Veggie-Burger, schmackhafte Dips, Suppen und Quiches. Aber Platz für einen leckeren Nachtisch sollte man schon noch lassen – wie wäre es mit einem köstlichen Käsekuchen?

Pizzeria de Luigi PIZZA **$$**
(☎ 320-845-4552; Calle 31 No 27-10; Pizzas 20 000–28 000 COP; Mi–So 18.30–22 Uhr) Das nette, von einem Italiener geführte Restaurant in der Nähe des Sportplatzes tischt die beste Pizza in ganz Guatapé auf.

Kushbu INDISCH, INTERNATIONAL **$$**
(Donde Sam; ☎ 4-861-0171, 310-403-1073; Calle 32 No 31-57; Mittagsmenü 10 000–14 000 COP, Hauptgerichte 22 000–30 000 COP; 9–21 Uhr) Das weitläufige Restaurant im ersten Stock kann mit einen herrlichen Blick auf den See und eine abwechslungsreiche internationale Küche aufwarten. Die Gäste haben hier die Qual der Wahl unter frisch zubereiteten indischen Gerichten, aber auch einigen italienischen, chinesischen, mexikanischen und Thai-Gerichten. Für das Wohl von Vegetariern ist ebenfalls bestens gesorgt, und die Spezialitätenmenüs bieten einen tollen Gegenwert fürs Geld.

Praktische Informationen

Es gibt im Ort zwei Geldautomaten: in der Nähe der Plaza und neben der Bushaltestelle.

Robin Cell (☎ 314-700-1342; Calle 30 No 28-36; pro Std. 2000 COP; 9–12 & 14–20 Uhr) Hier gibt's Internetzugang.

Touristeninformation (☎ 4-861-0555; Alcaldía; 8–13 & 14–18 Uhr) Sie befindet sich in der *alcaldía* (Rathaus) am Hauptplatz.

An- & Weiterreise

Wer im Rahmen eines Tagesausflugs von Medellín kommt, sollte zuerst die **Piedra del Peñol** erklimmen und dann Guatapé erkunden, denn nachmittags kann es wolkig und regnerisch werden. Busse von und nach Medellín (13 500 COP, 2 Std.) verkehren etwa stündlich. *Colectivos* pendeln häufig zwischen dem Abzweig nach Piedra del Peñol und Guatapé (2000 COP, 10 Min.) hin und her; man kann aber auch mit einem Moto-Taxi (10 000 COP) die ganze Strecke bis zum Eingang zurücklegen.

Der letzte Bus zurück nach Medellín fährt werktags um 18.30 Uhr, am Wochenende und zu anderen Spitzenzeiten um 19.45 Uhr. Wer von Guatapé am Wochenende nach Medellín zurückfährt, sollte seine Rückfahrkarte sofort nach Ankunft des Busses kaufen, denn er ist schnell voll. Der **Fahrkartenschalter** (Ecke Carrera 30 & Calle 32) befindet sich am Seeufer.

Piedra del Peñol

Der 200 m hohe **Granitmonolith** (El Peñon de Guatapé; Aufstieg 18 000 COP; 8–17.40 Uhr) ragt in der Nähe des Embalse Guatapé auf. Er wird dank der hitzigen Rivalität zwischen den beiden Orten auf beiden Seiten auch als El Peñon de Guatapé bezeichnet. Eine Ziegeltreppe mit 659 Stufen führt durch eine breitere Spalte seitlich am Felsen steil nach oben. Von dort öffnet sich ein herrlicher

Blick über die Region – die Ausläufer des Stausees ragen wie Finger in die weiten grünen Berge hinein.

Von Medellín kommend, sollte man nicht in der Ortschaft Peñol aussteigen, sondern vielmehr den Fahrer bitten, einen bei „La Piedra" abzusetzen, d.h. zehn Minuten weiter die Straße hinunter. Dort nimmt man die Straße, die sich an der Tankstelle vorbei bis zum Parkplatz am Fuß des Felsens bergauf schlängelt (1 km). Taxifahrer und Pferdebesitzer versuchen einen davon zu überzeugen, dass der Aufstieg lang und anstrengend ist; und steil geht es zwar durchaus hinauf, weit ist es jedoch nicht.

Am Fuß des Felsens finden sich Touristenbuden, die allerlei Schnickschnack verkaufen, und mehrere Restaurants, die ein Mittagessen servieren (8000 bis 12 000 COP). Ganz oben auf dem Felsen wird in mehreren Läden Obstsaft, Eis und *salpicón* (Obstsalat in Wassermelonensaft) angeboten.

Santa Fe de Antioquia

☎4 / 24 905 EW. / 550 M

Die verschlafene Kolonialstadt ist die älteste Siedlung der Region und war einst die Hauptstadt der Provinz Antioquia. Sie wurde 1541 von Jorge Robledo gegründet. Die Zeit stand 1826 still, als die Regierung nach Medellín verlegt wurde. Da der Ort so viele Jahre lang im Schatten der Nachbarstadt stand (die 80 km weiter östlich liegt), fiel die koloniale Innenstadt nie der Abrissbirne zum Opfer und präsentiert sich deshalb heute so schmuck wie damals im 19. Jh. Die schmalen Straßen werden von einstöckigen, weiß getünchten Häusern gesäumt; viele gruppieren sich um einen hübschen Patio. Ein schöner und typischer Anblick sind auch die kunstvollen Schnitzarbeiten um die Fenster und Türen.

Santa Fe de Antioquia bietet sich für einen schönen Tagesausflug von Medellín aus an. Und wer schon einmal in der Stadt ist, sollte unbedingt auch die lokale Süßigkeit *pulpa de tamarindo* probieren, ein beliebtes süß-saures Konfekt, das aus Tamarinden hergestellt wird, die aus einem Tal in der Nähe stammen.

Sehenswertes

Puente de Occidente BRÜCKE

Die ungewöhnliche, 291 m hohe Brücke über den Río Cauca befindet sich 5 km östlich der Stadt. Bei ihrer Fertigstellung 1895 war sie eine der ersten Hängebrücken in Nord- und Südamerika. Ihr Konstrukteur José María Villa war auch am Entwurf der Brooklyn Bridge in New York beteiligt.

Der Fußmarsch bergab dauert 45 Minuten, er ist heiß und langweilig. Am besten nimmt man deshalb ein Moto-Taxi (hin & zurück 15 000 COP). Der Fahrer wartet, während man die Brücke überquert. Ein Tipp: Hinter dem Zugang sollte man unbedingt den Trampelpfad hinaufsteigen, um von oben ein Foto von der gesamten Brücke zu machen.

Museo Juan del Corral MUSEUM

(☎4-853-4605; Calle 11 No 9-77; ⏲9–12 & 14–17.30 Uhr, Mi geschl.) GRATIS Der Besuch dieses interessanten Museums zur Regionalgeschichte lohnt sich, vor allem wegen des perfekt erhaltenen Anwesens aus der Kolonialzeit, in dem es sich befindet. Es ist auch ein kultureller Veranstaltungsort.

Museo de Arte Religioso MUSEUM

(☎4-853-2345; Calle 11 No 8-12; 3000 COP; ⏲Fr–So 10–13 & 14–17 Uhr) Das Museum ist in einem ehemaligen Jesuitenkolleg untergebracht, das in den 1730er-Jahren erbaut wurde; es steht direkt neben der Iglesia de Santa Bárbara. Sehenswert ist eine edle Sammlung sakraler Kunst, darunter Gemälde von Gregorio Vásquez de Arce y Ceballos.

Iglesia de Santa Bárbara KIRCHE

(Ecke Calle 11 & Carrera 8; ⏲Do–Di 6.30–8 & 17–18.30, Mi 6.30–8 Uhr) Die interessanteste Kirche von Santa Fe wurde Mitte des 18. Jhs. von Jesuiten errichtet und beeindruckt mit ihrer schönen Barockfassade. Innen befindet sich ein imposantes, allerdings vom Zahn der Zeit in Mitleidenschaft gezogenes Retabel über dem Hochaltar.

Feste & Events

Semana Santa RELIGIÖS

(Karwoche; ⏲Ostern) Wie die meisten traditionellen Städte, die aus den frühen Tagen der Eroberung durch die Spanier datieren, begeht auch Santa Fe die Semana Santa (Karwoche) mit feierlichem Pomp. Unterkünfte sollte man dann weit im Voraus buchen.

Fiesta de los Diablitos KULTURELL

(⏲Dez.) Das beliebteste Fest der Stadt findet alljährlich an den letzten vier Tagen des Jahres statt. Gefeiert wird es mit Musik, Tanz, Umzügen und – wie bei fast jedem Fest in diesem Land – mit einem Schönheitswettbewerb.

Santa Fe de Antioquia

0 — 200 m

Schlafen

Green Nomads HOSTEL $$

(302-434-2163; www.greennomandshostel.com; Calle 9 No 7-63; B/Zi. 30 000/100 000 COP;) Das einzige richtige Hostel im historischen Zentrum bietet saubere, gemütliche und erschwingliche Zimmer mit Ventilator in günstiger Lage in der Nähe der Plaza. Ein weiterer Pluspunkt ist das große Poolareal mit schönem Ausblick hinter dem Haus.

★ **Hotel Mariscal Robledo** HOTEL $$$

(4-853-1563; www.hotelmariscalrobledo.com; Ecke Carrera 12 & Calle 10; Zi. inkl. Frühstück 385 000–448 000 COP;) Das feudalste Hotel von Santa Fe liegt in privilegierter Lage am Parque de la Chinca und glänzt mit nostalgischem Charme. Die geräumigen Zimmer sind voller Antiquitäten – die meisten kann man sogar kaufen! – und zeugen von schlichter Kolonialeleganz. Auf dem Dach befindet sich ein Aussichtspunkt, zudem locken ein großer Pool und ein hübscher Innenhof. Den dicksten Minuspunkt bekommen die Elektroduschen.

Casa Tenerife BOUTIQUEHOTEL $$$

(4-853-2261; Carrera 8 No 9-50; EZ/DZ inkl. Frühstück 152 000/244 000 COP;) Das Hotel in einem renovierten Kolonialwohnhaus liegt einen Block von der Plaza entfernt. Die edle Casa Tenerife bietet elegante, geräumige Zimmer mit allem erdenklichen Schnickschnack, die sich um einen großen Innenhof gruppieren. Hinter dem Haus verlockt ein schöner Poolbereich, und Fahrräder stehen den Gästen auch zur Verfügung.

Santa Fe de Antioquia

Sehenswertes
1 Iglesia de Santa Bárbara C2
2 Museo de Arte Religioso C2
3 Museo Juan del Corral B2

Schlafen
4 Casa Tenerife C2
5 Green Nomads C3
6 Hotel Mariscal Robledo A1

Essen
7 Restaurante Portón del Parque B2
8 Sabor Español A1

Ausgehen & Nachtleben
9 La Comedia C2

Essen & Ausgehen

Restaurante Portón del Parque KOLUMBIANISCH $$

(4-853-3207; Calle 10 No 11-03; Hauptgerichte 25 000–31 000 COP; 12–20 Uhr) Die Wände des Restaurants, das sich in einem eleganten Kolonialgebäude mit hohen Decken samt einem Patio mit Blumen befindet, sind mit recht lausigen Kunstwerken dekoriert, aber aus der Küche kommt traditionelles Essen von guter Qualität.

Sabor Español SPANISCH **$$$**
(☎4-853-2471; Calle 10 No 12-26; Hauptgerichte 27 800–38 000 COP; ⏲Di–Fr 12–15 & 18–22, Sa 12–22, So 12–17 Uhr) Das Toprestaurant direkt am Parque de la Chinca serviert typisch spanische Speisen in einem großen Hof und Patio. Die Wände sind vollgepflastert mit Nippes aus Spanien, und im Hintergrund läuft Flamencomusik, um das Ambiente noch zu vervollständigen. Der Service ist gut. Es gibt Weine aus Spanien.

La Comedia BAR
(Calle 11 No 8-03; ⏲12 Uhr bis open end) Die künstlerisch angehauchte Bar vor der Iglesia de Santa Bárbara mit entspannter Atmosphäre und leisem Jazz zur Untermalung serviert das ganze Spektrum an heißen und kalten Getränken sowie kleinere Mahlzeiten. Abends ist das Comedia die beste Location im Ort für einen schlichteren Drink.

Praktische Informationen

Banco Agrario (Calle 9 No 10-51) Teurer Geldautomat.

Bancolombia (Carrera 9 No 10-72) Geldautomat einen halben Block von der Plaza entfernt.

Listo Comunicaciones (☎4-853-3357; pro Std. 1000 COP; ⏲8–20 Uhr) Internet am Hauptplatz.

Punto Información Turística (PIT; ☎ext 5 4-853-1136; turismo@santafedeantioquia-antioquia.gov.co; Carrera 9 No 9-22; ⏲8–12 & 14–18 Uhr) Freundliche Touristeninformation, die auch Guides beschafft.

An- & Weiterreise

Stündlich verkehren Busse (10 000 COP, 2 Std.) und Minivans (14 000 COP, 1½ Std.) von/nach Medellín, zum Terminal del Norte. Der letzte Van zurück nach Medellín fährt am **Busbahnhof** (Carretera Medellín–Urabá) gegen 19.30 Uhr ab; es besteht später aber die Möglichkeit, einen vorbeikommenden Intercity-Bus von Turbo in Urabá an der Schnellstraße heranzuwinken.

Jardín

☎4 / 13 596 EW. / 1750 M

Jardín hat sich selbst zum schönsten Städtchen in Antioquia gekürt. Und es ist wirklich ein bezaubernder, ländlicher Ort mit bunt gestrichenen, eingeschossigen Häusern, umgeben von kleinen Kaffeefarmen, die sich an die Hänge der majestätischen, grünen Berge klammern.

In der Innenstadt liegt die luftige Plaza mit Kopfsteinpflaster, die von der gewaltigen neogotischen Kirche dominiert wird. Hier stehen jede Menge bunte Holztische und Stühle, an denen Obsthändler köstliche Cocktails mixen und Senioren einen Plausch halten, nur unterbrochen von wohldosierten Schlückchen Kaffee.

Am Abend hat es den Anschein, als würde die ganze Stadt hier zusammenkommen, um bei einem Drink das gesellige Beisammensein zu pflegen, während beleibte Männer mittleren Alters mit Sombrero ihre geschniegelten und gestriegelten Pferde um sich herumtänzeln lassen.

Ein Besuch hier sollte sich aber nicht auf diese Kleinstadtidylle beschränken. Es lohnt sich auch, die spektakuläre Landschaft in der Umgebung zu erkunden und dabei auf verborgene Höhlen und Wasserfälle zu stoßen und die interessante Vogelwelt zu beobachten. Und für Abenteuerlustige wird eine breite Palette an Sportarten angeboten, die sie hier ausüben können.

Sehenswertes

Basilica Menor de la Inmaculada Concepción KIRCHE
(⏲5–20.30 Uhr) Die imposante neogotische Kirche ragt über der Plaza in der Stadtmitte auf und wirkt in einer so kleinen Stadt schon mehr als deplatziert. Die grauen Granitfassaden samt zwei Kirchtürmen mit Aluminium-Ummantelung stehen in starkem Kontrast zur sonst so farbenfrohen Umgebung. Der Kircheninnenraum in auffälligem Blau präsentiert sich mit Bögen und Kapitellen mit Blattgold.

★**Cerro Cristo Rey** AUSSICHTSPUNKT
Diesen Aussichtspunkt mit der weißen Christusstatue kann man schon vom Zentrum Jardíns aus erkennen. Mit der modernen Seilbahn (Hin- & Rückfahrt 6000 COP) gelangt man mühelos nach oben, um von dort den fantastischen Blick auf die Stadt vor der Bergkulisse zu genießen. Oben gibt es einen Laden, in dem kühles Bier und Snacks erhältlich sind.

Falls die Seilbahn nicht fährt, was leider gar nicht so selten vorkommt, kann man den Aussichtspunkt in 25 bis 45 Minuten auch zu Fuß erreichen, je nachdem, welchen Weg man für den Aufstieg wählt. Es besteht außerdem die Möglichkeit, den Abstecher mit dem Fahrrad oder hoch zu Ross zu unternehmen.

Reserva Natural Gallito de la Roca NATURSCHUTZGEBIET
(Calle 9; 10 000 COP; ⏲6–7.30 & 16–17.30 Uhr) Das kleine Naturreservat direkt am Stadtrand ist der Schauplatz für eine der beeindruckendsten Natursehenswürdigkeiten von Jardín. Jeden Tag fliegen früh am Morgen und dann noch einmal am Abend zahlreiche Gallitos de las rocas (Andenklippenvögel) heran, um zu kreischen, herumzutänzeln und ihr glänzendes rotes Gefieder zur Schau zu stellen – sie wollen damit die Damen bezirzen.

★**Cueva del Esplendor** HÖHLE
(6000 COP) Die spektakuläre Höhle inmitten einer wunderschönen Landschaft auf einer Höhe von 2200 m beeindruckt mit einem 10 m hohen Wasserfall, der durch ein Loch in der Decke tost und ist die berühmteste Attraktion von Jardín. Die Höhle lässt sich nur mit dem Pferd oder zu Fuß über matschige und oft schmale Bergpfade erreichen. Bis zum Höhleneingang dauert die Wanderung von der Stadt aus drei Stunden, zwei Stunden ist man hoch zu Ross unterwegs.

Der Wasserfall beginnt etwa 70 m oberhalb des Eingangs, stürzt über verschiedene Stufen herab, um sich dann in ein kleines Wasserbecken am Fuß der Höhle zu ergießen, wobei Wolken von Sprühnebel aufsteigen. Wagemutige können hier ein Bad nehmen, das Wasser ist allerdings eiskalt. Vom Eingang aus geht es auf einem steilen Pfad etwa 20 Minuten hinunter zur Höhle. Besucher sollten also ganz gut zu Fuß sein.

Der Ausritt kostet pro Person etwa 75 000 COP; ein traditionelles Mittagessen ist im Preis inbegriffen. Als Guide empfehlenswert ist Bernardo Lopez, der seine Gäste in der Stadt mit den Pferden abholt. Als gute Alternative gilt **Jaime Marín** (☎313-719-1017, 314-780-4070; 75 000 COP). Er befördert seine Gäste im Jeep zu seiner Farm; von dort reiten dann alle eine Stunde lang bis zum Eingang der Höhle.

Aktivitäten

Condor de los Andes ABENTEUER
(☎310-379-6069; condordelosandes@colombia.com; Calle 10 No 1A-62) Dieser dynamische Veranstalter von Abenteuertouren im gleichnamigen Hostel bietet allerlei Aktivitäten an, die den Adrenalinspiegel der Reisenden massiv in die Höhe schießen lassen, beispielsweise Canyoning in **Cascada La Escalera** (75 000 COP).

Tienda de Parapente PARAGLIDEN
(☎311-362-0410; armandovuelo@gmail.com; Calle 15, Av la Primavera; Tandemflüge 130 000 COP; ⏲10–18 Uhr) Es macht Spaß, bei einem Tandemflug mit dem Gleitschirm über die üppigen grünen Berge und die ordentlich gedeckten Dächer der Stadt zu schweben. Das Büro befindet sich hinter dem Stadion. Und so gelangt man dorthin: Hinter der Kirche fünf Blocks den Berg hinaufgehen. Man kann aber auch im Schmuckgeschäft Arte Latino, einen halben Block vom Park an der Carrera 4, anfragen.

Bernardo Lopez REITEN
(☎314-714-2021; 75 000 COP) Der nette einheimische Guide bietet Ausritte zur Cueva del Esplendor an. Bernardo holt seine Gäste in der Stadt ab; von dort ist es noch ein Ritt von zwei Stunden bis zum Eingang der Höhle. Im Ausflug inbegriffen ist ein typisches Mittagessen.

Schlafen

★**Condor de los Andes** HOSTEL $
(☎310-379-6069; www.condordelosandeshostal.com; Calle 10 No 1A-62; B mit/ohne Frühstück 30 000/25 000 COP, EZ/DZ inkl. Frühstück 60 000/90 000 COP) Das tolle Hostel bietet sagenhafte Ausblicke und absolute Stille in einem Haus im Kolonialstil, das nur einen Block von der Plaza entfernt ist. Jedenfalls ist das Condor de los Andes die beste Option für Budget-Reisende in der ganzen Stadt. Verschiedene gemütliche Zimmer mit heißem Wasser gruppieren sich um eine Steinterrasse mit Aussicht auf die majestätischen Berge. Die Gäste haben Zutritt zur Küche, und es gibt einen schönen Gemeinschaftsbereich im Freien.

Hotel Jardín HOTEL $$
(☎310-380-6724; www.hoteljardin.com.co; Carrera 3 No 9-14; Zi. pro Pers. 45 000–55 000 COP; 📶) Das bunt gestrichene Hotel an der zentralen Plaza bietet Zimmer und Apartments mit Küche, die sich um einen hübschen Hof gruppieren. Wirklich schön sind der weitläufige Balkon mit Aussicht auf den Park und die rückwärtige Veranda mit Bergblick. Einigen Zimmern im Erdgeschoss mangelt es an Tageslicht. Man sollte deshalb versuchen, eines in der oberen Etage mit Fenster zur Straße hinaus zu ergattern.

Essen & Ausgehen

Cafe Europa ITALIENISCH $

(☎302-235-3100; Calle 8 No 4-02; Pasta 13 000 COP, Pizzas 13 000–20 000 COP; ⏲17–22 Uhr) In diesem Café an der Ecke mit einem super Preis-Leistungs-Verhältnis muss man möglicherweise auf einen freien Tisch warten. Auf der knapp gehaltenen Speisekarte stehen köstliche Pizzas und Pastagerichte zu Schnäppchenpreisen. Das Café ist gemütlich; die Wände sind voll von Zeitungsausschnitten aus der europäischen Presse und von Fotos aus Kolumbien. Der Wein wird offen oder in der Flasche ausgeschenkt.

★**Cafe Macanas** CAFÉ

(☎4-845-5039; Parque Principal; ⏲8–20.30 Uhr) Am besten schnappt man sich in diesem außergewöhnlichen neuen Café neben der Basilika an der Hauptplaza eine sagenhafte Tasse Kaffee aus heimischem Anbau und macht es sich dann hinter dem Haus im Patio mit Unmengen von Blumen gemütlich. Aber auch im Kolonialgebäude drinnen gibt es kuschelige Ecken, in denen man sich entspannt hinsetzen kann, wenn draußen der Regen niederfällt. Man kann hier auch einen Beutel Kaffee zum Mitnehmen kaufen.

Shoppen

Dulces del Jardín SÜSSWAREN

(☎4-845-6584; dulcesdeljardin@hotmail.com; Calle 13 No 5-47; Arequipe 7000 COP; ⏲8–18 Uhr) Diese dem Hüftgold förderliche Süßwarenfabrik ist in ganz Antioquia berühmt für ihre vielen verschiedenen *arequipe* (Süßspeisen aus Milch und Zucker), Eingemachtes und Fruchtbonbons. Unsere Lieblingssüßigkeit: Arequipe de Arracacha (eine Gemüsesorte aus den Anden).

Praktische Informationen

Bancolombia (Calle 9 No 3-33) Zuverlässiger Geldautomat.

Punto Información Turística (☎350-653-6185; piteljardin@gmail.com; Ecke Carrera 3 & Calle 10; ⏲8–12 & 14–18 Uhr) Hilfreiche Touristeninformation um die Ecke von der Kirche.

An- & Weiterreise

Rund ein Dutzend Busse (25 000 COP, 3 Std.) verkehren täglich vom südlichen Busbahnhof in Medellín nach Jardín. In Jardín fahren die Busse an den Büros in der Calle 8 ab, in der **Rapido Ochoa** (☎312-286-9768, 4-845-5051; Calle 8 No 5-24) wie auch **Transportes Suroeste Antioqueño** (☎4-845-5505; Calle 8 No 5-21) ihre Räume haben. Man sollte unbedingt die Hin- und Rückfahrkarte im Voraus kaufen, da sich die Busse zu Spitzenzeiten schnell füllen.

Wer in Richtung Süden zur Eje Cafetero (Kaffee-Achse) in der Zona Cafetera weiterfahren möchte, nimmt die Direktverbindung von **Cotransrio** (☎311-762-6775; Calle 8 No 5-24) von Jardín nach Manizales (40 000 COP, 6 Std.) um 6.25 Uhr. Eine andere Möglichkeit ist, mit dem Bus um 8 oder 14 Uhr nach Ríosucio (19 000 COP, 3 Std.) zu fahren und dort in einen Bus nach Manizales umzusteigen.

Río Claro

350 M

Zwei Kilometer südlich der Autobahn Medellín–Bogotá, genauer gesagt drei Stunden östlich von Medellín und fünf Stunden westlich von Bogotá, erstreckt sich die **Reserva Natural Cañon de Río Claro** (☎4-268-8855, 313-671-4459; www.rioclaroelrefugio.com; Km 152, Autopista Medellín–Bogotá; 15 000 COP; ⏲8–18 Uhr), ein kleines Naturreservat mit Hotel. Hier stürzt der glasklare Río Claro durch eine beeindruckende Marmorschlucht mitten im dichten Wald. Keinesfalls verpassen sollte man die **Caverna de los Guácharos** (geführte Tour 20 000 COP), eine spektakuläre Höhle gleich am Fluss.

Der Fluss eignet sich hervorragend zum Raften (25 000 COP) im Reservat. Allerdings fährt man eher gemächlich durch eine prächtige Naturkulisse – für eingefleischte Wildwasserfahrer vielleicht etwas enttäuschend. Über den Fluss sind Seilrutschen verspannt. Über den Dschungel gleitend (20 000 COP) vergeht der Nachmittag im wahrsten Sinn wie im Flug.

Mitbringen sollte man auf jeden Fall seine Badesachen, ein Handtuch und eine Taschenlampe. Am Wochenende ist das Reservat häufig überlaufen von kolumbianischen Schülern – deshalb macht es mehr Spaß, während der Woche herzukommen. Im Naturschutzgebiet gibt es verschiedene Unterkünfte unter einem Dachverband. Die beeindruckendsten davon liegen vom Restaurant aus 15 Minuten zu Fuß flussaufwärts. Am Ende der Autobahn findet sich auch ein Quartier im Stil eines Motels, aber es liegt nicht in der Natur und leidet unter dem ständigen Lärm von der Autobahn.

Wer hier eine Übernachtung plant, sollte nicht einmal im Traum daran denken, einfach so ohne vorherige Reservierung aufzukreuzen – da kommt man gar nicht rein; also frühzeitig reservieren.

Das Reservat befindet sich 24 km westlich von Doradal. Dort gibt es ein paar Budgethotels und Internetcafés in der Nähe der Hauptplaza und außerdem auch Geldautomaten.

An- & Weiterreise

Viele Busse, die auf der Strecke Medellín–Bogotá verkehren, setzen ihre Fahrgäste am Eingang des Reservats ab – mit Ausnahme der Expresslinien. Man sollte sich vor dem Kauf der Fahrkarte also vorsichtshalber erkundigen. Von Medellín verkehren vom Unternehmen Coonorte (www.coonorte.com.co) häufig Busse nach Doradal und darüber hinaus, die immer halten.

Wer aus einer anderen Richtung kommt, sollte nach Doradal fahren und dort dann einen Bus zum Haupteingang nehmen (5000 COP, 20 Min.).

ZONA CAFETERA

Willkommen im Land des Kaffees! Kolumbien ist berühmt für seinen Kaffee, doch nirgendwo sonst sind die preisgekrönten Bohnen von solcher Bedeutung wie in den Provinzen Caldas, Risaralda und Quindío, die gemeinsam das Herz der Zona Cafetera bilden. Das Gebiet ist übrigens auch unter dem Begriff Eje Cafetero (Kaffee-Achse) bekannt. Hier kurven Jeeps voll besetzt mit schnauzbärtigen Kaffeepflückern herum, in den Cafés plaudern in Ponchos gekleidete Senioren und trinken dazu eine Tasse heißen Arabica-Kaffee nach der anderen.

Viele *fincas* (Kaffeefarmen) haben sich dem Tourismus verschrieben und heißen nun Besucher auf ihren Plantagen herzlich willkommen. Diese können dort verfolgen, wie der Anbau von Kaffee funktioniert. Besonders interessant gestaltet sich der Besuch natürlich während der Erntezeit (April–Mai & Okt.–Dez.), wenn es auf den Farmen wie im Bienenstock zugeht.

Die Region wurde im 19. Jh. von *paisas* kolonialisiert, genauer gesagt während der *colonización antioqueña*, und ist seitdem kulturell Medellín verbunden – was sich in vielen Dingen bemerkbar macht, von der Architektur bis hin zur Kochkunst.

Das Gebiet beeindruckt auch mit seiner wunderschönen Natur. Überall bieten sich herrliche Ausblicke.

Die Zona Cafetera lässt sich von Medellín, Cali und Bogotá mit Hilfe der häufigen Busverbindungen problemlos erreichen. Manizales, Armenia und Pereira besitzen einen Flughafen; die besten Verbindungen, die zudem am leichtesten zugänglich sind, bietet Pereira.

Manizales

6 / 398 830 / 2150 M

Manizales, der nördliche Punkt der Eje Cafetero (Kaffeeachse), ist eine angenehm kühle, mittelgroße Universitätsstadt, die rundum von grüner Berglandschaft umgeben ist. Die Hauptstadt der Provinz Caldas wurde 1849 von einer Gruppe Kolonisten aus Antioquia gegründet, die damals dem Bürgerkrieg entkommen wollte. Die frühe Entwicklung der Stadt wurde durch zwei Erdbeben in den Jahren 1875 und 1878 sowie durch einen Brand 1925 beeinträchtigt. Aus diesem Grund gibt es hier nicht viel zu sehen, was von historischem Interesse wäre – die eigentliche Attraktion sind die Aktivitäten in der Natur ringsum sowie das spannende Nachtleben von Manizales.

Sehenswertes & Aktivitäten

★ Monumento a Los Colonizadores MONUMENT

(Av 12 de Octobre, Chipre; 11–19 Uhr) Das wuchtige Denkmal oben auf einem Hügel im Viertel Chipre ehrt die Gründer der Stadt; es wurde aus 50 t Bronze gefertigt. Das Werk ist wirklich beeindruckend, doch die noch größere Attraktion ist der spektakuläre Blick über die Stadt und den Parque Nacional Natural (PNN) Los Nevados.

Iglesia de Inmaculada Concepción KIRCHE

(Ecke Calle 30 & Carrera 22) Die elegante Kirche wurde Anfang des 20. Jhs. errichtet. Der Innenraum mit herrlichen Holzschnitzereien erinnert an einen Schiffsrumpf.

Torre de Chipre AUSSICHTSPUNKT

(Av 12 de Octobre, Chipre; 5000 COP; 11–21 Uhr) Der 30 m hohe Aussichtspunkt, der wie ein Raumschiff anmutet, bietet einen 360-Grad-Panoramablick auf das dramatische Bergland, das die Stadt umgibt. Wagemutige können mit einem Klettergeschirr (15 000 COP) auf einem externen Steg außen herumgehen. Mit der Eintrittskarte ist es möglich, den ganzen Tag über ganz nach Lust und Laune zu kommen und zu gehen und auf diese Weise die Aussicht tagsüber und auch nach Einbruch der Dunkelheit zu genießen. Und so gelangt man hin: Einfach einen x-beliebigen Bus nehmen, der von der

Manizales

0 500 m
Monumento a Los Colonizadores
1
4
Mirador Andino (1,6 km)
Av 12 de Octubre
LAS AMERICAS
LOS AGUSTINOS
CENTRO
DELICIAS
SAN ANTONIO
CAMPOAMOR
PALERMO
Zona Rosa
Carrera 18
Carrera 19
Av Gilberto Alzate
Av Centenario
Carrera 23
Carrera 23 (Av Santander)
Av Kevin Ángel
Av Paralela
Caldas Touristen-information
Manizales Touristeninformation
Aguas de Manizales
Palo Grande
Parques Nacionales (350 m)
La Condesa Cantina (700 m); La Belle Vintage Bar (800 m)
La Nubia (8 km); Recinto del Pensamiento (11 km)
Terminal (3 km)
Calle 45B
Calle 38
Carrera 26A
Calle 33B
Calle 61
Calle 62
Calle 59
Carrera 23C
Calle 65
Calle 65A
Calle 67
Carrera 25
Carrera 8
Carrera 9B
Calle 12B
Calle 18A
Calle 9
Carrera 10
Carrera 11
Carrera 12
Carrera 13
Carrera 13A
Carrera 14
Carrera 15
Carrera 16
Carrera 17
Carrera 20
Carrera 21
Carrera 22
Carrera 24
Carrera 26
Calle 4A
Calle 3B
Calle 4
Calle 5
Calle 5A
Calle 6
Calle 10
Calle 11
Calle 12
Calle 13
Calle 14
Calle 15
Calle 16
Calle 17
Calle 18
Calle 19
Calle 20
Calle 21
Calle 22
Calle 23
Calle 24
Calle 25
Calle 26
Calle 27
Calle 28
Calle 29
Calle 30
Calle 31
Calle 32
Calle 33
Calle 34
Carrera 16
2
3
5
6
7
8
9
10
11
12
13
14
15
16
17
18
A B C D E F G
1 2 3 4

Manizales

Highlights
1 Monumento a Los Colonizadores A1

Sehenswertes
2 Iglesia de Inmaculada Concepción E4
3 Los Yarumos G1
4 Torre de Chipre A1

Aktivitäten, Kurse & Touren
5 Bailongo D4
6 Ecosistemas C3
Kumanday Adventures .... (s. 8)

Schlafen
7 Estelar Las Colinas C3
8 Kumanday Hostal F3
9 Mirador Andino F4
10 Mountain Hostels F3
11 Regine's Hotel F3

Essen
12 El Bistro F2
13 La Suiza E4
14 Rushi F2

Ausgehen & Nachtleben
15 Bar La Plaza F2
16 Prenderia F1

Unterhaltung
17 Teatro Los Fundadores F3

Shoppen
18 Cable Plaza G2

Cable Plaza über die Avenida Santander nach Chipre verkehrt; die Route wird ständig befahren.

Los Yarumos PARK
(☎323-476-4351; Calle 61B No 15A-01; Aktivitäten 12 000–32 000 COP; ⏲Di–So 8.30–17.30 Uhr) GRATIS Der 53 ha große städtische Park bietet einen Panoramablick auf Manizales, Wanderwege im Wald und allerlei Abenteueraktivitäten. Zu den kostenlosen Unternehmungen zählen eine kurze geführte Wanderung auf einem Naturpfad und eine Wurfmaschine, mit der die Teilnehmer, an einer Gummischlinge befestigt, in die Luft geschleudert werden. An kostenpflichtigen Aktivitäten warten eine Trekkingtour zu einem Wasserfall, Abseilen, eine Zipline über den Baumkronen, und eine 80 m hohe Hängebrücke, auf der so mancher einen Höhenkoller bekommt. Der Park ist auch schön, um an einem klaren Nachmittag einfach nur auszuspannen – mit Aussicht auf die Gipfel des PNN Los Nevados.

Eine Seilbahn verbindet den Park direkt mit der Cable Plaza; sie hat allerdings seit ihrer Inbetriebnahme mit technischen Problemen zu kämpfen und verkehrt deshalb selten. Aber man kann auch 40 Minuten zu Fuß gehen oder 4000 COP für ein Taxi lockermachen.

Bailongo TANZ
(☎314-847-4203; Calle 24 No 22-38, Piso 3; Einzelunterricht pro Std. 15 000 COP) Diese Tanzschule im Herzen der „Calle del Tango" bietet Tangostunden in Form von Einzel- oder Gruppenunterricht an. Auch andere lateinamerikanische Tänze stehen auf dem Programm.

Geführte Touren

Manizales ist ein guter Standort, um Trekkingtouren in den PNN Los Nevados zu organisieren.

Kumanday Adventures ABENTEUER
(☎6-887-2682, 315-590-7294; www.kumanday.com; Calle 66 No 23B-40; ⏲24 Std.) Der Veranstalter von Abenteuertouren mit Komplettservice, untergebracht im gleichnamigen **Hostel** (☎6-887-2682, 315-590-7294; www.kumanday.com; Calle 66 No 23B-40; B/EZ/DZ inkl. Frühstück 30 000/73 000/93 000 COP; 📶) bietet mehrtägige Trekkingtouren in den PNN Los Nevados, aber auch Trips zum Bergsteigen im ganzen Land an. Er veranstaltet zudem malerische Mountainbiketouren durch die nahen Kaffeefarmen, eine Abfahrt vom Rand des Nevado del Ruiz nach Manizales hinunter (ein Adrenalinschub ist dabei garantiert!) sowie dreitägige Radtouren durch die Anden. Die benötigte Ausrüstung zum Bergsteigen sowie Zelte können gemietet werden.

Ecosistemas ABENTEUER
(☎6-880-8300, 312-705-7007; www.ecosistemastravel.com.co; Carrera 20 No 20-19; ⏲Mo–Fr 8–12 & 14–18, Sa 8–12 Uhr) Der erfahrene, professionelle Outdoor-Laden Ecosistemas bietet Exkursionen und mehrtägige Touren zum PNN Los Nevados an, beispielsweise Wanderungen auf den Gipfel des Nevado de Santa Isabel oder des Nevado del Tolima. Ecosistemas ist einer der wenigen Veranstalter, der regelmäßig auch Tagesausflüge in den Park durchführt; außerdem gilt er als Spezialist für Besuche auf den Kaffeefarmen in der Region.

Feste & Events

Feria de Manizales KULTUR

(Jan.) Bei dieser alljährlich abgehaltenen Festivität in Manizales finden die üblichen Umzüge, Kunsthandwerksmärkte und – wie könnte es anders sein? – ein Schönheitswettbewerb statt.

Festival Internacional de Teatro THEATER

(6-885-0165; www.festivaldemanizales.com; Sept.) Das schon seit 1968 einmal jährlich veranstaltete Festival ist eines von zwei Theaterfestivals in Kolumbien – das andere findet in Bogotá statt. Das Festival dauert etwa eine Woche; kostenloses Straßentheater gehört mit dazu. Das genaue Programm verrät die Website.

Schlafen

Die meisten Unterkünfte befinden sich rund um die Cable Plaza; dort gibt es auch eine große Shoppingmall, und die meisten der wirklich guten Restaurants der Stadt sind ebenfalls hier zu Hause.

Mountain Hostels HOSTEL $

(6-887-4736, 6-887-0871; www.manizaleshostel.com; Calle 66 No 23B-91; B 26 000 COP, EZ/DZ 66 000/77 000 COP, EZ/DZ ohne Bad 55 000/66 000 COP;) Nur ein kurzes Stück zu Fuß von der *zona rosa* (Amüsierviertel) entfernt liegt dieses prima Hostel; es verteilt sich auf zwei Gebäude und zählt zu den wenigen Hostels, in denen Rucksackreisende und Kolumbianer zusammenkommen. Es gibt diverse Aufenthaltsbereiche, beispielsweise einen rückwärtigen Patio mit Hängematten und eine nachgebaute Kaffeehütte. Die Zimmer im Gebäude mit der Rezeption sind am gemütlichsten. Die Mitarbeiter sind bei der Organisation von Aktivitäten gerne behilflich.

Mirador Andino HOSTEL $

(310-609-8141, 6-882-1699; www.miradorandino-hostel.com; Carrera 23 No 32-20; B 30 000 COP, EZ/DZ ab 60 000/110 000 COP;) Das gemütliche Hostel liegt seitlich vom Bergkamm am Stadtrand direkt neben der Seilbahnstation und kann mit jeder Menge Flair aufwarten. Die Zimmer sind sauber und gemütlich, und die Aussicht vom Haus ist sagenhaft. Ein zusätzlicher Pluspunkt ist die tolle Dachterrasse mit Bar.

★ **Finca Mirador Morrogacho** B&B $$

(317-661-6117; www.miradorfincamorrogacho.com; Morrogacho Villa Jordan, gleich nach Padres Salvatorianos; B/EZ/DZ ab 38 000/75 000/87 000 COP, Apt. ab 120 000;) Das tolle kleine Hotel liegt am Berg außerhalb der Stadt und kann mit einem sagenhaften Blick aufwarten. Geboten werden allerlei geräumige, feudale Zimmer, in denen poliertes Holz Akzente setzt und jede Menge Licht hereinfällt. Zu manchen gehört eine Küche für Selbstversorger. Das reizende Grundstück ist voller Blumen und Kolibris. Im Preis inbegriffen ist ein herzhaftes Frühstück; vegetarische Mahlzeiten (18 000 COP) werden angeboten.

Neben dem Grundstück schlängelt sich ein Pfad durch die Kaffeefarmen zu einem Wasserfall und einem Yoga-Bereich mit Panoramablick hinunter.

Und so gelangt man dorthin: Im Zentrum von Manizales den Bus 601 oder 619 mit dem Ziel „Morrogacho" (1850 COP, 20 Min.) nehmen. Ein Taxi von der Cable Plaza kommt etwa auf 10 000 COP.

Regine's Hotel HOTEL $$

(6-887-5360; www.regineshotel.com; Calle 65A No 23B-113; Zi. inkl. Frühstück 110 000 COP;) Das Hotel im Stil eines B&B mit gutem Preis-Leistungs-Verhältnis – ein Familienbetrieb – bietet geräumige, gemütliche Zimmer gleich bei der Cable Plaza. Der Garten-Patio bietet sich an, um den Sonnenuntergang zu betrachten. Manche Zimmer sind besser, manche nicht so berauschend – deshalb sollte man sich ein paar zeigen lassen.

Estelar Las Colinas HOTEL $$$

(6-884-2009; www.hotelesestelar.com; Carrera 22 No 20-20; EZ/DZ inkl. Frühstück 218 000/289 000 COP; P) Das moderne Hotel aus Glas und Beton gilt als die nobelste Adresse im Stadtzentrum. Ein sonderlich schöner Anblick ist das Estelar Las Colinas zwar nicht, aber dafür sind die Zimmer groß und komfortabel, und ein edles Restaurant findet sich hier auch. Von den Zimmern in den oberen Etagen bietet sich eine schönere Aussicht, außerdem sind sie heller. Am Wochenende kann man Preisnachlässe bekommen.

Essen

Rushi VEGETARISCH $

(Carrera 23C No 62-73; Mahlzeiten 10 000 COP; Mo–Sa 8–21 Uhr;) Das hippe vegetarische Restaurant serviert leckere Säfte und interessante fleischlose Gerichte, die in der offenen Küche vor den eigenen Augen zubereitet werden. Das wechselnde Mittagsmenü ist für den Preis echt ein Schnäppchen.

La Condesa Cantina MEXIKANISCH $
(☎300-613-2218; Carrera 23 No 73-09; Artikel 10 500–13 500 COP; ⌚11–21.30 Uhr) Das freundliche kleine mexikanische Lokal am Rand der „Fressmeile" von Milan serviert gute Tacos und Quesadillas. In Anbetracht der guten Qualität des Essens sind die Preise einfach super. Aber Achtung: Im Gegensatz zu den meisten anderen Lokalen in Kolumbien brennt die scharfe Soße hier tatsächlich wie Feuer.

La Suiza BÄCKEREI $$
(Carrera 23 No 26-57; Hauptgerichte 16 000–22 000 COP; ⌚Mo–Sa 9–20.30, So 10–19.30 Uhr) Diese Bäckerei zaubert leckeres Gebäck und sogar selbst gemachte Schokolade. Außerdem kommt hier ein gutes Frühstück auf den Tisch – und hervorragende kleinere Mittagsgerichte wie Pasta, Gourmetsandwiches und Wraps gibt es auch. Eine Zweigstelle davon mit toller Aussicht befindet sich in der Nähe der Cable Plaza.

El Bistro FRANZÖSISCH $$
(☎6-885-0520; elbistrofrancesmanizales@gmail.com; Carrera 24A No 60-49; Hauptgerichte 18 000–27 000 COP; ⌚12–22 Uhr) Das schlichte kleine Lokal mit gerade einmal einer Handvoll Tische serviert traditionelle französische Küche zu guten Preisen. Am besten sucht man sich unter den vielerlei Crêpes das Passende aus, aber es gibt auch sättigende Gerichte mit Rindfleisch, Hühnchen und Lachs. Tagsüber wird auch ein Menü (12 000 COP) angeboten.

Ausgehen & Unterhaltung

La Belle Vintage Bar LOUNGE
(☎6-886-8613; Carrera 23 No 75-36; ⌚18–2 Uhr) Diese mondäne und elegant möblierte Bar in der ersten Etage im Herzen der Gastroszene hat eine breite Auswahl an Gins, Tequilas und Importbieren auf ihrer Getränkekarte. Die Musik ist nicht übermäßig laut, und wenn einen der Heißhunger überfällt, gibt's an der Bar auch etwas Anständiges zum Essen.

Prenderia BAR
(Carrera 23 No 58-42; ⌚Do–Sa 20–2 Uhr) Diese herrlich entspannte Bar mit talentierten Musikern aus der Region bemüht sich um das Wohl eines älteren, ruhigeren Publikums. Probieren sollte man den schier tödlichen *carajillo* – einen starken Espresso mit Rum; und schön aufpassen, sonst fällt man womöglich noch vom Barhocker.

Bar La Plaza BAR
(Carrera 23B No 64–80; ⌚Mo–Mi 11–23, Do–Sa bis 2 Uhr) Tagsüber wird hier Feinkost verkauft, abends öffnet eine Bar; ein guter Ort, um in eine lange Nacht zu starten. In der Regel wird es hier rasch voll, und gegen 21 Uhr muss man schon warten, um überhaupt einen Tisch zu ergattern. Hier herrscht eine lockere Atmosphäre, wie in Studentenkreisen eben üblich. Auf den Tisch kommen Gourmet-Sandwiches (7000–16 000 COP) und leckere Käse-Salami-Platten. Die Cocktails sind ebenfalls sehr empfehlenswert.

Teatro Los Fundadores THEATER
(☎6-878-2530; Ecke Carrera 22 & Calle 33) Das Theater ist die führende Mainstreambühne von Manizales; ein Kino gehört mit dazu, und Konzerte finden hier auch statt.

Praktische Informationen

Die Gegend um den zentralen Markt gleich nördlich der Innenstadt ist das bevorzugte Revier von Dieben; dort geht man also besser gar nicht hin.

Mehrere Geldautomaten finden sich in der **Cable Plaza** (Carrera 23 No 65-11).

4-72 (Carrera 23 No 60-36; ⌚Mo–Fr 8–12 & 13–18, Sa 9–12 Uhr) Postamt.

Banco de Bogotá (Ecke Carrera 22 & Calle 22) Geldautomat im Zentrum.

BBVA (Carrera 23 No 64B-33) Geldautomat in der *zona rosa*.

Caldas Touristeninformation (Centro de Información Turística de Caldas; ☎6-884-2400; Ecke Carrera 21 & Calle 23, Plaza de Bolívar; ⌚Mo–Fr 8–12 & 14–18, Sa 9–12 Uhr) Hält viele gute Tipps zu Reisen in der gesamten Provinz bereit.

Ciber Rosales (Carrera 23 No 57-25; pro Std. 1800 COP; ⌚8–18.30 Uhr) Zuverlässiger Internetzugang.

Giros y Finanzas (www.girosyfinanzas.com; Carrera 23 No 65-11, Cable Plaza; ⌚Mo–Sa 8–20, So 10–16 Uhr) Repräsentant von Western Union mit Wechselstube.

Manizales Touristeninformation (☎6-873-3901; www.ctm.gov.co; Ecke Carrera 22 & Calle 31; ⌚8–12 & 14–18 Uhr) Touristeninformation der Stadt.

An- & Weiterreise

BUS

Der blitzblanke, moderne **Busbahnhof** (☎6-878-7858; www.terminaldemanizales.co; Carrera 43 No 65-100) von Manizales befindet sich südlich des Stadtzentrums und ist mit der Innenstadt durch eine effiziente Seilbahn (pro Fahrt 1800 COP; ⌚6–21 Uhr) verbunden, die einen tollen Blick über Manizales ermöglicht. Eine zweite Seilbahnlinie verkehrt vom Busbahnhof zur Villa María am anderen Ende des Tals. Wer in der Nähe der **Cable Plaza** logiert, nimmt direkt am Busbahnhof (6500 COP) am besten ein Taxi.

Es verkehren regelmäßig Busse nach Cali (40 000 COP, 5 Std.), Bogotá (20 000 COP, 8 Std.) und Medellín (35 000 COP, 5 Std.).

Minibusse nach Pereira (10 500 COP, 1¼ Std.) und Armenia (17 000 COP, 2¼ Std.) fahren etwa im 15-Minuten-Takt.

FLUGZEUG

Der Flughafen **Aeropuerto La Nubia** (☎ 6-874-5451) liegt 8 km südöstlich des Stadtzentrums an der Straße nach Bogotá. Man kann den Stadtbus nach La Enea nehmen und dann noch fünf Minuten zu Fuß bis zum Terminal gehen oder aber alternativ mit dem Taxi fahren (12 000 COP). Verspätungen und abgesagte Flüge sind wegen Nebels an der Tagesordnung: Wer hier abfliegt, sollte also keine zeitlich knappen Anschlussflüge buchen.

Unterwegs vor Ort

Von der **Cable Plaza** fahren Busse auf der Avenida Santander durch ganz Manizales nach Chipre im 30-Sekunden-Takt (ja, das stimmt wirklich!).

Rund um Manizales

Die üppige Bergwelt, die Manizales umgibt, beherbergt einige der schönsten Landschaften, die Kolumbien zu bieten hat, und kann auch nicht über mangelnde Gelegenheiten zu Abenteuer oder Entspannung klagen. Hier verlocken heiße Thermalbäder, Vulkankrater, betriebsame Kaffeefarmen und Naturreservate mit einer reichen Vogelwelt gerade einmal eine Autostunde von der Stadt entfernt.

Sehenswertes

Hacienda Guayabal PLANTAGE
(☎ 317-280-4899, 314-772-4856; www.haciendaguayabal.com; Km 3 Vía Peaje Tarapacá, Chinchiná; Touren Spanisch/Englisch 35 000/40 000 COP; ⏲ Touren 8–17 Uhr) Auf dieser Kaffeefarm in der Nähe von Chinchiná nimmt der Arbeitsalltag einen gemütlichen Gang. Die Hacienda Guayabal ist jedenfalls ideal, um inmitten der *cafetero*-Kultur so richtig auszuspannen. Es wird hier eine hervorragende Führung veranstaltet, die den Herstellungsprozess von Kaffee von der Pflanze bis zum Getränk in der Tasse nachvollzieht; eine Verkostung am Ende gehört natürlich mit dazu. Die Tour ist etwas persönlicher als die anderer, größerer Unternehmen, und die Guides sind auch sehr daran interessiert, ihr Wissen zu vermitteln. Als Andenken kann man noch eine Tüte Kaffee erstehen.

Den Besuch sollte man unbedingt so legen, dass man zur Mittagszeit da ist – das traditionelle, rustikale Essen schmeckt total lecker, und auch Vegetarier kommen auf ihre Kosten. Anschließend kann man noch dableiben, sich ausruhen und sich in den Pool stürzen.

Auf der Hacienda lassen sich auch bestens Vögel beobachten; es wurden mehr als 160 verschiedene Spezies dokumentiert, darunter drei endemische Arten. Wer gerne länger bleiben möchte, findet hier einfache, funktionale Unterkünfte (Zimmer pro Pers. inkl. Frühstück 70 000 COP) in einem modernen Haus auf einem Hügel mit herrlichem Blick über die Plantagen in der Umgebung. Gäste, die mehr Privatsphäre schätzen, können eine von fünf schönen *cabañas* buchen (pro Pers. inkl. Frühstück 100 000–140 000 COP); sie liegen an einem Hügel und verfügen über einen eigenen Balkon mit atemberaubendem Panorama. Die großzügige, lichtdurchflutete Suite mit riesigen Fenstern und einem attraktiven Bad drinnen/im Freien hat ihren ganz besonderen Reiz.

Und so gelangt man dorthin: Man kann jeden beliebigen Bus nehmen, der von Manizales nach Chinchiná (3400 COP, 30 Min.) verkehrt und dann an der Hauptplaza in Chinchiná in den Bus mit dem Fahrtziel „Guayabal Peaje" (1300 COP, 10 Min., 15–30-Minuten-Takt) umsteigen. Man bittet dann einfach den Fahrer, einen vor der Mautstelle an der „Tienda Guayabal" abzusetzen. Von hier ist es noch ein Fußmarsch von 1 km Länge die schmale Straße zwischen den Häusern hinunter. Ein Taxi von Chinchiná direkt vor die Haustür kostet 90 000 COP.

Hacienda Venecia PLANTAGE
(☎ 320-636-5719; www.haciendavenecia.com; Vereda el Rosario, San Peregrino; Touren 50 000 COP; ⏲ Tour 9.30 Uhr) Diese Hacienda hat schon zig Preise für ihren Kaffee gewonnen. Sie bietet eine Kaffeetour auf Englisch an, zu der eine informative Präsentation zum Thema Kaffee aus Kolumbien, eine Einführung in Kaffeebeurteilung, ein Lehrgang in Sachen Kaffeezubereitung sowie ein Rundgang durch die Plantage gehören. Die Gäste dürfen anschließend den Pool benutzen, und ein typisches Mittagessen ist für 15 000 COP erhältlich. Im Preis für die Tour ist der Transport vom/zum Hotel in Manizales inbegriffen.

Die Plantage erstreckt sich um ein gut erhaltenes *paisa*-Farmhaus mit herrlicher Aussicht, das in ein reizendes Boutiquehotel (Zimmer mit/ohne Bad ab 350 000/ 305 000 COP) umgestaltet wurde. Die Gärten sind sehr gepflegt, und einen Teich mit Seerosen und einen blauen runden Pool gibt es auch noch. Die Zimmer sind mit Büchern, Antiquitäten und alten Fotos vollgestopft; auf der Veranda, die um das ganze Haus verläuft, verlocken Hängematten und Schaukelstühle, in denen die Gäste den Abend ausklingen lassen können.

In einem neueren Gebäude gibt es auch preiswertere, aber etwas weniger malerische Unterkünfte, genau gesagt in der Coffee Lodge (Zimmer 180 000–200 000 COP); sie liegt gegenüber vom Haupthaus auf der anderen Seite des Flusses und verfügt über einen eigenen Pool. Und dann wäre da noch nur ein kurzes Stück Fußweg entfernt ein neues Hostel-Gebäude (Bett 30 000–35 000 COP) mit einer Küche für die Gäste. Bei allen Unterkünften ist unbegrenzter Kaffee-Genuss aus Bohnen frisch von der Farm inbegriffen.

Recinto del Pensamiento NATURSCHUTZGEBIET
(☎6-889-7073; www.recintodelpensamiento.com; Km 11 Vía al Magdalena; 16 000 COP; ⊙Di–So 9–16 Uhr) Der Naturpark im Nebelwald, 11 km von Manizales entfernt, kann mit einem schönen *mariposario* (Schmetterlingshaus), mehreren kurzen Spazierwegen durch einen beeindruckenden, von Orchideen bestandenen Wald und einem Heilkräutergarten aufwarten. Hier bekommen die Besucher auch Guadua- und Chusqué-Plantagen zu sehen, zwei kolumbianische Bambusarten. Und sogar eine *telesilla* gibt es hier – eine Art Sessellift, der den Berg hinaufführt, auf dem der Park liegt.

Im Eintritt inbegriffen sind die 2½-stündigen, obligatorischen Dienste eines Guides; einige von ihnen können etwas Englisch. Die Vogelwelt ist hier überaus beeindru-

KAFFEE AUS KOLUMBIEN

Kolumbien ist der drittgrößte Kaffeeexporteur der Welt und der einzige große Produzent, der ausschließlich Arabica-Bohnen anbaut. Diese Kaffeebohne brachten Anfang des 18. Jhs. Jesuiten aus Venezuela nach Kolumbien. Sie wurde zuerst in einem Gebiet kultiviert, das dem heutigen Norte de Santander entspricht, und breitete sich dann über das ganze Land aus.

Die lokalen Gegebenheiten erwiesen sich für den Anbau von Arabica-Kaffee als ideal. Aufgrund von Kolumbiens Lage unweit des Äquators besteht die Möglichkeit, den Kaffee auch in hohen Bergregionen anzubauen, wo die Bohnen langsamer reifen. Das Ergebnis sind härtere, konzentriertere Bohnen, die beim Rösten ein starkes Aroma bekommen. Wegen der häufigen Niederschläge in dieser Region blühen die Büsche fast ständig, sodass zwei Ernten pro Jahr möglich sind. Zudem gedeihen die Pflanzen auch sehr gut in der Vulkanerde, die einen hohen Anteil an organischen Materialien enthält.

Die Hauptorte des in Kolumbien angebauten Arabica-Kaffees heißen Tipica, Bourbon, Maragogipe, Tabi, Caturra und Colombia. Da die Bohnen eines Baumes zu unterschiedlichen Zeitpunkten reif werden, muss kolumbianischer Kaffee stets von Hand gepflückt werden. Diese Aufgabe übernehmen kleine Trupps von *recolectores* (Kaffeepflückern), die von einer Region zur nächsten ziehen – dorthin, wo eben gerade Erntezeit ist.

Die starken Regenfälle haben auch zur Folge, dass die Bohnen nicht im Freien getrocknet werden können wie anderswo. Sie werden stattdessen in nassem Zustand verarbeitet oder „gewaschen", wobei die Frucht, die die Bohne umgibt, vor dem Trocknen entfernt wird. Dieses Verfahren entzieht der Bohne viel Säure, sodass das Endprodukt letztendlich ein erheblich besseres Aroma aufweist.

Auch wenn das Land Kolumbien ein bedeutender Kaffeeproduzent ist, sind die Kolumbianer außerhalb der Zona Cafetera traditionell eigentlich keine großen Kaffeetrinker, und deshalb sind die besten Bohnen seit jeher für den Export bestimmt. Das ändert sich nun langsam, seit die internationale Kaffeekultur in den größeren Städten des Landes Furore macht. Dort finden sich mittlerweile hippe Kaffeehäuser, die aus Gourmetbohnen aus dem ganzen Land edle Kaffeegetränke zaubern. Wer gern Kaffee mit nach Hause nehmen möchte, sollte am besten der einen oder anderen Farm selbst einen Besuch abstatten und dort sortenreine Bohnen direkt beim Kaffeeanbauer erstehen.

ckend – die Exkursionen zur Vogelbeobachtung werden je nach Nachfrage von 6 bis 9 Uhr durchgeführt und müssen im Voraus gebucht werden. Die Teilnehmer sollten grüne oder braune Kleidung tragen und ein Fernglas einstecken.

Zum Recinto del Pensamiento gelangt man mit dem Bus mit dem Schild „Sera Maltería" von der Cable Plaza in Manizales, oder man fährt mit dem Taxi (10 000 COP).

Aktivitäten

Ecotermales El Otoño THERMALBÄDER

(☎ 6-874-0280; Km 5 Antigua Via al Nevado; Erw./Kind 25 000/15 000 COP; ⏲ Di & Fr 13–24, Mi & Do bis 23, Sa & So 10–24 Uhr) Die drei Thermalbecken mit bezauberndem Blick auf die Berge liegen außerhalb des Haupthotelkomplexes Termales El Otoño. Um die Becken gruppieren sich luftige Holzhütten, und es ist ein Café vorhanden, das Mahlzeiten und Alkohol serviert. Da die Anlage nicht ganz so ausgebaut ist wie der Hotelkomplex, wirken die Becken naturbelassener. Die Schattenseite: Während der Spitzenzeiten teilt man sich die Becken mit Horden von Besuchern.

Das Becken, das am nächsten beim Eingang oben liegt, ist das heißeste. Dienstags und donnerstags kostet der Eintritt nur die Hälfte.

Termales El Otoño THERMALBÄDER

(☎ 6-874-0280; www.termaleselotono.com; Km 5 Antigua Via al Nevado; pro Tag 40 000 COP; ⏲ 7–24 Uhr) Das Resort im oberen Preissegment, 5 km von Manizales entfernt, bietet diverse große Thermalbecken und ist von eindrucksvollen Berggipfeln umgeben. Man muss nicht im Hotel logieren, um die Becken zu nutzen – man kann sich auch als Tagesgast in den beiden Pools neben der Rezeption aalen. Dienstags gibt es zwei Tagespässe für den Preis von einem.

Das zur Anlage gehörende Hotel bietet Zimmer, die von den üblichen Standardangeboten bis hin zu luxuriösen *cabañas* mit Holzdecken, offenem Kamin und privatem Thermalspa reichen (EZ/DZ inkl. Frühstück ab 231 000/302 000 COP).

Für ein richtiges Naturerlebnis ist die Anlage zu gut ausgebaut, aber für einen entspannten Tag taugt sie in jedem Fall.

Termales Tierra Viva THERMALBÄDER

(☎ 6-874-3089; www.termalestierraviva.com; Km 2 Vía Enea-Gallinazo; 18 000–20 000 COP; ⏲ 9–23.30 Uhr) Der Thermalbadkomplex liegt am Río Chinchiná gleich vor den Toren von Manizales. Geboten werden drei Becken aus Stein in einem hübschen Garten, der Kolibris und Schmetterlinge anlockt. Es gibt ein erhöht gelegenes Restaurant im Freien und einen kleinen Spa, der ein breites Spektrum an Massagen anbietet. In den Bädern geht es unter der Woche recht ruhig zu, am Wochenende sind sie dann doch eher überfüllt.

Auf dem Areal befindet sich auch ein Hotel mit gutem Preis-Leitungs-Verhältnis; geboten werden vier geräumige, moderne Zimmer (EZ/DZ ab 170 000/190 000 COP) mit Fenstern über die ganze Breite, die auf einen Bach hinausgehen. Sonntags gelten oft ermäßigte Eintrittspreise.

Schlafen

In der wild wuchernden Landschaft rund um Manizales liegen zahlreiche Kaffeefarmen, auf denen Besucher übernachten können. Sämtliche Thermalbäder in dieser Region bieten ebenfalls Unterkünfte an.

★ Termales del Ruiz SPA-HOTEL $$$

(☎ 310-455-3588; www.hoteltermalesdelruiz.com; Paraje de Termales, Villa Maria, Caldas; EZ/DZ inkl. Frühstück ab 185 000/220 000 COP) Der Thermalbadkomplex in einem renovierten Sanatorium inmitten von faszinierenden Landschaften gleich vor den Toren des PNN Los Nevados auf 3500 m Höhe ist die angesagte Location für Leute, die totale Entspannung suchen. Die Zimmer haben etwas von einem klassischen Landhaus in den Alpen; riesig sind sie nicht gerade, aber gemütlich. Im Freien verlocken zwei Pools, die wie in einer anderen Welt zwischen *páramo*-Pflanzen liegen, und die Möglichkeiten, Vögel zu beobachten, gestalten sich erstklassig.

Oberhalb des Komplexes befindet sich auf einem Hügel eine Vogelwarte neben einem tosenden Bach; 17 Kolibri-Arten stellen sich hier ein, um zu fressen. Auch einige kurze Wanderwege wollen erkundet sein.

Die Mahlzeiten werden in einem eleganten Esszimmer, das durch ein Kaminfeuer beheizt wird, eingenommen; von den großen Fenstern bietet sich ein herrliches Bergpanorama – an klaren Tagen bis nach Manizales hinunter. Die Bäder sind die einzigen in der Nähe von Manizales, die unmittelbar an der Quelle errichtet wurden. Die Gäste können zuschauen, wie direkt hinter dem Hotel das schwefelhaltige Wasser aus dem Berggestein blubbert.

Tagesgäste dürfen die Becken für 27 000 COP nutzen, man braucht allerdings einen eigenen fahrbaren Untersatz, um

ABSTECHER

RESERVA ECOLÓGICA RÍO BLANCO

An die 3 km nordöstlich von Manizales erstreckt sich dieses 3600 ha große Nebelwald-Reservat (2150–3700 m). Es handelt sich um ein Areal mit großer Artenvielfalt, in dem zahlreiche gefährdete Spezies unter Schutz stehen, beispielsweise der *oso andino* (Brillenbär). Im Park leben 362 Vogelarten, wovon 13 ausschließlich in Kolumbien vorkommen. Das Reservat zieht Vogelkundler aus der ganzen Welt an, aber auch Amateure sind immer begeistert von der Fülle an Kolibris, Schmetterlingen und auch Orchideen. Die Reserva Ecológica bietet sich für einen herrlichen Halbtagsausflug an, und zwar am besten gleich am Morgen, denn nachmittags regnet es oft.

Das Schutzgebiet zählt zu den ursprünglichsten und attraktivsten Waldstücken der Region, der Besuch gestaltet sich allerdings gar nicht so einfach. Man muss mindestens zwei Tage vor dem Besuch eine (kostenlose) Genehmigung bei **Aguas de Manizales** (☎ 6-887-9770; reservarioblanco@aguasdemanizales.com.co; Av Kevin Ángel No 59-181; ⏲ Mo–Fr 8–12 & 14–17 Uhr) einholen. Die Mitarbeiter sind leider dafür bekannt, dass sie Korrespondenz kaum bearbeiten; deshalb schaut man am besten gleich persönlich im Büro vorbei und lässt sich nicht abwimmeln, bis die Genehmigung erteilt ist.

Ein Taxi zum Haupttor kostet ab Manizales etwa 30 000 COP. Es macht Sinn, sich vom Fahrer die Nummer für die Rückfahrt geben zu lassen – in dieser Gegend herrscht nämlich kaum Verkehr.

überhaupt hinzukommen. Für Hotelgäste lässt sich der Transfer von Manizales für 40 000 COP pro Person (einfache Strecke) arrangieren.

An- & Weiterreise

Die meisten der wichtigsten Sehenswürdigkeiten in der Umgebung von Manizales sind so nahe gelegen, dass sie sich mit dem Taxi oder dem Stadtbus erreichen lassen.

Zu den **Termales El Otoño** oder den Termales **Tierra Viva** gelangt man, indem man den weißen Metropolitano-Bus mit dem Schild „Gallinazo" (1950 COP, 30 Min.) an der Avenida Kevin Ángel unterhalb der Cable Plaza oder an der Carrera 20 in der Innenstadt von Manizales nimmt. Der letzte Bus zurück in die Stadt fährt um 20.30 Uhr von El Otoño ab. Ein Taxi von der Cable Plaza kostet etwa 15 000 COP.

Parque Nacional Natural Los Nevados

2600–5325 M

Der **Nationalpark** (☎ 6-887-1611; www.parquesnacionales.gov.co; im Norden des Parks Kolumbianer/Ausländer 22 000/40 500 COP, im Süden des Parks 10 000/28 500 COP; ⏲ 8–15.30 Uhr), der sich an einem Grat mit schneebedeckten Vulkanen entlangzieht, ermöglicht den Zugang zu den herrlichsten Regionen der kolumbianischen Anden. Die unterschiedlichen Höhenlagen haben in ihrer großartigen Vielfalt einfach alles zu bieten – von Nebelwäldern und *páramo*, sogenanntes Ödland, bis hin zu Gletschern auf den höchsten Gipfeln.

Hier entspringen 37 Flüsse, die 3,5 Mio. Menschen in vier Provinzen mit Wasser versorgen. Die Gletscher im Park gehen allerdings zurück; welche Auswirkungen dies auf die Umwelt hat, ist mittlerweile Gegenstand der Forschung.

Die besten Monate, um Los Nevados im Schnee zu sehen und zu erleben, sind Oktober und November sowie die Monate März bis Mai. In den anderen Monaten ist es meist trocken und windig – günstige Bedingungen zum Wandern bei klarer Sicht.

Geführte Touren

Wer eine Trekkingtour in den Park unternehmen möchte, ist verpflichtet, sich einen Guide zu nehmen, der bei den Parques Nacionales registriert ist. Um ein Verzeichnis dieser registrierten Führer zu erhalten, wendet man sich an das **Büro** (☎ 6-887-1611; www.parquesnacionales.gov.co; Calle 69A No 24-69; ⏲ Mo–Fr 8–17 Uhr) in Manizales.

Die meisten Zugänge zum Park lassen sich nicht mit öffentlichen Verkehrsmitteln erreichen. Es besteht zwar die Möglichkeit, vom Parque Ucumarí oder auch vom Valle de Cocora zu Fuß in den Park zu gehen, doch es ist oft praktischer, in Manizales oder Salento gleich ein Pauschalangebot zu buchen, das sowohl den Guide als auch den Transport mit einschließt.

Parque Nacional Natural Los Nevados

Der Anbieter Ecosistemas (S. 231) in Manizales bietet Tagesausflüge zum Nevado del Ruiz und Nevado de Santa Isabel an, aber auch Mehrtageswanderungen durch den Park sowie die Besteigung verschiedener anderer Gipfel. Es ist auch möglich, Wanderungen in Manizales zu beginnen und in Pereira oder im Valle de Cocora in der Nähe von Salento zu beenden. Am besten bittet man das Unternehmen, den Rucksack zu transportieren, um sich den Weg zurück zu ersparen. Eine weitere gute Möglichkeit für mehrtägige Wandertouren ist das auch in Manizales ansässige Unternehmen Kumanday Adventures (S. 231).

In Salento bietet **Paramo Trek** (☎311-745-3761; www.paramotrek.com; Carrera 5 No 9-33) eine breite Palette an Wanderungen im Park an; durch das Valle de Cocora geht es hinein.

Wer den PNN Los Nevados mit dem Fahrrad erkunden möchte, muss sich vorab eine Genehmigung im Büro von Parques Nacionales in Manizales besorgen. Es sind nur wenige Parkbereiche für Radfahrer freigegeben, und die ausgewiesenen Zonen werden ständig überprüft.

Nevado del Ruiz

Der Nevado del Ruiz ist der höchste Vulkan der Bergkette. Bei seinem Ausbruch am 13. November 1985 kamen mehr als 20 000 Menschen ums Leben, die Ortschaft Armero am Río Lagunillas wurde komplett von der Landkarte ausradiert. Der Vulkan war davor zuletzt 1845 ausgebrochen, allerdings mit weniger katastrophalen Folgen. Da der Vulkan momentan immer wieder grummelt, mussten die Aktivitäten in diesem Teil des Parks eingeschränkt werden.

Die Hauptzugangsstraße in den Park führt von Norden heran. Sie zweigt an der Straße Manizales–Bogotá in La Esperanza, 31 km östlich von Manizales, ab. Der Eingang zum Park befindet sich in Las Brisas (4050 m), wo man sich im Büro des Rangers registrieren lässt.

Der Zugang zum Park ist ausschließlich von 8 bis 14 Uhr erlaubt; alle Besucher müssen den Park bis 15.30 Uhr verlassen. Während der Recherchen zu diesem Reiseführer war es den Besuchern nur gestattet, einen 5 km langen Straßenabschnitt durch den *páramo* zum **Valle de las Tumbas** (4350 m) zu befahren. Tourenveranstalter bieten noch Exkursionen (130 000 COP) in diesen Teil des Parks an, aber diese Ausflüge sind eher für Pauschaltouristen gedacht, die gerne fotografieren, als für Besucher, die sich ein Naturerlebnis erhoffen. Die Besucher verbringen fast den gesamten Ausflug im Fahrzeug; es ist nicht erlaubt, auszusteigen und auch nur ein kurzes Stück zu wandern.

Falls die Vorschriften aufgehoben werden, müsste wieder die Möglichkeit bestehen, mehr von diesem Gebiet zu erkunden. Der Vulkan hat derzeit drei Krater: **Arenas**, **La Olleta** und **Piraña**. Den ersten, Arenas (5321 m), kann man besteigen. Der erloschene Olleta-Krater (4850 m) auf der anderen Straßenseite ist mit Schichten von sandiger Erde in mehreren Farben bedeckt und in der Regel schneefrei.

Nevado de Santa Isabel

Der inaktive, kuppelförmige Vulkan überspannt die Provinzen Caldas, Risaralda und Tolima; er ist mit Gestein und oben mit einem 2 km² großen Gletscher bedeckt, der Quelle des Río Otún. Dieser Gletscher ist der niedrigste, der sich in Kolumbien halten konnte, verzeichnet aber deutliche Eisrückgänge.

Der Vulkan ist durch das Dorf Potosí in der Nähe von Santa Rosa de Cabal zugänglich. Es ist möglich, den Gletscherrand im Rahmen eines Tagesausflugs von Manizales aus zu erreichen, was allerdings eine echte Herausforderung ist: Man fährt zunächst mit einem Fahrzeug rund drei Stunden auf einer unbefestigten Straße bis auf eine Höhe von 4050 m hinauf.

Dann beginnt der dreistündige Aufstieg durch den imposanten *páramo* bis zur Schneegrenze. Die Exkursionen beginnen in Manizales etwa um 5 Uhr in der Früh; erst gegen 19 Uhr sind die Teilnehmer wieder zurück. Pro Person kostet die Tour rund 160 000 COP, Frühstück und Mittagessen sind im Preis inbegriffen.

Wer so einen Tagesausflug plant, sollte sich im Klaren sein, dass der enorme Höhenunterschied sich stark auf die Kondition auswirkt. Den Anweisungen des Guides ist deshalb unbedingt Folge zu leisten. Für den Aufstieg auf den Gipfel (4965 m) ist keine besondere technische Erfahrung notwendig, es ist jedoch ratsam, einen kundigen Bergführer anzuheuern. Außerdem ist es empfehlenswert, sich zu akklimatisieren, indem man ein oder zwei Tage in großer Höhe verbringt, bevor man den Aufstieg beginnt.

Laguna del Otún

Dieser spektakuläre See auf einer Höhe von stolzen 3950 m liegt inmitten von herrlichem *páramo* unterhalb des sagenhaften Nevado de Santa Isabel. Auf der Ostseite des Sees befindet sich eine Rangerstation, an der man sein Zelt (10 000 COP pro Besucher) aufschlagen darf. Es besteht die Möglichkeit, zur Laguna del Otún vom Norden her durch den Parkeingang in Potosí zu wandern oder auch vom Süden über das Refugio La Pastora. Die Tour ab Potosí gilt als die einfachere, denn sie ist kürzer und beginnt in größerer

Höhe; der steile Aufstieg vom Refugio La Pastora bietet dafür die schönere Aussicht. Vom Refugio La Pastora kommend, ist die Parkgebühr bei der Ankunft an der Laguna del Otún zu entrichten; in diesem Bereich gibt es kein Eingangstor zum Park.

Auf halber Strecke der Route ab La Pastora gelangt man zur **Finca El Jordán**, dem Zuhause der Familie Machete, die einfache Unterkünfte (15 000 COP) und auch Guides zur Verfügung stellt.

Es ist möglich, einen der beiden Zugangswege zu wählen, am See zu übernachten und dann die andere Route für den Rückweg zu nehmen. Aber Achtung: Es verkehren keine öffentlichen Verkehrsmittel nach Potosí, und von La Pastora muss man 5 km nach El Cedral absteigen; dort fahren dann unregelmäßig *chivas* nach Pereira.

Nevado del Tolima

Der Nevado del Tolima (5215 m), der zweithöchste Vulkan der Bergkette, ist wegen seines klassisch-symmetrischen Kegels von allen der schönste. An einem klaren Tag ist er sogar im fernen Bogotá noch zu sehen. Sein letzter Ausbruch ereignete sich im Jahr 1943.

Für Besucher ohne Bergerfahrung lässt sich der Berg am besten durch das Valle de Cocora erreichen. Erfahrene Bergsportler ziehen meist den Südaufstieg vor, den sie über Ibagué, die Hauptstadt der Provinz Tolima, ansteuern. Auf dieser Route gibt es weder Häuser noch Farmen. Daher muss die komplette Verpflegung selbst mitgenommen werden.

Für welche Variante sich der Einzelne auch entscheidet, dieser Mehrtagestrek ist in jedem Fall eine konditionelle Herausforderung. Bedingt durch den Zustand des Gletschers ist dieser Aufstieg auch technisch schwieriger als die anderen Gipfel im Nationalpark Los Nevados. Ein erfahrener Guide und gute Bergausrüstung sind daher unabdingbar. Ein empfehlenswerter Bergführer ist **German „Mancho“** (☎313-675-1059; deltolima@gmail.com; La Primavera); er ist in der kleinen Berghütte La Primavera stationiert und in dieser Gegend auch aufgewachsen.

In Ibagué kann man es bei **David „Truman“ Bejarano** (☎313-219-3188, 315-292-7395; www.truman.com.co) versuchen, einem ebenfalls erfahrenen Bergführer, der auch die Besteigung anderer Gipfel im ganzen Land anbietet.

Pereira

☎6 / 474 335 EW. / 1410 M

Die geschäftige Großstadt ist nicht gerade das typische Touristenziel. Die meisten Besucher kommen nur aus einem einzigen Grund: um hier Geschäfte zu machen.

Pereira wurde 1863 als Hauptstadt von Risaralda gegründet und gilt als Boomtown der Zona Cafetera – ein wichtiges Wirtschaftszentrum, das vor allem für sein aufregendes Nachtleben bekannt ist. An Sehenswürdigkeiten wird nicht viel geboten, aber wer einfach einmal eine schnelllebige und gleichzeitig freundliche kolumbianische Stadt abseits der Touristenpfade kennenlernen möchte, ist mit Pereira gut bedient. Die Stadt fungiert auch als Sprungbrett in den Parque Ucumarí und den Santuario Otún Quimbaya, zwei Naturschutzgebiete der Spitzenklasse, sowie zu den Thermalquellen von Santa Rosa und San Vicente.

Aktivitäten

Finca Don Manolo TOUREN
(☎313-655-0196; Vereda El Estanquillo; Touren 30 000 COP; ⏲nach Vereinbarung) Gleich vor den Toren Pereiras lohnt der Besuch dieser Kaffeefarm an einem Berghang – sie ist ein Familienbetrieb. Die interessante Tour vermittelt den gesamten Produktionsprozess von der Pflanzung bis zur Ernte. Anschließend bekommen die Teilnehmer eine Tasse frisch gebrühten Farmerkaffee und Gebäck serviert, die sie mit einer herrlichen Aussicht genießen können. Der nette Besitzer Don Manolo führt die Besucher immer höchstpersönlich herum. Man sollte vorher anrufen, damit er auch zu Hause ist.

Ein Taxi von der Stadt kostet rund 15 000 COP, man kann am Busbahnhof aber auch den Bus (1800 COP) nehmen, auf dem „Guadales“ oder „Vereda El Estanquillo“ steht. Dann bittet man einfach den Fahrer, einen am Centro Logistica Eje Cafetero aussteigen zu lassen und geht noch 1 km bis zur Farm zu Fuß.

Schlafen

Kolibrí Hostel HOSTEL $
(☎6-331-3955; www.kolibrihostel.com; Calle 4 No 16-35; B ab 22 000 COP, Zi. mit/ohne Bad 85 000/65 000 COP; 📶) Dank seiner tollen Lage gleich am Hauptabschnitt der *zona rosa* (Amüsierviertel) bietet dieses Tophostel alles, was der Budget-Reisende so braucht. Es gibt vielerlei gemütliche Zimmer, eine tolle

Terrasse mit herrlichem Bergpanorama und an der Straße einen legeren Bereich mit einer Bar. Die engagierten Mitarbeiter sind total hilfsbereit, wenn es darum geht, Aktivitäten in der Stadt und ihrer Umgebung zu arrangieren.

Hotel Condina HOTEL **$$**
(6-333-4225; Calle 18 No 6-26; EZ/DZ mit Klimaanlage 166 000/186 000 COP, mit Ventilator 112 000/149 000 COP;) Das mittelgroße Hotel in einer belebten Straße ohne Verkehr liegt im Herzen der Innenstadt und bietet wirklich viel fürs Geld. Die hellen, modernen Zimmer sind mit Arbeitstischen ausgestattet, und sogar ein passendes Kopfkissen kann man sich aus einer Auswahl aussuchen. Jedenfalls sind die Einrichtungen erheblich besser, als man es bei diesem Preis erwarten würde. Das Frühstück ist im Tarif inbegriffen. Dass man nicht mit dem Auto an das Hotel heranfahren kann, ist vielleicht ein Minuspunkt für Gäste, die mit viel Gepäck unterwegs sind.

Hotel Abadia Plaza HOTEL **$$$**
(6-335-8398; www.hotelabadiaplaza.com; Carrera 8 No 21-67; EZ/DZ inkl. Frühstück 210 000/249 000 COP;) Das schicke Hotel in der Innenstadt ist eine tolle Wahl hinsichtlich Komfort und professionellem Service. An den Wänden hängen schöne Kunstwerke (alles Originale), es gibt ein gut ausgestattetes Fitnesscenter und feudale Zimmer mit Marmorbad und Lärmschutzfenstern. Unter der Woche reduzieren sich die Preise etwa um ein Drittel.

Essen

Grajales Autoservicios CAFETERIA **$**
(6-335-6606; Carrera 8 No 21-60; Mahlzeiten 15 000 COP; 24 Std.) In diesem großen, rund um die Uhr geöffneten Restaurant mit Selbstbedienung plus Bäckerei können sich die Gäste ihr Mittag- oder Abendessen am Büfett selbst zusammenstellen. Eine andere Möglichkeit ist, sich zur Mittagszeit aus der begrenzteren Auswahl an Tagesgerichten (10 000 COP) etwas auszusuchen. Auch zum Frühstücken ist das Lokal empfehlenswert.

Vineria San Martino ITALIENISCH **$$**
(6-346-2481; vineriasanmartinopereira@gmail.com; Carrera 12 No 3-32, La Rebeca; Hauptgerichte 14 000–22 000 COP; Mo–Do 18–22, Fr & Sa bis 23 Uhr) Das gemütliche kleine Restaurant serviert sagenhafte traditionelle Küche aus Italien, zu der Importweine ausgeschenkt werden. Die Portionen sind nicht gerade riesig, und der Service ist ein bisschen schleppend, aber alles schmeckt absolut köstlich. Eine bessere Pizza oder Pasta wird in der Zona Cafetera so schnell keiner auftreiben.

Leños y Parilla GRILL **$$**
(6-331-4676; Carrera 12 No 2-78; Hauptgerichte 21 000–29 000 COP; 12–22 Uhr) Das unglaublich beliebte Steakhaus gleich bei der Circunvalar serviert eine breite Auswahl an dünnen und dicken Steaks, die über der Holzkohle perfekt gegrillt sind. Obwohl das Lokal groß ist, wird es hier meist voll – man sollte also frühzeitig kommen oder vorher reservieren.

Ausgehen & Nachtleben

Die Gegend von Circunvalar ist gespickt mit Bars und kleinen Clubs und ist mittlerweile die angesagte Partyhochburg von Pereira. In der Innenstadt befinden sich auch einige Bars, die bei Bohemiens beliebt sind. Das Nachtleben spielt sich ein Stück außerhalb in La Badea ab.

★ **Rincón Clásico** BAR
(Ecke Carrera 2 & Calle 22; Mo–Sa 16–23 Uhr) Musikliebhaber aller Altersklassen steigen in diese winzige Eckkneipe hinunter, um zu zechen und zu Tango, Bolero und anderen Klassikern mitzusingen. Die Sammlung des nicht mehr ganz jungen Besitzers beläuft sich auf unglaubliche 7000 Schallplatten. Don Olmedo legt hier schon seit mehr als einem halben Jahrhundert auf. Er spielt alles, solange es ein altbekannter Ohrwurm ist – man kann es sich also sparen, ihn um einen Reggaeton zu bitten!

El Barista CAFÉ
(6-341-3316; Carrera 15 No 4-17; Kaffee 2900–6100 COP; 14–24 Uhr) Das freundliche, einladende Café mit Kiefernholzmöbeln bereitet den besten Kaffee in der Stadt zu, wobei verschiedene Methoden zur Anwendung kommen. Auf der guten Speisekarte stehen zig Snacks und kleinere Mahlzeiten, und es gibt auch Tüten mit Gourmet-Kaffee zum Mitnehmen.

El Parnaso BAR
(Carrera 6 No 23-35; Mo–Sa 14–24 Uhr) Einen langen Korridor geht es hinunter, dann steht man in dieser künstlerisch angehauchten Gartenbar mit offenem Kamin. Serviert werden leckere Pizzas und Burger. Der hippe Indierock ist gedämpft genug, um noch nett plaudern zu können.

Praktische Informationen

Am **Busbahnhof** rund um die Plaza de Bolívar und in der Avenida Circunvalar gibt es zig Geldautomaten.

4-72 (Carrera 9 No 21-33; ⏲ Mo–Fr 8–12 & 14–18, Sa 9–12 Uhr) Postamt.

Bancolombia (Av Circunvalar No 4-48) Geldautomat in der *zona rosa*.

Touristeninformation (Ecke Carrera 10 & Calle 17; ⏲ Mo–Fr 8–12 & 14–18, Sa 9–15 Uhr) Im Centro Cultural Lucy Tejada.

Anreise & Unterwegs vor Ort

Pereiras internationaler Flughafen, der **Aeropuerto Matecaña** (☎ 6-314-8151), liegt 5 km westlich vom Stadtzentrum. Er lässt sich mit dem städtischen Bus in 20 Minuten erreichen; ein Taxi kostet 15 000 COP. Es gibt Direktflüge nach Bogotá, Cartagena und Medellín. Copa (www.copaair.com) bietet Direktflüge nach Panama an.

Der **Busbahnhof** (☎ 6-321-5834; Calle 17 No 23-157) befindet sich 1,5 km südlich vom Stadtzentrum. Viele Stadtbusse fahren in knapp zehn Minuten hin. Es verkehren regelmäßig Busse nach Bogotá (52 000 COP, 9 Std.). Mehrere Busse fahren nach Medellín (43 000 COP, 6 Std.) und Cali (27 000 COP, 4 Std.). Minibusse verkehren im 15-Minuten-Takt nach Armenia (7000 COP, 1 Std.) und Manizales (10 500 COP, 1¼ Std.).

Pereiras **Megabus-System** (www.megabus.gov.co; einfache Fahrkarte 1800 COP) führt quer durch das Stadtgebiet und bis nach Dosquebradas. Es ähnelt dem TransMilenio von Bogotá und dem Mio von Cali, ist aber weniger weitläufig.

Die Mindestgebühr für ein Taxi beträgt 4200 COP; nach 19 Uhr kommt ein Aufschlag von 800 COP hinzu.

Termales de Santa Rosa

☎ 6 / 1950 M

Hoch über der Ortschaft Santa Rosa de Cabal inmitten einer herrlichen Bergszenerie liegen zwei Thermalbadkomplexe, die sich für einen tollen Tagesausflug in die Zona Cafetera eignen: die **Termales de Santa Rosa** (☎ 6-365-5237, 320-680-3615; www.termales.com.co; Erw./Kind Sa & So 52 000/26 000 COP, Mo–Fr 34 000/17 000 COP; ⏲ 9–22 Uhr) und die **Termales Balneario** (☎ 314-701-9361; www.termales.com.co; Erw./Kind Sa & So 38 000/19 000 COP, Mo–Fr 23 000/11 500 COP; ⏲ 9–22 Uhr). Beide Bäder befinden sich unterhalb von imposanten Wasserfällen und bieten vielerlei Thermalbecken unterschiedlicher Größe und Temperatur sowie Kuranwendungen an. Am Wochenende geht es hier hoch her, aber während der Woche herrscht hier im Allgemeinen eine recht entspannte Atmosphäre und die Preise sind günstiger.

Schlafen & Essen

Mamatina HOTEL **$$**

(☎ 311-762-7624; mamatina.src@hotmail.com; La Leona Km 1 Via Termales; EZ/DZ/Suite inkl. Frühstück 46 000/92 000/140 000 COP) Das hervorragende Hotel vor den Toren Santa Rosas an der Straße, die zu den Thermalbädern führt, bietet moderne, komfortable Unterkünfte mit Ausblick auf die Farmen in der Umgebung. Mit dazu gehört ein beliebtes Grillrestaurant.

Hotel Termales HOTEL **$$$**

(☎ 6-365-5500, 321-799-8186; www.termales.com.co; Luxus-Zi. pro Pers. inkl. Frühstück ab 190 000 COP; P ᯤ) Das Hotel Termales im Areal der Termales de Santa Rosa offeriert Unterkünfte in einem großzügigen alten Anwesen und in zwei neueren Anbauten. Im Preis inbegriffen ist der Zutritt zu vier Thermalbecken. Während der Woche gibt es oft ermäßigte Angebote.

An- & Weiterreise

Die Thermalbecken liegen 9 km östlich von Santa Rosa de Cabal an der Straße von Pereira nach Manizales. Stadtbusse (1400 COP, 45 Min.) fahren an der Hauptplaza in Santa Rosa de Cabal von 6 bis 18 Uhr im Zwei-Stunden-Takt ab und eine Stunde später vom **Hotel Termales** wieder zurück. Ein Taxi oder Jeep von Santa Rosa zu den Thermaleinrichtungen kostet rund 22 000 COP.

Tagsüber besteht häufig eine Busverbindung auf der Strecke von Santa Rosa nach Pereira (2200 COP, 45 Min.). Busse nach Manizales (7000 COP, 11 Std.) halten an der Tankstelle an der Straße Pereria–Chinchiná, vier Blocks von der Plaza entfernt.

Termales San Vicente

☎ 6 / 2250 M

Die **Thermalbäder** (www.sanvicente.com.co; Erw./Kind 45 000/22 000 COP; ⏲ 8–24 Uhr) am Ausgangspunkt eines tiefen, bewaldeten Tals, links und rechts von einem kühlen Bach, befinden sich nur 18 km östlich von Santa Rosa de Cabal, vermitteln aber das Gefühl, ewig weit weg zu sein.

Der Komplex besteht aus sieben Becken, von denen eines für die Hotelgäste reserviert ist, und einer Kuranlage, in der das gesamte Spektrum an Anwendungen angeboten wird, beispielsweise Fango, Gesichtsbehandlungen, Peelings und Massagen. Die meisten Besucher halten sich in den Hauptbecken in der Nähe des Restaurantgebäudes auf, aber die **Piscina de las Burbujas**, ein natürliches Becken inmitten der Vegetation in der Nähe des Haupteingangs, sollte man auch ausprobieren. Ein kurzes Stück zu Fuß das Tal hinunter befindet sich der erquickliche **Rio Termal**; dort vermischt sich das Thermalwasser mit dem rauschenden Bach und schafft so natürliche Becken mitten im dichten Wald. Der Komplex verfügt zudem über natürliche Saunen, die über heißen Quellen von mehr als 80 bis 90 °C errichtet wurden. Auch abenteuerliche Aktivitäten stehen auf dem Programm wie eine Zipline über den Baumwipfeln hoch über dem Tal (25 000 COP) sowie Abseilen in einen Wasserfall (25 000 COP).

Die Palette an Unterkünften im Komplex ist breit (EZ/DZ inkl. Frühstück ab 200 000/288 000 COP). An *cabañas* reicht das Angebot von rustikalen Blockhütten bis hin zu modernen, minimalistischen Häusern mit Kamin und eigenem Thermalbecken. Die meisten haben elektrische Duschköpfe. Aber es gibt auch weniger ansprechende Quartiere im Stil eines Hotels sowie einige Billigzimmer über der Rezeption. Im Preis inbegriffen ist das Frühstück und der Zutritt zu den Thermalbädern.

Die Bäder unterstehen dem **Buchungsbüro** (☎6-333-6157; Av Circunvalar No 15-62; ⏲Mo–Fr 8–17, Sa bis 15 Uhr) in Pereira, das auch Auskünfte erteilt. Ein Tagespass für Besucher (Erw./Kind 75 000/55 000 COP), der freitags und am Wochenende zur Verfügung steht, beinhaltet den Transfer von und nach Pereira, den Eintritt, das Mittagessen sowie ein Erfrischungsgetränk. Der Bus fährt am Buchungsbüro um 9 Uhr ab und um 18.30 Uhr wieder zurück.

Wer keinen eigenen fahrbaren Untersatz hat, aber auch nicht an einem solchen organisierten Tagesausflug teilnehmen möchte, kann am Markt – *la galería* – in Santa Rosa de Cabal einen Jeep mieten (60 000 COP pro Strecke für bis zu sechs Personen).

Santuario Otún Quimbaya

In diesem Reservat, 18 km südöstlich von Pereira, steht ein 489 ha großes Areal von enormer biologischer Vielfalt unter Naturschutz, das sich auf einer Höhe von 1800 bis 2400 m erstreckt. Das Reservat am Río Otún tut sich mit mehr als 200 Vogelarten und Schmetterlingen sowie zwei seltenen Affenarten hervor, aber es leben hier natürlich auch noch andere Tiere. Mehrere Wanderwege verlaufen am Fluss entlang und durch den Wald, die die Besucher allerdings nicht auf eigene Faust erkunden dürfen. Geführte Wanderungen (7500 COP) beginnen um 9, 11.30 und 15 Uhr. Leider bleibt die Cascada Los Frailes geschlossen – ein hoher Wasserfall, der einen mit Pflanzen überwucherten Berg hinunterstürzt.

Die Eintrittsgebühr (6000 COP) wird im **Besucherzentrum** (Vereda La Suiza; B/EZ/DZ 40 000/60 000/90 000 COP) bezahlt. Wer nur einen Tag hier ist, kann das Pauschalangebot für 29 000 COP nutzen, in dem der Eintritt, das Mittagessen und eine geführte Wanderung enthalten sind.

Reservieren kann man über die hervorragende Tourismusorganisation der Gemeinde **Yarumo Blanco** (☎310-363-5001, 310-379-7719, 314-674-9248; www.yarumoblanco.co).

Das Besucherzentrum in La Suiza bietet auf zwei Etagen Unterkünfte. Es gibt Elektroduschen (24 Std. Strom), aber keine Zentralheizung, und es ist nicht gestattet, Feuer zu machen. Alkohol ist ebenfalls verboten. Am besten bittet man um ein Zimmer im Obergeschoss – sie haben einen kleinen Balkon, der auf den Wald hinausgeht, in dem die Vögel singen.

Das Restaurant im Besucherzentrum bietet preiswerte Mahlzeiten (10 000–16 000 COP) an.

ℹ An- & Weiterreise

Transporte Florida (☎6-334-2721; Calle 12 No 9-40, La Galería) bietet täglich *chiva*-Verbindungen (4000 COP, 1½ Std.) um 9 und 15 Uhr von Pereira zum Otún Quimbaya **Besucherzentrum** im kleinen Dorf Vereda La Suiza. Die *chivas* fahren vom Besucherzentrum noch eine halbe Stunde weiter nach El Cedral (5100 COP), wo sie sofort wenden und sich auf den Rückweg machen. Am Wochenende gibt es zwei zusätzliche Verbindungen, nämlich um 7 und um 12 Uhr, wobei die frühere *chiva* die Fahrt nicht bis nach El Cedral fortsetzt.

Das *chiva*-Terminal in Pereira liegt in einem gefährlichen Stadtteil; man sollte den Taxifahrer bitten, bis zur Parkbucht zu fahren, oder die *chiva* an der Plaza Victoria nehmen.

Parque Ucumarí

Der Park wurde 1984 gleich an der Westgrenze des Parque Nacional Natural (PNN) Los Nevados ins Leben gerufen; in dem

42 km² großen Areal steht das zerklüftete, bewaldete Land um den Mittellauf des Río Otún (rund 30 km südöstlich von Pereira) unter Naturschutz. Mehr als 185 verschiedene Vogelarten wurden hier gesichtet.

Durch die grünen Berge führen Ökopfade, von denen aus die Besucher die üppige Vegetation betrachten und auch die reiche Tierwelt des Parks bestaunen können; eine andere Möglichkeit ist, sich den großen Wasserfall anzuschauen, der sich nach einem Fußmarsch von 30 Minuten unten ab La Pastora erreichen lässt.

Im Park selbst besteht kein Telefonempfang, aber man kann das Tourismusbüro der Gemeinde Yarumo Blanco vorab anrufen, um einen Platz im *refugio* (Schutzhütte) zu reservieren, einen Guide (180 000 COP pro Tag) für die Trekkingtour in den Park zu organisieren und Zelte für die Tour nach Laguna del Otún und weiter zu mieten.

Von La Pastora aus kann man zum Río Otún hinaufwandern; der Weg führt durch eine Schlucht zum PNN Los Nevados. Man kann sogar zur Laguna del Otún (3950 m) trekken; dort befinden sich eine kleine Rangerstation und ein Platz, wo man sein Zelt aufschlagen kann (10 000 COP pro Besucher). Auf der Tour von 12 km Länge geht es sechs bis acht Stunden bergauf, aber es stehen Maultiere zur Verfügung, die das Gepäck transportieren.

Am besten teilt man die Trekkingtour in zwei Etappen ein und übernachtet im Zelt oder in El Jordán im einfachen Haus „Los Machetes"; es gehört einer einheimischen Familie, die für ihre Gastfreundschaft bekannt ist. In El Jordán kann man für die restliche Tour zum See auch Pferde mieten (120 000 COP).

Wer plant, sich länger in der Umgebung von El Jordán aufzuhalten, der kann auch einige Abstecher in den *páramo* unternehmen. Die Bedingungen dort oben sind allerdings schwierig – man muss sich einen erfahrenen Guide nehmen, der die Wege genau kennt.

Die Hütten des **Refugio La Pastora** (☎312-200-7711; B/Stellplatz pro Pers. 28 000/8000 COP) auf einer Höhe von 2500 m liegen im Herzen des Parks; geboten werden hier einfache Übernachtungsmöglichkeiten in Schlafsälen. Die ganze Atmosphäre ist hier total entspannt; am besten bittet man den Burschen, der die Schutzhütte führt, ein Lagerfeuer zu machen – und dann bringt man seinen eigenen Wein und ein paar Snacks für einen relaxten Abend mit.

An- & Weiterreise

Von Pereira nimmt man die *chiva* von **Transporte Florida** nach El Cedral (5100 COP, 2 Std.). Von El Cedral ist es dann noch ein 5 km langer, 2½-stündiger Fußmarsch nach **La Pastora**; man kann sich auch ein Pferd mieten (35 000 COP, einfache Strecke).

Armenia

☎6 / 299 712 / 1640 M

Wie in den Nachbarstädten, sollte man auch hier nicht zu viel Sehenswürdigkeiten erwarten. Armenia hat sich nie richtig von einem verheerenden Erdbeben erholt, das 1999 die gesamte Innenstadt dem Erdboden gleich machte. Das Zentrum wirkt irgendwie provisorisch – beispielsweise die rasch wiederaufgebaute Kathedrale aus Fertigbetonelementen.

Das eigentliche Stadtzentrum hat sich inzwischen etwas in Richtung Norden verlagert und erstreckt sich jetzt entlang der Avenida Bolívar. Die meisten Backpacker halten sich in Armenia gerade so lang auf, wie sie für das Umsteigen in einen anderen Bus brauchen. Die Stadt bietet jedoch ein schönes Museum und herrliche Botanische Gärten, die interessant genug sind, um ein oder zwei Tage dort zu verbringen.

Sehenswertes

Jardín Botánico del Quindío GÄRTEN
(☎6-742-7254; www.jardinbotanicoquindio.org; Km 3 Via al Valle, Calarcá; Erw./Kind 30 000/15 000 COP; ⏲9–16 Uhr) Armenias sagenhafter, 15 ha großer Botanischer Garten hat den schönsten *mariposario* in der gesamten Zona Cafetera. Das 680 m² große Schmetterlingshaus weist die Form eines gigantischen Schmetterlings auf und beherbergt bis zu 2000 dieser Insekten. Interessant sind auch noch der 22 m hohe Aussichtsturm, die Farne, Orchideen, ein Wald mit *guadua* (Bambus) sowie eine umfangreiche Palmensammlung. Und so gelangt man dorthin: Im Zentrum von Armenia den mit „Mariposario" beschilderten Bus (2000 COP, 40 Min.) an der Plaza de la Constitución oder in der Avenida Bolívar nehmen. Ein Taxi kostet so etwa 22 000 COP.

Im Eintrittspreis inbegriffen sind die Dienste eines Guides – eine Tour in englischer Sprache sollte man im Voraus reservieren. Die beste Zeit für einen Besuch ist am Morgen, denn dann sind die Schmetterlinge am aktivsten.

Museo del Oro Quimbaya MUSEUM
(☎6-749-8169; museoquimbaya@banrep.gov.co; Av Bolívar 40N-80; ⊙Di–So 10–17 Uhr) GRATIS In diesem hervorragenden Goldmuseum, das auch eine edle Keramiksammlung beherbergt, wird Schmuck der vorkolumbischen Quimbaya-Kultur gezeigt. Das Museum liegt im Centro Cultural, 5 km nordöstlich des Stadtzentrums. Mit dem Bus 8 oder 12, der auf der Avenida Bolívar in Richtung Norden verkehrt, kommt man dorthin.

Schlafen

Hotel Jardin Cafetera HOTEL $
(☎6-735-8575; hoteljardincafetero@gmail.com; Calle 19 No 19-44; EZ/DZ inkl. Frühstück 45 000/70 000 COP; 📶) Das nagelneue Hotel fast im Herzen der Innenstadt bietet wirklich viel fürs Geld. Die Zimmer haben zwar nicht viel Flair und sind auch nicht sonderlich geräumig, aber gemütlich, tipptopp sauber und gut ausgestattet sind sie schon. Die Mitarbeiter sind freundlich.

Wanderlust Hostel HOSTEL $$
(☎6-735-8686, 314-588-0182; www.wanderlusttrips.com; Carrera 14 No 1-24; B 25 000–30 000 COP, Zi. 90 000 COP) Das nette neue Hostel bietet super Einrichtungen und einen hervorragenden Service. Die Schlafsäle sind hell und gemütlich mit nagelneuem Bettzeug, doch der eigentliche Hit hier sind die attraktiven Gemeinschaftsbereiche, beispielsweise der große Hof hinter dem Haus mit Hängematten und der moderne Lounge-Bereich, wo man auch arbeiten kann. Die Privatzimmer nach vorne hinaus werden oft durch Straßenlärm beeinträchtigt.

Armenia Hotel HOTEL $$$
(☎6-746-0099; www.armeniahotelsa.com; Av Bolívar No 8N-67; EZ/DZ/3BZ 239 000/295 000/364 000 COP; ❄@📶🏊) Das Hotel gilt als die beste Adresse der Stadt. Die neun Etagen gruppieren sich um ein Atrium mit Glaskuppel. Die geräumigen Zimmer sind mit schicken Bambusmöbeln ausgestattet; viele bieten einen tollen Blick auf die Cordillera Central oder über die Stadt. Im Freien lockt ein beheizter Pool zum Planschen, und ein Restaurant mit Komplettservice sorgt für das leibliche Wohl.

Essen

El Solar KOLUMBIANISCH $$
(☎6-749-3990; restaurante-elsolar@hotmail.com; Via Circasia, Km 2; Hauptgerichte 21 000–36 000 COP; ⊙Mo–Sa 12–24, So bis 17 Uhr) Nur ein paar hundert Meter von der *zona rosa* entfernt befindet sich dieses Grillrestaurant vom Feinsten mit flippigem Dekor. Von der Decke hängen Kinderräder, Schirme und leere Weinflaschen herunter, und von draußen winden sich Bambusschösslinge herein. Freitagabends geht es hier immer hoch her.

La Fogata KOLUMBIANISCH $$$
(☎6-749-5501; Carrera 13 No 14N-47; Hauptgerichte 31 000–2000 COP; ⊙Mo–Do 12–23, Fr & Sa bis 24, So bis 17 Uhr) Das edle Restaurant

VEHIKEL MIT KULTCHARAKTER: DER WILLYS JEEP

Wer sich eine Weile in der Zona Cafetera aufhält, wird aller Wahrscheinlichkeit nach auch ein paar Mal in einem klassischen Willys-Jeep aus dem Zweiten Weltkrieg durch die Gegend rumpeln.

Diese alten Kisten sehen nicht nur irre aus, wenn sie im Pulk an der Plaza der Stadt geparkt stehen, sie sind in ländlichen Gebieten der Zona Cafetera auch noch immer das wichtigste Transportmittel. Mit Willys wird so ziemlich alles befördert – von Fahrgästen über Schweine bis hin zu Kochbananen, Möbeln und – wie kann es anders sein? – Kaffee. Im Gegensatz zu einem Bus ist ein Willys-Jeep auch nie wirklich voll: Kein Wunder also, wenn der Fahrer locker 16 Personen, wenn nicht noch mehr, hineinpackt.

Die ersten Jeeps, die 1950 in Kolumbien ankamen, waren ausgesonderte Armeefahrzeuge aus den USA. Um die Fahrzeuge an die Farmer in der Zona Cafetera zu verkaufen, wurde eine Jeep-Ausstellung ins Leben gerufen: Die Fahrer chauffierten die Autos in allen möglichen Städten die Treppen zu den Kirchen hinauf und hinunter und steuerten die schwer beladenen Autos durch Hindernisparcours auf den Plätzen. Der Verkauf funktionierte prompt – und so begann eine Liebesgeschichte, die bis heute andauert.

Willys-Jeeps sind ein integraler Bestandteil der kolumbianischen Kultur auf dem Land; ein *yipao* ist ein anerkanntes Maß für Agrarprodukte in Kolumbien und entspricht etwa 20 bis 25 Säcken Orangen, eben einer Jeep-Ladung.

NICHT VERSÄUMEN

DESFILE DE YIPAO

Am besten wechselt man schon mal die Kamerabatterien oder lädt den Akku auf – hier wartet die Gelegenheit zum Fotografieren, die sich bestimmt keiner entgehen lassen will. Der **Yipao** (Okt.) ist ein wichtiger Bestandteil der alljährlichen Geburtstagsfeierlichkeiten von Armenia. Gemeint ist ein sagenhafter Umzug, bei dem die eigentlich zur Arbeit benutzten Jeeps mit Tonnen von Kochbananen, Kaffee und Haushaltswaren beladen durch die Stadt fahren – manchmal bloß auf zwei Rädern.

ist eines der berühmtesten Speiselokale, die Armenia zu bieten hat, und das aus gutem Grund. Hier kommen hervorragende Steaks und Meeresfrüchte auf den Tisch, aber auch *vuelve a la vida* (23 000 COP), eine Fischsuppe, die angeblich wie ein Aphrodisiakum wirkt. Die Weinkarte kann sich ebenfalls sehen lassen und es gibt eine super Auswahl an Kaffee aus der Region.

Ausgehen & Nachtleben

★ **La Fonda Floresta** BAR

(Av Centenario No 29N-1762; Fr & Sa 20–3 Uhr) Die beliebte Bar im Stil eines traditionellen antioquischen Dorfes mit Antiquitäten, die von der Decke baumeln, und Partylämpchen allenthalben lockt ein gemischtes Publikum an, das an kleinen Tischen sitzt und zecht. Sobald der Alkoholspiegel stimmt, wird das ganze Lokal zu einer großen Tanzfläche umfunktioniert. Die Bar ist mit dem Taxi vom Zentrum aus in zehn Minuten zu erreichen.

Café Jesús Martín CAFÉ

(www.cafejesusmartin.com; Calle 15N No 12-57; Kaffee ab 2500 COP; Mo–Fr 10–19 Uhr) Wie die Hauptniederlassung in **Salento** (www.cafejesusmartin.com; Carrera 6 No 6-14; 8–20 Uhr), so serviert auch dieses kleine Café hervorragenden Kaffee aus regionalem Anbau.

Praktische Informationen

4-72 (Carrera 15 No 22-38; Mo–Fr 8–18, Sa 9–12 Uhr) Postamt im Zentrum.

Banco AV Villas (Ecke Carrera 14 & Calle 15N) Geldautomat im Norden der Stadt.

Banco de Bogotá (Ecke Calle 21 & Carrera 14) Geldautomat an der Plaza de Bolívar im Zentrum.

Punto de Información Turística (Corporación de Cultura y Turismo; Plaza de Bolívar; Mo–Fr 9–12 & 14–17 Uhr) Am Gobernación del Quindío-Gebäude im Zentrum.

Anreise & Unterwegs vor Ort

Der **Aeropuerto Internacional El Edén** (AXM; 6-747-9400; www.aeropuertoeleden.com; La Tebaida) liegt 15 km südwestlich von Armenia in der Nähe der Ortschaft La Tebaida. Ein Taxi kostet so etwa 26 000 COP. Spirit (www.spirit.com) bietet Direktflüge nach Fort Lauderdale, Florida. Ansonsten werden hier überwiegend Inlandsflüge nach Medellín und Bogotá abgewickelt.

Der **Busbahnhof** (www.terminalarmenia.com; Calle 35 No 20-68) liegt 1,5 km südwestlich vom Zentrum und lässt sich mit den häufig verkehrenden Stadtbussen, die auf der Carrera 19 verkehren (1800 COP), problemlos erreichen.

Es verkehren zahlreiche Busse nach Bogotá (60 000 COP, 8 Std.), Medellín (45 000 COP, 6 Std.) und Cali (22 000 COP, 3½ Std.). Minivans fahren regelmäßig nach Pereira (8000 COP, 1 Std.) und Manizales (17 000 COP, 2 ½ Std.).

Tagesüber ist die die Innenstadt voll von Händlern und Leuten, die einkaufen; nach Einbruch der Dunkelheit ist die Sicherheit dort allerdings ein Thema. Taxis sind billig und eine gefahrlose Möglichkeit, ans Ziel zu gelangen. Die Mindestgebühr beträgt 4200 COP.

Rund um Armenia

So klein sie ist, bietet die winzige Provinz Quindío doch eine Fülle an Sehenswürdigkeiten: hübsche Kaffeefarmen, sagenhafte Ausblicke und einige amüsante Themenparks für Besucher aller Altersstufen. Der Kaffeefarm-Tourismus nahm hier seinen Anfang, und so sind nun Hunderte von Fincas um das Wohl ihrer Gäste bemüht. Es gibt viele Broschüren, in denen diese Fincas zusammengestellt und auch bewertet sind. Die Touristeninformation hält ebenfalls eine lange Liste an Angeboten bereit. Eine weitere Informationsquelle ist das **Haciendas del Café** (www.clubhaciendasdelcafe.com), wo man Übernachtungen auf Farmen rund um Quindío buchen kann.

Sehenswertes & Aktivitäten

Recuca PLANTAGE

(310-830-3779; www.recuca.com; Vereda Callelarga, Calarcá; Touren 21 000 COP; 9–15 Uhr) Diese auf Touristen ausgerichtete Kaffeefarm führt Besichtigungstouren durch, die einen guten Einblick ins Leben auf einer Finca vermitteln. Die Besucher werden in traditionelle Kleidung gesteckt, schnallen sich einen Korb um – und dann geht es erst einmal ab in die Plantage zum Kaffeepflücken. Anschließend bekommen sie auf der Hacienda erklärt, wie die Kaffeeproduktion im Detail vonstatten geht. Auch ein paar Volkstänze kann man hier lernen. Kitschig ist das alles natürlich schon, aber dennoch ein Spaß. Wer hier zu Mittag essen möchte (17 000 COP), sollte auf jeden Fall vorab einen Tisch reservieren.

Vom Busbahnhof in Armenia kann man jeden Bus (2100 COP) nehmen, der nach Río Verde fährt; man bittet einfach den Fahrer, einen am Eingang zur Farm abzusetzen. Von dort sind es dann noch 2 km zu Fuß durch die Kochbananenfarmen. Man kann den Wachmann aber auch bitten, einen Jeep (8000 COP/Fahrzeug) zu rufen. Ein Taxi von Armenia kostet etwa 30 000 COP.

Caficultur TOUREN

(Hane Kaffee; ☎ 314-761-0199; www.hanecoffee.com; Finca La Alsacia, Buenavista; Touren 30 000 COP; ⏲ 8–20 Uhr) In der Kleinstadt Buenavista veranstaltet Don Leo eine der informativsten Kaffeetouren auf der Farm seiner Familie in Quindío, ein Stück außerhalb des Stadtgebiets. Don Leo ist ein netter, engagierter Gastgeber, dessen Liebe zum Kaffee schon legendär ist. Die Führung dauert etwa drei Stunden; im Preis inbegriffen ist ein traditionelles Frühstück oder ein Mittagessen, je nachdem, wann man dort eintrifft.

Am besten ruft man vorher an, um die Tour zu reservieren; dann kommt Don Leo zur Plaza der Stadt und holt einen ab.

Schlafen

Finca Villa Nora FARMAUFENTHALT $$$

(☎ 311-389-1806, 310-422-6335; www.quindiofincavillanora.com; Vereda la Granja, Quimbaya; EZ/DZ inkl. Frühstück & Abendessen 300 000/400 000 COP;) Diese Kaffee-, Avocado- und Guavenfarm zwischen Armenia und Pereira bietet komfortable Zimmer in einem wunderschönen alten Farmhaus mit rot-weißen Verzierungen; rund um das ganze Gebäude verläuft eine Veranda. Die Besitzer betreiben die Farm und die Finca und kümmern sich persönlich um das Wohl ihrer Gäste. Hier herrscht eine beschauliche Atmosphäre mit viel Flair. Die Mitarbeiter können auf Wunsch den Privattransfer von den Flughäfen Armenia oder Pereira organisieren. Ein Taxi von Quimbaya kostet 6000 COP.

Hacienda Combia FARMAUFENTHALT $$$

(☎ 310-250-9719, 314-682-5396; www.combia.com.co; EZ/DZ inkl. Frühstück ab 196 000/244 000 COP; @) Dieses Hotel auf einer Kaffeefarm in der Nähe des Jardín Botánico del Quindío bietet ein tolles Bergpanorama und Einrichtungen vom Feinsten, also beispielsweise einen Infinitypool und einen Wellnessbereich. So persönlich wie auf kleineren Farmen geht es hier natürlich nicht zu, aber für diesen Preis wird man schwerlich einen besseren Komfort finden, und der Kaffee hier ist das einzig Wahre – er wird seit vier Generationen von ein und derselben Familie produziert.

Die Zimmer, die sich im alten Farmhaus befinden, haben mehr Flair als die im neuen Trakt. In einem geräumigen Restaurant im Freien kommen regionaltypische Mahlzeiten auf den Tisch. Auch wer nicht plant, hier länger zu verweilen, sollte Combia zumindest einen Besuch abstatten, denn die Kaffeetour ist überaus informativ und feudal (Gäste/Nicht-Gäste 93 000/115 000 COP). Ein Taxi ab Armenia kommt so etwa auf 35 000 COP.

Anreise & Unterwegs vor Ort

Das Busnetz von Quindío ist gut ausgebaut. Die meisten Sehenswürdigkeiten in dieser Gegend lassen sich von Armenia aus mit öffentlichen Verkehrsmitteln erreichen.

Salento

☎ 6 / 4000 EW. / 1900 M

Die kleine Ortschaft inmitten herrlich grüner Berge liegt 24 km nordöstlich von Armenia. Sie lebt von der Kaffeeherstellung, von der Forellenzucht und – immer mehr – von den Touristen, die von den malerischen Straßen, der typischen *paisa*-Architektur und der Nähe zum spektakulären Valle de Cocora begeistert sind. Der Ort wurde 1850 gegründet und ist einer der ältesten der Provinz Quindío.

Die Hauptstraße Calle Real (Carrera 6) ist voll von *artesanías* (Ständen mit Kunsthandwerk) und Restaurants. Am Ende dieser Straße führen ein paar Treppen zum Alto de la Cruz hinauf, einem Hügel, auf dem ein Kreuz thront. Von dort aus reicht der Blick bis hin zum üppig grünen Valle de Cocora und den umliegenden Bergen. An einem klaren Tag – meist früh am Morgen – sind in der Ferne oft sogar die schneebedeckten Gipfel der Vulkane zu sehen.

Aktivitäten

★ Salento Cycling MOUNTAINBIKEN

(☎ 316-535-1792, 311-333-5936; www.salentocycling.com; Calle 7 No 1-04, Plantation House; Fahrten 120 000–180 000 COP) Auf dem Programm stehen tolle ganztägige Abenteuertouren mit dem Mountainbike, die zur Wasserscheide in den Anden hinaufführen, von wo man dann auf der entfernter liegenden Seite zum größten Wachspalmenwald der Region hinunterbrettert; danach werden die Teilnehmer in einem Laster erneut auf den Gipfel gebracht, um den Berg bis nach Salento hinunterzufahren. Im Preis inbegriffen ist ein Picknick zu Mittag mit sagenhafter Aussicht.

Außerdem gibt es für erfahrene Biker auch noch eine Single-Track-Route zurück in die Stadt, die durch das Valle de Cocora führt und einen gewaltigen Adrenalinschub garantiert. Der freundliche Manager wirkt, als wäre er einem Film der 1990er-Jahre entstiegen, aber wenn es um die Organisation und die Sicherheit geht, dann ist auf ihn Verlass.

Kasaguadua Natural Reserve WANDERN

(☎ 313-889-8273; www.kasaguaduanaturalreserve.org; Via Vereda Palestina) In diesem Privatreservat, das etwa eine halbe Stunde zu Fuß von der Stadt entfernt liegt, stehen 14 ha tropischer Anden-Nebelwald unter Naturschutz. Die engagierten Besitzer veranstalten informative geführte Wanderungen auf mehreren Trails – die Teilnehmer werden um eine Spende gebeten. Ein Bett im Schlafsaal (33 000 COP) und innovative, erhöht gelegene *cabañas* (82 000 COP) mitten im Wald stehen für Gäste zur Verfügung, die gern länger bleiben und in der Natur draußen übernachten möchten.

Ein Privatjeep kostet hier draußen etwa 15 000 COP.

Ecologic Horse Riding REITEN

(Marisela & Paola; ☎ 320-688-3112, 321-382-1886) Das gut organisierte Unternehmen wird von einem Team geführt, das aus zwei dynamischen Schwestern besteht, die diese Gegend genauestens kennen. Auf dem Programm stehen Ausritte zu Wasserfällen und zu Kaffeefarmen.

Los Amigos TRADITIONSSPORT

(Carrera 4 No 3-32; ⏲15–23 Uhr) Wer in der Stimmung ist, ein paar Bierchen zu kippen und mit Geschick eine Scheibe zu schmeißen, sollte es wie die Einheimischen machen und diesem Tejo-Club mit viel Flair einen Besuch abstatten. Dort wird ein Traditionssport gepflegt, bei dem Metallscheiben in vorgegebene Kreise in einer Holzbox geworfen werden, sodass die dort angebrachten Schwarzpulvertaschen explodieren. Und dazu stellt man seinen schönsten Schnauzbart zur Schau!

Geführte Touren

Mehrere Kaffeefarmen vor Ort veranstalten Kaffeetouren für Besucher, die mehr über den Herstellungsprozess des beliebten Frühstücksgetränks erfahren möchten. Empfehlenswerte Farmen finden sich auf dem Land in der Nähe von Vereda Palestina. Von Salento gelangt man in rund 45 Minuten zu Fuß dorthin; es geht meistens bergab. Ausgangspunkt ist der Park in der Ortsmitte von Salento. Von dort hält man sich einen Block gen Norden, dann geht es gen Westen über eine gelbe Brücke und immer die Hauptstraße entlang.

Von hier kann man auf der Straße Armenia–Salento noch eine halbe Stunde ins Tal nach Boquia hinuntergehen und dann den regelmäßig fahrenden Bus zurück nach Salento nehmen.

Es verkehren jetzt stündlich von 9.30 bis 15.30 Uhr Jeeps für Besucher (3000 COP) von der Plaza in Salento zu den Kaffeefarmen. Aber Achtung: Wer noch keine Tour reserviert hat, wird oft von den Fahrern bedrängt, ihre bevorzugte Farm zu besuchen. Man sollte sich dann auf keine Diskussion einlassen und auf der Farm seiner Wahl bestehen. Eine andere Möglichkeit ist, die öffentlichen Jeep-Verbindungen von Salento nach Armenia zu nutzen, die alle paar Stunden auf der Nebenstraße durch Vereda Palestina fahren und am Eingang zu sämtlichen Farmen halten.

Ein Privatjeep von Salento zu den Farmen in der Nähe von Vereda Palestina kostet rund 27 000 COP.

★ El Ocaso TOUREN

(☎ 310-451-7194, 310-451-7329; www.fincaelocasosalento.com; Vereda Palestina; Touren 15 000 COP.) Die feudalste Kaffeetour in der Umgebung von Salento findet auf einer weitläufigen Farm mit schönen Kaffeebüschen und einem hübschen Farmhaus statt. Die Teilnehmer besuchen zuerst die Plantage und verfolgen dann den Prozess, wie die Bohnen für den Markt verarbeitet werden. Die Touren dauern 90 Minuten und werden von 9 bis 16 Uhr stündlich veranstaltet. Alle

Salento

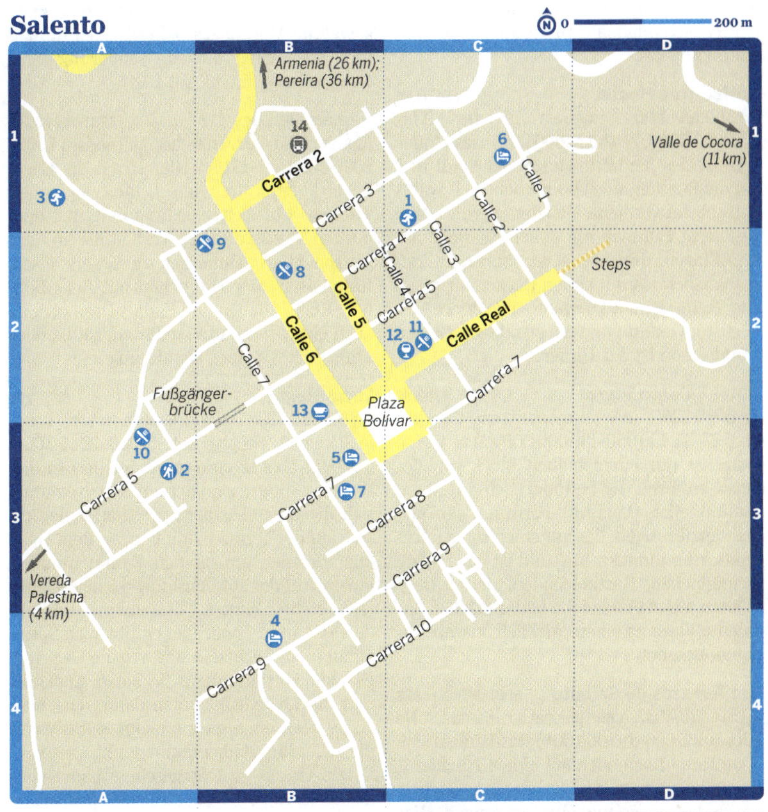

sind auf Englisch, bis auf die beiden Touren um 10 und 15 Uhr, die auf Spanisch durchgeführt werden.

Wer sich wirklich sehr für Kaffee interessiert, hat vielleicht auch Lust, an der erweiterten dreistündigen Tour (55 000 COP) teilzunehmen.

Schlafen

Tralala HOSTEL **$**
(☎ 314-850-5543; www.hosteltralalasalento.com; Carrera 7 No 6-45; B 25 000–30 000 COP, Zi. 70 000–80 000 COP, ohne Bad 60 000 COP, Apt. 100 000 COP; 📶) Das kleine, gut geführte Hostel in einem fröhlich renovierten Kolonialgebäude wurde ganz eindeutig von jemandem konzipiert, der genau weiß, was Reisende wollen. Zu den Einrichtungen gehören bequeme Matratzen, knallheiße Duschen, zwei Küchen, eine umfangreiche DVD-Bibliothek, schnelles WLAN und sogar Gummistiefel, die man für Wanderungen

Salento

Aktivitäten, Kurse & Touren
1 Los Amigos C1
2 Paramo Trek A3
3 Salento Cycling A1

Schlafen
4 Coffee Tree Hostel B4
5 Hotel Salento Plaza B3
6 Las Terrazas de Salento C1
7 Tralala B3

Essen
8 Brunch B2
9 La Eliana B2
10 Luciernaga A3
11 Rincón del Lucy C2

Ausgehen & Nachtleben
12 Billar Danubio Hall C2
13 Café Jesús Martín B2

Transport
Flota Occidental .... (s. 14)
14 Salento Busbüro B1

in morastigem Terrain ausleihen kann. Das Hostel ist einladend, tipptopp sauber und gut organisiert.

Coffee Tree Hostel HOSTEL **$$**
(☎ 318-390-4415; Carrera 9 No 9-06; B 35 000 COP$, Zi. ab 130 000 COP) Das Coffee Tree ist das feudalste Hostel der Stadt und hat die Bezeichnung „Boutiquehostel" wahrhaftig total verdient. Geboten werdn schön gestaltete Zimmer mit toller Aussicht auf drei Etagen, dazu ein heller, hübscher Aufenthaltsbereich mit hohen Decken für gesellige Treffs. Hinzu kommen ein Service von höchster Qualität und ein attraktiver Garten – und schon ist der Hit fertig.

Hotel Salento Plaza HOTEL **$$**
(☎ 6-759-3066; www.salentoplaza.com; Carrera 7 No 6-27; Zi. 130 000–180 000 COP) Das kleine Hotel ist nur einen halben Block von der Plaza entfernt. Es befindet sich in einem traditionellen Haus in L-Form mit zart gelben Verzierungen, das auf einen topgepflegten Garten hinausgeht – und ist das reinste Schnäppchen. Hartholzböden, riesige Doppelbetten und einladende Bäder machen das Salento Plaza zu einem wirklich ausgezeichneten Angebot.

Las Terrazas de Salento BOUTIQUEHOTEL **$$$**
(☎ 317-430-4637; cim@une.net.co; Carrera 4 No 1-30; Zi. 185 000–195 000 COP) Das fantastische neue Hotel hoch oben auf einem Hügel mit Blick über die Stadt bietet elegante Zimmer mit Parkettböden und eigenem Balkon. Hier haben die Gäste das Gefühl, ewig weit weg von der Hektik der Stadt zu sein, aber dennoch geht man nur ein kurzes Stück den Hügel hinunter, und schon ist man mitten im Geschehen. Im Hotel befindet sich unten ein ansprechender, offener Aufenthaltsbereich, in dem man die anderen Gäste kennenlernen kann.

Essen & Ausgehen

Brunch AMERIKANISCH **$**
(☎ 311-757-8082; Calle 6 No 3-25; Hauptgerichte 9500–19 500 COP; ⏲ 6.30–21 Uhr) In diesem enorm beliebten kleinen Lokal kommen nicht nur „Gringos" (wie in Kolumbien die Amerikaner genannt werden) mit Heimweh auf ihre Kosten. Serviert werden klassische amerikanische Gerichte in großen Portionen. Die Gäste haben die Qual der Wahl unter hervorragenden Burgern, Chickenwings, Burritos und Nachos, und zum krönenden Abschluss gibt es noch die berühmten Brownies mit Erdnussbutter oder auch gewaltige Milkshakes. Jedenfalls kann man hier nach einer langen Wanderung neue Energie tanken.

Rincón del Lucy KOLUMBIANISCH **$**
(Carrera 6 No 4-02; Frühstück/Mittagessen 6000/8000 COP; ⏲ 7–16 Uhr) Hier sitzen die Gäste neben netten fremden Leuten an vollen Tischen, um sich eine Mahlzeit mit dem besten Preis-Leistungs-Verhältnis in der ganzen Stadt schmecken zu lassen: Fisch, Rindfleisch oder Hühnchen mit Reis, Bohnen, Kochbananen und Suppe. Das Lokal ist auch eine prima Adresse für ein sättigendes Frühstück vor einer Wanderung.

Luciernaga BISTRO **$$**
(☎ 311-438-4281; www.luciernaga.com.co; Carrera 3 No 9-19; Hauptgerichte 15 000–28 000 COP; ⏲ Mi–Mo 7 Uhr bis open end, Di 7–11 Uhr) In diesem sagenhaften modernen Bistro können sich die Gäste köstliche internationale Cuisine auf der Terrasse draußen vor dem Haus oder drinnen am offenen Kamin munden lassen. Auf der abwechslungsreichen Speisekarte stehen Burger, Chickenwings und anderes Comfort Food, aber es gibt auch Spezialitäten vom Feinsten und vegane Gerichte. Die gut sortierte Bar, die super Cocktails und die Livemusik sorgen dafür, dass man gerne noch ein bisschen bleibt, selbst wenn die Teller längst abgeräumt sind.

Das Hostel im Obergeschoss bietet eher kleine Zimmer (B 25 000–28 000 COP, Zi. 75 000–80 000 COP), wobei die Betten hervorragende Matratzen und Kissen aufweisen. Die Zimmer zur anderen Seite hinaus haben Bergblick.

La Eliana INTERNATIONAL **$$**
(Carrera 2 No 6-65; Hauptgerichte 15 000–20 000 COP; ⏲ 13–21 Uhr) Hier verlocken Gourmet-Pizzas und Pasta, aber für Leute, die es nach etwas anderem gelüstet, gibt es auch ein original indisches Curry – und alles wird auf einer Veranda mit Blick auf den Garten serviert. Die Portionen sind großzügig bemessen, und die Preise sind für die Qualität sehr angemessen. Hinter dem Haus werden ein paar Zimmer zu anständigen Preisen vermietet.

Billar Danubio Hall BAR
(Carrera 6 No 4-30; ⏲ Mo–Fr 8–24, Sa & So 8–2 Uhr) Diese Bar verkörpert sämtliche lateinamerikanische Kleinstadtfantasien. Alte Männer in ganz und gar nicht witzig gemeinten Ponchos und Cowboy-Hüten nip-

pen an ihrem *aguardiente* (Anisschnaps) und spielen Domino. Die Gäste ergehen sich in nostalgischen Gesängen, sobald ein Lied gespielt wird, das an den Liebeskummer vergangener Tage erinnert.

Die Bar ist eine Bastion unbeirrbar männlicher Verhaltensmuster und dementsprechend werden Frauen gern als Kuriosität behandelt – aber *caballeros* sind sie natürlich alle.

Praktische Informationen

An der Plaza finden sich mehrere Geldautomaten.

Banco Agrario de Colombia (Carrera 7)

Bancolombia (Carrera 6)

La Esquina Net (Ecke Calle 5 & Carrera 4; pro Std. 1400 COP; 9.30–22 Uhr) Hier gibt's Internet einen Block von der Plaza entfernt.

An- & Weiterreise

Minibusse verkehren von/nach Armenia im 20-Minuten-Takt (4200 COP, 45 Min., 6–20 Uhr). Die Busse nach Armenia fahren zuerst auf einer Route durch Salento, die an der Plaza vorbeiführt, bis sie dann am **Busbüro** (Carrera 2 No 4-30) in der Carrera 2 nach Armenia abfahren. Am Wochenende muss man direkt zum Busbüro gehen. Man kann aber auch ein Taxi ab Armenia (30 Min., 60 000 COP) nehmen.

Es besteht werktags eine Direktverbindung mit dem Bus vom Terminal in Pereira nach Salento (7000 COP, 1½ Std.) um 6.30, 8.40, 10, 11.40, 13.40, 15.10, 16.40 und 18.40 Uhr. Die Busse in Salento fahren am Transportbüro um 7.50, 10, 11.30, 13, 14.50, 16.30, 17.50 und um 20 Uhr nach Pereira ab. Am Wochenende wird diese Strecke im Stundentakt bedient. Von Pereira kommend, besteht auch die Möglichkeit, einen Bus mit dem Fahrtziel Armenia bis Las Flores zu nehmen und dann die Straße zu überqueren, um in einen Bus in Richtung Salento ab Armenia zu steigen.

Flota Occidental (321-760-6629; Carrera 2 No 4-40) bietet vier Express-Vans am Tag auf der Strecke Medellín–Salento (45 000 COP, 7 Std.). Die Vans fahren am Terminal Sur in Medelllín um 9, 11 und 13 Uhr ab. In Salento starten die Vans am Transportbüro um 10, 12 und 16 Uhr. Wer sichergehen möchte, dass er auch einen Platz bekommt, sollte beide Fahrkarten im Voraus kaufen.

Filandia

6 / 13 520 EW.

Nur ein kurzes Stück von Salento entfernt präsentiert sich das gemächliche Filandia als traditioneller Kaffeeort, der ebenso reizend ist wie sein berühmter Nachbar, aber nur einen Bruchteil an Besuchern abbekommt. Hier beeindrucken die wohl am schönsten erhaltene Architektur der Region, ein Aussichtspunkt mit Panoramablick, edles Kunsthandwerk und herrliche Naturreservate mit reicher Flora und Fauna.

Sehenswertes

Colina Iluminada AUSSICHTSPUNKT
(Km 1 Via Quimbaya; 8000 COP; Mo–Fr 9–18, Sa & So bis 21 Uhr) Auf einem Hügel vor den Toren der Stadt bieten sich von dieser imposanten 19 m hohen Holzkonstruktion atemberaubende Ausblicke über drei Provinzen und – an einem klaren Tag – bis zum Parque Nacional Natural Los Nevados.

Centro de Interpretación de la Cestería de Bejucos MUSEUM
(310-380-8247; cesteriacafetera@hotmail.com; Ecke Carrera 5 & Calle 6, Casa del Artesano; 9–18 Uhr) GRATIS Filandia ist für seine Flechtkörbe berühmt, eine Kunst, die bis in die Zeit zurückreicht, als Kaffeepflücker die Körbe noch für die Ernte verwendeten. Dieses Museum, das von einem einheimischen Kunsthandwerkerkollektiv betrieben wird, ermöglicht tiefgründige Einblicke in die Traditionen dieser Handwerkskunst. Die Besucher erfahren alles über den Flechtprozess, und die hochwertigen Produkte stehen auch zum Verkauf.

Wer sich selbst in dieser Kunst versuchen möchte, kann nach vorheriger Vereinbarung an einem Flecht-Workshop (ab 20 000 COP) teilnehmen.

Geführte Touren

Turaco TOUREN
(315-328-0558; turaco@hotmail.es; Calle 7 No 4-51; 9–12 & 14–17, Di geschl.) Der engagierte einheimische Tourenveranstalter bietet geführte Trekkingtouren in den Cañon del Río Barbas und zur Reserva Natural Bremen – La Popa an, aber auch Exkursionen zu Wasserfällen und zu den Kaffeefarmen in der Region. Eine Gruppe von fünf Wanderern sollte sich preislich auf etwa 100 000 COP einstellen. Hinzu kommen noch 20 000 COP für den Transport im Jeep zu den Reservaten.

Schlafen & Essen

Hostal Colina de Lluvia HOSTEL $
(321-715-6245; aguadelluvia@outlook.com; Calle 5 No 4-08; B 25 000 COP, EZ 40 000–60 000 COP,

DZ 60 000–80 000 COP; 📶) Dieses hübsch gestaltete kleine Hostel liegt ein paar Blocks vom Park entfernt. Geboten werden helle Zimmer mit Parkettboden und ein hübscher Hof zum geselligen Beisammensein. In allen Preisen ist das Frühstück bereits inbegriffen.

La Posada del Compadre GUESTHOUSE **$$**
(☎ 316-629-2804; info@laposadadelcompadre.com; Carrera 6 No 8-06; Zi./Suite inkl. Frühstück 90 000/180 000 COP; 📶) Das beschauliche Hostel befindet sich in einem liebevoll restaurierten Kolonialanwesen, das von einem Garten umgeben ist, und bietet wirklich viel fürs Geld. Der Blick von der rückwärtigen Veranda auf die umliegenden Berge ist sagenhaft. Für Paare lohnt es sich, für die geräumige Suite im ersten Stock ein paar Pesos mehr auszugeben: Das Panorama direkt vom Bett ist unglaublich schön.

★ **Helena Adentro** KOLUMBIANISCH **$$**
(Carrera 7 No 8-01; Hauptgerichte 23 000–34 000 COP; ⏲ So–Do 12–22, Fr & Sa bis 23 Uhr) Das hippe Restaurant, das ein talentierter junger Koch aus der Region und sein Partner aus Neuseeland führen, serviert so ziemlich das beste Essen in der gesamten Zona Cafetera. Kolumbianische Traditionsgerichte werden mit innovativem Touch aus frischen Zutaten von den Farmen in der Umgebung zubereitet. Die Speisekarte wechselt ständig, aber alles schmeckt köstlich und ist in Anbetracht der Qualität auch preislich voll okay.

ℹ An- & Weiterreise

Busse verkehren von/nach Armenia (5400 COP, 45 Min.) im 20-Minuten-Takt bis 20 Uhr. Es gibt auch stündlich bis 19 Uhr eine Direktverbindung nach Pereira (6300 COP, 1 Std.). Von Salento kommend, kann man in Las Flores einen Bus nehmen, und zwar an der Stelle, wo die Straße nach Salento in die Hauptschnellstraße mündet.

Valle de Cocora

In einem Land, das vor herrlichen Landschaften nur so strotzt, zählt das Tal von Cocora zu den schönsten. Das breite grüne Tal wird von zackigen Berggipfeln gesäumt und erstreckt sich östlich von Salento bis zu den niedrigeren Ausläufern des Nationalparks Los Nevados. Überall ist die *palma de cera* (Wachspalme) zu sehen, die größte Palmenart der Welt, die bis zu 60 m Höhe erreicht. Die Palme ist der Nationalbaum Kolumbiens und bietet in den dunstigen grünen Hügeln einen atemberaubenden Anblick.

Die beliebteste Wanderung ist die 2½-stündige Tour vom kleinen Weiler Cocora zur **Reserva Natural Acaime** (inkl. Erfrischungsgetränk 6000 COP). Bei der Ankunft in Cocora liegt der Wanderweg auf der rechten Seite, wenn man ins Tal hinein- und von Salento wegmarschiert. Am Zugang zum Pfad müssen Besucher manchmal eine Umweltgebühr von 2000 COP entrichten, immer wird sie allerdings nicht erhoben.

Der erste Teil der Strecke führt durch Grasland, der zweite durch dichten Nebelwald. In Acaime kann man einen heißen Kakao (mit Käse, eine kolumbianische Spezialität) trinken und die vielen Kolibris bestaunen. Wer übernachten will, findet dort einfache Unterkünfte.

Etwa 1 km, bevor man Acaime erreicht, passiert man den Abzweig zur **Finca La Montaña**, eine schweißtreibende, einstündige Wanderung, die einen ziemlich steilen Berg hinaufführt. Von dort geht es dann auf einem einfachen Pfad wieder nach Cocora (1½ Std.) hinunter.

Der Rundweg lohnt sich, denn es bieten sich von oben spektakuläre Ausblicke über das Tal, außerdem verläuft der Weg mitten durch Wachspalmenhaine.

🛏 Schlafen

★ **Reserva El Cairo** BOUTIQUEHOTEL **$$$**
(☎ 321-649-3439; www.reservaelcairo.com; Km 3 via Cocora, Vereda La Playa; EZ/DZ ab 184 000/216 000 COP) Ein schöneres Quartier als dieses wird man in der Kaffeezone schwerlich finden. Die eleganten Zimmer befinden sich in einem reizenden traditionellen Farmhaus inmitten von üppigen Gärten, und das Naturreservat in der Umgebung kann mit einigen der letzten Urwaldgebiete im Tal aufwarten. Hier lassen sich schön Vögel beobachten, aber in abenteuerlichere Aktivitäten kann man sich auch noch stürzen.

ℹ An- & Weiterreise

Jeeps verkehren vom Hauptplatz in Salento nach Cocora (3800 COP, 30 Min.) um 6.10, 7.30 und dann im Stundentakt bis 17.30 Uhr; zurück fahren sie eine Stunde später. Am Wochenende verkehren zusätzliche Jeeps. Es besteht auch die Möglichkeit, einen Privatjeep (31 000 COP) zu nehmen.

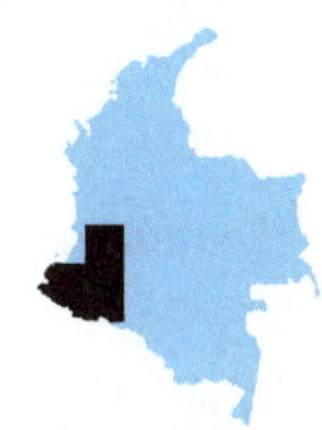

Cali & Südwest-Kolumbien

Inhalt ➡

Cali 255
Darién. 264
Popayán 264
Coconuco. 270
San Agustín. 271
Tierradentro 275
Villavieja. 279
Pasto 281

Gut essen

- Platillos Voladores (S. 259)
- Donde Richard (S. 274)
- Mora Castilla (S. 268)
- Zea Maiz (S. 259)
- Carmina (S. 268)

Schön übernachten

- Hotel Casa Lopez (S. 282)
- Casa de François (S. 273)
- Jardín Azul (S. 258)
- Hotel Los Balcones (S. 267)
- Casa de Alférez (S. 259)

Auf nach Cali & in den Südwesten!

Abgelegen und berüchtigt für seine Sicherheitsprobleme, wird der Südwesten des Landes vom Tourismus oft links liegen gelassen. Doch die faszinierende Region sollte auf jeden Reiseplan gehören: Afrikanische trifft hier auf Andenkultur, präkolumbische auf moderne – ein Land der Kontraste, das die Sinne berührt und den Reisenden zahllose schöne Erlebnisse bereitet.

Die Sicherheitssituation hat sich bedeutend verbessert. Einst gefährliche Reiseziele können heute wieder besucht werden. Dort befinden sich die interessantesten archäologischen Stätten des Landes und viele der schönsten Kolonialbauten.

Die Artenvielfalt der Region ist unglaublich: Auf einer Tagesreise passiert man die Ökosysteme Wüste, Urwald und *páramo* (Hochebene). Für Naturliebhaber gibt es aktive Vulkane, heiße Quellen und imposante Bergzüge.

Reisezeit

Cali

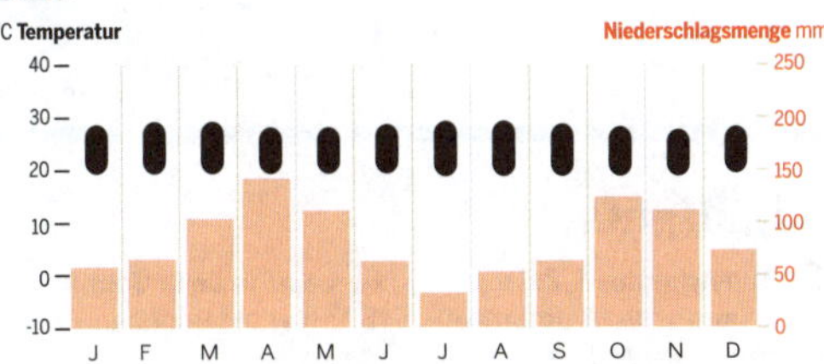

Aug. Afro-kolumbianische Rhythmen sorgen in Cali beim Festival Petronio Álvarez für Stimmung.

Juli–Sept. Die heißen Aufwinde sorgen für einen Extra-Kick beim Kitesurfen am Lago Calima.

Dez. & Jan. Im Parque Nacional Natural (PNN) Puracé wandert man unter einem klaren Himmel.

Highlights

❶ **San Agustín** (S. 271) Präkolumbische Skulpturen in phänomenaler Naturkulisse.

❷ **Cali** In den Salsa-Bars locker die Hüften schwingen.

❸ **Desierto de la Tatacoa** (S. 279) In Kolumbiens kleinster Wüste zwischen Kakteen den Nachthimmel studieren.

❹ **Laguna de la Cocha** (S. 284) Eine Bootsfahrt zur Isla Corota.

❺ **Tierradentro** (S. 275) Eine spektakuläre Berglandschaft und alte Grabstätten.

❻ **Popayán** (S. 264) Durch elegante Straßen schlendern und die imposanten Kolonialbauten bewundern.

❼ **Lago Calima** (S. 263) Beim Kitesurfen geschickt die Aufwinde nutzen.

❽ **Silvia** (S. 270) Die Guambiano-Kultur aus nächster Nähe erleben.

❾ **Mocoa** (S. 278) Ein Bad im kristallklaren Wasser der Naturbecken, die vom Regenwald umrahmt werden.

CALI

☎2 / 2,4 MIO EW. / 969 M

Als Cover für eine Tourismusbroschüre eignet sich Cali nicht, aber es bietet Besuchern alles, was andere Städte nur versprechen. Es ist eine angesagte, packende Stadt, deren Lebhaftigkeit jeden in ihren Bann zieht und so schnell nicht wieder loslässt.

Das Kennenlernen wird dem Besucher nicht leicht gemacht – der Tourismus scheint hier niemandem besonders wichtig zu sein. Doch wer sich bemüht, findet ein buntes Nachtleben, gute Restaurants und ein großes Unterhaltungsangebot vor, besonders abends, wenn der kühle Wind aus den Bergen die Hitze vertreibt.

Calis afro-kolumbianisches Erbe ist eindrucksvoll: Nirgendwo sonst im Land leben so viele verschiedene Ethnien harmonisch miteinander. Von den verarmten Barrios bis hin zu den glänzenden großen Clubs bewegt sich jeder im Salsa-Rhythmus. Musik ist hier mehr als Unterhaltung – sie ist das Band, das die Stadt zusammenhält.

Sehenswertes

Cali hat viel Geld in die Renovierung des ehemals heruntergekommenen Stadtgebiets am Fluss direkt neben dem Zentrum und in die Neugestaltung der Avenida del Rio investiert, auf der man nun angenehm flanieren kann. Doch wie bei vielen anderen Arealen unweit des Stadtzentrums gilt auch hier, dass man die Avenida spätabends lieber meiden sollte. Für eine große Stadt hat Cali wenig Sehenswürdigkeiten, strahlt aber eine besondere Atmosphäre aus. Die *Caleños* sind stolz auf ihre pulsierende Kultur und ihren aufrührerischen Geist, der sich in ihrer Redensart widerspiegeln: *Cali es Cali y lo demás es loma, ¿oís?* (Cali ist Cali, und der Rest [von Kolumbien] ist nur Gebirge, klar?)

Cerro de las Tres Cruces AUSSICHTSPUNKT
Drei große Kreuze blicken von den Bergen auf die Stadt herab. Die Aussicht ist spektakulär, und die Wanderung hinauf beliebt bei den gesundheitsbewussten *caleños*. Die beste Zeit für einen Besuch ist der frühe Morgen am Wochenende, dann sind viele Leute auf dem Hügel. Die Gegend ist einsam und es kommt öfters zu Überfällen.

Museo de Arte Moderno La Tertulia GALERIE
(☎2-893-2939; www.museolatertulia.com; Av Colombia 5 Oeste-105; 10 000 COP; ⌚Di–Sa 10–19, So 14–18 Uhr) Das Museum zeigt interessante Ausstellungen von Gemälden, Skulpturen und Fotografien zeitgenössischer Künstler aus dem In- und Ausland. Eine gute Gelegenheit, die örtliche Kunstszene kennenzulernen. Vom Stadtzentrum aus sind es 15 Gehminuten am Río Cali entlang.

Iglesia de la Ermita KIRCHE
(Ecke Av Colombia & Calle 13) Die im Stadtbild auffallende neugotische Kirche über dem Río Cali beherbergt das Gemälde *El señor de la caña* (Der Herr des Zuckerrohrs) aus dem 18. Jh. Ihm werden viele Wunder zugeschrieben.

Museo de Arte Religioso La Merced MUSEUM
(☎2-888-0646; Carrera 4 6-60; Erw./Kind 4000/2000 COP; ⌚Mo–Fr 9–12 & 14–17 Uhr) Das Museum befindet sich im Kloster La Merced, dem ältesten Gebäude Calis, und zeigt eine Sammlung religiöser Gemälde und Reliquien aus der Kolonialzeit. Ein Besuch lohnt sich, und sei es nur, um das schöne Gebäude aus dem 16. Jh. mit seinen drei Innenhöfen zu besichtigen. Wochentags kann man den Nonnen beim Backen der Hostien zusehen.

Cristo Rey DENKMAL
Die riesige Christusstatue auf dem Cerro las Cristales erinnert an die noch größere Statue in Rio und eröffnet einen schönen Rundblick über die Stadt. Oben gibt es Stände, die Saft, Snacks und Eis verkaufen. Die Hin- und Rückfahrt mit dem Taxi kosten etwa 50 000 COP. Zu Fuß zu gehen ist aus Sicherheitsgründen nicht empfehlenswert.

Museo Arqueológico la Merced MUSEUM
(☎2-885-4665; Carrera 4 6–59; Erw./Kind 4000/2000 COP; ⌚Mo–Sa 9–13 & 14–18 Uhr) Untergebracht in einem Nebengebäude (18. Jh.) von La Merced, zeigt das Museum eine Sammlung präkolumbischer Keramiken der großen Kulturen Zentral- und Südkolumbiens. Zu den Highlights zählen Figurinen der Tumaco-Kultur und bemalte Quimbaya-Gefäße.

Aktivitäten

Pacific Diving Company TAUCHEN
(☎2-554-2619; www.pacificdivingcompany.com; Calle 4a No 36–41) Die Firma bietet Tauchausflüge zu den Inseln Isla Gorgona, Isla Malpelo und Teilen des Choco an. Die *Sea Wolf* legt in Buenaventura ab.

Ecoaventura ABENTEUERSPORT
(☎304-571-5693; ecoaventuracali@gmail.com; Carrera 12 No 1-31 Oeste) Eine gemeinnüt-

Cali

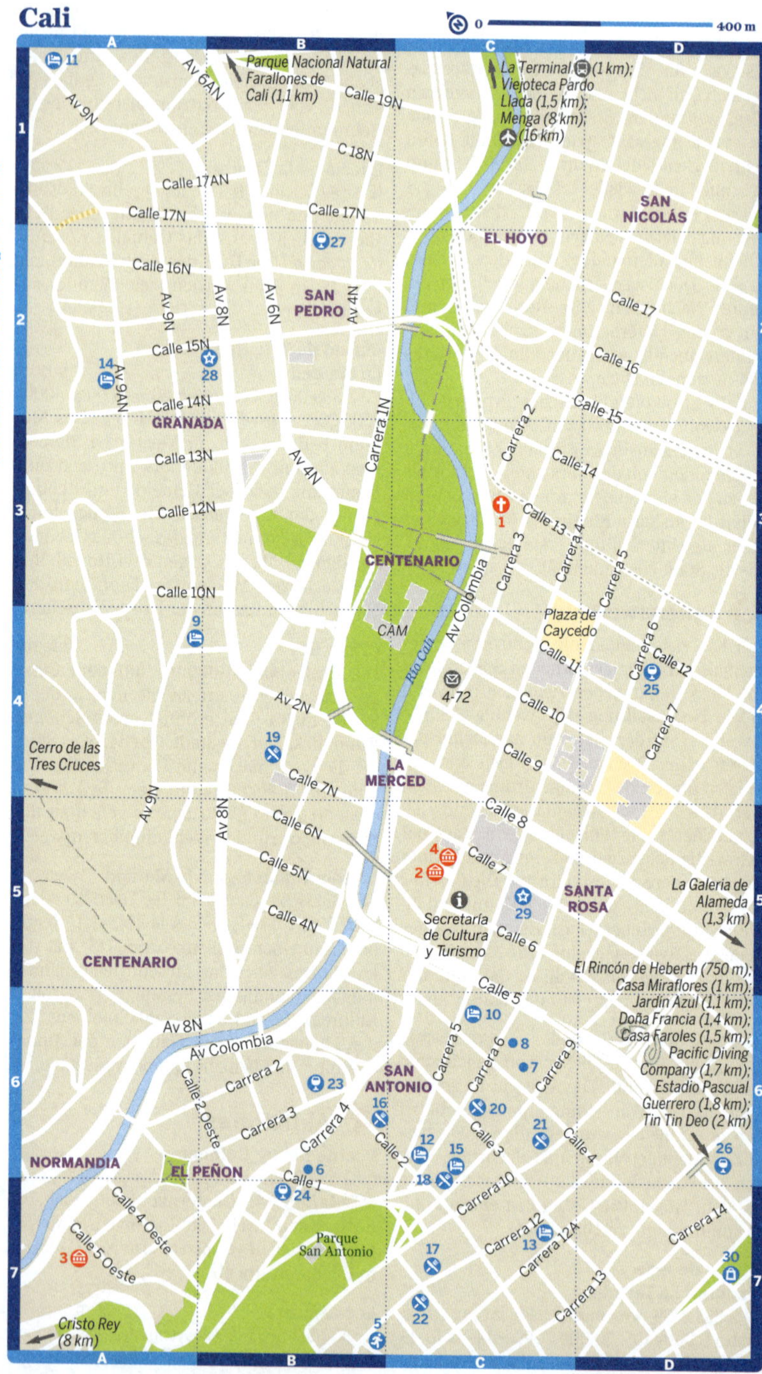

0
400 m
Parque Nacional Natural Farallones de Cali (1,1 km)
La Terminal (1 km); Viejoteca Pardo Llada (1,5 km); Menga (8 km); (16 km)
SAN NICOLÁS
EL HOYO
SAN PEDRO
GRANADA
CENTENARIO
CAM
Plaza de Caycedo
Río Cali
4-72
Cerro de las Tres Cruces
LA MERCED
SANTA ROSA
La Galeria de Alameda (1,3 km)
Secretaría de Cultura y Turismo
El Rincón de Heberth (750 m); Casa Miraflores (1 km); Jardín Azul (1,1 km); Doña Francia (1,4 km); Casa Faroles (1,5 km); Pacific Diving Company (1,7 km); Estadio Pascual Guerrero (1,8 km); Tin Tin Deo (2 km)
CENTENARIO
SAN ANTONIO
NORMANDIA
EL PEÑON
Parque San Antonio
Cristo Rey (8 km)
Av 6AN
Av 9N
Calle 19N
C 18N
Calle 17AN
Calle 17N
Calle 16N
Av 8N
Av 6N
Av 4N
Calle 15N
Av 9AN
Calle 14N
Calle 13N
Av 4N
Carrera 1N
Calle 12N
Calle 10N
Calle 17
Calle 16
Calle 15
Carrera 2
Calle 14
Calle 13
Carrera 3
Carrera 4
Carrera 5
Av Colombia
Calle 11
Carrera 6
Calle 12
Calle 10
Carrera 7
Calle 9
Av 2N
Calle 7N
Av 9N
Av 8N
Calle 6N
Calle 5N
Calle 4N
Calle 8
Calle 7
Calle 6
Calle 5
Av 8N
Av Colombia
Calle 2 Oeste
Carrera 2
Carrera 3
Carrera 4
Carrera 5
Carrera 6
Carrera 9
Calle 4
Calle 2
Calle 3
Calle 1
Carrera 10
Calle 4 Oeste
Calle 5 Oeste
Carrera 12
Carrera 12A
Carrera 13
Carrera 14
A
B
C
D
1
2
3
4
5
6
7

Cali

Sehenswertes
1 Iglesia de la Ermita ... C3
2 Museo Arqueológico la Merced ... C5
3 Museo de Arte Moderno La Tertulia ... A7
4 Museo de Arte Religoso La Merced ... C5

Aktivitäten, Kurse & Touren
5 Ecoaventura ... B7
6 Lingua Viva ... B6
7 Salsa Pura ... C6
8 Valley Adventours ... C6

Schlafen
9 Casa de Alférez ... A4
10 El Viajero ... C6
11 Guest House Iguana ... A1
12 La Casa Café ... C6
13 La Maison Violette ... C7
14 La Sucursal Hostel ... A2
15 Ruta Sur ... C6

Essen
16 El Buen Alimento ... B6
17 El Zaguán de San Antonio ... C7
18 Pargo Rojo ... C6
19 Platillos Voladores ... B4
20 Trilogia ... C6
21 Zahavi ... C6
22 Zea Maiz ... C7

Ausgehen & Nachtleben
23 El Faro ... B6
24 La Colina ... B7
25 Pérgola Clandestina ... D4
26 Topa Tolondra ... D6
27 Zaperoco ... B2

Unterhaltung
Cinemateca La Tertulia ... (s. 3)
28 Lugar a Dudas ... B2
29 Teatro Municipal ... C5

Shoppen
30 Parque Artesanías ... D7

zige Einrichtung, die interessante naturbezogene Aktivitäten um Cali organisiert, z. B. Nachtwanderungen und Abseil-Ausflüge.

Valley Adventours SPAZIERGÄNGE
(☎301-754-9188; www.valleyadventours.com; Carrera 6 No 4-26; Touren 60 000–170 000 COP) Bietet Stadtrundgänge zu Fuß oder motorisiert an, außerdem Ausflüge nach San Cipriano und zum Lago Calima. Im Programm sind auch Wanderungen zum Pico de Loro in Nationalpark Farallones de Cali und Ausritte über Land.

Wandern

Ein absolutes Muss in Cali ist eine Wanderung zum Cerro de las Tres Cruces mit seinen drei Kreuzen hoch über der Stadt. Die Aussicht von dort oben ist spektakulär. Von Grenada aus sind es zwei bis drei anstrengende Gehstunden Richtung Nordwesten (unbedingt viel zu trinken mitnehmen). Die Sicherheit ist leider immer noch ein Thema, besonders unter der Woche, wenn wenig Menschen unterwegs sind. Es empfiehlt sich daher, nur als Gruppe zu gehen und keine Wertsachen mitzunehmen.

18 km westlich der Stadt, am **Kilometerstein 18**, gibt es zahlreiche Bars und Restaurants. Auf 1800 m Höhe gelegen, ist es angenehm kühl. Der angrenzende Nebelwald ist ein bedeutendes Vogelschutzgebiet (Details zur großen Artenvielfalt findet man unter www.mapalina.com).

Die Wanderung von dort zum Städtchen **Dapa** (4 Std.) abseits der Landstraße von Cali nach Yumbo ist recht angenehm. An allen Abzweigungen links halten !

Der Kilometerstein 18 wird regelmäßig von Bussen ab dem Busterminal angefahren (2000 COP, 45 Min.). Busse und Jeeps fahren ab Sameco im Norden von Cali halbstündlich nach Dapa (3500 COP, 30 Min.).

Kurse

Viele Besucher kommen nach Cali, um Salsa tanzen zu lernen, entweder die lebhafte eigene Variante der Stadt als auch traditionelle Stile. Mehrere professionelle Salsa-Schulen unterrichten nach jeweils eigenen Methoden. Die Kosten betragen etwa 40 000–85 000 COP für eine Privatstunde; wer vorab für bestimmte Kurseinheiten zahlt, bekommt eine Ermäßigung. Manche Besucher lernen parallel noch Spanisch und nehmen abwechselnd Tanz- und Sprachunterricht. In Cali bieten größere Schulzentren und kleinere Privatschulen auch Unterrichtseinheiten für Traveler an.

Lingua Viva SPRACHKURSE
(☎323-587-1623, 316-442-8158; www.eslinguaviva.com; Calle 1 No 4B–46; Privatunterricht Std. ab 45 000 COP) Eine spanische Schule in San Antonio bietet Gruppen- und Einzelunterricht für ausländische Besucher. Die Lehrer sind erfahren und mit viel Elan dabei.

Salsa Pura TANZKURSE
(☎2-484-2769; www.salsapura.co; Calle 4 No 6-61) Die Salsa-Schule mitten in San Antonio mit erfahrenen und begeisternden Lehrern bietet Privat- und Gruppenunterricht für Tänzer auf jedem Niveau. Sie gehen gerne auf individuelle Bedürfnisse ein und sind daher bei Reisenden sehr beliebt.

Feste & Events

★ **Festival de Música del Pacífico Petronio Álvarez** MUSIK
(www.cali.gov.co/petronio; ⊙Aug.) Das Festival der pazifischen Musik ist stark beeinflusst von den afrikanischen Rhythmen der vielen Sklaven, die einst die Pazifikküste bevölkerten. Die *Caleños* kommen in Scharen, um die Nacht durchzutanzen und große Mengen *arrechón*, ein süßes, hausgemachtes alkoholisches Getränk, zu trinken.

Festival Mundial de Salsa TANZ
(☎2-880-9188; mundialdesalsa@cali.gov.co; ⊙Sept.) Fantastische Tänzer aus Cali und dem Umland treten bei diesem Tanzwettbewerb in bunten Kostümen an.

Schlafen

San Antonio bietet einen entspannten Aufenthalt in kolonialem Ambiente. Das nahe gelegene Wohngebiet Miraflores ist ruhiger und doch in Gehweite zum lebhaften Geschehen. Für luxuriöse Unterkünfte und das Nachtleben bietet sich Granada an.

Guest House Iguana HOSTEL $
(☎2-382-5364; www.iguana.com.co; Av 9N No 22N–46; B/EZ/DZ mit Frühstück 24 000/50 000/65 000 COP; @📶) Eine kleine, stille Oase nördlich des Zentrums, in der Nähe von netten Clubs und Restaurants. Es bietet günstige und komfortable Unterkünfte, einen schönen Gartenbereich und viele Informationen über Aktivitäten in der Stadt. Mehrmals pro Woche gibte es gratis Salsa-Kurse.

La Maison Violette HOSTEL $
(☎2-371-9837; www.maisonviolettehostel.com; Carrera 12A No 2A-117; B/EZ/DZ/Suite 23 000/65 000/75 000/85 000 COP; 📶) Das bunte Hostel am Rand von San Antonio bietet geschmackvoll eingerichtete Zimmer, geräumige Suiten und eine Dachterrasse.

La Casa Café HOSTEL $
(☎2-893-7011; lacasacafecali@gmail.com; Carrera 6 No 2-13; B 25 000 COP; EZ/DZ 50 000/80 000 COP, ohne Bad 40 000/60 000 COP; @📶) Ein einfaches Backpacker-Hotel der alten Schule. Zum Haus gehören eine coole Café-Bar und preiswerte Übernachtungsmöglichkeiten in Schlafsälen oder Zimmern im zweiten Stock des Kolonialgebäudes. Ein angrenzendes Gebäude bietet Zimmer mit Bad. Im Café wird Kaffee von kleinen Anbauern im Valle de Cauca ausgeschenkt.

★ **Jardín Azul** GUESTHOUSE $$
(☎2-556-8380; www.jardinazul.com; Carrera 24A No 2A–59; Zi. 96 000–150 000 COP; 📶🏊) Das makellose kleine Hotel in einem umgebauten Privathaus liegt am Hang unweit des Kolonialviertels gleich östlich des Zentrums. Es bietet riesige, helle Zimmer mit großen Betten und Baumwollbettwäsche. Einige der Zimmer haben einen Privatbalkon mit Blick auf die Stadt. Der kleine Pool im hübsch gestalteten Garten zieht zahlreiche Vögel an.

Casa Faroles HOTEL $$
(☎2-376-5381; www.casafaroles.com; Carrera 24B No 2-48 Oeste; Zi. 82 000–99 000 COP) Ein herzliches Willkommen ist garantiert in diesem hervorragenden kleinen Hotel, das von einem ehemaligen NYC-Cop und seiner *caleña*-Ehefrau geführt wird. Alle Zimmer sind geräumig, makellos und gut ausgestattet; eine schöne Terrasse bietet weite Blicke. Obwohl auf einer Anhöhe in einem stillen Viertel gelegen, sind es nur wenige Gehminuten bis San Antonio und Parque del Perro.

Ruta Sur HOSTEL $$
(☎2-893-6946; www.hostalrutasur.com; Carrera 9 No 2-41; EZ/DZ/Twin/3BZ 88 000/118 000/130 000/150 000) Ein gemütliches, freundliches Hostel in einem umgebauten Haus im Kolonialstil mitten in San Antonio, das besonders bei Reisenden auf der Suche nach einem stillen, zentral gelegenen Quartier beliebt ist. Die Zimmer sind bequem und geschmackvoll eingerichtet, besonders die geräumigen rund um den Innenhof.

La Sucursal Hostel HOSTEL $$
(☎2-383-7518; Av 9AN No 14–61; EZ/DZ 80 000/160 000 COP) Eine Bereicherung der Hostel-Szene Granadas, mit einem hervorragenden Open-Air-Barbereich mit Hängematten und Aufenthaltsräumen und einer Vielzahl winziger, hell bemalter Zimmer, die sich über mehrere Stockwerke verteilen. Auf der Dachterrasse kann man den angenehmen Abendwind und den schönen Rundblick genießen. Ein Wermutstropfen: einige der Zimmer bieten nur wenig Tageslicht.

Casa Miraflores HOSTEL $$
(☎2-377-8177; www.casamirafalorescali.com; Carrera 24B No 2a–136; B 25 000–32 000 COP, Zi. 95 000 COP) In einer stillen Wohnstraße, rund 15 Gehminuten von San Antonio entfernt, bietet dieses sehr entspannte Hostel helle, komfortable Zimmer und Aufenthaltsräume. Die stille Atmosphäre ist besonders angenehm für Reisende, die arbeiten wollen.

El Viajero HOSTEL $$
(☎2-893-8342; Carrera 5 No 4-56; B 31 000–39 000 COP, EZ/DZ ab 93 000/115 000 COP, ohne Bad ab 68 000/96 000 COP;) Das Viajero in einem renovierten Kolonialhaus ist besonders bei jungen Reisenden beliebt, die gerne ihresgleichen treffen. Die Zimmer sind zwar etwas klein, dafür sorgt der große Pool im Innenhof für Abkühlung bei großer Hitze. Die angrenzende Bar ist abends immer gut besucht. Regelmäßig finden zudem Gratis-Tanzkurse statt. An den Wochenenden werden höhere Preise verlangt.

Casa de Alférez HOTEL $$$
(☎2-393-3030; www.movichhotels.com; Av 9N No 9-24; Zi. 249 000–295 000 COP;) Das ultra-luxuriöse Hotel bietet elegante Zimmer mit Kingsize-Betten, geräumigen Bädern und Terrassenfenstern, die auf kleine Balkone über einer baumbestandenen Straße hinausgehen. Das Hotel hat zwei Restaurants.

Essen

Zea Maiz KOLUMBIANISCH $
(Arepas Cuadradas; ☎311-8462-224; Carrera 12 No 1-21 Oeste; Arepas 1500–9000 COP; ⊙5.30–22.30 Uhr, Mo geschl.;) Ein lebhaftes Keller-Restaurant in San Antonio, das leckere selbst gebackene Mais-*arepas* mit verschiedenen Füllungen anbietet. Es gibt 17 vegetarische *arepas* und weitere neun Sorten mit Fleisch, dazu eine Auswahl an vier Soßen. Hier haben schon viele hartnäckige *arepa*-Gegner ihre Meinung geändert!

La Galeria de Alameda MARKT $
(Ecke Calle 8 & Carrera 26; Mahlzeiten ab 6000 COP; ⊙7–15 Uhr) Der Lebensmittelmarkt für Arbeiter bietet auch günstige kolumbianische Gerichte, die an kleinen Ständen gekocht werden, z. B. Meeresfrüchte, die direkt am Stand zubereitet werden. In den Straßen um den Markt herum finden sich viele preisgünstige Meeresfrüchte-Restaurants.

Pargo Rojo MEERESFRÜCHTE $
(Carrera 9 No 2-09; Menü 12 000 COP, Hauptgerichte ab 18 000 COP; ⊙12–15 Uhr) Exzellente typische Meeresfrüchtegerichte werden in diesem kleinen Eckrestaurant mit gerade einmal sechs Tischen serviert. Empfehlenswert sind die leckere Fischsuppe und die große Karaffe frische Limonade.

El Buen Alimento VEGETARISCH $
(☎2-375-5738; Calle 2 No 4-53; Menü 10 000 COP, Hauptgerichte 14 000–22 000 COP; ⊙Di–Sa 11.30–22, So 1.30–17 Uhr;) Ein gut gehendes, vegetarisches Restaurant, das seinen Gästen hervorragend gekochte, vegetarische Varianten kolumbianischer Klassiker, kreative Fusion-Gerichte (mexikanische Lasagne) und frisch gepresste Säfte bietet.

Doña Francia EISCREME $
(Carrera 27 No 3-100; Snacks 2000–5000 COP; ⊙8–19 Uhr) In dieser Institution der Stadt kann man sich auf sensationell gute Säfte, Sorbets und den besten *salpicón* (Obstsalat) des Landes freuen. Doña Francia liegt einen Block östlich des Parque del Perro.

Zahavi BÄCKEREI $
(☎2-893-8797; www.zahavigourmet.com; Carrera 10 No 3-81; Frühstück 6900–11,000 COP, Sandwiches 9600–21 000 COP; ⊙8–19.30, So 8–18 Uhr) Die noble Bäckerei in San Antonio serviert exzellenten Kaffee, saftige Brownies und leckere Gourmet-Sandwiches und bietet ihren Gästen eine große Frühstückskarte.

El Zaguán de San Antonio KOLUMBIANISCH $$
(Carrera 12 No 1-29; Hauptgerichte 28 000–30 000 COP; ⊙12–24 Uhr) Diese Institution in San Antonio serviert große Portionen traditioneller *Vallecaucana*-Gerichte und hervorragende, frisch gepresste Säfte. Das Essen schmeckt gut, aber noch besser ist der fantastische Blick von der Dachterrasse, ein schöner Ort auch für einen abendlichen Drink. Sonntags gibt es die Hühnersuppe *sancocho de gallina* und *sancocho de cola* (26 000 COP) – zwei traditionelle Suppen des Landes.

★ **Platillos Voladores** FUSION $$$
(☎2-668-7750; www.platillosvoladores.com.co; Av 3N No 7-19; Hauptgerichte 30 000–62 000 COP; ⊙ Mo–Fr 12–15 & 19–23, Sa 16–16 Uhr) Das Platillos Voladores ist die erste Adresse in Cali für feines Essen – es bietet eine interessante, vielseitige Speisekarte mit attraktiv präsentierten Gourmet-Gerichten mit asiatischen, europäischen und kolumbianischen Einflüssen. Ein Schwerpunkt sind Meeresfrüchte, dazu kommen verschiedene köstliche Fischgerichte mit Soßen aus den exotischen

Früchten der Region. Die Mahlzeiten werden im Gartenrestaurant oder in einem von mehreren klimatisierten Speisesälen serviert. Die Weinkarte ist beeindruckend; eine Reservierung ein Muss.

Trilogia INTERNATIONAL **$$$**
(☎2-379-9606; www.trilogia.net; Carrera 6 No 2-130; Hauptgerichte 26 000–69 000 COP; ⏲12–24 Uhr) In diesem beliebten, gehobenen Restaurant stehen in einem überdachten Atrium mit Blick auf die offene Küche schöne handbemalte, bunte Stühle um die Tische. Die Speisekarte ist abwechslungsreich und listet verschiedene Rindersteaks sowie eine breite Auswahl an Fisch-, Pasta- und Risottogerichten auf. Die Auswahl an vegetarischen Gerichten könnte allerdings etwas größer sein. Die umfangreiche Weinkarte gehört zu den besten der Stadt.

Ausgehen

Viele *caleños* gehen eigentlich nicht aus, um einen zu trinken, sondern um zu tanzen. Etwas ruhiger ist es am Parque del Perro, an dem man etliche kleine Bars findet. Nördlich von Cali liegt Menga mit vielen, großen Diskotheken. Etwas weiter entfernt befindet sich das berühmte Juanchito mit mehreren großen *salsatecas* (Salsa-Tanzclubs), die aber nicht mehr so populär sind wie früher.

★ **Zaperoco** SALSA-CLUB
(Av 5N No 16–46; ⏲Do–Sa 21 Uhr bis frühmorgens) Wer nur eine Salsa-Bar in Cali besuchen kann, sollte auf jeden Fall ins Zaperoco gehen. Der erfahrene DJ spielt ausschließlich *salsa con golpe* (Salsa mit Pep) von alten Schallplatten, während große Ventilatoren sich vergeblich bemühen, die Temperatur im Raum etwas herunterzukühlen. Die Tanzfläche verschwindet fast unter der Masse an Tänzern. Donnerstags spielt öfters eine Live-Band.

CALIS KARROTTENGESETZ

Die Sperrstunde in Cali wird auch *ley zanahoria* (Karottengesetz) genannt, weil man langweilig wie eine Karotte sein muss, wenn man so früh nach Hause geht (zur Zeit 3 Uhr morgens am Wochenende).

Pérgola Clandestina CLUB
(www.lapergola.co; Carrera 6 No 11–48; ⏲Fr–Sa 21 Uhr bis frühmorgens) In der Open-Air-Bar im obersten Stock eines Hochhauses in Downtown spielen die DJs gute Crossover-Musik, es gibt fantastische Cocktails und sogar ein Schwimmbecken. Es ist der heißeste Club der Stadt – leider mit langen Warteschlangen und oft unfreundlichen Türstehern.

Topa Tolondra BAR
(Calle 5 No 13–27; ⏲Do–Mo 18 Uhr bis frühmorgens) Die große, gut besuchte Salsa-Bar bei Loma de la Cruz ist bei Einheimischen und Reisenden gleichermaßen beliebt. Die Tische stehen entlang der Wand, um die Tanzfläche so groß wie möglich zu lassen.

La Colina BAR
(Calle 2 Oeste No 4-83; ⏲12 Uhr–spät) Eine Kombination aus Tante-Emma-Laden und Bar in San Antonio. Es gibt billiges Bier und klassische Salsa sowie Bolero.

El Faro BAR
(www.elfaropizzabar.com; Carrera 3 No 2-09; Hauptgerichte 16 000–28 000 COP) Wer sich nichts aus Tanzen macht, findet in dieser lebhaften, bei den Einheimischen beliebten Rock-Bar in El Peñon Live-Bands, eine freundliche Bedienung und gutes Gringo-Essen.

Viejoteca Pardo Llada SALSA CLUB
(Av 2N No 32–05; Gedeck 6000 COP; ⏲So 14–19 Uhr) In einer bezaubernden Open-Air-Tanzhalle im oberen Stock der Senior Citizen's Association findet Calis originellste und beste *viejoteca* (Senioren-Disko) statt: Hier treten die Senioren im besten Gewand an und zeigen, was sie beim Salsa noch draufhaben. Wer nicht mittanzen mag, schaut einfach zu und trinkt sein Bier. Die Viejoteca liegt in der Nähe des Parque del Avión. Der Dresscode: Männer in Shorts werden nicht eingelassen!

El Rincón de Heberth BAR
(Carrera 24 No 5-32; ⏲Do–Sa 20–3 Uhr) Die schlichte Bar im Laden einer Einkaufszeile zieht erstaunlich viele Leute an, die gute Musik und ein entspanntes Ambiente genießen. Die meisten sitzen draußen auf dem eingezäunten Gehsteig, weil es dort kühler ist, bis ein bestimmter Song sie wieder zurück auf die Tanzfläche lockt. Ein Eintritt wird für gewöhnlich nicht verlangt.

Tin Tin Deo SALSA CLUB
(www.tintindeocali.com; Calle 5 No 38–71; ⏲Do–Sa 20 Uhr bis frühmorgens) Dieser kultige, unprä-

tentiöse Salsa-Club hat eine große Tanzfläche im oberen Stock mit Postern berühmter Salsa-Sänger an den Wänden. Auch wenn der Cub den Eindruck einer Expat-Bar (besonders am Donnerstag) vermittelt, ist er doch eine gute Adresse für Anfänger. Außerdem kann man problemlos ohne Partner kommen: geeignete Tanzpartner finden sich leicht unter den netten, tanzwilligen Stammgästen.

 Unterhaltung

Informationen über Veranstaltungen finden sich im Unterhaltungsteil von Calis Tageszeitung *El País* (www.elpais.com.co).

Kino

Anspruchsvolle Filme bietet das Programm der **Cinemateca La Tertulia** (☎2-893-2939; www.museolatertulia.com/cinemateca; Av Colombia No 5 Oeste–105; Eintritt 7000 COP), die immer Dienstag bis Samstag je zwei Vorstellungen veranstaltet. Künstlerisch anspruchsvolle Filme werden gratis im **Lugar a Dudas** (☎2-668-2335; www.lugaradudas.org; Calle 15N No 8N–41; ⏲Di–Sa 14–20 Uhr) gezeigt.

Fußball

Cali hat zwei Fußballteams, die in der ersten Fußballliga spielen. Spieler von **Deportivo Cali** (www.deportivocali.co) tragen grün und haben ihre Heimspiele in Palmaseca unweit von Palmira. **America de Cali** (www.americadecali.co), die in rot auflaufen und einst berüchtigt für ihre Verbindung zur örtlichen Drogenszene waren, spielen in der Innenstadt im **Estadio Pascual Guerrero** (Ecke Calle 5 & Carrera 34; MIO Estadio).

Theater

Teatro Municipal THEATER
(☎2-881-3131; www.teatromunicipal.gov.co; Carrera 5 No 6-64) Das 1918 vollendete und damit älteste Theater der Stadt bietet ein vielseitiges Unterhaltungsprogramm, das Konzerte, Theater- und Ballettaufführungen umfasst. An vorstellungsfreien Tagen führt der Sicherheitsbeamte auf Wunsch durch die Räume, u.a. durch den reich verzierten Saal mit seiner herrlichen Deckenbemalung und den fünf Rängen mit verzierten Logen.

Delirio DARSTELLENDE KUNST
(☎2-893-7610; www.delirio.com.co; Carrera 26 No 12–328; Eintritt 190 000–200 000 COP) Wer Calis legendären Salsa-Zirkus sehen will, muss frühzeitig buchen! Hier trifft einmal im Monat Straßenzirkus auf glitzernden Tanzclub – das Ganze in einer explosiven Feier der *Caleña*-Kultur. Das große Zelt steht am Cali-Yumbo-Highway, eingelassen werden nur Erwachsene.

 Shoppen

Parque Artesanías MARKT
(Loma de la Cruz; ⏲10–20 Uhr) Am Loma de la Cruz befindet sich einer der besten *Artesanía*-Märkte Kolumbiens. Angeboten werden handgefertigte Produkte aus dem Amazonasgebiet, der Pazifikküste, den südlichen Anden und sogar Los Llanos.

 Praktische Informationen

GEFAHREN & ÄRGERNISSE

Tagsüber ist das Stadtzentrum voller Menschen und Straßenverkäufer. Nach Einbruch der Dunkelheit und am Sonntag leeren sich die Straßen. Die Gegend östlich der Calle 5 und entlang dem Río Cali sollte nachts unbedingt gemieden werden. Es empfiehlt sich, ein Taxi zu nehmen und besonders gut auf seine Sachen zu achten.

MEDIZINISCHE VERSORGUNG

Centro Medico Imbanaco (☎2-382-1000, 682-1000; www.imbanaco.com; Carrera 38Bis No 5B2–04) Angesehene Privatklinik.

GELD

Die meisten großen Banken finden sich um die Plaza Caycedo im Zentrum und an der Avenida Sexta (Av 6N). Wenn die Straßen verlassen sind, sollten die Banken im Zentrum nicht mehr aufgesucht werden.

Banco de Bogotá (Calle 6N No 25N–47).

Banco de Bogotá (Carrera 5 No 10–39).

Banco de Occidente (Av Colombia 2–72).

Bancolombia (Av 6N No 20–72).

POST

4–72 (Carrera 3 No 10–49; ⏲Mo–Fr 8–12 & 14–19, Sa 9–12 Uhr) Hauptpostamt.

TOURISTENINFORMATION

Secretaría de Cultura y Turísmo (☎2-885-6173; www.cali.gov.co/turista; Ecke Calle 6 & Carrera 4; ⏲Mo–Fr 8–12 & 14–17, Sa 10–14 Uhr) Hilfsbereites Informationsbüro.

VISA-AUSKUNFT

Migración Colombia (☎2-397-3510; www.migracioncolombia.gov.co; Av 3N 50N–20, La Flora; ⏲Mo–Fr 8–16) Hier kann man sein Visum verlängern.

 An- & Weiterreise

Der **Flughafen Alfonso Bonilla Aragón** (Aeropuerto Palmaseca; www.aerocali.com.co; Palmira) liegt 16 km nordöstlich der Innenstadt an der Straße nach Palmira. Minibusse pendeln bis etwa 20 Uhr im 10-Minuten-Takt zwischen Flughafen und Busbahnhof (6500 COP, 45 Min.). Eine Alternative sind Taxis (etwa 55 000 COP). Es gibt internationale Direktflüge von Cali nach Miami, Madrid und zu Flughäfen in Mittel- und Südamerika.

Der Busbahnhof **La Terminal** (La Terminal; www.terminalcali.com; Calle 30N No 2AN–29), liegt 2 km nördlich des Stadtzentrums. Bei den Temperaturen ist es zu heiß, um zu Fuß dorthin zu gehen – Taxis kosten 8000 COP.

Busse verkehren regelmäßig nach Bogotá (65 000, 12 Std.), Medellín (55 000 COP, 9 Std.) und Pasto (40 000 COP, 9 Std.). Es gibt regelmäßigen Minibus-Verkehr nach Popayán (17 000 COP, 3 Std.) sowie regelmäßige Fahrten nach Armenia (22 000 COP, 4 St.), Pereira (27 000 COP, 4 Std.) und Manizales (40 000, 5 Std.).

Unterwegs vor Ort

Calis klimatisierte **Mio-Busse** (www.mio.com.co; pro Fahrt 1900 COP;) erinnern stark an Bogotás TransMilenio. Die Hauptstrecke verläuft vom Nordende des Busbahnhofs am Fluss entlang, durch die Stadtmitte und entlang der gesamten Avenida Quinta (Av 5). Weitere Strecken verteilen sich über die Stadt.

Taxis sind recht günstig in Cali, der Mindestpreis beträgt 4700 COP. Bei Nacht wird ein Aufschlag von 1100 COP verlangt.

RUND UM CALI

Cali ist eine ausufernde Metropole, doch man muss nicht weit reisen, um eine schöne Naturkulisse zu finden. Südlich der Stadt ist der Río Pance bei den *caleños* beliebt, die dorthin der Hitze entfliehen. Pance grenzt an den Parque Nacional Natural (PNN) Farallones – er ist der großstadtnächste Nationalpark der Landes. Im Norden von Cali liegt der Lago Calima, ein ruhiger Stausee in den Bergen, um den herum zahlreiche Farmen angesoedelt sind. Der Stausee ist wegen seiner Thermik bei Kitern und Surfern beliebt.

Pance

2 / 2000 EW. / 1550 M

Der von imposanten Bergen umrahmte kleine Urlaubsort liegt am Ostrand des Parque Nacional Natural Farallones. Hier findet man viele Ferienhäuser, denn die *caleños* kommen in Scharen auf der Suche nach Abkühlung im glasklaren Flusswasser. Das Wetter ist verglichen mit der Hitze von Cali angenehm kühl.

Am Wochenende wacht der Ort auf; entlang der einzigen Straße füllen sich die Bars und Restaurants dann mit Gästen. Unter der Woche ist alles geschlossen und man bekommt nur schwer etwas zu essen.

Sehenswertes

Parque Nacional Natural Farallones de Cali NATIONALPARK

(www.parquesnacionales.gov.co) Der 1500 km² große Nationalpark schützt die westlichen Anden des Landes. Als der Bürgerkrieg sich zuspitzte, wurde er geschlossen und ist offiziell bis heute noch nicht wieder für Besucher geöffnet worden. Die Sicherheit ist in manchen Gegenden immer noch ein Thema, eine Rolle spielen aber auch ökologische Schutzmaßnahmen, die getroffen wurden, um das empfindliche Ökosystem zu schützen. Der Großteil des Parks darf daher derzeit nicht betreten werden, ein Zugang ist nur im Rahmen geführter Tagestouren zum Pico de Loro möglich. Die Guides müssen in Pance gebucht werden.

Es laufen gegenwärtig Untersuchungen, ob die fünftägige Wanderung zum Pico de Pance, dem berühmtesten Gipfel im PNN Farallones, wieder freigegeben werden soll. Interessenten sollten sich vorab in Cali erkundigen, um nicht umsonst zum Nationalpark zu reisen.

Während der Recherchen für dieses Buch wurde kein Eintrittsgeld für den Park erhoben. Dies wird sich bei einer offiziellen Wiedereröffnung aber sicher ändern.

Aktivitäten

Neben einem Bad im Fluss oder einem der Bergbäche besteht noch die Möglichkeit zu einer eintägigen Wanderung zu den Wasserfällen der Region und zu geführten Wanderungen im PNN Farallones de Cali.

Wandern

Eine Rundwanderung zum Pico de Loro westlich von Pance dauert sieben Stunden. Für einen lokalen Wanderführer fallen pro Gruppe etwa 80 000 COP an. Die Rundwanderung muss spätestens um 10 Uhr im Park angetreten werden, von daher empfiehlt sich eine Übernachtung in Pance.

Zu den Wasserfällen geht es vom Pueblo Pance zunächst 1 km bergab zur Brücke, dann nach rechts. Dann 2 km auf der Forststraße bergauf nach El Topacio, wo sich ein Besucherzentrum befindet und der Führer wartet. Es werden maximal 40 Besucher pro Tag zugelassen – Reservierungen können im Büro der Corporación Autónoma Regional del Valle de Cauca in Cali vorgenommen werden. Zwei kurze Wanderwege können hier erkundet werden: Der Barranquero-Trail führt zu einem 40 m hohen Wasserfall, der Naturaleza-Trail endet an 130 m langen Stromschnellen. Auf Wunsch kann auch La Nevera (der Kühlschrank) besucht werden – ein glasklarer Pool, der von mehreren Bergbächen gespeist wird.

Schlafen & Essen

Entlang der Straßen nach Pueblo Pance und vom Dorf zum PNN Farallones liegen mehrere kleine Hotels. An den Wochenenden bieten Straßenrestaurants landestypisches Essen an. Die Woche über müssen Besucher sich mit ihren Hotels absprechen.

La Fonda Pance HOSTEL **$**
(317-664-3004, 2-558-1818; www.lafondapance.com; contiguo al Finca Nilo; Campingplatz pro Pers. 10 000 COP, B 20 000 COP, Zi. mit/ohne Bad 80 000/50 000 COP; P @) Die wohl beste Unterkunft in der Gegend: ein entspannter Ort mit komfortablen, modernen Zimmern, Blick auf die Berge und einem riesigen Garten, durch den ein Wildbach fließt. Ein Freiluft-Jacuzzi bietet Entspannung nach einer langen Wanderung, das erfrischende Naturbecken wird von den Wildwassern der umliegenden Berge gespeist. Mahlzeiten werden angeboten und das freundliche Management organisiert auf Wunsch einen Wanderführer. Das Hostel befindet sich 200 m vor der Abzweigung nach Topacio.

An- & Weiterreise

Minibusse fahren zwischen 5 und 20 Uhr etwa stündlich nach Pueblo Pance (2300 COP, 1½ Std.). Die Haltestelle befindet sich vor dem Busbahnhof in Cali. Die Busse tragen die Aufschrift „Recreativo 1A" und „Pueblo Pance".

MIO-Busse fahren einige Stellen am Fluss an, fahren aber nicht bis nach Pueblo Pance.

Lago Calima

Der Stausee etwa 86 km nördlich von Cali zieht aufgrund seiner verlässlichen Windbedingungen Kite- und Windsurfer aus aller Welt an. Der See bedeckt seit 1965 das geflutete Darién-Tal des Río Calima. Aufgrund der milden Temperaturen kommen auch zahlreiche *caleños*, die am Wochenende hier Abkühlung suchen. In den grünen Hügeln rund um den See verstecken sich dementsprechend viele Wochenend-Fincas.

Die meisten touristischen Aktivitäten spielen sich am Nordufer des Sees ab – vom Städtchen Darién am Ostende bis zum Staudamm im Westen. Einen Strand gibt es nicht; die Sportler starten von den grasbewachsenen Hängen, die zum Wasser hinunterführen.

Da die Anbindung mit öffentlichen Verkehrsmitteln zum Lago sehr unregelmäßig ist, ist es schwierig, einen Kurzausflug zum Lago Calima zu planen. Praktischer ist der Besuch mit einer oder zwei Übernachtungen. Besonders empfehlenswert sind die Wochenenden, wenn die vielen Besucher am See für Partyatmosphäre sorgen.

Aktivitäten

Escuela Pescao Windsurf y Kitesurf WINDSURFEN, KITESURFEN
(300-230-6097, 311-352-3293; www.pescaokitesurf.com) Die gut organisierte Surfschule hat ihre Räumlichkeiten in einem großen Lagerhaus am See. Ein ehemaliger Champion im Kitesurfen, heute an den Rollstuhl gefesselt, gibt Unterricht am Strand, bevor er die Leute mit einem Ausbilder aufs Wasser schickt.

Eine einfache Unterkunft wird im Lagerhaus in Zelten mit Matratzen und Schlafsäcken angeboten (30 000–60 000 COP).

Schlafen & Essen

Hostería Los Veleros HOTEL **$$$**
(2-684-1000; www.comfandi.com.co; Complejo Comfandi, Via Madroñal; EZ/DZ/3BZ einschl. 2 Mahlzeiten 214 000/234 000/280 000 COP;) Das beste Hotel am See ist Teil des Gebäudekomplexes der Versicherung Comfandi. Der Übernachtungspreis schließt zwei Mahlzeiten und den Eintritt zum Freizeitcentrum und den Pools ein. Einige der Zimmer haben Balkone mit fantastischem Blick über den See. Am Wochenende ist das Hotel voll, unter der Woche hat man es aber fast für sich alleine.

Meson llama KOLUMBIANISCH **$$**
(318-415-3681; www.mesonilama.com; Hauptgerichte 26 000–40 000 COP, Pizza 19 000–35 000 COP; Mo–Fr 7.30–19, Sa & So 7.30–21 Uhr) Etwa 10 km von Darién entfernt liegt dieses große Restaurant mit frei liegenden Balken und schöner Aussicht auf den See. Die einfachen Gerichte sind alle sehr gut zubereitet – es gibt *sancocho* (kolumbianische Suppe), *churrasco* (Grillfleisch), Kalb und

Forelle, außerdem gute Pizzas. Das Haus bietet verschiedene Übernachtungsmöglichkeiten (Zi. ab 130 000 COP) am Seeufer an.

An- & Weiterreise

Minibusse pendeln zwischen Darién und dem Staudamm des Lago Calima (2200 COP) an den Kite-Schulen vorbei, jeweils zur vollen Stunde zwischen 7 und 19 Uhr. Ein Zustieg ist auch in die Busse nach Buga/Cali möglich – dabei auf die Aufschrift „por el lago" (zum See) achten.

Darién

☎2 / 15.824 EW / 1800 M

Der kleine Ort bietet ein paar günstige Hotels, Supermärkte, Geldautomaten und Internet-Cafés, am Wochenende öffnen mehrere heiße Diskos. Die nette Ortschaft konzentriert sich großteils auf zwei bis drei Häuserblocks um den Parque Los Fundadores, den Hauptplatz. Die eigentliche Attraktion ist jedoch der Ausflug zum Lago Calima.

Sehenswertes & Aktivitäten

Museo Arqueológico Calima MUSEUM
(☎2-253-3496, 321-831-4780; www.inciva.org; Calle 10 No 12–50; Erw./Kind 4000/3000 COP; ⏱Mo–Fr 8–12.30 &13.30–17, Sa & So 10–18 Uhr) Das Museum steht inmitten eines gepflegten Parks auf dem Hügel über dem Platz. Es zeigt eine beeindruckende Sammlung präkolumbischer Keramik und Nachbildungen originaler Wohnstätten der Einheimischen.

Cogua Kiteboarding KITESURFEN
(☎318-608-3932, 2-253-3524; www.coguakiteboarding.com; Calle 10 No 4-51) Der junge Eigentümer des recht entspannten Betriebs bietet nicht nur Unterricht im Kitesurfen an, sondern managt auch eine kleine Kiteboard-Manufaktur für Boards aus Kokosfasern und *guadua* (einer Bambusart), die individuell nach Kundenwunsch gearbeitet werden. Interessierte Besucher sind willkommen und können auch selbst das Design ihres zukünftigen Boards entwerfen. Kunden werden zudem günstige Unterkünfte in der Stadt angeboten, ebenso wie die Vermietung von Stehpaddeln (SUP).

Anreise & unterwegs vor Ort

Tagsüber gibt es mehrmals eine direkte Busverbindung von/nach Cali (14.500 COP, 2½ Std.). Der letzte Bus zurück nach Cali fährt um 18.30 Uhr in Darién ab.

Von Norden kommend, geht es nach Buga und von dort mit dem nächsten Bus (alle 30 Min.) nach Darién (7500 COP, 1½ Std.). Der letzte Bus zurück nach Cali fährt um 18.30 Uhr in Darién ab.

Zwei Busrouten führen von Cali nach Lago Calima und Darién, zum jeweils gleichen Preis. Direkt nach Darién fährt der Bus über Jiguales; zu den Kitesurfer- und Windsurferschulen verkehrt nur der Bus „*por el lago*" (zum See).

In Darién gibt es keine Taxis, dafür jedoch eine ganze Armee an Tuk-tuks, die für einen fairen Preis Fahrgäste befördern. Jeeps, die Passagiere in die Stadt oder zum Seeufer bringen, warten am Hauptplatz, sind aber oft recht teuer (etwa 15 000 COP nach Comfandi).

CAUCA & HUILA

In den beiden Provinzen liegen Popayán, eine der schönsten Kolonialstädte Kolumbiens, sowie zwei der wichtigsten archäologischen Fundstätten des Landes: San Agustín und Tierradentro. Aber auch die Wüste Desierto de la Tatacoa, ein Naturphänomen unweit von Neiva und auf halbem Weg zwischen Bogotá und San Agustín, lohnt die Fahrt.

Als das Reisen in Kolumbien noch auf den Flüssen stattfand, waren Cauca und Huila wichtige Warenumschlagsplätze. Der Ausbau der Eisenbahnlinien und Autobahnen Anfang des 20. Jhs. bremste jedoch ihre Weiterentwicklung. Heute wirkt die Region ziemlich verschlafen.

Popayán

☎2 / 282.453 EW. / 1760 M

Das kleine Kolonialstädtchen ist berühmt für seine weiß gekalkten Fassaden (daher die Bezeichnung „La Ciudad Blanca" – weiße Stadt) und ist nach Cartagena Kolumbiens eindrucksvollste koloniale Siedlung. Am Fuß hoher Berge im Valle de Pubenza gelegen, war Popayán jahrhundertelang die Hauptstadt Südkolumbiens, bevor Cali diese Rolle übernahm.

Die Stadt wurde 1537 von Sebastián de Belalcázar gegründet und entwickelte sich rasch zu einem wichtigen Zwischenstopp auf dem Weg von Cartagena nach Quito. Popayáns mildes Klima zog viele wohlhabende Familien aus den Zucker-Haciendas des heißen Valle de Cauca an. Ab dem 17. Jh. begannen sie, Herrenhäuser, Schulen, Kirchen und Klöster zu erbauen.

Im März 1983, kurz vor Beginn der wichtigen Gründonnerstagsprozession, erschütterte ein verheerendes Erdbeben die Stadt. Das Dach der Kathedrale stürzte ein und erschlug Hunderte von Menschen. Von den damals schweren Schäden bemerkt man heute kaum noch etwas.

Heute gibt es mehrere Universitäten in Popayán, die Straßen des alten Zentrums sind tagsüber voller Studenten.

Sehenswertes

Am letzten Freitag im Monat veranstaltet Popayán die Noche de Museos (Nacht der Museen). Dann ist die historische Innenstadt für den Verkehr gesperrt und Händler mit Essen und Kunsthandwerklichem bauen entlang der Straße ihre Stände auf. Viele der städtischen Museen sind dann bis spätabends geöffnet und können gratis besichtigt werden.

Die **Capilla de Belén**, eine auf einer Anhöhe östlich des Stadtzentrums errichtete Kirche, bietet einen schönen Blick über die Stadt. Da sie etwas abseits liegt, sollte man keine Wertsachen mitnehmen. Die Anhöhe **El Morro de Tulcán**, auf der eine Reiterstatue des Stadtgründers errichtet wurde, bietet einen noch besseren Ausblick, vor allem zum Sonnenuntergang. Einst soll hier eine präkolumbische Pyramide gestanden haben.

Ein weiterer populärer Aussichtspunkt ist **Tres Cruces** – drei Kreuze auf einem bewaldeten Hügel. Der Spaziergang den baumbestandenen Weg hinauf zum Monument bietet eine schöne Gelegenheit, aus der Stadt herauszukommen; an Wochenenden ist der Weg voller Jogger. Es wurde jedoch auch von Überfällen auf diesem Weg berichtet, von daher sollte man nur in Gruppen gehen und seine Wertsachen im Hotel lassen.

Iglesia de San Francisco KIRCHE
(Ecke Carrera 9 & Calle 4) Die größte Kirche der Stadt, erbaut im Kolonialstil, ist zugleich auch ihre schönste und birgt einen sehenswerten Hochaltar und sieben einzigartige Nebenaltären. Ein Erdbeben brach 1983 das Beinhaus auf und gab sechs unbekannte Mumien frei. Zwei davon sind noch dort, und können manchmal besichtigt werden. Informationen zu Führungen erhält man am Schalter rechts vom Eingang.

Museo Arquidiocesano de Arte Religioso MUSEUM
(☎2-824-2759; Calle 4 No 4-56; 6000 COP; ⏲Mo–Fr 9–12.30 & 14–18, Sa 9–14 Uhr) Man muss kein Kunsthistoriker sein, um von dieser Sammlung an Gemälden, Statuen, Altargemälden, Silber und liturgischen Gefäßen zumeist aus dem 17. bis 19. Jh. beeindruckt zu sein. In der Karwoche kann auch ein Gewölbe mit wertvollen Reliquien besucht werden.

Puente del Humilladero BRÜCKE
Popayáns symbolisches Wahrzeichen, die 240 m lange Ziegelbrücke mit ihren elf Pfeilern, wurde Mitte des 19. Jhs. gebaut, um die nördlichen Vorstädte besser ans Zentrum anzubinden. Die hübsche Steinbrücke Puente de la Custodia wurde schon 1713 errichtet, damit Priester den Río Molino überqueren und Kranke segnen konnten. Heute wirkt sie neben der großen Brücke ganz klein.

Casa Museo Mosquera MUSEUM
(Calle 3 No 5-38; ⏲8–11.30 & 14–17 Uhr) GRATIS Das interessante Museum befindet sich in einem Gebäude aus dem 18. Jh., in dem einst General Tomás Cipriano de Mosquera wohnte, der viermal zwischen 1845 und 1867 Präsident Kolumbiens war. Der original französische Kronleuchter im Speisesaal war auf Mauleseln von der Karibik nach Popayán transportiert worden. In einer Urne in der Wand wird Mosqueras Herz aufbewahrt.

Iglesia La Ermita KIRCHE
(Ecke Calle 5 & Carrera 2) Popayáns älteste Kirche wurde 1546 errichtet und lohnt einen Besuch wegen ihres kunstvollen Altaraufsatzes und der Fragmente alter Fresken, die erst nach dem Erdbeben entdeckt wurden.

Museo Guillermo Valencia MUSEUM
(Carrera 6 No 2-69; ⏲Do–So 10–12 & 14–17 Uhr) GRATIS Das Gebäude (18. Jh.) birgt viele Stilmöbel, Gemälde, alte Fotos und Dokumente, die einst dem in Popayán geborenen Dichter gehörten. Das Haus wurde mehr oder weniger in dem Zustand belassen, wie es war, als Valencia in einem der Schlafzimmer oben verstarb.

Museo de Historia Natural MUSEUM
(www.unicauca.edu.co/museonatural; Carrera 2 No 1A-25; 3000 COP; ⏲9–12 & 14–17 Uhr) Das Museum auf dem Universitätsgelände ist eines der besten seiner Art und bekannt für seine umfangreiche Kollektion an Insekten, Schmetterlingen und ausgestopften Vögeln.

Aktivitäten

Popayán Tours ABENTEUERTOUREN
(☎831-7871; www.popayantours.com) Die sehr professionell arbeitende Firma bietet verschiedene Outdoortouren in der Region um

Popayán

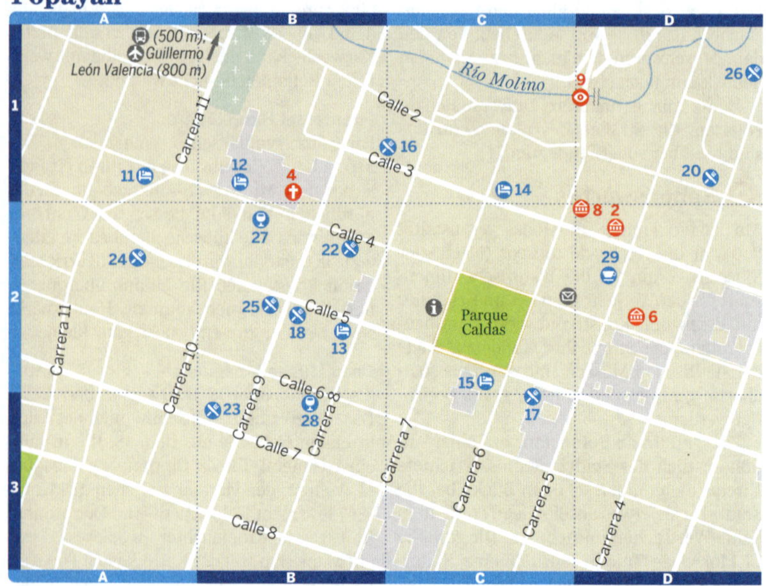

Popayán an, z. B. eine Downhill-Mountainbike-Fahrt von den Coconuco-Thermalquellen und Wanderungen im Parque Nacional Natural Puracé. Konditionsstarke können die Kombination Wandern & Radfahren wählen – eine Kombination aus Wanderung zum Gipfel des Vulkans Puracé und anschließender Radtour zurück nach Popayán.

Get up und Go Colombia STADTSPAZIERGANG
(☎321-533-2633, 312-779-5749; getupandgocolombia@gmail.com) GRATIS Die Firma bietet Gratisführungen durch die historische Altstadt in Begleitung eines Studenten der Universität an. Die Führungen beginnen jeweils um 10 und um 16 Uhr am Parque Caldas vor dem Touristenbüro; die Studenten freuen sich über ein Trinkgeld. Sonntags wird separat eine geführte Wanderung zum Aussichtspunkt Tres Cruces über der Stadt angeboten.

Feste & Events

Semana Santa PROZESSION
(Karwoche; ⏲Ostern) Die Festivitäten anlässlich der Karwoche in Popayán sind weltberühmt, insbesondere die Nachtprozessionen am Gründonnerstag und Karfreitag. Tausende Menschen strömen von überall her, um an der religiösen Zeremonie und dem dazugehörigen Kirchenmusikfest teilzunehmen. Hotels sind in der Zeit sehr teuer und sollten lange im Voraus gebucht werden.

Congreso Nacional Gastronómico ESSEN & TRINKEN
(www.gastronomicopopayan.org; ⏲Sept.) Spitzenköche aus ganz Kolumbien und einem ausgewählten Gastland sind in der ersten Septemberwoche eingeladen, ihre kulinarischen Künste unter Beweis zu stellen. Neben dem Hauptprogramm gibt es eine Reihe weiterer kostenloser Events in der ganzen Stadt.

Schlafen

Parklife Hostel HOSTEL $
(☎300-249-6240; www.parklifehostel.com; Calle 5 No 6-19; B 25 000–28 000 COP, EZ/DZ 54 000/64 000 COP, ohne Bad ab 45 000/55 000 COP; @📶) Eine bessere Lage kann es für ein Hostel gar nicht geben – das Parklife ist direkt an die Fassade der Kathedrale angebaut. Bei der Einrichtung blieb noch viel vom alten Stil erhalten, unter anderem die Holzböden, Lüster und antiken Möbel. Die Atmosphäre ist umwerfend – von der Lounge aus hört man sogar den Kirchenchor singen. Die Zimmer nach vorne raus bieten zudem eine schöne Aussicht auf den Parque Caldas.

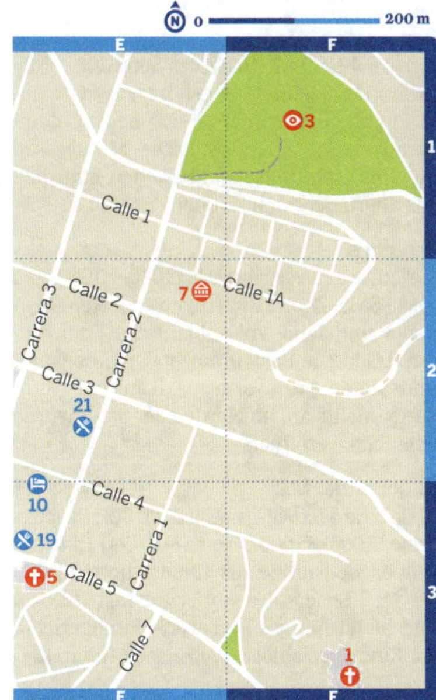

Popayán

Sehenswertes

1 Capilla de Belén ... F3
2 Casa Museo Mosquera ... D2
3 El Morro de Tulcán ... F1
4 Iglesia de San Francisco ... B1
5 Iglesia La Ermita ... E3
6 Museo Arquidiocesano de Arte Religioso ... D2
7 Museo de Historia Natural ... E2
8 Museo Guillermo Valencia ... D2
9 Puente del Humilladero ... D1

Schlafen

10 Hostel Caracol ... E3
11 Hosteltrail ... A1
12 Hotel Dann Monasterio ... B1
13 Hotel La Plazuela ... B2
14 Hotel Los Balcones ... C1
15 Parklife Hostel ... C2

Essen

16 Carmina ... C1
17 Hotel Camino Real ... C3
18 La Fresa ... B2
19 La Semilla Escondida ... E3
20 Mora Castilla ... D1
21 Pita ... E2
22 Restaurante Italiano ... B2
23 Restaurante Vegetariano Maná ... B3
24 Sabores del Mar ... A2
25 Tequila's ... B2
26 Tienda Regional del Macizo ... D1

Ausgehen & Nachtleben

27 Bar La Iguana ... B2
28 El Sotareño ... B3
29 Oromo Café Ritual ... D2

Hostel Caracol HOSTEL $
(☎2-820-7335; www.hostelcaracol.com; Calle 4 No 2-21; B 27 000 COP, EZ/DZ 55 000/75 000 COP, ohne Bad 45 000/62 000 COP; @) In einem renovierten Kolonialhaus gelegen, zieht das einfache Hostel vorallem Einzelreisende mit viel Zeit an. Die Zimmer sind klein, aber gemütlich, und gehen auf einen gemeinschaftlich genutzten Innenhof hinaus. Über Sehenswürdigkeiten und Unterhaltungsangebote in der Stadt wird man gut informiert.

Hosteltrail HOSTEL $
(☎2-831-7871; www.hosteltrailpopayan.com; Carrera 11 No 4-16; B 27 000 COP, EZ/DZ 55 000/75 000 COP, ohne Bad 45 000/62 000 COP; @) Popayáns beliebtestes Hostel ist eine moderne, freundliche Unterkunft am Rand des historischen Zentrums. Reisende finden hier alle Annehmlichkeiten, die sie suchen: schnelles Internet, eine Schnellreinigung, eine gut ausgestattete Küche und hilfreiches Personal mit viel regionalem Wissen.

★ **Hotel Los Balcones** HOTEL $$
(☎2-824-2030; www.hotellosbalconespopayan.com; Carrera 7 No 2-75; EZ/DZ 93 000/173 000 COP, Apt. 215 000–256 000 COP; @) Die Steintreppe, die in diesem Domizil aus dem 18. Jh. zu den Zimmern führt, ist 200 Jahre alt. Alles fühlt sich hier mittelalterlich an: die alten Holzmöbel, der ausgestopfte Adler und das Labyrinth an Fluren. In der Lobby hängen Grafiken von M. C. Escher über einem Schaukasten mit alter Keramik und gepolsterten Ledermöbeln.

Hotel La Plazuela HOTEL $$
(☎824 1084; www.hotellaplazuela.com.co; Calle 5 No 8-13; Zi. inkl. Frühstück 150 000 COP;) Das schöne, weiß getünchte Herrenhaus mit angenehmem Innenhof wurde komplett auf Vordermann gebracht, aber viele der original antiken Möbel werden im eleganten Hotel immer noch genutzt. Die Zimmer nach vorne hinaus haben schalldichte Fenster und bieten einen schönen Blick auf die Iglesia San José.

Hotel Dann Monasterio HOTEL $$$
(☎2-824 2191; www.hotelesdann.com; Calle 4 No 10–14; EZ/DZ 295 000/365 000 COP, Suite

400 000–540 000 COP; @ 📶 ❄) Das ehemalige Franziskanerkloster bietet elegante, wenn auch nicht gerade luxuriöse Zimmer um einen großen Innenhof mit Arkaden. Das Gebäude an sich ist sehr beeindruckend, doch die Zimmerqualität recht unterschiedlich, sodass man sich mehrere zeigen lassen sollte. Dem neuen WLAN gelingt es nun auch, die dicken Lehmwände zu durchdringen.

Das Restaurant im hinteren Teil des Gebäudes mit Blick auf den Garten serviert europäische und lateinamerikanische Gerichte in guter Qualität (28 000–42.500 COP).

Essen

Popayán ist bekannt für seine typisch würzige Küche. Dazu gehören *carantantas* (eine Art Mais-Chip) und *empanadas de pipián* (gebackene Kartoffelküchlein mit würziger Erdnusssoße ähnlich dem Saté). Zu den traditionellen Erfrischungsgetränken zählt *champus* (Maisgetränk mit Lulo und Ananas) sowie *salpicón payanese* (Eisgetränk aus frischen Brombeeren).

★ Carmina INTERNATIONAL $
(Calle 3 No 8-58; Menü 10 000 COP, Gerichte 6000–17 000 COP; ⏲ Mo–Mi 8–15, Do–Sa 8–15 & 18.30–22 Uhr) Ein hübsches, kleines Café im katalanischen Stil in einem weniger besuchten Teil der Altstadt, das fantastische Mittagsmenüs mit leckeren Beilagen serviert. Das Frühstücksangebot ist ebenfalls gut. Am Abend werden Omelettes, Pasta, Crêpes und andere Kleinigkeiten angeboten, dazu erstklassige Desserts.

★ Mora Castilla CAFÉ $
(Calle 2 No 4-44; Snacks 2000–3600 COP; ⏲ 9–19 Uhr) Das Café wird von den Einheimischen gut besucht und serviert ausgezeichnete regionale Snacks und Getränke wie *salpicón payanese, champus, tamales* und *carantantas*. Wer danach noch Appetit hat, sollte sich die berühmten *aplanchados* (Flachgebäck) bei Doña Chepa nebenan bestellen.

Pita LIBANESISCH $
(☎ 300-662-7867; pitaartesenal@gmail.com; Carrera 2 No 3-58; Snacks ab 2000 COP; ⏲ Di–Sa 16.30–22 Uhr) Ein lebhaftes Restaurant, geführt von einem freundlichen, jungen Team, das hausgemachte Pitabrote backt und mit einer Vielzahl leckerer Beläge kombiniert. Die Gäste haben die Wahl zwischen leckeren Käsevariationen, Gourmetfleisch, sonnengetrocknetem oder eingemachtem Gemüse und Soßen.

Tienda Regional del Macizo KOLUMBIANISCH $
(Carrera 4 No 0-42; Mahlzeiten 5000 COP; ⏲ 8–16 Uhr) Das kleine Café gehört einer Organisation, die Bauernmärkte in Macizo Colombiano etablieren möchte. Die Mittagessen hier sind spottbillig und bestehen natürlich aus allerfrischesten Zutaten.

Tequila's MEXIKANISCH $
(Calle 5 No 9-25; Hauptgerichte 13 000–20 000 COP; ⏲ Mo–Sa 15–22 Uhr) Ein eingewanderter Mexikaner und seine kolumbianische Frau führen das kleine Restaurant in der Innenstadt und bieten preiswerte mexikanische Standardgerichte an. Im Norden der Stadt wurde eine Filiale eröffnet.

Sabores del Mar MEERESFRÜCHTE $
(Calle 5 No 5-9; Mittagsmenü 8000 COP, Hauptgerichte 12 000–35 000 COP; ⏲ 7–20 Uhr) Eine bezaubernde Familie aus Tumaco betreibt dieses im Fischerstil dekorierte winzige Lokal und bietet mittags preiswerte Fischgerichte an. Eine Spezialität ist *toyo* (eine Haiart).

La Fresa CAFÉ $
(Calle 5 No 8-89; Snacks 200–3000 COP; ⏲ 7–19 Uhr) Ein schmuddeliger Laden mit ein paar Plastiktischchen – das ist das in ganz Popayán berühmte La Fresa mit seinen köstlichen *empanadas de pipián*. Die Einheimischen bestellen sich dazu ein *malta* (Malz-Sodagetränk).

Restaurante Vegetariano Maná VEGETARISCH $
(☎ 310-890-5748; Calle 7 No 9-56; Mahlzeiten 4700 COP; ⏲ 8–20 Uhr; 🌱) Beliebtes vegetarisches Lokal mit leckeren, günstigen Gerichten auf Basis von Sojaproteinen, Linsengerichten und Tofu, dazu viele Gemüsebeilagen.

La Semilla Escondida FRANZÖSISCH $$
(☎ 2-820-0857; Calle 9N No 10–29; Crêpes 6500–24 000 COP, Hauptgerichte 10 000–33 000 COP; ⏲ Mo–Sa 11.30–23, So 12–17 Uhr) Das helle Bistro am Nordende des Busbahnhofs bietet großartige herzhafte und süße Crêpes sowie köstliche Pastagerichte. Das Gourmet-Mittagsmenü (10 000 COP) ist erstaunlich günstig. Sonntags wird ein Menü aus den typischen Gerichten eines ausgewählten Landes zusammengestellt. Sehr zu empfehlen sind auch die hervorragenden Desserts.

Restaurante Italiano ITALIENISCH $$
(Calle 4 No 8-83; Hauptgerichte 21,000–36 000 COP; ⏲ 12–22.30 Uhr) Die Saloon-Schwingtüren öffnen sich und man betritt

ein italienisches Lokal unter Schweizer Leitung. Es gibt Pizza, Pasta und ein Fondue für die kühlen Nächte in den Bergen. Das Steak ist das beste der Stadt und das Menü (11 000 COP) auf seine Art herausragend.

Hotel Camino Real FRANZÖSISCH-KOLUMBIANISCH $$
(☎2-824-1254; Calle 5 No 5-59; Hauptgerichte 25 000–40 000 COP; ⌚12–15 & 18–22 Uhr) Die Hoteleigentümer spielen eine wichtige Rolle beim Congreso Nacional Gastronómico; ihre Leidenschaft fürs Kochen zeigt sich in der interessanten Speisekarte, die französische und kolumbianische Elemente enthält. Die Menüs (55 000 COP) umfassen zwei Vorspeisen, ein Hauptgericht, eine Käseauswahl und eine Frucht-Mousse. Eine Reservierung wird empfohlen.

Ausgehen

Am Abend strömen arme Studenten in das Gebiet um Pueblito Patojo, eine Freiluft-Modellstadt unterhalb des Morro de Tulcán, um zu quatschen und ihre mitgebrachten Getränke zu trinken. Nach einer neuen Gesetzgebung ist das Trinken in der Öffentlichkeit allerdings nicht mehr erlaubt. Wenn in Popayán noch spätnachts etwas los ist, dann an dieser Ausfallstraße.

Oromo Café Ritual CAFÉ
(☎310-257-1219; Carrera 5 No 3-34; ⌚8–19.30 Uhr) Eines der besten Cafés in der Stadt: Das Oromo bietet eine große Zahl an Heiß- und Kaltgetränken auf Basis erstklassiger Kaffeebohnen aus der Umgebung. Es gibt so viele Kombinationen, dass man nie zweimal dasselbe trinken muss.

New York SALSA-CLUB
(Contiguo Salon Communal, Barrio Pueblillo; ⌚Do–So 21–3 Uhr) Der lebhafte Salsa-Club in einem Vorort ist durch und durch authentisch. Die Gäste sitzen in alten Nischen unter Hunderten alter Langspielplatten, Plastikspielzeug und Porträts berühmter Salsa-Tänzer an den Wänden und der Decke. Das Viertel ist allerdings nicht ungefährlich: Das Taxi bis vor die Tür kostet aber nur 8000 COP.

Bar La Iguana BAR
(Calle 4 No 9-67; ⌚12 Uhr bis frühmorgens) Hier präsentieren sich versierte Salsa-Tänzer; gelegentlich spielen Livebands.

El Sotareño BAR
(Calle 6 No 8-05; ⌚Mo–Do 16–1 Uhr, Fr & Sa 16–3 Uhr) Dieser Klassiker in einer lebhaften Straße im Zentrum von Popayán spielt Tango, Bolero und Ranchera von verkratzten, alten Schallplatten.

ℹ Praktische Informationen

Um den Parque Caldas herum gibt es viele Geldautomaten.

4-72 (Calle 4 No 5-74; ⌚Mo–Fr 9–17, Sa 9–12 Uhr) Postamt

Banco de Bogotá (Parque Caldas)

Banco de Occidente (Parque Caldas)

Clinica Salud Proteción (☎2-822-8800; Carrera 11 No 5-41, Barrio Valencia; ⌚Mo–Sa 8–18 Uhr) Eine gute Privatklinik für alle nichtakuten Fälle.

Migración Colombia (☎2-823-1027; Calle 4N No 10B-66; ⌚9–12 & 14–17 Uhr) Das Einwanderungsbüro gewährt Visaverlängerungen.

Policía de Turismo (☎2-822-0916; Carrera 7 No 4-36; ⌚9–18 Uhr) Touristeninformation am Hauptplatz mit sehr hilfsbereiten Polizisten.

ℹ Anreise & Unterwegs vor Ort

BUS

Der **Busbahnhof** (Panamericana) liegt 1 km nördlich des Stadtzentrums. Es fahren regelmäßig Busse nach Cali (17 000 COP, 3 Std.). Direktbusse nach Bogotá (100 000 COP, 12 Std.) und Medellín (91 000 COP, 11 Std.) fahren abends ab.

Minibusse verkehren regelmäßig nach San Agustín (35 000 COP, 5 Std.); bei den meisten Anbietern muss man allerdings zwischendurch umsteigen. **Sotracauca** (☎319-7170-503) bietet eine Direktverbindung an.

Busse nach Tierradentro (25 000 COP, 5 Std.) fahren um 5, 8, 10.30, 13 und 15 Uhr ab. Der Bus um 10.30 Uhr fährt direkt zum Eingang des Museo Arqueológico.

Stündlich fahren Busse nach Pasto (35 000 COP, 6 Std.) und Ipiales (40 000 COP, 8 Std.). Die Sicherheit auf den Straßen um Popayán zur Grenze nach Ecuador hat sich verbessert, Raubüberfälle sind seltener geworden. Es empfiehlt sich aber trotzdem, tagsüber zu reisen, auch weil man dann die Aussicht besser genießen kann.

FAHRRAD

Bici Publica Popayán (Carrera 6 & Calle 3; ⌚8.30–17 Uhr) Von örtlichen Behörden organisiertes kostenloses Fahrradverleih-Programm.

FLUGZEUG

Der **Aeropuerto Guillermo León Valencia** (PPN) liegt direkt hinter dem Busbahnhof, 1 km nördlich des Stadtzentrums. Avianca (www.avianca.com) und EasyFly (www.easyfly.com.co) fliegen direkt nach Bogotá.

Coconuco

Es gibt zwei Thermalquellen unweit von Coconuco (2360 m) in den Bergen um Popayán, sie liegen an der Straße nach San Agustín. Das Wetter ist hier recht kühl. In den Thermalbädern drängen sich am Wochenende die Kinder mit ihren vom vielen Rum beschickerten Eltern; an den Wochentagen sind die Bäder dagegen fast leer.

Aktivitäten

Termales Aguatibia THERMALBÄDER
(☎315-578-6111; www.termalesaguatibia.com; Km 4 an der Via Paletará; Erw./Kind 18 000/8000 COP; ⏲8–18 Uhr) Die Thermalbäder liegen inmitten einer spektakulären Berglandschaft. Termales Aguatibia hat sechs Thermalbecken, eine Schlammquelle und den 53 m langen „Toboggan" – eine ziemlich harte Betonrutsche. Die meisten Becken sind eher warm als heiß. Es gibt einen hübschen See mit Ruderbooten, ein Schlammbad und ein Restaurant (Hauptgerichte 14 000–20 000 COP).

Zur Zeit der Recherche für dieses Buch lagen die Eigentümer im Streit mit der örtlichen Indio-Gemeinde und es gab nur einen eingeschränkten Zugang. Den aktuellen Stand sollte man daher vor einem geplanten Besuch in Popayán erfragen.

Agua Hirviendo THERMALBÄDER
(☎321-852-2694; COP10 000; ⏲24 Std.) Die Bäder (zwei große und mehrere kleinere Becken sowie eine Sauna) werden von der lokalen Indio-Gemeinde gemanagt. Naturliebhaber werden feststellen, dass es hier etwas zu viel Beton gibt, dafür ist aber das Wasser wirklich heiß. Das angeschlossene Restaurant serviert Mahlzeiten bis spät am Abend. Einfache Zimmer können angemietet werden, komfortabler schläft man jedoch in Coconuco.

An- & Weiterreise

Wochentags fährt alle Stunde ein Bus von Popayán nach Coconuco (5000 COP, 1 Std., 31 km), am Wochenende fahren zusätzliche Busse. Von der Bushaltestelle aus sind es noch 45 Gehminuten zu beiden Thermalbädern. Wichtig zu wissen: Die Straße nach Agua Hirviendo ist sehr steil. Die Alternative ist die Fahrt mit Jeep oder Mototaxi.

ABSTECHER

SILVIA

Der malerische Gebirgsort Silvia, 53 km nordöstlich von Popayán, ist das Zentrum des Gebiets der Guambiano. Diese leben allerdings nicht direkt in Silvia, sondern in den Bergdörfern Pueblito, La Campana, Guambia und Caciques. Insgesamt handelt es sich um etwa 12 000 Personen. Die Guambiano gelten als die ältesten Ureinwohner Kolumbiens, sprechen ihre eigene Sprache und tragen traditionelle Kleidung. Noch immer arbeiten sie mit rudimentären Agrartechniken. Zudem sind sie ausgezeichnete Weber.

Am Dienstag, dem Markttag, kommen Mitglieder der Gemeinschaft der Guambiano aus ihren Dörfern und verkaufen Obst, Gemüse und Kunsthandwerk. Dann lohnt sich ein Besuch in der Stadt. Fast alle Guambiano sind traditionell gekleidet: Die Männer in blauen Röcken mit pinkfarbenen Bordüren und Filzhüten, die Frauen in handgewebter Kleidung und behängt mit Halsketten aus bunten Perlen, dabei unentwegt ihre Wolle spinnend. Sie kommen in *chivas* (bunten traditionellen Bussen) angefahren und versammeln sich am Hauptplatz. Kameras können die Guambiano nicht leiden und sind mitunter sehr verärgert, wenn man sie ungefragt fotografiert. Wer ihre Kultur respektiert – und das sollte man –, lässt die Kamera am besten in der Tasche.

Der Markt beginnt im Morgengrauen und dauert bis in den frühen Nachmittag. Es ist kein Touristenmarkt – Obst und Gemüse, rohes Fleisch, billige Kleidung und Schuhe überwiegen, aber auch der eine oder andere Poncho oder Pullover werden angeboten.

Vom Hauptplatz aus geht es bergauf zur Kirche mit einem Rundumblick über die Umgebung. Am Flussufer unten werden Pferde (Std. 6000 COP) für einen Ritt um den kleinen See vermietet. Ein weiterer Ausritt führt den Berg hinauf, wo ein See hoch oben in den Wolken liegt.

Busse fahren ab Popayán ungefähr einmal pro Stunde (7000 COP, 1½ Std.), dienstags auch extra früh. Von Cali aus geht der Bus in Richtung Popayán nach Piendamó (15 000 COP, 2 Std.), von wo aus ein Bus nach Silvia (3000 COP, 30 Min.) fährt.

San Agustín

San Agustín

8 / 33.517 EW. / 1695 M

Vor 5000 Jahren lebten zwei indigene Kulturen in den benachbarten Flusstälern des Río Magdalena und des Río Cauca. Umgeben von unüberwindbar hohen Bergen, waren sie auf die Flüsse als Transportwege angewiesen. Hier bei San Agustín liegen die Quellflüsse beiden Flüsse und hier, mehrere Tagesmärsche voneinander entfernt, trafen sich die Menschen beider Kulturen, um Handel zu treiben, ihre Götter anzubeten und ihre Toten zu begraben.

Die Vulkanbrocken, die von den nahen, heute erloschenen Vulkanen weit hinausgeschleudert wurden, regten die Künstler unter den Ureinwohnern an, große Skulpturen aus dem Material zu schaffen. Das Ergebnis sind über 500 Statuen (die größte ist 7 m hoch), die über ein weites Gebiet in den bewaldeten Anhöhen um San Agustín verstreut stehen. Viele sind anthropomorphe Figuren, andere naturgetreu gehalten, wieder andere erinnern an maskierte Monster. Einige Skulpturen stellen heilige Tiere wie Adler, Jaguar und Frosch dar. Archäologen haben zudem auch noch viele Keramikobjekte gefunden.

Über die Völker von San Agustín ist ansonsten wenig bekannt. Sie hatten keine Schriftkultur und waren Jahrhunderte vor Ankunft der Europäer ausgestorben. Aber ihre Hinterlassenschaft gehört zu den großen archäologischen Funden auf dem Kontinent – ein mystischer Platz in spektakulärer Landschaft, der einen Abstecher lohnt.

Sehenswertes

Beim Erstehen einer Eintrittskarte am Parque Arqueológico oder an der Alto de Los Ídolos wird ein „Pass" ausgestellt, der für die Besichtigung beider Stätten an zwei aufeinanderfolgenden Tagen gilt. Weitere archäologische Fundstätten können ebenfalls besichtigt werden, wie z. B. **La Parada**, **Quinchana**, **El Jabón**, **Naranjos** und **Quebradillas**. Neben den archäologischen Schätzen ist die Region aber auch für ihre landschaftliche Schönheit berühmt, besonders die beiden spektakulären Wasserfälle **Salto de Bordones** und **Salto de Mortiño** lohnen den Besuch. Ein beliebtes Ausflugsziel ist auch die Wanderung bzw. Fahrt zu **El Estrecho**, einer nur 2,2 m breiten Schlucht, durch die sich der Río Magdalena zwängt. Alle Sehenswürdigkeiten können mit Pferd oder Auto erreicht werden.

Die entfernteren Stätten sollten unbedingt mit einem örtlichen Führer besucht werden, da Sicherheit außerhalb des Parque Arqueológico und einiger Stätten ein Problem sein kann. Der offizielle Preis für einen zertifizierten Führer beläuft sich auf 70 000 COP für einen halben Tag, etwas mehr verlangt ein Englisch sprechender Guide. Pferde können für etwa 35 000 COP pro halbem Tag angemietet werden, wobei Führer und Pferd zusätzlich bezahlt werden müssen (es ist also günstiger in einer Gruppe).

Jeep-Touren zu den entfernteren Stätten kosten um die 25 000 COP pro Person auf der Standardroute oder 250 000 COP bei Privatbuchung und individueller Reiseroute, immer plus die Kosten für den Guide.

Zwei ganze (oder drei entspanntere) Tage sollten eingeplant werden für den Besuch der wichtigsten archäologischen Fundstätten – ein Tag für den archäologischen Park und den Ausflug hoch zu Ross nach El Tablón, La Chaquira, La Pelota und El Purutal (hin und zurück 4 Std.) und ein Tag für eine Jeep-Tour nach El Estrecho, Alto de los Ídolos, Alto de las Piedras, Salto de Bordones und Salto de Mortiño (6 Std.).

★ Parque Arqueológico — ARCHÄOLOGISCHE STÄTTE

(☎1-444-0544; www.icanh.gov.co; Erw./Stud. 20 000/10 000 COP; ⌚8–16 Uhr) Der 78 ha große archäologische Park liegt 2,5 km westlich von San Agustín und birgt eine Sammlung von über 130 Statuen, die entweder an Ort und Stelle gefunden oder aus anderen Gebieten dorthin gebracht wurden, darunter einige der besten Skulpturen aus San Agustín.

Die Besichtigung dauert etwa drei Stunden. Gute Führer bieten sich auf dem Gelände rund ums Museum an, sie sind aber nicht unbedingt erforderlich.

Am Eingang des Parks befindet sich das **Museo Arqueológico**, es zeigt kleinere Statuen, Keramik, Gerätschaften, Schmuck und andere Objekte und gibt Hintergrundinformationen zur San-Agustín-Kultur.

Über die verschiedenen Statuengruppen (*mesitas*) hinaus lohnt die **Fuente de Lavapatas** einen Besuch, ein komplexes Labyrinth aus Kanälen und kleinen, terrassenförmig in das steinige Flussbett gehauenen Becken, die mit Bildern von Schlangen, Echsen und menschlichen Figuren ausgeschmückt sind. Die Archäologen glauben, dass die Bäder zu rituellen Waschungen und zur Huldigung von Wassergöttern genutzt wurden.

Von dort aus windet sich ein Pfad bergauf zum **Alto de Lavapatas**, der ältesten Fundstätte San Agustíns. Ein paar von Statuen bewachte Gräber gibt es dort sowie eine fantastische Aussicht ins Umland.

Alto de los Ídolos — ARCHÄOLOGISCHE STÄTTE

(Erw./Stud. 25 000/10 000 COP; ⌚8–16 Uhr) Am Río Magdalena, 4 km südwestlich von San José de Isnos (und 26 km nordöstlich von San Agustín) liegt der zweitgrößte archäologische Park in dieser Region. Hier wurde die größte Statue im Gebiet von San Agustín errichtet, die insgesamt 7 m hoch ist, wobei sie nur 4 m weit aus dem Erdboden herausragt.

Alto de las Piedras — ARCHÄOLOGISCHE STÄTTE

7 km nördlich von Isnos liegen Grabstätten, die mit Steinplatten ausgelegt sind, von denen einige Spuren einer roten, schwarzen und gelben Färbung aufweisen. Eine der berühmtesten Statuen dort wird Doble Yo genannt. Sie besteht nicht nur aus zwei, sondern gleich aus vier aus dem Fels gehauenen Figuren! Eine weitere interessante Statue stellt eine hochschwangere Frau dar.

El Tablón, La Chaquira, La Pelota & El Purutal — ARCHÄOLOG. FUNDSTÄTTEN

Die vier Stätten liegen relativ nah beieinander und werden meist im Rahmen einer Tour auf Pferden besichtigt, obwohl man von der Stadt aus auch hinwandern könnte. In La Chaquira sind Abbilder von Gottheiten in den Fels gehauen.

Vor Ort genießt man einen spektakulären Blick in die imposante Schlucht des Río Magdalena.

Der Grundbesitzer von La Pelota und El Purutal verlangt 4000 COP Eintritt für den Besuch der Sehenswürdigkeiten.

Aktivitäten

Am besten lassen sich die Berge um San Agustín hoch zu Pferd erkunden. Anders als in anderen Landesteilen sind die Mietpferde hier meist in gutem Zustand. Ausritte werden zu archäologischen Fundstätten unweit der Stadt, aber auch für mehrtägige Wanderritte ins Umland organisiert.

Francisco „Pacho" Muñoz — REITEN

(☎311-827-7972) Dieser empfehlenswerte Guide hoch zu Ross führt durch die archäologischen Fundstätten und noch darüber hinaus. Er bietet mehrtägige Rundtouren zur Laguna del Magdalena an – dem Ursprung des mächtigen Río Magdalena hoch oben in den Bergen über San Agustín und nach Tierradentro. Er führt Gäste sogar nach Ecuador, vorausgesetzt, diese kaufen die Pferde. Für gewöhnlich ist er in der Finca El Maco zu finden.

Laguna del Magdalena REITEN

Der Ritt zur Laguna del Magdalena (3327 m) ist eine interessante Erfahrung. Dort liegt die Quelle des Río Magdalena, 60 km von San Agustín entfernt in den Macizo Colombiano. Die Reise auf dem Pferderücken wird durch örtliche Tourführer organisiert. Früher wurde die Region von Guerrillas heimgesucht, nun aber als sicher eingestuft. Je nach Route dauert die Tour drei bis fünf Tage und kostet 150 000 COP pro Person und Tag, abhängig von der Gruppengröße.

Magdalena Rafting RAFTINGTOUREN

(☎311-271-5333; www.magdalenarafting.com; Calle 5 No 15-237) Der Río Magdalena bietet schwieriges Weißwasser durch beeindruckende Gebirgslandschaften. Magdalena Rafting bietet unerfahrenen Raftern 1½-stündige Touren (58 000 COP pro Person) mit Stromschnellen der Klasse II bis III und erfahrenen Raftern ganztägige Ausflüge mit Stromschnellen der Klasse V. Pro Gruppe müssen es mindestens vier Personen sein. Auch Kayak-Kurse sind möglich.

Schlafen

In der Stadtmitte von San Agustín gibt es zahlreiche günstige Hotels. Erholsamer ist aber eine Unterkunft außerhalb des Stadtzentrums auf einem der schönen Landsitze.

Casa de Nelly HOSTEL $

(☎310-215-9067; www.hotelcasadenelly.co; Vereda La Estrella; B 23 000 COP, EZ/DZ ohne Bad 50 000/60 000 COP, Zi. 90 000 COP; P, WLAN) Das erste Hostel in San Agustín punktet mit freundlichem Personal und verschiedenen komfortablen Unterkünften um den hübschesten Garten der Stadt. Der Gemeinschaftsbereich gruppiert sich um eine offenen Feuerstelle und einen Grillbereich im Freien. Für die Gäste gibt es eine eigene Küche und auf Bestellung bereitet der angestellte Koch auch Mahlzeiten zu.

Finca El Maco HOSTEL $

(☎320-375-5982; www.elmaco.ch; Vereda El Tablón vía Parque Arqueológico; B 25 000 COP, EZ/DZ/Suite ab 65 000/90 000/385 000 COP; P, @, WLAN) Das ruhige Hostel bietet in einem hübschen Garten verschiedene Ferienhütten, alle mit heißem Wasser und komfortablen Betten ausgestattet. In der gehobenen Öko-Suite finden sich zwei luxuriöse Schlafbereiche, eine Lounge mit offenem Kamin und ein riesiges, helles Bad. Im Restaurant wird hausgemachter Bio-Joghurt und ausgezeichnetes Curry serviert. Der Eigentümer organisiert Ausflüge in die Region.

Zum Hostel geht es an der Straße zum Parque Arqueológico am Hotel Yalconia rechts ab, dann 400 m bergauf. Wer viel Gepäck hat, sollte ein Taxi (7000 COP) nehmen.

Casa de François HOSTEL $

(☎8-837-3847; www.lacasadefrancois.com; Vía El Tablón; Campingplatz pro Person 13 000 COP, B 25 000 COP, EZ/DZ ohne Bad 60 000/65 000 COP, Zi. 70 000 COP, Cabaña 100 000–140 000 COP; WLAN) In einem wunderschönen Garten oberhalb der Stadt liegt mit Blick auf die Berge das kreative Öko-Hostel. Seine Wände bestehen aus von Lehm zusammengehaltenen Glasflaschen. Der luftige erhöhte Schlafsaal bietet eine fantastische Aussicht, die Gemeinschaftsküche ist geräumig. Hervorragend ausgestattete Cabañas mit Holzböden, großen Bädern und Veranden mit Bergblick liegen verteilt über das Grundstück.

Das kleine Restaurant serviert verschiedene gute Mahlzeiten und Kleinigkeiten, alle zubereitet mit frischen Erzeugnissen vom Anwesen.

Finca El Cielo HOTEL $$

(☎313-493-7446; www.fincaelcielo.com; Vía al Estrecho; Zi. pro Person mit Frühstück 70 000–90 000 COP) Die nette Posada aus *Guadua*-Bambus an der Straße nach El Estrecho bietet wunderbare Ausblicke über die nebliggrünen Berge. Die fantastisch ausgestalteten Räume sollten im Voraus gebucht werden: die geräumige Suite hat zwei Sofas, einen Bambusbalkon mit Schaukelstühlen und ein großes, helles Bad, während das Baumhaus nebenan einem gemütlichen Versteck gleicht, in dem verdrehte Zweige durch die Wände wachsen. Die freundlichen Eigentümer wohnen im Erdgeschoss und kochen auf Wunsch gute Hausmannskost.

Hacienda Anacaona HOTEL $$

(☎311-231-7128; www.anacaona-colombia.com; Vía al Estrecho; EZ/DZ/3BZ 75 000/140 000/180 000 COP; WLAN) Das ruhige Hotel im Kolonialstil bietet eine komfortable Unterkunft inmitten eines gepflegten Gartens. Die Zimmer sind geräumig und preiswert, die Bäder könnten allerdings größer sein. Die Aussicht vom Grundstück ist sehenswert; das herzhafte Frühstück im Preis inbegriffen.

Hostal Huaka-Yo HOTEL $$
(☎320-846-9763, 310-244-4841; www.huaka-yo.com; EZ/DZ/3BZ mit Frühstück 60 000/150 000/180 000 COP) Ein paar hundert Meter hinter dem Parque Arqueológico liegt dieses große Hotel mitten im Wald und umgeben von gepflegten Rasenflächen. Die preiswerten Zimmer sind modern, sauber und geräumig. Normalerweise ist es dort sehr ruhig, doch wenn Tourgruppen kommen, kann es schon mal mit der Ruhe vorbei sein. Zur kolumbianischen Hauptreisezeit werden die Preise erhöht.

Hotel Monasterio BOUTIQUE-HOTEL $$$
(☎311-277-5901, 316-271-7961; reservasmonasteriosanagustin@gmail.com; Vereda La Cuchilla; Zi/Suite 280 000/400 000 COP; P❄📶) San Agustíns luxuriöseste Unterkunft befindet sich in diesem neu erbauten Komplex mit klösterlichen Motiven außerhalb der Stadt. Die Zimmer sind geräumig, bieten prächtige Bäder, Hängematten auf den Veranden und einen schönen Blick auf Kaffeeplantagen. Alle sind außerdem mit offenem Kamin ausgestattet – am Abend zündet ein Bediensteter das Feuer an. Der Service ist erste Klasse.Die gemeinschaftlich genutzten Räumlichkeiten wurden mit viel Liebe zum Detail eingerichtet, mit Kerzen beleuchtete Treppenhäuser und eine kleine Kapelle verleihen dem Ganzen ein klassisches Ambiente. Lobby und Restaurant bieten traumhafte Ausblicke über das Tal hinweg auf die Berge.

Die lange Zugangsstraße ist unbefestigt und zweigt von der Straße nach El Estrecho ab – ein Taxi von der Stadt aus kostet 8000 COP.

Akwanka Lodge HOTEL $$$
(☎320-392-9160, 321-450-1377; www.hotelakawankalodge.com; Vereda El Tablón vía Parque Arqueológico; EZ/DZ ab 220 000/270 000 COP) Das gehobene Hotel liegt auf einer Anhöhe mit freiem Blick über die Stadt und die Berge und verströmt eine ganz eigene Atmosphäre. Die Zimmer sind geräumig, bieten Kingsize-Betten, frei liegende Balken, handgewobene Textilien und Kunstgegenstände. Die besten Zimmer haben zusätzlich eigene Balkone. Das angenehme Restaurant im Haus wird durch einen offenen Kamin beheizt.

Essen & Ausgehen

★**Donde Richard** KOLUMBIANISCH $$
(☎312-432-6399; Vía Parque Arqueológico; Hauptgerichte 25 000 COP; ⌚Mi–Mo 8–18 Uhr) Das Grillrestaurant an der Straße zum Parque Arqueológico bietet das beste Essen der Stadt: große Portionen saftiger Braten, Steaks und verschiedene Fischgerichte, zubereitet in der offenen Küche. Genau das Richtige zu Mittag auf dem Rückweg vom Park.

Altos de Yerba Buena KOLUMBIANISCH $$
(☎310 370 3777; Km 1 Vía Parque Arqueológico; Hauptgerichte 28 000–40 000 COP) Das kleine Restaurant auf einem Hügel auf dem Weg zum Parque Arqueológico verwendet in erster Linie Erzeugnisse aus dem eigenen Biogarten. Es gibt gut zubereitete kolumbianische und internationale Küche mit leckeren Beilagen. Die winzige Gaststube ist urgemütlich.

El Fogón KOLUMBIANISCH $$
(☎320-834-5860; Calle 5 No 14-30; Hauptgerichte 21,000–23 000 COP; ⌚7–21 Uhr) El Fogón ist eine lokale Institution und bietet große Portionen kolumbianischer Gerichte sowie ein sehr preisgünstiges Mittagsmenü (8000 COP). Alles wird über einem Holzkohlegrill in einer offenen Küche zubereitet. Eine weitere Filiale befindet sich in der Nähe des Parque Arqueológico.

Restaurante Italiano ITALIENISCH $$
(☎314-375-8086; Vereda el Tablón; Hauptgerichte 16 000–23 000 COP; ⌚7–22 Uhr) Etwas außerhalb der Stadt gelegen, bietet das einfache Restaurant authentische italienische Küche, inklusive einer Auswahl hausgemachter Pasta. Ein Taxi dorthin kostet etwa 4000 COP. Der Inhaber ist nicht immer in San Agustín – daher besser vorab telefonisch klären, ob das Lokal geöffnet hat.

Macizo Coffee CAFÉ
(Calle 2 No 13-17; Kaffee 3000–6000 COP; ⌚8.30–20 Uhr) Auf dem Hauptplatz im Zentrum verkauft das gut besuchte Café verschiedene Getränke aus den zertifizierten Kaffeebohnen der umliegenden Kaffeefarmen. Dazu werden leckere leichte Mahlzeiten angeboten. Weitere Filialen finden sich im Parque Arqueológico.

El Faro CAFÉ
(Ambrosia; Carrera 13 No 6-50; Cocktails 10 000–17 000 COP; ⌚Di–So 17–23.30 Uhr) Diese entspannte Café-Bar verströmt eine künstlerische Atmosphäre, in der man sich gerne bei Bier oder Cocktails unterhält. Hier gibt es auch die besten Pizzas in San Agustín (12.–19 000 COP) direkt vom Holzofen im Innenhof.

 Shoppen

Bauern verkaufen ihre Erzeugnisse auf dem Montagsmarkt von San Agustín in **La Galeria** (Ecke Calle 2 & Carrera 11; ⌚5–16 Uhr). Es geht dort aber recht ruppig zu, man trifft nur wenige Touristen. An den anderen Wochentagen ist der Marktplatz zwar geöffnet, es ist aber deutlich weniger los.

Praktische Informationen

In der Innenstadt lungern oft Schlepper herum, die den mit Intercity-Bussen ankommenden Reisenden Hotels und „günstige" Touren anbieten. Professionelle Führer und Jeeps sollten besser über das Hotel, die Touristeninformation oder im archäologischen Park gebucht werden.

Banco de Bogotá (Calle 3 No 10-61) Ein zuverlässiger Geldautomat bei den Büros der Buslinien.

Touristeninformation (Ecke Calle 3 & Carrera 12; ⌚Mo–Fr 8–12 & 14–17 Uhr) Offizielles Informationsbüro für Besucher.

An- & Weiterreise

Die Büros der Buslinien befinden sich an der Ecke Calle 3 und Carrera 11 (auch bekannt als Cuatro Vientos). Minibusse fahren regelmäßig nach Popayán (30 000 COP, 5 Std.) und Cali (40 000 COP, 8 Std.). Die beste Verbindung nach Popayán bietet **Sotracauca** (☎314-721-2243; Cuatro Vientos; 30 000 COP): die Busse starten von San Agustín und nicht schon von Pitalito; ein Transfer zur Kreuzung ist nicht nötig.

Die Straße nach Popayán führt durch die spektakuläre Páramo-Landschaft des Nationalparks Puracé. Auf Nachtfahrten sollte verzichtet werden, da die Sicherheit in einsamen Bergregionen noch immer nicht gewährleistet werden kann.

Coomotor (☎315-885-8563; Cuatro Vientos) und **Taxis Verdes** (☎314-330-0518; Cuatro Vientos) bieten mehrere Busverbindungen am frühen Morgen und am Abend nach Bogotá (60 000–83 000 COP, 11 Std.) an, die alle in Neiva (30 000–43 000 COP, 4 Std.) enden. Coomotor betreibt auch eine Direktverbindung nach Medelín (97 000–109 000 COP, 17 Std.) um 15 Uhr in einem großen, komfortablen Bus.

Der große Busbahnhof des unweit gelegenen Pitalito bietet noch häufigere Verbindungen. Die Kurzstrecke zwischen San Agustín und Pitalito wird regelmäßig von Pickups (5000 COP, 1 Std.) und Vans (6000 COP, 45 Min.) befahren.

Nach Tierradentro fährt man zunächst nach Pitalito (6000 COP, 45 Min.) und steigt dann in den Bus nach La Plata (25 000 COP, 2½ Std.) um. Von dort aus geht es mit dem Bus oder *colectivo* nach San Andrés (13 000 COP, 1¾ Std.). Fährt kein Bus von La Plata – der Service ist nicht immer zuverlässig –, nimmt man alternativ von San Agustín oder Pitalito den Bus in Richtung Neiva und fährt bis Garzon. Von dort gibt es eine Busverbindung nach La Plata.

Des Weiteren gibt es eine reguläre Van-Verbindung von Pitalito nach Mocoa (22 000 COP, 3 Std.).

Von Popayán kommend halten Busse mit nur wenigen Passagieren an einer Kreuzung 5 km außerhalb der Stadt und zahlen den Fahrgästen dafür das Taxi nach San Agustín. Die Taxifahrer versuchen oft, ihre Fahrgäste zu dem Hotel zu bringen, mit dem sie zusammenarbeiten – hier sollte man darauf bestehen, zum selbstgewählten Ziel gefahren zu werden.

Unterwegs vor Ort

Ein gutes Dutzend Taxis fahren in San Agustín. Mit ihnen kann man sich eventuell zu einer Unterkunft außerhalb der Stadt fahren lassen. Die Preise sind vorgegeben, sollten jedoch vor dem Einsteigen noch einmal bestätigt werden.

Ein Bus fährt alle 15 Minuten die 2 km zum Archäologischen Park (1200 COP) ab der Ecke Calle 5 und Carrera 14. Eine weitere Verbindung führt den Berg hinauf an El Tablon und La Chaquira vorbei zu „La Y".

Colectivos befahren die Landstraßen und bedienen einige der ländlichen Hotels, allerdings nur unregelmäßig und nicht zuverlässig.

Tierradentro

☎2 / 1750M

Tierradentro ist nach San Agustín die zweitwichtigste archäologische Fundstätte Kolumbiens, wird aber nur von überraschend wenig Touristen besucht. Sehr abseits gelegen, nur über unbefestigte Straßen erreichbar, ist es ein ruhiger Ort mit freundlichen Einheimischen und erstaunlichen archäologischen Wundern. San Agustín ist berühmt für seine Statuen, Tierradentro dagegen für seine kunstvollen unterirdischen Grabstätten. Bis jetzt haben Archäologen an die 100 dieser ungewöhnlichen Bestattungstempel gefunden, die einzigen dieser Art auf dem Doppelkontinent. Ein großartiger Fußweg verbindet alle größeren Gräber inmitten der umwerfend schönen Berglandschaft.

Sehenswertes

Tierradentro besteht aus fünf Fundstätten in den Anhöhen um die kleine Stadt **San Andrés de Pisimbalá**. Vier enthalten unterirdische Grabstätten, ein weiterer eine Statue, außerdem gibt es zwei Museen.

Die Gräber messen im Durchmesser 2 bis 7 m und wurden in das weiche Vulkangestein gegraben, aus dem die Hügellandschaft der Region besteht. Sie liegen unterschiedlich tief, manche gerade einmal knapp unterhalb der Erdoberfläche, andere bis zu 9 m tief. Die Gewölbedecken der größten Gräber werden von Säulen gestützt, die oft mit roten und schwarzen geometrischen Mustern auf weißem Grund bemalt sind.

Über die Menschen, die die Gräber und Statuen erbaut haben, ist wenig bekannt. Die einheimischen Páez (oder Nasa), die das Gebiet heute bevölkern, waren es wohl nicht. Man vermutet, Gräber und Statuen stammen von zwei verschiedenen Kulturen: die Menschen, die die Gräber in den Fels gehauen haben, gehörten einer älteren Kultur an als jene, die die Statuen schufen. Einige Forscher siedeln die „Gräberkultur" zwischen dem 7. und 9. Jh. an, während die „Statuenkultur" mit der späten Phase der Entwicklung in San Agustín verbunden scheint und damit etwa 500 Jahre später stattfand.

Der Kartenschalter für den **Parque Arqueológico** (Archäologischen Park; ☎311-390-0324; www.icanh.gov.co; Erw./Stud./Kind 25 000/10 000 COP /frei; ⏰8–16 Uhr; geschl. am 1. Di im Monat für Wartungsarbeiten) befindet sich im Museumskomplex, 25 Gehminuten von der Stadt entfernt. Dort erhält man einen „Pass", der an zwei aufeinanderfolgenden Tagen Eintritt in beide Museen und die Grabstätten erlaubt. Die Museen sollten unbedingt vor den Grabstätten besichtigt werden, da die Gräber kaum beschildert sind.

Grabstätten & Statuen

Alle Grabstätten in Tierradentro können auf einem 14 km langen Rundgang an einem Tag besucht werden. Für den gesamten Rundgang sollten man etwa sieben Stunden einplanen. Die Landschaft ist atemberaubend, und es lohnt sich, den ganzen Weg zu gehen. Er kann in beide Richtungen begangen werden, doch es empfiehlt sich, gegen den Uhrzeigersinn zu laufen, da der Weg in die andere Richtung mit einem steilen Anstieg beginnt. Vor Beginn der Wanderung muss der Eintritt am Eingang zum Parque Arqueologico entrichtet werden.

Da nur einige der Gräber mit elektrischem Licht ausgestattet sind, empfiehlt es sich, eine Taschenlampe mitzubringen. Die Gräber sind von 8 bis 16 Uhr geöffnet.

Wer vom Museum aus gegen den Uhrzeigersinn 20 Minuten zu Fuß dem Pfad bergauf folgt, erreicht **Segovia** (⏰8–16 Uhr) (1650 m), die wichtigste Gräberstätte. Sie umfasst 28 Gräber, einige mit gut erhaltenen Ausschmückungen. Zwölf Gräber haben elektrisches Licht und sind für Besucher geöffnet. Man geht davon aus, dass weitere 30 Gräber im Umfeld noch verschüttet sind.

Von Segovia aus weitere 15 Minuten zu Fuß erreicht man **El Duende** (⏰8–16 Uhr) auf 1850 m Höhe, mit zwölf Gräbern, von denen vier für Besucher geöffnet sind. Die Ausschmückungen sind hier nicht besonders gut erhalten. Von dort aus geht es 25 Minuten zu Fuß entlang der Straße nach **El Tablón** (⏰8–16 Uhr) (1700 m) mit neun verwitterten Statuen, ähnlich denen von San Agustín. Sie wurden in diesem Gebiet ausgegraben und stehen nun alle unter einem Dach. Die Stelle ist schlecht ausgeschildert; sie befindet sich hinter einem Lehmziegelhaus mit Blechdach an einem Berghang links der Straße. El Tablón kann auch erreicht werden über den Weg, der von der Landstraße nach San Andrés abzweigt.

Weiter geht es in die Stadt. Neben dem Gasthof und Restaurant La Portada zweigt der Weg ab nach **Alto de San Andrés** (⏰8–16 Uhr) auf 1750 m Höhe, hier stößt man auf sechs große Gräber. Grab Nr. 5 hat noch erstaunlich gut erhaltene Wandmalereien und zählt zu den schönsten des Parks. Eine weitere Grabstätte ist aufgrund von Instabilität und Feuchtigkeit geschlossen, eine andere ist vollkommen eingestürzt.

El Aguacate (⏰8–16 Uhr) auf 2000 m liegt am abgelegensten, bietet aber die beste Aussicht. Von Alto de San Andrés ist die Stätte in 1½ Stunden zu Fuß erreichbar (immer bergauf), danach sind es weitere 1½ Stunden bergab zurück zu den Museen. Es gibt Dutzende Gräber zu sehen, doch die meisten wurden von *guaqueros* (Grabräubern) zerstört. Etwa 17 wurden für Besucher hergerichtet, doch nur wenige Gewölbe enthalten noch die Originalausschmückungen. Das Schönste davon ist Grab 1 – auch bekannt als die Salamandra. Weitere überwucherte Gräber finden sich in der Nähe.

Museen

Museo Arqueológico MUSEUM

(Parque Arquelógico; Erw./Stud./Kind 25 000/10 000 COP/frei; ⏰8–16 Uhr; geschl. am 1. Di des Monats für Wartungsarbeiten) Dieses Museum widmet sich der Zivilisation hinter den Gräbern und zeigt Keramikurnen für die Asche der Verstorbenen. Miniaturmodelle geben eine Vorstellung davon, wie die Gräber ausgesehen haben könnten, als sie frisch bemalt waren.

Tierradentro

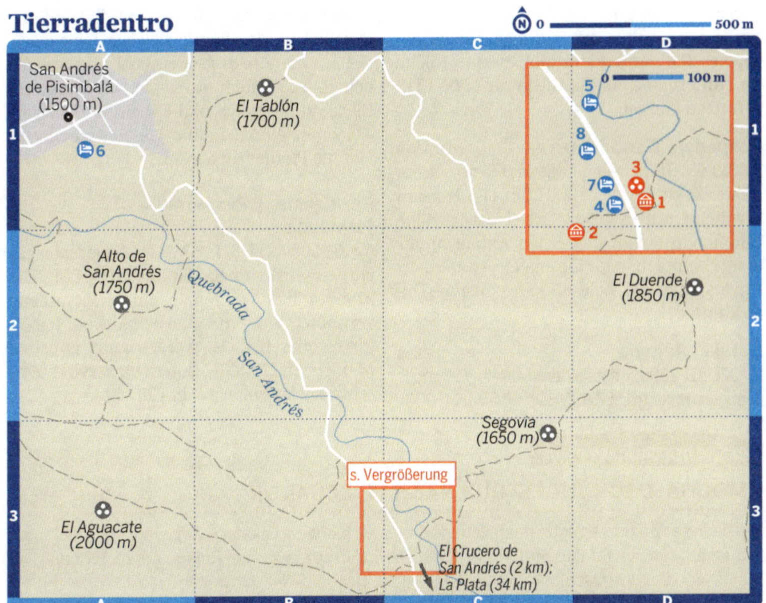

Museo Etnográfico MUSEUM
(Parque Arquelógico; Erw./Stud./Kind 25 000/10 000 COP/gratis; ⌚8–16 Uhr; geschl. am 1. Di des Monats für Wartungsarbeiten) Mit Blick auf die indigene Bevölkerung in den Jahrhunderten nach der Tierradentro-Epoche zeigt das Museo Etnográfico Gerätschaften und Artefakte der Páez neben Exponaten aus der Kolonialzeit, einschließlich einer *trapiche* (Zuckerrohrmühle), *bodoqueras* (Blasrohren) und traditioneller Kleidung.

Schlafen

Es gibt ein halbes Dutzend einfacher Unterkünfte entlang des 500 m langen Wegs zum Museum. Oft sind die Inhaber nette Senioren – für junge Menschen ist hier nämlich nicht viel geboten. Die günstigen Unterkünfte kosten 15 000–25 000 COP pro Person.

Für Besucher, die vorhaben, länger zu bleiben, empfiehlt sich San Andrés de Pisimbalá, vom Eingang zum Park sind es etwa 25 Gehminuten bergauf.

★ La Portada PENSION $
(☎311-601-7884, 310-405-8560; laportadatierradentro@hotmail.com; San Andrés de Pisimbalá; EZ/DZ 45 000/60 000 COP, ohne Bad 35 000/50 000 COP; 📶) Unweit der Bushaltestelle in der Stadt gelegen, bietet diese einfache, aber elegante Lodge viel Bambus und unten geräumige, saubere Zimmer mit Bad und heißem Wasser. Dazu kommen noch günstigere Zimmer mit Gemeinschaftsbädern und kaltem Wasser im oberen Stockwerk.

Das luftige Restaurant serviert das beste Essen der Stadt – z. B. köstliche hausgemachte Eiscreme – und ist das einzige Hotel mit WLAN-Empfang. Die freundlichen Eigentümer organisieren auf Wunsch auch Führer und wissen unglaublich viel über die Region.

Tierradentro

Sehenswertes
1 Museo Arqueológico D1
2 Museo Etnográfico D2
3 Parque Arqueológico D1

Schlafen
4 Hospedaje Tierradentro D1
5 Hotel El Refugio D1
6 La Portada A1
7 Mi Casita D1
8 Residencias y Restaurante Pisimbalá D1

Mi Casa PENSION $
(☎312-764-1333; Tierradentro; Zi. pro Person 18 000–20 000 COP) Die beliebte Unterkunft mit sehr freundlichen Eigentümern und einem angenehmen Garten mit Blick auf die

Berge ist eine gute Wahl in der Nähe des Museums. Einige der Zimmer haben ein eigenes Bad, außerdem gibt es eine Küche im Hinterhaus, die die Gäste für 5000 COP benutzen können.

Hospedaje Tierradentro PENSION $
(☎313-651-3713; alorqui@hotmail.com; Tierradentro; Zi. pro Person 25 000 COP) Die Pension vermietet sehr saubere, frisch gestrichene Zimmer in einem modernen Anbau hinter dem Hauptgebäude. Sie bietet etwas mehr Privatsphäre als viele andere günstige Unterkünfte.

Hotel El Refugio HOTEL $
(☎321-811-2395; hotelalbergueelrefugio@gmail.com; Tierradentro; EZ/DZ/3BZ 60 000/80 000/96 000 COP; 🏊) Das gemeinschaftlich geführte Hotel ist das komfortabelste im ganzen Gebiet, mit einem großen Pool und ordentlichen, wenn auch etwas sterilen Zimmern, Blick auf die Berge und Kabel-TV. Zwar gibt es keinen WLANg, dafür laufen draußen im Hof die Pferde frei herum.

Residencias y Restaurante Pisimbalá PENSION $
(☎311-605-4835, 321-263-2334; Tierradentro; Zi. pro Person mit/ohne Bad 20 000/15 000 COP) Die Zimmer hier werden in einem Privathaus vermietet, und die meisten davon haben ihr eigenes Bad. Es werden gute, günstige Mahlzeiten (7000–15 000 COP) serviert, einschließlich vegetarischer Gerichte.

ABSEITS DER ÜBLICHEN PFADE

MOCOA: DSCHUNGELTOUR NACH TO ECUADOR

Reisende von San Agustín nach Ecuador müssen nicht zurück nach Popayán. Nur vier Busstunden von Pitalito entfernt liegt die Provinz Putumayo, eine Region mit reißenden Flüssen, dichtem Dschungel und erstaunlicher Tierwelt. Wer auf seiner Reise Leticia nicht unterbringt, sollte einen Abstecher zu diesem leicht erreichbaren Teil des Amazonasgebietes machen.

Die Provinzhauptstadt heißt Mocoa, an sich nur ein etwas chaotisches, unattraktives bäuerliches Zentrum, doch inmitten großartiger Natur mit kristallklaren Flüssen, natürlichen Pools und Wasserfällen wie den mächtigen **Fin del Mundo** (Km 6 Via Mocoa – Villagarzón; 3000 COP; ⏲7–12 Uhr) und den laut rauschenden **Hornyaco** (Vereda Caliyaco, Via Mocoa – Villagarzón).

Mocoa machte Anfang 2017 internationale Schlagzeilen, als ein massiver Erdrutsch über mehrere Flussbetten bis ins Stadtzentrum herunterkam, ganze Viertel zerstörte und 329 Einwohnern den Tod brachte. Die Zerstörung war katastrophal, und sowohl Stadt als auch Einwohner haben sich noch nicht davon erholt. Die Naturschönheit der Umgebung wurde aber nicht davon beeinträchtigt, und der Tourismus ist für die zerstörte Wirtschaft eine wichtige Einnahmequelle.

Mocoas Busbahnhof befindet sich am Ufer des Río Sangoyaco, das von der Schlammlawine stark betroffen war.

Mehrere Linien fahren mit komfortablen, großen Bussen direkt nach Bogotá (75 000 COP, 12 Std.), zum großen Teil mit nächtlicher Abfahrt. Transipiales bietet einen regelmäßigen Busservice nach Cali (60 000 COP, 12 Std.) über Popayán (50 000 COP, 9 Std.). All diese Busse halten in Pitalito, von wo aus regelmäßige Verbindungen nach San Agustín bestehen.

Reguläre Minivans fahren zwischen 4 und 18 Uhr nach San Miguel und zur Grenze von Ecuador (35 000 COP, 6 Std.). Um rechtzeitig vor der Schließung der Grenze anzukommen, muss man Mocoa vor 13 Uhr verlassen. Von Nueva Loja (Lago Agrio) auf der ecuadorianischen Seite der Grenze gibt es Flüge und Busse nach Quito. Sicherheit ist in diesem Gebiet immer noch ein Problem, sodass Reisende sich vorher über die aktuelle Sicherheitslage erkundigen sollten.

Pick-ups und Kleinbusse verkehren zwischen Mocoa und Pasto (35 000 COP, 6 Std.) von 4 bis 19 Uhr auf dem Trampolìn de la Muerte (Todestrampolin), einer Angst einjagenden einspurigen Bergstraße entlang tiefer Abgründe. Sie ist eine der spektakulärsten und gefährlichsten Straßen auf dem südamerikanischen Kontinent. Bei entgegenkommendem Verkehr muss eine lange Strecke oft im Rückwärtsgang bewältigt werden! Es wird empfohlen, mit den sichereren Pick-ups zu fahren und ausschließlich bei Tageslicht.

Praktische Informationen

In Tierradentro gibt es keine Bank – also unbedingt ausreichend Geld mitnehmen.

In San Andrés bietet **Puerta Virtual** (über Sta Rosa, San Andres de Pisimbalá; Std. 1500 COP; Mo–Sa 9–19 Uhr) eine erstaunlich schnelle Internetverbindung.

An- & Weiterreise

Die meisten Busse nach Tierradentro halten in El Crucero de San Andrés. Von dort aus sind es 20 Gehminuten den Berg hinauf zu den Museen von Tierradentro, weitere 25 Minuten zu Fuß nach San Andrés. In sehr unregelmäßigen Abständen befahren *colectivos* (1500 COP) die Strecke. Mototaxis sind kaum vorhanden und verlangen gegebenenfalls 3000 COP für die Strecke.

Ein Direktbus nach Popayán (25 000 COP, 4 Std.) startet um 6 Uhr in San Andrés de Pisimbalá und fährt genau vor den Museen vorbei. Weitere Busse nach Popayán (8, 13 und 16 Uhr) fahren ab El Crucero de San Andrés; der Straßenzustand ist schlecht – Erdrutsche und Pannen geschehen immer wieder, sodass man es vermeiden sollte, den letzten Bus zu nehmen.

Busse und Pickups fahren ab San Andrés de Pisimbalá um 6, 7, 8, 11.30 und 15 Uhr nach La Plata (13 000 COP, 2 Std.), von wo aus man umsteigen kann nach Bogotá, Neiva (in die Desierto de la Tatacoa) und Pitalito (für San Agustín). Der Preis für einen Sitz im Fahrzeug oder auf der Ladefläche ist derselbe – Plätze lassen sich im Voraus in dem orangefarbenen Haus vor La Portada buchen.

Desierto de la Tatacoa

Auf halbem Weg zwischen Bogotá und San Agustín liegt die Tatacoa-Wüste: eine bizarre, vom selten fallenden Regen geformten Landschaft voller ausgehöhlter Felswände und Rinnen.

Die Tatacoa ist keine richtige Wüste, obwohl es dort bis zu 50 °C heiß wird. Eigentlich ist sie ein semiarider tropischer Trockenwald, in dem durchschnittlich 1070 mm Niederschlag jährlich fallen. Auf allen Seiten ist die Wüste von Bergen umgeben, die Gipfel um den Nevado de Huila (5750 m) bekommen den Großteil der Regenwolken und des Niederschlags ab, sodass 330 km² der Tatacoa trocken bleiben. Das Ergebnis ist ein für Kolumbien einzigartiges Ökosystem – mit Skorpionen und Wieseln, Früchte tragenden Kakteen und mindestens 72 verschiedenen Vogelarten.

Die Tatacoa wird über **Neiva** erreicht, die heiße Hauptstadt des Departamento Huíla und Hafenstadt am Río Magdalena. Von dort fahren *colectivos* eine Stunde in nordwestliche Richtung nach Villavieja. Die Nacht kann man in Villavieja oder in der Wüste verbringen.

Festes Schuhwerk (Kaktusdornen am Boden!) und eine Taschenlampe sind ein Muss.

★ **Observatorio Astronomico Astrosur** ASTRONOMIE

(310-465-6765; www.tatacoa-astronomia.com; Tigre de Marte, Tatacoa; Besichtigungen 10 000 COP; 7–21 Uhr) Der früher im Tatacoa Observatorium arbeitende Astronom Javier Rua Restrepo führt nun sein eigenes Observatorium etwa 1 km entfernt von der Stadt. Sein engagierter Vortragsstil zeigt, wie sehr er seine Arbeit liebt. Er besitzt verschiedene, qualitativ gute Teleskope, die die Besucher benutzen dürfen. Alle Vorträge werden ausschließlich auf Spanisch gehalten.

Die meisten Unterkünfte in der Wüste bestehen aus Betonwänden mit einem Wellblechdach und kosten ca. 30 000 COP pro Person. Es gibt jedoch auch eine **luxuriöse Ferienanlage** (322-365-5610; www.betheltatacoaoficial.com; Sector Los Hoyos, Desierto de la Tatacoa; Zi. 510 000 COP; P) sowie einige Plätze, an denen man sein Zelt aufstellen kann.

In der Wüste gibt es nur wenige Lokale, alle Hotels bereiten jedoch für ihre Gäste einfache Mahlzeiten zu, meist aus Fleisch, Reis und Salat.

An- & Weiterreise

Mototaxis in Villavieja verlangen 15 000 COP, um bis zu drei Personen zum **großen Observatorium** (312-411-8166; El Cusco; Besichtigungen 10 000 COP; Besucherzentrum 10–21 Uhr) und den Pensionen in der Nähe zu bringen. Ein **Fahrradverleih** (316-748-2213; Calle 7 No 2-59; Miete 1 Std. 10 000 COP) befindet sich in der Stadt, es geht aber auch zu Fuß, wobei es allerdings auf der 4 km langen Strecke weder Schatten noch Schutz und Wasser gibt.

Villavieja

8 / 7308 EW. / 440 M

Die kleine Wüstenstadt ist das Tor zur Desierto de la Tatacoa. Sie wurde 1550 gegründet und geriet danach in Vergessenheit. Ein paar Familien leben mehr schlecht als recht von ihren Ziegenherden, viele finden nun ein Einkommen im Tourismus.

An Wochenenden und Ferientagen besuchen *bogotanos* den Ort, an allen anderen Tagen hat man die Straßen für sich alleine.

PARQUE NACIONAL NATURAL PURACÉ

45 km östlich von Popayán entlang der ungeteerten Straße nach La Plata liegt ein 830 km² großer Nationalpark. Der größte Teil des Parks liegt innerhalb des *resguardo* (offiziellem Territorium) der Ureinwohner von Puracé.

Zur Zeit der Recherchen zu diesem Buch hatte die Gemeinschaft die Kontrolle über den Park übernommen. Grund dafür waren Meinungsverschiedenheiten mit der Nationalregierung hinsichtlich des Managements des Schutzgebietes. Von offizieller Seite geben die Touristeninformationen des Nationalparks oder der Regierung die Information aus, der Park sei geschlossen, die Gemeinschaft lässt jedoch Besucher zu und ist darauf bedacht, den noch in seinen Kinderschuhen steckenden Sanften Tourismus weiter auszubauen. Neben dem Eintritt muss daher jede Gruppe einen einheimischen Führer (35 000 COP pro Gruppe) engagieren, der diese durch den Park begleitet.

Die Anreise zum Nationalpark erfolgt in einem Bus von Popayán zum Cruce de la Mina (Richtung La Palata; 15 000 COP, 1¼ Std.). Wer am selben Tag wieder abreisen will, sollte den ersten Bus um 4.30 Uhr nehmen, allerspätestens den um 6.45 Uhr.

Von Cruce de la Mina geht es 1,5 km bergauf zum Cruce de Pilimbalá, dort links ab und weitere 1 km zum Besucherzentrum. An der Bushaltestelle steht für gewöhnlich ein Führer, der den Weg weist.

Der letzte Bus zurück nach Popayán fährt gegen 16.30 Uhr am Cruce de la Mina vorbei.

Sehenswertes

Die Region war einst Meeresboden, und so finden sich hier viele großartige Fossilien aus dem Miozän. Paläontologen arbeiten seit Längerem in La Venta, einer abgelegenen Wüstenregion. Einige ihrer Funde, wie etwa die Knochen eines Gürteltiers von der Größe eines Traktors, sind im **Museo Paleontológico** (☎314-347-6812, 8-879-7744; Plaza Principal; 2500 COP; ⌚7.30–12 & 14–17.30 Uhr) am Hauptplatz ausgestellt. Die hilfsbereiten Mitarbeiter agieren ganz nebenbei auch noch als ein Ersatz-Touristenbüro.

Schlafen & Essen

Es gibt einige ordentliche Hotels in der Stadt, die meisten Reisenden verbringen aber die Nacht lieber direkt in der Wüste.

Hotel Diana Luz HOTEL $

(☎312-802-0236; Calle 4 No 5-31; EZ/DZ 50 000/80 000 COP, mit Ventilator 40 000/70 000 COP, ohne Bad 30 000/60 000 COP; ❄📶) Ein gutes Budget-Hotel in der Stadt, anderthalb Straßenblocks vom Park entfernt. Die Zimmer des kleinen Hotels sind makellos sauber, mit Klimaanlage, hochwertigen Matratzen und eigenem Bad. Günstigere Alternativen bestehen im Hinterhaus mit Gemeinschaftsbad.

Hotel Yararaka HOTEL $$

(☎313-247-0165; www.yararaka.com; Carrera 4 No 4-43; Zi. pro Person 80 000 COP; 📶🏊) Das Hotel im Kolonialstil mit gut ausgestatteten Zimmern unter einem weiten Strohdach hat, anders als die meisten Hotels, eine schöne Atmosphäre. Alle Zimmer gehen auf den Innenhof mit Pool hinaus. Die einzelnen Zimmer haben keine Decken, was zwar Kühle verschafft, aber kaum Privatsphäre zulässt.

Villa Paraiso HOTEL $$

(☎321-234-5424; hotelvillaparaisovillavieja@gmail.com; Calle 4 No 7-69, Villavieja; EZ/DZ mit Ventilator 60 000/110 000 COP, mit Klimaanlage 70 000/130 000 COP; P❄📶🏊) Die Villa Paraiso ist eine der besten Unterkünfte der Stadt und wurde erst vor Kurzem renoviert. Das Hotel bietet kleine, aber ordentliche Zimmer mit eigenem Bad, Klimaanlage und Kabel-TV und einen ganz ordentlichen Pool hinter dem Haus.

Restaurante Monterrey KOLUMBIANISCH $

(☎310-344-6788; Calle 4 No 4-55; Mahlzeiten 7000 COP; ⌚7–21 Uhr) Eines der wenigen Restaurants in der Stadt, das ganztägig Essen serviert. Bei den (günstigen) Menüs gibt es meist nur die Standardgerichte.

Praktische Informationen

Banco Agrario (Calle 4 No 4-30) Der einzige Geldautomat im Ort.

An- & Weiterreise

Von 5–19 Uhr pendeln Vans auf der 37 km langen Strecke zwischen Neiva und Villavieja (7000 COP, 1 Std.); die meisten fahren auch noch weiter bis zum Cusco-Gebiet der Desierto de la Tatacoa (15 000 COP). Gestartet wird ab einer Fahrgästezahl von mindestens fünf Personen; frühmorgens und am späten Nachmittag wird am häufigsten gefahren, über den Tag hinweg kann es passieren, dass man ein bis zwei Stunden warten muss.

Von Neiva aus fahren regelmäßig Busse nach Bogotá (45 000 COP, 6 Std.). Täglich verkehren mehrere Busse direkt nach San Agustín (30 000 COP, 4 Std.). Um nach Tierradentro zu gelangen, muss man in La Plata (15 000 COP, 2 Std.) umsteigen.

NARIÑO

Willkommen in Ecuador – na ja, fast. Nariño ist Kolumbiens südwestlichste Provinz, der ecuadorianische Einfluss ist hier unübersehbar.

Die Anden türmen sich Richtung Süden hoch und bedrohlich auf. Die „Vulkanstraße" durch Ecuador beginnt hier – die nette kleine Provinzhauptstadt Pasto liegt nur 8 km von einem aktiven Vulkan entfernt – in einem Mosaik aus Feldern und Wiesen.

Die meisten Besucher kommen, um weiter über die Grenze nach Ecuador zu reisen. Doch ein mehrtägiger Aufenthalt lohnt sich durchaus. Im kompakten Stadtzentrum lässt sich gut flanieren, die Laguna de la Cocha ist zauberhaft, und die Basilika Santuario de Las Lajas bei Ipiales ein imposanter Anblick.

Pasto

☎2 / 450 645 EW. / 2551 M

Nur zwei Stunden von Ecuador entfernt liegt Pasto, die Hauptstadt der Provinz Nariño. Von hier geht es über die Grenze ins Nachbarland. Die Stadt an sich ist ganz nett, mit mehreren schönen Häusern aus der Kolonialzeit und einer lebhaften Innenstadt. Doch nach einem Tag hat man das Wichtigste gesehen. Naturliebhaber sehen das ganz anders, liegt Pasto doch inmitten einer spektakulären Landschaft und ist ein guter Ausgangspunkt für die Besichtigung der Laguna de la Cocha, der Laguna Verde und des ruhelosen Vulkans Galeras.

Das Wetter ist kühl hier – sogar so kühl, dass *helado de paíla* frisch an der Straße zubereitet werden kann: Die traditionelle Eiscreme wird hier in einem Kupferkessel auf einer Plattform aus Eis produziert.

Sehenswertes

Museo del Oro MUSEUM
(☎2-721-3001; Calle 19 No 21-27; ⌚Di–Sa 10–17 Uhr) GRATIS Einblicke in die präkolumbischen Kulturen von Nariño gibt diese kleine, aber interessante Sammlung an Gold- und Keramikexponaten. Unter den interessantesten sind goldene Diademe, die früher von Häuptlingen getragen wurden, sowie bei Zeremonien eingesetzte Drehscheiben – eine Art präkolumbisches Stroboskop.

Museo Taminango de Artes y Tradiciones MUSEUM
(☎2-723-5539; museotaminango@gmail.com; Calle 13 No 27-67; Erw. 3000 COP; ⌚Mo–Fr 8–12 & 14–18, Sa 9–13 Uhr) Das Museum zeigt neben einem Sammelsurium an Antiquitäten interessante Exponate zu indianischen Webtechniken und *Barniz-de-Pasto*-Arbeiten. Ein Besuch lohnt sich auf jeden Fall, da das Museum in einer sorgfältig restaurierten *casona* aus dem Jahr 1623 untergebracht ist. Das Haus soll das älteste noch bestehende zweistöckige Gebäude Kolumbiens sein.

VOLCÁN GALERAS

Gerade mal 8 km vom Stadtzentrum von Pasto entfernt brodelt und grummelt der Volcán Galeras (4267 m), einer der aktivsten Vulkane Kolumbiens. Der obere Teil des Vulkans ist als **Nationalpark** (2000 COP; ⌚8–12 Uhr) geschützt, während sich an den unteren Hängen Bauernhöfe und leuchtend grüne Wiesen abwechseln.

Von Pasto aus fährt man mit dem Taxi nach Yacuanquer (3500 COP), ab dem Taxistand vor dem Busbahnhof dann entweder weiter mit dem Mototaxi oder *colectivo* (Minibus; beide kosten 2000 COP) ins Dorf San Felipe. Dort muss für die dreistündige Wanderung zum *mirador* (Aussichtspunkt) ein Führer angeheuert werden (30 000 COP pro Gruppe, max. 10 Pers.). Am einfachsten ist dies, wenn man ihn im Voraus über das Büro von **Parques Nacionales** (☎2-732-0493; galeras@parquesnacionales.gov.co; Carrera 41 No 16B-17, Barrio El Dorado) in Pasto organisiert.

Wichtig zu wissen: Nach 12 Uhr wird kein Einlass mehr gewährt. Gutes Schuhwerk und warme Kleidung sind für diese Wanderung essenziell.

Feste & Events

Carnaval de Blancos y Negros KULTUR
(www.carnavaldepasto.org; Jan.) Pastos größtes Event findet am 5. und 6. Januar statt. Die Ursprünge gehen auf die spanische Kolonialzeit zurück, als es Sklaven am 5. Januar gestattet war zu feiern, und sich ihre Herren als Zeichen der Billigung das Gesicht schwärzten. Am Folgetag schminkten sich wiederum die Sklaven die Gesichter weiß.

An diesen beiden Tagen ist in der Stadt die Hölle los, und jeder färbt den andern mit Schminke, Kreide, Talkum, Mehl und was sonst noch schwarz oder weiß macht. An diesem Tag sollte man seine älteste Kleidung tragen und sich ein *antifaz* beschaffen, eine Schutzmaske fürs Gesicht, die überall verkauft wird. Menschen mit Atemwegsproblemen sollten die Straßen meiden – tagelang danach hustet man noch Talkumpuder.

Schlafen

★ **Hotel Casa Lopez** HOTEL $$
(2-720 8172; hcasalopez@gmail.com; Calle 18 No 21B-07; EZ/DZ/3BZ ab 147 000/190 000/235 000 COP;) In dem schön restaurierten Kolonialgebäude im Zentrum bietet dieses Privathotel einzigartigen Komfort, Service und Aufmerksamkeit. Die um einen hübschen Innenhof mit Blumenrabatten gelegenen Zimmer sind mit Holzböden und antiken Möbeln ausgestattet. Die umgänglichen Eigentümer sind sehr gastfreundlich – abends überraschen Sie ihre Gäste schon mal mit einer Wärmflasche oder heißer Schokolade. Das elegante Restaurant im Erdgeschoss serviert typische Mahlzeiten.

Hotel Casa Madrigal HOTEL $$
(2-723-4592; http://hotelcasamadrigal.blogspot.com; Carrera 26 No 15-37; EZ/DZ mit Frühstück 135 000/170 000 COP) Populär bei Geschäftsreisenden, bietet dieses gut ausgestattete Hotel geräumige Zimmer mit Kingsize-Betten, Schreibtisch und allem Komfort. Die großen Bäder glänzen und die Duschen sind fantastisch. Im Erdgeschoss gibt es ein gutes Restaurant.

Essen & Ausgehen

Fastfood im Nariño-Stil bieten die *picanterias* (Schnellimbiss-Lokale), die *lapingachos* (mit Fleisch verschieden belegte Kartoffelpuffer) servieren.

In der Gegend um Palermo sind viele elegante Restaurants zu finden, die lokale und internationale Gerichte kochen.

Salón Guadalquivir CAFÉ $
(Calle 19 No 24-84; Snacks 900–9000 COP, Hauptgerichte 10 500–22 000 COP; Mo–Sa 8–12.30 & 14.30–19.30 Uhr) Das gemütliche Café an der Plaza serviert *Pastuso*-Snacks wie etwa *empanadas de anejo* (Ausgebackenes), *quimbilitos* (Süßgebäck aus Rosinen, Vanille und Mais) und *envueltas de chocolo* (Süßmaisküchlein), außerdem traditionelle Gerichte.

Caffeto CAFÉ $
(www.krkcaffeto.com; Calle 19 No 25-62; Hauptgerichte 11 000–24 000 COP; Mo–Sa 8–22 Uhr) Das schicke Café mit Bäckerei serviert Gourmet-Sandwiches, Crêpes, Lasagne und Salate. Die Kuchenstücke sind riesig, ebenso die Eisbecher, und es gibt echten Espresso. Da meldet sich auch beim abgebrühtesten Reisenden der innere Yuppie.

Asadero de Cuyes Pinzón KOLUMBIANISCH $$
(2-731-3228; Carrera 40 No 19B-76, Palermo; Meerschweinchen 39 000 COP; Mo–Sa 12–21, So 12–14 Uhr) *Pastusos* (so werden die Bewohner von Pasto genannt) machen sich fein, um hier etwa 1,5 km nördlich des Stadtzentrums essen zu gehen. Auf der Karte steht nur ein Gericht: *asado de cuy* (gegrilltes Meerschweinchen). Am besten löst sich das Fleisch, wenn man es mit den Händen isst – aus diesem Grund werden Plastikhandschuhe ausgegeben. Ein *cuy* reicht für zwei Personen.

Cola de Gallo BAR
(2-722-6194; Calle 18 No 27-47; Mo–Mi 15–20, Do–Sa 5–1 Uhr) 80 verschiedene Cocktails stehen zur Auswahl, aber auch hervorragender Kaffee aus lokalem Anbau. Die piekfeine Café-Lounge spielt einen Soundtrack von Jazz, Blues und World Music im Hintergrund.

Cafe La Catedral CAFÉ
(2-729-8584; www.cafelacatedral.com; Carrera 26 No 16-37; Mo–Sa 8.30–21 Uhr) *Pastusos* sitzen gerne über einer guten Tasse Kaffee zusammen, und dieses Café, einen halben Häuserblock von der Kathedrale entfernt, zählt zu ihren Lieblingstreffpunkten. Die Getränkeauswahl ist eindrucksvoll, die wunderbaren Kuchen und Törtchen aber sind der eigentliche Renner.

Shoppen

Bekannt ist die Stadt für *barniz de Pasto,* traditionelle Handwerkskunst, bei der Pflanzenharz aus der Amazonas-Region zur Dekoration von Holzobjekten mit bun-

Pasto

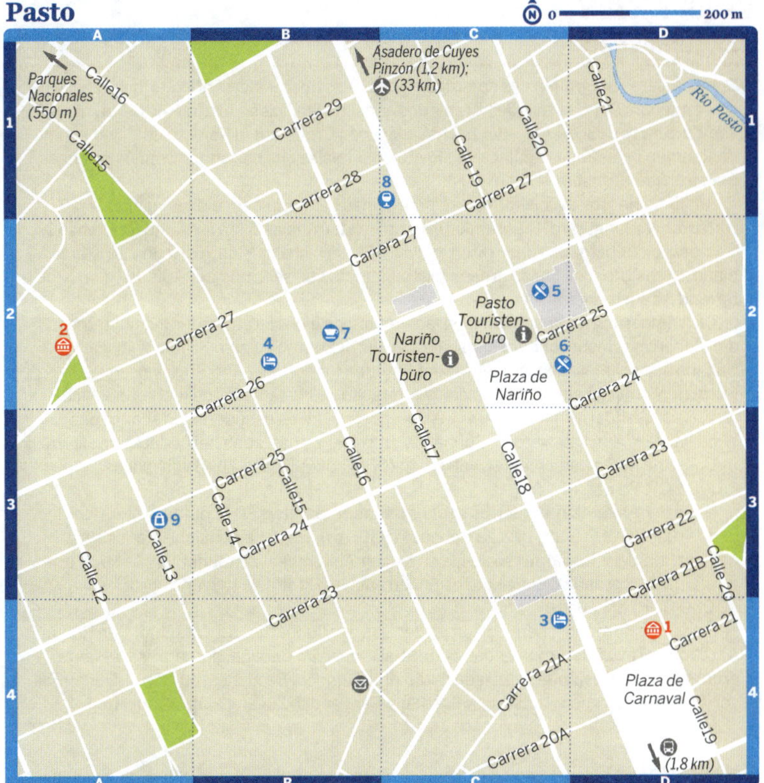

ten Mustern verwendet wird. Zu kaufen bei **Barniz de Pasto Obando** (☎2-722-4045, 301-350-0030; Carrera 25 No 13-04; ⌚Mo–Fr 8.30–12.30 & 14.30–18.30, Sa 9–12.30 & 15–18.30 Uhr). Hier kann man den Handwerkern bei ihrer Arbeit zusehen.

ℹ Praktische Informationen

Die meisten großen Banken befinden sich um die Plaza de Nariño.

4-72 (Calle 15 No 22-05; ⌚Mo–Fr 8–18 Uhr, Sa 9–12 Uhr) Postamt.

Banco de Bogotá (Calle 19 No 24-68)

Banco Popular (Carrera 24 No 18-80)

Nariño Touristenbüro (Oficina Departmental de Turismo; ☎2-723-4962; http://narino.gov.co/turismo; Calle 18 No 25-25; ⌚Mo–Fr 8–12 & 14–18 Uhr) Hilfreiche Informationen über das Department Nariño.

Pasto Touristenbüro (Punto Información Turistica; ☎2-733-4765; www.turismopasto.gov.co; Ecke Calle 19 & Carrera 25; ⌚8–12 & 14–18 Uhr) Bietet Informationen zu den Sehenswürdigkeiten der Stadt.

Pasto

Sehenswertes
1 Museo del Oro D4
2 Museo Taminango de Artes y Tradiciones A2

Schlafen
3 Hotel Casa Lopez C4
4 Hotel Casa Madrigal B2

Essen
5 Caffeto C2
6 Salón Guadalquivir C2

Ausgehen & Nachtleben
7 Cafe La Catedral B2
8 Cola de Gallo C1

Shoppen
9 Barniz de Pasto Obando A3

ABSTECHER

LAGUNA VERDE

Spektakuläre Fotografien des smaragdgrünen Sees hoch in den Anden sind in ganz Nariño zu sehen. Der See füllt den Krater des erloschenen Volcán Azufral (4000 m) unweit von **Túquerres** (3070 m) – der höchstgelegenen Großstadt in Kolumbien – und kann im Rahmen eines Tagesausflugs von Pasto oder Ipiales aus besichtigt werden, solange man früh genug losfährt.

Am Eingang gibt es Toiletten und einen kleinen Laden, in dem ein geringer Eintrittspreis verlangt wird. Die Wanderung zum Kraterrand ist 6 km lang und führt etwa 1½ Stunden leicht bergauf. Vom Kraterrand aus führt ein steiler Pfad 700 m in den Krater hinunter ans Ufer des Sees. Es kann hier sehr matschig sein, und der Aufstieg zum Kraterrand ist anstrengend.

Die Wanderung ist zwar nicht lang, aber dennoch eine Herausforderung aufgrund der Höhenlage, insbesondere der steile Weg zurück vom See zum Kraterrand. Von La Cabaña aus sollten insgesamt etwa fünf Stunden für den Hin- und Rückweg angesetzt werden. Wichtig ist eine gute Schlechtwetterausrüstung (am besten mehrere Schichten). Beim Wandern kann es warm werden, doch das Wetter ändert sich schnell und der Wind kann extrem kalt werden. Sonnenschutz ist ein Muss, auch bei bedecktem Himmel!

Busse nach Túquerres fahren von Pasto (6000 COP, 1¾ Std.) und von Ipiales (7000 COP, 1½ Std.).

Nach der Ankunft in Túquerres geht es mit dem Taxi etwa 30 Minuten weiter (hin und zurück 50 000 COP) bis „La Cabaña“ (3600 m), wo der eigentliche Wanderweg beginnt. Mit dem Taxifahrer sollte gleich bei der Ankunft ein Zeitpunkt für die Rückreise ausgemacht werden. Alleinreisende können auch ein Mototaxi (hin und zurück etwa 20 000 COP) anheuern.

Eine umweltfreundlichere Option ist der Bus von Túquerres zur Ortschaft San Roque Alto. Von dort wandert man entlang der Straße nach La Cabaña, durch diese Variante erhöht sich die Gesamtgehzeit jedoch um drei Stunden. Besucher müssen auf jeden Fall vor 13 Uhr ankommen, sonst verweigern die Ranger den Zugang zum Wanderweg.

An- & Weiterreise

Der Flughafen liegt 33 km nördlich der Stadt an der Straße nach Cali.

Colectivos (10 000 , 45 Min) zum Flughafen fahren an der Plaza de Nariño an der Ecke Calle 18 und Carrera 25 ab. Ein Taxi zum Flughafen kostet 35 000–40 000 COP.

Der **Busbahnhof** (☎2-730-8955; www.terminaldepasto.com; Carrera 6) liegt 2 km südlich des Stadtzentrums. Es fahren regelmäßig Busse, Minibusse und *colectivos* nach Ipiales (8000 COP, 1½ –2 Std.); die Plätze auf der linken Seite bieten bessere Aussicht. Es gibt regelmäßig Busverbindungen entlang der spektakulären Straße nach Cali (40 000 COP, 9 Std.), die Busse halten unterwegs auch in Popayán (30 000 COP, 6 Std.). Über ein Dutzend Busse fahren täglich direkt nach Bogotá (90 000 COP, 20 Std.).

Laguna de la Cocha

☎2 / 2760 M

Ein absolutes Muss bei einem Besuch von Pasto ist der spektakulär inmitten grüner Hügel gelegene See, der oft in Nebel gehüllt ist.

Ein Boot bringt die Reisenden auf die Isla Corota. Die kleine **Insel** (corota@parquesnacionales.gov.co; Kolumbianer/Ausländer 4000/6500 COP) ist als Nationalpark klassifiziert und bietet auf 2830 m einen seltenen Blick auf einen gut erhaltenen, immergrünen Nebelwald. Eine kleine Kapelle und eine biologische Forschungsstation befinden sich ebenfalls auf der Insel. Ein 550 m langer Bohlenweg führt zu einem *mirador* (Aussichtspunkt).

Für die Bootsfahrt zur Isla Corota werden 30 000 COP (max. 10 Pers.) verlangt; die Boote fahren vom Örtchen Puerto El Encano am Ende des Sees ab.

Schlafen

Hotel Sindamanoy HOTEL **$$**

(☎2-721-8222; reservas@hotelsindamanoy.com; EZ/DZ/3BZ/Suite mit Frühstück 130 000/190 000/233 000/235 000 COP; 📶) Ein in die Jahre gekommenes, aber immer noch elegantes Chalet mit wunderbarem Blick über die Isla Corota. Die Aussicht ist zwar eindrucksvoll, doch die Zimmer zum Teil etwas heruntergekommen, sodass man sich mehrere zeigen lassen sollte. Das elegante Restaurant (Hauptgerichte 23 000–30 000 COP) ist ideal für ein Essen mit schöner Aussicht.

Chalet Guamuez HOTEL **$$$**
(☎2-721-9308; www.chaletguamuez.com; Zi. mit offenem Kamin/Heizkörper 252 000/181,000 COP, Cabaña ab 255 000 COP;) Das Urlaubshotel im schweizerischen Stil hat saubere Zimmer mit Blick über einen Blumengarten zum See. Die einfachen Zimmer sind in Ordnung, die etwas teureren und luxuriöseren bieten u. a. einen offenen Kamin und kleine Balkone. Die Zimmer mit Blick auf den See haben denselben Preis wie jene auf den Garten.

Um den Erholungscharakter zu verstärken, gibt es in keinem der Zimmer einen Fernseher, dafür stehen eine Sauna und Reitpferde zur Verfügung. Das Restaurant (Hauptgerichte 22 000–32 000 COP) bietet vegetarische Gerichte, Fondue sowie lokale Gerichte.

An- & Weiterreise

Sammeltaxis zum Río Encano am See (5000 COP, 40 Min.) fahren an der Plaza de Carnaval im Zentrum von Pasto und hinter dem Hospital Departmental (Ecke Calle 22 und Carrera 7) ab. Sammeltaxis bieten vier Personen Platz; wer es eilig hat, kann alle vier Sitze bezahlen.

Die Hotels am See können per Taxi von El Encano (8000–10 000 COP) oder per Boot vom Hafen für etwa 30 000 COP angefahren werden.

Ipiales

☎2 / 145.073 EW. / 2900 M

Ipiales ist eine wenig reizvolle Geschäftsstadt etwa 7 km von der ecuadorianischen Grenze entfernt und lebt vom Grenzhandel. Es gibt eigentlich nichts zu sehen oder zu tun, es lohnt tut sich höchstens der Abstecher zum Santuario de Las Lajas. Auch die Fahrt von Pasto auf der Panamericana nach Ipiales ist aufregend.

Schlafen & Essen

Als geschäftige Grenzstadt bietet Ipiales ordentliche Unterkünfte in allen Preisklassen, es gibt dennoch kaum einen Grund, die Nacht dort zu verbringen. Pasto ist viel netter und über die Panamericana auch nicht so weit entfernt.

Landestypisches Essen gibt es im Barrio El Charco, wo etwa ein halbes Dutzend Lokale gegrilltes *cuy* anbieten – die Meerschweinchen werden auf einen mechanischen Spieß gespießt über dem offenen Feuer geröstet. Der Spieß erinnert makaber an ein Riesenrad für Nager.

Hotel Casa Vieja HOTEL **$**
(☎2-773-3939, 320-263-7537; hotelcasaviejaipiales37@gmail.com; Calle 13 No 5-73; EZ/DZ 30 000/50 000 COP) Das einfache Hotel in einem Haus im Kolonialstil direkt an der Plaza la Pola bietet die preiswerteste Unterkunft der Stadt. Die geräumigen Zimmer haben Dielenboden und große Fenster hin zur Plaza. Hölzerne Fensterläden schützen vor dem Straßenlärm. Mit komfortablen Betten und Heißwasser aus dem Durchlauferhitzer ist der Preis äußerst günstig.

Gran Hotel HOTEL **$**
(☎2-773-2131; granhotel_ipiales@hotmail.com; Carrera 5 No 21-100; EZ/DZ 60 000/100 000 COP;) In einem Geschäftsviertel unweit des Stadtzentrums untergebracht, bietet das freundliche Hotel komfortable, saubere Zimmer mit Plasmafernsehern und heißem Wasser. Einige der Zimmer können etwas laut sein – evt. mehrere anschauen.

Torre de Cristal HOTEL **$$**
(☎2-725-5808; www.hoteltorredecristal.com; Carrera 5 No 14-134; EZ/DZ 50 000/100 000 COP; P) Das glitzernde Hotel, nur einen Häuserblock von der Plaza entfernt, bietet viel für sein Geld – saubere, moderne Zimmer, gute Aussicht, geräumige Bäder, Gasheizung, HD-TV und sogar einen Aufzug für die Autos in der Parkgarage.

Praktische Informationen

Es gibt zahlreiche Bankautomaten um die Plaza la Pola.

Artesys (Calle 12 No 6-16; pro Stunde 1300 COP; 8.30–20.30 Uhr) Schnelles Internet.

Banco de Bogotá (Carrera 6 No 13-55) Geldautomat.

Konsulat von Ecuador (☎2-773-2292; Carrera 7 No 14-10; Mo–Fr 8.30–17 Uhr)

An- & Weiterreise

Der **Flughafen** (IPI) liegt 7 km nordwestlich der Stadt an der Straße nach Cumbal, und ist mit dem Taxi erreichbar. Ein Taxi dorthin kostet 15 000 COP. **Satena** (☎1-8000-91-2034, 1-605-2222; www.satena.com) fliegt fünfmal wöchentlich nach Bogotá; Frühbucher erhalten einen günstigeren Preis.

Ipiales hat einen großen, bunt bemalten **Busbahnhof** (Carrera 2) etwa 1 km nordöstlich des Zentrums. Stadtbusse (1200 COP) und Taxis

REISEN NACH ECUADOR

Passformalitäten werden an der Grenze in Rumichaca erledigt, das zwischen Ipiales und Tulcán (in Ecuador) liegt. Die Grenze ist immer offen, es wird relativ zügig kontrolliert.

Sammeltaxis (2000 COP) fahren zwischen 5 und 20 Uhr regelmäßig die 2,5 km lange Strecke von Ipiales nach Rumichaca – sowohl vom Busbahnhof als auch vom Marktplatz Ecke Calle 14 und Carrera 8 aus; ein Taxi kostet 8000 COP. Die Grenze wird dann zu Fuß überquert. Anschließend kann man die Reise mit einem *colectivo* nach Tulcán (6 km) fortsetzen. Auf beiden Strecken werden sowohl die kolumbianische wie auch die ecuadorianische Währung akzeptiert. Von Ipiales gibt es keine direkten Flüge nach Ecuador, aber von Tulcán aus fliegt die Fluggesellschaft Tame täglich nach Quito. Von der Grenze aus liegt der Flughafen auf dem Weg nach Tulcán 2 km vor der Stadt.

(3800 COP) fahren ins Zentrum. Mehrere Buslinien verkehren nach Bogotá (100 000 COP, 22 Std.) und Cali (50 000 COP, 11 Std.). Alle halten unterwegs auch in Popayán (35 000 COP, 8 Std.). Nach Pasto fahren viele Busse, Minibusse und *colectivos* (8000–10 000 COP, 1½–2 Std.); alle starten am Busbahnhof. Die Plätze auf der rechten Seite bieten die bessere Aussicht.

Santuario de Las Lajas

2600 M

Unweit des Dorfs Las Lajas steht auf einer Steinbrücke über einer tiefen Schlucht die neogotische Basilika **Santuario de Las Lajas** (⏲6–18 Uhr) – ein spektakulärer Anblick! Sonntags wimmelt der Platz von Pilgern, Eisverkäufern und Souvenirhändlern; wochentags kommen kaum Besucher.

Die Pilger glauben, dass ein Bild der Jungfrau Maria Mitte des 18. Jhs. auf einer riesigen Felswand 45 m über dem Fluss erschienen sei. Tafeln mit Danksagungen sind deshalb an den Felswänden der Schlucht angebracht, viele wurden von prominenten kolumbianischen Politikern verfasst.

Die Kirche liegt genau gegenüber der Felswand, auf der das wundersame Bild aufgetaucht sein soll. Ein goldverziertes Gemälde der Jungfrau mit den beiden Heiligen Dominikus und Franziskus wurde direkt auf den Fels gemalt, damit gleich jeder Besucher Bescheid weiß. Eine erste Kapelle wurde 1803 erbaut. Die heutige Kirche, entworfen von Lucindo Espinoza, einem Architekten aus Nariño, entstand erst in den Jahren 1926 bis 1944. Den besten Blick auf die Kirche genießen die Besucher vom Wasserfall am anderen Ende der Schlucht.

Das Santuario de Las Lajas ist von Ipiales aus gut erreichbar. Besucher, die vor Ort übernachten wollen, finden Unterkunft in den einfachen Hotels entlang der Straße zur Kirche.

An- & Weiterreise

Die Basilika liegt 7 km südöstlich von Ipiales. Sammeltaxis und Kleinbusse fahren regelmäßig dorthin ab (Ecke Carrera 6 und Calle 4 in Ipiales; 2500 COP, 20 Min.) sowie vom Busbahnhof (2500 COP, 15 Min.). Wer es eilig hat, kann alle vier Plätze bezahlen. Ein normales Taxi ab einem beliebigen Punkt in Ipiales kostet etwa 11 000 COP. Sonntags fahren Sammeltaxis von Pasto direkt zum Santuario.

Pazifikküste

Inhalt ➜

Bahía Solano 289
El Valle 293
Parque Nacional Natural Ensenada de Utría 295
Nuquí 295
Parque Nacional Natural Isla Gorgona 301

Beste Sichtung von Walen

- ➜ Parque Nacional Natural Ensenada de Utría (S. 295)
- ➜ El Valle (S. 293)
- ➜ Parque Nacional Natural Isla Gorgona (S. 301)
- ➜ Guachalito (S. 298)

Schön übernachten

- ➜ Morromico (S. 298)
- ➜ El Cantil Ecolodge (S. 299)
- ➜ El Almejal (S. 294)
- ➜ Pijibá Lodge (S. 299)
- ➜ Choibana (S. 292)

Auf zur Pazifikküste!

Kaum ein anderes Reiseziel ist so wild und spektakulär wie die Pazifikküste Kolumbiens. Hier stürzt sich der Dschungel buchstäblich Hals über Kopf ins Meer. Wasserfälle ergießen sich von bewaldeten Steilklippen hinunter auf weite, graue Sandstrände, heiße Quellen verbergen sich im dichten Dschungel und winzige Dörfer klammern sich an die Ufer reißender Flüsse. Hier ziehen Wale und Delfine so nah am Strand vorbei, dass sie von der Hängematte aus beobachtet werden können, und riesige Wasserschildkröten kommen sogar noch näher. Es gibt viele Öko-Ferienhotels in der Region; außerdem bieten gastfreundliche Gemeinden afrokolumbianischer Nachkommen, die bescheiden von Fischfang und Landwirtschaft leben, günstige Unterkünfte an.

Die schwierige Erreichbarkeit und die mangelnde Infrastruktur haben die Touristenmassen bisher noch ferngehalten. Deshalb nichts wie hin, solange die Pauschalreisenden das Land noch nicht entdeckt haben.

Reisezeit

Buenaventura

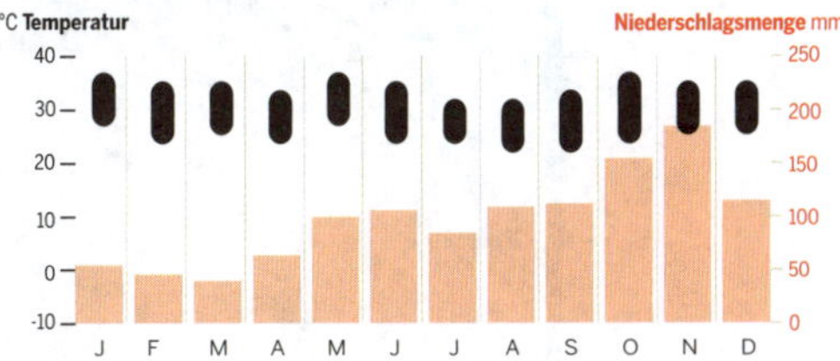

Jan.–März Eine gute Zeit für Wanderungen und andere Outdooraktivitäten, da es nur wenig regnet.

Juli–Okt. Die Buckelwale kehren von ihrer langen Reise aus der Antarktis in die Region zurück.

Sept.–Dez.. Meeresschildkröten kriechen auf die Strände ihrer Geburt, um ihre Eier abzulegen.

Highlights

1. Entspannen am **Guachalito** (S. 298), einem von tropischen Gärten gesäumten grauen Sandstrand in Chocós reizvollem Urlaubsgebiet.
2. Besuch im **Parque Nacional Natural (PNN) Ensenada de Utría** (S. 295), wo Buckelwale ganz nahe an der Küste mit ihren Jungen spielen.
3. Surftag an der vom Dschungel gesäumten Playa Almejal bei **El Valle** (S. 293), um auf den 2 m hohen Wellen des Pazifiks zu reiten.
4. Tauchen mit Hunderten Hammerhaien vor der Küste der **Isla Malpelo** (S. 300) – Kolumbiens abgelegenstes Tauchgebiet.
5. Die siedend heißen Thermalquellen tief im Dschungel bei **Jurubidá** (S. 297).
6. Von **Joví** (S. 298) in einem Einbaum auf einem Dschungelfluss zu entlegenen Wasserfällen fahren.
7. Eine Wanderung von der **Bahía Solano** (S. 289) zu versteckt gelegenen Badestellen im Urwald.

National- und Regionalparks

Der Parque Nacional Natural (PNN) Isla Gorgona (S. 301) und der Santuario de Flora y Fauna Malpelo (S. 300) sind Meeresschutzgebiete mit spannenden Tauchgründen. Auf halbem Weg zwischen El Valle und Nuquí liegt der Parque Nacional Natural (PNN) Ensenada de Utría (S. 295). Während der Saison tummeln sich hier die Meeressäuger in einer schmalen Bucht – nur wenige hundert Meter von der Küste entfernt.

Gefahren & Ärgernisse

In der gesamten Region ist die Sicherheit nach wie vor ein Thema. Reisende werden höchst wahrscheinlich keine Probleme bekommen, dennoch sollten sie Folgendes nicht außer Acht lassen: In abgelegenen Gebieten sind Guerrilleros und andere paramilitärische Gruppen von Regimekritikern immer noch aktiv, vor allem in der Umgebung von Tumaco nahe der ecuadorianischen Grenzen sowie im nördlichen Teil des Departamento del Chocó an der Grenze zu Panama. In den weiter abgelegenen Gebieten im Hinterland der Küstenorte Nuquí und Bahía Solano hat sich die paramilitärische Präsenz in jüngster Zeit erhöht, auch wenn ein Einsatz des kolumbianischen Militärs die Lage in diesen Gegenden wieder beruhigt und unter Kontrolle gebracht hat.

Während der Recherchen zu diesem Buch war in den meisten Regionen alles friedlich. Reisende sollten sich jedoch auf jeden Fall unmittelbar vor ihrem Kolumbienbesuch über die aktuelle Sicherheitslage informieren.

Anreise & Unterwegs vor Ort

Einzig die Fernstraße zwischen Cali und Buenaventura verbindet die Pazifikküste mit dem Rest des Landes. Von Buenaventura fahren Boote in Richtung Norden und Süden entlang der Küste. Die meisten Besucher reisen jedoch von Medellín mit einem Kleinflugzeug ins Departamento del Chocó (Kurzform: El Chocó). Zwischen Panama und Buenaventura besteht auch eine Schiffsverbindung, allerdings verkehren die Schiffe nur sehr unregelmäßig.

An der Pazifikküste gibt es nur eine einzige sehr kurze Straße. Die Hauptverkehrsmittel sind kleine Boote, die die einzelnen Dörfer oder Resorts miteinander verbinden. Reisende sollten ihr Gepäck unbedingt mit wasserundurchlässige Materialien bedecken, beispielsweise Plastikmüllsäcke, um es vor dem Nasswerden zu bewahren. Für die Bootsfahrt sind Shorts und wasserunempfindliche Sandalen sinnvoll, denn die wenigsten Dörfer und Ressorts verfügen über Bootsanlegestellen: Reisende stehen beim Aussteigen erst mal im flachen Wasser.

CHOCÓ

El Chocó ist von dichtem Dschungel bedeckt und eine der regenreichsten Gegenden der Welt – im Durchschnitt fallen hier ungefähr 16 000–18 000 mm pro Jahr! So überrascht es wenig, dass das Klima die Region, die Menschen und ihre Kultur beeinflusst. Wenn die Sonne brennt, ist es zu heiß, um sich zu bewegen, und wenn es schüttet (also beinahe jeden Tag), bleibt jeder zu Hause, um nicht nass zu werden. Kein Wunder, dass man auch von der *hora chocoana* (Chocó-Zeit) spricht, denn hier geht fast alles nur im Schneckentempo vonstatten.

Allerding ist El Chocó nicht gerade ein billiges Reiseziel. Die Beförderung in meist kleinen Booten kostet mehr als eine Fahrt in einem komfortablen Reisebus. Außerdem sind die Unterkünfte im Vergleich wesentlich teurer als im restlichen Kolumbien. Doch Reisende mit beschränkter Reisekasse sollten sich nicht entmutigen lassen. Mit ein wenig Vorplanung und der Bereitschaft, sich gegebenenfalls einmal selbst Mahlzeiten zuzubereiten, sowie mit einer flexiblen Reiseplanung vor Ort gelingt es, diese erstaunliche Region zu erkunden, ohne sich finanziell zu verausgaben.

Bahía Solano

4 / 9375 EW.

Bahía Solano ist der größte Ort an der Küste von El Chocó. Bekannt ist er für sein Angebot an Hochseeangeltouren, die weltweit zu den besten zählen, sowie als Ausgangspunkt für Walbeobachtungen. Bahía Solano liegt an der Mündung des Río Jella und reicht in nördlicher Richtung bis zum Ozean. Einen Strand besitzt die Stadt nicht, aber bei Ebbe kann man durch die Gezeitenzone wie an einem langen Strand von einem zum anderen Ende der Bucht wandern. Eine kurze Bootsfahrt von der Stadt entfernt befinden sich zahlreiche hübsche Sandstrände.

Sehenswertes & Aktivitäten

Nahe dem südlichen Stadtrand führt direkt von der Küste ein überwachsener Pfad hinauf zu einem kleinen Marienschrein. Der Ausblick von dort oben ist wunderschön.

Ausflüge in den Dschungel rund um die Bahía Solano (die gleichnamige Bucht), um Frösche zu beobachten, werden zunehmend beliebter. Darüber hinaus gibt es in der Gegend ausgezeichnete Möglichkeiten zum Vogelbeobachten, Tauchen und Angeln.

Spannende Tauchgründe hat die 150 m tiefe Bahía Solano zu bieten. Dazu zählt das Kriegsschiff *Sebastián de Belalcázar*, das den Angriff auf Pearl Harbor überstanden hatte. Später wurde es nahe der Playa Huína versenkt, um ein künstliches Riff zu erzeugen, das den Namen Buqué Hundido erhielt. Höhlentaucher können die Höhlen am Capo Marzo erkunden. In der Stadt befinden sich zwei Tauchbasen, die allerdings nicht nur Tauchtouren veranstalten. Zwei Tauchgänge kosten rund 280 000 COP. Ein Arrangement, das Tauchen und Unterkunft umfasst, bietet die engagiert geführte Tauchbasis **Posada del Mar** (☎314-630-6723; posadadelmarbahiasolano@yahoo.es; Barrio El Carmen). **Cabo Marzo** (☎311-753-2880; blackmarlin19@hotmail.com; Donde Elvis) liegt an der Flussbrücke und hat das gleiche Tauchangebot wie Posada del Mar, ist aber nicht so gut organisiert.

Kolumbiens Pazifikküste ist einer der besten Orte in Südamerika, um einen Blauen Marlin oder einen Segelfisch in rekordverdächtiger Größe zu fangen. Eine Hochseeangeltour mit vier oder fünf Teilnehmern kostet pro Tag rund 1 800 000 COP.

Als ein empfehlenswerter Skipper gilt beispielsweise **Vicente Gonzalez** (☎320-694-5256; Carrera 4).

Cascada Chocolatal WASSERFALL
Nahe dem Südende der Stadt ergießt sich dieser beeindruckende Wasserfall in ein eiskaltes Naturbecken. An beiden Flussufern ragt der Dschungel mit üppiger Blütenpracht und Vogelgezwitscher in die Höhe.

Salto del Aeropuerto WASSERFALL
Nur einen Steinwurf vom Flughafen entfernt, stürzt dieser voluminöse Wasserfall in tiefe, kristallklare Naturpools, in denen man Rosenberggarnelen sehen kann.

Wildlife Pacific WALBEOBACHTUNGSTOUR
(☎310-525-0023; halber/ganzer Tag 100 000/145 000 COP; ⏲8.30–18 Uhr) Der Tourveranstalter bietet die ausgiebigste Walbeobachtungstour an der Bahía Solano. Meeresbiologen begleiten den Tagesausflug und vermitteln eine Fülle an Informationen. Mithilfe einer Unterwasser-Audioausrüstung können die Teilnehmer den Lauten der gigantischen Säugetiere lauschen. Inbegriffen sind auch eine Mahlzeit in einer örtlichen Gemeinde sowie die Möglichkeit, sich an einem menschenleeren Strand zu entspannen oder in einem Süßwasserteich zu baden.

INSIDERWISSEN

DIE BESTEN WELLEN

El Chocó verfügt über Kolumbiens beste Surfplätze. Da sie nur schwer zu erreichen sind, hat man sie in der Regel ganz allein für sich:

- Pico de Loro, Cabo Corrientes nahe Arusí – *left-hand reef* (Riff mit links brechenden Wellen)
- Bananal, nördlich von El Valle – *left-hand reef* (Riff mit links brechenden Wellen)
- Playa Almejal, El Valle – *beach break* (Wellen, die auf einer Sandbank brechen)
- Juna, nördlich von El Valle – *right-hand reef* (Riff mit rechts brechenden Wellen)

Schlafen & Essen

Alle Hotels der Stadt befinden sich im Barrio El Carmen und dort direkt am Meer. Preisgünstiges einheimisches Essen, beispielsweise gebackener Fisch und *patacones* (frittierte Kochbananen), gibt es an den Buden nahe dem Krankenhaus.

★ **Posada del Mar** PENSION $$
(☎314-630-6723; posadadelmarbahiasolano@yahoo.es; Zi. pro Pers. mit/ohne Bad 43 000/35 000 COP; 📶) Die beste Budgetunterkunft der Stadt bietet etliche farbenfroh angestrichene Holzhütten, die verstreut in einem hübschen Garten stehen. Die preisgünstigen Zimmer mit Gemeinschaftsbad liegen im Stockwerk über der Rezeption. Die freundlichen Besitzer organisieren Walbeobachtungstouren (80 000 COP) sowie andere Aktivitäten. Außerdem sind sie eine wahre Fundgrube für Informationen über die Attraktionen der Region. Ein gutes Frühstück ist für 10 000 COP erhältlich.

Hotel Balboa Plaza HOTEL $$
(☎310-422-3377, 323-318-4887; www.hotelbalboainn.com; Carrera 2 Nr. 6–73; EZ/DZ inkl. Frühstück ab 91 000/115 000 COP; 📶❄) Das von Pablo Escobar erbaute Balboa ist immer noch das größte Hotel der Stadt und sicher auch das komfortabelste. Von außen wirkt es ein wenig ungepflegt (die Hauswände in Schuss zu halten kommt in diesem Klima einer Sisyphusarbeit gleich). Jedes der hel-

len, geräumigen Zimmer verfügt über eine Einzelraum-Klimaanlage (Split-Klimagerät) und Satellitenfernsehen. Viele der Zimmer besitzen über einen eigenen Balkon, an der Vorderseite versperrt allerdings ein neues Gebäude den Ausblick aufs Meer. Nichts beeinträchtigt jedoch den wunderschönen Meerblick von der Dachterrasse. Im Innenhof befindet sich ein guter, großer Swimmingpool, den auch Nichtgäste tagsüber für 5000 COP benutzen können. Gäste können sich im Hotel Fahrräder leihen (5000 COP pro Std.), um z. B. die Stadt zu erkunden oder zu den Wasserfällen zu radeln.

La Casa Negra FISCH & MEERESFRÜCHTE **$$**
(Calle 2; Hauptgerichte 16 000–25 000 COP; ⏲7–20.30 Uhr) Dieses Restaurant liegt nur einen Block von der Bucht entfernt in einem Holzhaus gegenüber vom Kinderpark. Es ist nicht durch ein Schild gekennzeichnet. Wegen seiner leckeren Fisch- und Meeresfrüchteteller sowie seinen typisch kolumbianischen Fleischgerichten ist das Lokal bei Einheimischen sehr beliebt. Es zählt zu den solidesten Restaurants der Stadt.

El Pailón Solaneño FISCH & MEERESFRÜCHTE **$$**
(Donde Doña Haydee; ☎320-736-9454; Carrera 5, Chocolatal; Hauptgerichte 16 000–22 000 COP; ⏲8–15 Uhr) Eine der bekanntesten Seniorinnen der Stadt bereitet hier Fisch und Meeresfrüchte auf sehr traditionelle Art zu. Das neue, helle Restaurant liegt am anderen Flussufer und ist nicht ganz leicht zu finden – am besten nimmt man sich ein Mototaxi. Auf Vorbestellung per Telefon öffnet Doña Haydee auch am Abend.

Restaurante Cazuela FISCH & MEERESFRÜCHTE **$$**
(Carrera 3; Hauptgerichte 20 000–30 000 COP; ⏲8–21 Uhr) Das kleine Restaurant mit einer Handvoll Plastiktische wirkt nicht gerade attraktiv bzw. einladend. Doch es bietet eine große Auswahl an hervorragenden Gerichten aus Fisch und Meeresfrüchten, darunter *ollitas en salsa* (Wellhornschnecken in Soße) und Thunfischsteaks. Auf viel frisches Gemüse dürfen die Gäste hier allerdings nicht hoffen. Das Cazuela befindet sich gegenüber von der Banco Agrario.

Praktische Informationen

4-72 (Calle 4; ⏲Mo–Fr 8–12 & 14–18 Uhr) Postagentur.

Banco Agrario de Colombia (Ecke Carrera 3 & Calle 2; ⏲Mo–Fr 8–11.30 & 14–16.30 Uhr) Bank mit dem einzigen Geldautomaten in der gesamten Region.

Internet Doña Olga (Carrera 3; pro Std. 2200 COP; ⏲8–20 Uhr) Langsames Internet, aber der einzige Internetzugang in der Stadt.

Super Giros (Calle 3; ⏲Mo–Sa 7.30–20, So 9–12 Uhr) Geldwechsel; telegrafische Geldanweisungen innerhalb des Landes.

An- & Weiterreise

FLUGZEUG

Der Aeropuerto José Celestino Mutis wird von der **Satena** und **ADA** (www.ada-aero.com) bedient. Wegen des schlechten Zustands der Rollbahn stellen beide Fluggesellschaften bei ungünstigen Witterungsbedingungen den Flugverkehr ein. In dem Fall springt eine ganze Schar von Charterpiloten mit ihren kleinen Propellermaschinen in die Bresche.

Der Spitzname des Flughafens lautet „Sal Si Puedes" („verschwinde von hier, wenn du kannst") ... Bei starkem Regen können die Flugzeuge häufig nicht starten. Deshalb sollten Reisende zwischen ihren internationalen Anschlussflügen und der Abreise von Bahía Solano mindestens einen Tag Puffer einbauen.

Ein Moto-Taxi vom/zum Flughafen kostet 3000 COP pro Person.

SCHIFF

Auf etlichen Frachtschiffen, die Waren nach Buenaventura liefern, können Passagiere einen Platz buchen. Die Fahrt dauert 24 Stunden. Abhängig von den Gezeiten laufen die Schiffe in der Regel nachmittags aus (in beide Richtungen). Vor der Fahrt nach Buenaventura sollte Reisende sich über die aktuelle Sicherheitslage der Stadt informieren.

Am regelmäßigsten verkehrt das Schiff Bahía Cupica, das **Transportes Renacer** (☎2-242-518, 315-402-1563; Muelle El Piñal, Buenaventura) betreibt. Das Schiff läuft dienstagnachmittags in Buenaventura aus und fährt samstags gegen 12 Uhr von Bahía Solano wieder zurück. Passagiere zahlen für eine *camarote* (Etagenbett) inklusive Verpflegung 150 000 COP. Und sie sollten sich im Voraus nach der genauen Abfahrtszeit erkundigen – in Buenaventura möchte wohl kaum jemand hängen bleiben.

Mit einem kleinen Schiff kann man von Bahía Solano nach Jaqué in Panama (6–8 Std.) fahren. Die Schiffe verkehren allerdings sehr unregelmäßig und meistens nur einmal im Monat. Die Fahrt kostet um die 100 US$ pro Person. Zu den Kapitänen auf dieser Route zählt **„Profesor" Justino** (☎313-789-0635), ein Veteran auf der Route, der mit stoischer Gelassenheit jegliche unnötigen Turbulenzen umschifft. Inzwischen ist er in die Jahre gekommen und nimmt nun in der Regel einen jüngeren Kapitän zur Unterstützung mit.

Vor der Ausreise nach Panama müssen Reisende ihren Reisepass im Büro der Behörde **Migración Colombia** (☎321-271-7745; www.migracioncolombia.gov.co; Calle 3; ⌚24 Std.) in Bahía Solano abstempeln lassen. Zwingend für die Einreise nach Panama sind der Nachweis einer Gelbfieberimpfung und genügend Bargeld für eine Weiterreise (mindestens 500 US$). Nach Erhalt des panamaischen Einreisestempels bei der Ankunft können Besucher mit der Air Panama von Jaqué nach Panama City (90 US$, 2-mal pro Woche) fliegen. Einmal in der Woche verkehrt zudem ein Schiff (um 20 US$) zur Hauptstadt.

TAXI & MOTO-TAXI

Gegenüber von der Schule fahren Gemeinschaftstaxis nach El Valle (10 000 COP, 1 Std.) und kehren in umgekehrter Richtung auch dorthin wieder zurück. Sobald ein Taxi voll ist, fährt es ab. Eine Expressfahrt mit einem Mototaxi kostet 30 000 COP.

Rund um Bahía Solano

Strand mit Dschungel im Hintergrund – was die Reiseprospekte für den Chocó schmückt, liegt in Bahía Solano gleich vor der Stadt. Schon eine kurze Bootsfahrt führt zu abgeschiedenen Sandstränden, die perfekt zum Baden, Wandern und zur Beobachtung der Natur einladen.

Punta Huína

Eine 20-minütige Bootsfahrt bringt Besucher von Bahía Solano zu diesem hübschen Strand mit einer Mischung aus goldfarbenem und schwarzem Sand. Gesäumt von Palmen und einigen schlichten Resorts, gilt die Playa Huína als der Strand mit den besten Bademöglichkeiten der Gegend.

In dem hiesigen Dorf lebt eine kleine Gemeinde von Ureinwohnern gemeinsam mit afro-kolumbianischen Bewohnern. In Punta Huína gibt es keinen Telefon-/Handyempfang, aber im Kiosk **Vive Digital** (Telefon-/Prepaidkarte 3000 COP; ⌚8–20 Uhr) kann man nach Erstehen einer Prepaidkarte das Satellitentelefon nutzen.

In der Umgebung führen einige Wanderwege durch den Urwald, beispielsweise zur **Playa de los Deseos**, **Cascada El Tigre** und **Playa Cocalito**.

Schlafen

Los Guásimos FERIENHAUS $
(Donde Pambelé; ☎320-796-6664; Zi. pro Pers. 35 000 COP) Eines der besten Schnäppchen an diesem Abschnitt der Pazifikküste ist das kleine Haus, das sich alleine auf einem Hügel jenseits des Flusses am Ende des Strandes erhebt. Es bietet eine gute Unterkunft für bis zu zehn Personen. Gruppen ab sechs Personen können das ganze Haus für sich alleine mieten. Eine große Terrasse mit herrlichem Ausblick und eine kleine Küche sind hier ebenfalls vorhanden.

Da die meisten Einheimischen den Namen des Hauses nicht kennen, fragt man am bester gleich nach Pambelé, dem Hausbesitzer, der gleichzeitig der Betreiber einer kleinen Bar am Fluss ist.

Pacific Sailfish LODGE $$
(☎322-442-0386; pacificsailfish@gmail.com; Zi. pro Pers. inkl. Frühstück 90 000 COP; 📶) Die hübsche, im Dorf gelegene Lodge hat einen neuen Besitzer. Sie bietet eine Vielfalt an gepflegten Zimmern mit Holzwänden und eigenem kleinem Bad.

Auf Wunsch werden zudem Angelausflüge in die gesamte Region organisiert. Im Zimmerpreis inbegriffen ist auch der Transfer von Bahía Solano.

★ **Choibana** LODGE $$$
(☎310-878-1214; www.choibana.com; Zi. pro Pers. inkl. Frühstück 110 000 COP) Die aus Holz gebaute Lodge liegt an einem Hang mit Blick auf einen Privatstrand, an den dichter Dschungel grenzt. Sie verfügt nur über drei Zimmer, alle mit Bad und einer Veranda mit Hängematten. Von jeder Veranda reicht der Blick über die ganze Bucht bis hinüber zur Playa Mecana. Mit viel Platz, Natur und Ruhe ist es ein wunderschöner Ort, um die Tage gelassen anzugehen.

Die Lodge befindet sich auf der anderen Seite der Landspitze, ganz am Ende der Playa Huína. Von Bahía Solano lässt sich das Dorf bei Ebbe zu Fuß erreichen; der von der Lodge organisierte Transfer per Boot kostet 30 000 COP für bis drei Personen.

An- & Weiterreise

Öffentliche Verkehrsmittel nach Punta Huína gibt es bis dato nicht, aber zahlreiche Unterkünfte in der Gegend organisieren auf Wunsch auch den Transfer.

Eine Alternative: Um die Mittagszeit besteht die Möglichkeit, von der Werft in Bahía Solano in einem der Boote der Dorfbewohner (10 000 COP) mitzufahren. Im Hafen bieten sich auch Schnellboote (100 000 COP) die Fahrt an.

Playa Mecana

Eine etwa 25-minütige Bootsfahrt führt von Bahía Solano zur Playa Mecana, einem hübschen, langen Strand mit Kokospalmen. Wer vom Strand aus dem Río Mecana ein kurzes Stück flussaufwärts folgt, trifft auf die kleine Gemeinde Mecana, in der Afro-Kolumbianer und Ureinwohner leben. Hier gibt es auch eine schöne Bademöglichkeit in einem kristallklaren Wasserloch.

Der **Jardín Botánico del Pacífico** (☎321-759-9012; www.jardinbotanicodelpacifico.org; Zi. pro Pers. inkl. Verpflegung & Transfer 195 000–250 000 COP) ist ein 170 ha großes Naturschutzgebiet mit Mangroven und unberührtem Tropenwald sowie einem botanischen Garten voller einheimischer Pflanzen und Bäume. Das Terrain erstreckt sich am Ufer des Río Mecana. Zum Personal zählen ortsansässige Mitglieder des indigenen Volkes der Emberá. Besucher geleiten sie auf fantastischen Wanderungen durch das Gelände. Die Emberá begleiten auch Bootsausflüge flussaufwärts und organisieren Walbeobachtungstouren. In der unmittelbaren Umgebung der Lodge lassen sich faszinierende Vögel beobachten.

Von Bahía Solano aus ist die Playa Mecana auch zu Fuß erreichbar. Allerdings muss man bei Ebbe *(mareada baja)* oder kurz davor losgehen und bedenken, dass der Hin- und Rückweg jeweils eine Stunde dauert. Am Esso-Dock in Bahía Solano besteht die Möglichkeit, in einem der Boote der Dorfbewohner (10 000 COP) mitzufahren. Eine empfehlenswerte Alternative ist auch die Fahrt mit einem Schnellboot (60 000 COP für bis zu acht Personen).

El Valle

☎4 / 3500 EW.

An der Südseite der Halbinsel von Bahía Solano befindet sich der kleinere Nachbarort El Valle. Am westlichen Ende der Ortschaft erstreckt sich die wunderschöne **Playa Almejal** mit einem breiten, schwarzen Sandstrand, guten Surfbedingungen und angenehmen Unterkünften.

El Valle ist ein guter Ausgangspunkt für einen Besuch des Parque Nacional Natural (PNN) Ensenada de Utría. Auch wer Meeresschildkröten während der Brutzeit (September bis Dezember) und Wale in den Küstengewässern beobachten möchte, trifft mit El Valle eine gute Wahl.

Sehensweertes & Aktivitäten

Estación Septiembre NATURSCHUTZGEBIET

(☎314-677-2488; Playa Cuevita) An der Playa Cuevita, etwa 5 km südlich von El Valle, befindet sich die Estación Septiembre. Dieses Naturreservat mit Forschungsstation dient dem Schutz der Meeresschildkröten, insbesondere während der Brutzeit. Von Juni bis September kommen die Meeresschildkröten zur Eiablage an den Strand. Am besten lassen sich die Tiere in der Nacht beobachten. Betrieben wird das Schutzprogramm von der örtlichen Gemeindekooperative Caguama. Besucher und das Eintrittsgeld in Form von freiwilligen Spenden sind für die Finanzierung des Projekts wichtig.

Für Übernachtungen stehen Hütten zur Verfügung (Zi. pro Pers. mit/ohne Mahlzeiten 80 000/40 000 COP).

Von El Valle ist das Schutzgebiet zu Fuß erreichbar (2 Std.), allerdings zur Sicherheit mit einem einheimischen Führer, der einem den Weg zeigt. Nachttouren zur Schildkrötenbeobachtung, die in El Valle beginnen, organisiert das Personal der Caguama.

Cascada del Tigre WASSERFALL

(5000 COP) Eine stramme rund vierstündige Wanderung führt von El Valle Richtung Norden durch den Dschungel und am Strand entlang zur Cascada del Tigre, einem beeindruckenden Wasserfall. Das am Fuß des Falls befindliche Becken lädt zum Baden ein. Für einen Tagesausflug verlangen die örtlichen Führer um 50 000 COP pro Person. Wer den Hin- und Rückweg zu Fuß bewerkstelligen will, muss sich auf einen langen und sehr anstrengenden Tag einrichten. Kräfteschonender ist es, für den Rückweg ein Boot zu mieten (50 000 COP pro Pers., 30 Min.).

Wer will, kann neben dem Wasserfall ein landestypisches Mittagessen (15 000 COP) einnehmen. Zum Übernachten können Besucher in einer offenen strohgedeckten Hütte eine Hängematte mieten (20 000 COP) oder nahebei ein Zelt aufschlagen. Gästen

GEGEN DEN BÖSEN BLICK

Cabalonga, eine im Chocó wachsende harte Nussart, wird von vielen Kindern der Ureinwohner an einer Halskette getragen, um den *mal de ojo* (bösen Blick) abzuwehren, den angeblich manche alte Frauen haben sollen.

ABSTECHER

DSCHUNGELLODGE

Regenwald bedeckt die schroffe Halbinsel mit den Gemeinden Termales und Arusí. An ihrer Spitze liegt weit entfernt von anderen Anwesen die Lodge **Punta Brava** (☎310-296-8926, 313-768-0804; www.puntabravachoco.co; Cabo Corrientes, Arusí; Zi. pro Person inkl. Verpflegung 230 000 COP) – ein idealer Ort für Naturliebhaber und für alle, die sich nach absoluter Entspannung sehnen. Die Zimmer in dem aus Holz gebauten Gebäude sind nicht unbedingt luxuriös zu nennen, aber die Gäste verbringen ohnehin die meiste Zeit auf der geräumigen Gemeinschaftsterrasse und genießen den sensationellen Ausblick auf das Meer. Während der Walsaison können sie die verspielten Wassersäugetiere sogar von der Hängematte aus beobachten.

Zu den Mahlzeiten werden an einem großen Esstisch ausgezeichnete regionale Gerichte serviert. Weder WLAN noch Fernseher stören die selige Ruhe. Nur in den Personalunterkünften gibt es WLAN, das Gäste nutzen dürfen, wenn jemand wirklich dringend ins Internet oder telefonieren muss. Die Gäste können an abenteuerreichen Wanderungen und anderen Aktivitäten teilnehmen oder sich einfach an dem nahen, recht weitläufigen Sandstrand entspannen. Wer hierherkommt, taucht in eine andere Welt ein. Auf der Hinfahrt fliegt das kleine Boot förmlich über die Wellen, um dann in einen kleinen versteckten Hafen einzulaufen, an dem ein kristallklarer Dschungelfluss ins Meer mündet.

steht eine einfache Küche zur Verfügung. Wunderschön ist es zur frühen Morgenstunde, wenn sich das Rauschen des Wasserfalls mit den vielfältigen Vogelgesängen mischt. Dann ist hier wirklich Natur pur!

Balmes VOGELBEOBACHTUNG
(☎313-517-5691) Balmes ist ein empfehlenswerter Führer für Vogelbeobachtungstouren. Besuchern zeigt er die hiesigen Wasservögel und die Vogelwelt des Dschungels. Wer ihn buchen möchte, sollte im Humpback Turtle Hostel nach ihm fragen.

Schlafen

Posada El Nativo PENSION $
(☎311-639-1015; Zi. pro Pers. 40 000 COP) Die beiden strohgedeckten *cabañas* sind eine Budgetunterkunft mit einheimischem Flair. Die Hütten stehen rund 100 m vom Strand entfernt in einem üppigen Garten. Betrieben werden sie von der Tourismuslegende „El Nativo" und seiner Frau.

Um dorthin zu gelangen, muss man die Brücke links hinter dem Telecom-Büro überqueren und anschließend der Straße folgen.

Humpback Turtle HOSTEL $$
(☎314-538-9792; www.humpbackturtle.com; Hängematte 20 000 COP, B 35 000 COP, Zi. pro Pers. 60 000 COP) Kaum ein Hostel in Kolumbien liegt so abgeschieden wie das Humpback Turtle. Die hippe Unterkunft befindet sich am Ende der Playa Almejal direkt am Strand neben zwei Wasserfällen. Inmitten eines Gemüsegartens stehen hier etliche Holzhütten mit Gemeinschaftsbädern. Bei Regen bildet der strohgedeckte Barbereich ein lauschiges Plätzchen zum Entspannen.

El Almejal HOTEL $$$
(☎4-412-5050, 320-624-6023; www.almejal.com.co; Cabaña pro Pers. 184 000–265 000 COP) Im Bereich der Bahía Solano ist El Almejal die sicherlich luxuriöseste Unterkunft und wartet zudem noch mit der originellsten Hüttenarchitektur auf. Die Wände des Aufenthaltsbereiches lassen sich wie Falttüren komplett öffnen, damit die Luft gut durchziehen kann. In einem geräumigen und ringsum offenen Speiseraum werden die schmackhaften Mahlzeiten serviert.

Essen & Ausgehen

Rosa del Mar KOLUMBIANISCH $
(Hauptgerichte 13 000–15 000 COP; ⊙7–20 Uhr) In der Straße, die vor der Kirche verläuft, kocht Doña Rosalia das wahrscheinlich beste Essen der Stadt. In ihrem zum Gastraum umfunktionierten Wohnzimmer serviert sie – vor ständig laufendem Fernseher – köstliche Gerichte aus frischem Fisch und frischen Meeresfrüchten.

El Mirador BAR
(⊙Fr–So 10–18 Uhr) Auf halber Länge der Playa Almejal thront auf einem Felsvorsprung das El Mirador, eine der spektakulärsten Bars in Kolumbien. Bei lauter Val-

lenato- und Reggaeton-Musik, die gegen die tosende Brandung anspielt, trinken die Gäste an provisorischen Tischen ihren Rum.

Praktische Informationen

Die Touristeninformation in El Valle hat seit geraumer Zeit geschlossen, doch das Personal der Parques Nacionales beantwortet gerne Fragen, die die Region betreffen.

Der nächstgelegene Geldautomat befindet sich in Bahía Solano.

Internet Martín Alonso (Salida Bahía Solano; pro Std. 2000 COP; ⏲ 8–12 & 14.30–17 Uhr) Verleiht Computer und bietet WLAN-Zugang für Smartphones und Laptops gegen Gebühr.

An- & Weiterreise

Gemeinschaftstaxis nach Bahía Solano (10 000 COP, 1 Std.) fahren vor der Billardhalle ab. Sobald ein Taxi voll ist, fährt es los. Morgens verkehren die Taxis regelmäßiger. Mit einem Express-Mototaxi kostet die Fahrt zwischen El Valle und Bahía Solano 30 000 COP.

Montag- und Freitagnachmittag verkehren kleine Schiffe nach Nuquí (70 000 COP, 1½ Std.) Die Abfahrtszeiten hängen von den Gezeiten ab.

Taxis und Jeeps fahren von der Stadt an die Playa Almejal – und düsen dabei über einen Strand, der für die Eiablage der Meeresschildkröten wichtig ist. Besucher sollten den Schildkröten einen Gefallen tun und zu Fuß gehen; der Weg ist nicht allzu weit.

Parque Nacional Natural Ensenada de Utría

Dieser **Nationalpark** (Kolumbianer/Ausländer 17 000/44 500 COP) ist einer der besten Orte des Landes, um vom Land aus Wale aus der Nähe zu beobachten. Wenn Reisekasse und Zeit es zulassen, lohnt es sich, eine Weile an diesem wundervollen Ort so richtig abzuschalten, um dann ein wenig Kolumbiens phänomenale Naturlandschaft und Tiewelt besser kennenzulernen.

Der Aufenthalt im Nationalpark kann allerdings teuer werden und nicht alle Besucher finden, er sei wirklich sein Geld wert. In dem unglaublich schönen Nationalpark dürfen Besucher leider nur wenig auf eigene Faust unternehmen – und alle organisierten Aktivitäten kostet noch einmal extra.

Vor allem bei Tagesausflügen schlagen die Kosten zu Buche, wenn zu den Anfahrtskosten und zur Eintrittsgebühr noch eine teure Tour durch die Mangroven hinzukommt. Kostengünstiger ist der Parkbesuch innerhalb einer Gruppe. Einige Hotels und Hostels in Nuquí und El Valle organisieren eintägige Gruppenausflüge.

Die einzige Möglichkeit, im Nationalpark zu übernachten, sind die renovierten Hütten des **Centro de Visitantes Jaibaná** (EZ/DZ 179 000/299 000 COP), das an der Ostküste der *ensenada* (Bucht) liegt. Hier finden bis zu 30 Personen eine Unterkunft.

Übernachtungsgäste, die das Speisenangebot buchen, zahlen zusätzlich stolze 111 000 COP pro Person.

An- & Weiterreise

Wenn Plätze frei sind, nehmen Boote, die im öffentlichen Schiffsverkehr auf der Route Nuquí–El Valle–Bahía Solano fahren, Parkbesucher für 70 000 COP mit und setzen sie am Nationalpark ab. Allerdings verkehren die Boote nur zweimal in der Woche, sodass man mehrere Tage im Nationalpark übernachten muss, bis das nächste Boot einen wieder abholt.

Für Gruppen organisiert die Parkverwaltung einen privaten Transfer ab Nuquí. Gruppen mit bis zu vier Teilnehmern zahlen dafür 521 000 COP, bei fünf bis sieben Teilnehmern sind es 600 000 COP. Wer sich in der Stadt umhört, kann vielleicht einen preisgünstigeren Transport organisieren. Im öffentlichen Schiffsverkehr beträgt der reguläre Preis für den Transfer rund 302 000 COP pro Person.

Als Alternative können Parkbesucher in El Valle einen Führer anheuern. Er bringt die Besucher zu Fuß nach Lachunga an der Mündung des Río Tundo, die sich am nordwestlichen Ende der *ensenada* (50 000 COP, 4 Std.) befindet. Von hier aus geht es mit dem Boot weiter zum Besucherzentrum.

Nuquí

☎ 4 / 8000 EW.

Nuqui liegt ungefähr in der Mitte der Küste von El Chocó. Die kleine Stadt grenzt direkt an einen breiten Strand und jenseits des Flusses erstreckt sich ein felsiger Sandstrand. Eine kurze Bootsfahrt führt zum abgeschiedenen Strand von Guachalito, wo sich einige der besten Resorts dieses Küstenabschnitts befinden. Weiter flussaufwärts leben einige indigene Gemeinden, die jedoch keine Besucher zulassen.

Die Straßen der Stadt sind halb mit Beton und halb mit Kies bedeckt, Autoverkehr gibt es hier keinen. Auch wenn die Stadt nicht gerade schön ist, so eignet sie sich als praktischer Ausgangspunkt für Erkundungsausflüge in die Umgebung.

Sehenswertes & Aktivitäten

Playa Olímpica STRAND
Südlich der Mündung des Río Nuquí beginnt die felsige Playa Olímpica und erstreckt sich am Meer entlang, so weit das Auge reicht. Señor Pastrana paddelt Besucher in seinem Einbaum über den Fluss (6000 COP). Er wohnt einen Block vom Fluss entfernt in einem Holzhaus. Der Weg dorthin führt südwärts über die große Strandstraße bis zur Kirche; gleich danach steht das Haus.

Transporte Ecce Homo BOOTSTOUREN
(☎ 320-771-8865, 314-449-4446; Contiguo a Hospital) Transporte Ecce hat ein Büro nahe dem Park und bietet Bootstouren in die gesamte Region, z. B. auch eine Bootsfahrt zum Nationalpark Ensenada de Utría PNN Utría, der über die Playa Blanca und Morromico führt (90 000 COP). Ein weiteres Ziel sind die Mangrovenwälder und Thermalquellen bei Jurubidá (50 000 COP). Die Tour zur Playa de Guachalito umfasst den Besuch der Cascada de Amor und Las Termales (60 000 COP). Während der Walsaison können die Passagiere Wale beobachten.

Die genannten Preise gelten pro Person in einer sechsköpfigen Gruppe und ändern sich je nach Gruppengröße und Benzinkosten. Das Unternehmen übernimmt auch Fahrten mit dem Schnellboot und vermietet in dem Gebäude, in dem sich sein Büro befindet, einfache Zimmer mit Küche.

Schlafen & Essen

Die meisten Hotels liegen am Nordende der Stadt in Strandnähe, wo eine angenehme frische Brise weht. Außerdem befinden sich innerhalb der Stadt etliche einfache Posadas.

In der Stadt gibt es nur zwei „richtige" Restaurants, die beide gut sind. In den meisten Hotels wird Essen angeboten.

Am Flughafen verkaufen einheimische Frauen *mecocadas*, ein leckeres Konfekt aus Kokosnuss und Guavenpaste.

Hotel Palmas del Pacifico PENSION $
(☎ 314-753-4228; Zi. pro Pers. 35 000 COP) Das Palmas del Pacifico liegt einen Block weit vom Strand entfernt und gilt als die beste Budgetunterkunft in der Stadt. Die einfachen Zimmer verfügen über ein Bad, Ventilator, Kabelfernsehen und eine Terrasse mit Hängematten und Meerblick. Luxuriös ist es nicht gerade – der Duschkopf kann schon mal fehlen –, aber es ist sauber und ruhig.

Hotel Delfin Real HOTEL $$
(☎ 310-209-4699; Barrio La Union; EZ/DZ 65 000/80 000 COP; 📶) Das noch nicht lange eröffnete Delfin Real liegt in der Stadt und ist sein Geld wert. Seine Zimmer mit Holzwänden, modernem Bad und gutem Bettzeug sind ziemlich klein, aber komfortabel. Die Zimmer im Erdgeschoss sind mitunter etwas laut, deshalb lohnt es sich, nach Möglichkeit ein Zimmer im ersten Stockwerk zu wählen.

Hotel Nuquí Mar HOTEL $$$
(☎ 317-843-7354; www.hotelnuquimar.com; Zi. pro Pers. inkl. 3 Mahlzeiten 145 000 COP) Das Hotel liegt am Strand direkt neben dem Fußballplatz. Die reizvollen Zimmer haben Holzwände, Fliegengitter an den Fenstern und ein blitzblank gekacheltes Bad. Zur Suite im Dachgeschoss gehört ein großer Balkon. Bis zur Stadt ist es nicht weit, aber weit genug, um hier Ruhe vorzufinden. Das Personal bemüht sich fleißig, den Strand von Abfall und Strandgut freizuhalten.

Aqui es Chirringa KOLUMBIANISCH $
(Hauptgerichte 13 000 COP; ⏲ 7–20 Uhr) In dem einfachen Gartenlokal gleich um die Ecke vom Flughafen scheint die gesamte Familie in der Küche mitzuarbeiten. Neben einer Schüssel Fischsuppe kommen hier kolumbianische Gerichte in großzügig bemessenen Portionen auf den Tisch.

Doña Pola KOLUMBIANISCH $
(☎ 4-683-6254; Hauptgerichte 15 000 COP; ⏲ 7–21 Uhr) In einer Seitenstraße zwischen dem Krankenhaus und dem Fußballfeld wartet das Lokal Doña Pola auf Gäste; hier gibt es herzhafte Hausmannskost.

Shoppen

Artesanías Margot KUNSTHANDWERK
(Contiguo aeropuerto; ⏲ 8–17 Uhr) Der kleine *artesanías*-Laden neben dem Flughafen hat eine große Auswahl an Holzschnitzereien und anderen kunsthandwerklichen Produkten aus der Region. Manchmal wird sogar ein echtes Blasrohr angeboten.

Praktische Informationen

Im Park gegenüber von der Polizeistation wurde ein kostenloser WLAN-Hot-Spot eingerichtet. Seither geht es auf dem früher fast menschenleeren Platz zu wie in einem Bienenkorb.

Zum Zeitpunkt der Recherche für dieses Buch befand sich ein Vive-Digital-Kiosk im Bau, in dem zukünftig Computer mit Internetzugang zur Verfügung stehen sollen.

In Nuquí gibt es weder eine Bank noch einen Geldautomaten, deshalb sollten Reisende genügend Bargeld mitbringen.

Super Giros (☎ 4-683-6067; ⌚ 8–12 & 14–18 Uhr) Geldwechsel; nimmt telegrafische Inlandsüberweisungen entgegen; Prepaidkarten fürs inländische Telefonnetz.

Mano Cambiada (☎ 318-432-0163; www.manocambiada.org/en; Adentro oficina de Satena; ⌚ variieren) Die auf einer Gemeindekooperative basierende Tourismusorganisation betreibt die Unterkünfte im Parque Nacional Natural Ensenada de Utría und ist zuständig für die Dienstleistungen im Park. Ähnlich wie eine Touristeninformation gibt das Personal auch Auskunft über die Region und organisiert Ausflüge zu zahlreichen Gemeinden. Die Kooperative hat kein eigenes Büro, sondern nur einen Arbeitsraum im Gebäude der Satena.

An- & Weiterreise

Der **Aeropuerto Reyes Murillo** (☎ 4-683-6001) wird von der **Satena** (☎ 1800 091 2034, 4-683-6550; www.satena.com) angeflogen sowie von einigen Charterfluggesellschaften, die Direktflüge nach Medellín und Quibdó anbieten. Bei der Ankunft in Nuquí müssen alle Besucher eine Tourismussteuer in Höhe von 9000 COP bezahen.

Schiffe von **Transporte Yiliana** (Donde Sapi; ☎ 314-764-9308, 311-337-2839) fahren montags und freitags nach El Valle (70 000 COP, 1½ Std.). In der Regel laufen die Schiffe am frühen Morgen aus. Wichtig ist, den Platz auf dem Schiff im Voraus zu buchen. Bei Bedarf halten die Schiffe auch in Jurubidá und am Nationalpark Utría.

Mehrere Frachtschiffe, die zwischen Buenaventura und Nuquí verkehren, nehmen auch Passagiere mit. Alle zehn Tage fährt z. B. die empfehlenswerte *Valois Mar* von Nuquí nach Buenaventura. Ihr Eigentümer heißt **Gigo** (☎ 312-747-8374). Die Fahrt dauert 16 Stunden und kostet 120 000 COP inklusive Verpflegung. Vor einer Fahrt nach Buenaventura sollte man sich unbedingt über die dortige Sicherheitslage informieren.

Rund um Nuquí

Nicht das Städtchen an sich lockt die Besucher an, denn den allermeisten Reisenden geht es vielmehr um die wahre Attraktion dieser Region: die unberührten Strände im Norden und Süden von Nuquí. Schon eine kurze Fahrt mit dem Boot reicht aus, um diese zu erreichen.

Südlich der Stadt liegen einige interessante afro-kolumbianische Gemeinden mit einer ganzen Reihe reizvoller Öko-Hotels. Der beliebteste Strand in der Gegend erstreckt sich von Guachalito bis zum Dorf Termales – ein Strand wie aus dem Bilderbuch der Natur. Gesäumt wird er von einer Umgebung mit üppigen Gärten, Wasserfällen, Thermalquellen und Fließgewässern.

Nördlich von Nuquí liegt das gastfreundliche Dorf Jurubidá zwischen zwei Flüssen und mit Blick auf beeindruckende Felsformationen. Ganz in der Nähe befindet sich Morromico, eine stille, abgeschiedene Bucht mit dichtem Dschungel im Hintergrund.

Zwischen Nuquí und Arusí (westlich vom Dorf Termales) verkehrt täglich ein Boot (30 000 COP, 1 Std.), das seine Passagiere überall an der Strecke absetzt. In Arusí startet es montags bis samstags um 6 Uhr morgens und fährt kurz nach 13 Uhr von Nuquí vom Muelle Turistíco wieder zurück.

Jurubidá

Die Gemeinde mit ihren bunt angestrichenen Häusern liegt 45 Bootsminuten von Nuquí entfernt. Trotz zahlreicher Attraktionen kommen nur wenige Besucher dorthin. Das Dorf liegt an einer Bucht, die vom **Archipelago de Jurubidá** beherrscht wird – einer Ansammlung spektakulärer mit Wald bedeckter Felsformationen. Auf einer der Inseln bleibt bei Ebbe ein natürliches Wasserbecken zwischen den Felsen zurück.

Jurubidá ist die am nächstgelegene Ortschaft im Umkreis des Parque Nacional Natural Ensenada de Utría. Viel macht das Dorf und der angrenzende Strand nicht her, bietet aber einen anschaulichen Einblick ins Dorfleben. Jurubidá eignet sich auch gut als Ausgangspunkt für alle möglichen Ausflüge in die nähere Umgebung.

Geführte Touren

Grupo Los Termales ABENTEUERTOUREN
(Termales de Jurubidá 10 000 COP, Kanutour 10 000–20 000 COP, Bootstour Walbeobachtung/Besuch einer indigenen Gemeinde 120 000/150 000 COP) Die örtliche Kooperative Grupo Los Termales arrangiert geführte Touren zu den Termales de Jurubidá – zwei Thermalquellen im dichten Dschungel. Sie organisiert auch Kanufahrten durch die Mangroven, Walbeobachtungstouren und Bootsausflüge zu einer flussaufwärts gelegenen indigenen Gemeinde. Die Kooperative besitzt weder ein Büro noch ein Telefon. Wer an einer der Touren teilnehmen möchte, muss sich in seinem Hotel oder bei den Dorfbewohnern erkundigen.

Die Tour zu den Thermalquellen umfasst eine kurze Kanufahrt und eine wunderbare Wanderung, die an einem kristallklaren Fluss entlangführt.

Schlafen

Cabaña Brisa del Mar HÜTTE $
(Donde Tita; ☎312-688-7863, 314-684-9401; Zi. pro Pers. mit/ohne Verpflegung 75 000/35 000 COP) Eine hart arbeitende ortsansässige Familie betreibt die strohgedeckte *cabaña* mit sechs einfachen Zimmern. Die gemütliche, ruhige Unterkunft liegt in Flussnähe.

Die Besitzer wissen, was Budgetreisende sich wünschen: Die Zutaten für die Mahlzeiten stammen aus der eigenen Landwirtschaft und alle möglichen Ausflüge in die Region werden organisiert. Ein hübscher kleiner Balkon mit einer Hängematte bietet Ausblick auf den Strand.

Ecohotel Yubarta LODGE $$
(Donde Luciano; ☎316-779-5124, 316-242-8558; a lado de los termales; Zelt/Zi. pro Pers. 25 000/50 000 COP) Die Budgetunterkunft mit spektakulärem Ausblick auf die Bucht liegt außerhalb von Jurubidá an einem Berghang. Die Zimmer sind einfach, aber angenehm luftig. Um einerseits zu entspannen und andererseits die Region zu erkunden, eignet sich die Lodge gut. Direkt von der Terrasse kann man sogar Wale beobachten.

★Morromico LODGE $$$
(☎312-795-6321; www.morromico.com; Zi. pro Pers. inkl. Verpflegung 387 500 COP) Das hübsche, familiengeführte Okö-Resort befindet sich an einem wunderschönen Privatstrand, den bewaldete Landzungen vom Meer her schützen. Während dichter Dschungel an das Anwesen grenzt, liegt das Hotel mitten in einem üppigen Garten zwischen zwei Wasserfällen, deren kristallklares Bergwasser zum Baden einlädt. Das neue, aus Hartholz erbaute Lodgegebäude ist komfortabel, sieht schick aus und fügt sich sehr harmonisch in die Naturlandschaft ein.

In den halboffenen Zimmern mit großen Fenstern und einem Balkon mit Blick auf den Strand sind Tierlaute aus dem Dschungel zu hören. Strom wird durch ein kleines Wasserkraftwerk erzeugt. Die Besitzer organisieren Bootstouren und einige fantastische Wanderungen durch die Berge zu Dörfern der Ureinwohner. Im Preis inbegriffen sind drei ausgezeichnete Mahlzeiten. Eine Reservierung ist zwingend notwendig.

Morromico ist lediglich 15 Bootsminuten von Jurubidá entfernt.

ABSTECHER

COQUÍ & JOVÍ

Die beiden freundlichen Dörfer zählen zu den typischen kleinen Ansiedlungen, die an der regionalen Küste gedrängt zwischen Dschungel und Meer liegen. Von Nuquí lassen sie sich per Boot in 25 Minuten erreichen. Für sich betrachtet, sind die beiden Gemeinden nicht besonders interessant, aber jede verfügt über eine gute Tourismuskooperative. In Coquí veranstaltet der **Grupo de Ecoguias** (☎310-544-8904; Coquí; Bootstour 70 000 COP) Bootsfahrten durch die Mangroven. In Joví organisiert der **Grupo de Guias Pichinde** (☎321-731-1092; Joví) Fahrten im Einbaum den Río Joví hinauf zu den Wasserfällen Chontadura und Antaral. Außerdem arrangiert er Besuche der am Fluss gelegenen Dörfer der Ureinwohner.

Sowohl in Coquí als auch in Joví vermieten Dorfbewohner Zimmer in ihren eigenen Häusern für 25 000 bis 30 000 COP. Die Unterkünfte sind sehr einfach und man sollte unbedingt darauf achten, dass ein Moskitonetz vorhanden ist.

An- & Weiterreise

In der Gegend gibt es keinerlei öffentliche Verkehrsmittel, doch an den meisten Tagen schippern die Dorfbewohner von/nach Nuquí und nehmen Besucher mit. In Nuquí legen die meisten Boote am Almacén Wilmer Torres, einem Lebensmittelladen mit Kneipe, an und ab. Die Anlegestelle liegt am Stadtzentrum. Die 45-minütige Bootsfahrt von/nach Nuquí kostet um 20 000 COP pro Person, eine Fahrt mit dem Schnellboot ungefähr 150 000 COP.

Guachalito

Eine halbe Bootsstunde westlich von Nuquí liegt der Guachalito, ein langer Strand ohne Müll und Schutt. Überall blühen Orchideen und Helikonien, der Urwald greift auf den Strand über, tellergroße Pilze wachsen am Geäst der Bäume und Kokospalmen wiegen sich auf grauem Sand. Das Anwesen der Familie Gonzalez nimmt den östlichen Abschnitt des Strandes ein, sodass sich in Spitzenzeiten relativ viele Urlauber am Strand tummeln. Auf der 8 km langen Strandstrecke, die bis Termales reicht, verteilen sich mehrere Hotels. Auf der Strecke liegen auch **El Terco** und **El Terquito**, zwei Halbinseln, die gute Orientierungspunkte bilden. Ein Spaziergang über die gesamte Länge des Strandes (1½ Std.) ist jederzeit möglich, doch am besten geht man bei Ebbe los.

Etwa 1 km (20 Minuten zu Fuß) vom Anwesen der Familie entfernt befindet sich 200 m landeinwärts die **Cascada de Amor**. Dieser hübsche, von Urwald umgebene Wasserfall rauscht in ein Felsenbecken. Etwa zehn Fußminuten weiter bergauf gibt es noch einen größeren und schöneren Wasserfall, der sich in zwei Bäche teilt, bevor er in das Fallbecken hinabstürzt.

Aktivitäten

Paraisurf SURFEN
(☎ 321-515-8362; Leihgebühr für Surfbrett pro Std. 25 000 COP) Dieses kleine Sportgeschäft nahe der Halbinsel El Terquito verleiht neben Surfbrettern auch Kajaks.

Schlafen & Essen

Am östlichen Abschnitt des Guachalito stand ursprünglich nur ein Wohnhaus der Familie Gonzalez. Heute leben hier vier Generationen in mehreren Häusern. Untereinander konkurrierende Geschwister betreiben vier Posadas mit einem breiten Spektrum an Unterkünften, die sich in Preis und Komfort unterscheiden.

In westlicher Richtung liegen etliche Öko-Hotels und Resorts. Die meisten bieten Arrangements mit Transfer vom Flughafen, Unterkunft und Verpflegung.

Brisas del Mar PENSION $$
(☎ 311-602-3742, 314-431-2125; Zi. pro Pers. mit/ohne Verpflegung 130 000/70 000 COP) Für Budgetreisende ist das Brisas del Mar eine gute Wahl. Das neue Haus mit lediglich fünf einfachen Zimmern liegt am Meer.

Gäste können die Küche im Erdgeschoss benutzen – aus Nuqui reichlich Vorräte mitzubringen, lohnt sich. Die besseren Zimmer, teilweise mit schön luftigem Balkon, befinden sich im Obergeschoss. Der Besitzer betreibt den Touristenkai in Nuquí.

★ **El Cantil Ecolodge** HOTEL $$$
(☎ 4-448-0767; www.elcantil.com; EZ/DZ inkl. Verpflegung 369 000/612 000 COP) El Cantil ist das luxuriöste Hotel am Strand. Seine sechs Doppelhütten stehen zwischen Papayabäumen und Kokospalmen. Das Restaurant ist berühmt für seine gute Küche und thront auf einem Hügel mit einem beeindruckenden Ausblick. Ein kleines Wasserkraftwerk versorgt ausschließlich das Restaurant mit Strom, die Hütten werden mit Kerzen beleuchtet. Im Preis inbegriffen sind die Vollpension und der Transport von und nach Nuquí. Das Personal organisiert Walbeobachtungstouren, Surfführer zeigen auf Wunsch die besten Surfplätze.

Pijibá Lodge HOTEL $$$
(☎ 311-762-3763; www.pijibalodge.com; Zi. pro Pers. inkl. Verpflegung 235 000 COP) Die drei Doppelhütten inmitten eines üppigen Gartens bestehen ausschließlich aus natürlichen Materialien. So gelangt viel frische Luft in die Räume. Nur ein paar Schritte vom Strand entfernt, bildet die Lodge eine ruhige, ungezwungene Unterkunft. Auf dem Gelände gibt es eine Hütte für Yoga-Training. Die Hotelküche hat einen ausgezeichneten Ruf.

Mar y Río PENSION $$$
(☎ 316-426-1009; elmardeldiego@gmail.com; Zi. pro Pers. ab 130 000 COP) Die friedvolle familiengeführte Unterkunft liegt in einem ruhigen Winkel des Strandes, weit entfernt von den anderen Hotels in der Gegend. In der Nähe fließt ein kleiner Bach, die Ausblicke auf die Küste sind wunderschön. Außerdem gibt es vor dem Haus eine hübsche Badestelle. Zwei Zimmer liegen direkt über dem Restaurant, im Garten befinden sich zwölf Hütten für Selbstversorger.

La Cabaña de Beto y Marta HOTEL $$$
(☎ 311-775-9912; betoymarta@hotmail.com; Zi. pro Pers. inkl. Vollpension 250 000 COP) Das hübsche Hotel gehört zwei *paisas* (Einwohner des Departamento de Antioquia). Jede seiner vier abgeschieden gelegenen Hütten verfügt über eine Terrasse mit Hängematten und Stühlen – ideal, um entspannt den Sonnenuntergang zu bewundern. Das Ganze liegt inmitten eines spektakulären Gartens, in dem auch zahlreiche Früchte und Gemüse wachsen, die später – lecker zubereitet – auf den Tellern der Gäste landen.

An- & Weiterreise

Auf telefonische Bestellung holt das Boot, das zwischen Nuquí und Arusí verkehrt, Gäste am Guachalito ab. Man muss aber dem Bootsführer ganz genau erklären, an welcher Stelle des Strandes man auf das Boot wartet. Vom Strand zum Boot müssen die Passagiere jedoch durch das Wasser waten – zweckdienliche Kleidung ist daher unbedingt zu empfehlen.

ABSEITS DER ÜBLICHEN PFADE

ISLA MALPELO

Die kleine, abgelegene Insel liegt 378 km von der kolumbianischen Küste entfernt in einem der weltweit besten Tauchgebiete. Sie ist 1643 m lang und 727 m breit und bildet das Zentrum des ausgedehnten **Santuario de Flora y Fauna Malpelo** (www.parquesnacionales.gov.co/portal/es/ecoturismo/region-pacifico/santuario-de-flora-y-fauna-malpelo; Gebühr pro Tag inkl. Tauchen Kolumbianer/Ausländer 103 000/193 500 COP). Das zum Unesco-Weltnaturerbe zählende Schutzgebiet ist die größte fischereifreie Zone im tropischen Ostpazifik und ein bedeutender Lebensraum gefährdeter Meerestiere.

Nicht nur der Artenreichtum, sondern vor allem auch die Anzahl der Meerestiere sind spektakulär groß. Hier leben beispielsweise mehr als 200 Hammerhaie und 1000 Glatthaie. Außerdem zählt das Gebiet zu den wenigen Orten, an denen der Kleinzahn-Tigerhai, ein seltener Tiefseehai, gesichtet werden konnte. Steile Klippen und beeindruckende Höhlen kennzeichnen die Vulkaninsel Malpelo.

Da die Tauchgründe gelegentlich sehr tückisch sein können und es immer wieder zu Unfällen kommt, sollten nur gut ausgebildete Taucher mit sehr viel Erfahrung an den angebotenen Tauchausflügen teilnehmen.

Ein Trupp Soldaten bewacht Malpelo. Die Insel zu betreten, ist verboten.

Gemäß geänderten gesetzlichen Bestimmungen dürfen Schiffe von Häfen außerhalb Kolumbiens die Tauchtour zur Isla Malpelo nicht mehr durchführen. Der Starthafen muss also ein kolumbianischer Hafen sein, wie z. B. Buenaventura. Bei der Auswahl der Tour ist jedoch Vorsicht geboten, denn manche Schiffe nehmen eine hohe Anzahl an Tauchern an Bord und Nitrox steht auf den meisten Schiffen nicht zur Verfügung.

Gut geführt ist das auf Tauchtouren spezialisierte Schiff *Sea Wolf*, das von der Pacific Diving Company (S. 255) in Cali betrieben wird. Eine dreitägige Tauchreise kostet um die 7 000 000 COP pro Taucher, bei einer Achttagestour sind es bis zu 9 200 000 COP. Etwas günstiger sind die Preise bei Übernachtung in Mehrbettkabinen.

Termales

Ein hübscher breiter Strand aus grauem Sand erstreckt sich vor dem kleinen Dorf Termales. Reisenden, die Lokalkolorit hautnah erleben und sich mitten im Dschungel an Thermalquellen entspannen möchten, bietet es etliche Übernachtungsmöglichkeiten. In der Abenddämmerung spielen Kinder Fußball am Strand, während Hühner auf dem Spielfeld umherlaufen. In einiger Entfernung surfen Jugendliche auf den Wellen. Ihre Surfbretter sind von einem gemeinnützigen Surfprojekt gespendet worden.

Termales hat keinen Handyempfang, aber die Geschäftsleute des Dorfes checken ihr Handy regelmäßig andernorts, sodass Reisende Nachrichten hinterlassen können.

Aktivitäten

Von Termales lassen sich Strandwanderungen in zwei Richtung unternehmen: nordwärts zum Guachalito oder südwärts nach Arusí. Es ist sehr wichtig dann aufzubrechen, wenn die Ebbe ihren tiefsten Punkt erreicht hat, da auf beiden Strecken gleich mehrere Flüsse zu durchqueren sind.

Surf House SURFEN

(☎ 320-708-1421; Surfunterricht 35 000 COP pro Std.) Nestor, ein freundlicher Surflehrer und sozusagen auch eine kleine Lokalberühmtheit, unterrichtet stundenweise und gibt auch ganztägige Anfängerkurse (250 000 COP). Darüber hinaus organisiert er Ausflüge zu den besten Surfplätzen in der Region und vermietet Boote.

Las Termales THERMALBAD

(Erw./Kind 12 000/5000 COP, Massage 60 000 COP pro Std.; ⌚ 8–17 Uhr) Von der einzigen Straße des Dorfes führt ein Kiesweg 500 m landeinwärts zu zwei Thermalquellen, den Las Termales. Umgeben von Dschungel liegen sie an einem schnell fließenden Bach. Die Gemeinde hat das Areal ausgebaut und ein Restaurant sowie einen Spa-Bereich errichtet. Besucher müssen ihre Eintrittskarten im Gemeindebüro an der Dorfstraße kaufen, bevor sie sich auf den Weg machen.

Cocoter WANDERN

(Oficina Corporación Comunitario) Die örtliche Kooperative organisiert Wanderungen in den Dschungel zur **Cascada Cuatro Encantos** – einem hohen Wasserfall mit einem schönen Fallbecken, das zum Baden einlädt. Die Tour kostet pro Teilnehmer 25 000 bis 30 000 COP. Das Büro der telefonisch nicht erreichbaren Kooperative befindet sich neben dem Refugio Salomon.

Schlafen & Essen

Refugio Salomon PENSION $$$
(☎314-333-4411; Zi. pro Pers. inkl. Verpflegung 120 000 COP) Die Unterkunft verfügt über einen Balkon mit Blick auf den Strand sowie einfache Zimmer mit Bad. Serviert wird Hausmannskost im hauseigenen Lokal.

La Sazón de Yuli FISCH & MEERESFRÜCHTE $
(Arusí; Hauptgerichte 15 000 COP; ⏲7–21 Uhr) Wen der Hunger packt, wandert einfach von Termales am Strand entlang Richtung Arusí zu dem kleinen Restaurant. Fisch und Meeresfrüchte sind frisch und schmecken lecker.

An- & Weiterreise

Das Boot, das regelmäßig zwischen Nuquí und Arusí verkehrt, bringt Reisende nach Termales und holt sie dort auch wieder ab. In Termales gibt es keinen Landungssteg. Wer hier aussteigen will, muss vom Boot in kniehohes Wasser hüpfen und an Land waten.

SÜDKÜSTE

An der wenig besuchten Südküste Kolumbiens liegen die Departamentos Valle del Cauca, Cauca und Nariño. Hier finden sich bewaldete Inseln und traditionelle afrokolumbianische Dörfer sowie einige der spannendsten Tauchgründe des Landes.

Nach wie vor ist die Sicherheitslage in der Region schwierig und weite Teile des Gebietes bleiben für Touristen gesperrt. Der kürzlich wieder geöffnete Parque Nacional Natural Isla Gorgona ermöglicht Reisenden jedoch eine Chance, ein wenig in diese faszinierende Region reinzuschnuppern.

Zum Zeitpunkt der Recherche für dieses Buch wurden Buenaventura und seine Umgebung sowie die Hafenstadt Tumaco am südlichen Ende der Südküste als zu unsicher für Reisende betrachtet.

Parque Nacional Natural Isla Gorgona

Nach einem Angriff der FARC auf die Insel wurde der **Parque Nacional Natural (PNN) Isla Gorgona** (Kolumbianer/Ausländer 19 000/45 500 COP) für mehrere Jahre geschlossen. Unter neuer Leitung ist er nun wieder für Besucher geöffnet. Der Nationalpark nimmt die gesamte Isla Gorgona ein. Die Insel liegt 38 km vor der kolumbianischen Küste, ist 11 km lang und 2,3 km breit – ein Kleinod für Naturliebhaber. Die ehemalige Gefängnisinsel hat sich über die Jahre in ein wertvolles Naturrefugium verwandelt. Zwei attraktive Gründe sprechen für den Parkbesuch: Sporttauchen und Walbeobachtung – und das am besten gleichzeitig. Da Gorgona an keiner großen Schifffahrtsroute liegt, kommen jedes Jahr die Wale wieder, um hier zu kalben und ihre Jungen aufzuziehen. Darüber hinaus sind neben dem Baden im Meer und kurzen Wanderungen die Aktivitäten auf der Insel beschränkt. Gorgona eignet sich vor allem zum Entspannen und weniger für aufregende Abenteuer.

Junger tropischer Sekundärwald bedeckt die Inseln, in dem zahlreiche Giftschlangen leben (einen Großteil der alten Bäume haben die Gefängnisinsassen als Brennstoff für ihre Kochstellen abgeholzt). Gorgona ist berühmt für seine große Anzahl an endemischen Tierarten. Zu sehen sind zahlreiche Affen, Eidechsen, Fledermäuse und Vögel. Meeresschildkröten legen während der Brutzeit ihre Eier an den Stränden ab.

Gorgonas einziges Hotel befindet sich in einer renovierten Gefängnisbaracke neben der Parkverwaltung. Bis zu 120 Gäste können hier übernachten.

Die meisten Besucher nutzen die Arrangements, die **Vive Gorgona** (☎321-768-0539; www.vivegorgona.com; Zi. pro Pers. inkl. Verpflegung 280 000 COP) anbietet. Sie umfassen den Transfer von Guapi, Unterkunft, Wanderungen und die Verpflegung. Ein Dreitage-Arrangement mit zwei Übernachtungen kostet 750 000–815 000 COP pro Person. Während der Walsaison sind die Preise etwas höher (inkl. Walbeobachtungstouren).

Taucher, die nicht auf Gorgona übernachten möchten, können in Buenaventura ein Tauchwochenende an Bord eines Schiffes buchen. Die Schiffe legen freitagabends am *muelle turístico* (Touristenkai) ab und kehren montagmorgens dorthin zurück. Eine zweitägige Tauchtour mit der *Sea Wolf*, betrieben von der Pacific Diving Company in Cali, kostet ab 1 700 000 COP pro Taucher. Willkommen sind auch Nichttaucher, für sie kostet die Tour rund 1 350 000 COP. Schnellboote bringen Besucher mit Hotelreservierung von Guapi (1¼ Std.) zur Insel.

Los Llanos

Inhalt ➜

Villavicencio 304
San José del Guaviare........... 305
Caño Cristales 307
Parque Nacional Natural El Tuparro .. 309

Gut essen

- El Caporal (S. 308)
- Nomada (S. 306)
- Cafeteria el Piel Roja (S. 307)
- Dulima (S. 305)

Schön übernachten

- Hotel Colombia (S. 306)
- Estelar Villavicencio Hotel (S. 303)
- Hotel Punto Verde (S. 308)
- Hotel La Fuente (S. 308)

Auf nach Los Llanos!

Verlässt man Bogota in südöstlicher Richtung, flacht die zerklüftete Andenlandschaft schnell ab und verwandelt sich in grünes Grasland, so weit das Auge reicht. Das sind die Llanos (Ebenen). Sie sind voller Leben und bieten Heimat für über 100 Säugetierarten und mehr als 700 verschiedene Vögel, darunter auch weltweit am stärksten gefährdete Arten.

Bis vor zehn Jahren waren große Teile dieses Gebiets ein absolutes No-Go für Ausländer. Heute, nach der Kapitulation der FARC (Revolutionäre Streitkräfte Kolumbiens) und dem Rückzug von Drogenschmugglern und paramilitärischen Einheiten, ist das Gebiet wieder weitestgehend sicher und öffnet sich schnell für den Tourismus. Der Caño Cristales, ein außergewöhnlicher, mehrfarbiger Fluss im Parque Nacional Natural Sierra de La Macarena, ist mit Abstand die größte Sehenswürdigkeit, aber in der Region gibt es auch faszinierende archäologische Stätten und Naturwunder sowie die Warmherzigkeit und den Humor der Einwohner.

Reisezeit

Villavicencio

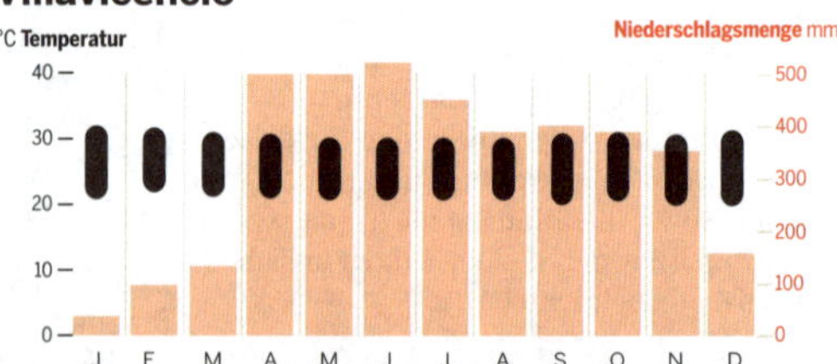

April Der Höhepunkt der sehr heißen Trockenzeit; die beste Zeit, um Tiere zu beobachten.

Juni In Villavicencio findet alljährlich das Torneo Internacional del Joropo Festival statt.

Juli–Nov. Der Caño Cristales färbt sich durch seine Pflanzen in seinem berühmten Rot.

Highlights

1 Caño Cristales (S. 307) Die außergewöhnlichen Farbkombinationen, die für ein paar Monate brillieren, in diesen entlegenen Flussläufen bestaunen.

2 San José del Guaviare (S. 305) Sich für ausgiebige Erkundungen der Umgebung eine Weile in dieser reizvollen Provinzstadt niederlassen.

3 Nueva Tolima Höhlenmalerei (S. 305). Staunend auf die faszinierenden Botschaften hinaufschauen, die lange ausgestorbene Urvölker hinterlassen haben.

4 Parque Nacional Natural El Tuparro (S. 309) Eine abenteuerliche Reise zu diesem wahrhaft entlegenen Teil von Los Llanos unternehmen.

5 Über Flüsse zum Amazonas (S. 306) Das ultimative kolumbianische Abenteuer wagen: eine zweiwöchige Bootstour durch Los Llanos zum gigantischen Amazonas.

Gefahren & Ärgernisse

Trotz des großen Erfolgs des Friedensprozesses in Kolumbien ist die Sicherheitslage in Los Llanos immer noch instabil und kann sich sehr schnell ändern. Es ist ratsam, immer die aktuelle Lage bei Behörden und/oder Reiseveranstaltern zu erfragen, bevor man in irgendeinen Teil dieser Region aufbricht. Vor Reisen zu entlegenen Zielen unbedingt genaue Infos einholen.

An- & Weiterreise

Villavicencio ist der wichtigste Verkehrsknotenpunkt der Region und von Bogotá aus in nur drei Stunden über die Autobahn zu erreichen bzw. mit einem kurzen Flug (mehrere täglich). Die Autobahn führt nun weiter bis San José del Guaviare – ab dort werden die Dinge allerdings deutlich komplizierter. Von Villavicencio, Bogotá und Medellín gibt es Direktflüge nach La Macarena für den Zugang zum Caño Cristales.

Villavicencio

☎8 / 495 000 EW. / 467 M

Die vom Militär schwer bewachte Autobahn nach Süden führt von Bogotá nach Villavicencio – „La Puerta al Llano" das Tor zur Ebene – 75 km südöstlich. Es ist eine lebhafte, wenn auch nicht besonders interessante Stadt mit einer eindeutigen Vorliebe für Nachtleben und Grillgerichte. Die Stadt eignet sich gut als Ausgangspunkt, um die Llanos zu erkunden. Obwohl sie nicht länger als einziger Startpunkt für Ausflüge zum Caño Cristales dient, bietet sie doch die aufregendste Reise dorthin: in einer alten, klapprigen DC-3 aus den 1940er-Jahren!

Feste & Events

Torneo Internacional del Joropo TANZ

(Ende Juni) Alljährlich verwandeln sich die Straßen von Villavicencio in der letzten Juniwoche in riesige Freilufttanzflächen für die Liebhaber des Joropo, eines Tanzes ähnlich dem Fandango, der in den Llanos heiß geliebt und viel praktiziert wird. Tänzer aus ganz Kolumbien und Venezuela konkurrieren um die Preise.

Schlafen & Essen

Als geschäftiges Wirtschaftszentrum bietet Villavicencio eine gute Auswahl an Hotels. Im Allgemeinen ist es so, dass die günstigen und mittleren Hotels in der Innenstadt liegen, während die schickeren, gehobenen Hotels zumeist in den Außenbezirken zu finden sind.

Asaderos (Restaurants, die gebratenes oder gegrilltes Fleisch servieren) tischen die lokale Spezialität *mamona* (Kalbfleisch) auf und sind überall in der Stadt zu finden.

Hotel Sol Dorado HOTEL $$

(☎8-662-3671; hotelsoldorado@hotmail.com; Calle 37 No 29-66; EZ/DZ mit Frühstück ab 88 000/132 000 COP; ❄📶) Dieses freundliche Hotel ist eines der komfortabelsten und adretteren Hotels in der Innenstadt. Einige der 31 Zimmer sind farblich etwas grell gestaltet, aber sie sind sauber und gut in Schuss. Die Zimmer nach vorne raus sind lauter, haben aber einen Balkon und Tageslicht. Die Zimmer nach hinten sind ein wenig dunkel und klein, dafür aber ruhiger.

ABSEITS DER ÜBLICHEN PFADE

EIN DORF DER NACHHALTIGEN ENTWICKLUNG

Ca. 100 km südwestlich von Villavicencio und abseits ausgetretener Wege liegt Gaviota, eine „grüne"Erfolgsgeschichte. Die UN haben das Dorf ein Vorbild für nachhaltige Entwicklung genannt, und Gabriel García Márquez bezeichnete den Gründer Paolo Lugari als den „Erfinder der Welt". Das Dorf mit seinen 200 Einwohnern wird nur mit Windenergie und Solarstrom versorgt. Die Einwohner betreiben Bio-Landwirtschaft und haben Millionen von Bäumen gepflanzt. Der Ort hat sich zu einem renommierten Versuchs- und Entwicklungszentrum für grüne Technologien entwickelt. Die im Stil einer Kommune organisierte Gesellschaft hat keine Polizei, keinen Bürgermeister und keine Waffen, und das Dorf wurde vom Journalisten Alan Weisman in seinem Buch *Gaviotas: Ein Dorf erfindet die Welt neu* vorgestellt.

Gaviotas ist aber nicht für den Tourismus gemacht, und da es keine Hotels, Restaurants, öffentlichen Verkehrsmittel oder Zahlungsmittel gibt (Geld wird nicht als Tausch für Waren oder Dienstleistungen verwendet), wäre es schwierig, das Dorf auf eigene Faust zu besuchen. Wer Interesse an einem Besuch hat, sollte sich an die Friends of Gaviotas (www.friendsofgaviotas.org) wenden und nachfragen, ob Touren geplant sind.

Estelar Villavicencio Hotel BUSINESS HOTEL $$$ (☎8-663-1000; www.hotelesestelar.com; Ecke Av 40 & Calle 11, Costado Norte Metro Kia; Zi. mit Frühstück ab 255 000 COP; ❄📶🏊) Es liegt zwar nicht in der Innenstadt, aber wer Komfort, moderne Zimmer und Service sucht, sollte hier sein Geld lassen. Die Zimmer sind riesig, makellos und haben tolle Bäder und bequeme Betten. Es gibt einen kleinen Pool und eine Bar und das Restaurant serviert gutes Essen.

Dulima KOLUMBIANISCH $ (Carrera 30A No 38-46; Menü 10 000–15 000 COP; ⌚Mo–Sa 7–20, So 8–18 Uhr) Traditionelles Speiselokal seit 1967. Dieses Lokal in der Innenstadt tischt traditionelle Tellergerichte auf, die von freundlichen Kellnerinnen (an Feiertagen auch in Cowgirlkostümen) serviert werden. Auch großartiges Frühstück.

Praktische Informationen

Turismo Villavicencio (☎8-673-1313; www.turismovillavicencio.gov.co; Calle 41 No 31-42; ⌚Mo–Fr 9–17 Uhr)

An- & Weiterreise

Die spektakuläre Anreise aus Bogotá, bei der sich die beeindruckende Autobahn erst ansteigend und dann abfallend durch die Gebirgstäler nach Los Llanos schiebt, ist unbedingt zu empfehlen. Vom geschäftigen Busbahnhof **Terminal de Transportes** (☎8-660-6535; www.terminalvillavicencio.gov.co; Av Los Maracos) fahren zahlreiche Busse täglich nach Bogotá (25 000 COP, 3 Std.) und San José del Guaviare (47 500 COP, 6 Std.). Die Busse nach **La Macarena** (97 000 COP, 24 Std) fahren dreimal in der Woche ab und brauchen ewig, da die Straße den Nationalpark umrundet.

Von Villavicencios **Aeropuerto de la Vanguardia** (☎321-762-2520; Carrera 19) starten täglich Charterflüge nach La Macarena (450 000 COP) mit **Satena** (☎8-664-8512; www.satena.com; Carrera 19, Aeropuerto de la Vanguardia). Die Flüge finden mit sechssitzigen Cessnas sowie samstags mit einer riesigen DC-3 aus den 1940er-Jahren statt. Außerdem gibt es mehrere Flüge täglich nach Bogotá mit Avianca.

San José del Guaviare

☎8 / 65 600 EW. / 185 M

Das liebenswerte San José del Guaviare ist zwar die Hauptstadt von Guaviare, wirkt aber wie jede andere Kleinstadt in Kolumbien. Es ist ein geschäftiger und freundlicher Ort am Südufer des Río Guaviare mit staubigen Straßen und einem betriebsamen Netz an Einkaufsstraßen. San Josés Stunde ist vielleicht jetzt gekommen, da der Tourismus nach Los Llanos immer weiter wächst, und es so aussieht, als ob San José der Hauptort dafür werden könnte.

Auch wenn die Stadt selbst touristisch nicht so interessant erscheint, so gibt es doch in der Umgebung einige lohnenswerte Ziele, wegen derer man hier ein paar Tage verweilen sollte. Da wären die zahlreichen archäologischen Stätten von Guaviare, die Naturwunder und ihre wichtige Lage zwischen Bogotá und dem Amazonas, der von hier aus in zwei anstrengenden aber spannenden Wochen per Boot über die Flüsse Guaviare, Orinoco und Yaví erreicht werden kann.

Sehenswürdigkeiten

Außer einem schönen **Mirador** (Aussichtspunkt) (Calle 7 & Carrera 23), von dem aus man den mächtigen Guaviare überblickt, an dessen Biegung sich die Stadt befindet, gibt es direkt in San José wenig. Die Hauptattraktionen außerhalb der Stadt liegen praktischerweise alle entlang der staubigen Straße nach Nueva Tolima, also ideal für eine Tagestour.

Pozos Naturales NATURPOOL (3 000 COP; ⌚9–17 Uhr) Diese aus dem steinigen Flussbett gehauenen natürlichen Pools sind ein wundervoller Ort, um sich nach der schweißtreibenden Rundreise zu den anderen Sehenswürdigkeiten an der Straße nach Nueva Tolima zu erholen und abzukühlen. Eine Reihe von ausgeschilderten Fußwegen führt in nur fünf Minuten zum Fluss. Hier gibt es mehrere wunderschöne Pools, von denen einige bis zu 8 m tief sind, die sich perfekt zum Chillen eignen.

Die Organisation ist jedoch etwas merkwürdig. Von der Hauptstraße gibt es zwei Eingänge zu den Pools: Der erste aus Richtung San José ist öfter unbesetzt, und dann muss man 1 km weiter zum zweiten gehen, um den Eintritt zu bezahlen – nur um dann zum ersten Eingang zurückzukehren, da dieser den einfachsten Zugang zu den Pools bietet.

Nueva Tolima Höhlenmalerei ARCHÄOLOGISCHE STÄTTE (Nueva Tolima) GRATIS Diese faszinierende Stätte, 22 km von San José entfernt, ist von den zahlreichen Höhlenmalereien im Bezirk Guaviare die am einfachsten zu erreichende, obwohl auch sie nicht leicht zu finden ist. Die unbefestigte Straße am Schild Finca Villa Nueva verlassen. Dann geht es zu Fuß über Farmland den Hügel hinauf (am besten die Farmer grüßen und um Erlaubnis bitten, ihr Land zu betreten). Auf dem Gipfel finden sich dann unter freiem Himmel die außergewöhnlich gut erhaltenen Höhlenmalereien der Ureinwohner.

Ciudad de Piedra NATÜRLICHE PHÄNOMENE

GRATIS 17 km von San José del Guaviare entfernt, am Ende einer zwar unbefestigten aber normalerweise gut befahrbaren Straße, liegt die sogenannte „Stadt aus Stein", ein sehr ungewöhnliches Naturwunder, das einen steten Besucherstrom anzieht. Einige große Monolithe vermitteln hier den Eindruck, als handle es sich um von Menschenhand geschaffene Straßen und Gebilde, dabei ist es ein rein geologisches Phänomen. Da man normalerweise alleine hier ist, stellt sich beim Umherwandern ein wunderbar gruseliges Gefühl ein.

Schlafen & Essen

Hotel Colombia BOUTIQUEHOTEL $

(☎8-584-0823; hotelcolombiabiaggd@hotmail.com; Carrera 23 No 7-96; DZ/3BZ 60 000/80 000 COP; ❄📶) Über einer beliebten *heladería* (Eisdiele) gleichen Namens gelegen, bietet dieses ungewöhnliche Hotel einige der schicksten und saubersten Zimmer der Stadt. Hier ist es sehr bequem, auch wenn die kolumbianische Folklorekunst zwischen bezaubernd und schrecklich wechselt. Es ist sicherlich die einzige Unterkunft der Stadt, in der Chaiselongues zur Standardausstattung gehören. Die Begrüßung ist herzlich.

Hotel Yuruparí HOTEL $

(☎313-263-2695, 8-584-0096; www.hotelyurupari.com; Calle 8 No 22-87; EZ/DZ ohne Klimaanlage 45 000/70 000 COP, mit Klimaanlage 60 000/90 000 COP; ❄📶) Dieses freundliche, wunderbar zentral gelegene Mittelklassehotel ist unsere Empfehlung. Die Familie, die seit mehreren Generationen das Hotel betreibt, ist reizend, die Zimmer sind zwar einfach und schlicht, aber makellos und absolut ihr Geld wert.

Hotel El Jardín HOTEL $

(☎313-322-1120, 8-584-9158; Calle 9 No 24-34; EZ/DZ/3BZ 40 000/45 000/85 000 COP; ❄📶) Auch wenn es außer einer Reihe von Pflanzen entlang eines gepflasterten Gangs keine Spur des im Namen angesprochenen Gartens gibt, ist dies doch zurzeit die beste günstige Option in San José. Die einfachen Zimmer sind sauber und haben einen Kühlschrank. Allerdings kein Frühstück.

Nomada BURGER $

(Ecke Calle 10 & Carrera 23; Hauptgerichte 10 000–20 000 COP; ⏲12–23 Uhr; 📶) Mit seinen von

ABSEITS DER ÜBLICHEN PFADE

AUF DEM FLUSS ZUM AMAZONAS

Kolumbien bietet viele Möglichkeiten, große Abenteuer wie Bergsteigen, Extremsport oder Tauchen in der Karibik zu erleben. Aber für alle, die das ultimative Abenteuer suchen, gibt es kaum etwas Aufregenderes oder Herausfordernderes als die gewaltige Flussfahrt von Los Llanos zum Amazonas. Sie führt durch fast vollständige Wildnis, in der die größten Siedlungen entlegene indigene Dörfer sind, die verstreut in den hunderttausenden Quadratkilometern dichten Urwalds mit schnellfließenden, braunen Flüssen und hoher Luftfeuchtigkeit liegen. Die Flussfahrt ist erst in den letzten Jahren möglich geworden, nachdem im Rahmen des Friedensprozesses die Lager der Guerillas und paramilitärischen Einheiten nach und nach aufgegeben wurden.

Aber auch wenn die Reise jetzt möglich ist, ist sie alles andere als einfach oder komfortabel. Man braucht mindestens zwei Wochen, um die Strecke von San José del Guaviare nach Leticia zu bewältigen. Dabei ist die lange Vorbereitungszeit, um den Transport durch ein Reisebüro zu organisieren, noch nicht berücksichtigt. Diese Reise ohne die logistische Unterstützung eines erfahrenen Veranstalters zu wagen, wäre extrem gefährlich und fahrlässig.

Reisebüros in Leticia sind mögliche Ansprechpartner für die Tour. Eine Alternative ist es, sich beim Hotelpersonal in San José del Guaviare nach verlässlichen Guides zu erkundigen. Wie auch immer: unbedingt einige Monate vor der Reise mit der Planung beginnen und die Hinweise der Veranstalter zu Änderungen der Sicherheitslage in der Region beachten!

NATIONALPARKREGELN

Der Zugang zum PNN Sierra de La Macarena wird von den Parkbehörden streng kontrolliert, und es gibt einige ungewöhnlich strikte Vorschriften, die von allen Besuchern eingehalten werden müssen. Am wichtigsten ist, dass weder Sonnenmilch noch Moskitospray vor dem Parkbesuch auf den Körper aufgetragen werden dürfen. Der Grund besteht darin, dass die chemischen Substanzen das ansonsten reine Wasser verunreinigen könnten und das einzigartige Ökosystem schädigen würden, das die außergewöhnlichen Farben des Flusses ermöglicht. Weiterhin dürfen keine Plastikflaschen mitgebracht oder Sandalen und Shorts getragen werden. Parkranger kontrollieren am Parkeingang , dass diese Regeln auch eingehalten werden.

Was mitbringen?

Da die Benutzung von Sonnenmilch und Moskitospray verboten ist, sind Sonnenhut, lange Hosen und lange Ärmel unbedingt erforderlich, um einem Sonnenbrand vorzubeugen, insbesondere da es innerhalb des Nationalparks kaum Schatten gibt. Eine große Thermosflasche mit genügend Wasser für einen Tag ist Pflicht, da es im Park kein Trinkwasser gibt. Sonnenbrille und gute Wanderschuhe sind ebenfalls empfehlenswert, denn im Park muss viel gelaufen werden, z. T. ist es auch etwas kraxelig. Da in dieser Gegend Gelbfieber auftritt, ist es wichtig, auf Verlangen eine Impfbescheinigung vorweisen zu können.

Steuern & Gebühren

Es gibt verschiedene lokale Steuern und Eintrittsgebühren, die bei der Ankunft am **La Macarena Flughafen** (S. 309) erhoben werden. Dazu gehören eine Stadtsteuer von 37 000 COP, eine Flughafengebühr von 6 000 COP und eine Parkeingangssteuer von 87 000 COP.

einer Markise beschatteten Tischen an der Straße wirkt das Nomada auf den ersten Blick wie jede andere kleine *comida corriente*. Aber ein Blick in die Karte belehrt eines Besseren. Es gibt verschiedene Burger, gegrilltes Fleisch, Wraps und sogar Pfannkuchen zur Auswahl. Der Service ist sehr freundlich und das ganze Lokal recht schick.

Cafeteria el Piel Roja CAFE **$**
(Calle 8 No 23-96; Mo–Sa 7–19 Uhr;) Dieses freundliche Café serviert guten Kaffee, Gebäck und Frühstück.

Praktische Informationen

Touristeninformation (314-281-8830; Calle 7 No 23-07; Mo–Fr 8–18 Uhr)

An & Weiterreise

Flota La Macarena (321-205-5270; Carrera 20 No 12A-10) verbindet San José mit Villavicencio (47 500 COP, 6 Std.) und Bogotá (63 000 COP, 9 Std.) Die Busse fahren am winzigen Terminal am Rand der Innenstadt ab.

Dienstags, freitags und samstags fährt von hier auch ein Bus nach La Macarena (80 000 COP, 7 Std.). Reservierungen bei **Constrans Guaviare** (321-205-5270; Carrera 20 No 12A-10)

Der kleine Flughafen nördlich der Stadtmitte (Calle 10 & Carrera 25) bietet mit **Satena** ein paar Flüge pro Woche nach Bogotá an (311-236-2988; www.satena.com; Carrera 23 No 7-85).

Caño Cristales

8 / 33 000 EW. / 233 M

Caño Cristales, eine Reihe von entlegenen Flüssen, Wasserfällen und Bächen innerhalb der Wildnis des **Parque Nacional Natural Sierra de La Macarena** (www.parquesnacionales.gov.co; 87 000 COP), ist schon alles mögliche, von „Der Fluss der fünf Farben" bis „Der flüssige Regenbogen" genannt worden. Der Grund dafür ist ein einzigartiges biologisches Phänomen, das jedes Jahr zwischen Juli und November für ein paar Monate stattfindet. Erblühende Algen bilden unter Wasser einen leuchtend roten Teppich. Dadurch verwandelt sich das klare Wasser in einen Fluss aus Cabernet, der einen magischen Kontrast zur Mondlandschaft des uralten ausgewaschenen Fels des Flussbetts und der umgebenden Savanne bildet.

Die wichtigsten Wasserfälle und Schwimmlöcher sind **Piscina del Turista**, **Piscina de Carol Cristal**, **Cascada del**

Aguila, **Cascada de Piedra Negra** und **Caño la Virgen**. Der einzige Zugang zum Park ist von der Stadt La Macarena aus, die südlich des Parks auf dem gegenüberliegenden Ufer des Río Guayabero liegt. Besucher werden durch den Park geführt und um die Belastungen durch den Tourismus gering zu halten, werden die Gruppen auf verschiedene Teile des Caño Cristales verteilt.

Die Reise hierhin bringt durchaus Kosten, jede Menge schweißtreibendes Wandern und einige ziemlich durchschnittliche Mahlzeiten in La Macarena mit sich, aber es lohnt sich! Da stimmen alle Besucher zu, sobald sie in einen der natürlichen Schwimmbecken oder Wasserfälle des Flusses gesprungen sind oder die beeindruckende Tierwelt von Angesicht zu Angesicht bewundern konnten.

Caño Cristales ist kein Geheimtipp – die Kolumbianer schwärmen vor allem an langen Wochenenden (*puentes*) hierher, wenn die maximale Zahl von 180 Besuchern pro Tag nicht immer durchgesetzt wird. Diese Ferienwochenenden nach Möglichkeit vermeiden und, wenn möglich, zur Wochenmitte kommen.

Geführte Touren

Der Park darf nicht alleine erkundet werden. Ein offizieller einheimischer Guide ist Pflicht, auch wenn man es in eigener Regie nach La Macarena geschafft hat. Die meisten Angebote schließen den Flug nach La Macarena, Hotels, Mahlzeiten und Führer ein. Normalerweise besteht eine Gruppe aus bis zu zwölf Personen sowie einigen Führern. Übernachtet wird in La Macarena und die Tage werden im Nationalpark verbracht.

★ Cristales Aventura Tours OUTDOOR-AKTIVITÄTEN

(☎ 313-294-9452, 300-693-9988; www.cano-cristales.com; Calle 5 No 7-35, La Macarena) Die freundlichen, englischsprachigen Experten von Cristales Aventura Tours sind den Umgang mit ausländischen Besuchern gewöhnt und bieten ein flexibles Spektrum an Angeboten, das allen Interessen gerecht wird. Die Anreise nach La Macarena ist sowohl selbstständig möglich oder auch als Komplettpaket aus Bogotá, Medellín oder Villavicencio zu buchen.

Cristales Macarena OUTDOOR-AKTIVITÄTEN

(☎ 313-499-6038; www.viajescristalesmacarena.com; Carrera 3 No 8-50, Hotel La Fuente, La Macarena) Doris Mora betreibt ihr eigenes Reiseunternehmen, das Touren zum Caño Cristales anbietet, vom Hotel La Fuente aus. Zusätzlich zu den normalen Angeboten zum Caño Cristales sowie Reisen in andere Teile Kolumbiens kann Doris auch Camping und Ausritte im Nationalpark organisieren.

Ecoturismo Sierra de La Macarena OUTDOOR-AKTIVITÄTEN

(☎ 311-202-0044, 8-664-8400; www.ecoturismomacarena.com; Aeropuerto Vanguardia, Villavicencio). Die Reiseagentur aus Villavicencio bietet Touren zum und im Caño Cristales an. Außerdem hat sie während der Reisesaison mit dem Hotel Punto Verde das beste Hotel in La Macarena angemietet.

Macarena Travels OUTDOOR-AKTIVITÄTEN

(☎ 312-884-9153; www.macarenatravels.com) Hat kein Büro und trifft alle Vereinbarungen per Telefon oder E-Mail. Verschiedene Angebote ab Bogotá und Villavicencio.

Schlafen & Essen

Hotel Antony's HOTEL $

(☎ 321-846-4402; Calle 8A No 3-71, La Macarena; Zi. 40 000 COP) Dieses einfache, aber saubere Hotel liegt direkt am Parque Central und einige der Zimmer haben sogar Tageslicht (hier eine ziemliche Seltenheit!). Es gibt kein Restaurant im Haus, aber für das Frühstück sind mehrere in der Nähe zu finden.

Hotel Punto Verde HOTEL $$

(☎ 310-341-8899; Carrera 9 No 4-12, La Macarena; pro Pers. Ventilator/Klimaanlage 50 000/70 000 COP; ❄ 📶 🏊) Das beste Hotel der Stadt, aber nur Reisenden von Ecoturismo Sierra de La Macarena vorbehalten, die das ganze Haus in der Hauptreisezeit von Juni bis November anmieten. Es gibt einen großen Pool, einen wunderschönen tropischen Garten und dazu noch guten Kaffee.

Hotel La Fuente HOTEL $$

(☎ 312-365-5107, 313-496-7701; hotelafuentejn@hotmail.com; Carrera 3 No 8-50, La Macarena; pro Pers. 80 000 COP; ❄ 📶) Dieses brandneue Haus gehört zu den komfortabelsten der Stadt. Die hellen, luftigen Zimmer, die einen Garten mit Pool, Bar und Restaurant umschließen, waren während unseres letzten Besuches noch in Planung. Freundliches Personal und nettes Design.

El Caporal GRILL $$

(Carrera 9 No 4-66, La Macarena; Hauptgerichte 12 000–25 000 COP; ⏱ 6– 21 Uhr) Dies ist das einzige Restaurant der Stadt, das sich von den anderen abhebt. Auch wenn es ein sehr großer Laden ist, hauptsächlich für Gruppen gedacht, ist es doch mit großem Abstand das schickste in La Macarena. Es gibt eine umfangreiche fleischlastige Karte (aber auch mit guter Auswahl für Vegetarier), eine lebhafte Bar, eine große Bühne für Livemusik und eine riesige Feuerstelle in der Mitte.

Praktische Informationen

La Macarena verfügt über zwei Bankautomaten und mehrere Wechselstuben. Es ist aber trotzdem immer besser, Bargeld mitzubringen, als sich darauf zu verlassen, in entlegenen kleinen Städten auch tatsächlich Bargeld abheben zu können.

An- & Weiterreise

Die meisten Pauschalangebote beinhalten den Flug zum **La Macarena Flughafen** mit Charter- oder Linienflügen aus Bogotá, Medellín oder Villavicencio. Es ist aber auch möglich, eine eigene Anreise zu planen und die Tour am Flughafen beginnen zu lassen.

Easy Fly (☎ Bogotá 1-414-8111; www.easyfly.com.co) fliegt während der Hochsaison (Juli bis November) dreimal in der Woche direkt von Bogotá (495 000 COP) aus. Eine Alternative ist es, nach Villavicencio (eine unkomplizierte Busfahrt von Bogotá aus) zu fahren und von dort einen der täglichen Flüge nach La Macarena zu nehmen (250 000 COP).

Ecoturismo Sierra de La Macarena (S. 308) arrangiert Charterflüge aus Villavicencio, darunter samstags ein (ziemlich abenteuerlicher!) Flug in einer alten DC-3.

Wer über Land anreisen möchte sollte sich an **Constrans Guaviare** (Carrera 7 No 4-26) wenden, die drei Busse pro Woche von und nach San José del Guaviare (80 000 COP, 7 Std.) betreiben.

Parque Nacional Natural El Tuparro

Das 548 000 ha. große Naturschutzgebiet **Parque Nacional Natural (PNN) El Tuparro** (www.parquesnacionales.gov.co; Kolumbianer/Ausländer 12 000/35 000 COP,) liegt an der Grenze zu Venezuela. Diese Biosphäre aus sandigen Flussufern und grünem Grasland ist sowohl Heimat für ca. 320 Vogelarten als auch für Jaguare, Tapire und Otter. Sie ist nicht einfach zu erreichen, und es gibt nahezu keine touristische Infrastruktur. Aber wer viel Zeit und ausreichend Geld zur Verfügung hat, mag es durchaus als lohnend empfinden.

Amazonasbecken

Inhalt ➡

Leticia. 311
Parque Nacional Natural Amacayacu 319
Puerto Nariño 319
Río Yavarí. 321

Gut essen

- El Santo Angel (S. 316)
- El Cielo (S. 316)
- Tierras Amazónicas (S. 316)
- Las Margaritas (S. 321)
- Gael Pizzeria Gourmet (S. 316)

Schön übernachten

- Calanoa Amazonas (S. 318)
- Maloca Napü (S. 320)
- Amazon B&B (S. 315)
- Waira Suites Hotel (S. 316)
- Casa Gregorio (S. 318)

Auf zum Amazonasbecken!

Amazonas. Bereits dieses eine Wort beschwört Bilder eines unberührten Urwalds, einer unglaublichen Vielfalt an Pflanzen und Tieren und natürlich eines weltberühmten Flusses herauf. Die Region, die die Kolumbianer „Amazonia" nennen, ist ein 643 000 km² großes Regenwaldgebiet (etwa so groß wie Kalifornien), das ein Drittel der Gesamtfläche Kolumbiens ausmacht und sich über etwa acht *departamentos* erstreckt. Hier gibt es keine Straßen, sondern nur Flüsse und endlose Wildnis, auf die die Menschen bisher nur wenig Einfluss genommen haben. Tief im Dschungel konnten indigene Völker ihre eigene Kultur weitgehend erhalten.

Der Tourismus ist hier noch recht wenig entwickelt, und das Wenige, was es gibt, findet sich in und rund um Leticia, direkt an der Grenze zu Brasilien und Peru. Eine Reise in den Regenwald bleibt dennoch ein faszinierendes Erlebnis: von aufregenden Wanderungen bis hin zur Siesta in der Hängematte mit den Geräuschen des Dschungels im Ohr.

Reisezeit

Leticia

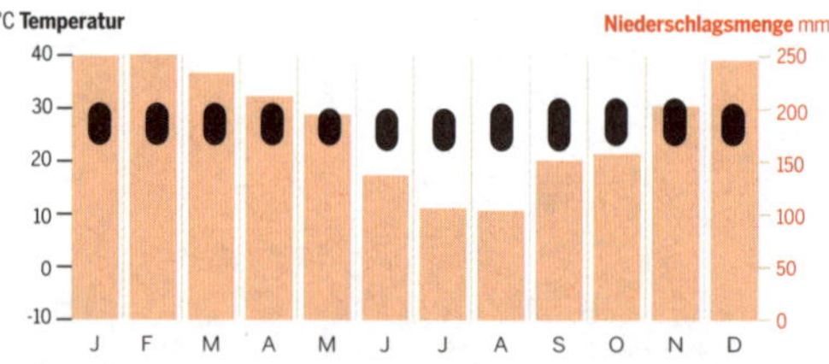

Sept.–Nov. Der niedrige Wasserstand garantiert gute Wanderbedingungen und sorgt für weiße Sandstrände am Río Yavarí.

März–Mai Um die Regenzeit herum ist es ideal, um Vögel und andere Tiere zu beobachten.

Juli & Aug. Die Moskitos ziehen sich ins Blätterdach zurück.

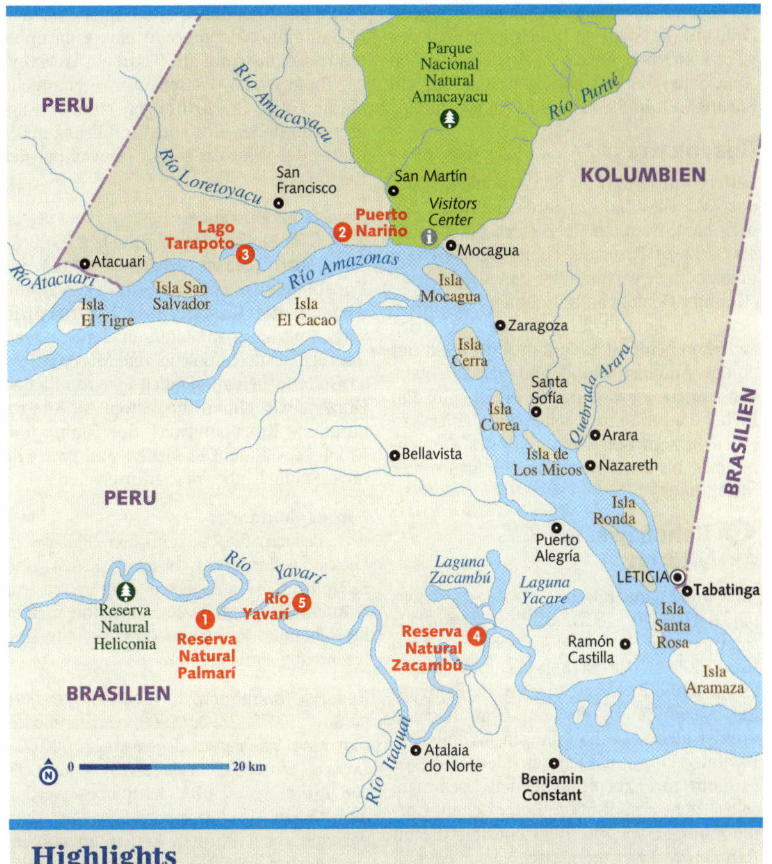

Highlights

1 Reserva Natural Palmarí (S. 321) Ein paar Tage die abwechslungsreiche Tier- und Pflanzenwelt beobachten

2 Puerto Nariño (S. 319) Im autofreien, beeindruckend nachhaltigen und bewundernswerten Dorf an den Ufern des Amazonas ausspannen

3 Lago Tarapoto (S. 320) Im warmen Wasser des zauberhaften Dschungelsees nach Amazonasdelfinen Ausschau halten

4 Reserva Natural Zacambú (S. 322) Sich von Papageien und anderen Tieren ein Ständchen bringen lassen

5 Río Yavarí (S. 321) In einem Kanu in den Dschungel gleiten

Leticia

☎8 / 42 200 EW. / 95 M

Leticia ist die Hauptstadt der Provinz Amazonas und zugleich der größte Ort im Umkreis von mehreren hundert Kilometern. Die Stadt befindet sich am Dreiländereck Kolumbien, Brasilien und Peru. Außerdem liegt sie am Amazonas etwa 800 km von der nächsten kolumbianischen Autobahn entfernt, ist aber dennoch eine pulsierende Stadt, in der auch überall die brasilianischen und peruanischen Einflüsse deutlich werden.

Trotz der drückenden Hitze, der lähmenden Feuchtigkeit und der angriffslustigen Moskitos ist sie ein guter Ausgangspunkt für Erkundungen des Amazonasgebiets. Es kann jedoch nicht oft genug hervorgehoben werden, dass die Stadt selbst kein lohnendes Reiseziel darstellt. Normalerweise ist zwar zwischen den einzelnen Ausflügen ins eigentliche Amazonasgebiet genügend Zeit, um die Stadt zu besichtigen, aber das wäre kein guter Ersatz für den eigentlichen Amazonas. Also ist Leticia immer nur ein Sprungbrett in die magische Welt dahinter.

Geschichte

Leticia wurde 1867 als San Antonio gegründet. Wie die Stadt zu ihrem heutigen Namen kam, ist nicht überliefert. Sie gehörte bis 1922 zu Peru, als beide Länder einen umstrittenen Vertrag über das Abtreten bestimmter Gebiete an Kolumbien unterzeichneten. Im Jahr 1932 brach dann ein Krieg zwischen beiden Ländern aus, der 1933 mit einem Waffenstillstand und der Übergabe von Leticia an Kolumbien endete. In den 1970er-Jahren entwickelte sich Leticia zu einem gesetzlosen Drehkreuz des Drogenhandels, bis die kolumbianische Armee hier „aufräumte".

Sehenswertes & Aktivitäten

★Mundo Amazónico PARK

(☎321-472-4346, 8-592-6087; www.mundoamazonico.com; Km 7,7, Via Tarapacá; Führungen 10 000 COP; ⏲Mo–Sa 8–15 Uhr) Dieses 29 ha große Reservat fungiert als Zentrum für Nachhilfe in Sachen Umweltschutz und ist ideal, um die Pflanzen, Bäume und Dschungelbewohner kennenzulernen, bevor es dann zur Expedition in den Dschungel selbst geht. Im großen Botanischen Garten gibt es etwa 700 Pflanzenarten, die im Rahmen von vier thematisch verschiedenen Führungen bestaunt werden können (Botanischer Garten, nachhaltige Prozesse, Präsentationen zur Kultur und das Aquarium), von denen jede zwischen 30 und 45 Minuten dauert und bis 14 Uhr jede Stunde beginnt.

Die Touren lassen sich beliebig kombinieren, und für Besucher, die sich einen ganzen Tag hier aufhalten wollen, wird in der Regel noch ein Mittagessen für 20 000 COP pro Person angeboten. Da nur zwei Führer Englisch sprechen, ist es empfehlenswert, vorher telefonisch zu reservieren. Von Leticia fahren alle Busse bis Km 7,7; ab da geht man noch zehn Minuten zu Fuß (der Weg ist beschildert).

Museo Etnográfico Amazónico MUSEUM

(☎8-592-7783; Carrera 11 No 9-43; ⏲Mo–Fr 8.30–18, Sa 9–13 Uhr) GRATIS Dieses kleine Museum befindet sich sowohl außerhalb als auch innerhalb der rosafarbenen Biblioteca del Banco de la República und besitzt eine kleine Sammlung indigener Artefakte, darunter u.a. Musikinstrumente, Textilien, Werkzeuge, Töpferwaren, Waffen und zeremonielle Masken. Die Beschriftungen sind in Englisch und stellen eine gute Einführung in die Kultur der verschiedenen Ureinwohner der Region dar.

Galería Arte Uirapuru MUSEUM

(Calle 8 No 10-35; ⏲Mo–Sa 8.30–12 & 15–19, So 8.30–12 Uhr) Leticias größtes Geschäft für Kunsthandwerk verkauft Stücke von Ureinwohnern der Region sowie Naturmedizin vom Amazonas. Im hinteren Bereich zeigt das recht schlecht beleuchtete Museo Alfonso Galindo neben ziemlich eigentümlichen Dingen, wie einem ausgestopften Amazonasdelfin, Kunsthandwerk der Tikuna und Kultgegenstände. Die Sachen sind zwar alle unverkäuflich, aber nett anzuschauen.

Parque Santander PARK

Ein Besuch dieses zentralen Platzes in Leticia voller recht bizarrer Kunst und Skulpturen ist am besten unmittelbar vor Sonnenuntergang, wenn Tausende kleiner kreischender Papageien (*pericos*) für ihre Nachtruhe einfliegen.

Reserva Tanimboca OUTDOOR-AKTIVITÄTEN

(☎310-791-7470, 321-207-9909; www.tanimboca.com; Km 11 Via Tarapacá; Tageskarte 120 000 COP, Ziplining 65 000 COP, Kajakfahren 40 000 COP; ⏲8–16 Uhr; 👪) Im Tanimboca werden mehrtägige Dschungelausflüge ab dem dazugehörigen Büro in Leticia angeboten; es gibt aber auch 11 km vor den Toren der Stadt ein eigenes, von Dschungel umgebenes Areal, in dem Besucher statt in einem innerstädtischen Hotel auch übernachten können. Sie haben die Möglichkeit, sich in 35 m hohen Bäumen auszutoben und dann 80 m durch das wunderschöne Blätterdach an Seilen von einem Baum zum anderen zu rutschen.

Geführte Touren

Der wirkliche Urwald beginnt erst in einer gewissen Entfernung vom Amazonas, und zwar an seinen kleinen Nebenarmen. Je weiter man vordringt, desto größer werden die Chancen, wilde Tiere in relativ unberührten Lebensräumen zu sehen. Dies kostet Zeit und Geld, ist es aber unbedingt wert. Vermutlich stellt eine drei- bis viertägige Tour die beste Balance zwischen den Kosten und Einblicken in die Welt des Dschungels dar.

Auf jeden Fall sollte man nicht mit übertriebenen Erwartungen kommen. Es gibt keine Garantie, dass Reisende wilde Tiere vor die Kamera bekommen. Die Tiere leben häufig versteckt im Blätterdach, und der Tourismus sowie die örtliche Industrie haben ganze Populationen buchstäblich dezimiert. Es bestehen jedoch gute Chancen, Affen, Aras und auch Delfine sowie zahlreiche Vögel und manchmal auch noch exotischere Tiere zu Gesicht zu bekommen. Abgesehen davon gibt es im Dschungel noch andere interessante, ja geheimnisvolle Dinge zu sehen, zu hören und einfach zu erleben.

Verschiedene Unternehmen organisieren Führungen zu den kleinen Naturreservaten am Río Yavarí an der brasilianisch-peruanischen Grenze. Unbedingt immer vor dem Start den Preis, das Programm und die Dauer des Trips vereinbaren! Ob die Firma professionell arbeitet, kann man am besten herausfinden, indem man prüft, ob sie zur **Fonturama** (Fondo de Promoción y Desarrollo Turístico del Amazonas; ☎8-592-4162; www.fonturamazonas.org; Carrera 11 No 9-04; ⏰Mo–Sa 9–12 & 14–19 Uhr) gehört, einer einheimischen Touristikvereinigung, die verantwortungsvollen, legalen und nachhaltigen Tourismus fördert. Fonturama hilft auch, einen Veranstalter zu finden, falls man noch keinen vor der Ankunft gebucht hat.

Für größere Dschungelausflüge ist die Infrastruktur sehr wichtig. Daher haben Agenturen, die ihre eigenen Reservate unterhalten, eindeutig Vorteile gegenüber denen, die nur Tagesausflüge oder mehrtägige Ausflüge mit Übernachtungen in Dörfern anbieten.

Amazon Jungle Trips DSCHUNGELTOUR
(☎321-426-7757;www.amazonjungletrips.com.co; Av Internacional No 6-25) Amazon Jungle Trips hat seit mehr als 25 Jahren Erfahrung mit Rucksackreisenden und ist einer der ältesten und zuverlässigsten Tourenveranstalter in Leticia. Der Inhaber Antonio Cruz Pérez spricht fließend Englisch und organisiert auch individuell zugeschnittene Touren, darunter in die beiden sehr verschiedenen Reservate, die die Gesellschaft unterhält: die Reserva Natural Zacambú (S. 322) und das Naturreservat **Tupana Arü Ü** (☎321-426-7757; www.amazonjungletrips.com).

Zacambú befindet sich am Río Yavarí in Peru, während Tupana Arü Ü 60 km stromaufwärts am Amazonas tiefer im Dschungel liegt. Beide Lodges sind etwa eine Stunde per Boot von Leticia entfernt, wobei zur Tupana Arü Ü noch weitere 45 Minuten Fußmarsch von der Anlegestelle in der Amazonas-Siedlung La Libertad hinzukommen. Ein Trip, der ein bis zwei Nächte einschließt, ist für beide Reservate optimal und mit 290 000 COP pro Person und Tag erstaunlich preiswert, und das auch noch *all inclusive*. Die Einrichtung ist einfach, aber es gibt fließendes Wasser und Moskitonetze; das Essen ist gut, die Guides sind Profis und die Aufnahme ist herzlich.

Colombia Remote Adventures NATUR
(☎321-412-8372; www.colombiaremoteadventures.com) Der alteingesessene Tour-Guide Eliceo Matapi Yucuna spricht fließend Englisch und hat nun seine eigene Firma gegründet, die alle möglichen Abenteuerreisen ins Amazonasgebiet anbietet. Dabei werden kulturelle Begegnungen mit indigenen Völkern und Naturabenteuer tief im Regenwald kombiniert. Zur Zeit gibt es kein Büro in Leticia; alles wird online oder per Telefon geregelt – im direkten Gespräch mit Eliceo kann das eigene Anliegen erläutert werden.

Tanimboca Tours DSCHUNGELTOUR
(☎310-791-7470; www.tanimboca.org; Carrera 10 No 11-69) Neben einer Expedition in die Reserva Tanimboca nördlich von Leticia organisieren die netten Leute hier Boots- oder Wanderausflüge in den Dschungel vor den Toren der Stadt, darunter auch zu Indiodörfern. Der Inhaber spricht Deutsch und Englisch; mehrere seiner Guides beherrschen zumindest die englische Sprache.

Selvaventura DSCHUNGELTOUR
(☎311-287-1307, 8-592-3977; www.selvaventura.org; Carrera 9 No 6-85) Der Eigentümer Felipe Ulloa spricht Englisch, Spanisch und Portugiesisch und hat eine Reihe unterschiedlicher Dschungeltouren im Programm, darunter solche in den Hochwald, aber auch in *igapó* (überflutete) Ökosysteme. Er verkauft zudem Tickets für verschiedene Flusstouren nach Peru und Brasilien. Die Agentur nutzt das Maloka-Dschungelcamp und das weniger entlegene Agape (bei Kilometerstein 10).

Schlafen

In Leticia gibt es eine Fülle von Hotels und Hostels, allerdings in sehr unterschiedlicher Qualität und die Preise schießen in der Hauptsaison, besonders um Weihnachten und Ostern herum, in die Höhe. Das ist die Zeit, in der sich die Kolumbianer scharenweise zu Dschungeltouren einfinden. Viele Hotels liegen vor der Stadt an der Straße

Leticia

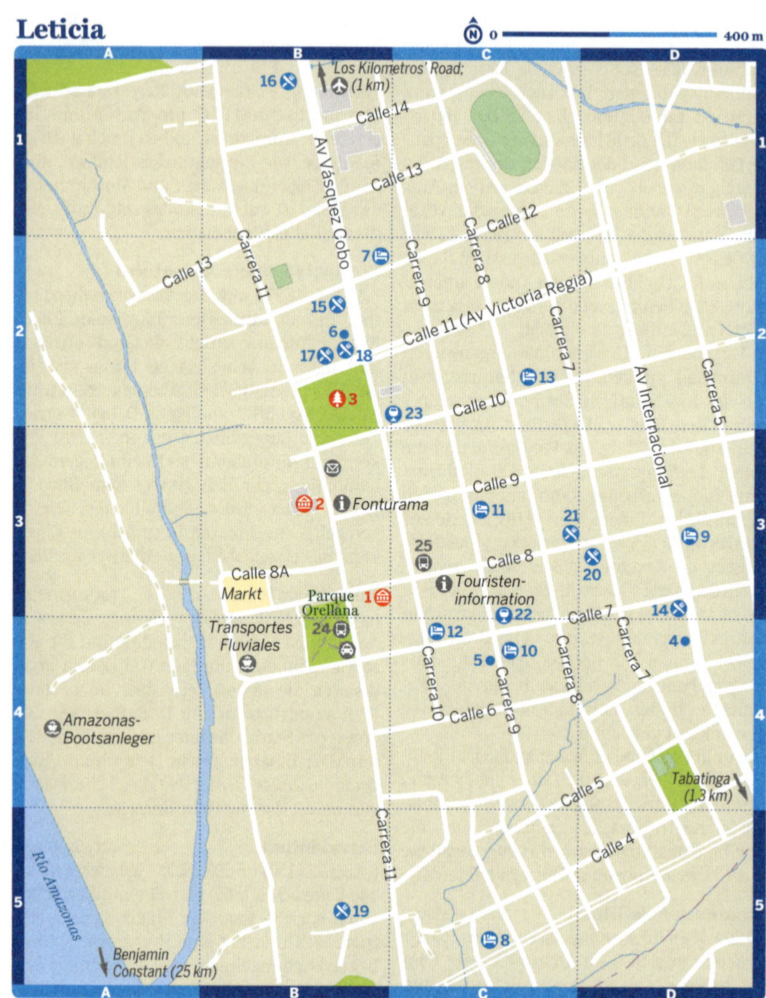

zum Flughafen. Obwohl sie dadurch nicht so günstig liegen, um zum Essen zu gehen, sind sie doch ideal, wenn man den Lärm und den Verkehr der Stadt meiden will.

Omshanty Jungle Lodge LODGE $

(☎311-489-8985; www.omshanty.com; Km 11 Via Tarapaca; Bett/EZ/DZ/3BZ/4BZ 15 000/40 000/60 000/80 000/95 000 COP) Im dichten Dschungel, nicht direkt in Leticia selbst, liegt das Omshanty, das eine gute Übernachtungsmöglichkeit ist, wenn man sich die ganze Zeit im Amazonas-Dschungel aufhalten möchte. Die Hütten sind für bis zu vier Personen geeignet und jede hat eine eigene Küche für die Selbstversorger unter den Gästen. Der nette englischsprachige Eigentümer Kike organisiert Exkursionen in den Dschungel.

La Casa del Kurupira HOSTEL $

(☎8-592-6160, 313-468-0808; www.lacasadelkurupira.com; Carrera 9 No 6-100; B 25 000 COP, EZ/DZ 60 000/70 000 COP, ohne Bad 50 000/60 000 COP; 📶) La Casa del Kurupira wird vom Besitzer des Veranstalters Selvaventura jenseits der Straße betrieben (seine Büroräumlichkeiten fungieren auch als Bar und Treffpunkt für die Gäste des Hostels). Es ist sehr sauber, hell und modern mit De-

Leticia

Sehenswertes
1 Galería Arte Uirapuru B3
2 Museo Etnográfico Amazónico B3
3 Parque Santander B2

Aktivitäten, Kurse & Touren
4 Amazon Jungle Trips D4
5 Selvaventura C4
6 Tanimboca Tours B2

Schlafen
7 Amazon B&B B2
8 Ayahuasca Amazonas Hotel C5
9 Hotel Malokamazonas D3
10 La Casa del Kurupira C4
11 La Jangada C3
12 Waira Suites Hotel C4
13 Zuruma Hotel C2

Essen
14 El Cielo D3
15 El Santo Angel B2
16 Gael Pizzeria Gourmet B1
17 Govindas B2
18 La Casa del Pan B2
19 Numae Bistró B5
20 The Donut Company D3
21 Tierras Amazónicas C3

Ausgehen & Nachtleben
22 Kawanna Bar C3
23 Mossh Bar C2

Transport
24 Colectivos to Leticia Airport B4
25 Minibuses to Tabatinga C3

ckenventilatoren ausgestattet, die für Kühle in den Zimmern sorgen. Zudem gibt es eine große Gemeinschaftsküche und eine Dachterrasse mit Hängematten zum Chillen. Wäsche waschen kostet 10 000 COP und das Frühstück 8000 COP.

La Jangada PENSION $

(☎311-582-7158, 312-451-0758; lajangadaleticia@gmail.com; Carrera 9 No 8-106; B 27 000 COP, EZ/DZ 50 000/60 000 COP, ohne Bad 35 000/50 000 COP; 📶) Diese einfache, aber gute, beliebte und zentral gelegene Pension organisiert Fluss- und Dschungeltrips aller Art, darunter auch Exkursionen auf einem umweltverträglichen pedalgetriebenen Boot. Es gibt einen Schlafsaal mit fünf Betten samt luftigem Balkon und ein paar Privatzimmer mit Deckenventilatoren. Das Frühstück ist in jedem Fall inbegriffen.

Ayahuasca Amazonas Hotel HOTEL $$

(☎8-592-4356, 311-811-9716; ayahuascaamazonashotel@yahoo.es; Carrera 10 No 3-28; Zi/Bungalow ab 120 000/145 000 COP; ❄📶) Obwohl das Hotel nach dem halluzinogenen Gebräu der Indios benannt ist, ist es kein Rückzugsort für Selbsterfahrung, sondern ein makellos sauberes und freundliches familiengeführtes Hotel in einer lebendigen Wohngegend nahe der Grenze zu Brasilien. Die Eigentümer sprechen zwar kein Englisch, kümmern sich aber liebevoll um ihre Gäste und arrangieren Ausflüge und Expeditionen in den Regenwald.

Hotel Malokamazonas BOUTIQUEHOTEL $$

(☎313-822-7527, 8-592-6642; www.hotelmalokamazonas.es.tl; Calle 8 No 5-49; EZ/DZ/2BZ/3BZ mit Frühstück 85 000/150 000/165 000/225 000 COP; ❄📶) Dieses bezaubernde Haus ist mit viel Bedacht entworfen. Es gibt neun komfortable und ansprechende Zimmer inmitten eines Gartens voller Orchideen und Obstbäume. Die Zimmer sind mit vielen Holzmöbeln und Kunsthandwerk der Indios ausgestatten. Man wird herzlich empfangen und professionell aufgenommen.

★ **Amazon B&B** B&B $$$

(☎8-592-4981; www.amazonbb.com; Calle 12 No 9-30; EZ/DZ mit Frühstück 185 000/225 000 COP, *cabaña* EZ/DZ/3BZ 250 000/280 000/325 000 COP; ❄📶) Leticias hübscheste und modernste Unterkunft. Dieses Hotel umfasst sechs *cabañas* und vier Zimmer, die um einen herrlichen tropischen Garten gruppiert sind. Die *cabañas* sind geräumig mit hohen Decken, einer gut ausgestatteten Minibar und kleinen, umgrenzten Terrassen samt Hängematten. Außerhalb der Saison gibt es große Preisnachlässe, aber es gilt zu beachten, dass nur zwei Zimmer klimatisiert sind; die anderen haben aus Umweltschutzgründen nur Ventilatoren.

Zuruma Hotel HOTEL $$$

(☎311-262-5273, 8-592-6760; www.zurumahotel.com; Calle 10 No 7-62; EZ/DZ/DBZ mit Frühstück 105 000/164 000/228 000 COP; ❄📶🏊) Das Zuruma mit seinen recht modernistisch anmutenden zweistöckigen Blocks hinter einem großen Innenhof, in dem ein Pool nach der erbarmungslosen Hitze der Stadt zur Abkühlung einlädt, besitzt geräumige, supersaubere, wenn auch etwas minimalistisch ausgestattete Zimmer. Die Eigentümer sind vielleicht keine richtigen Hoteliers, heißen ihre Gästen jedoch auf herzliche Weise willkommen.

Waira Suites Hotel HOTEL $$$
(☎8-592-4428; www.wairahotel.com.co; Carrera 10 No 7-36; EZ/DZ mit Frühstück 192 000/296 000 COP;) Sein gepflegtes weißes Gebäude und dessen Ausstattung unterscheidet es von den normalen, eher staubigen Amazonashotels hier. Es ist auf jeden Fall komfortabel, aber dennoch sind einige Zimmer recht klein, und es ist insgesamt etwas überteuert. Der Pool ist jedoch einer der besten der Stadt und liegt inmitten eines blühenden Gartens. Das Personal ist professionell und höflich.

Essen

Es gibt einige gute Restaurants in Leticia, allerdings sind sie meist erst am Abend geöffnet. In Leticia wird besonders gerne Fisch gegessen. Dazu gehören der köstliche *gamitana* (Schwarzer Pacu) und der *pirarucu* (Arapaima), den man außerhalb der Saison aber besser meiden sollte, weil die Einheimischen das Fangverbot missachten und ihn auch fangen, wenn die Fische gerade laichen. Die Preise sind meist etwas höher als im übrigen Kolumbien; viele Restaurants haben aber preiswerte Tagesgerichte auf der Karte.

The Donut Company CAFÉ $
(Calle 8 No 7-35; Donuts 2000–3500 COP; ⏲Mo–Sa 13–21 Uhr) Dieses wunderschöne kleine Café ist in etwa das einzige Haus in der Stadt, wo es einen guten Kaffee gibt. Dazu kommen die köstlichen Donuts, die jeden Tag frisch im Haus gebacken werden. Das Café wird von einem amerikanischen Predigerpaar geführt; sie spenden den Gewinn an ein Waisenhaus in Benjamin Constant.

Govindas VEGETARISCH $
(☎320-487-4066; Calle 11A No 10-56; Tagesgericht 10 000 COP; ⏲12–21 Uhr;) Das Govindas ist in dieser Gegend wie ein Rettungsanker für Vegetarier. Zur Mittags- und Abendzeit gibt es auf der Terrasse seines Yogastudios am Rande des Parque Santander Tagesgerichte. Das Essen ist zwar unspektakulär, aber gesund und fleischlos.

La Casa del Pan BÄCKEREI $
(Calle 11 No 10-20; Frühstück 5000–8000 COP; ⏲7–12 & 13–20 Uhr) Mit Blick auf den Parque Santander ist das Casa del Pan ein wirklich netter Ort für ein einfaches, aber reichhaltiges Frühstück mit Eiern, Brot und Kaffee. Es ist vor allem bei preisbewussten Reisenden sehr beliebt.

★ **El Santo Angel** INTERNATIONAL $$
(Carrera 10 No 11-119; Hauptgerichte 12 000–35 000 COP; ⏲Di–Sa 17–24, So ab 12 Uhr;) Das Santo Angel bietet die abwechslungsreichsten und interessantesten Gerichte der Stadt und ist zum Abendessen sehr beliebt. Die Gäste sitzen gerne draußen (innen ist es recht steril), und es gibt oft Livemusik, die aber nicht ohrenbetäubend ist. Im Angebot sind Wraps, Nachos, Salate, Gegrilltes, Pita-Brot, Burger und Pizza.

Gael Pizzeria Gourmet PIZZA $$
(Carrera 10 No 14-1; Pizza 12 000–30 000 COP; ⏲Mi–Mo 18–22 Uhr) Nur das gedämpfte Licht und die hübschen Holztische verraten, dass diese Pizzeria an der Straße ganz anders ist als die meisten anderen Lokale in der Stadt. Im Gael werden leckere Pizzas zubereitet, aber auch Nudelgerichte und Lasagne - einfach die besten in Leticia!

Numae Bistró KOLUMBIANISCH $$
(☎320-839-5856; Carrera 11 No 4A-39; Hauptgerichte 15 000–35 000 COP; ⏲12–22 Uhr) Das Numae befindet sich fast an der Grenze zu Brasilien und besticht mit seinem erhöht liegenden Open-Air-Essraum mit Blick Richtung Amazonas. Es ist ideal für Gäste, die Sonnenuntergänge lieben. Das Essen ist gehobener Standard mit frischer Forelle, Lachs und verschiedenen Steaks im Angebot. Die meisten Besucher kommen allerdings gegen 17 Uhr auf ein, zwei Bier hierher.

El Cielo AMAZONISCH $$
(☎8-592-3723; Av Internacional No 6-11; Hauptgerichte 15 000–30 000 COP; ⏲17.30–23 Uhr;) Dieses coole, innovative Lokal zeigt die Zukunft der regionalen Küche. Hier werden *casabes* (Mini-Pizzas mit Yucca statt mit Mehl) mit einfallsreichen Belägen serviert, darunter der beliebte Fisch der Region *pirarucú* und *tucupi* (ein Extrakt aus dem Maniok-Strauch). Trotz der Lage an der Hauptstraße ist es im wunderschön beleuchteten Kiesgarten schön zu essen.

Tierras Amazónicas AMAZONISCH $$
(Calle 8 No 7-50; Hauptgerichte 17.000–32.000 COP; ⏲Di–So 7–22 Uhr;) Auf den ersten Blick sieht dieses Lokal mit Schnickschnack und regionaler Volkskunst an den Wänden wie eine der üblichen Touristenfallen aus. Tatsächlich ist das Restaurant aber

ideal für ein fantastisches Abendessen und ist eines der wenigen guten Lokale, die auch zur Mittagszeit Essen servieren. Die Spezialität ist Fisch. Man sollte Dorado, Tambaqui (Schwarzer Pacu), Piranha oder Buntbarsch bestellen.

 Ausgehen & Nachtleben

Leticia wird erst nach Sonnenuntergang ab 18 Uhr lebendig. Wenn die Luftfeuchtigkeit und Temperatur etwas heruntergegangen sind, sitzen die Einheimschen oft an den Straßen, und die ganze Stadt wirkt dann plötzlich fröhlich und obszön. Diese Obszönität ist jedoch nicht unbedingt gut – so sind Drogen und Prostitution allgegenwärtig und es wäre äußerst unklug, sich nach Anbruch der Dunkelheit vom Stadtzentrum zu entfernen.

Mossh Bar BAR

(Carrera 10 No 10-08; ⌚Di–Do 16–2, Fr & Sa 16–4 Uhr) Dieser überraschend modische Schuppen mit Blick auf den Parque Santander ist innen in Rot, Weiß, Schwarz und Chromfarben gehalten. Anders als in den meisten Bars der Stadt verkehrt hier ein eher gehobenes Publikum.

Kawanna Bar BAR

(Ecke Carrera 9 & Calle 7; ⌚So–Do 18–24, Fr & Sa 18–2 Uhr) Ideal für ein entspannendes Bier bei Sonnenuntergang auf der Terrasse; später und an Wochenenden gibt's drinnen auch Tanz.

Orientierung

Leticia liegt am Ufer des Amazonas an der kolumbianisch-brasilianischen Grenze. Direkt jenseits der Grenze befindet sich Tabatinga, eine brasilianische Stadt, ähnlich groß wie Leticia. Sie hat einen eigenen Flughafen und Hafen, der das Haupttor für die Schiffe stromabwärts nach Manaus ist. Besucher können sich frei zwischen den beiden Städten hin und her bewegen, aber auch in die brasilianische Stadt Benjamin Constant, die 25 km stromabwärts liegt. Gleiches gilt für die peruanische Insel Santa Rosa gegenüber von Leticia und für Tabatinga. Reisende, die weiter ins eine oder andere Land vordringen möchten, müssen die Einreisevorschriften beachten.

Praktische Informationen

GEFAHREN & ÄRGERNISSE

Seit Langem ist das Militär in der Region Leticia/Tabatinga merklich präsent, um für Sicherheit zu sorgen. Es gibt aber nach wie vor Probleme. Ehemalige Drogenschmuggler, Guerillas, Paramilitärs und *raspachines* (Kokainbauern) sind in die normale Gesellschaft „integriert" worden und betreiben heute vielfach in den Außenbezirken von Leticia und Puerto Nariño Spielhöllen, Bordelle, dubiose Bars und ähnliche Etablissements. Man sollte nachts also nicht allein den Innenstadtbereich verlassen und auf jeden Fall Leticias berüchtigte „Los-Kilometros"-Straße meiden. In Peru treiben Drogenschmuggler in diesem abgelegenen Teil des Landes nach wie vor ihr Unwesen und bedrohen gern auch einmal Touristen, die abseits der ausgetretenen Pfade unterwegs sind. Die Guides und Betreiber der Unterkünfte der Region sind darüber informiert worden, wohin sie mit Touristen gehen können – und wohin besser nicht. Auch unabhängige Reisende sollten sich nur in die Gebiete wagen, die auch die örtlichen Touristenführer für sicher halten.

GELD

Im Stadtzentrum gibt es Geldautomaten. An Calle 8 zwischen Carrera 11 und dem Markt befinden sich auch *casas de cambio*; hier liegen auch Geschäfte; die Wechselkurse ändern sich ständig.

INTERNETZUGANG

Das Internet in der Region ist ziemlich langsam, aber fast jedes Hotel sowie die meisten Restaurants bieten ihren Gästen freies WLAN. Claro und Movistar haben beide ihre Büros an der Carrera 11 unweit des **Museo Etnográfico Amazónico** (S. 312), wo man eine einheimische SIM-Karte mit Datenvolumen erwerben kann, allerdings ist die Übertragungsgeschwindigkeit trotzdem noch langsamer als irgendwo sonst im Land.

MEDIZINISCHE VERSORGUNG

Leticias wichtigste medizinische Einrichtung ist das **San Rafael de Leticia Hospital** (☎8-592-7826; www.esehospitalsanrafael-leticia-amazonas.gov.co; Carrera 10 No 13-78).

NOTFALL

Die **Hauptpolizeiwache** (☎8-592-5060; Carrera 11 No 12-32) befindet sich an Carrera 11.

POSTAMT

4-72 (Carrera 11 No 10-44; ⌚Mo–Fr 8–12 & 14–17 Uhr).

REISEFORMALITÄTEN

Einheimische und Touristen dürfen sich in einem Umkreis von 80 km rund um Leticia frei bewegen; für Ziele jenseits dieses Bereiches ist ein Pass nötig.

Wer weiter ins Land hineinreisen möchte, muss sich den Pass im Büro des Außenministeriums am Flughafen von Leticia abstempeln lassen. Ganz wichtig ist es auch, innerhalb eines Zeitraums von 24 Stunden einen zweiten Stempel zu bekommen (entweder von den brasilianischen oder peruanischen Behörden). Also sollte man seinen Aufenthalt sorgfältig planen. Wer schon früh Leticia mit dem Schiff verlässt, muss sich bereits am Vortag seinen Stempel am Flughafen abholen.

Wer ein Visum benötigt, sollte ein Passbild und einen Nachweis über eine Gelbfieberimpfung mit ins **Brasilianische Konsulat** (S. 356) bringen. Die Ausstellung des Visums dauert ein bis drei Tage, je nach Arbeitsaufkommen. Wer von Iquitos kommt oder dorthin reisen möchte, bekommt im Büro der **Policía Internacional Peruviano (PIP)** (☎ 8-592-7755; Calle 11 No 5-32; ⏲ Mo–Fr 8–12 & 14–16 Uhr) auf der Isla Santa Rosa, der peruanischen Insel gegenüber von Leticia, einen Ein- oder Ausreisestempel. Reisende, die aus Brasilien kommen und ein kolumbianisches Visum benötigen, erhalten dieses im kolumbianischen Konsulat in Tabatinga.

Wer eine kolumbianische Visumsverlängerung braucht, muss dafür kein Geld bezahlen. Man wird stattdessen bei der Ausreise nach Brasilien oder Peru einen Tag lang ausgestempelt und bekommt bei der Wiedereinreise nach Kolumbien einen neuen 60-Tage-Stempel.

Reisende aus Deutschland, Österreich und der Schweiz brauchen für die Einreise nach Brasilien generell kein Visum.

TOURISTENINFORMATION

In Leticias kleinem **Tourismusbüro** (Secretaría de Turismo y Fronteras; ☎ 8–592–7569; Calle 8 No 9-75; ⏲ Mo–Sa 7–12 & 14–17, So 7–12 Uhr) ist das Personal sehr hilfsbereit und freundlich.

An- & Weiterreise

Die einzige Möglichkeit, nach Leticia zu gelangen, ist mit dem Schiff oder mit dem Flugzeug, da es keine Straßen gibt, die von hier weiter nach Kolumbien hinein, oder nach Brasilien oder Peru führen.

FLUGZEUG

Alle Ausländer müssen bei der Ankunft am **Aeropuerto Internacional Alfredo Vásquez Cobo,** nördlich von Leticia gelegen, eine Touristensteuer von 30 000 COP zahlen.

Avianca (☎ 8-592-6021; www.avianca.com; Alfredo Vásquez Cobo Airport) und **Latam** (www.latam.com; Alfredo Vásquez Cobo Airport) fliegen mehrmals täglich nach Bogotá.

Vom Tabatinga International Airport fliegen jeden Tag Flugzeuge nach Manaus. Der Flughafen liegt 4 km südlich von Tabatinga; die *colectivos* (Sammeltaxis, Mini-Vans oder mittelgroße Busse) aus Leticia mit der Aufschrift „Comara" setzen ihre Fahrgäste ganz in der Nähe ab. Auf keinen Fall vergessen, sich am Flughafen von Leticia den Ausreisestempel zu besorgen.

WIE KOMMT MAN AM BESTEN IN DEN URWALD?

Sich so richtig abseits der ausgetretenen Pfade im kolumbianischen Amazonasgebiet zu bewegen, ist gar nicht so einfach, besonders wenn man sowohl in der Natur sein will als auch das Alltagsleben der indigenen Völker der Region erleben möchte. Am besten steigt man in einer der eigenständigen Dschungellodges ab, denn hier kann man der Natur nahe sein und dennoch auch die notwendigen Dinge des Alltags wie Strom, Essen und Guides genießen.

Die winzige Dschungellodge **Calanoa Amazonas** (☎ 350-316-7210; www.calanoaamazonas.com; ab 445 000 COP pro Person und Nacht) mit nur sechs herrlich ausgestatteten Zimmern ist wahrhaftig ein Stückchen Paradies und eine der wenigen Lodges im Amazonasbecken, in der die Besucher stilvoll ausspannen können. Zwei Aktivitäten pro Tag sind im Preis enthalten. Im Angebot sind lange Dschungelwanderungen, Nachtwanderungen, Kanutouren und Besuche im nahe gelegenen Indiodorf, das die Lodge finanziell unterstützt. Ein Dolmetscher für nicht spanischsprechende Besucher kostet pro Gruppe und Tag 200 000 COP extra. Der Transfer von Leticia inklusive Abholung vom Flughafen in Leticia kostet hin und zurück 90 000 COP pro Gast.

Die kleine und sehr rustikale, familiengeführte **Casa Gregorio** (☎ 311 201 8222, 310 279 8147; casagregorio@outlook.com; San Martin de Amacayacu; Vollpension ab 180 000 COP pro Person) in der indigenen Gemeinschaft der Tikuna von San Martin de Amacayacu liegt inmitten majestätischer Flüsse und eindrucksvollem Regenwald. Mit nur zwei Doppelzimmern im Haupthaus und einer separaten Hütte für fünf Personen ist die Pension voll in die Indiogemeinschaft integriert. Im Preis enthalten sind Vollpension, Gummiboote, Regenausrüstung, Trinkwasser und alle Aktivitäten sowie Workshops und Flusstouren. Man muss im Voraus buchen, weil das Personal der Casa Gregorio die Gäste bei der Ankunft am Anleger Bocana Amacayacu am Amazon (30 000 COP pro Person) abholt.

Alle Ausländer, die von Leticia aus fliegen, müssen sich ohne Ausnahme beim **Migración Colombia** (☎8-592-7189; www.migracioncolombia.gov.co; Aeropuerto Internacional Alfredo Vásquez Cobo; ⌚Mo–Fr 7–18, Sa & So 7–16 & 19–22 Uhr) melden, bevor sie sich zur Sicherheitskontrolle begeben, unabhängig davon, ob sie Kolumbien verlassen wollen oder nicht. Danach werden sie zum Check-in-Schalter geführt, falls sie das nicht sowieso schon hinter sich haben – es ist eine schmerzfreie und kostenlose Prozedur, die nur eine Sache von Sekunden ist.

SCHIFF

Fahrscheine nach Puerto Nariño und in andere Orte flussaufwärts gibt es bei den **Transportes Fluviales** (☎311-532-0633, 311-486-9464; Malecon Plaza, Carrera 12 No 7-36). Schiffe nach Puerto Nariño legen vom **Anleger am Amazonas** in Leticia ab, und zwar täglich um 8, 10 und 13 Uhr (30 000 COP, 2 Std.). Am besten ist es, einige Zeit vor Abfahrt des Schiffes dort zu sein, auch weil das Dock gar nicht so leicht zu finden ist. Beim Kauf der Tickets benötigt man seinen Pass.

Wer von Tabatinga (Brasilien) aus ablegt, muss bedenken, dass man sich hier eine Stunde vor Leticia befindet. Also nicht das Schiff verpassen!

Unterwegs vor Ort

Das wichtigste öffentliche Verkehrsmittel ist das Mototaxi; das sind Leute, die mit einem Motorrad und einem zusätzlichen Helm durch die Straßen düsen. Der Grundpreis beträgt 2000 COP. Die häufig fahrenden *colectivos* (2000 bis 6000 COP) verbinden Leticia mit Tabatinga und den „Kilometer"-Dörfern nördlich von Leticias Flughafen. **Minibusse nach Tabatinga** (Ecke Carrera 10 & Calle 8) fahren an der Ecke Carrera 10 und Calle 8 ab, während **Colectivos zum Leticia Airport** (Parque Orellana) neben dem Parque Orellana starten.

Normale Taxis sind teurer als sonst in Kolumbien: Die kurze Fahrt vom Flughafen in die Stadt kostet 8000 COP, zum Flughafen von Tabatinga 15 000 und zum Porto Bras in Tabatinga 10 000 COP. Ein **Taxistand** (Parque Orellana) befindet sich auf der einen Seite des Parque Orellana.

Parque Nacional Natural Amacayacu

Der sich über fast 300 000 ha erstreckende **PNN Amacayacu** (☎8-520-8654; www.parquesnacionales.gov.co; Erw./Studenten & unter 26-Jährige 38 000/7000 COP) ist optimal, um den Regenwald des Amazonasgebietes mit seiner außergewöhnlichen Artenvielfalt aus nächster Nähe kennenzulernen. Leider sind die Parkeinrichtungen infolge katatrophaler Überschwemmungen seit einiger Zeit geschlossen und scheinen es auch noch für einige Zeit zu bleiben. Man kann aber noch immer in den Park hinein und Führungen zu den einheimischen Indios arrangieren. Dazu wendet man sich am besten an einen Tourenveranstalter in Leticia.

Puerto Nariño

☎8 / 6000 EW. / 110 M

Das Amazonasdorf Puerto Nariño, 75 km stromaufwärts von Leticia, ist der lebende Beweis dafür, dass Mensch und Natur friedlich nebeneinander leben können. Autos sind hier verboten (die einzigen beiden Fahrzeuge sind ein Krankenwagen und ein Laster, der wiederverwertbaren Müll abtransportiert), das Regenwasser wird in Zisternen gesammelt und fürs Wäschewaschen und Rasensprengen verwendet, und der Strom wird vom energieeffizienten Generator der Stadt produziert, aber nur bis Mitternacht. Jeden Morgen zieht eine Bürgertruppe aus, um die landschaftlich gestalteten Fusswege des Ortes zu säubern. Zudem würde das ehrgeizige Recycling- und Biomüllprogramm des Ortes die meisten Städte der Welt beschämen. Der Kontrast zum dreckigen und verschmutzten Leticia könnte krasser nicht sein.

Die meisten Einwohner von Puerto Nariño sind Indios aus den Stämmen der Tikuna, Cocoma und Yagua. Ihr gemeinschaftliches ökologisches Experiment hat eine wichtige Einnahmequelle erschlossen: den Ökotourismus. Dieses friedliche Städtchen ist darüber hinaus eine ideale Basis, um den schönen Lago Tarapoto und das Amazonasbecken insgesamt zu bereisen.

Sehenswertes

Mirador AUSSICHTSTURM

(Calle 4; Erw./Kind 5000/3000 COP; ⌚Mo–Fr 7–17.45, Sa–So 8–17 Uhr) Wer das Dorf und den umgebenden Dschungel mitsamt dem Amazonas aus der Vogelperspektive sehen möchte, muss diesen eindrucksvollen hölzernen Turm besteigen, der oben auf einer Anhöhe mitten im Dorf steht.

Centro de Interpretación Natütama MUSEUM

(☎313-4568-657; www.natutama.org; 5000 COP; ⌚Mi–Mo 9–17 Uhr) Das Centro de Interpretación Natütama unterhält ein faszinierendes Museum mit fast 100 lebensgroßen Schnitzarbeiten, die Flora und Faua des Amazonas nachbilden. Zudem gibt es draußen eine kleine Schildkrötenbrutstätte.

★ Lago Tarapoto SEE

Der Lago Tarapoto, 10 km westlich von Puerto Nariño, ist ein schöner Dschungelsee, in dem sich viele Amazonasdelfine, Seekühe und riesige Wasserlilien befinden. Ein halbtägiger Ausflug zum See in einem *peque-peque* (einem tiefliegenden, flachen Holzboot) ab Puerto Nariño (50 000 COP für bis zu vier Personen) ist der Hauptanziehungspunkt für Touristen, die in der Regel auch gerne ein Bad in dem herrlich klaren Wasser nehmen.

Casa Museo Etnocultural MUSEUM

(Ecke Carrera 7 & Calle 5; Mo–Fr 8–12 & 14–17 Uhr) GRATIS Dieses winzige Museum in der *alcaldía* (Rathausgebäude) bietet eine kleine Ausstellung mit Indiokunst.

Schlafen

Es gibt in der Stadt insgesamt mehr als 20 Übernachtungsmöglichkeiten, sodass man immer einen Platz zum Schlafen findet. Einige Hotelbesitzer warten bereits am Anleger, um die ankommenden Boote von Leticia in Empfang zu nehmen.

Maloca Napü PENSION $

(315-607-4044, 311-523-3409; www.malocanapu.com; Calle 4 No 5-72; Zi pro Pers. mit/ohne Balkon 30 000/25 000 COP; @) Das Maloca Napü ist vielleicht die zauberhafteste Pension in der Stadt. Es wirkt wie eine Baumhausfestung inmitten eines dicht bewaldeten Gartens. Die Zimmer sind einfach, aber komfortabel, mit schlichten Möbeln, Ventilatoren und Gemeinschaftsbädern mit erfrischenden Regenwaldduschen. Das Personal ist außergewöhnlich freundlich.

Cabañas del Fraile CABAÑAS $

(311-502-8592, 314-201-3154; altodelaguila@hotmail.com; B 20 000 COP, Zi pro Pers. mit/ohne Bad 30 000/25 000 COP) Pater Hector José Rivera und seine lustigen Affen führen diese auf einem Hügel gelegene Oase mit Blick auf den Amazonas. Der Komplex besteht aus mehreren einfachen Hütten, Gemeinschaftseinrichtungen und einem Aussichtsturm. Die Affen, Puten, Hunde und Papageien, die hier umhertollen, bieten eine echte Tierschau – und dazu gibt es noch völlige Abgeschiedenheit und freie Benutzung der Kanus auf dem Amazonas.

Die Anreise erfolgt über die Hauptstraße (zwei Häuserblocks parallel vom Amazonas entfernt) in westlicher Richtung aus der Stadt hinaus über eine große Brücke bis zu

REISEN NACH PERU

Die Hochgeschwindigkeitsboote von Tabatinga nach Iquitos (Peru) werden von **Transtur** (in Iquitos 51-65-29-1324; www.transtursa.com; Jirón Raymondi 384) und **Transportes Golfinho** (in Iquitos 51-65-225-118; www.transportegolfinho.com; Rua Marechal Mallet 306, Tabatinga) betrieben. Sie legen täglich außer montags um etwa 5 Uhr von der Isla Santa Rosa ab und kommen rund zehn Stunden später in Iquitos an. Denken sollte man an den kolumbianischen Ausreisestempel von der **Migración Colombia** (S. 319) am Tag vor der Abreise. Das Büro befindet sich am Flughafen von Leticia. (Eine weitere Niederlassung der **Migración Colombia** (Calle 9 No 9-62; Mo–Sa 7.30–12 & 14–18, So 7.30–12 & 14–16 Uhr) liegt in der Stadt, aber ist nur für Visumsverlängerungen und Wohnsitzfragen zuständig). Fahrkarten gibt es bei **Selvaventura** (S. 313) in Leticia, da keine der Firmen ein Büro in der Stadt hat.

Die einfache Fahrt kostet 70 US$, wobei Frühstück und Mittagessen inbegriffen sind (nur Banknoten in gutem Zustand oder alternativ 200 000 COP). In der Trockenzeit kann man die Isla Santa Rosa oft nur von der Porta da Feira in Tabatinga, an der der Wasserstand eigentlich immer hoch ist, erreichen. Unbedingt im Voraus Informationen dazu einholen! Es ist mitten in der Nacht eigentlich einfacher, von Tabatinga aus zu starten, allerdings schnellen die Taxipreise von Leticia für die Fahrt dann immens in die Höhe (bis zu 30 000 COP).

Vorsicht: Es gibt auch langsamere und preiswertere Boote nach Iquitos, diese sind aber unbequem, oft nicht meerestauglich und sollten daher nicht benutzt werden.

Wichtig: Es gibt von Iquitos aus keine Straßen ins Landesinnere von Peru. Man muss entweder fliegen oder auf dem Fluss weiter nach Pucallpa fahren (fünf bis sieben Tage), von wo aus es dann auf dem Landweg weiter nach Lima geht.

dem gut gepflegten Fußweg; am Friedhof geht es links und dann über den Campus der Highschool (die an sich schon faszinierend ist), dann direkt hinter dem Fußballplatz der Schule rechts.

Hotel Lomas del Paiyü HOTEL $
(☎313-268-4400, 313-871-1743; hotellomasdelpaiyu@yahoo.com; Calle 7 No 2-26; EZ 30 000–45 000, DZ 60 000–90 000 COP) Dieses Hotel mit Blechdach und 22 Zimmern ist eine zuverlässige Wahl. Es hat einen etwas rauen Charme. Einige Bäder sind fast so groß wie die dazugehörigen Zimmer. Bei den billigeren Zimmern handelt es sich um rustikale *cabañas* mit gemeinschaftlich genutzten Hängematten. Das schönste Doppelzimmer hat einen herrlichen Balkon mit Blick auf die Stadt. Das Hotel pflanzt für jeden Gast einen Baum.

Waira Selva Hotel HOTEL $$
(☎8-592-4428; www.wairahotel.com.co; Carrera 2 No 6-72; EZ/DZ/3BZ inkl. Frühstück 98 000/140 000/198 000 COP) Das Waira Selva ist das hübscheste Haus am Platz. Hier kann man den Dschungel mit einigem Komfort erleben und zwar in 13 geräumigen und komfortablen Zimmern mit viel dunklem Holz, Deckenventilatoren und Balkonen. Vom Hotel aus geht es auch auf eine recht skurrile, baumhausähnliche Aussichtsplattform mit Blick auf das Dorf. Die Buchungen erfolgen über das Schwesterhotel (S. 316) in Leticia.

Essen & Ausgehen

Das Nachtleben in Puerto Nariño besteht darin, in einer der kleinen Bars vor den Basketballplätzen einen zu heben. Anders als in Leticia ist es in diesem freundlichen und sicheren Dorf recht ungefährlich, nach Einbruch der Dunkelheit umherzulaufen.

Restaurante El Calvo KOLUMBIANISCH $
(Carrera 1 No 6-10; Gerichte 7000–10 000 COP; ⌚7–22 Uhr) Dieses freundliche Restaurant an der Hauptstraße gegenüber dem Sportplatz von Puerto Nariño ist eins der besten einheimischen Lokale, um ein einfaches Gericht mit gegrilltem Fleisch, einen Burger oder Hot Dog zu genießen. Zudem gibt es einige köstliche Fruchtsäfte im Angebot.

Las Margaritas KOLUMBIANISCH $$
(Calle 6 No 6-80; Tagesgericht 15 000 COP; ⌚12–15 Uhr) Unter einer *palapa* (Strohdach) jenseits des Fußballplatzes liegt das Las Margaritas, das beste Restaurant der Stadt, obwohl es etwas teuer ist und fast nur Reisegruppen versorgt. Es serviert ausschließlich Mittagessen, aber die Gerichte im Büfettstil sind köstlich. In guten Zeiten kann es dort jedoch recht voll werden.

Praktische Informationen

Es gibt in in Puerto Nariño weder Banken noch Geldautomaten, und Kreditkarten werden nicht überall akzeptiert. Daher sollte man genügend Bargeld von Leticia mitbringen, vor allem, wenn man von hier aus Dschungelexkursionen unternehmen möchte. Es summiert sich leicht.

Im Rathaus befindet sich eine kleine **Touristeninformation** (☎313-235-3687; Ecke Carrera 1 & Calle 5; ⌚Mo–Sa 9–12 & 14–17 Uhr).

Es gibt ein kleines, einfaches **Krankenhaus** (Ecke Carrera 4 & Calle 4) in Puerto Nariño, aber bei schwereren gesundheitlichen Problemen muss man zurück nach Leticia.

An- & Weiterreise

Die Hochgeschwindigkeitsboote nach Puerto Nariño legen täglich um 8, 10 und 13 Uhr vom Kai in Leticia ab (30 000 COP, 2 Std.); die Boote zurück nach Leticia fahren um 7.30, 11 und 15.30 Uhr ab.

Tickets gibt es bei **Transportes Fluviales** (☎8-592-6752; Muelle Turistico) direkt am Fluss in Leticia. Die Boote sind schnell ausverkauft, also schon früh am Vortag buchen.

Río Yavarí

Der vielfach gewundene Río Yavarí durchzieht riesige Flächen unberührten Urwalds und bietet so ausgezeichnete Möglichkeiten, das Amazonasgebiet ungestört und aus der Nähe kennenzulernen. Zwei Reservate in Privatbesitz bieten einfache Unterkünfte sowie geführte Touren und weitere Aktivitäten an, u. a. Kajakfahrten, Vogel- und Delfinbeobachtung, Dschungelwanderungen und Besuche von Indiodörfern. Sie stellen mit die am besten zugänglichen und relativ bequemen Reiseziele im Regenwald dar und werden daher wärmstens empfohlen.

Die Kosten hängen von der Größe der Reisegruppe, der Dauer des Aufenthalts, der Saison und der Zahl der gebuchten Touren ab. Man muss mit 180 000 bis 350 000 COP pro Person und Tag rechnen. Als Faustregel gilt, je mehr Personen desto besser.

Reserva Natural Palmarí

Etwa 105 km auf dem Fluss von Leticia entfernt liegt die **Reserva Natural Palmarí** (☎310-786-2770; www.palmari.org) am hochgelegenen (brasilianischen) Ufer des Río Yavarí und blickt auf eine Flussbiegung, in der sich häufig Amazonasdelfine versammeln. Es ist die einzige Lodge mit Zugang zu allen drei Ökosystemen des Amazonas: *terra firme* (trocken), *várzea* (halb überflutet) und *igapó* (überflutet).

Die Lodge selbst ist sehr rustikal. Ein großer Teil wurde 2010 wieder aufgebaut, nachdem ein Brandstifter Feuer gelegt hatte. Das Hotel stellt hilfsbereite Guides aus der Umgebung (die kein Englisch sprechen) und bietet ein umfangreiches Programm an Wanderungen und Nachtmärschen, Bootsausflügen und Kajaktrips an. Vor allem aber ist die Reserva Natural Palmarí wohl das Wandereldorado der gesamten Region. Nur hier können Reisende sich auch auf trockenem Urwaldboden bewegen, und es bestehen beste Chancen, viele Tiere zu sehen, darunter Tapire und mit viel Glück vielleicht sogar einen Jaguar.

Der Zugang zu dem Reservat erfolgt ausschließlich mit privater Barkasse ab Tabatinga (100 000 COP pro Person). Die Reisezeit zum Reservat beträgt zwischen 45 Minuten und zwei Stunden je nach Wasserstand. Um den Tansfer zu arrangieren, muss man mit dem Eigentümer **Axel Antoine-Feill** (☎ 310-786-2770, 1-610-3514) Kontakt aufnehmen, der fließend Englisch spricht. Sein Mitarbeiterin in Leticia ist **Claudia Rodriguez** (☎ 318-362-0610, 322-557-7161).

Reserva Natural Zacambú

Die Reserva Natural Zacambú gehört zu den nicht so weit von Leticia entfernt gelegenen Dschungelreservaten. Mit dem Boot sind es etwa 70 km. Die **Lodge** (☎ 321-426-7757; www.amazonjungletrips.com.co; 290 000 COP pro Person und Tag, all inclusive) des Reservats liegt am Río Zacambú, einem Nebenfluss des Río Yavarí, auf der peruanischen Seite dieses Flusses. Die Zacambú befindet sich im überfluteten Urwald, der viele unterschiedliche Schmetterlingsspezies beherbergt. Leider fühlen sich hier Moskitos ebenfalls sehr wohl. Die Nähe zu peruanischen Siedlungen bedeutet außerdem, dass dies nicht gerade der ideale Ort ist, wenn man wilde Tiere beobachten möchte, aber für Delfine, Piranhas und Kaimane sowie die reichhaltige Vogelwelt des Dschungels ist es hier optimal.

Sowohl die Buchungen der Lodge als auch die der Touren werden von Leticia aus von Amazon Jungle Trips (S. 313) organisiert. Das Revervat gehört zu den gut zugänglichen Möglichkeiten, die Natur zu erkunden.

Kolumbien verstehen

KOLUMBIEN AKTUELL 324

So sieht ein Combeback aus: Kolumbien ist wieder einigermaßen sicher und stabil und gibt sich große Mühe, die blutige Vergangenheit hinter sich zu lassen.

GESCHICHTE 327

Trügerische Ruhe? Wie Kolumbien die Spanier, die Drogenkartelle und die FARC in die Schranken gewiesen hat.

SO LEBT MAN IN KOLUMBIEN 339

Modern, progressiv und lebensbejahend: Die kolumbianische Gesellschaft steckt gerade mitten im Wandel.

KUNST & KULTUR 342

Márquez und Botero haben die Kulturszene des Landes geprägt. Daneben gibt es aber noch sehr viel mehr zu entdecken …

NATUR & UMWELT 346

Schneebedeckte Gipfel, tiefblaues Wasser, geheimnisvolle Urwälder: Kolumien überrascht seine Besucher mit einer erstaunlichen Vielfalt.

Kolumbien aktuell

Kolumbien mag immer noch einen weiten Weg vor sich haben, doch die Fortschritte der vergangenen 20 Jahre sind trotzdem bemerkenswert. Dass die paramilitärische FARC die Waffen niedergelegt hat und als demokratischer Verhandlungspartner akzeptiert wurde, gefällt zwar nicht allen Kolumbianern, ein anderer Weg war aber nach so vielen Jahren des Krieges kaum vorstellbar. Die Hürden sind zwar immer noch hoch, doch ein dauerhafter Friede scheint erstmals greifbar.

Top-Filme

Todos Tus Muertos (2011) Eine Kritik an Korruption und Gleichgültigkeit.
Apaporis (2010) Film über das Leben der Ureinwohner am Amazonas.
La Ciénaga entre el mar y la tierra (2016) Ein Mann kämpft gegen die Zustände in einem Slum in Ciénaga.
Maria Llena Eres de Gracia (2008) Ein Film über Teenager-Schwangerschaft und Drogenhandel.
Los Colores de la Montaña (2010) Geschichte einer Jugendfreundschaft vor dem Hintergrund des Krieges.
Rosario Tijeras (Rosario – Die Scherenfrau; 2004) Thriller.

Top-Bücher

Hundert Jahre Einsamkeit (Gabriel García Márquez; 1967) Ein Meisterwerk des magischen Realismus.
Das Geräusch der Dinge beim Fallen (Juan Gabriel Vásquez; 2011) Thriller: Ein Flusspferd spielt eine Rolle, das aus dem Zoo von Escobar entkommt.
Beyond Bogotá – Diary of a Drug War Journalist in Colombia (Garry Leech) Hintergrundinformationen.
Land der Geister (Delirium, Laura Restrepo; 2004) Lotet ein persönliches und das politische Delirium Mitte der 1980er-Jahre in Bogotá aus.
Oblivion (engl. Übersetzung; Héctor Abad Faciolince; 2011) Familiengeschichte aus dem Medellín der 1980er-Jahre.

Ein umstrittener Deal

Als der damalige Präsident Juan Manuel Santos, ein Harvard-Absolvent, im Jahr 2012 seine höchst umstrittenen Verhandlungen mit Vertretern der FARC-Rebellen in der kubanischen Hauptstadt Havanna aufnahm, hielten sich einerseits die Begeisterung und andererseits die Empörung in der kolumbianischen Gesellschaft die Waage. Da Santos sich im vorausgegangenen Wahlkampf als entschiedener Gegner der FARC positioniert hatte, wurde er für seinen mutigen Schritt heftig kritisiert, nicht zuletzt von seinem Mentor und Amtsvorgänger Álvaro Uribe, der sich in den folgenden Jahren zu seinem einflussreichsten politischen Gegenspieler entwickeln sollte.

Obwohl Teile der Öffentlichkeit die Verhandlungen ablehnten, gelang Santos 2014 eine wenn auch nur knappe Wiederwahl zum Präsidenten; dabei ging der erste Wahlgang zwar verloren, in der Stichwahl setzte er sich dann aber mit gerade einmal 51 Prozent der Stimmen durch. Diese Präsidentschaftswahl geriet zu einer Volksabstimmung über die Frage, ob die Friedensgespräche überhaupt fortgeführt werden sollten oder nicht; entsprechend hitzig verlief der gesamte Wahlkampf im ganzen Land.

Santos war am Ende zwar politisch angeschlagen, hatte aber so etwas wie ein Mandat für weitere Gespräche erhalten – und nach vier Jahren zäher Verhandlungen präsentierte er dann der kolumbianischen Öffentlichkeit im Jahr 2016 tatsächlich eine abschließende Vereinbarung, über die das ganze Land in einem Referendum entscheiden sollte. Politiker rechneten mit einer deutlichen Mehrheit für den Friedensvertrag; umso schockierter waren sie, als die Bevölkerung mit denkbar knappstem Ergebnis die Zustimmung verweigerte: 50,2 Prozent stimmten gegen, 49,8 Prozent für die Friedensvereinbarung.

Die FARC drängt es zur Mitte

Santos ließ sich freilich nicht entmutigen; er kehrte an den Verhandlungstisch zurück und erzielte 50 ergänzende Vereinbarungen, die es ihm ermöglichten, das Abschlussdokument direkt dem Kongress vorzulegen. Dies geschah dann auch am 30. November 2016; Kongress und Senat billigten das Verhandlungsergebnis mit großer Mehrheit. Zuvor war Santos für seinen Einsatz mit dem Friedensnobelpreis ausgezeichnet worden, eine Ehrung, die ein Zustimmen des Kongresses sicherlich erleichtert hatte. Eine weitere Rolle spielte aber auch das Desaster des verlorenen Referendums, das den gesamten Friedensprozess gefährdete. Am Ende spendete der Präsident das Preisgeld in Höhe von 1 Mio. US$ an die Opfer der FARC.

Gemäß der Regelung des Friedensabkommens lieferte die FARC ihre Waffen ab; dieser Prozess war im August 2017 abgeschlossen. Im Gegenzug betraten die Führer der FARC die politische Bühne; sie gründeten eine eigene Partei unter dem alten Namen, ein Umstand, der in der Bevölkerung besonders kritisch gesehen wird. Den meisten ehemaligen FARC-Kämpfern wurde eine Amnestie gewährt. Die FARC erklärte, künftig auch bei Kongresswahlen anzutreten und eine völlig normale Partei zu werden – zum Entsetzen Hunderttausender überlebender Opfer der Gewalt. Die Menschen in Kolumbien sind mit den Parteien insgesamt unzufrieden; gut möglich also, dass es der FARC gelingt, Protestwähler für sich zu gewinnen.

Eine zerrissene Nation

Nicht nur über das Friedensabkommen, sondern in vielen Einzelfragen ist Kolumbien tief gespalten. Armut und Korruption haben wie eine Seuche die gesamte Gesellschaft erfasst, und die meisten Kolumbianer sehen keinen Ausweg aus dieser Krise, so tief verankert sind diese Missstände in der gesamten Bevölkerung. 2017 lebten, so unglaublich das scheinen mag, 28 Prozent der Menschen unterhalb der Armutsgrenze.

Als nächste große Herausforderung galt die Präsidentschaftswahl des Jahres 2018, da Juan Manuel Santos nicht mehr kandidieren konnte. Santos' Vorgänger Álvaro Uribe und Andrés Pastrana Arango hatten sich vorab auf eine „große Koalition" verständigt, um sich genügend konservative Stimmen für den zweiten Wahlgang zu sichern; und da Meinungsumfragen eine große Unzufriedenheit mit den Parteien zeigten, war die Lage im Vorfeld der Wahl sehr unübersichtlich. Tatsächlich erreichte im Mai 2018 keiner der Bewerber die absolute Mehrheit, sodass sich der konservative Politiker der Centro Democrático Iván Duque und der linksgerichtete ehemalige Oberbürgermeister von Bogotá Gustavo Petro einer Stichwahl stellen mussten. Aus dieser ging im Juni 2018 Iván Duque als neuer Präsident von Kolumbien hervor.

BEVÖLKERUNG: **48 650 000**

FLÄCHE: **1 141 748 KM²**

BIP-WACHSTUM: **2 %**

ARBEITSLOSIGKEIT: **9,1 %**

LEBENSERWARTUNG:
73 JAHRE (MÄNNER), 79 JAHRE (FRAUEN)

Wenn in Kolumbien 100 Menschen lebten,

wären 84 Kolumbianer
10 Afro-Kolumbianer
3 indigener Herkunft
1 Vertreter der Roma
2 Sonstige

Religion
(% der Bevölkerung)

Katholiken
Protestanten

5
Nicht eindeutig

2
Sonstige

Bevölkerung pro km²

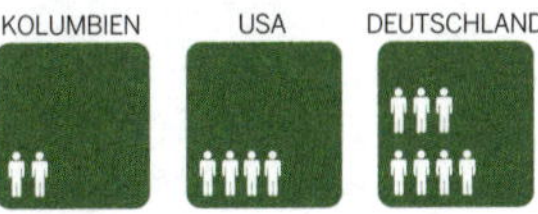

Die besten Blogs

Colombia Travel Blog www.seecolombia.travel/blog
Colombia Calling www.colombiacallingradio.com
Banana Skin Flip Flops www.bananaskinflipflops.com
How to Bogotá www.howtobogota.com
Two Wandering Soles www.twowanderingsoles.com/colombia
Sarepa www.sarepa.com

Kolumbianische Salsa

El preso (Fruko Y Sus Tesos)
La pantera mambo (La 33)
Rebelion (Joe Arroyo)
Oiga, mire y vea (Orquesta Guayacán)
Gotas de lluvia (Grupo Niche)

Etikette

Ums Fahrgeld feilschen Mit ein wenig Handeln werden fast alle Intercity-Busfahrten billiger – um bis zu 20 %.
Busse Fahrgäste sollten sich nicht verpflichtet fühlen, die kleinen Souvenirs zu kaufen, die bei Busreisen angeboten werden.
Saft Nicht „Nein" sagen, wenn Saftverkäufer auf der Straße ungefragt nachfüllen; das wird *ñapa* genannt und gehört dazu.
Suppe Wer zum Mittag- oder Abendessen keine Suppe möchte, bestellt das Essen *seco* (trocken).
Drogen Auf keinen Fall Kokain nehmen! In Kolumbien gibt es wahrlich genug andere Vergnügungen, und der Drogenhandel hat dem Land schon viel Unglück und Leid gebracht.

Ein weiteres Problem, mit dem das Land zurechtkommen muss, ist die enorme Zuwanderung aus Venezuela. Wegen der katastrophalen Versorgung und einer offenkundigen Regierungskrise suchen viele Venezuelaner ihr Heil jenseits der eigenen Landesgrenze. Auch die dramatischen Schlammlawinen, die im April 2017 in Putomayo mehr als 250 Menschen das Leben kosteten, gelten als Fluchtgrund.

Kolumbiens Exportwirtschaft bleibt weiter umstritten; im Land werden nämlich immer noch rund 866 Tonnen Kokain pro Jahr produziert und damit wieder ungefähr so viel wie vor 2001, als man das Problem in den Griff zu bekommen suchte. Der Kokainhandel belastet das internationale Renommee also nach wie vor.

Ein Land im Aufschwung

Trotz allem hat Kolumbien offenbar die Phase der Gewalt und der Instabilität überwunden, die das Land seit Mitte des 20. Jhs. lähmte. Heute wächst Kolumbiens Wirtschaft so schnell und dynamisch wie kaum eine andere Volkswirtschaft in Lateinamerika. Das Land konnte sogar die Rezession vermeiden, die in jüngster Zeit viele andere lateinamerikanische Länder heimsuchte; hinzu kommen hohe Weltmarktpreise für die natürlichen Ressourcen des Landes, vor allem für Öl und Kohle. Dies alles lässt die Kolumbianer hoffen, dass sie ihre beeindruckenden Wachstumsraten auch in den nächsten Jahren fortschreiben können.

Zwar lässt sich nicht leugnen, dass die Lage der armen Landbevölkerung noch erheblich verbessert werden muss, doch ist das Land trotzdem schon auf einem guten Weg, eines der angesagtesten und aufregendsten Ziele des Kontinents zu werden; jedenfalls wächst die Bedeutung der Tourismusbranche derzeit ganz rasant. Die Kolumbianer geben sich so selbstbewusst wie schon lange nicht mehr; die Stimmung im Land ist gut, und Besucher spüren das deutlich.

Der Weg in diese Gegenwart war freilich äußerst beschwerlich, und die Dämonen der Vergangenheit hat noch niemand vergessen: Die Rebellion der FARC, andere paramilitärische Gruppen und gewalttätige Drogenkartelle stehen den Menschen noch sehr lebendig vor Augen. Die Wunden beginnen aber allmählich zu heilen, und solange die kolumbianische Regierung sich dem Friedensprozess verpflichtet fühlt, besteht endlich Anlass zu einem optimistischen Blick in die Zukunft.

Geschichte

Die Geschichte Kolumbiens ist von Krieg und Blutvergießen geprägt. Das Land wurde schon immer in Zusammenhang mit Gewalt gebracht, sei es durch koloniale Eroberungen, den Kampf mit Spanien um die Unabhängigkeit, den 50-jährigen Krieg zwischen den Fuerzas Armadas Revolucionarias de Colombia (FARC; Revolutionären Streitkräften Kolumbiens), den Guerillas und paramilitärischen Einheiten oder den Drogenkriegen in den 1980er- und 1990er-Jahren. In jüngster Vergangenheit haben jedoch drastische Veränderungen stattgefunden und Kolumbien ist heute sicherer als je zuvor.

Präkolumbische Zeit

Die ersten Bewohner wanderten vor etwa 70 000 bis 12 500 Jahren aus dem Norden in die Region des heutigen Kolumbien ein, dort, wo Südamerika und Mittelamerika aufeinandertreffen. Die meisten von ihnen, so auch die Vorfahren der Inka, zogen jedoch weiter.

Über die Stämme, die in der Region sesshaft wurden (etwa die Calima, Muisca, Nariño, Quimbaya, Tairona, Tolima und Tumaco), ist ziemlich wenig bekannt. Als die Spanier das Gebiet erreichten, siedelte die Ursprungsbevölkerung verstreut in kleinen Gemeinschaften und lebte von der Landwirtschaft und vom Handel. Diese Völker, die nie ein einheitliches Staatsgebilde errichtet haben, konnten allerdings kaum mit den bedeutenden indianischen Hochkulturen konkurrieren, die sich in Mexiko und Peru bereits entwickelt hatten.

Die größten präkolumbischen Stätten (San Agustín, Tierradentro und Ciudad Perdida) waren bereits lange vor der Ankunft der Spanier zu Beginn des 16. Jhs. aufgegeben worden. Die Ursprünge der Ciudad Perdida („Verlorene Stadt"), der Urwaldstadt der Tairona, reichen bis ungefähr 700 n. Chr. zurück. Sie besteht aus Hunderten von Terrassen, die durch Treppen miteinander verbunden sind.

Das Indianervolk der Muisca war zu Beginn der Eroberung durch die Spanier mit einer Zahl von etwa 600 000 Menschen eine der größten indigenen Bevölkerungsgruppen in der Region des heutigen Boyacá und Cundinamarca bei der heutigen kolumbianischen Hauptstadt Bogotá (der Name geht übrigens auf die Muisca zurück).

Eines der besten Bücher über die Geschichte Kolumbiens ist *The Making of Modern Colombia: A Nation in Spite of Itself* (1993) von David Bushnell. Darin geht es um die Kolonialisierung, die Parteikonflikte während der Unabhängigkeit und die Kokain-Politik in den 1980er Jahren.

ZEITACHSE

5500 v. Chr.

Vorfahren der Muisca wandern in das heutige Kolumbien ein. Sie leben verstreut in kleinen Siedlungen von ihren selbst erzeugten Nahrungsmitteln, während die Azteken und Inka mächtige Reiche aufbauen.

700 v. Chr.

Die Tairona beginnen mit dem Bau ihrer größten Stadt, der sagenumwobenen Ciudad Perdida („Verlorene Stadt") mitten im Regenwald. Die Stätte wird erst 1975 entdeckt.

1499

Auf seiner zweiten Reise in die Neue Welt landet Alonso de Ojeda am Cabo de la Vela. Ein Gelehrter an Bord überrascht die Mannschaft mit der Aussage, dass sie nicht in Asien seien.

Die spanische Eroberung

Kolumbien wurde nach Christoph Kolumbus benannt, auch wenn der berühmte Entdecker selbst nie einen Fuß auf kolumbianischen Boden gesetzt hatte. Einer seiner Begleiter auf der zweiten Reise, Alonso de Ojeda, war der erste Europäer, der 1499 die Region erreichte. Er erkundete oberflächlich die Sierra Nevada de Santa Marta und war erstaunt über den Wohlstand der einheimischen Bevölkerung. Die kolumbianische Küste wurde zum Ziel zahlreicher spanischer Expeditionen. Es entstanden mehrere Siedlungen, die jedoch nur von kurzer Dauer waren. Erst 1525 gelang Rodrigo de Bastidas mit Santa Marta eine dauerhafte Ansiedlung; heute ist sie die älteste erhaltene europäische Siedlung auf dem südamerikanischen Festland. Cartagena, im Jahr 1533 von Pedro de Heredia gegründet, wurde wegen des günstiger gelegenen Hafens und der strategisch besseren Lage schnell zum wichtigsten Handelsstützpunkt an der kolumbianischen Küste.

Das größte indigene Volk, das zwischen dem Reich der Maya und der Inka zur Zeit der spanischen Eroberung lebte, waren die Muisca. Mit ihren *tujos* (Gaben) aus Gold weckten sie einst Träume vom Eldorado, ihr *chicha* (Bier aus fermentiertem Mais) benebelt sogar noch heute die Sinne der Kolumbianer.

1536 starteten unabhängig voneinander drei Eroberungszüge ins Landesinnere: unter Gonzalo Jiménez de Quesada (von Santa Marta aus), Sebastián de Belalcázar (auch Benalcázar; vom heutigen Ecuador aus) und Nikolaus Federmann (von Venezuela aus). Allen drei Männern gelang es, große Teile der Kolonie zu erobern und eine Reihe von Städten zu gründen, bevor sie 1539 auf dem Gebiet der Muisca zusammentrafen.

Quesada erreichte als Erster der drei Eroberer das Ziel, indem er 1537 durch das Valle del Magdalena und über die Cordillera Oriental zog. Zu der Zeit waren die Muisca in zwei rivalisierende Clans gespalten. Zipa, der Herrscher von Bacatá (das heutige Bogotá), bestimmte über den einen Clan und Zaque, der Herrscher von Hunza (das heutige Tunja), über den anderen. Diese Rivalität schwächte die Muisca, sodass Quesada beide Clans mit seiner nur 200 Mann starken Truppe besiegen konnte.

Belalcázar, ein Deserteur aus der Armee Francisco Pizarros, des Eroberers des Inka-Reiches, unterwarf den südlichen Teil Kolumbiens und gründete Popayán und Cali. Federmann kam, nachdem er Los Llanos und die Anden überwunden hatte, kurz nach Belalcázar in Bogotá an. Die drei Gruppen stritten um die Vorherrschaft, bis König Karl V. von Spanien schließlich 1550 in Bogotá einen Gerichtshof einrichten ließ und die Kolonie der Herrschaft des Vizekönigs von Peru unterstellte.

Die spanische Krone ehrte den Eroberer Sebastián de Belalcázar dafür, dass er Tausende Ureinwohner umbringen ließ. Sie verurteilte ihn jedoch zum Tod, weil er 1546 die Ermordung des mit ihm konkurrierenden Eroberers Jorge Robledo in Auftrag gab.

Die Kolonialzeit

1564 richtete die spanische Krone ein neues Organ der Kolonialregierung ein, die Real Audiencia del Nuevo Reino de Granada. Als Vertreterin der militärischen und staatlichen Macht konnte diese fortan autonomer handeln. Den Vorsitz in der Audiencia hatte ein Gouverneur, der vom spanischen König ernannt wurde. Zu jener Zeit gehörten zur Kolo-

1536

Auf der Suche nach dem sagenhaften El Dorado gründet Nikolaus Federmann, der Ulmer Kaufmann und Entdecker, die Stadt Riohacha in Kolumbien.

1537–1538

Der Konquistador Gonzalo Jiménez de Quesada gründet gleich zweimal die Siedlung Santa Fe de Bogotá. Zuerst 1537 ohne Erlaubnis der Krone, dann 1538 mit deren Einverständnis.

1564

Die spanische Krone gründet die Real Audiencia del Nuovo Reino de Granada, die dem Vizekönig von Peru in Lima untersteht.

16. Jh.

Die reiche Hafen- und Festungsstadt Cartagena wird in den Jahren 1544, 1560 und 1586 von Piraten angegriffen.

nie das heutige Panama, Venezuela (außer Caracas) und ganz Kolumbien mit Ausnahme des heutigen Nariño, Cauca und Valle del Cauca, die der Rechtsprechung der Presidencia de Quito (heute Ecuador) unterstanden.

Die Bevölkerungsstruktur der Kolonie, die sich zunächst aus den indigenen Völkern und den spanischen Einwanderern zusammensetzte, wurde zunehmend komplexer, weil afrikanische Sklaven über Cartagena, den wichtigsten Hafen für den Sklavenhandel in Südamerika, ins Land geschafft wurden. Im 17. und 18. Jh. verschifften die Spanier so viele Afrikaner, dass ihre Zahl schließlich höher war als die der indigenen Bevölkerung. Zu diesem Bevölkerungsmix gesellten sich noch die *criollos* (in der Kolonie geborene Weiße) hinzu.

Da das spanische Reich in der Neuen Welt immer weiter anwuchs, wurde im Jahr 1717 eine neue territoriale Gliederung festgelegt. Bogotá wurde zur Hauptstadt des Virreinato de la Nueva Granada (Vizekönigreich Neugranada) erklärt, dem die heutigen Staaten Kolumbien, Panama, Ecuador und Venezuela angehörten.

Während der Kolonialzeit veränderte sich das demografische Bild zusehends, als die drei ethnischen Gruppen – Mestizen (europäisch-indianische Vorfahren), Mulatten (europäisch-afrikanische Vorfahren) und Zambos (afrikanisch-indianische Vorfahren) Verbindungen untereinander eingingen.

Unabhängigkeit von Spanien

Die Vormachtstellung der Spanier auf dem Kontinent wurde immer größer und damit auch die Unzufriedenheit der Einwohner, besonders wegen der Handelsmonopole und der Erhebung neuer Steuern. Die erste Rebellion gegen die Kolonialherrschaft, die Revolución Comunera in

GOLD!

Vom ersten Tag ihrer Ankunft war das Denken der Konquistadoren beherrscht von der Gier nach Gold. Der Anblick von Gegenständen aus Gold schürte ebenso wie Berichte darüber, dass im Landesinneren sehr viel mehr davon zu finden sei. Diese schufen den Mythos vom Eldorado, einem geheimnisvollen Reich im Urwald, in dem es unermessliche Reichtumer und Schätze aus Gold geben sollte. Manch einer glaubte sogar, dass es aus Bergen aus Goldstücken und Edelsteinen wie Smaragden bestand. Lange Zeit konzentrierte sich das um sein Weiterbestehen kämpfende koloniale Vizekönigreich Neugranada auf einen einzigen Exportartikel, eben auf Gold.

Mit der Zeit wurde diese Legende mit den Muisca und dem berühmten Guatavita-See in Verbindung gebracht, wo endlose Versuche unternommen wurden, auf dem Grund des Sees genug Gold zu finden, um die Welt zu verändern. Leider blieben die Funde jedoch äußerst dürftig. Mehr darüber erzählt das faszinierende Buch *The Search for El Dorado* (1978) von John Hemming.

Seit der Goldpreis infolge der letzten Weltfinanzkrise zeitweilig in die Höhe geschossen war, hatte sich übrigens selbst die FARC vom „weißen Gold" – dem Kokain – verabschiedet und der glänzenden Variante den Vorzug gegeben.

1717

Bogotá wird Hauptstadt des Vizekönigreichs Virreinato de la Nueva Granada. Das Gebiet umfasst das heutige Kolumbien, Ecuador, Venezuela und Panama.

1808

Napoleon besiegt den spanischen König Ferdinand VII. und ernennt seinen Bruder zum spanischen Herrscher. Befürworter der Unabhängigkeit schöpfen Hoffnung für Südamerika.

1819

Simón Bolívar durchquert Los Llanos mit Männern aus Venezuela und Neugranada, dem heutigen Kolumbien. Er schlägt die spanische Armee bei Boyacá und gründet die Republik Großkolumbien.

1830

Großkolumbien zerfällt in Kolumbien (einschließlich des heutigen Panama), Ecuador und Venezuela. Bolívar geht ins Exil und stirbt in Santa Marta.

Socorro (Santander) im Jahr 1781, richtete sich gegen Steuererhöhungen der Krone. Nachdem es Unabhängigkeitsbestrebungen gegeben hatte, in deren Verlauf Bogotá beinahe eingenommen worden wäre, wurden die Anführer gefangen genommen und hingerichtet. Als Napoleon Bonaparte seinen Bruder 1808 zum spanischen König machte, weigerten sich die Kolonien, den neuen Herrscher anzuerkennen. Eine kolumbianische Stadt nach der anderen erklärte ihre Unabhängigkeit.

Im Jahr 1812 trat Simón Bolívar, der spätere Held des Unabhängigkeitskampfes, auf den Plan. Er gewann sechs Schlachten gegen die spanischen Truppen, wurde aber im darauffolgenden Jahr besiegt. Als Spanien den Thron von Napoleon wieder zurückgewonnen hatte, begann es mit der Rückeroberung der Kolonien, die schließlich 1817 erfolgreich war. Bolívar, der sich 1815 nach Jamaika zurückgezogen hatte, kehrte Ende 1816 wieder nach Venezuela zurück und stellte ein Heer auf, doch die spanische Armee in Caracas war zu überlegen. So wandte sich Bolívar mit seiner Truppe Richtung Süden und marschierte über die Anden. Auf seinem Weg errang er einen militärischen Sieg nach dem anderen.

Die entscheidende Schlacht fand am 7. August 1819 in Boyacá statt. Drei Tage später zog Bolívar triumphierend in Bogotá ein. Danach gab es noch eine Reihe weniger bedeutsamer Schlachten (darunter ein Sieg bei Cartagena im Jahre 1821). Kurz nach der Schlacht von Boyacá rief der Kongress die unabhängige Republik Kolumbien aus, zu der die heutigen Staaten Venezuela, Kolumbien und Panama gehörten.

In seinem Roman *Hundert Jahre Einsamkeit*, der zum Inbegriff des fantastischen Realismus in Lateinamerika wurde, beschreibt Gabriel García Márquez im fiktiven Dörfchen Macondo die brutalen Auseinandersetzungen zwischen den Liberalen und Konservativen in den Jahren von 1885 bis 1902.

Die Bildung politischer Parteien

Nach der Erringung der Unabhängigkeit wurde im Jahr 1819 in Angostura (heute Ciudad Bolívar in Venezuela) ein revolutionärer Kongress abgehalten. In euphorischer Stimmung proklamierten die Delegierten die Gründung Großkolumbiens mit den heutigen Einzelstaaten Venezuela, Kolumbien, Panama und Ecuador (genau genommen gehörten Ecuador und Teile Venezuelas noch zum spanischen Reich).

Auf den Kongress in Angostura folgte im Jahr 1821 ein weiterer in Villa del Rosario bei Cúcuta. Zu dieser Zeit wurden zwei gegensätzliche Auffassungen, die zentralistische und die föderalistische, erstmals deutlich sichtbar. Der Gegensatz zwischen beiden Strömungen blieb bis 1830 während der gesamten Regierungszeit Bolívars bestimmend.

Nach dessem Rücktritt begann ein neues, wenig ruhmreiches Kapitel in der kolumbianischen Geschichte. Die Spaltung erfolgte offiziell 1849, als zwei politische Parteien gegründet wurden: die Konservativen (mit zentralistischen Vorstellungen) und die Liberalen (mit föderalistischen Tendenzen). Die erbitterte Feindseligkeit zwischen diesen beiden verfeindeten Gruppen führte zu einer langen Kette von Aufständen und Bürgerkriegen. Im 19. Jh. fanden in Kolumbien nicht weniger als acht

1850er-Jahre
Erst mit der Zustimmung der Großgrundbesitzer wird die Sklaverei abgeschafft.

1880
Kolumbien wählt Rafael Nuñez zum Präsidenten, dem es gelingt, die Spannungen zwischen Staat und Kirche zu verringern. Seine Politik wird Grundlage einer Verfassungsreform, die über ein Jahrhundert Gültigkeit hat.

1899
Der dreijährige „Krieg der Tausend Tage" zwischen Liberalen und Konservativen erfasst das ganze Land. Der Konflikt bildet den zentralen Hintergrund des Romans *Hundert Jahre Einsamkeit* von Gabriel García Márquez.

1903
Panama, das sich schon länger vom Rest des Landes isoliert hat, spaltet sich von Kolumbien ab.

Bürgerkriege statt. Allein in der Zeit zwischen 1863 und 1885 kam es zu ungefähr 50 Erhebungen gegen die Regierung.

1899 entwickelte sich aus einem Aufstand der Liberalen „der Krieg der Tausend Tage". Nach dem Sieg der Konservativen waren 100 000 Tote zu beklagen. 1903 nutzten die USA den ständigen inneren Konfliktherd aus und schürten sezessionistische Bestrebungen in Panama, damals eine kolumbianische Provinz. Die USA sorgten dafür, dass Panama unabhängig wurde und veranlassten den Bau eines Kanals durch jene Landenge, der unter ihrer Kontrolle stand. Erst 1921 erkannte Kolumbien die Souveränität Panamas an und beendete den Konflikt mit den USA.

Das 20. Jahrhundert: der Keim der Rebellion

Zu Beginn des 20. Jhs. spaltete Panama sich von Großkolumbien ab. Danach folgte eine relativ friedliche Phase unter der Präsidentschaft von General Rafael Reyes, der versuchte die Fronten zu entschärfen. Die Wirtschaft entwickelte sich positiv (vor allem wegen des Kaffeehandels), und die Infrastruktur des Landes wurde verbessert. Dieser Ausflug in eine friedlichere Epoche dauerte jedoch nicht lange. Die Unzufriedenheit der Arbeiter wuchs (nach einem Streik der Arbeiter der United Fruit Company im Jahr 1928), und 1946 kam es schließlich zum offenen

DER TIEFE FALL DES SIMÓN BOLÍVAR

Simón Bolívar, „El Libertador" („der Befreier"), besiegte mit seiner Armee die Spanier im ganzen Norden Südamerikas. Er wurde Präsident Großkolumbiens und gilt als großer Nationalheld. Deshalb ist es umso erstaunlicher, wie sein Leben zu Ende ging, gedemütigt, ohne Aufgabe, verarmt und einsam. Kurz bevor er 1830 an Tuberkulose starb, sagte er: „Es hat drei große Narren in der Geschichte gegeben, Jesus, Don Quijote und mich."

Wie war das möglich? Als Befürworter einer zentral regierten Republik war er häufig abwesend und während langer Phasen damit beschäftigt, die Spanier in Peru und Bolivien zurückzudrängen. Damit überließ er die Regierung des Landes seinem Rivalen und Vizepräsidenten Francisco de Paula Santander. Dieser verunglimpfte und schmähte jedoch Bolívar als Monarchisten und begründete seinen Vorwurf mit Bolívars Absicht, Präsident auf Lebenszeit bleiben zu wollen.

Bolívar machte 1828 aus der Republik, die außer Kontrolle geraten war, eine Diktatur und führte erneut eine bereits in der Kolonialzeit unpopuläre Umsatzsteuer ein. Kurz darauf entging er nur knapp einem Mordanschlag (manche glauben, dass Santander dahintersteckte). Nachdem es immer wieder zu Aufständen gekommen war, hatte Bolívar 1830 schließlich genug: Er gab sein Amt als Präsident auf, verlor danach beim Glücksspiel seinen gesamten Besitz und starb wenige Monate später in Santa Marta.

1948

Der Präsidentschaftskandidat der Liberalen, der populäre Politiker Jorge Eliécer Gaitán, wird ermordet, als er sein Büro verlässt. Es kommt zu blutigen Unruhen in Bogotá und im ganzen Land. Die Täter werden nie gefunden.

1964

Das kolumbianische Militär wirft Napalmbomben auf Guerillagebiet. Daraufhin bilden sich die Fuerzas Armadas Revoluvionarias de Colombia (FARC), später die Ejército de Liberación Nacional (ELN) und die M-19.

1974

Die Nationale Front geht zu Ende. Der neu gewählte Präsident Alfonso López Michelsen startet erstmals größere Initiativen zur Bekämpfung der drei größten Guerillagruppen.

1982

Gabriel García Márquez erhält den Nobelpreis für Literatur. Bei der Preisverleihung erklärt er, die Europäer schätzten zwar die Kunst Lateinamerikas, hätten aber wenig Interesse an den politischen Entwicklungen dort.

Kampf zwischen Liberalen und Konservativen. Der bis dahin schlimmste Bürgerkrieg in der Geschichte Kolumbiens, La Violencia, forderte etwa 200 000 Todesopfer. Nach der Ermordung des Führers der Liberalen, Jorge Eliécer Gaitán, eines charismatischen, populären Politikers, der aus eigener Kraft Karriere gemacht hatte, kam es überall im Land zu blutigen Unruhen (man sprach von El Bogotazo in Bogotá, wo Gaitán erschossen wurde, und von El Nueve de Abril an anderen Orten). In ganz Kolumbien griffen die Liberalen zu den Waffen.

Generationen von Kolumbianern waren in zwei politische Lager gespalten, die einander aufs Tiefste misstrauten. Man geht davon aus, dass dieser „vererbte Hass" das Motiv vieler Racheakte und die Ursache zahlloser Grausamkeiten war (einschließlich Vergewaltigung und Mord), die im folgenden Jahrzehnt, vor allem auf dem Land, verübt wurden.

Der Militärputsch von Gustavo Rojas Pinilla war der einzige Umsturz dieser Art im 20. Jh., aber auch diese Wende war nicht von Dauer. Im Jahr 1957 unterzeichneten die Führer beider Parteien ein Abkommen, wonach sie in den nächsten 16 Jahren ihre Macht teilen wollten. Diese Vereinbarung, die in einer Volksabstimmung bestätigt wurde (erstmals durften dabei auch Frauen ihre Stimme abgeben), hieß Frente Nacional (Nationale Front). Während der Dauer des Abkommens stellten die beiden Parteien abwechselnd für vier Jahre den Präsidenten. Tatsächlich lief es, trotz der enormen Anzahl an Opfern, darauf hinaus, dass die altbekannten Gesichter wieder die Macht innehatten. Wichtig war dabei, dass andere politische Parteien jenseits der Liberalen und der Konservativen verboten waren. Indem man die Opposition außerhalb des politischen Systems drängte, legte man gleichzeitig den schicksalhaften Keim für den Aufstand der Rebellengruppen.

Es gibt kaum eine öffentliche Zensur in Kolumbien. Nach Auskunft von Reporter ohne Grenzen unterwerfen sich Journalisten, die Angst davor haben, zur Zielscheibe der Gewalt durch die beiden Parteien im fortdauernden zivilen Konflikt des Landes zu werden, routinemäßig der Selbstzensur. Laut einer Studie der NGO über Pressefreiheit aus dem Jahre 2017 steht Kolumbien von 179 Ländern an 129. Stelle.

Entstehung der FARC & der Paramilitärs

Während die Nationale Front zum Abbau der Spannungen zwischen den Konservativen und den Liberalen beitrug, brachen neue Konflikte zwischen reichen Landbesitzern und der einheimischen Landbevölkerung (Mestizen), von denen zwei Drittel in Armut lebten, aus. Linke Splittergruppen riefen zu einer Landreform auf und die kolumbianische Politik wurde alsbald von brutaler Gewalt, Einschüchterungen und Entführungen dominiert. Die kolumbianische Gesellschaft wurde durch die darauf folgenden Ereignisse erheblich geschwächt. Vieles von dem, was seit dieser Zeit passiert ist, wurde von internationalen Menschenrechtsorganisationen wie Human Rights Watch dokumentiert.

Die neuen kommunistischen Enklaven, die in der Region Sumapáz südlich von Bogotá entstanden, beunruhigten die kolumbianische Regierung so sehr, dass das Militär im Mai 1964 das Gebiet bombardierte. Dieser Angriff führte zur Gründung der Fuerzas Armadas Revolucionarias

Eine einfache, neutrale und lesenswerte Schilderung der Ursprünge, Ziele und Ideologie der FARC liefert das Buch *The FARC: The Longest Insurgency* von Gary Leech (2011).

1982

Pablo Escobar wird in den kolumbianischen Kongress gewählt. Präsident Belisario Betancur erlässt eine Amnestie für die Guerillagruppen, woraufhin Hunderte von Gefangenen entlassen werden.

1984

Der Justizminister Rodrigo Lara Bonilla wird ermordet, weil er einen Auslieferungsvertrag mit den USA befürwortet.

1990

Die M-19 legt ihre Waffen nieder. Die Kartelle erklären der Regierung wegen des Auslieferungsvertrags den Krieg. In Paloquemao in Bogotá wird ein Regierungsgebäude durch eine Bombe zerstört.

1993

Pablo Escobar, einst Kongressmitglied, aber auch Drogenbaron, wird einen Tag nach seinem 44. Geburtstag auf dem Dach eines Hauses in Medellín von der kolumbianischen Polizei mit Hilfe der USA erschossen.

de Colombia (FARC; Revolutionäre Streitkräfte Kolumbiens), die von Manuel Marulanda und Jacobo Arenas angeführt wurden. Beide waren entschlossen, das bisherige System zu stürzen, die Elite zu enteignen und für eine Umverteilung von Land und Kapital zu sorgen.

Zu den Guerillagruppen gehört auch die ebenfalls marxistische Ejército de Liberación Nacional (ELN; Nationale Befreiungsarmee). Diese Gruppe fand viele Anhänger durch das Wirken eines radikalen Priesters, Pater Camilo Torres, der bereits bei seinem ersten Gefecht getötet wurde. Die in Städten aktive M-19 (Movimiento 19 de Abril; der Name geht auf die umstrittenen Präsidentschaftswahlen 1970 zurück) bevorzugte spektakuläre Aktionen. So wurde ein Schwert von Simón Bolívar gestohlen und im Jahr 1985 der Justizpalast in Bogotá besetzt. Als das Gebäude vom Militär gestürmt wurde, kamen 115 Menschen ums Leben. Danach löste sich die Rebellengruppe allmählich auf.

Der Einfluss der FARC wurde jedoch größer, vor allem nachdem Präsident Belisario Betancur mit den Rebellen in den 1980er-Jahren Frieden geschlossen hatte. Großgrundbesitzer gründeten die AUC (Autodefensas Unidas de Colombia; Vereinigte Bürgerwehren Kolumbiens) oder paramilitärische Gruppen, um ihr Land gegen die FARC zu verteidigen. Die Ursprünge dieser Gruppen, die alle aus dem Militär hervorgegangen sind, reichen bis in die 1960er-Jahre zurück, ihre eigentliche Bedeutung bekamen sie aber erst in den 1980er-Jahren.

In seinem Buch *The Explorers of South America* (1972) befasst sich Edward J. Goodman mit einigen erstaunlichen Erkundungen des Kontinents – von Kolumbus bis Humboldt; einige davon beziehen sich auch auf Kolumbien.

Kokain & Kartelle

Obwohl bereits viel dagegen getan worden ist, ist Kolumbien noch immer der größte Kokainexporteur der Welt. Man spürte in den vergange-

KOLUMBIANISCHER KAFFEE

Der Kaffeeboom Kolumbiens begann Anfang des 20. Jahrhunderts und erreichte seinen Höhepunkt, als die Kunstfigur Juan Valdez mit seinem Esel im Jahr 1959 zum Symbol der kolumbianischen Kaffeevereinigung wurde. Noch im Jahr 2005 gehörte die Anzeige zu den bekanntesten weltweit. 2004 eröffnete Juan Valdez mehr als 60 Cafés in Kolumbien, den USA und Spanien und ist heute bei Weitem die größte Kaffeehaus-Kette Kolumbiens.

Trotz der Konkurrenz von preiswerten Kaffeebohnen geringer Qualität aus Vietnam stellt Kolumbiens hochwertige Kaffeeindustrie immer noch 12 % der Arabica-Sorte weltweit, sie beschäftigt ca. 600 000 Angestellte und bringt dem Land pro Jahr Milliarden US$ an Steuereinnahmen ein. Von daher ist es kaum zu glauben, dass kolumbianischer Kaffee im Allgemeinen von geringer Qualität ist – einen starken Espresso kann man außerhalb der großen Städte kaum bekommen, daher sollte man sich mit einem wässrigen *tinto* begnügen, wie ihn die Einheimischen gerne trinken.

1995

Die Städte San Agustin und Tierradentro im Südwesten Kolumbiens mit ihren vielen geheimnisvollen Statuen, Gravuren und Gräbern werden auf die Weltkulturerbe-Liste der UNESCO gesetzt.

2000

Kolumbien und die USA vereinbaren den „Plan Colombia", um den Kokaanbau bis 2005 zu halbieren. Die USA zahlen im Laufe der Zeit 6 Mrd. US$, ohne dass in diesem ersten Jahrzehnt der Anbau tatsächlich zurückgeht.

2002

Álvaro Uribe wird wegen seiner kompromisslosen Haltung gegenüber der FARC zum Präsidenten gewählt; er setzt umgehend ein effektives Aktionsprogramm in Gang.

2004

Carlos Valderrama, genannt „El Pibe", wird von der Fußballlegende Pelé anlässlich des 100. Gründungstages der FIFA in deren Liste der 100 besten Fußballer der Welt aufgenommen.

nen Jahren Drogenbosse auf, sprühte chemische Vernichtungsmittel auf die Kokafarmen und erhöhte die militärischen Anstrengungen.

Ausgangspunkt des ganzen Konflikts ist das kleine Blatt des Kokastrauchs *(Erythroxylum coca)*, das man mancherorts unverarbeitet auf dem Markt kaufen kann. Als die ersten Europäer ankamen, schüttelten sie zunächst den Kopf über die Kokablätter kauenden Einheimischen. Aber als die Leistung der Zwangsarbeiter sank, förderten sie wiederum den Genuss. Allmählich machten auch die Europäer (und schließlich die ganze Welt) mit. In den folgenden Jahrhunderten wurde Kokain für medizinische Zwecke und als „Freizeitdroge" weltweit verbreitet.

In den frühen 1980er-Jahren boomte die Kokaindustrie, als das Medellín-Kartell unter seinem berühmt-berüchtigten Anführer Pablo Escobar (1949–1993, genannt „El Doctor", „El Patrón" oder „Don Pablo"), vormals Autodieb und später der Star einer US-amerikanischen Kriminalserie über Drogenkartelle, zur mächtigsten Drogenmafia aufstieg.

Die Drogen-Bosse gründeten eine eigene Partei sowie zwei Zeitungen und finanzierten in großem Stil öffentliche Bauprojekte sowie den sozialen Wohnungsbau. Pablo Escobar schaffte es zeitweise sogar Sezessionsbestrebungen in der Medellín-Region zu schüren.

DIE VERTRIEBENEN

Viele Menschen standen (und stehen) mitten im Kreuzfeuer der Kämpfe zwischen Paramilitärs und Guerillagruppen. Manchmal werden sie sogar direkt zur Zielscheibe gemacht, eine Methode, die die UN als bewusste „Kriegsstrategie" wertet. Jeder zwanzigste Einwohner ist seit den 1980er-Jahren innerhalb des Landes vertrieben worden (laut Internal Displacement Monitoring Centre sind es etwa 4 Mio.). Damit ist Kolumbien nach dem Sudan das Land mit der höchsten Zahl an Vertriebenen.

So wurden jahrzehntelang täglich Hunderte von Menschen mit vorgehaltener Waffe gezwungen, ihr Zuhause aufzugeben. Es wurde ihnen alles gestohlen, weil der Grund und Boden, das Vieh oder die Lage der Behausung an einer Drogenhandelsroute lag; manchmal musste dafür auch ein Angehöriger sterben. Viele der Menschen, die alles verloren haben, mussten für sich selbst sorgen. Sie leben in Hütten mit einer Plane als Dach am Rande der großen Städte. Andere, denen es gelangt, wieder Land zu erwerben, schafften dies nur in Gegenden ohne Infrastruktur, Schulen und Krankenhäuser. Kinder aus solchen Familien geraten häufig in die Welt der Drogenhändler und Verbrecher.

Die Einführung des Opfergesetzes von 2011 hatte zum Ziel, den Enteigneten ihr Land zurückzugeben und sie zu entschädigen – ein erster Schritt in einem langen Wiedergutmachungsprozess. Allerings wurden Fortschritte nur sehr langsam erzielt. Oberste Priorität gilt der Sicherheit der Rückkehrer und ist nicht so sehr eine Frage der zahlreichen Anträge. Das endgültige Ziel liegt noch in weiter Ferne, aber das Land Kolumbien ist in dieser Sache eindeutig auf dem richtigen Weg.

2006

Uribe wird noch einmal gewählt, da seine Politik der „Demokratischen Sicherheit" offenbar zu mehr Stabilität und Wohlstand geführt hat.

2006

Bis zu 20 000 Paramilitärs der AUC legen ihre Waffen nieder, weil ihnen milde Urteile für ihre Massaker und Menschrechtsverletzungen zugesagt wurden.

2006

„Hips don't lie" der gebürtigen Kolumbianerin Shakira steht in 25 Ländern auf Platz 1 der Hitlisten. Es ist damit der erfolgreichste Song des Jahres.

2008

Durch eine geschickte Aktion gelingt es, die französisch-kolumbianische Präsidentschaftskandidatin Ingrid Betancourt aus den Händen der FARC zu befreien. Sie war deren wichtigstes Faustpfand.

PLAN COLOMBIA

Im Jahr 2000 eröffnete die USA den Kampf gegen die Drogenkartelle. Die Regierungen von Bill Clinton und Andrés Pastrana beschlossen den Plan Colombia, der eine Reduzierung des Kokaanbaus um 50 % innerhalb von fünf Jahren bewirken sollte.

Am Ende des Jahrzehnts hatten die USA 6 Mrd. US$ dafür ausgegeben, und sogar die US International Trade Commission sprach von einer „geringen und überwiegend unmittelbaren Wirkung" des Programms. Der Preis für kolumbianisches Kokain hatte sich nicht geändert, d. h., das Angebot an Drogen war offenbar nicht geringer geworden. Nachdem der Kokaanbau bis 2007 für ein paar Jahre zurückgegangen war, stellte ein UN-Bericht fest, dass er allein im Jahr 2007 um etwa 27 % angestiegen war und damit sogar wieder den Stand des Jahres 1998 erreichte.

In den ersten zehn Jahren dieses Jahrhunderts ersetzten die neuen, nicht so leicht aufzuspürenden *cartelitos* (kleine Mafia-Gruppen) die ausgelöschten Megakartelle (Höhepunkt war die Auslieferung des Medelliner Drogenkönigs Don Berna an die USA). Die *cartelitos* zogen in unzugängliche Täler (insbesondere nahe der pazifischen Küste). Viele waren mit der FARC verbunden, die die Kokabauer besteuerten (dadurch verdiente die FARC nach Angaben der *New York Times* im Jahr zwischen 200 und 300 Mio. US$). Andere *cartelitos* kooperierten mit paramilitärischen Einheiten.

Trotz all des Geldes, das für die Beseitigung des Problems aufgewendet wurde, liefert Kolumbien heute immer noch 90 % seines Kokains in die USA. Das Kokain gelangt mithilfe mexikanischer Kartelle auf dem Landweg in die USA.

Im Jahr 1983 wurde sein Vermögen auf über 20 Mrd. US$ geschätzt und damit galt er als einer der reichsten Menschen der Welt (laut Forbes-Magazin stand er sogar an siebter Stelle).

Als die Regierung einen Feldzug gegen den Drogenhandel startete, verschwanden die Bosse aus dem öffentlichen Leben und schlugen Präsident Barco sogar einen kuriosen „Friedensvertrag" vor. 1988 berichtete die New York Times, dass die Kartelle angeboten hätten, ihr Kapital in Entwicklungsprogramme zu investieren und die gesamten Auslandsschulden des Landes (etwa 13 Mrd. US$) zu begleichen. Die Regierung lehnte das Angebot ab, was zur Eskalation der Gewalt führte.

Im August 1989 spitzte sich der Konflikt zwischen den Kartellen und der Regierung zu, als der liberale Präsidentschaftskandidat Luis Carlos Galán von Drogenbaronen erschossen wurde. Die Regierung konfiszierte daraufhin beinahe 1000 Immobilien der Drogenkartelle und unterzeichnete einen neuen Auslieferungsvertrag mit den USA. Die Drogenkartelle reagierten mit einer brutalen Terrorwelle. Sie warfen Bomben auf Banken, Häuser und Zeitungsbüros, und im November

Killing Pablo: Die Jagd auf Pablo Escobar, Kolumbiens Drogenbaron (2003) von Mark Bowden ist ein Bericht über Pablo Escobar und seine Verfolgung, die ihn schließlich zur Strecke brachte. Trotz einiger Fehler bietet das Buch einen spannenden Tatsachenbericht.

2008

Die FARC teilt mit, dass einer ihrer Gründer, Manuel Marulanda (genannt Tirofijo, d. h. „Sicherer Schuss") mit 78 Jahren an Herzversagen im Dschungel gestorben ist.

2009

Die oberste Anklagebehörde wirft dem kolumbianischen Geheimdienst vor, die Telefone Tausender Journalisten, Politiker, Aktivisten und Mitarbeiter von NGOs abgehört zu haben.

2010

Die von Präsident Uribe eingeführten Sicherheitsmaßnahmen führen zum Erfolg. Statistiken zufolge reisen 1,4 Millionen ausländische Besucher. nach Kolumbien.

2010

Uribes ehemaliger Verteidigungsminister Juan Manuel Santos, Mitglied des einflussreichen Santos-Clans, wird in einem Erdrutschsieg zum Präsidenten gewählt.

1989 wurde sogar ein Flugzeug der Avianca (der größten Fluggesellschaft Kolumbiens) auf dem Weg von Bogotá nach Cali abgeschossen, wobei alle 107 Passagiere ums Leben kamen.

Nach der Wahl des liberalen César Gaviria zum Präsidenten im Jahr 1990 beruhigte sich die Lage für kurze Zeit. Die Auslieferungsgesetze wurden entschärft, und unter Escobars Einfluss ergaben sich viele Drogenbosse. Doch Escobar floh schon bald aus seinem luxuriösen Hausarrest. Eine 1500 Mann starke Eliteeinheit, finanziert von den USA, brauchte insgesamt 499 Tage, um ihn 1993 zu stellen und auf dem Dach eines Hauses in Medellín zu erschießen.

Während all dieser Ereignisse ließ der Drogenhandel jedoch nie nach. Neue Kartelle sollten sich bilden und lernten auf geräuschlose Art und Weise tätig zu sein und die Öffentlichkeit weitestgehend zu meiden. Ab Mitte der 1990er-Jahre fingen auch Guerillas und Paramilitärs an, sich am lukrativen Handel mit Drogen zu bereichern.

Eine High-Budget-Inszenierung mit ausgezeichneten Darstellern in hauptsächlich spanischer Sprache über den Aufstieg und Niedergang der kolumbianischen Drogenkartelle zeigt die Serie *Narcos* auf Netflix.

Paramilitär & Guerrillas

Mit dem Fall des Kommunismus Ende der 1980er-Jahre konzentrierte sich die Politik der Guerrillas zunehmend auf Drogen und Entführungen (allein mit Entführungen verdiente die FARC pro Jahr rund 200 Mio. US$). Paramilitärische Gruppen verbündeten sich mit Drogenkartellen und machten mit Billigung der Kartelle Jagd auf die Guerillas.

Nach dem 11. September 2001 wurde Terrorismus zum neuen Schlagwort, mit dem die Guerillas und sogar einige Paramilitärs belegt wurden. Zu den paramilitärischen Einheiten, die es auf die amerikanische Liste internationaler Terroristen schafften, gehörten die berüchtigten Vereinigten Selbstverteidigungskräfte Kolumbiens (AUC), die von der Chiquita Fruit Company 1,7 Milo. US$ erhalten hatten. Im Jahr 2007 wurde die Firma von US-Gerichten zu einer Strafe von 25 Mio. US$ für die wiederholte Unterstützung der AUC verdonnert.

Die AUC, die seit dem Jahr 1997 in den Kokahandel verstrickt ist, ging ursprünglich aus verschiedenen paramilitärischen Gruppen hervor und wurde auf Initiative eines führenden Mitglieds des Medellín-Kartells, namens Rodríguez Gacha, gegründet. Später wurden die Brüder Fidel und Carlos Castaño deren Anführer. Sie wollten mit ihrem verbrecherischen Tun ihren Vater rächen, der einst von Guerilleros ermordet worden war. Die AUC, mit einer Stärke von ungefähr 10 000 Mann, griff *campesinos* (Bauern) an, die angeblich mit Guerillas sympathisiert hatten. Und im Gegenzug griffen die Guerillas jeden *campesino* an, den sie für einen Sympathisanten der AUC hielten.

Als die Regierung von Álvaro Uribe denjenigen Guerillas und Paramilitärs, die zur Entwaffnung bereit waren, milde Urteile zusicherte, legte der AUC im Jahr 2006 die Waffen nieder.

2011

Der Tod Alfonso Canos, der als Anführer der FARC bei einem Bombenanschlag ums Leben kam, weckt Hoffnungen auf ein Ende des Konflikts.

2011

Nachdem viele Demokraten jahrelang wegen der Menschenrechtsverletzungen davor gewarnt hatten, verabschiedet der US-amerikanische Kongress ein Freihandelsabkommen.

2012

In Havanna beginnen Friedensverhandlungen zwischen Vertretern der kolumbianischen Regierung und der FARC. Ziel ist ein Ende der Gewalt.

2014

Juan Manuel Santos erreicht knapp eine zweite Amtszeit als Präsident, sein Stimmenanteil bei der Wahl beträgt 51 %.

Die Regierung Uribe

Das Volk, von Gewalt, Entführungen und von Autostraßen, die zu gefährlich waren, um sie zu benutzen, zermürbt, wählte den rechtsgerichteten Hardliner Álvaro Uribe. Der aus Medellín stammende Politiker verlor seinen Vater durch die FARC. In der gereizten Stimmung bei den Wahlen 2002 setzte Uribe entschlossen auf einen Kurs zur Bekämpfung der Guerilla. Während sein Vorgänger Andrés Pastrana versucht hatte, mit FARC und ELN zu verhandeln, machte Uribe sich dahin gehend nicht die Mühe. Er startete zwei Strategien gleichzeitig: Gruppen wie die FARC sollten militärisch zurückgedrängt werden, und für rechte und linke Rebellen sollte es ein Angebot zur Demobilisierung geben.

Auch Uribes schärfste Kritiker räumen ein, dass unter seiner Führung längst überfällige Fortschritte gemacht worden sind. In den Jahren zwischen 2002 und 2008 sank die Mordrate immerhin um insgesamt 40 %, und die Straßen waren ohne die Straßensperren der FARC sicher genug geworden, um dort auch zu fahren. Im März 2008 billigte Uribe einen Bombenanschlag, bei der der FARC-Anführer Raúl Reyes jenseits der Grenze in Ecuador getötet wurde. Dieser Anschlag hätte beinahe zu einem weitreichenden Konflikt in der gesamten Region geführt. So ließ Hugo Chávez, der Präsident von Venezuela, sofort Panzer an der kolumbianischen Grenze auffahren. Aber die Lage beruhigte sich wieder, und die Popularitätsrate von Uribe erreichte 90 %.

Allerdings wurde dessen Präsidentschaft am Ende durch einen handfesten Skandal belastet. Im Jahr 2008, nach seiner öffentlich ausgetragenen Fehde mit dem Obersten Gerichtshof des Landes, wurden insgesamt 60 Parlamentsabgeordnete wegen angeblicher Verbindungen zu den Paramilitärs verhört oder verhaftet.

Der Skandal der Falsos Positivos („falsche Positive"), der von der UN ausführlich in einem Bericht von 2010 dokumentiert wurde, zeigt, wie das kolumbianische Militär angetrieben wurde, die „Erfolgszahlen" zu erhöhen. Ab 2004 stieg die Zahl der Fälle, bei denen unschuldige junge Männer von Armee-Einheiten getötet wurden. Um dies zu vertuschen, behauptete man einfach, sie seien als Guerilleros im Kampf gestorben. Als der Skandal sich zuspitzte, entließ Uribe im November 2008 insgesamt 27 Offiziere; der oberste Kommandant, General Mario Montoya, trat außerdem von seinem Amt zurück.

Einen ausgezeichneten Einblick in das Leben im modernen Kolumbien gibt *Colombia Calling*, ein wöchentlicher Podcast des britischen Schriftstellers Richard McColl in englischer Sprache, der sich mit sämtlichen Lebensaspekten des Landes befasst.

FARC in der Defensive

Nachdem sich das Verfassungsgericht 2010 geweigert hatte, eine Volksabstimmung zuzulassen, die Uribe zu einer dritten Amtszeit verhelfen sollte, wurde sein Verteidigungsminister Juan Manuel Santos mit überwältigender Mehrheit zu seinem Nachfolger gewählt. Unmittelbar da-

2014

Nach zwei Verhandlungsjahren in Havanna erklärt die FARC eine unbefristete Waffenruhe gegenüber der kolumbianischen Armee.

2016

Bei einer nationalen Volksabstimmung lehnt das kolumbianische Volk mit knapper Mehrheit das umstrittene Friedensabkommen mit der FARC ab.

2016

Der kolumbianische Kongress ratifiziert ohne eine weitere Volksabstimmung eine überarbeitete Version des Friedensabkommens mit der FARC.

2018

Iván Duque, Rechtsanwalt und Politiker der Partei Centro Democrático (CD), wird zum Präsidenten Kolumbiens gewählt.

nach konnte er den größten Erfolg verbuchen, der je gegen die FARC gelungen war: Man hatte ihren neuen Anführer, Alfonso Cano, getötet.

Nur wenige Tage später übernahm Rodrigo Londoño Echeverri (auch Timoschenko genannt) das Kommando; für ihn boten die USA ein Kopfgeld von 5 Mio. US$. Timoschenko galt allgemein als unbarmherziger Krieger; umso überraschter war die Öffentlichkeit, als ausgerechnet er Friedensverhandlungen mit der Regierung anregte.

Die Regierung von Kolumbien war kriegsmüde, aber verständlicherweise auch misstrauisch, und es bedurfte einiger Überzeugungsarbeit, bis sie gewillt war, sich auf Verhandlungen über einen stabilen Frieden einzulassen. Als die Unterhändler der Regierung dann tatsächlich mit Vertretern der FARC im Jahr 2012 in Havanna an einem Tisch Platz nahmen, war die Empörung in Kolumbien zunächst groß; viele hielten diesen Schritt für einen Verrat an den zahlreichen Opfern dieses blutigen Konflikts. Der folgende Präsidentschaftswahlkampf wurde denn auch sehr kontrovers geführt, und das ganze Land war über die Frage, ob man mit Terroristen überhaupt verhandeln dürfe, tief gespalten.

Bei der Präsidentschaftswahl im Juni 2018 siegte der verhältnismäßig unbekannte konservative Kandidat Iván Duque (Centro Democrático), der sich gegen einen nachgiebigen Umgang mit den Rebellen der FARC ausgesprochen hatte. Damit ist der weitere Fortgang des Friedensprozesses seit Mitte 2018 nur sehr schwer einzuschätzen.

So lebt man in Kolumbien

Kolumbianer gehören zu den warmherzigsten, freundlichsten, offensten und hilfbereitesten Menschen in ganz Südamerika. Sie sind meistens gut gelaunt und ihre liebenswerte Art ist richtig ansteckend. Die geografischen Kontraste des Landes – Gebirge und Küste – wirken sich in gewisser Weise offenbar auch auf den Charakter der Menschen aus. In den Andenstädten Bogotá, Medellín and Cali wird viel gearbeitet, und das Spanische ist präzise und formell. Die *costeños* (Küstenbewohner) sind entspannter und sprechen ein schwereres, schleppendes Spanisch.

Lifestyle & Einstellungen

Wohlhabende Stadtbewohner haben in Kolumbien einen ganz anderen Lebensstil als arme Leute. Ihre Kinder besuchen Privatschulen, sie nehmen Flugzeuge, als wären es Taxis, und in ihren schnellen Autos huschen sie durch die Straßen, fest mit ihrem Smartphone verbunden. Am Wochenende spielen sie Golf im Country Club und unterhalten wahrscheinlich noch eine kleine Finca, um gelegentlich das Landleben zu genießen.

Die weniger begüterten Kolumbianer kaufen ihre Telefongespräche minutenweise auf der Straße, reihen sich in den Städten in scheinbar endlos lange Verkehrsstaus ein und träumen davon, ihre Kinder auf irgendeine Schule schicken zu können. Die Urbevölkerung und die Menschen, die weitab jeglicher Zivilisation leben und vom zivilen Konflikt betroffen sind, kämpfen oftmals um ihre Existenz und bekommen kaum etwas von der Mainstream-Gesellschaft mit.

Gleichgeschlechtliche Ehen entstanden in Kolumbien bereits im Jahre 2013 und wurden 2016 legalisiert.

Zwischen diesen beiden Extremen hat Kolumbien eine für lateinamerikanische Verhältnisse – und insbesondere im Vergleich zu den Nachbarländern – beachtlich große Mittelschicht. Eine Politik der freien Marktwirtschaft und relativ geringe Korruption haben das Aufblühen einer Mittelklasse gefördert.

Kolumbianer sind durchweg stark mit ihren Familien verbunden. Zur Familie zählen nicht nur direkte Blutsverwandte, sondern auch die angeheiratete Verwandtschaft. Wer über 21 Jahre alt ist und noch keine Kinder hat, wird überall nach seinen Plänen für die Familiengründung gefragt. Der Katholizismus ist die Hauptreligion, aber nur wenige Menschen, egal welcher sozialer Herkunft, gehen regelmäßig zur Kirche.

Im kolumbianischen Haushalt bestimmt die Frau. Außerhalb des Hauses regiert zwar der Machismo und die Männer haben das Sagen, doch im Haus tun dies die Frauen. Allerdings beschränken sie sich mittlerweile nicht mehr auf diese Rolle. Unter den Top-Politikern und Diplomaten des Landes befindet sich eine große Anzahl weiblicher Minister und Botschafter. Ein im Jahr 2000 erlassenes Quotengesetz bestimmt, dass 30 % aller Führungspositionen an Frauen vergeben werden müssen.

Es ist nicht als Affront gemeint, wenn Kolumbianer zu spät zu einer Verabredung kommen – bis zu 45 Minuten liegen im Rahmen des Nor-

KOLUMBIENS INDIGENE BEVÖLKERUNG

Ethnisch gesehen bietet Kolumbien eine sehr viel buntere Völkermischung als die meisten anderen Länder, doch die Ureinwohner des Landes stehen in vieler Hinsicht abseits, sie sind auf sich selbst bezogen und haben wenig Anteil an der Gesellschaft des Landes. Zur indigenen Bevölkerung Kolumbiens zählen rund 1,4 Mio. Menschen, die wiederum 87 verschiedenen Stämmen angehören, von denen einige noch ohne Kontakt zur Außenwelt leben. Für Besucher ist es durchaus faszinierend, dieses Volk abseits des Mainstreams einmal näher kennenzulernen.

Zu den indigenen Völkern, deren Vertretern man durchaus begegnen kann, zählen die Ticuna im Amazonasbecken, die Wiwa, Kogui und Arhuaco in der Sierra Nevada, die Wayúu in La Guajira und die Muisca rund um Bogotá. Ein Drittel der Landesfläche ist als Reservat der Ureinwohner ausgewiesen; ihr Land verwalten die Ureinwohner als Gemeineigentum. Die Ureinwohner genießen zwar den Schutz des Gesetzes, hatten aber trotzdem am meisten unter den gewalttätigen Konflikten der letzten Jahrzehnte zu leiden, denn ihre riesigen Reservate eigneten sich hervorragend als Verstecke für Guerillakämpfer, paramilitärische Gruppen und Koka-Plantagen. Als die USA im Rahmen des „Plan Colombia" begannen, Koka-Pflanzungen mit giftigen Spritzmitteln aus der Luft zu bekämpfen, zerstörten die Amerikaner vielfach auch die ganz normale Ernte der Ureinwohner und damit die Lebensgrundlage vieler traditioneller Gemeinschaften.

malen. Besucher sollten sich einfach anpassen und eine Kultur genießen, die davon überzeugt ist, dass es nichts auf der Welt gibt, wofür man sich abhetzen sollte. Besonders Busfahrpläne sind reine Fantasie!

Die meisten Kolumbianer nehmen keine Drogen. Kokain wird aufgrund der mit brutaler Gewalt verknüpften Geschichte der Droge tabuisiert und kaum erwähnt. Die jüngeren Leute in den Städten aber nehmen Drogen, obwohl Alkohol einen wesentlich höheren Stellenwert einnimmt. Der Carnaval de Barranquilla ist ein Sinnbild an Zügellosigkeit und alkoholgesteuerten Anzüglichkeiten – ohne zu übertreiben ist er Kolumbiens Antwort auf den Karneval von Rio de Janeiro.

James Rodríguez, vielen Kolumbianern auch einfach unter dem Namen James (Aussprache: *Ha-mes*) bekannt, gilt momentan als populärster Fußballer des Landes und internationales Talent. Bei der Weltmeisterschaft von 2014 spielte er in der Nationalmannschaft und stand am Ende auf Platz Eins der Torschützenliste.

Menschen & Raum: ein kulturelles Sancocho

Mit einer Bevölkerungszahl von 48,6 Millionen Menschen steht Kolumbien unter den lateinamerikanischen Ländern nach Brasilien und Mexiko an dritter Stelle. Die Zahl steigt ständig an. 2017 betrug die Wachstumsrate 1 %.

Jede kolumbianische Stadt hat ihren eigenen Kulturmix, sodass Reisen durch das Land so vielseitig sind wie ein reichhaltiger *sancocho* (Eintopf). In Medellín wohnen viele europäische Einwanderer, während die Einwohner von Cali eher von ehemaligen Sklaven abstammen. In und um Bogotá gab es viele Mischehen zwischen europäischen Kolonisten und den Ureinwohnern, während Cali und die Pazifik- und Karibikküsten mehr Kolumbianer afrikanischer Abstammung aufweisen.

Die Sklaverei wurde 1821 verboten und das Land hat nach Brasilien den größten Bevölkerungsanteil an Schwarzen in ganz Südamerika. In den letzten vier Jahrhunderten mischten sich die Völker aber sehr stark, sodass die meisten Kolumbianer keine ganz eindeutigen ethnischen Herkunftsangaben mehr machen können. Deshalb ist es auch kaum möglich, sich den vom Äußeren her typischen Kolumbianer vorzustellen.

Sport & Spiele

Kolumbianer sind große Fußballfans. Die nationale Liga umfasst landesweit 18 Teams und zieht in den beiden Spielzeiten (Februar bis Juni und

August bis Dezember) rauflustige, lärmende Massen an. Die Standards sind nicht besonders hoch, sodass es oft zu belustigend fehlerhaften Spielen kommt.

Fußball ist in Kolumbien die beliebteste Sportart, gefolgt von Baseball. Bei der Fußball-Weltmeisterschaft 2018 in Russland gelang der Nationalmannschaft von Kolumbien immerhin der Einzug ins Achtelfinale. Radfahren ist ebenfalls sehr populär im Land und die Ciclovía, die jeden Sonntag in Bogotá stattfindet, bringt Tausende Radfahrer und Skater in die Stadt. Viele Straßen sind an dem Tag gesperrt.

Tierliebhaber sind bestimmt enttäuscht über die Popularität, die Stierkämpfe hier im Land genießen. Es gibt sowohl formelle Kämpfe als auch *corralejas*, bei denen jeder Amateur sein bisschen Grips im Kampf gegen einen gereizten *toro* einsetzen kann – mit den entsprechenden blutigen Konsequenzen. Höhepunkt der Stierkampfsaison ist die Zeit von Mitte Dezember bis Mitte Januar, wenn die weltweit besten Matadore antreten. Die Feria de Manizales zieht alljährlich unzählige Besucher an. Auf dem Land sind Hahnenkämpfe sehr beliebt.

Kunst & Kultur

Fragt man die Leute nach drei berühmten kolumbianischen Künstlern, fallen den meisten Gabriel García Márquez, der Bildhauer Fernando Botero und vielleicht noch Shakira ein. Doch Kolumbiens Künstler haben noch sehr viel mehr zu bieten als magischen Realismus, Statuen mit dicken Hintern und hüftschwingenden Pop.

Musik

Kolumbien ist für seine Musik berühmt und Stille findet man kaum irgendwo im Land. Wer einmal die extrem laute Musik in einer kolumbianischen Bar oder einem Nachtclub gehört hat, weiß sowohl Stille als auch Ohrstöpsel zu schätzen.

Das Bogotá Festival Iberoamericano de Teatro ist das größte Theaterfestival der Welt und wurde 1976 von Kolumbiens einflussreichster Schauspielerin Fanny Mikey (1930–2008) ins Leben gerufen. Weitere Informationen siehe www.festivaldeteatro.com.co.

Beim Vallenato, der vor einem Jahrhundert an der Karibikküste entstand, steht das Akkordeon im Vordergrund. Carlos Vives, einer der bekanntesten lateinamerikanischen Musiker der Gegenwart, modernisierte diese Musikform und wurde zu ihrem bekanntesten Vertreter. Die spirituelle Heimat des Vallenato ist Valledupar. Der Stil ist nicht nach jedermanns Geschmack, aber wer nicht mindestens einige Male danach getanzt hat, war nicht wirklich in Kolumbien.

Die Cumbia, ein lebhafter Vierverteltakt mit Gitarren, Akkordeon, Bass und gelegentlich einem Horn, ist der im Ausland beliebteste kolumbianische Musikstil. Gruppen wie Pernett und The Caribbean Ravers haben den Sound modernisiert, ebenso wie Bomba Estéreo. Die abgefahrenste Gruppe der jüngeren Zeit ist ChocQuibTown, eine Hip-Hop-Band von der Pazifikküste, die scharfe Sozialkritik mit harten Beats verbindet.

Salsa verbreitete sich in der ganzen Karibik und kam Ende der 1960er-Jahre auch nach Kolumbien. Die Musik wurde rasch vereinnahmt, vor allem in Cali und Barranquilla , aber geliebt wird sie überall. Als Joe Arroyo, in Kolumbien El Joe genannt, 2011 starb, trauerte das ganze Land. Der moderne, harte urbane Salsastil wird am besten von der Gruppe La 33 aus Bogotá verkörpert.

Joropo, die Musik der Llanos, wird mit Harfe, einer Cuatro (viersaitige Gitarre und Maracas gespielt. Sie hat viel gemeinsam mit der Musik der venezolanischen Llanos. Die bekannte Grupo Cimarrón begeistert die Zuhörer mit ihrer Virtuosität und der schnellen Fußarbeit und jeder, der nach La Macarena oder Villavicencio kommt, hat Gelegenheit, sich diese Art von Musik anzuhören.

In Kolumbien entstanden auch viele einzigartige Rhythmen aus der Verschmelzung von afrokaribischen und spanischen Elementen, wie *porro*, *currulao*, *merecumbe*, *mapalé* und *gaita*. Die *champeta* aus Cartagena indes verbindet afrikanische Rhythmen mit einer dröhnenden, derben Straßenfestdynamik – zu erleben in den weniger touristischen Lokalen von Cartagena, etwa im Bazurto Social Club (S. 149). Reggaeton mit den hämmernden Basswirbeln ist ebenfalls beliebt, auch die rhythmische und extrem taktbetonte Merengue.

Die kolumbianische Andenmusik ist stark von spanischen Rhythmen und Instrumenten beeinflusst und unterscheidet sich spürbar von der

Ureinwohnermusik des peruanischen und bolivianischen Hochlands. Zu den typischen alten Formen gehören der *bambuco*, *pasillo* und *torbellino*, Instrumentalmusik hauptsächlich mit Saiteninstrumenten.

In den Städten, vor allem in Bogotá und Medellín, legen viele Clubs Techno und House auf; berühmte DJs geben manchmal in beiden Städten Gastspiele.

Bogotá ist die Kulturhauptstadt Kolumbiens. Veranstaltungen findet man auf der Website www.culturarecreacionydeporte.gov.co.

Kolumbianische Literatur

Kolumbiens lange (wenn auch bescheidene) literarische Tradition entwickelte sich kurz nach der Unabhängigkeit von Spanien 1819 und orientierte sich an der europäischen Romantik. Rafael Pombo (1833–1912) gilt allgemein als der Vater der romantischen Dichtung Kolumbiens. Jorge Isaacs (1837–1895) ist ein weiterer bekannter Autor jener Zeit, dessen romantischer Roman *María* noch heute in den Cafés und Klassenzimmern im ganzen Land zu entdecken ist.

José Asunción Silva (1865–1896), einer der bemerkenswertesten Dichter Kolumbiens, gilt als Vorläufer der Moderne in Lateinamerika. Er legte den Grundstein, auf den der nicaraguanische Dichter Rubén Darío später aufbaute. Ein weiteres literarisches Talent ist Porfirio Barba Jacob (1883–1942), der „Dichter des Todes", der den Irrationalismus und die Sprache der Avantgarde einführte.

Zu den begabten Zeitgenossen des Literaturnobelpreisträgers Gabriel García Márquez gehören der Dichter, Romancier und Maler Héctor Rojas Herazo sowie sein enger Freund Álvaro Mutis. In der jüngeren Generation sind die literarischen Werke von Fernando Vallejo bemer-

GABRIEL GARCÍA MÁRQUEZ, KOLUMBIENS NOBELPREISTRÄGER

Gabriel García Márquez ist der Titan der kolumbianischen Literatur. Der 1928 in Aracataca (S. 163) in der Provinz Magdalena geborene Schriftsteller hat überwiegend über Kolumbien geschrieben, lebte aber fast sein ganzes Leben lang in Mexiko und Europa. Er starb im Jahr 2014.

García Márquez arbeitete in den 1950er-Jahren zunächst als Journalist und kritisierte als Auslandskorrespondent die kolumbianische Regierung, was ihn schließlich ins Exil zwang. Seinen Durchbruch erlebte er 1967 mit dem Roman *Hundert Jahre Einsamkeit*. Der Roman ist eine Mischung aus Mythen, Traum und Realität und stand am Beginn eines neuen Genres, des magischen Realismus.

1982 erhielt García Márquez den Nobelpreis für Literatur. Seither hat er eine Fülle faszinierender Bücher veröffentlicht. *Die Liebe in den Zeiten der Cholera* (1985) basiert recht frei auf dem Liebeswerben seiner Eltern. *Der General in seinem Labyrinth* (1989) erzählt von den tragischen letzten Lebensmonaten des Simón Bolívar. *Zwölf Geschichten aus der Fremde* (1992) ist eine Sammlung von zwölf Erzählungen, die der Autor im Laufe von 18 Jahren geschrieben hatte. *Von der Liebe und anderen Dämonen* (1994) ist die Geschichte eines Mädchens, das vor dem Hintergrund der Inquisition in Cartagena von den Sklaven ihrer Eltern aufgezogen wird.

2012 enthüllte García Márquez' Bruder, Gabo, so der Kosename des Schriftstellers, sei an Demenz erkrankt; eine Chemotherapie gegen Lymphdrüsenkrebs habe den Verlauf dieser Krankheit zusätzlich beschleunigt. Als García Márquez dann 2014 starb, wurde er in Mexico City beigesetzt und zwar im Beisein der Präsidenten von Mexiko und Kolumbien. In seiner Heimatstadt Aracataca, die dem Ort Macondo in *Hundert Jahre Einsamkeit* als eine Art Vorlage diente, fand immerhin eine symbolische Beisetzung statt.

Überall in Kolumbien bekommt man zumindest auch englischsprachige Ausgaben von García Márquez' Werken. In Aracataca wurde das Wohnhaus der Familie restauriert und als Museum eingerichtet. Wer in der Stadt selbst aber im geografischen Sinne nach Spuren aus den Büchern sucht, wird enttäuscht werden. Einen tieferen Einblick in die Welt von Gabo liefert da schon Cartagena oder – noch besser – die isolierte Kolonialstadt Mompós, die jeden Liebhaber von *Hundert Jahre Einsamkeit* in Entzücken versetzt.

FERNANDO BOTERO: EINE ÜBERLEBENSGROSSE LEGENDE

Fernando Botero ist der weithin renommierteste kolumbianische Maler und Bildhauer. Er wurde 1932 in Medellín geboren, hatte im Alter von 19 Jahren seine erste eigene Gemäldeausstellung in Bogotá und entwickelte im Laufe der Zeit seinen unverwechselbaren Stil, charakterisiert durch die mächtige, nahezu obszöne Fülligkeit seiner Figuren. 1972 ließ er sich in Paris nieder und experimentierte mit der Bildhauerei, woraus die *gordas* und *gordos* (dicken Frauen und Männer) hervorgingen, wie die Kolumbianer diese Gebilde nennen.

Heute hängen seine Gemälde in Spitzenmuseen der Welt und seine monumentalen öffentlichen Skulpturen schmücken Plätze und Parks in Städten wie Paris, Madrid, Lissabon, Florenz und New York.

In Abwendung von seiner harmlosen Thematik schockte er 2004 Kolumbien mit Werken, die sich mit dem Bürgerkrieg des Landes beschäftigen. 2005 schuf er eine Reihe von umstrittenen Bildern, die die Kritiker spalteten. Sie stellen Szenen aus dem irakischen Gefängnis Abu Ghraib dar, in dem US-Soldaten Gefangene folterten und erniedrigten. Zwar lobten einige Kritiker Boteros Hinwendung zu politischeren Themen, doch anderen war das zu unausgegoren, und manche hielten diese untypische Entwicklung für unangemessen. Er ist mittlerweile zu seinen altbekannten Themen zurückgekehrt.

kenswert; der Autor ist ein hoch geachteter Bilderstürmer, der in verschiedenen Interviews erklärt hatte, García Márquez sei unoriginell und ein schlechter Autor.

Der populäre junge Auslandskolumbianer Santiago Gamboa hat Reisebücher und Romane verfasst, Mario Mendoza schreibt düstere, modern urbane Literatur und Laura Restrepo beschäftigt sich mit der Auswirkung von Gewalt auf Menschen und die Gesellschaft. Sie alle sind produktive Autoren, die in den vergangenen Jahren bedeutende Werke hervorgebracht haben.

Kunst & Abstraktion

Fernando Botero bedeutet für die kolumbianische Malerei das, was García Márquez für die Literatur des Landes ist – der gewichtige Name, der alle anderen Maler überschattet. Zwei weitere berühmte, häufig übersehene kolumbianische Maler sind Omar Rayo (1928–2010), bekannt für seine geometrischen Zeichnungen, und Alejandro Obregón (1920–1992), ein Maler aus Cartagena, der für seine abstrakten Gemälde weithin berühmt ist.

Telenovelas (Seifenopern) sind so etwas wie Kolumbiens kulturelles Barometer. Sie sind zwar nicht gerade hohe Kunst, spiegeln aber Sorgen und Stimmungen des Landes genauso exakt wie Dokumentationen wider. Eine der berühmtesten Serien war 2011 *Chepe Fortuna* (etwa: Suche nach Glück), eine herrlich unglaubwürdige Geschichte über Liebe, Politik, Umweltschutz und auch Meerjungfrauen.

Kolumbien besitzt außerdem eine Fülle an kolonialer Sakralkunst. Gregorio Vásquez de Arce y Ceballos (1638–1711) war der herausragendste Maler der Kolonialzeit. Er lebte und arbeitete in Bogotá und hinterließ über 500 Werke, die heute über Kirchen und Museen im ganzen Land verteilt sind.

Die bedeutendsten Maler seit dem Ende des Zweiten Weltkriegs sind: Pedro Nel Gómez, der Wandbilder, Aquarelle, Ölgemälde und Skulpturen schuf; Luis Alberto Acuña, ein Maler und Bildhauer, der Motive der präkolumbischen Kunst verwendete; der deutsche Maler Guillermo Wiedemann, der den größten Teil seiner Schaffenszeit in Kolumbien verbrachte und sich von lokalen Themen inspirieren ließ, sich aber später der abstrakten Kunst zuwandte; der abstrakte Bildhauer Édgar Negret; Eduardo Ramírez Villamizar, der meist geometrische Formen benutzte; und schließlich Rodrigo Arenas Betancourt, der berühmteste Schöpfer von Denkmälern in Kolumbien.

Diesen Meistern folgte eine etwas jüngere Generation, zum großen Teil in den 1930er-Jahren geboren. Zu ihnen gehören Künstler wie der in Kolumbien lebende Peruaner Armando Villegas, dessen Werke von präkolumbischen Motiven wie vom Surrealismus beeinflusst sind, Leonel Góngora, der sich mit erotischen Zeichnungen hervortat, und der international bekannteste kolumbianische Künstler Fernando Botero.

Die jüngste Kunstperiode ist von zahlreichen Schulen, Trends und Techniken geprägt. Zu den interessanten Künstlern gehören Bernardo Salcedo (konzeptuelle Bildhauerei und Fotografie), Miguel Ángel Rojas (Malerei und Installationen), Lorenzo Jaramillo (expressionistische Malerei), María de la Paz Jaramillo (Malerei), María Fernanda Cardozo (Installationen), Catalina Mejía (abstrakte Malerei) und die begabte Doris Salcedo (Bildhauerei und Installationen).

Natur & Umwelt

Von den zerklüfteten, schneebedeckten Anden und den weiten Ebenen der Llanos bis hin zu den üppigen tropischen Regenwäldern des Amazonas und den grünen Tälern, in denen Kaffee angebaut wird: Kolumbien ist ein atemberaubend schönes und vielseitiges Land. Mit seiner erstaunlichen Artenvielfalt nimmt es hinter seinem Nachbarland Brasilien in puncto Artenreichtum weltweit den zweiten Platz ein.

Geografie

Kolumbien besitzt eine Fläche von 1,14 Mio. km², also etwa so viel wie Frankreich, Spanien und Portugal zusammen. Von der Größe her gesehen liegt das Land weltweit auf Platz 26 und in Südamerika nimmt es Rang vier ein, nach Brasilien, Argentinien und Peru.

Entgegen der weit verbreiteten Vorstellung von einem tropischen Land ist Kolumbiens Natur erstaunlich reichhaltig und lässt sich in fünf große Landschafts- und Lebensräume einteilen: feuchte tropische Regenwälder, trockene Regenwälder, tropische Grassavanne, Bergsavanne, Wüsten und Halbwüsten.

Der westliche Teil, fast die Hälfte des Staatsgebietes, ist gebirgig und mit drei Ketten der Anden versehen: Cordillera Occidental, Cordillera Central und Cordillera Oriental. Sie verlaufen ungefähr parallel von Norden nach Süden über fast das gesamte Land. Eine ganze Reihe von Gipfeln ragt über 5000 m auf, also höher als jeder Berg in den USA (ohne Alaska). Zwischen die drei *cordilleras* drücken sich zwei Täler, Valle del Cauca und Valle del Magdalena. Beide Täler entwässern durch nach ihnen benannte Flüsse; sie fließen nach Norden, vereinigen sich und münden nahe Barranquilla in das Karibische Meer.

Gaviotas. Ein Dorf erfindet die Welt neu (1998; deutsch 2012) von Alan Weisman erzählt die Geschichte kolumbianischer Dorfbewohner, die ihren unproduktiven Weiler in Los Llanos in ein globales Modell einer Ökosiedlung umwandelten. Unter www.friendsofgviotas.org gibt es nähere Infos.

Abgesehen von den drei Andenketten besitzt Kolumbien noch einen eigenen, relativ kleinen Gebirgszug: die Sierra Nevada de Santa Marta. Sie erhebt sich von der Karibikküste zu schwindelerregenden, schneebedeckten Gipfeln und ist der welthöchste Küstengebirgszug. Ihre Doppelgipfel Simón Bolívar und Cristóbal Colón (beide 5775 m) sind die höchsten des Landes.

Mehr als die Hälfte des Territoriums östlich der Anden besteht aus weiten Ebenen, die allgemein in zwei Regionen unterteilt werden: Los Llanos im Norden und das Amazonasbecken im Süden. Los Llanos, etwa 250 000 km² groß, ist eine riesige Grasebene, die das Orinoco-Becken bildet. In Kolumbien vergleicht man sie mit einem grünen Binnensee. Das etwa 400 000 km² große Amazonasbecken bildet den Südosten Kolumbiens. Es ist überwiegend von dichtem Regenwald bedeckt, durch den sich ein Gewirr von Flüssen zieht. Vom Rest des Landes ist es mangels Straßen komplett abgeschnitten, was den illegalen Holzeinschlag aber leider nicht verhindert.

Kolumbien besitzt auch einige Inseln. Die wichtigsten liegen im Archipel von San Andrés und Providencia (weit draußen in der Karibik, 750 km vom Festland entfernt); ferner gibt es die Islas del Rosario und San Bernardo (nahe der Karibikküste) sowie Gorgona und Malpelo (an der Pazifikküste).

Tiere & Pflanzen

Die immense Vielfalt klimatischer und geografischer Zonen sowie Mikroklimate schuf unterschiedliche Ökosysteme und erlaubte es den Lebewesen, sich eigenständig zu entwickeln. Und wie sie das taten! Kolumbien beansprucht für sich, mehr Tier- und Pflanzenarten pro Quadratkilometer zu besitzen als jeder andere Staat der Welt. Die Vielfalt an Tieren und Pflanzen wird nur vom siebenmal größeren Nachbarn Brasilien übertroffen.

Tiere

Von rosafarbenen Delfinen und farbenprächtigen Papageien, winzigen Katzen bis Riesenratten birgt Kolumbien das ungewöhnlichste Tierleben auf Erden. Mit 1700 Vogelarten – davon kommen 74 ausschließlich in Kolumbien vor – leben hier 19 % der Vögel des Planeten. Kolumbien hat auch etwa 450 Säugetierarten (davon 15 % der weltweit existierenden Primaten), 600 Amphibienarten, 500 Reptilien- und 3200 Fischarten.

Kolumbien ist der einzige südamerikanische Staat mit Küsten am Pazifik und am Karibischen Meer.

Zu den interessantesten Säugetieren zählen geschmeidige Raubkatzen wie der Jaguar und der Ozelot, Roter Brüllaffe, Klammeraffen, das Dreizehenfaultier, Großer Ameisenbär, das wildschweinähnliche Pekari und der Tapir sowie das eigentümliche Wasserschwein oder Capybara, hier *chiguiro* genannt – es ist das größte aller Nagetiere mit bis zu 48 cm Schulterhöhe und 55 kg Gewicht.

Der Amazonas beherbergt den berühmten rosafarbenen *boto* (Amazonasdelfin), den Amazonas-Manati und eine der gefürchtetsten Schlangenarten, die Anakonda *(Eunectes murinus)*, die bis zu 6 m lang wird.

Kolumbiens bekanntes Vogelhaus umfasst 132 verschiedene Kolibri-Arten, 24 Tukan-Arten, 57 Arten farbenfroher Papageien und Aras, darüber hinaus Eisvögel, Trogone, Grasmücken und sechs von insgesamt weltweit sieben Geiern, darunter den Andenkondor, der das Staatswappen Kolumbiens ziert.

Auch in den Gewässern herrscht reiches Leben, sowohl in den ausgedehnten Flusssystemen als auch an beiden Küsten. Die Inseln San Andrés und Providencia können sich einiger der größten und fruchtbarsten Korallenriffe in Amerika rühmen, die mittlerweile von der Unesco zum Meeres-Biosphärenreservat erklärt wurden, um das dortige Ökosystem zu schützen. Die Riffe gehören zu den intaktesten in der Karibik und spielen eine wichtige ökologische Rolle für die Meeresgesundheit.

DIE GROSSE KRABBENWANDERUNG AUF PROVIDENCIA

So etwas sieht man wirklich nicht alle Tage: Auf Providencia kann man eine Woche lang im April zusehen, wie die Halloweenkrabben, sehr eindrucksvolle Landkrabben, aus den Bergen hinabsteigen und auf ihre etwas plumpe Weise zum Meer wandern, wo die weiblichen Tiere ihre Eier ablegen, die dann von den Männchen befruchtet werden. Kurz darauf machen sich die Tiere dann auf den Weg zurück ins Landesinnere. Während dieser Zeit ist die einzige Straße, die um diese winzige Karibikinsel herumführt, komplett gesperrt; das Leben wird für die Bewohner dann noch ruhiger als gewöhnlich, denn die Inselbewohner können sich während der Krabbenwanderung nur zu Fuß fortbewegen.

Ein paar Monate später, normalerweise etwa im Juli, verlassen die winzigen Jungkrabben das Meer und machen sich ebenfalls auf den Weg in die Berge. Auch während dieser zweiten Wanderung kommt das öffentliche Leben auf der Insel zum Erliegen. Tag und Nacht hört man jetzt ein Rascheln und Knistern; das sind die kleinen Krabben, die etwas ungelenk in riesigen Scharen unterwegs sind. Wer Glück hat und gerade während einer der beiden Wanderungen auf Providencia ankommt, wird dieses – ein wenig gespenstische – Erlebnis niemals vergessen.

Sie bieten Nahrungsgründe und Eiablageplätze für vier Meeresschildkrötenarten und viele Fische sowie Krebstiere. Mittlerweile wurde erkannt, dass bestimmte Fischbestände in den Florida Keys direkt von diesen kolumbianischen Riffen als Laichgründen abhängen. Auf der Insel Providencia lebt die eigenartige Halloweenkrabbe *(Gecarcinus ruricola)*, eine Krabbenart, die auf dem Land heimisch ist und einmal im Jahr zum Meer wandert, um dort ihre Eier abzulegen; die Krabbenwanderung sorgt alljährlich für beträchtliches Aufsehen.

Vom Aussterben bedrohte Tierarten

Die weiten Savannen der Llanos beherbergen auch einige der vom Aussterben bedrohten Tierarten Kolumbiens, darunter das Orinoko-Krokodil , das 7 m lang werden kann. Nach Angaben der Wildlife Conservation Society leben nur noch 200 Exemplare von diesen Krokodilen in der freien Natur Kolumbiens. Damit gehören sie zu den Tierarten, die am meisten vom Aussterben bedroht sind, hauptsächlich werden sie wegen ihrer wertvollen Haut getötet. Die gute Nachricht ist, dass 2015 und 2016 mehr als 40 junge Orinoko-Krokodile im Rahmen des Proyecto Vida Silvestre Programms, das Naturschutzbestrebungen in Los Llanos fördert, im Tuparro National Park ausgewildert wurden. Weitere bedrohte Tierarten dieser Region sind die Orinoko-Schildkröte, das Riesengürteltier, die Riesenotter und der Isidoradler.

Der berühmte deutsche Geograf und Botaniker Alexander von Humboldt erforschte einige Gebiete im heutigen Kolumbien und beschrieb sie aufs Genaueste in *Reise in die Äquinoktial-Gegenden des Neuen Kontinents.*

Das Lisztäffchen mit der weißen Künstlermähne wiegt nur 500 g. Es zählt wie der Braune Klammeraffe zu den am meisten bedrohten Primaten der Welt. Die International Union for Conservation of Nature (IUCN) hat beide Arten in ihre Rote Liste aufgenommen. Diese Aufstellung selten werdender Tiere enthält auch die Schlankbeutelratte oder Mausopossum *(Marmosops handleyi)*, die entfernt krähenähnliche Bergkassike und den Bergtapir sowie die beiden berühmten Amazonasbewohner, den rosa Flussdelfin und die strombewohnende kleine Seekuh.

Zu beachten ist, dass einige abgelegene Restaurants und Bars Schildkröteneier, Leguane und andere bedrohte Tierarten auf ihrer Speisekarte haben. Und bitte daran denken, dass der *pirarucú* oder Arapaima *(Arapaima gigas)*, der größte Süßwasserfisch (populär im Amazonasbecken rund um Leticia), bereits überfischt wurde. Die Einheimischen ignorieren auch die Schutzbestimmungen zur Laichzeit. Wer solche Fische verzehrt, fördert ihr Aussterben. Auf den Speisekarten im Amazonasbecken findet man durchaus Alternativen.

Wer gern Vögel beobachtet, sollte sich A Guide to the Birds of Colombia (1986) von Stephen L. Hilty und William L. Brown besorgen. Zwei gute Internetquellen sind www.colombiabirding.com und www.proaves.org.

Pflanzen

Die kolumbianische Pflanzenwelt ist nicht weniger imponierend als die Tierwelt. Hier wachsen mehr als 130 000 Pflanzenarten, ein Drittel davon ist sogar endemisch. Das ergibt aber noch kein vollständiges Bild: In großen Teilen des Landes, darunter unzugängliche Gebiete am Amazonas, werden noch viele bisher unentdeckte Arten vermutet. Schätzungen zufolge müssen noch mindestens 2000 Pflanzenarten näher bestimmt werden, und noch sehr viel mehr Pflanzen wird man wohl auf einen möglichen medizinischen Nutzen hin untersuchen.

In Kolumbien kommen etwa 3500 Orchideenarten vor, mehr als igendwo sonst auf der Welt. Viele sind im Land endemisch, etwa *Cattleya trianae*, die Nationalblume Kolumbiens. Orchideen wachsen praktisch in allen Regionen und Klimazonen des Landes, meist aber in Höhen zwischen 1000 und 2000 m, besonders in der Provinz Antioquia.

Noch höher, wo Wolken schon die Gipfel streifen, findet sich *frailejón*, eine einzigartige gelb blühende, mehrjährige Rosettenstaude, die nur in Höhen über 3000 m wächst. Es gibt 88 *frailejón*-Arten, die meisten davon in Kolumbien. Sie wachsen in geschützten Lagen der Sierra Madre de Santa Marta und Sierra Nevada del Cocuy sowie im Santuario de Iguaque.

Nationalparks

Kolumbien hat 59 Nationalparks, Schutzgebiete für Flora und Fauna sowie andere Naturschutzgebiete, die alle von **Parques Nacionales Naturales (PNN) de Colombia** (Karte S. 52; ☎353-2400 Durchwahl 138; www.parquesnacionales.gov.co; Calle 74 Nr. 11-81; ⏲Mo–Fr 8–18 Uhr) verwaltet werden. Die Parques gehören der Regierung.

Wenn ein Gebiet zum Nationalpark erklärt wird, so hören damit leider noch nicht die Guerilla-Aktivitäten, der Drogenanbau, wilde Agrarnutzung, Holzeinschlag, Schürferei und Wildern auf. Die meisten Parks im Amazonasbecken und entlang der Grenzen zu Ecuador müssen eher als „schwach im Einhalten der Bestimmungen" klassifiziert werden. Andere Parks wie Los Katios, eine Unesco-Welterbestätte nahe der Darién-Gap, einer letzten Lücke in der Transamericana, sind geöffnet; sie bleiben aber unsicher und der Zugang ist beschränkt. Vor der Weiterreise sollte man sich über den aktuellen Sicherheitszustand informieren.

Andererseits gibt es viele Parks, die noch vor wenigen Jahren schwer erreichbar waren und die jetzt den Besuchern offen stehen. Sie werden in diesem Buch aufgeführt. Mit dem jüngsten Anwachsen des Tourismus und Ökotourismus pumpt die Regierung schließlich Pesos in ihr lange unterfinanziertes Nationalparksystem. In letzter Zeit wurden neue Parks eröffnet und weitere befinden sich in Planung. Die bestehenden Parks erhalten endlich ihre dringend benötigten Besuchereinrichtungen wie Unterkünfte und Verpflegungseinrichtungen, eine Seltenheit in Kolumbien.

Dies alles vollzog sich nicht ohne Widerspruch. Die PNN hat damit begonnen, in einigen Nationalparks mit Privatfirmen Verträge abzuschließen, was, wie manche Umweltschützer befürchten, zu einer übermäßigen Erschließung führen könnte. Einige fürchten, dass die Preise hochschnellen könnten und die Parks für den Durchschnittskolumbia-

Kolumbien ist nach den Niederlanden der zweitgrößte Blumenexporteur der Welt. Jedes Jahr werden Blumen im Wert von ca 1 Milliarde US-Dollar exportiert, vor allem in die USA. Amerikaner kaufen am Valentinstag 300 Millionen kolumbianische Rosen. Die Nähe des Landes zum Äquator lässt die Rosen gerade wachsen.

GRÜNE LEIDENSCHAFT

Kolumbien fördert die weltweit größte Menge an Smaragden (50 %, im Vergleich zu Sambia mit 20 % und Brasilien mit 15 %). Das klingt für Edelsteinsucher verlockend, erweist sich aber bei genauerem Hinsehen als ungünstig für die Umwelt und vielleicht auch für das gesamte Land. Die Konflikte und die Umweltschäden, die mit diesem begehrten Edelstein verbunden sind, ähneln in gewisser Weise den Problemen des Landes mit Kokain und Heroin.

Zu den Hauptfördergebieten in Kolumbien zählen Muzo, Coscuez, La Pita und Chivor; sie liegen allesamt in der Provinz Boyacá. Als die Spanier die Smaragde erblickten, die in präkolumbischer Zeit in Musa gefördert wurden, verloren sie fast den Verstand. Sie taten alles, um an noch mehr dieser glänzend grünen Steine zu kommen. Zunächst erklärten sie die einheimische Bevölkerung zu Fördersklaven, später ersetzten sie diese Arbeiter durch Sklaven aus Afrika. Viele der heutigen Bergleute sind direkte Nachkommen dieser Leibeigenen und leben unter nur geringfügig besseren Bedingungen.

Die großen Lagerstätten in diesen Gebieten führten indirekt zu Umwelt- und sozialen Problemen. Willkürliches Schürfen wühlte das Land auf. In ihrem Bemühen, neue Fundstätten auszukundschaften, um ihre erbärmlichen Lebensbedingungen zu verbessern, arbeiteten sich Smaragdsucher immer weiter in die Wälder vor. Unter den rivalisierenden Gruppen kam es zu erbitterten Gefechten. Zwischen 1984 und 1990 wurden in einem der blutigsten „Smaragdkriege" der jüngsten Geschichte allein in Muzo 3500 Menschen umgebracht. Dennoch treibt das „grüne Fieber" weiterhin Glücksritter und Abenteurer aus allen Ecken des Landes hierher. Und es kühlt wohl nicht ab, bis das letzte grüne Schmuckstück aus der Erde geholt ist.

ner unzugänglich werden. Umweltschützern ist es in den letzten Jahren jedoch gelungen, solche Bauvorhaben zu überprüfen.

Kolumbiens beliebteste Parks finden sich an den ursprünglichsten Küsten. Am weitaus beliebtesten ist der Parque Nacional Natural Tayrona, gefolgt von PNN Corales del Rosarioy San Bernardino und PNN Isla Gorgona. Viele andere Nationalparks bieten nur schlichte Einrichtungen wie Hütten, einfache Schlafplätze und Campingplätze. Reisende, die über Nacht bleiben wollen, müssen dies zuvor beim PNN-Zentralbüro in Bogotá anmelden. Es gibt weitere PNN-Regionalbüros in den meisten größeren Städten und in den Parks selbst. Die Mehrzahl der Parks fordert eine Eintrittsgebühr, die beim Eingang oder im PNN-Regionalbüro bezahlt werden kann.

Es lohnt sich, rechtzeitig bei Reisebüros und dem aktuellen Service der Parks nach der Sicherheit und den Wetterbedingungen zu fragen.

Private Parks & Schutzgebiete

Eine der einflussreichsten Rechtshilfegruppen hinsichtlich des Umweltschutzes heißt Conservación Internacional. Die Internetadresse www.conservation.org.co bietet mehr Informationen über ihre positive Arbeit.

In den letzten Jahren hat die Anzahl privat geführter Naturreservate in Eigenbesitz zugenommen. Organisatoren sind die jeweiligen Besitzer, ländliche Gemeinden, Stiftungen und staatsunabhängige Verbände. Viele sind klein und in Familienbesitz und bieten manchmal einfache Besuchereinrichtungen und Verpflegung an. Rund 230 dieser Privatparks stehen in Verbindung mit der **Asociación Red Colombiana de Reservas Naturales de la Sociedad Civil** (http://resnatur.org.co). Diese Vereinigung spielt in der Parkszene erst seit Kurzem eine Rolle.

Künftige Parks könnten eher so aussehen wie der neue Parque Nacional del Chicamocha (S. 123). Das gewinnorientierte Resort in der Nähe von Bucaramanga öffnete 2006 seine Pforten. Die Kosten beliefen sich auf 20 Mio. US$. Hier kann man nicht nur wandern, sondern in eine komplette Erlebniswelt eintauchen: mit Restaurants, Cafés, Fahrgeschäften, Seilbahn, einem Zoo und einem Wasserpark.

Umweltprobleme

Viele Aufgaben warten noch auf ihre Lösung. Die Probleme liegen im Klimawandel, Habitatsverlust und in der abnehmenden Biodiversität, bedingt duch Megaplantagen. Der Zwang, eine marktorientierte Wirtschaft zu entwickeln und in weltweiten Wettbewerb zu treten, hat Kolumbien dazu veranlasst, das Land und die natürlichen Ressourcen auszubeuten. Dazu gehören immer größere Farmen, legaler und illegaler Holzeinschlag sowie Bergbau und Ölförderung. Die Entwaldung hat die Aussterberate bei vielen Tier- und Pflanzenarten beschleunigt und den Boden aus dem Gleichgewicht gebracht, was wiederum zu verschlammten Flüssen und Verheerungen unter den Meereslebewesen führte.

Noch gravierender für die Umwelt ist der illegale Drogenhandel und der Anbau illegaler Pflanzen wie Marihuana sowie Opium-Mohn. Der Versuch, die Bauern von Koka-Pflanzungen abzubringen, hat das Problem nur verlagert. Sie ziehen jetzt einfach höher hinauf, zu abgelegenen Hängen und Urwäldern der Anden, ins Amazonasbecken und in Nationalparks. Auch der Opium-Mohn wird in höheren Lagen angebaut. Kolumbiens Antidrogenpolitik wird von den USA finanziell unterstützt. Das Bekämpfen von Koka-Feldern aus der Luft hat aber nicht nur die Zielpflanzen zerstört, die ausgebrachten Herbizide vernichten auch die umgebende Vegetation und sickern ins Grundwasser ein.

Bedauerlicherweise führte der Rückzug der FARC in zahlreichen ländlichen Gebieten Kolumbiens zu einer beschleunigten Abholzung der Wälder. Die Rebellen hatten die Abholzung mit viel Sorgfalt gesteuert, um ihre Wohngebiete zu schützen. Die Kapitulation der FARC hat an vielen Orten ein Machtvakuum hinterlassen, und im Jahre 2016 wurden 178 597 ha Wald abgeholzt, 44 % mehr als im Vorjahr.

Praktische Informationen

SICHER REISEN . . . 352
Sichere Gegenden 352
Guerrillas & Paramilitärs 352
Diebstahl & Raub 353
Drogen 353
Umgang mit Polizei & Militär 354
Überlandfahrten 355

ALLGEMEINE INFORMATIONEN . . 356
Alleinreisende 356
Arbeiten in Kolumbien . . 356
Botschafen & Konsulate . . 356
Essen 357
Feiertage 357
Frauen unterwegs 358
Freiwilligendienst 358
Geld 358
Gesundheit 359
Internetzugang 360
Karten & Stadtpläne 360
Öffnungszeiten 360
Post 360
Rechtsfragen 361
Reisen mit Behinderung . 362
Reisen mit Kindern 362
Schwule & Lesben 362
Sprachkurse 363
Strom 363
Telefon 363
Toiletten 364
Touristeninformation 364
Unterkunft 365
Versicherung 366
Visum 366
Zeit 366
Zoll 366

VERKEHRSMITTEL & -WEGE 367
An- & Weiterreise 367
Einreise 368
Mit dem Flugzeug 368
Auf dem Landweg 368
Übers Meer 369
Unterwegs vor Ort 370
Auto & Motorrad 370
Bus 371
Fahrrad 372
Flugzeug 372
Nahverkehr 373
Fähre/Schiff 374
Trampen 374
Zug 375

SPRACHE 376

Sicher reisen

Nur wenige Länder in Lateinamerika haben mehr für ihren Imagewandel getan als Kolumbien. In den 1980er- und 1990er-Jahren, als eine Mischung aus paramilitärischem Konflikt und internationalem Drogenkrieg sich verheerend auf das Alltagsleben auswirkte, war das Land ein gefürchteter dunkler Fleck auf der Landkarte des internationalen Tourismus. Heute halten die meisten Reisenden Kolumbien für sicherer als alle unmittelbaren Nachbarländer – eine erstaunliche Wende. Probleme gibt es jedoch noch immer: Straßenkriminalität ist auch weiterhin vorhanden, besonders in größeren Städten wie Bogotá, Cali, Pereira und Medellín. Wachsamkeit und gesunder Menschenverstand sind also stets erforderlich. Und Guerillakämpfer, Paramilitärs und Drogenhändler treiben noch immer in vielen kolumbianischen Provinzen ihr Unwesen (allerdings werden sie nach dem Friedensabkommen mit den FARC und den offiziellen Friedensgesprächen mit der ELN möglicherweise bald der Vergangenheit angehören). Also ist eine gute Reiseplanung erforderlich, vor allem, wenn es in Gebiete abseits der touristischen Pfade gehen soll.

Sichere Gegenden

Das historische Friedensabkommen von 2016 zwischen der kolumbianischen Regierung und den Fuerzas Armadas Revolucionarias de Colombia (FARC) – und der darauffolgende Waffenstillstand mit der Nationalen Befreiungsarmee (ELN) von 2017 – bedeutete das Ende eines rund fünfzigjährigen Bürgerkriegs. Seither ist es in dem Land erheblich sicherer geworden, und viele bis dahin unbedingt zu vermeidenden Gebiete sind nun für Reisende sicher geworden (allerdings sind noch viele neue paramilitärische Gruppen, die mit Drogenschmuggel zu tun haben, in vielen Teilen des Landes aktiv, und Dissidenten der FARC sind in manchen Dschungelgebieten noch übriggeblieben). Alle im Buch beschriebenen Regionen wurden auf ihre Sicherheit überprüft. Wer sich nicht von den empfohlenen Orten entfernt, sollte im Normalfall keine außergewöhnlichen Probleme bekommen.

Guerrillas & Paramilitärs

Trotz des Friedensabkommens zwischen der Regierung und den Fuerzas Armadas Revolucionarias de Colombia (FARC) gibt es in abgelegenen Regionen Kolumbiens noch immer vereinzelte Gegenden, in denen die Guerilla aktiv ist. Auch die Ejército de Liberación Nacional; (Nationale Befreiungsfront; ELN) – in Friedensgesprächen mit der Regierung – muss noch entwaffnet werden.

Schlimmer sind vielleicht sogar die neuen paramilitärischen Gruppen, die in Drogenhandel verstrickt sind und ihr Einsatzgebiet nach dem Rückzug der FARC auf das ganze Land ausgedehnt haben, deren Einflussbereich aber viel schwieriger abzugrenzen ist.

Wer abseits der gut erschlossenen und von Tou-

AMTLICHE REISEHINWEISE

Staatliche Websites mit nützlichen Reisehinweisen:

Auswärtiges Amt Deutschland
(☎+49 30 1817-0, +49 30 1817 2000; www.auswaertiges-amt.de)

Außenministerium Österrich
(☎+43 50 1150-0, +43 1 90115-4411; www.bmeia.gv.at)

Eidgenössisches Departement für auswärtige Angelegenheiten
(☎+41 800 24-7-365, +41 58 465 33 33; www.eda.admin.ch)

risten besuchten Gegenden unterwegs sein möchte, sollte das, wenn überhaupt, nur mit äußerster Vorsicht tun. Obwohl bewaffnete Gruppen nicht mehr speziell Touristen als Ziel haben, sind die meisten eher misstrausch gegenüber unangekünidgten Besuchern – aufgrund von unglückseligen Verwechslungen hat es bereits Entführungen und Tote gegeben.

Noch immer werden große Landstriche Kolumbiens in diesem Reiseführer gar nicht behandelt, weil die Sicherheitslage weiterhin unklar ist und eine touristische Infrastruktur schlicht und ergreifend komplett fehlt: Dazu gehören der Westen des Landes, entlegene Gegenden an der Grenze zu Venezuela und Teile der Amazonasregion (die in diesem Buch vorgestellte Gegend im Amazonasgebiet gilt jedoch als ziemlich sicher).

PRAKTISCHE TIPPS

Man sollte immer den gesunden Menschenverstand walten lassen, keine zwielichtigen Stadtviertel aufsuchen und besonders nach Einbruch der Dunkelheit wachsam sein. Dann kann auch der Kolumbienurlaub zu einem unbeschwerten Erlebnis werden.

- Auf keinen Fall durch abgelegene Gegenden wandern, vor allem nicht ohne vorher die Sicherheitslage vor Ort überprüft zu haben.
- Nachts beim Abheben von Geld an Geldautomaten äußerste Vorsicht walten lassen, besonders in völlig unbelebten Straßen.
- Für den Fall eines Raubüberfalls immer ein schnell greifbares Geldbündel aus kleinen Scheinen griffbereit haben und aushändigen.
- Drogentourismus unbedingt vermeiden.
- Vorsicht vor Getränken oder Zigaretten, die von Fremden oder neuen „Freunden" angeboten werden.
- Vorsicht auch vor jenen Kriminellen, die sich als Zivilfahnder ausgeben.

Diebstahl & Raub

Die am weitesten verbreitete Gefahr für Reisende ist Diebstahl. In den größten Städten ist das Problem in der Regel am gravierendsten. Die üblichsten Methoden sind das Entreißen der Tasche, des Handys oder des Fotoapparats, dann folgen Taschendiebstahl und das Ausnutzen von Momenten der Unachtsamkeit, die dem Dieb reichen, um das begehrte Objekt zu ergreifen und wegzulaufen.

Ablenkung ist oft Teil der Strategie von Dieben. Sie arbeiten meistens zu zweit oder als Gruppe, oft auch auf Motorrädern. Einer oder mehrere lenken das Opfer ab, während der Komplize den Diebstahl ausführt. Manchmal freunden sich die Täter sogar vermeintlich mit ihrem Opfer an oder täuschen vor, Polizisten zu sein und fordern dann eine Durchsuchung des Gepäcks. In Banken ist besondere Vorsicht an Geldautomaten geboten, auch vor Kriminellen, die sich als Bankangestellte ausgeben und freundlich ihre Hilfe anbieten – eine nicht unübliche Vorgehensweise bei Raub.

Wenn möglich, sollte man vor einem Ausflug Geld und Wertgegenstände an einem sicheren Ort aufbewahren. Es ist auf jeden Fall sinnvoll, ein Bündel kleiner Geldscheine mit sich zu führen, maximal 50 000 bis 100 000 COP, das bei einem möglichen Überfall schnell ausgehändigt werden kann; wenn man keinen Peso in der Tasche haben sollte, könnten die Räuber sich verprellt fühlen und dann unberechenbar reagieren.

Bewaffnete Überfälle in Städten kommen sogar in den besseren Vierteln vor. Wer von Räubern bedrängt wird, sollte ihnen lieber aushändigen, was sie verlangen. Aber man sollte dabei möglichst die Nerven behalten und nicht gleich eilfertig sämtliche Wertgegenstände anbieten – oftmals geben sie sich schon mit den vorbereiteten Bündeln aus Geldscheinen zufrieden. Auf keinen Fall sollte man weglaufen oder sich wehren; das Risiko ist viel zu groß, denn so manche Leute wurden schon wegen eines kleinen Geldbetrags ermordet. Hilfe von Passanten ist nicht zu erwarten.

Drogen

Kokain und Marihuana sind preiswert und in den größeren Städten Kolumbiens fast überall erhältlich. Kauf und Genuss von Drogen sind jedoch alles andere als ratsam. Viele Kolumbianer halten den kolumbianischen Drogentourismus für ziemlich abstoßend, insbesondere in kleineren Städten. Ganz wichtig ist auch, dass die Mehrheit der Kolumbianer keinerlei Drogen nimmt und eher davon ausgeht, dass der ausländische Drogenhandel für den anhaltenden Bürgerkrieg verantwortlich ist. Sich also nach Drogen zu erkundigen oder sie offen zu nehmen, kann einen ganz schön in Schwierigkeiten bringen (es ist ohnehin verboten, auch kleine Mengen an Drogen zu kaufen oder zu verkaufen).

Eine weitere besorgniserregende Entwicklung besteht darin, dass in den letzten Jahren immer mehr

FERIEN MIT KOKAIN? VORSICHT VOR DEN FOLGEN

Drogentourismus ist in Kolumbien eine bedauerliche Realität. Und warum auch nicht, denken manche: Kokain ist billig, oder? *Nicht wirklich.*

Was wie ein harmloser Zeitvertreib erscheinen mag, trägt direkt zu der Gewalt und dem Chaos bei, die sich täglich auf dem kolumbianischen Land abspielen. Menschen kämpfen und sterben für die Macht im Kokainhandel. Der Erwerb und Gebrauch von Kokain finanziert dauerhaft diesen Konflikt.

Noch schlimmer ist es, dass die Nebenprodukte bei der Herstellung von Kokain extrem umweltschädlich sind. Der Produktionsprozess erfordert giftige Chemikalien wie Kerosin, Schwefelsäure, Azeton und Karbid, die anschließend einfach in den Boden oder in Bäche und Flüsse gelassen werden. Zudem werden schätzungsweise jährlich zwischen 500 und 3000 km^2 unberührter Regenwald für die Koka-Produktion abgeholzt.

Kolumbien ist eines der schönsten Länder der Welt. Die Menschen, die Musik, das Tanzen, das Essen – eigentlich gibt es genug überwältigende Stimulation für die Sinne.

Reisende nach Kolumbien kommen, um *ayahuasca* (oder *yagé*, wie die Kolumbianer es oft nennen) zu nehmen. Diese Droge wird aus verschiedenen Pflanzen, die in den Regenwäldern heimisch sind, gewonnen und von den indigenen Völkern Kolumbiens seit Jahrhunderten in religiösen Zeremonien benutzt. Sie ruft neben Durchfall und Erbrechen unglaublich starke Halluzinationen hervor. Im Jahr 2014 starb ein 19-jähriger britischer Rucksackreisender bei Putumayo, weil er diese Droge ausprobiert hatte. Es sei an dieser Stelle dringend abgeraten, diese Droge zu konsumieren!

Manchmal werden Drogen auf der Straße, in einer Bar oder in einer Disko angeboten, was man aber niemals annehmen sollte. Die Anbieter könnten Lockvögel der Polizei sein oder deren Komplizen folgen ihrem Opfer, halten es auf, zeigen gefälschte Polizeiausweise und drohen mit Gefängnis, wenn man nicht bezahlt.

Berichten zufolge werden Reisenden gelegentlich Drogen untergeschoben, insofern Vorsicht. Die Bitte eines Fremden auf einem Flughafen, dessen Gepäck als Teil des eigenen zugelassenen Gepäcks mit an Bord zu nehmen, sollte man immer ablehnen.

Drinks mit K.-o.-Tropfen

Burundanga ist eine Droge, die aus einer in Kolumbien weit verbreiteten Baumart gewonnen und gern von Dieben benutzt wird, um ihr Opfer bewusstlos zu machen. Sie kann in Süßigkeiten, Zigaretten, Kaugummi, Schnaps, Bier – praktisch in alle Speisen und Getränke – gemischt werden und schmeckt und riecht nach gar nichts.

Der Haupteffekt einer „normalen" Dosis ist der Verlust der Willenskraft, selbst wenn man noch bei Bewusstsein ist. Der Dieb kann dann sämtliche Wertsachen verlangen, ohne dass das Opfer Widerstand leistet. Auch kam es unter dem Einfluss von Burundanga schon zu Vergewaltigungen. Weitere Auswirkungen sind Gedächtnisverlust und Schläfrigkeit; diese kann ein paar Stunden, aber auch mehrere Tage anhalten. Eine Überdosis kann tödlich sein.

Umgang mit Polizei & Militär

Das kolumbianische Militär ist zwar höchst zuverlässig, ebenso die Bundespolizei. Allerdings haben die örtlichen Polizisten einen eher zweifelhaften Ruf. Sie erhalten nur einen geringen Lohn – es wurde schon von Bestechlichkeit und Schikanen gegenüber Touristen berichtet.

Stets sollte man eine Fotokopie des Reisepasses mit dem Einreisestempel mitführen (Ärger lässt sich am ehesten vermeiden, wenn die Papiere in Ordnung sind). Drogen jeglicher Art sollte man niemals dabeihaben, weder auf der Straße noch unterwegs auf Reisen.

In manchen Gegenden gibt es spezielle Touristenpolizisten, von denen viele etwas Englisch sprechen. Sie sind uniformiert und leicht an den Armbinden mit der Aufschrift Policía de Turismo zu erkennen. Beim ersten Anzeichen von Schwierigkeiten sind sie der erste Anlaufpunkt.

Sind Reisepass, Wertsachen oder andere Gegenstände gestohlen worden, ist eine *denuncia* (Meldung) auf der Polizeiwache unerlässlich. Der diensthabende Beamte schreibt die Aussage nach Darstellung des Opfers nieder. In diesem Protokoll sollten eine Beschreibung des Tathergangs und eine Liste der gestohlenen Gegenstände enthalten sein. Bei der Beschreibung sollte man genau auf die Formulierung achten, alle gestohlenen Gegenstände und Dokumente erwähnen und dann die Aussage vor Unterzeichnung sorgfältig überprüfen. Die eigene Abschrift der Aussage dient als vorläufiger Identitätsnachweis, außerdem ist sie erforderlich, um den Versicherungsanspruch geltend zu machen.

Wer in irgendeiner Weise mit der Polizei zu tun bekommt, sollte die Ruhe bewahren, höflich bleiben und stets das formelle *usted* benutzen (das Wort für „Sie" statt *tu* für „Du"). Wachsamkeit ist ebenfalls vonnöten, wenn Polizisten Gepäck und Taschen kontrollieren.

Betrügereien

Unter gar keinen Umständen sollte man Polizeibeamten in Zivil eine Kontrolle erlauben, wenn sie Reisepass und Geld überprüfen wollen. Es kommt vor, dass Kriminelle, die sich als Zivilfahnder ausgeben, Touristen auf der Straße anhalten, sich mit gefälschten Papieren ausweisen und dann eine Pass- und Geldkontrolle verlangen. Ein üblicher Trick ist die Behauptung dieser „Beamten", dass es sich um Falschgeld handelt, das natürlich konfisziert wird (eine Variante dieser Masche bezieht sich auch auf Schmuck). Die echte kolumbianische Polizei würde niemals so vorgehen. In solchen Fällen sollte man einen uniformierten Polizisten oder einen ehrbar aussehenden Passanten als Zeugen des Vorfalls ansprechen und unbedingt eine echte Polizeiwache anrufen. Diese „Beamten" werden sich bis dahin schon längst aus dem Staub gemacht haben.

Überlandfahrten

Reisen über Land dürften in den meisten Teilen Kolumbiens, besonders bei Tag, keine Probleme bereiten, abgesehen von der Schwierigkeit, die passende Musik auf dem iPod auszuwählen, um den lauten und fragwürdigen Musikgeschmack des Busfahrers zu übertönen.
In der Vergangenheit waren Nachtbusse nicht gerade empfehlenswert – die Kämpfer der FARC kontrollierten viele der größeren Landstraßen –, allerdings ist dies heute nicht mehr der Fall. Nachtbusse zu den meisten Zielorten bieten eine bequeme Art des Reisens, um den Tag nicht mit langen Fahrten zu verschwenden. Außerdem spart man sich das Geld für die Unterkunft.

Es gibt keine wichtigen Streckenabschnitte mehr, die man bei Nacht unbedingt meiden sollte, aber einige Nebenstraßen, beispielsweise die Straße von Popayán nach San Agustín und von Ocaña nach Cúcuta, sollten am besten nur tagsüber befahren werden.

Allgemeine Informationen

Alleinreisende

➡ Wer alleine reist, wird in Kolumbien nur selten Probleme bekommen. Es gibt in allen wichtigen Städten viele Hostels und kleine Lokale; meist findet man Anschluss an andere Reisende, die auf ähnlichen Routen im Land unterwegs sind.

➡ Wer in abgelegene Regionen reist, in die sich nur selten Ausländer verirren, oder wer sich ganz allgemein über die Sicherheitslage im Land Gedanken macht, sollte sich einen Reisebegleiter suchen (so wird man auch weniger mit Straßenkriminalität konfrontiert sein).

Arbeiten in Kolumbien

➡ Wer irgendeiner bezahlten Arbeit in Kolumbien nachgehen möchte, muss sich bei der Migración Colombia um das passende Visum bemühen; der Arbeitgeber muss den Antrag darauf unterstützen. Das wiederum ist einfacher, wenn man die entsprechenden Qualifikation mitbringt und sich auf einen längerfristigen Arbeitsvertrag einlässt.

➡ Es gibt eine steigende Nachfrage nach qualifizierten Englischlehrern. Einige Schulen zahlen bei kurzer Unterrichtszeit den Lohn bar aus, wer länger arbeiten möchte, muss eine Schule finden, die bereit ist, sich um ein Arbeitsvisum zu kümmern. Mit Englischunterricht kann man allerdings nicht reich werden: Man verdient meist nicht mehr als einige Millionen Pesos pro Monat, im Allgemeinen sind es jedoch weniger.

➡ Als Faustregel gilt, je attraktiver eine Stadt für Reisende ist, desto schwerer wird man sich tun, eine Anstellung zu finden.

AMTLICHE REISEHINWEISE

Staatliche Websites mit nützlichen Reisehinweisen:

Auswärtiges Amt Deutschland (☎+49 30 1817-0, +49 30 1817 2000; www.auswaertiges-amt.de)

Außenministerium Österrich (☎+43 50 1150-0, +43 1 90115-4411; www.bmeia.gv.at)

Eidgenössisches Departement für auswärtige Angelegenheiten (☎+41 800 24-7-365, +41 58 465 33 33; www.eda.admin.ch)

Botschaften & Konsulate

Die meisten Länder, die diplomatische Beziehungen zu Kolumbien pflegen, unterhalten Botschaften bzw. Konsulate in Bogotá. Viele der Konsulate befinden sich auch in anderen Großstädten des Landes.

Argentinien (☎1-288-0900; www.ecolo.mrecic.gov.ar; Carrera 12 No 97-80, piso 5)

Brasilien (☎1-635-1694; http://bogota.itamaraty.gov.br; Calle 93 No 14-20, piso 8). Auch in Leticia (☎320-846-0637; Calle 10 No 9-104; ⏰Mo–Fr 8–17 Uhr).

Deutschland (☎1-423-2600; www.bogota.diplo.de; Calle 110 No 9-25, edificio Torre Empresarial Edificio Pacífic P. H., piso 11)

Österreich (☎1-745-2086; www.bmeia.gv.at/oeb-bogota; Cra. 9 No 73-44, Oficina 402; ⏰Mo–Do 10–12 Uhr)

Panama (☎1-257-5067; www.embajadadepanama.com.co; Calle 92 No 7A-40). Auch in Barranquilla (☎5-360-1870; Carrera 57 No 72-25, Edificio Fincar 207–208). Cali (☎2-486-1116; Av 6 No 25-58, Piso 3), Cartagena (☎5-655-1055; Carrera 1 No 10-10, Bocagrande). Medellín (☎4-312-4590; Calle 10 No 42-45, Oficina 266; ⏰Mo–Fr 9.30–11.30).

Peru (☎1-746-2360; www.embajadadelperu.org.co; Calle 80A No 6-50). Auch in

Leticia (☎8-592-7755; Calle 11 No 5-32; ⊙Mo–Fr 8–12 & 14–16 Uhr).

Schweiz (☎1-349-7230; www.eda.admin.ch/bogota; Cra. 9 No 74-08, piso 11)

USA (☎1-275-2000; https://co.usembassy.gov/es; Carrera 45 No 24B-27)

Venezuela (☎1-644-5555; http://colombia.embajada.gob.ve; Carrera 11 No 87-51, edificio Horizonte, piso 5). Auch in Barranquilla (☎(5) 368-2207; www.barranquilla.consulado.gob.ve; Carrera 52 No 69-96; ⊙Mo–Do 8–12 & 13.30–16, Fr 8–12 Uhr), Cartagena (☎5-665-0382; Edificio Centro Executivo, Carrera 3 No 8-129, piso 14), Cúcuta (☎7-579-1951; http://cucuta.consulado.gob.ve; Ecke Av Camilo Daza & Calle 17; ⊙Mo–Do 8–10 & 14–15, Fr 8–10 Uhr), Medellín (☎4-444-0359; www.consulvenemedellin.org; Calle 32B No 69-59; ⊙Mo–Fr 8–11.30 Uhr).

Essen

Kolumbien ist ein fruchtbares Land: Fisch und Kochbananen an der Küste, Unmengen an köstlichen Tropenfrüchten, Kaffee, Schokolade und Milchprodukte in den Bergen sowie preiswertes, frisches Gemüse und Fleisch in allen Ecken des Landes. Die allgemeine Küche ist unter dem Namen *comida criolla* (kreolisches Essen) bekannt.

Obwohl die kolumbianische Küche nicht mit dem internationalen Ruf von Peru oder mit der Vielfalt der brasilianischen Küche aufwarten kann, gibt es hier wunderbare Speisen.

Auf dem Land bekommt man gute, sättigende Mahlzeiten zu einem fairen Preis. Günstig essen für weniger als 12 000 COP kann man überall, am einfachsten zur Mittagszeit. Die *comida corriente* (salopp übersetzt heißt das „Fastfood", ist aber in Wahrheit ein Tagesgericht zur Mittagszeit) besteht aus einem Zwei-Gänge-Menü, das mit einer Suppe beginnt, auf die ein Gericht mit Reis, Bohnen und Fleisch folgt. Dazu gibt es eine Schüssel mit Salat und ein Glas Saft aus tropischen Früchten. Mittelteure Restaurants (20 000 bis 40 000 COP) sind hinsichtlich Qualität und Service etwas besser; in den Top-Restaurants zahlt man dafür mehr als 40 000 COP.

Unbedingt probieren sollte man kolumbianische Spezialitäten wie *ajiaco* (eine Suppe mit Andenhuhn sowie Mais, Kartoffeln, Sahne und Kapern) sowie *bandeja paisa* (die „*Paisa*-Platte"). Darunter versteht man eine gute Portion Wurst, Bohnen, Reis, Ei und *arepa* (Maisfladen). Die Speise gilt als inoffizielles Nationalgericht, auch wenn Kritiker einwenden, dass es hauptsächlich in Antioquia verbreitet ist. An den Straßen im ganzen Land findet man schmackhafte *arepas* jeglicher Geschmacksrichtung (mit Käse, Schinken und Eiern, mit Hühnchen), *mazamorra* (ein Getränk auf Maisbasis), *empanadas*, frisch gepressten Orangensaft und Obstsalat. Zu den regionalen Speisen gehört noch *llapingachos* (gebratene Kartoffelküchlein mit Fleisch) und *helado de paila* (frisch geschlagene Eiscreme aus Kupferkübeln) in Nariño, *ceviche* an der Karibikküste und *tamales* in Tolima und Huila. Außerdem gibt es viele leckere Sachen für Naschkatzen: *Obleas con arequipe* sind dünne Waffeln mit einer süßen Karamellschicht, *cuajada con melao* ist Frischkäse mit geschmolzenem Palmzucker.

Dazu noch ein paar Obstsorten: *zapote, nispero, lulo, uchuwa, borojo, curuba, mamoncillo*. Noch nie davon gehört? Kein Wunder. Und erst recht nicht anfangen, nach einer Übersetzung zu suchen – dies sind heimische Früchte aus Kolumbien, die man außerhalb des Landes kaum kennt.

PREISE IM RESTAURANT

Die folgenden Preise beziehen sich auf ein Hauptgericht zum Mittag- oder Abendessen.

$	unter 20 000 COP
$$	20 000–40 000 COP
$$$	über 40 000 COP

Feiertage

Die folgenden Tage sind staatliche Feiertage.

Año Nuevo (Neujahr) 1. Januar

Los Reyes Magos (Heilige Drei Könige, Epiphanias) 6. Januar*

San José (Sankt-Josefs-Tag) 19. März*

Jueves Santo & Viernes Santo (Gründonnerstag und Karfreitag) März/April. Der Ostermontag ist ebenfalls ein Feiertag.

Día del Trabajo (Tag der Arbeit) 1. Mai

La Ascensión del Señor (Christi Himmelfahrt) Mai*

Corpus Cristi (Fronleichnam) Mai/Juni*

Sagrado Corazón de Jesús (Herz Jesu) Juni*

San Pedro y San Pablo (Peter und Paul) 29. Juni*

Día de la Independencia (Unabhängigkeitstag) 20. Juli

Batalla de Boyacá (Schlacht von Boyacá) 7. August

La Asunción de Nuestra Señora (Mariä Himmelfahrt) 15. August*

Día de la Raza (Entdeckung Amerikas) 12. Oktober *

Todos los Santos (Allerheiligen) 1. November *

Independencia de Cartagena (Unabhängigkeit von Cartagena) 11. November*

Inmaculada Concepción (Unbefleckte Empfängnis) 8. Dezember

Navidad (Weihnachten) 25. Dezember

* Wenn das Datum nicht auf einen Montag fällt, ist am darauffolgenden Montag frei, damit es ein langes Wochenende gibt (*puente*).

Frauen unterwegs

➡ Alleinreisende Frauen werden nur selten unterwegs Probleme haben.

➡ Wie überall auf der Welt sollte man aber auch in Kolumbien ein paar Grundregeln beachten und einhalten: den gesunden Menschenverstand einsetzen; nicht allein in dubiosen Vierteln nach Einbruch der Dunkelheit herumlaufen; immer ein Auge auf das eigene Getränk haben (damit keine Betäubungsmittel hineingemischt werden können).

➡ Frauen werden häufig Opfer von Handtaschenraub oder sonstigen Angriffen, da man nicht mit viel Gegenwehr rechnet.

➡ Auch alleine ein Taxi in der Dunkelheit zu besteigen, empfiehlt sich nicht – ab und zu werden Übergriffe auf alleinreisende Frauen gemeldet.

Freiwilligendienst

In Kolumbien gibt es eine ganz gute Auswahl an Möglichkeiten zum Freiwilligendienst, besonders im Bereich Bildung, Umweltschutz und Sozialarbeit. Die meisten größeren internationalen Organisationen für Freiwilligendienste haben Listen mit Adressen.

Eine Organisation vor Ort ist Goals for Peace (www.goalsforpeace.com) in Bucaramanga, bei der Freiwillige beim Englischunterricht, beim Sporttraining, bei Workshops für Kunst- und Kunsthandwerk oder bei der Hausarbeit helfen.

Owohl einige Hostels ihren Gästen für freie Kost und Logie Freiwilligenjobs anbieten, ist das eigentlich illegal, weil sie so den Einheimischen die Jobs wegnehmen.

Let's Go Volunteer (☎310-884-8041, 301-600-6049; www.letsgovolunteer.info; Carrera 5 sur No 22-40, Ibagué) Eine kleine, kolumbianische NGO, die soziale Arbeit mit benachteiligten Kindern, Frauen, die von der Prostitution wegkommen wollen und HIV-infizierten Kindern sowie Senioren anbietet. Die Kosten gehen von einer Woche (250 US$) bis zu einem (500 US$) oder drei Monaten (3500 US$).

Techo (☎in Chile +56-2-838-7300; www.techo.org) Diese in Chile ansässige, von Jugendlichen geführte Organisation bemüht sich in 19 lateinamerikanischen Ländern, darunter auch in Kolumbien, darum, Slums in eigenständige Gemeinschaften zu verwandeln, Die Freiwilligen helfen beim Häuserbau für in Armut lebende Familien.

Globalteer (☎in UK 44-117-230-9998; www.globalteer.org) Eine in Großbritannien eingetragene Hilfsorganisation, die freiwillige Praktika im Bereich sozialer Arbeit mit Kindern in Kolumbien anbietet. Die Preise beginnen bei 795 US$.

Geld

➡ Landeswährung ist der kolumbianische Peso (COP).

➡ Banknoten gibt es in der Stückelung 1000, 2000, 5000, 10 000, 20 000 and 50 000 COP. Daneben sind vor allem 100er, 200er, 500er und 1000er Münzen im Umlauf; Münzen im Wert von 50 COP sieht man höchstens mal in Supermärkten, einige Händler verweigern sogar die Annahme.

➡ Falschgeld ist ein großes Problem in Kolumbien, so dass man überall die Kassierer beobachten kann, wie sie die Scheine intensiv prüfen, bevor ein Kauf abgeschlossen ist. Da es für Besucher sehr schwer ist, gefälsche Banknoten zu erkennen, sollten sie alte, ramponierte oder solche, die irgendwie seltsam aussehen, wieder zurückgeben und dafür neue verlangen.

Geldautomaten

➡ Fast alle großen Banken haben Geldautomaten, die in der Regel auch Karten aus dem Ausland akzeptieren (Bancolombia ist die unangenehme Ausnahme). Gut funktionieren die Automaten von Banco de Bogotá/ATH und BBVA.

➡ Die meisten Banken beschränken die Geldausgabe auf 300 000 COP pro Transaktion, aber das ist vor Ort unterschiedlich. Bancolombia, Davivienda und Citibank sehen an den Automaten ihrer Filialen den doppelten Betrag vor. Wer mehr Bargeld benötigt, sollte die gewünschte Summe in zwei Tranchen ziehen, aber man muss schnell sein. Die Automaten lassen einem nur sehr wenig Zeit, sich durch das Menü zu arbeiten – nur eine Sekunde Zögern und schon wird der Vorgang abgebrochen.

➡ Wer nach Dunkelheit Geld abholen muss, sollte das nur an den Automaten in Tankstellen oder in Einkaufszentren tun.

Geldwechsler

➡ Besonders empfehlenswert sind Abhebungen über den Geldautomaten; dort bekommt man die besten Kurse.

➡ Der US$ ist die einzige ausländische Währung, für die man in Kolumbien einigermaßen gute Kurse erwarten darf, bei allen anderen, z. B. dem Euro, fährt man deutlich schlechter.

➡ Viele, wenn auch nicht alle Banken tauschen Geld, in den großen Städten und in der Grenzregion findet man viele *casas de cambio* (Wechselstuben).

➡ Man sollte möglichst kein Geld auf der Straße wechseln; einige Geldwechsler haben lange Finger und benutzen oft unzuverlässige Rechner.

➡ Kolumbien gilt als führend beim Fälschen von Banknoten, besonders auch von US$. Also Vorsicht, wenn man am Ende der Reise seine Pesos wieder in US$ zurücktauscht!

➡ In den Banken muss man seinen Ausweis bzw. Pass bei jeder Transaktion vorzeigen, außerdem wird ein Fingerabdruck genommen. Geldwechseln ist immer mit einem Haufen Papierkram verbunden – damit soll Geldwäsche verhindert werden.

Internationale Überweisungen

➡ Wer schnell Geld aus dem Ausland geschickt bekommen möchte, sollte sich an **MoneyGram** (☎1-800-269-4556; www.moneygram.com.co) oder **Western Union** (www.colombia.westernunion.com) wenden. Die Abwicklung über MoneyGram ist in der Regel günstiger, über diese Bank schicken auch die im Ausland lebenden Kolumbianer Geld an ihre Familien.

➡ Der Versender bezahlt den Betrag und die fälligen Gebühren in der nächstgelegenen Filiale von MoneyGram oder Western Union (oder einer Vertretung im Ausland) und hinterlegt dort den Namen des Empfängers und den Ort, an dem dieser das Geld erhalten soll/will. Ist das Geld eingezahlt, kann die Auszahlung innerhalb von 15 Minuten erfolgen. Der Empfänger muss sich mit einem Ausweis mit Foto und einem Nummern-Passwort identifizieren, das er vom Versender erhält.

➡ Beide Banken haben Niederlassungen sowohl in den großen, als auch in den meisten kleineren Städten.

Kreditkarten

➡ Kreditkarten werden akzeptiert und vor allem in den Großstädten und mittelgroßen Städten verwendet. Wer mit einer Kreditkarte zahlen will, sollte nach der fälligen Gebühr fragen: „*¿a cuantas cuetas?*" („Wie hoch sind die Gebühren?"). Kolumbianer dürfen sich für die Abzahlung dieser Kredite 24 Monate Zeit nehmen; bei Ausländern ist das unüblich.

➡ Am verbreitetsten ist die Visa-Karte. Die MasterCard ist weniger üblich, wird jedoch auch von vielen Banken angenommen. Alle anderen Kreditkarten werden nur selten akzeptiert.

➡ Mit der Kreditkarte kann man in der Bank und am Automaten Geld abheben, in beiden Fällen braucht man dafür seine Persönliche Identifikationsnummer (PIN).

Trinkgeld

➡ **Restaurants** Die Gesetze schreiben vor, dass Bedienungen in Mittelklasse- und Top-Restaurants (also überall dort, wo ein Aufschlag für die Bedienung ausgewiesen wird) die Gäste fragen müssen, ob sie 10 % Trinkgeld auf die Rechnungssumme aufschlagen dürfen. In Mittelklasse-Restaurants wird es akzeptiert, wenn man diese Frage mit der höflichen Antwort „*sin servicio, por favor*" ablehnt, wenn man unzufrieden war. In den Top-Restaurants ruft man mit der gleichen Antwort den Manager des Ladens an den Tisch, der sich genau erkundigt, warum man die Trinkgeldzahlung verweigert.

Taxis Es ist nicht üblich Taxifahrern ein Trinkgeld zu geben; aber auf den nächsten 500er oder 1000er Peso aufzurunden, ist ganz normal.

Gesundheit

In der Regel muss man bei Reisen in Kolumbien nicht mit gesundheitlichen Schäden rechnen, allerdings sollte man gewisse Vorsichtsmaßnahmen ergreifen und unterwegs einige Grundregeln beachten. Viele Krankheiten sind klimabedingt, aufgrund der Lage in den Tropen. Wer entlang der Küste oder durch den Regenwald fährt, muss mit kleinen „tropischen Ärgernissen" rechnen: infizierten Insektenstichen, Hautausschlägen und Beeinträchtigungen durch die große Hitze.

Mit anderen, deutlich gefährlicheren Tropenkrankheiten – einschließlich Malaria und Gelbfieber – kann man sich eher abseits der touristischen Hauptrouten infizieren, z. B. bei ausgedehnten Fahrten durch die Nationalparks. Das Denguefieber tritt in vielen Orten im Tiefland auf. Dort lauert auch eine 2014 erstmals in Kolumbien nachgewiesene Krankheit, das Chikungunyafieber, das von Stechmücken übertragen wird. 2016 traf das Zikavirus das Land sehr hart, allerdings ist die Epidemie bereits vorüber, heute werden nur noch wenige Fälle gemeldet. Mit anderen Problemen wird man nur bei Reisen in die hochgelegenen Landesteile konfrontiert, z. B. *soroche* (Höhenkrankheit).

Die gute Nachricht: Kolumbien zählt zu den Ländern mit der besten medizinischen Versorgung in Südamerika.

Gesundheitsrisiken

➡ Höhenkrankheit kann all jene Reisende erwischen, die sehr schnell auf Höhen über 2500 m fahren, z. B. jene, die direkt nach Bogotá fliegen.

Krankenversicherung

➡ Obwohl die medizinische Versorgung in Kolumbien recht erschwinglich ist, können sich die Kosten aber dennoch summieren, sodass es sinnvoll ist, eine umfassende Krankenversicherung abzuschließen, die z. B. auch die Rückführung in die Heimat beinhaltet.

➡ Die meisten Krankenhäuser und Kliniken fragen nach einem Versicherungsnachweis oder einer Kaution in Form von Bargeld oder einer Kreditkarte, bevor sie

Patienten, die nicht gerade lebensgefährlich erkrankt sind, behandeln.

➡ Oftmals müssen Patienten die Rechnung vorab selbst bezahlen und sich den Betrag dann von ihrer Versicherung zurückerstatten lassen.

Wer länger im Lande bleiben möchte, kann bei einer kolumbianischen Krankenversicherung eine monatlich zu zahlende „*medicina prepaga*" abschließen, die umfassender ist als die einfache private Krankenversicherung des Landes.

Internetzugang

➡ Kolumbien ist ein verkabeltes Land. Internet ist überall möglich und es ist zudem noch billig – selten mehr als 2500 COP pro Stunde.

➡ In kleineren Städten und abgelegenen Gegenden ist durch den laut verkündeten ehrgeizigen Plan Vive Digital der Regierung fast überall freies WLAN ermöglicht worden. In der Regel kann man einfach in der Bücherei eines Ortes, in einem Park oder kulturellem Veranstaltungsort online gehen.

➡ Fast alle Hostels und Hotels verfügen über WLANn. Einkaufszentren bieten oft kostenloses WLAN. Gleiches gilt für die meisten Restaurants und Cafés. Die größeren Flughäfen haben meist ebenfalls WLAN, aber oft mit schlechter Verbindung.

Karten & Stadtpläne

➡ Im Ausland wird man Schwierigkeiten haben, detaillierte Karten von Kolumbien zu finden. In den USA verkauft Maps.com (www.maps.com) eine hervorragende Auswahl an Karten. Eine vergleichbar gute Auswahl ist in Großbritannien bei Stanfords (www.stanfords.co.uk) erhältlich.

➡ Innerhalb des Landes werden faltbare Straßenkarten verschiedener Verlage publiziert und über die Buchläden vertrieben. Sehr zu empfehlen ist der *Guía de rutas* von Movistar, ein spanischer Straßenatlas von Kolumbien mit hervorragenden Karten. Man bekommt ihn an allen Mautstellen (den Busfahrer vorab bitten, die Karten für einen zu kaufen) oder in einigen Buchläden.

➡ Die größte Auswahl an Karten produziert und vertreibt das **Instituto Geográfico Agustín Codazzi** (IGAC; Karte S. 46; ☎369-4000; www.igac.gov.co; Carrera 30 No 48–51), das staatliche Karteninstitut, das seine Zentrale in Bogotá und Filialen in den Provinzhauptstädten unterhält.

Öffnungszeiten

Banken Montag bis Freitag 9 bis 16, Samstag 9 bis 12 Uhr

Bars 18 bis ca. 3 Uhr morgens

Cafés 8 bis 22 Uhr

Geschäfte Montag bis Freitag 9 bis 17, Samstag 9 bis 12 oder 17 Uhr; einige Läden schließen zur Mittagszeit

Nachtclubs Donnerstag bis Samstag 21 bis spätnachts

Restaurants Frühstück ab 8, Mittagessen ab 12, Abendessen bis 21 oder 22 Uhr

Post

➡ Kolumbiens offizieller Postdienstleister ist mir dem schrecklichen Namen

PRAKTISCH & KONKRET

Zeitungen In allen großen Städten erscheinen einige Tageszeitungen. Bogotás wichtigstes Blatt ist *El Tiempo* (www.eltiempo.com), das in guter Gewichtung nationale und internationale Nachrichten sowie Berichte zu Kultur, Sport und Wirtschaft bringt; *El Espectador* (www.elespectador.com) ist auch gut. Weitere führende Tageszeitungen sind *El Colombiano* (www.elcolombiano.com) in Medellín, und *El País* (www.elpais.com.co) in Cali. *Semana* (www.semana.com) ist landesweit die größte Wochenzeitung.

TV Kolumbien besitzt zahlreiche nationale und regionale Fernsehstationen. Jede Region hat ihren eigenen Sender, in Bogotá ist es der Fernsehsender City TV (www.citytv.com.co). Landesweit ausstrahlende Kanäle sind Caracol TV (www.canalcaracol.com.co), RCN TV (www.canalrcn.com) und der von der kolumbianischen Regierung betriebene Kanal Señal Colombia (www.senalcolombia.tv).

Online Englischsprachige Nachrichten und aktuelle Hinweise finden sich bei Colombia Reports (www.colombiareports.com).

Rauchen Ist verboten in öffentlichen Verkehrsmitteln, in öffentlich zugänglichen geschlossenen Räumen wie Bars und Restaurants oder am Arbeitsplatz. Einige Hotels haben belüftete Raucherzonen, viele sind jedoch komplett rauchfrei.

Maße & Gewichte In der Regel gilt das metrische System. Ausnahme bildet das Benzin, das in amerikanischen Gallonen verkauft wird. Frische Lebensmittel werden oft in *libras* (1 Pfund = 500 g) ausgezeichnet.

ORIENTIERUNG

Kolumbiens Städte und Kleinstädte sind traditionell in einem Schachbrettmuster angelegt. Die Straßen, die in nord-südlicher Richtung verlaufen, heißen Carreras, in den Stadtplänen oftmals mit Cra, Cr oder K abgekürzt. Alle von Osten nach Westen verlaufenden Straßen heißen dagegen Calles, abgekürzt mit Cll, Cl oder C. Das an sich einfache Muster wird allerdings durch Diagonalen verkompliziert, die entweder als Diagonales (meist mit ost-westlicher Ausrichtung wie die Calles) oder Transversales (im Verlauf eher den Carreras entsprechend) bezeichnet werden.

Alle Straßen sind nummeriert, das Nummernsystem dient gleichzeitig auch als Adressangabe. Jede Adresse besteht aus einer ganzen Reihe von Nummern, beispielsweise Calle 6 No 12–35, was in diesem Fall bedeutet, dass das Gebäude in der Calle 6 steht und 35 m von der Ecke der Carrera 12 in Richtung Carrera 13 entfernt liegt. Die Carrera 11A No 7–17 ist dementsprechend die Adresse eines Gebäudes in der Carrera 11A, das 17 m von der Ecke der Calle 7 in Richtung Calle 8 liegt. Weitere Beispiele findet man auf der Übersichtskarte.

Das System ist sehr praktisch und nachvollziehbar, sodass es in der Regel kein Problem gibt, eine gesuchte Adresse zu finden. Das kolumbianische System zählt zu den genauesten weltweit – wer die richtige Adresse hat, wird immer punktgenau vor dem gewünschten Gebäude stehen.

In den größeren Städten heißen die Hauptstraßen Avenidas oder Autopistas und tragen einen Namen und eine Nummer, sie sind aber meist unter ihren Nummern bekannt.

Cartagenas Altstadt ist die einzige kolumbianische Stadt mit jahrhundertealten Straßennamen, die dem modernen Nummernsystem bis heute widerstanden haben. Die Straßen in einigen anderen vergleichbaren Städten, beispielsweise Medellín, verfügen über zwei Bezeichnungen: die historischen und die modernen mit den Nummern – verwendet werden aber nur die Zahlen.

4-72 (www.4-72.com.co) genannte Unternehmen, das es geschafft hat, die unter der lähmenden Last der Pensionszahlungen und Ineffizienz darniederliegende staatliche Post Adpostal (die 2006 eingestellt wurde) in einen profitablen und effizient arbeitenden Konzern umzubauen.

➡ Es gibt zahlreiche private Kurierfirmen, u. a. **Avianca** (www.aviancaexpress.com), **Deprisa** (☎1-8000-519393; www.deprisa.com) und **Servientrega** (☎Bogotá 1-770-0200; www.servientrega.com).

➡ Wer sich ein Paket nach Kolumbien schicken lassen möchte, dem stehen verschiedene Möglichkeiten offen: Der Absender kann das Paket über Kurierdienste wie DHL senden, die eine schnelle und verlässliche Auslieferung garantieren. In diesem Fall werden die kolumbianischen Zollbeamten mit Sicherheit das Paket öffnen und den Inhalt mit einem oft sehr hohen Zoll belegen. Wer es nicht so eilig hat, kann sein Paket regulär per Luftpost verschicken, es ist dann 4–8 Wochen unterwegs.

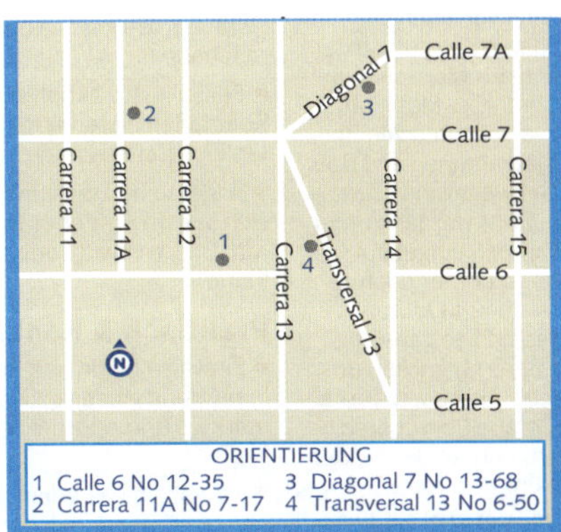

➡ Wer Pakete oder Briefe auf dem Seeweg ins Ausland verschicken will, muss bei der Post einen Personalausweis oder Reisepass vorlegen.

Rechtsfragen

Wer inhaftiert ist, hat das Recht auf einen Rechtsbeistand. Wer vor Ort keinen Anwalt hat, bekommt einen vom Staat gestellt, der diesen auch bezahlt. Generell gilt erst einmal die Unschuldsvermutung, die Verfahren werden in der Regel schnell abgewickelt.

Meist geraten Reisende dann mit dem Gesetz in Konflikt, wenn es um Drogen geht. 2012 trug das kolumbianische Verfassungsgericht zur Entkriminalisierung bei, indem es den Besitz geringer Mengen Kokain (1 g oder weniger) und Marihuana (20 g oder weniger) für den Eigenbedarf legalisierte. Das heißt jedoch nicht, dass es empfehlenswert wäre, diese Drogen bei sich zu haben. Obwohl man in dem Fall straffrei ausgeht, geht die Polizei nicht immer zimperlich mit den Betroffenen um und schickt sie eventuell noch je nach Grad der Vergiftung zur medizinischen Behandlung.

Reisende mit Behinderung

Kolumbien bemüht sich sehr, die Barrierefreiheit zu verbessern, bleibt aber ein schwieriges Ziel für Reisende mit Behinderung. Medellín hat da eine Vorreiterrolle und ist daher vermutlich der beste Orte für Menschen mit eingeschränkter Mobilität, gefolgt von Städten wie Bogotá, Bucaramanga und Cali.

Die Gehwege sind oftmals uneben. Zwar werden immer mehr Rampen eingebaut, aber das ist immer noch sehr selten. Auto- und Motorradfahrer sind es gewohnt, einfach ohne zu gucken um die Ecken zu brausen. Leute, die die Straße überqueren möchten, werden dabei überhaupt nicht beachtet.

Nur wenige Restaurants und Hotels haben Rampen für Menschen mit eingeschränkter Mobilität. In großen Hotelketten gibt es schon eher barrierefreie Zimmer – meist nur ein paar wenige – und öffentliche Bereiche. In größeren Shoppingmalls gibt es in der Regel Rampen und Aufzüge.

Die meisten größeren öffentlichen Verkehrsmittelnetze, wie z. B. die Transmilenio in Bogotá und die U-Bahn in Medellín, verfügen über barrierefreie Bahnhöfe und Wagen, allerdings sind sie oft so überfüllt, dass das Reisen doch wieder recht schwierig und unangenehm wird. Die meisten kolumbianischen Taxis sind kleine Autos, in die man weder leicht rein- noch rauskommt und die meist wenig oder gar keinen Platz für einen Rollstuhl oder andere sperrige Gegenstände bieten.

Reisen mit Kindern

➡ Wie fast alle Lateinamerikaner lieben auch die Kolumbianer Kinder über alles. Aufgrund des hohen Bevölkerungswachstums machen Kinder einen beachtlichen Teil der Bevölkerung aus und sind aus dem Straßenbild nicht wegzudenken. Die Zahl ausländischer Reisender mit Kindern ist klein – wer die eigenen Kinder aber dabei hat, muss sich nicht um ausreichend Gesellschaft für seine Sprösslinge Gedanken machen.

➡ Fast alle Attraktionen in Kolumbien bieten ermäßigten Eintritt für Kinder.

➡ Allgemeine Tipps finden sich in dem Ratgeber *Travel with Children* von Lonely Planet.

Praktisch & Konkret

➡ Einwegwindeln und Babynahrung gibt es in Supermärkten und Apotheken zu kaufen.

➡ Es gibt einige Läden, die sich auf Kinderkleidung, -schuhe und Spielzeug spezialisiert haben; Pepeganga (www.pepeganga.com) ist dabei besonders empfehlenswert.

➡ Die meisten Restaurants mit einer Speisekarte, die nicht nur billige Tagesgerichte aufweist, haben Hochstühle für kleine Kinder.

➡ Wickelräume für Babys sind in öffentlichen Toiletten keinesfalls an der Tagesordnung, schon gar nicht auf der Herrentoilette.

➡ In manchen Schichten der kolumbianischen Gesellschaft ist das Stillen in der Öffentlichkeit nicht gern gesehen, allerdings führen Bildungsprogramme langsam zu einer Änderung dieser Einstellung.

Schwule & Lesben

➡ Im Vergleich zu einigen anderen lateinamerikanischen Ländern wird Homosexualität in Kolumbien mehrheitlich toleriert (sie wurde schon 1981 durch die Regierung in Bogotá legalisiert); es gibt in den größeren Städten eine nicht unerhebliche Schwulenszene.

➡ Solange man seine Zuneigung nicht in der Öffentlichkeit zeigt, muss man keine Unannehmlichkeiten fürchten.

➡ Die meisten Kontakte werden heutzutage online geknüpft. Dazu gibt es für Männer beispielsweise die beliebte App Grindr.

➡ 2011 beauftragte das kolumbianische Verfassungsgericht den Kongress bis Juni 2013 ein Gesetz zu verabschieden, wonach gleichgeschlechtliche Paare ein Recht auf eine gleichgeschlechtliche Ehe haben. Sollten es die kolumbianischen Kongressabgeordneten bis dahin nicht schaffen, ein entsprechendes Gesetz zu verabschieden, sollen alle gleichgeschlechtlichen Paare automatisch die gleichen Rechte wie alle anderen, verschiedengeschlechtlichen Verheirateten erhalten. Der Kongress schaffte es nicht, woraufhin die erste Eheschließung unter Gleichgeschlechtlichen am 24. Juli 2013 stattfand. 2016, als das Verfassungsgericht des Landes beschloss, dass die Verfassung den Status gleichgeschlechtlicher Eheschließungen anerkennen müsse, wurden ihnen volle Rechte gewährt.

➡ Veranstaltungen für Schwule und Lesben finden sich auf der Website www.guiagaycolombia.com.

Sprachkurse

Universitäten und Sprachschulen bieten in allen größeren Städten Spanischkurse an. Generell ist es aber günstiger und ratsamer, einen Privatlehrer zu engagieren. Die bekannten Backpacker-Hotels sind die besten Adressen, um sich nach unabhängig arbeitenden Sprachlehrern zu erkundigen. Die Einschreibung in einen Universitätskurs ist nur dann sinnvoll, wenn man länger als sechs Monate (also länger als mit Touristenvisum möglich) im Land bleiben will.

Strom

Type B
120V/60Hz

Type A
120V/60Hz

Telefon

Das Telefonsystem ist in Kolumbien modern und funktioniert sowohl bei Inlands- als auch bei Auslandsgesprächen gut. Das Festnetz wird in verschiedenen Städten von unterschiedlichen Anbietern betrieben, von denen viele einst staatlich waren und nun privatisiert wurden.

Öffentliche Telefone gibt es in allen größeren Städten, allerdings nur dünn gesät, und die meisten funktionieren gar nicht. Stattdessen sieht man, dass Geschäfte,, Kioske und Straßenhändler „*minutos*" oder Telefonminuten auf einem ganzen Bündel mobiler Geräte verkaufen. Diese Händler kaufen Prepaid-Guthaben in großen Mengen, sodass es dann günstiger ist, diese zu nutzen als das Guthaben auf dem eigenen Mobilgerät. Aus diesem Grund nutzen viele Kolumbianer ihre Mobilteile nur für eingehende Gespräche und wenden sich an die Straßenhändler zum aktiven Anrufen. Die Gebühren liegen zwischen 150 und 400 COP pro Minute, egal wohin im Land man telefonieren will.

Internetcafés haben fast immer einige *cabinas* (Telefonkabinen), von denen aus sowohl Ortsgespräche, als auch internationale Gespräche für einige Hundert Pesos pro Minute geführt werden können.

Mobiltelefone

Das Mobilfunk- und mobile Datenübertragungsnetz ist hervorragend. Die meisten entsperrten Handys funktionieren mit einer kolumbianischen SIM-Karte.

Die Kolumbianer lieben ihre Handys, in den Städten hat quasi jeder zumindest eines. Die drei Hauptprovider sind **Claro** (www.claro.com.co), **Movistar** (www.movistar.co) und **Tigo** (www.tigo.com.co). Claro bietet die landesweit beste Abdeckung und ist von daher für Reisende die beste Wahl. Handys sind günstig, viele Reisende kaufen sich bei der Ankunft eines – ein einfaches Gerät kostet rund 130 000 COP.

Alternativ kann man auch sein eigenes Handy mitbringen und es vor Ort mit einer kolumbianischen SIM-Karte bestücken, die in der Regel um die 5000 COP kostet. Um eine SIM-Karte von einem der Anbieter kaufen zu können, benötigt man einen Pass oder Ausweis: Es gibt sie auch von Drittanbietern, aber am Ende muss man sich doch bei dem Betreiber registrieren, weil sonst das Mobilgerät gesperrt werden kann. Die kolumbianischen Mobilfunkanbieter berechnen nur ausgehende, nicht eingehende Anrufe.

Telefonnummern

Man kann von jedem Telefon aus fast überall im Land direkt anrufen, allerdings wählt man, wenn man von einem Handy eine Festnetznummer anrufen will, die 03 + Ortsvorwahl vor. Von zahlreichen Festnetzen aus kann man sich nicht in das Handynetz einwählen.

Festnetznummern sind landesweit siebenstellig, wohingegen Handynummern zehnstellig sind. Die Vorwahlnummern von Orten und Regionen sind nur einstellig.

Die Landesvorwahl von Kolumbien lautet 0057 bzw. +57. Wer aus dem Ausland nach Kolumbien anruft, fügt die einstellige Regio-

SHOPPEN BIS ZUM ABWINKEN

Kolumbien ist berühmt für seine großen Edelsteine und bunten Hängematten bis hin zu den wunderschönen Töpferwaren aus schwarzem La-Chamba-Ton. Wegen der reichen Tradition und der günstigen Preise kann man hervorragende, qualitativ hochwertige Souvenirs kaufen, die nicht nur im Schrank verstauben.

Edelsteine Die meisten stammen aus dem Muzo-Gebiet und werden in Bogotá auf einem gut florierenden Edelstein-Straßenmarkt in der südwestlichen Ecke der Avenida Jiménez und der Carrera 7 sowie auf der nahe gelegenen Plaza Rosario verkauft. Dort stehen Dutzende von *negociantes* (Händler), die Steine kaufen und verkaufen – teilweise einfach vom Bürgersteig aus.

Kunsthandwerk Boyacá ist die landesweit größte Kunsthandwerks-Manufaktur, die hervorragende handgewebte Stücke, Korbwaren und Keramik produziert und verkauft. An der Pazifikküste findet man eine interessante Auswahl an Korbwaren und gelegentlich die obligatorischen Gewehre, mit denen man Pfeile abschießt. Guapi ist berühmt für seine Musikinstrumente, vor allem die handgemachten Trommeln. Dort findet man auch wunderschönen, von Hand gefertigten Goldschmuck. Wer es nicht zur Pazifikküste schafft, sollte sein Glück im **Parque Artesanías** (Karte, S. 256; Loma de la Cruz; ⌚10–20 Uhr) in Cali versuchen.

Holzarbeiten Pasto ist bekannt für seine Holzarbeiten – dekorative Stücke, die mit *barniz de Pasto*, einer Art Harz, überzogen werden. Keramikminiaturen von *chivas* (traditionellen Bussen) haben sich zu beliebten Souvenirs entwickelt.

Töpferwaren La-Chamba-Töpferwaren aus schwarzem Ton sind charakteristisch für Tolima und als Dekorationsstücke auf dem Kaminsims genauso schön wie als Gebrauchsgegenstände auf dem Herd.

Hängematten Die beliebten Hängematten gibt es in vielen regional variierenden Ausführungen – von ganz einfachen praktischen Hängematten aus Los Llanos bis hin zu kunstvollen, von den Wayuu gefertigten *chinchorros*.

Ruanas Die kolumbianischen Wollponchos, bekannt als *ruanas*, finden sich in den kühleren Zonen der Anden. In vielen Dörfern werden sie von Hand mit einfachen Mitteln und aus Naturfarben hergestellt. Bogotá und Villa de Leyva sind gute Orte, um sie zu kaufen.

Mochilas Die besten und schicksten *mochilas* (eine Art Web-Umhängetasche) sind die erdfarbenen Varianten aus Arhuaco aus der Sierra Nevada de Santa Marta und die farbenprächtigen der Wayuu aus dem Departamento de La Guajira. Die echten Taschen sind zwar nicht billig, aber sehr hübsch und in der Regel auch qualitativ gut.

nalvorwahl hinzu und dann die Teilnehmernummer. Handynummern wählt man ohne regionale Vorwahl an, man tippt sie direkt nach der Landesvorwahl ein.

Toiletten

➡ Es gibt landesweit leider nur wenige öffentliche Toiletten; üblich ist der Besuch von Restauranttoiletten. Museen und alle großen Einkaufszentren besitzen eigene öffentlich zugängliche Toiletten, Gleiches gilt für Busbahnhöfe, Flughafenterminals und einige Supermärkte.

➡ Meist (wenn auch nicht immer) findet man Toilettenpapier vor, weshalb man grundsätzlich einen eigenen Vorrat bei sich tragen sollte. Das Papier darf auf keinen Fall in der Toilette heruntergespült werden, da die Abflussleitungen einen sehr kleinen Durchmesser haben und auch der Wasserdruck meistens zu schwach ist, um das Papier wegzuspülen. Neben der Toilette befinden sich deshalb Abfalleimer, die man zur Entsorgung benutzen sollte.

➡ In der Regel fragt man auf der Suche nach einer Toilette nach einem *baño*. Auf den Türen der Herrentoiletten steht wahlweise *señores*, *hombres* oder *caballeros*, bei den Damen *señoras*, *mujeres* oder *damas*.

➡ Toiletten an Busbahnhöfen kosten in der Regel zwischen 800 und 1000 COP plus 200–300 COP für das Toilettenpapier.

Touristeninformation

➡ Fast in allen Städten, die von Touristen besucht werden, gibt es einen Punto Información Turística (PIT) – einen Informationskiosk oder ein Büro, erkennbar an dem roten „i". Sie liegen oft in der Nähe des zentralen Platzes oder an Bahnhöfen, Busbahnhöfen etc.

➡ Kolumbien hat eine Reihe guter regionaler und nationaler Websites mit Informationen (manchmal auch auf Englisch) zu Unternehmungs- und Übernachtungsmöglichkeiten.

➡ Das wichtigste Portal des Landes ist www.colombia.travel.

PREISE FÜR DIE UNTERKUNFT

Die folgenden Preise beziehen sich auf ein Standard-Doppelzimmer ohne Ermäßigung.

$	unter 85 000 COP
$$	85 000–185 000 COP
$$$	über 185 000 COP

Unterkunft

In Kolumbien gibt es alle möglichen Arten von Unterkünften in den verschiedensten Preisklassen und für jeden Urlaubstyp: hervorragende Hostels und abgedrehte Boutiquehotels, aber auch atemberaubende Unterkünfte, die an Klippen oder über dem tosenden Meer hängen. Rund um die wichtigen religiösen Feiertage wie Ostern und Weihnachten sollte man im Voraus reservieren.

Campen

Lange Zeit war Campen in Kolumbien gar nicht möglich, aber mit dem Friedensabkommen von 2016 wurde der 52 Jahre andauernde Bürgerkrieg beendet und einige abgelegene Regionen des Landes wurden frei. Daraufhin schnallen sich mehr und mehr Kolumbianer ihre Rucksäcke um und erobern sich ihr schönes Land auf den wenigen, aber immer mehr werdenden Campingplätzen zurück. Auch wildes Campen ist möglich.

Hostels

➡ Das Rucksackreisen boomt derzeit in Kolumbien. Alle Hostels bieten Schlafsaalbetten für rund 20 000 bis 40 000 COP; die meisten haben auch einige kleinere, private Zimmer für 60 000 bis 120 000 COP.

➡ Viele der etablierten Hostels sind Mitglied der **Colombian Hostels Association** (www.colombianhostels.com.co). Unter www.hosteltrail.com findet sich die umfangreichste Auflistung von Hostels.

Hotels

➡ Auch wenn sie manchmal *residencias, hospedajes* oder *posadas* genannt werden: Die Bezeichnung „Hotel" steht generell für eine etwas gehobenere Unterkunft – oder zumindest für einen höheren Preis. Günstigere Unterkünfte finden sich meist rund um die Märkte, Busbahnhöfe und in den Nebenstraßen der Stadtzentren. Wer Spanisch spricht und nicht auf dem ausgetretenen Gringo-Pfad reisen will, der kann sich auch nach einem preiswerten Einzelzimmer mit heißem Wasser, Klimaanlage und Kabel-TV umschauen; verlangt werden dafür 30 000 bis 40 000 COP – damit sind sie dann günstiger als ein Hostel.

➡ Noch gibt es verhältnismäßig wenige Mittelklassehotels, zwischen billigen Unterkünften und 3- bis 4-Sterne-Hotels klafft eine große Lücke. Die vorhandenen Hotels verlangen zwischen 80 000 und 180 000 COP und liegen meist im Stadtzentrum, ihre Hauptkundschaft sind kolumbianische Geschäftsreisende.

➡ In allen bedeutenden Städten finden sich Spitzenklassehotels, die pro Nacht 185 000 COP oder mehr berechnen. Am besten sind die Top-Hotels in Bogotá, Medellín und Cartagena.

Resorts

➡ An der karibischen Küste und auf San Andrés gibt es eine Handvoll All-inclusive-Ferienanlagen, die vor allem von Einheimischen und seltener von ausländischen Pauschalurlaubern gebucht werden; im Allgemeinen sind sie allesamt ihren Preis wert.

➡ Auch an der Pazifikküste findet man einige gute All-inclusive-Anlagen, die aber nur etwas für mutige Urlauber sind, denn die Gegend ist noch wenig erschlossen; außerdem wird sie noch sehr stark vom kolumbianischen Militär kontrolliert.

➡ Auf der Homepage www.colfincas.com (nur auf Spanisch) findet man eine Auswahl der besten kleinen Anlagen und Farmen

➡ Wer eine Ferienanlage (pauschal) vom Ausland aus bucht, braucht die 19 % Mehrwertsteuer nicht zu zahlen. Einige Hotels halten sich allerdings nicht an diese Regel, weshalb man unbedingt nachfragen (und darauf bestehen) sollte.

Steuern & Erstattungen

Ein neues Gesetz, das 2016 erlassen wurde, befreit Ausländer praktisch von Steuern auf einige touristisch orientierte Dienste über 280 000 COP (z. B. 19% IVA-Steuer oder Führungen); das Geld zurückzubekommen ist jedoch gar nicht so einfach: Die Quittungen müssen vor Verlassen des Landes beim **National Department of Taxes and Customs** (DIAN; www.dian.gov.co) vorgezeigt werden; außerdem muss ein Formular ausgefüllt sowie der Reisepass und eine Kopie eines gültigen Touristenvisums vorgelegt werden.

Versicherung

➡ Jeder Reisende sollte vorab eine Reiseversicherung abschließen, die im Falle einer ernsthaften Erkrankung einen Rücktransport ins Heimatland bezahlt und außerdem bei Verlust bzw. Diebstahl von Geld und Wertsachen einspringt. Jedem sollte klar sein, dass es ohne Versicherung im Ernstfall sehr teuer werden kann.

➡ Wer sich für den Abschluss einer entsprechenden Versicherung entscheidet, benötigt im Falle eines Verlustes oder Diebstahls einen ausführlichen Polizeibericht. Außerdem muss man Kaufbelege aller verlorenen oder gestohlenen Gegenstände vorlegen können.

➡ Laut Gesetz müssen kolumbianische Krankenhäuser Ausländer bei einem Notfall behandeln – ob man nun dafür bezahlen kann oder nicht. Wer allerdings nicht ausreichend Spanisch spricht, wird seine Rechte nur schwerlich durchsetzen können.

➡ Weltweit gültige Reiseversicherungen lassen sich über www.lonelyplanet.com/travel_insurance abschließen. Diese Versicherungen können online vor, aber auch noch während der Reise vereinbart werden.

Visum

Die Bürger vieler Staaten, darunter Westeuropa (u. a. D, A, CH), Nord- und Südamerika, Japan, Australien, Neuseeland und Südafrika benötigen kein Visum. Ansonsten muss mit einer kleinen Gebühr dafür gerechnet werden.

Visumsverlängerungen

Migración Colombia (Centro Facilitador de Servicios Migratorios; www.migracioncolombia.gov.co; Calle 100 No 11B-27; ⏲Mo–Fr 8–16 Uhr) bearbeitet in den Centros Facilitadores de Servicios Migratorios im ganzen Lande Visumsverlängerungen für Touristen. Besucher mit einem Touristenvisum können ihr Visum nach Ermessen des Beamten weitere 90 Tage verlängern lassen. Um eine Verlängerung, die gemeinhin als *„permiso temporal de permanencia"* bezeichnet wird, zu beantragen, muss man in den meisten Fällen den Pass, zwei Kopien des Passes (Bildseite und die Seite mit dem Einreisestempel) und zwei Passbilder zusammen mit dem Rückflugticket vorlegen. Die Gebühr in Höhe von 92 000 COP kann mit Debit- oder Kreditkarte in den Büros der Migración Colombia bezahlt werden.

Wer bar bezahlen will, muss das Geld bei einem Regierungsbankkonto einzahlen. Das ist oft bei der Banco de Occidente, hängt aber von der Stadt ab, in der man die Verlängerung beantragt. Zunächst füllt man einige Formblätter aus und geht dann in eine nahe gelegene Bank, um die Gebühr zu zahlen.

Man kann das Prozedere auch abschließen, indem man online bezahlt. Wenn der Transfer bestätigt ist, geht man in ein Büro des Migración Colombia, um den Stempel zu bekommen.

Wer sich zur Visumsverlängerung in ein zuständiges Amt begibt, muss damit rechnen, dass der Vorgang einen ganzen Vor- oder Nachmittag in Anspruch nimmt. Man kann dazu in jedes der Centros Facilitadores de Servicios Migratorios in Kolumbien gehen, die es in den Großstädten und in manchen Kleinstädten gibt (eine Liste findet sich auf der Website des Migración Colombia). Normalerweise bekommt man die Verlängerung sofort.

Bußgelder für überschrittene Aufenthalte im Lande liegen bis zu 7-mal über den regulären Visumsgebühren (737 717 COP in 2017), je nach Länge des überschrittenen Zeitraums.

UNTERKÜNFTE ONLINE BUCHEN

Weitere Bewertungen von Unterkünften durch Autoren von Lonely Planetfinden sich unter http://lonelyplanet.com/hotels/. Dort stehen neutrale Beschreibungen, aber auch Empfehlungen. Und das Beste: Man kann gleich online buchen!

Zeit

➡ Kolumbien liegt 6 Std. hinter der MEZ (in unserer Sommerzeit 7 Std).

Zoll

➡ Kolumbianische Zollbeamte richten ihr Augenmerk vor allem auf große Bargeldbeträge (bei der Einreise) und Drogen (bei der Ausreise). Wenn sie auch nur den geringsten Verdacht hegen, kann man sich auf eine gründliche Durchsuchung des Gepäcks und der Person gefasst machen.

➡ Die Befragung erfolgt in der Regel auf Spanisch oder Englisch, die Beamten sind gut geschulte Polizisten. Eine jüngst ins Repertoire aufgenommene Art der Kontrolle ist die Röntgenuntersuchung des Magen-Darm-Trakts: Wer auffällt oder auf die Fragen der Beamten keine überzeugenden Antworten gibt, wird geröntgt.

➡ Jeder darf Dinge für den persönlichen Bedarf und Geschenke für Kolumbianer mitbringen. Menge, Art und Wert sollten nicht den Anschein erwecken, man wolle sie im Land gewinnbringend verkaufen.

➡ Zu den Dingen des persönlichen Bedarfs zählen u. a. Kameras, Camping- und Sportsachen sowie Laptops.

Verkehrsmittel & -wege

AN- & WEITERREISE

Kolumbien ist entweder mit dem Flugzeug, dem Auto und per Schiff erreichbar. Die Mehrzahl aller Reisenden trifft mit dem Flugzeug in Kolumbien ein und landet an einem der wichtigsten Flughäfen von entweder Bogotá, Medellín, Cartagena oder Cali.

Kolumbien grenzt an die Länder Panama, Venezuela, Brasilien, Peru und Ecuador, besitzt aber nur nach Venezuela und Ecuador Straßenverbindungen. Hier gibt es die einfachsten und am häufigsten benutzten Grenzübergänge, obwohl die politische Krise in Venezuela dazu geführt hat, dass die Übergänge nicht regelmäßig geöffnet sind.

Man kann auch am Dreiländereck bei Leticia nach Santa Rosa in Peru und Tabatinga in Brasilien einreisen. Nach und von Panama aus fahren private Charterjachten und von Tumaco aus verkehren regelmäßig Regionalbusse nach Ecuador.

Flüge, Autos und Touren können online über lonelyplanet.com/bookings gebucht werden.

KLIMAWANDEL & REISEN

Der Klimawandel stellt eine ernste Bedrohung für unsere Ökosysteme dar. Zu diesem Problem tragen Flugreisen immer stärker bei. Lonely Planet sieht im Reisen grundsätzlich einen Gewinn, ist sich aber der Tatsache bewusst, dass jeder seinen Teil dazu beitragen muss, die globale Erwärmung zu verringern.

Fliegen & Klimawandel

Fast jede Art der motorisierten Fortbewegung erzeugt CO_2 (die Hauptursache für die globale Erwärmung), doch Flugzeuge sind mit Abstand die schlimmsten Klimakiller – nicht nur wegen der großen Entfernungen und der entsprechend großen CO_2-Mengen, sondern auch, weil sie diese Treibhausgase direkt in den hohen Schichten der Atmosphäre freisetzen. Die Zahlen sind erschreckend: Zwei Personen, die von Europa in die USA und wieder zurück fliegen, erhöhen den Treibhauseffekt in demselben Maße wie ein durchschnittlicher Haushalt in einem ganzen Jahr.

Emissionsausgleich

Die englische Website www.climatecare.org und die deutsche Internetseite www.atmosfair.de bieten sogenannte CO_2-Rechner. Damit kann jeder ermitteln, wie viel Treibhausgase seine Reise produziert. Das Programm errechnet den zum Ausgleich erforderlichen Betrag, mit dem Reisende nachhaltige Projekte zur Reduzierung der globalen Erwärmung unterstützen können, beispielsweise Projekte in Indien, Honduras, Kasachstan und Uganda.

Lonely Planet unterstützt gemeinsam mit Rough Guides und anderen Partnern aus der Reisebranche das CO_2-Ausgleichsprogramm von climatecare.org.

Alle Reisen von Mitarbeitern und Autoren von Lonely Planet werden ausgeglichen. Auf der Homepage des Verlages – www.lonelyplanet.com – gibt es weitere Informationen zu diesem Thema.

ABFLUGSTEUER

Die auf internationale Flüge erhobene Abflugsteuer liegt bei 111 500 COP oder 38 US$. Bisher wurde sie an einem gesonderten Schalter bezahlt, ist heutzutage jedoch in der Regel im Ticketpreis enthalten.

Theoretisch sind Reisende, die sich weniger als 60 Tage in Kolumbien aufhalten, von dieser Steuer befreit; in kombinierten Hin- und Rückflugtickets von außerhalb Kolumbiens mit einer Aufenthaltszeit von weniger als 60 Tagen ist diese Steuer nicht enthalten.

Einreise

Die Mehrzahl aller Reisenden, die Kolumbien besuchen, kommt mit dem Flugzeug hier an, ein weiterer Teil reist auf dem Landweg über die Nachbarländer Ecuador, Venezuela oder, weniger häufig, über Brasilien ein. Auch auf dem Seeweg kann man Kolumbien ansteuern: Zahlreiche Segelschiffe kommen von den panamaischen San-Blas-Inseln aus nach Kolumbien.

Für die Einreise ins Land benötigen Schweizer, Deutsche und Österreicher einen noch mindestens sechs Monate gültigen Reisepass. Die meisten Reisenden bekommen ein 60 Tage gültiges Touristenvisum ausgestellt, das in der noch Regel verlängert werden kann. Die maximale Aufenthaltsdauer zu touristischen Zwecken beträgt 180 Tage.

Wer auf dem Luftweg einreist (bei der Einreise über Land ist die Situation anders), erhält ein entsprechendes Formular zum Ausfüllen. Dieses übergibt er nach der Gepäckausgabe einem Beamten. Wenn man noch einen innerkolumbianischen Anschlussflug hat, wird das Gepäck unter Umständen direkt von Bogotá zum Endziel weitergeleitet, was in dieser Region eigentlich eher unüblich ist. Dennoch muss man das Formblatt ausfüllen und durch den Zoll gehen, bevor man sich dann zum Gate für den Inlandsflug begibt.

Mit dem Flugzeug

Flughäfen & Fluglinien

Kolumbiens größter internationaler Flughafen ist der frisch renovierte **Aeropuerto Internacional El Dorado** (Karte S. 46; ☎1-266-2000; www.eldorado.aero; Av El Dorado) in Bogotá. Eine zweite Erweiterung dieses Flughafens ist bereits geplant.

Weitere große Flughäfen, über die internationale Flüge abgewickelt werden, sind:

Aeropuerto José María Cordova (www.aeropuertorionegro.co) in Medellín.

Aeropuerto Rafael Núñez (www.sacsa.com.co) in Cartagena.

Aeropuerto Alfonso Bonilla Aragón (www.aerocali.com.co) in Cali.

Kolumbiens nationale Fluglinie ist **Avianca** (☎1-8000-953434, 5-330-2030; www.avianca.com), die zu den besseren Airlines in der Region gehört, sowohl in Sachen Service als auch was die Verlässlichkeit angeht.

Tickets

Kolumbien verlangt von allen seinen Besuchern ein Weiterreiseticket; ohne dieses Ticket wird niemand ins Land gelassen. Sowohl die Fluglinien als auch die Reisebüros halten sich strikt an diese Vorgaben und werden keine One-way-Tickets ausgeben (es sei denn, man kann bereits ein Weiterreiseticket vorweisen). Bei der Ankunft in Kolumbien verlangt jeder Grenzbeamte die Vorlage eines solchen Weiterreisetickets.

Der Trick ist, sich ein komplett erstattungsfähiges Ticket mit seiner Kreditkarte zu besorgen und sich bei der Ankunft im Land die Kosten für den Rückflug erstatten zu lassen. Wer auf dem Landweg einreist, wird möglicherweise mit dem Nachweis einer (noch unbezahlten) Flugreservierung an den Grenzbeamten vorbeikommen. Ungepflegt aussehende Reisende werden eher nach einem Weiterreiseticket gefragt als ordentlich gekleidete Touristen.

Weiterreise innerhalb Südamerikas

Flugtickets sind in Südamerika oft teuer. Wer nach Ecuador, Venezuela oder Brasilien reisen möchte, sollte unter Umständen einen Flug zur Grenze buchen (Ipiales, Cúcuta bzw. Leticia), auf dem Landweg ins Nachbarland wechseln und von dort aus einen Inlandsflug zum Zielort buchen.

Vor diesem Hintergrund gilt, dass Bogotá oft das preiswerteste Reiseziel in Südamerika ist. Es gibt viele internationale Flüge ab Bogotá und auch einige ab Cali und Medellín. So kann man beispielsweise Bogotá–Quito und Cali–Quito buchen. Als Folge der politischen Krise in Venezuela hat Avianca seinen Flugverkehr in das Land eingestellt, sodass Plätze nach und von Caracas immer schwerer zu ergattern sind.

Auf dem Landweg

Grenzübergänge

Infos zu Visumsanforderungen siehe im Kapitel „Visum" (S. 366).

BRASILIEN & PERU

Von beiden Ländern kann man nur über Leticia im äußersten Südosten des kolumbianischen Amazonasgebietes einreisen. Leticia ist von Iquitos (Peru) und Manaus (Brasilien) per Flussboot zu erreichen. Flüge sind die einzige Möglichkeit, von Leticia in andere Teile Kolumbiens zu gelangen.

ECUADOR

Fast alle Reisende nehmen den Grenzübergang an der Carretera Panamericana und reisen durch Tulcán (Ecuador) und Ipiales (Kolumbien). Der Abschnitt der Panamericana zwischen Pasto und Popayán ist mittlerweile sicherer geworden, aber um sich keinerlei Gefahren auszusetzen und auch die fantastischen Ausblicke genießen zu können, sollte man diese Straße nur tagsüber bereisen.

Eine weitere Möglichkeit ist der Grenzübergang von San Miguel in Putumayo nach Nueva Loja im equadorianischen Amazonasgebiet. In der letzten Zeit haben Backpacker diese Route genutzt, aber man sollte die Lage immer direkt vor Ort im Hotel checken, bevor man sich in diese Gegend vorwagt, denn manchmal ist sie als sicher, manchmal aber auch als kritisch einzustufen. Auch auf dieser Strecke immer nur tagsüber reisen!

VENEZUELA

Die politische Krise in Venezuela hat dazu geführt, dass die Grenze zu Kolumbien nicht immer offen ist. Zeitweilig hat die Regierung in Caracas die Grenzen komplett geschlossen, manchmal sind sie nur für motorisierte Fahrzeuge gesperrt. Also immer im Voraus die neuesten Infos dazu einholen!

Es gibt vier Grenzübergänge zwischen Kolumbien und Venezuela. Bei Weitem am beliebtesten ist bei Reisenden die Route über San Antonio del Táchira (Venezuela) und Cúcuta (Kolumbien) auf der Hauptstraße von Caracas nach Bogotá.

Ein weiterer recht häufig benutzter Grenzübergang ist Paraguachón an der Straße von Maracaibo (Venezuela) nach Maicao (Kolumbien). Dieser Grenzübergang empfiehlt sich, wenn man von Venezuela direkt zur kolumbianischen Karibikküste möchte. Busse und Gemeinschaftstaxis fahren zwischen Maracaibo und Maicao, außerdem gibt es direkte Busverbindungen zwischen Caracas/Maracaibo und Santa Marta/Cartagena. Sowohl die kolumbianischen als auch die venezolanischen Grenzbeamten stempeln die Reisepässe.

Weniger stark frequentiert ist der Übergang vom kolumbianischen Puerto Carreño nach Puerto Páez oder Puerto Ayacucho (beide in Venezuela). Noch weniger empfehlenswert ist der Grenzübergang von El Amparo de Apure (Venezuela) nach Arauca (Kolumbien), eine sehr abgelegene und irgendwie unsichere Gegend.

Übers Meer

Es gibt von Kolumbien aus Fahrten übers Meer nach Panama und Ecuador.

Panama

Zahlreiche Segelschiffe verkehren zwischen Portobelo, Porvenir oder Colón in Panama und Cartagena in Kolumbien. Der Törn ist beliebt und führt über die wunderschönen San Blas Islands, auf denen auch Zwischenstopps eingelegt werden. Einige Boote, die im Jachtclub von Cartagena starten, fahren nach festem Fahrplan, andere fahren dann, wenn sie voll besetzt sind. Die gesamte Schiffsreise Cartagena–San Blas–El Porvenir kostet mit allem drum und dran zwischen 450 und 650 US$. Die meisten Schiffe nehmen dafür 550 US$. Von El Porvenir geht es mit dem Schnellboot nach Carti oder Miramar, von wo der Weg dann über Land weiter nach Panama City führt; alternativ kann man aber auch von El Porvenir fliegen.

Die Schiffe fahren traditionellerweise eher unregelmäßig und sind nicht immer sicher. Die in Cartagena ansässige Reederei Blue Sailing (www.bluesailing.net), eine kolumbianisch-amerikanische Firma, hat sich in den letzten Jahren um Verbesserungen bemüht. Bei Redaktionsschluss hatte die Reederei 25 Schiffe und versichert, die perfekte Sicherheitsausstattung für die offene See zu haben, die Schiffe rund um die Uhr auf dem Bildschirm verfolgen zu können und ausschließlich Kapitäne mit Kapitänspatent zu beschäftigen.

KOLUMBIANISCHE AIRLINES

In Kolumbien gibt es mehrere große Passagierfluglinien, aber auch viele kleinere Airlines und Chartergesellschaften. Viel frequentierte Strecken werden von modernen Jets beflogen, wohingegen die Flüge in abgelegenere Gegenden auch von winzigen dreisitzigen Einpropellermaschinen bis hin zu sowjetischen Jets und sogar DC-3-Maschinen aus dem Zweiten Weltkrieg durchgeführt werden.

Avianca (www.avianca.com)

Easy Fly (www.easyfly.com.co)

LATAM (www.latam.com)

Satena (www.satena.com)

Viva Colombia (www.vivacolombia.co)

Wingo (www.wingo.com)

Es gibt zudem eine Reisemöglichkeit von Bahía Solano nach Jaqué in Panama, allerdings mit nur sehr seltenen Abfahrten. Von Jaqué aus geht es dann entweder an der Pazifikküste von Panama weiter nach Panama City oder man fliegt einfach.

Ecuador

Es ist möglich, die Grenze per Skiff (Ruderboot) ab Tumaco entlang der Pazifikküste zu überqueren, aber die Sicherheitslage an der Straße nach Tumaco und in der Stadt selbst sollte Reisende von dieser Option abhalten.

UNTERWEGS VOR ORT

Auto & Motorrad

➡ Ist nur sinnvoll, wenn man nach eigenem Tempo reisen will oder in Regionen möchte, die nur wenige öffentliche Verkehrsmittel bieten. Autos können in den größeren Städten gemietet werden, allerdings sind sie in der Regel nicht ganz billig.

➡ Dazu kommt noch, dass die Sicherheitslage in entlegenen ländlichen Regionen des Landes immer noch unbefriedigend bleibt; daher muss man dort durchaus mit dem Diebstahl von Fahrzeugen rechnen, was die Versicherungsprämien in die Höhe treibt. Man sollte unbedingt die Websites der Regierung hinsichtlich etwaiger Reisewarnungen für Fahrten in abgelegene Landesteile checken!

In den Städten lässt sich der Verkehr nur als heftig, chaotisch und verrückt beschreiben. Der Fahrstil der Einheimischen ist wild und unberechenbar. Ausländer brauchen lange, um sich an diesen verückten und unberechenbaren Fahrstil der Einheimischen zu gewöhnen. All das gilt natürlich ebenso für das Motorrad.

In Kolumbien herrscht Rechtsverkehr, und es gibt eine Gurtpflicht. Bei einer Nichteinhaltung dieser Vorschrift droht ein Bußgeld. Die Geschwindigkeitsbegrenzung liegt bei 60 km/h in der Stadt und 80 km/h auf den Schnellstraßen.

Die landesweit gültige Rufnummer der Verkehrspolizei ist die 767.

Wer dennoch in Kolumbien Auto fahren möchte, muss seinen Führerschein mitbringen. In der Regel reicht dazu der nationale, es sei denn er ist nicht in lateinischer Schrift ausgestellt. In dem Fall wird ein internationaler Führerschein benötigt.

Mietwagen

Einige internationale Mietwagenfirmen wie **Avis** (☎1-8000-12-2847; www.avis.com.co) und **Hertz** (www.hertz.com) haben Vertretungen in Kolumbien. Die Kosten belaufen sich in der Regel auf ein Minimum von 170 000 COP pro Tag einschließlich Versicherung gegen Diebstahl und Schäden, aber plus Benzin. Wer online bucht, spart Geld. Unbedingt vor der Unterschrift die Versicherungsklauseln und Haftungsbedingungen genau studieren. Und in jedem Fall auch auf die Klauseln hinsichtlich Diebstahl achten: Häufig haftet der Automieter für einen Großteil des Verlustes. Wer ein Auto mit

CHIVA – EIN GANZ BESONDERER BUS

Chiva ist ein disneylandartiges Fahrzeug, das auf Kolumbiens Straßen vor vielen Jahrzehnten das wichtigste Verkehrsmittel war. In einigen Regionen werden diese Geräte auch *bus de escalera* (was übersetzt so viel wie „Bus der Treppen" bedeutet und sich auf die Treppen auf der Seite bezieht). *Chivas* sind eine Art Kunstwerk auf Rädern: Das Fahrzeug ist fast gänzlich aus Holz und mit Holzbänken ausgestattet, die alle von außen zugänglich sind. Die Fahrzeuge sind alle unterschiedlich in bunten, dekorativen Farben angemalt; das wichtigste Bild befindet sich hinten. Es gibt ausgewiesene Künstler, die sich auf das Bemalen von *chivas* spezialisiert haben. Keramikminiaturen von *chivas* findet man fast überall in den kolumbianischen Kunsthandwerksläden.

Heute sind *chivas* leider fast vollständig von den Hauptstraßen verschwunden, sie spielen aber auf den Nebenstraßen im Hinterland als Transportmittel zwischen kleinen Städten und Dörfern immer noch eine wichtige Rolle. Ein paar Tausend von ihnen sind durchaus noch unterwegs, vor allem in Antioquia, Cauca, der Zona Cafetera, Huila, Nariño und an der karibischen Küste. *Chivas* transprotieren nicht nur Fahrgäste, sondern auch alles andere (inklusive Tiere). Wenn es innen voll ist, packt man alles und jeden oben aufs Dach.

Touristische Nachtfahrten in *chivas* werden in den meisten großen Städten von Reisebüros angeboten und sind eine beliebte Attraktion. Meist ist ein DJ oder gar eine Musikband mit an Bord und unterhält die Gäste mit lauter Musik; es gibt ausreichend *aguardiente* (Anis-Likör) an Bord, der für eine fröhliche Stimmung sorgt. Die Busse fahren einige beliebte Nachtlokale an, und die Fahrten sind sehr unterhaltsam.

abgedunkelten Scheiben mietet, benötigt spezielle Dokumente, nach denen die Polizei an Kontrollpunkten fragt. Die Verleihagenturen geben diese Info oft nicht heraus, sodass es besser ist, man fragt selbst danach.

Bus

Busse sind das wichtigste Verkehrsmittel der Kolumbianer, um von einem Ort zum anderen zu gelangen. Die Bandbreite reicht von voll besetzten *colectivos* (Gemeinschaftsminibusse oder -taxis) bis zu komfortablen, klimatisierten Fernbussen. Sie binden fast jede Stadt des Landes an. Busse sind das wichtigste Verkehrsmittel, um von Ort zu Ort zu gelangen. Sie fahren so gut wie überall hin. Die meisten Fernbusse sind komfortabler ausgestattet als der durchschnittliche Flugzeugsitz in der Economy Class, die Nachtbusse haben teilweise Sitze, die so breit sind wie Flugzeugsitze in der Business Class. Inzwischen gehört in den hübscheren Bussen WLAN zur Standardausstattung (allerdings ist es oft lückenhaft oder funktioniert gar nicht). Eine Warnung: Viele kolumbianische Busfahrer neigen dazu, die Klimaanlage auf arktische Temperaturen herunterzuregeln. Daher sollte man Pullover, Mütze und Handschuhe anziehen oder noch besser eine warme Decke dabei haben. Außerdem stellen die Busfahrer oft die Musik oder Filme (auf Spanisch) auf die höchstmögliche Lautstärke ein, sogar mitten in der Nacht. Ohrstöpsel können da etwas helfen.

Es ist vollkommen normal, dass Busse an *requisas* (militärischen Kontrollpunkten) anhalten müssen, auch nachts. Die Soldaten bitten dann alle Fahrgäste auszusteigen, kontrollieren die Ausweise und klopfen die Leute ab. Manchmal durchsuchen sie auch das Gepäck. In manchen Fällen werden Ausländer aber auch komplett ignoriert.

Fernbusse halten für Mahlzeiten an, aber nicht notwendigerweise zu den üblichen Essenszeiten. Letztendlich hängt es davon ab, wann der Busfahrer Hunger hat oder ob er an einem Restaurant vorbeikommt, das mit der entsprechenden Busgesellschaft ein Arrangement getroffen hat.

Alle Intercity-Busse starten und enden am *terminal de pasajeros* (Fahrgast-Terminal). Jede Stadt besitzt einen solchen Terminal, in der Regel liegt er außerhalb des Stadtzentrums, ist aber gut an die Innenstadt angebunden. Bogotá ist das wichtigste Bus-Drehkreuz des Landes, von hier fahren Busse in alle Himmelsrichtungen.

Die Höchstgeschwindigkeit beträgt auf den Fernstraßen 80 km/h; die Busgesellschaften sind verpflichtet, gut lesbare Geschwindigkeitsanzeigen vorn in der Fahrerkabine zu installieren, sodass die Fahrgäste kontrollieren können, wie schnell der Bus tatsächlich unterwegs ist. In der Praxis funktionieren die Anzeigen allerdings häufig nicht. Die Busgesellschaften sind außerdem dazu verpflichtet, an ihren Fahrkartenschaltern ihre Unfall- und Todesfallstatistiken auszuhängen, sodass man sich einen eigenen Eindruck von der Einhaltung der Sicherheitsbestimmungen durch die Fahrer verschaffen kann.

Bustypen

Die meisten Intercity-Busse haben eine Klimaanlage und bieten ausreichend Beinfreiheit. Auf kürzeren Strecken (unter 4 Std.) werden die kleineren *busetas* eingesetzt. Teilweise sind auch Vans unterwegs, die mehr kosten, dafür zwar auch schneller fahren, aber nicht gerade komfortabel sind.
In abgelegenen Gebieten, wo die Straßen schlecht sind, werden alte *chivas* (ein Lastwagen mit einem hölzernen Wagonaufsatz mit zu beiden Seiten offenen Sitzreihen ohne einen Mittelgang) für die Versorgung kleinerer Städtchen eingesetzt. Die Fahrgäste können überall unterwegs ein- und aussteigen. Die schnellste Linie dieses Transporttyps heißt *Super Directo*.

Fahrpreise

Das Busfahren ist in Kolumbien recht günstig. Außerhalb der Hauptferienzeiten lassen sich die Buspreise verhandeln, allerdings nennt die Agentur oft schon den reduzierten Preis, um den Wettbewerb abzuwehren. Daher ist es oft billiger, die Karte direkt am Terminal zu kaufen, nicht online. Versuchen sollte man es mit einem freundlichen *"Hay discuento?"* (Ist eine Ermäßigung möglich?) oder *"Cual es el mínimo?"* (Wo liegt das Minimum?), um dann die Preise an den verschiedenen Schaltern zu vergleichen. Man sollte immer nur den zweitbilligsten Anbieter nehmen, denn beim billigsten ist meist etwas faul.

Wer unterwegs in einen Bus einsteigt, bezahlt sein Geld an den *ayudante* (die rechte Hand des Fahrers). *Ayudantes* sind zwar in der Regel ehrlich, aber es lohnt sich immer, den wahren Fahrpreis im Vorhinein recherchiert zu haben, damit man nicht den überteuerten Ausländerfahrpreis zahlen muss.

Reservierungen

Außerhalb der Haupturlaubszeiten (wie etwa Weihnachten und Ostern) sind keine Reservierungen notwendig. Dann kann man einfach zur Bushaltestelle gehen und in den erstbesten ankommenden Bus einsteigen.
Auf einigen Nebenstrecken, auf denen nur wenige Busse pro Tag unterwegs sind, lohnt es sich, die Fahrkarte schon einige Stunden vor der fahrplanmäßigen Abfahrtszeit zu kaufen.

Ein häufiger Trick von Fahrern kleiner Busse ist es, ausländischen Fahrgästen gegenüber zu behaupten, es fehle nur noch eine Person, um loszufahren. Lässt man sich darauf ein, verstauen sie das Gepäck und man wartet und wartet und sieht unterdessen einen Bus nach dem anderen abfahren. Daher gilt: Nicht in den Bus einsteigen oder bezahlen, bevor der Busfahrer nicht wirklich seinen Bus anlässt und sich deutlich für die Abfahrt bereitmacht.

Fahrrad

➡ Kolumbien ist nicht gerade das einfachste Land für Radfahrer. In bestimmten Regionen jedoch wie etwa in Boyacá ist das Radfahren eine äußerst beliebte Sportart.

➡ In der Straßenverkehrsordnung des Landes werden Autofahrer klar bevorzugt, sodass man sich im Alltag als Radfahrer auf den Hauptstraßen mit viel Verkehr herumschlagen muss. So sollte man niemals erwarten, dass ein Autofahrer einem Radfahrer beispielsweise die Vorfahrt gewährt.

➡ Positiv ist, dass die Mehrzahl der Straßen asphaltiert ist und sich die Sicherheit immer mehr verbessert. Selbst in den kleinsten Städten findet man eine Fahrradwerkstatt, in der man sein Rad schnell und günstig reparieren lassen kann.

➡ Fahrradverleih ist außerhalb von Touristengegenden unüblich, dafür kann man fast überall ein Rad kaufen.

➡ Die Städte bemühen sich, fahrradfreundlicher zu werden, es gibt neue Radwege und *ciclovía* (das Schließen von ausgewählten Straßen für Busse und Autos an Wochenenden, um sie dann für Radfahrer und Skater frei zu halten).

Flugzeug

➡ Fliegen ist der einfachste Weg, die großen Entfernun-

COOLE TRIPS

Eine Reihe kolumbianischer Reisebüros bietet interessante Spezialreisen durch das Land an. Vor allem sollte man dabei auf Veranstalter achten, die an Acotur (www.acotur.co), Kolumbiens Vereinigung für verantwortungsbewussten Tourismus, angeschlossen sind. Besonders beliebt sind:

Awake.travel (☎322-365-5135; www.awake.travel) in Bogotá; bietet gute Kajak-Trips im Amazonasgebiet und auf dem Río Magdalena, aber auch andere Abenteuerreisen.

Aventure Colombia (Karte S. 48; ☎1-702-7069; www.aventurecolombia.com; Av Jiménez No 4-49, oficina 204; ⏲Mo–Sa 8–17 Uhr) Ein hervorragender Reiseveranstalter unter der Leitung eines zauberhaften Franzosen. Er hat sich auf landesweite ausgefallene Ziele spezialisiert, darunter Punta Gallinas, Übernachtungen bei Indios in der Sierra Nevada de Santa Marta, der faszinierende Caño Cristales in Meta sowie Abenteuer- und Ökotourismus von der karibischen Küste bis zur Zona Cafetera, dem Parque Los Nevados und der Pazfikküste.

Colombia 57 (☎6-886-8050; www.colombia57.com) Der britische Veranstalter mit Sitz in Manizales bietet maßgeschneiderte Touren an.

Colombian Highlands (☎8-732-1201, 310-552-9079; www.colombianhighlands.com; Av Carrera 10 No 21-Finca Renacer) Dieser höchst renommierte Veranstalter mit Sitz in Villa de Leyva hat seine Angebote nun auf das ganze Land ausgedehnt und bietet maßgeschneiderte Touren u. a. in die Llanos, ins Amazonasgebiet (inklusive Vapués) und nach La Guajira an.

Colombian Journeys (Karte S. 52; ☎1-618-0027; www.colombianjourneys.com; Carrera 13 No 96- 67, edificio Akori, oficina 406-407) Die in Bogotá ansässige Firma ermöglicht mehrsprachige Touren durchs ganze Land.

De Una Colombia Tours (Karte S. 46; ☎1-368-1915; www.deunacolombia.com; Carrera 24 No 39B-25, oficina 501) Das einem Niederländer gehörende Unternehmen hat sich auf weit verstreute bzw. entlegene Ziele spezialisiert.

Mambe Travel (☎320-964-1846; www.mambe.org; Carrera 5 No 117-25; ⏲Mo–Fr 9–17, Sa & So 10–17 Uhr) Die in Bogotá ansässige nichtstaatliche Organisation hat sich dem sanften Tourismus verschrieben und bietet Fahrten in sechs touristisch wenig besuchte Regionen des Landes an: das Amazonasgebiet, das Departamento Chocó, die Halbinsel La Guajira, die Sierra Nevada de Santa Marta, Vichada und den Caño Cristales.

gen zwischen den Städten in Kolumbien zu überwinden. Mit dem Aufkommen von Billig-Airlines und der Möglichkeit im Voraus zu buchen, ist es auch preiswerter geworden. In fast allen Städten gibt es Flughäfen, sogar auch in vielen kleinen, abgelegenen Orten.

➡ Obwohl Flüge in der Regel teurer sind als eine Busfahrt für dieselbe Strecke, ist der Preisunterschied nicht immer so groß, besonders auf viel frequentierten Flugstrecken. Es lohnt sich einfach nicht, von Medellín zur Küste einen Bus zu nehmen, nur um 30 000 COP zu sparen.

➡ Man sollte vor der Buchung die Preise zwischen den einzelnen Airlines vergleichen. Die Flugpreise in gewisse Regionen fallen in den letzten ein bis zwei Wochen vor dem gewünschten Flugtermin, bei anderen Zielen steigen sie kurzfristig erheblich an.

➡ Es ist immer billiger, Flüge online zu reservieren als sie in einem Reisebüro oder direkt bei den Airlines zu buchen.

➡ Einige Fluglinien bieten auf verschiedenen Websites unterschiedliche Preise an, also immer die kolumbianische Seite für die besten Preise auswählen.

➡ Inlandsflüge können online reserviert und mit einer ausländischen Kreditkarte bezahlt werden, andere können nur im Reisebüro gebucht und bezahlt werden.

➡ Einige Fluglinien bieten auch Pauschalangebote für die wichtigsten touristischen Ziele wie Cartagena und San Andrés an; häufig bezahlt man dafür kaum mehr, als man sonst alleine für das Flugticket dorthin bezahlen würde. Wer sich für ein solches Pauschalangebot vom Ausland aus entscheidet, wird von der 16-prozentigen IVA (Mehrwertsteuer) befreit. Darauf sollte man unbedingt beim Kauf hinweisen; viele Kolumbianer wissen das nicht.

Nahverkehr

Bus

In jeder Stadt mit mehr als 100 000 Einwohnern in ihrem Einzugsgebiet gibt es ein lokales Busnetz, oft sogar in deutlich kleineren Städten. Standard, Schnelligkeit und Effizienz der Lokalbusse variieren von Ort zu Ort; allen gemeinsam ist, dass diese Busse langsam unterwegs und meist überfüllt sind. Stadtbusse verlangen einen Einheitspreis, ganz egal, wie lang die Strecke ist. Man steigt an der vorderen Tür ein und bezahlt beim Fahrer oder seinem Assistenten, eine Fahrkarte bekommt man nicht.

In einigen Städten bzw. einigen Straßen gibt es ausgewiesene Bushaltestellen (*paraderos* oder *paradas*), in allen anderen Fällen winkt man den Bus einfach mit einem Handzeichen herbei. Wenn man aussteigen will, ruft man zum Fahrer: *„por aquí, por favor"* (hier bitte), *„en la esquina, por favor"* (an der nächsten Ecke, bitte) oder *„el paradero, por favor"* (an der nächsten Haltestelle, bitte).

Auf den Straßen sind viele unterschiedliche Typen von örtlichen Bussen unterwegs, das Spektrum reicht von alten Wracks bis zu modernen, klimatisierten Fahrzeugen.

Weit verbreitet ist die *buseta* (Kleinbus), die man vor allem in Städten wie Bogotá und Cartagena antrifft. Der Buspreis schwankt in der Regel zwischen 800 und 2200 COP – je nach Stadt und Bustyp.

Eine Fahrt in einer *buseta* oder einem Bus – vor allem in den Großstädten wie Bogotá oder Barranquilla – ist keine ruhige, entspannte Angelegenheit, sondern eher ein aufregendes Abenteuer mit einem folkloristischen Anstrich. Hier kommt man in den Genuss lauter, tropischer Musik, lernt viel über die kolumbianische Interpretation der Straßenverkehrsordnung und kann den Busfahrer bei seinem frustrierenden Versuch beobachten, den Bus durch ein Meer aus Fahrzeugen zu steuern.

COLECTIVO

Unter der Bezeichnung *colectivo* subsumiert man in Kolumbien alles von einem mittelgroßen Bus über ein Gemeinschaftstaxi bis zu einem überfüllten Jeep. Meist verkehren *colectivos* auf kurzen Strecken (Dauer der Fahrt unter 4 Std.) zwischen den Ortschaften. Da sie kleiner sind als normale Busse, kommen sie entsprechend schneller voran, was sie sich mit einem 30-prozentigen Aufschlag auf den üblichen Fahrpreis honorieren lassen. In der Regel fahren die *colectivos* erst los, wenn sie voll sind.

In einigen Städten starten sie am Bus-Terminal, in kleineren Städten halten sie am Hauptplatz. Die Häufigkeit variiert stark von Ort zu Ort. Manchmal fahren *colectivos* alle fünf Minuten, anderswo wartet man länger als eine Stunde, bis die benötigte Anzahl an Fahrgästen zusammengekommen ist.

Wer es eilig hat, der kann den Preis für alle Plätze bezahlen, dann fährt der Fahrer umgehend los.

Moto-Taxis

Die aus China stammenden *tuk-tuks* werden in kleineren Touristenstädten immer beliebter. In den Moto-Taxis haben bis zu drei Fahrgäste Platz. Die Fahrzeuge haben ein Dach, und bei Regen kann rundherum noch eine Plane zum Schutz der Mitfahrer heruntergelassen werden. Es gibt sie in Barichara, Darién, Mompós, Santa Fe de Antioquia, im Desierto de la Tatacoa und in einigen kleineren Orten entlang der Pazifikküste.

Dreirad-Moto-Taxis

➡ In vielen kleineren, aber auch in einigen größeren Städten, besonders im Norden, sind Motorradtaxis ein beliebtes Fortbewegungsmittel, um als Einzelreisender schnell von A nach B zu kommen. Sie sind jedoch nicht das sicherste Verkehrsmittel und in manchen Orten sogar illegal, darunter auch in Cartagena (aber das scheint dort niemanden zu stören).

➡ Es besteht in allen Städten des ganzen Landes Helmpflicht – der Fahrer hat einen Helm für den Beifahrer dabei. Der könnte jedoch einen zerrissenen Gurt oder sonst irgendeinen Schaden haben, der ihn bei einem ernsthaften Unfall nutzlos macht. Unangenehm ist auch, wenn er vom vorherigen Kunden völlig durchgeschwitzt ist.

Öffentlicher Nahverkehr

Der öffentliche Nahverkehr spielt in Kolumbiens Großstädten eine immer größere Rolle.
In der Hauptstadt Bogotá gibt es den TransMilenio, Cali und Bucaramanga verfolgen ähnliche Nahverkehrsprojekte mit dem Mio bzw. der Metrolínea. In Medellín gibt es die Metro, die einzige Vorortbahn des Landes. In Pereira sind Elektrobusse auf dem MegaBús-Netz im Einsatz.

Taxis

Taxis sind preiswert, bequem und in den Großstädten und den meisten mittelgroßen Städten allgegenwärtig. In den meisten dieser Städte sind sie mit einem Taxameter ausgestattet, lediglich an der karibischen Küste und in kleineren Städten ist es üblich, den Fahrpreis je nach Ziel auszuhandeln. Theoretisch sollten die Fahrpreise auf einer Karte am Beifahrersitz ausgewiesen sein, aber die Realität sieht meist anders aus, sodass es doch klug ist, einen Preis vor Antritt der Fahrt auszuhandeln.

Wenn keine Preise aushängen, läuft es meist auf Handeln oder ein kostspieliges Unterfangen heraus, denn viele Fahrer (besonders in Cartagena) nutzen einfach die Naivität der Kunden aus und probieren, wie hoch sie gehen können. Dennoch gibt es auch überraschend viele Taxifahrer, die ganz ehrliche Menschen sind; je besser man selbst Spanisch spricht (sprich: je besser man verhandeln kann), desto seltener zahlt man die hyperinflationären Preise, die gern verlangt werden.

Auch wenn es selten vorkommt, gibt es gelegentlich betrügerische Personen, die in Pseudo-Taxis unterwegs sind. Daher auf keinen Fall in Taxis steigen, in dem schon jemand sitzt. Natürlich gibt es Fahrer, die einen Freund zur Unterhaltung oder wegen der eigenen Sicherheit im Wagen sitzen haben, aber diese Situation kann auch für den Fahrgast ein Risiko bedeuten. Das ist nämlich eine ganz verbreitete Überfalltaktik. Wenn einem also irgendetwas seltsam vorkommt, sollte man lieber ein anderes Taxi nehmen. Es ist immer sicherer ein Taxi zu rufen, das letztendlich nur wenige hundert Pesos mehr kostet.

Apps wie Tappsi (www.tappsi.co) und Easy Taxi (www.easytaxi.com) haben enorm verbesserte Sicherheitsstandards und können von jedem Smartphone aus genutzt werden. Sie funktionieren in den meisten größeren Städten des Landes.

Der Fahrpreis gilt immer für das ganze Taxi, nicht für die Zahl der mitfahrenden Personen. Viele Taxis haben klapprige Türen, weshalb man sie nie mit Wucht zuschlagen sollte.

Taxis können auch für Langstreckenfahrten gemietet werden, was z. B. dann praktisch ist, wenn man Sehenswürdigkeiten in der Nähe großer Städte besuchen will, die nicht mit örtlichen Bussen erreichbar sind, aber auch nicht auf der Streckenführung der Langstreckenbusse liegen.

Taxis können in Großstädten auch stundenweise angemietet werden – dies ist eine gute Möglichkeit für eine individuelle Stadtbesichtigung.

Schiff

➡ Hochgeschwindigkeitsboote verkehren zwischen Turbo im nördlichen Antioquia und den Städten Capurganá und Sapzurro und der Karibikküste und zwischen Bahía Solano und Nuquí am Pazifik.

➡ Frachtschiffe befahren die Pazifikküste regelmäßig und Buenaventura ist ihr Hauptumschlagplatz. Reisende können auf diesen Frachtschiffen, wenn sie genügend Zeit mitbringen, eine Schlafkoje bekommen, um so Richtung Norden oder Süden zu reisen, darunter auch nach Nuquí und Bahía Solano.

➡ Bevor Eisenbahnstrecken und Überlandstraßen gebaut wurden, war die Fluss-Schifffahrt das wichtigsten Verkehrsmittel im gebirgigen Kolumbien. Heutzutage ist das Reisen auf dem Fluss nicht mehr üblich, ist aber im Amazonasgebiet die einzige Möglichkeit der Fortbewegung, wie etwa von Leticia nach Puerto Nariño.

➡ Auf dem Río Atrato und Río San Juan im Chocó fahren Personenschiffe, jedoch sollten beide Flüsse gemieden werden, weil dort noch immer bewaffnete Gruppierungen aktiv sind.

Trampen

➡ Trampen ist in Kolumbien nicht üblich und daher sehr schwierig. Angesichts der komplizierten innenpolitischen Situation und der Sicherheitslage im Land geht kein Autofahrer gerne das Risiko ein, einen Unbekannten in seinem Auto mitzunehmen.

➡ Trampen ist nie völlig sicher, und daher ist es einfach nicht empfehlenswert. Reisende, die dennoch in Kolumbien als Tramper unterwegs sein wollen, sollten sich aber der Tatsache bewusst sein, dass sie ein kleines, aber doch ernst zu nehmendes Risiko eingehen.

Zug

Kolumbien bietet ein über das ganze Land verbreitetes Schienennetz, das heutzutage allerdings weitgehend stillgelegt ist (oder die Schienen sind von Unkraut überwuchert oder herausgerissen worden und verkauft). Der einzige Zug, der noch genutzt werden kann, ist der **Turistren** (☎1-316-1300; www.turistren.com.co; Parque la Esperanza; Rundfahrt Erw./Kind 55 000/48 000 COP), der an den Wochenenden von Bogotá nach Zipaquirá fährt.

All jene Reisende, die San Cipriano in der Nähe der Schnellstraße Cali–Buenaventura besuchen, können hier eine neue erlebnisreiche Attraktion ausprobieren: Die abenteuerliche Fahrt in einem Eisenbahn-Handwagen, der von einem Motorradmotor angetrieben wird.

Sprache

Die Aussprache des lateinamerikanischen Spanisch ist recht einfach, weil die meisten Laute in einigermaßen ähnlicher Form auch im Deutschen vorkommen. Auch die Schreibweise ist im Spanischen völlig logisch: Es besteht eine klare und konsequente Zuordnung zwischen Schriftbild und Aussprache. Wenn man die farbigen Aussprachehilfen in diesem Buch so liest, als seien sie Deutsch, wird man auf jeden Fall verstanden. Ein ch in der Lautschrift ist ein gutturaler Laut wie in *Loch*, v und b sind weiche Laute und klingen eigentlich eher wie eine Mischung aus beiden; das r wird mit der Zunge stark gerollt.

Im gesprochenen Spanisch gibt es in Lateinamerika – *je nachdem, in welchem Land man sich gerade befindet* – einige spezielle Varianten, was die Aussprache der Buchstaben *ll* plus *i angeht. Man hört ein* einfaches j wie in „ja" oder auch ein lj wie in „Millionen". Das *s* kann sich wie ein stimmhaftes sch wie im englischen Wort *measure* oder wie ein stimmloses sch wie in „schließen" anhören. In Kolumbien gibt es daneben auch die Aussprache dsch (wie im deutschen Wort „Journalist"). Im vorliegenden Ausspracheführer wird das *ll* plus *i* als j dargestellt, da dies der am weitesten verbreiteten Aussprache nahekommt.

Die betonten Silben sind in der spanischen Wiedergabe mit einem Akzent versehen (z.B. *días), in der farbigen Aussprachehilfe sind sie kursiv gedruckt.*

Wo höfliche und informelle Formen auftauchen, werden sie durch die Abkürzungen „höfl." und „inf." kenntlich gemacht. Wenn nötig, wird sowohl die maskuline als auch die feminine Form eines Wortes angegeben: Die männliche Form wird zuerst genannt und mit einem Schrägstrich von der weiblichen Form getrennt, z.B. *perdido/a* (m/f).

GRUNDLEGENDES

Hallo./Guten Tag.	*Hola.*	o·la
Auf Wiedersehen.	*Adiós.*	a·*dyos*
Wie geht es?	*¿Qué tal?*	ke tal
Gut, danke.	*Bien, gracias.*	byen *gra*·syas
Entschuldigung.	*Perdón.*	per·*don*
Tut mir leid.	*Lo siento.*	lo *syen*·to
Bitte.	*Por favor.*	por fa·*wor*
Danke.	*Gracias.*	*gra*·syas
Keine Ursache.	*De nada.*	de *na*·da
Ja.	*Sí.*	sih
Nein.	*No.*	no

Ich heiße ...
Me llamo ... me *ya*·mo ...

Wie heißen Sie?
¿Cómo se llama Usted? ko·mo se *ya*·ma uh·*ste* (höfl.)
¿Cómo te llamas? ko·mo te *ya*·mas (inf.)

Sprechen Sie Englisch?
¿Habla inglés? a·bla ihn·*gles* (höfl.)
¿Hablas inglés? a·blas ihn·*gles* (inf.)

Ich verstehe nicht.
Yo no entiendo. yo no en·*tyen*·do

NOCH MEHR SPANISCH

Wer sich noch weiter in die Sprache vertiefen und auch einige praktische Wendungen erlernen möchte, besorgt sich am besten das *Latin American Spanish Phrasebook* von Lonely Planet. Man findet es unter **shop.lonelyplanet.com**, im regulären Buchhandel oder bei anderen Internetbuchhändlern. Alternativ oder zusätzlich kann man auch die Phrasebooks von Lonely Planet fürs iPhone im Apple App Store. erwerben.

VERSTÄNDIGUNG

Am besten verbindet man die hier aufgeführten Satzmuster mit Wörtern eigener Wahl:

Wann ist (der nächste Flug)?
¿Cuándo sale (el próximo vuelo)? — kwan·do sa·le (el prok·sih·mo wwe·lo)

Wo ist der Bahnhof)?
¿Dónde está (la estación)? — don·de es·ta (la es·ta·syon)

Wo kann ich (eine Fahrkarte kaufen)?
¿Dónde puedo (comprar un billete)? — don·de pwe·do (kom·prar uhn bih·ye·te)

Haben Sie (eine Karte)?
¿Tiene (un mapa)? — tye·ne (uhn ma·pa)

Gibt es hier (eine Toilettte)?
¿Hay (servicios)? — ai (ser·wih·syos)

Ich hätte gern (einen Kaffee).
Quisiera (un café). — kih·sye·ra (uhn ka·fe)

Ich möchte (einen Wagen mieten).
Quisiera (alquilar un coche). — kih·sye·ra (al·kih·lar uhn ko·che)

Darf ich (hereinkommen)?
¿Se puede (entrar)? — se pwe·de (en·trar)

Könnten Sie mir bitte (helfen)?
¿Puede (ayudarme), por favor? — pwe·de (a·yuh·dar·me) por fa·wor

ESSEN & TRINKEN

Kann ich bitte die Speisekarte haben?
¿Puedo ver el menú, por favor? — pwe·do wer el me·nuh por fa·wor

Was würden Sie empfehlen?
¿Qué recomienda? — ke re·ko·myen·da

Haben Sie vegetarische Gerichte?
¿Tienen comida vegetariana? — tye·nen ko·mih·da we·che·ta·rya·na

Ich esse kein (rotes Fleisch).
No como (carne roja). — no ko·mo (kar·ne ro·cha)

Das war köstlich!
¡Estaba buenísimo! — es·ta·ba bwe·nih·sih·mo

Prost!
¡Salud! — sa·luh

Die Rechnung bitte.
La cuenta, por favor. — la kwen·ta por fa·wor

Ich hätte gern einen Tisch für ...	*Quisiera una mesa para ...*	kih·sye·ra uh·na me·sa pa·ra ...
(acht) Uhr	*las (ocho)*	las (o·cho)
(zwei) Pers.	*(dos) personas*	(dos) per·so·nas

Wichtige Wörter

Abendessen	*cena*	se·na
Flasche	*botella*	bo·te·ya
Frühstück	*desayuno*	de·sa·yuh·no
Gabel	*tenedor*	te·ne·dor
Gericht	*comida*	ko·mih·da
Glas	*vaso*	wa·so
Hauptgericht	*plato principal*	pla·to prihn·sih·pal
heiß (warm)	*caliente*	kal·yen·te
Hochstuhl	*trona*	tro·na
(zu) kalt	*(muy) frío*	(muhy) frih·o
Kinderteller	*menú infantil*	me·nuh ihn·fan·tihl
Löffel	*cuchara*	kuh·cha·ra
Messer	*cuchillo*	kuh·chih·yo
mit	*con*	kon
Mittagessen	*almuerzo*	al·mwer·so
ohne	*sin*	sihn
Restaurant	*restaurante*	res·tow·ran·te
Schüssel	*bol*	bol
Teller	*plato*	pla·to
Vorspeise	*aperitivos*	a·pe·rih·tih·wos

Fleisch & Fisch

Ente	*pato*	pa·to
Fisch	*pescado*	pes·ka·do
Hähnchen	*pollo*	po·yo
Kalbfleisch	*ternera*	ter·ne·ra
Lamm	*cordero*	kor·de·ro
Rindfleisch	*carne de vaca*	kar·ne de wa·ka
Schweinefleisch	*cerdo*	ser·do
Truthahn	*pavo*	pa·wo

Obst & Gemüse

Ananas	*ananá*	a·na·na
Apfel	*manzana*	man·sa·na
Aprikose	*damasco*	da·mas·ko
Artischocke	*alcaucil*	al·kow·sihl
Banane	*banana*	ba·na·na
Bohnen	*chauchas*	chow·chas
Erbsen	*arvejas*	ar·we·chas
Erdbeere	*frutilla*	fruh·tih·ya
Gemüse	*verdura*	wer·duh·ra
Gurke	*pepino*	pe·pih·no
Karotte	*zanahoria*	sa·na·o·rya
Kartoffel	*papa*	pa·pa

Kirsche	*cereza*	se·re·sa
Kohl	*repollo*	re·po·yo
Kürbis	*zapallo*	sa·pa·yo
Linsen	*lentejas*	len·te·chas
Mais	*choclo*	cho·klo
Nüsse	*nueces*	nwe·ses
Obst	*fruta*	fruh·ta
Orange	*naranja*	na·ran·cha
(rote/grüne) Paprika	*pimiento (rojo/verde)*	pih·myen·to (ro·cho/wer·de)
Pfirsich	*melocotón*	me·lo·ko·ton
Pflaume	*ciruela*	sihr·we·la
Pilz	*champiñón*	cham·pih·nyon
Rote Beete	*remolacha*	re·mo·la·cha
Salat	*lechuga*	le·chuh·ga
Sellerie	*apio*	a·pyo
Spargel	*espárragos*	es·pa·ra·gos
Spinat	*espinacas*	es·pih·na·kas
Tomate	*tomate*	to·ma·te
Traube	*uvas*	uh·was
Wassermelone	*sandía*	san·dih·a
Zitrone	*limón*	lih·mon
Zwiebel	*cebolla*	se·bo·ya

Andere Nahrungsmittel

Brot	*pan*	pan
Butter	*manteca*	man·te·ka
Ei	*huevo*	we·wo
Essig	*vinagre*	wih·na·gre
Honig	*miel*	myel
Käse	*queso*	ke·so
Marmelade	*mermelada*	mer·me·la·da
Nudeln	*pasta*	pas·ta
Öl	*aceite*	a·sey·te
Pfeffer	*pimienta*	pih·myen·ta
Reis	*arroz*	a·ros

SCHILDER

Abierto	Geöffnet
Cerrado	Geschlossen
Entrada	Eingang
Hombres/Varones	Herren
Mujeres/Damas	Damen
Prohibido	Verboten
Salida	Ausgang
Servicios/Baños	Toiletten

Salz	*sal*	sal
Zucker	*azúcar*	a·suh·kar

Getränke

Bier	*cerveza*	ser·we·sa
Kaffee	*café*	ka·fe
(Orangen-) Saft	*jugo (de naranja)*	chuh·go (de na·ran·cha)
Milch	*leche*	le·che
Tee	*té*	te
(Mineral-) Wasser	*agua (mineral)*	a·gwa (mih·ne·ral)
(Rot-/Weiß-) wein	*vino (tinto/ blanco)*	wih·no (tihn·to/ blan·ko)

NOTFÄLLE

Hilfe!	*¡Socorro!*	so·ko·ro
Hau ab!	*¡Vete!*	we·te

Rufen Sie ...!	*¡Llame a ...!*	ya·me a ...
einen Arzt	*un médico*	uhn me·dih·ko
die Polizei	*la policía*	la po·lih·sih·a

Ich habe mich verlaufen.
Estoy perdido/a. es·toy per·dih·do/a (m/f)

Ich bin krank.
Estoy enfermo/a. es·toy en·fer·mo/a (m/f)

Hier tut es weh.
Me duele aquí. me dwe·le a·kih

Ich bin allergisch gegen (Antibiotika).
Soy alérgico/a a (los antibióticos). soy a·ler·chih·ko/a a (los an·tih·byo·tih·kos) (m/f)

Wo sind die Toiletten?
¿Dónde están los baños? don·de es·tan los ba·nyos

SHOPPEN & SERVICE

Ich möchte gern ... kaufen.
Quisiera comprar ... kih·sye·ra kom·prar ...

Ich sehe mich nur um.
Sólo estoy mirando. so·lo es·toy mih·ran·do

Darf ich mir das ansehen?
¿Puedo verlo? pwe·do wer·lo

Es gefällt mir nicht.
No me gusta. no me guhs·ta

Wie viel kostet das?
¿Cuánto cuesta? kwan·to kwes·ta

Das ist zu teuer.
Es muy caro. es muhy ka·ro

Können Sie den Preis etwas reduzieren?
¿Podría bajar un poco el precio? po·drih·a ba·char uhn po·ko el pre·syo

Da ist ein Fehler in der Rechnung.

Hay un error en la cuenta.	ai uhn e·*ror* en la *kwen*·ta

Geldautomat	*cajero automático*	ka·*che*·ro ow·to·*ma*·tih·ko
Internet-Café	*cibercafé*	sih·ber·ka·*fe*
Kreditkarte	*tarjeta de crédito*	tar·*che*·ta de *kre*·dih·to
Markt	*mercado*	mer·*ka*·do
Post	*correos*	ko·*re*·os
Touristenbüro	*oficina de turismo*	o·fih·*sih*·na de tuh·*rihs*·mo

UHRZEIT & DATUM

Wie spät ist es?	*¿Qué hora es?*	ke *o*·ra es
(10) Uhr.	*Son (las diez).*	son (las dyes)

Vormittag	*mañana*	ma·*nya*·na
Nachmittag	*tarde*	*tar*·de
Abend	*noche*	*no*·che
gestern	*ayer*	a·*yer*
heute	*hoy*	oy
morgen	*mañana*	ma·*nya*·na

Montag	*lunes*	*luh*·nes
Dienstag	*martes*	*mar*·tes
Mittwoch	*miércoles*	*myer*·ko·les
Donnerstag	*jueves*	*chwe*·wes
Freitag	*viernes*	*wyer*·nes
Samstag	*sábado*	*sa*·ba·do
Sonntag	*domingo*	do·*mihn*·go

Januar	*enero*	e·*ne*·ro
Februar	*febrero*	fe·*bre*·ro
März	*marzo*	*mar*·so
April	*abril*	a·*brihl*
Mai	*mayo*	*ma*·yo
Juni	*junio*	*chuhn*·yo
Juli	*julio*	*chuhl*·yo
August	*agosto*	a·*gos*·to
September	*septiembre*	sep·*tyem*·bre
Oktober	*octubre*	ok·*tuh*·bre
November	*noviembre*	no·*wyem*·bre
Dezember	*diciembre*	dih·*syem*·bre

FRAGEWÖRTER

Wer?	*¿Quién?*	kyen
Wie?	*¿Cómo?*	*ko*·mo
Was?	*¿Qué?*	ke
Wann?	*¿Cuándo?*	*kwan*·do
Warum?	*¿Por qué?*	por ke
Wo?	*¿Dónde?*	*don*·de

UNTERKUNFT

Ich hätte gern ein ... Zimmer.	*Quisiera una habitación ...*	kih·*sye*·ra *uh*·na a·bih·ta·*syon* ...
Einzel...	*individual*	ihn·dih·wih·*dwal*
Doppel...	*doble*	*do*·ble

Wie viel kostet es pro Nacht/Person?

¿Cuánto cuesta por noche/persona?	*kwan*·to *kwes*·ta por *no*·che/per·*so*·na

Ist das Frühstück enthalten?

¿Incluye el desayuno?	ihn·*kluh*·ye el de·sa·*yuh*·no

Campingplatz	*terreno de cámping*	te·*re*·no de *kam*·pihng
Hütte	*cabaña*	ka·*ba*·nya
Hotel	*hotel*	o·*tel*
Guesthouse/ Pension	*pensión*	pen·*syon*
Herberge/ Hostel	*hospedaje*	os·pe·*da*·che
Schutzhütte	*refugio*	re·*fuh*·chyo
Jugendherberge	*albergue juvenil*	al·*ber*·ge chuh·we·*nihl*
Klimaanlage	*aire acondicionado*	*ai*·re a·kon·dih·syo·*na*·do
Toilette/Bad	*baño*	*ba*·nyo
Bett	*cama*	*ka*·ma
Fenster	*ventana*	wen·*ta*·na

VERKEHRSMITTEL & -WEGE

Boot	*barco*	*bar*·ko
Bus	*autobús*	ow·to·*buhs*
(kleiner) Bus/Van	*buseta*	buh·*se*·ta
(traditioneller) Bus	*chiva*	*chih*·wa
Flugzeug	*avión*	a·*wyon*
(Gemeinschafts-) Taxi	*colectivo*	ko·lek·*tih*·wo
Zug	*tren*	tren
erster	*primero*	prih·*me*·ro
letzter	*último*	*uhl*·tih·mo
nächster	*próximo*	*prok*·sih·mo
Eine ... Fahrkarte, bitte.	*Un boleto de ..., por favor.*	uhn bo·*le*·to de ... por fa·*wor*

1. Klasse	*primera clase*	prih·me·ra kla·se
2. Klasse	*segunda clase*	se·guhn·da kla·se
einfach	*ida*	ih·da
hin & zurück	*ida y vuelta*	ih·da ih wwel·ta

Ich möchte gerne nach ...
Quisiera ir a ... kih·sye·ra ihr a ...

Hält er in ...?
¿Para en ...? pa·ra en ...

Wie heißt diese Haltestelle?
¿Cuál es esta parada? kwal es es·ta pa·ra·da

Wann kommt er an/fährt er ab?
¿A qué hora llega/ sale? a ke o·ra ye·ga/ sa·le

Sagen Sie mir bitte, wenn wir in ... sind
¿Puede avisarme cuando lleguemos a ...? pwe·de a·wih·sar·me kwan·do ye·ge·mos a ...

Ich möchte hier aussteigen.
Quiero bajarme aquí. kye·ro ba·char·me a·kih

Bahnhof	*estación de trenes*	es·ta·syon de tre·nes
Bahnsteig	*plataforma*	pla·ta·for·ma
Busbahnhof	*terminal terrestre*	ter·mih·nal/ te·res·tre
Bushaltestelle	*paradero/ parada*	pa·ra·de·ro/ pa·ra·da
Fahrkarten-schalter	*taquilla*	ta·kih·ya
Fensterplatz	*asiento junto a la ventana*	a·syen·to chuhn·to a la wen·ta·na
Flughafen	*aeropuerto*	a·e·ro·pwer·to
gestrichen	*cancelado*	kan·se·la·do
Sitz am Gang	*asiento de pasillo*	a·syen·to de pa·sih·yo
Stundenplan	*horario*	o·ra·ryo
verspätet	*retrasado*	re·tra·sa·do

Ich möchte gern ... ausleihen	*Quisiera alquilar ...*	kih·sye·ra al·kih·lar ...
Auto	*un coche*	uhn ko·che
Fahrrad	*una bicicleta*	uh·na bih·sih·kle·ta
Gelände-wagen	*un todo-terreno*	uhn to·do·te·re·no
Motorrad	*una moto*	uh·na mo·to

Kindersitz	*asiento de seguridad para niños*	a·syen·to de se·guh·rih·da pa·ra nih·nyos
Diesel	*petróleo*	pet·ro·le·o

ZAHLEN

1	*uno*	uh·no
2	*dos*	dos
3	*tres*	tres
4	*cuatro*	kwa·tro
5	*cinco*	sihn·ko
6	*seis*	seys
7	*siete*	sye·te
8	*ocho*	o·cho
9	*nueve*	nwe·we
10	*diez*	dyes
20	*veinte*	weyn·te
30	*treinta*	treyn·ta
40	*cuarenta*	kwa·ren·ta
50	*cincuenta*	sihn·kwen·ta
60	*sesenta*	se·sen·ta
70	*setenta*	se·ten·ta
80	*ochenta*	o·chen·ta
90	*noventa*	no·wen·ta
100	*cien*	syen
1000	*mil*	mihl

Helm	*casco*	kas·ko
Trampen	*hacer botella*	a·ser bo·te·ya
Mechaniker	*mecánico*	me·ka·nih·ko
Benzin	*gasolina*	ga·so·lih·na
Tankstelle	*gasolinera*	ga·so·lih·ne·ra
Lkw	*camión*	ka·myon

Ist dies die Straße nach ...?
¿Se va a ... por esta carretera? se wa a ... por es·ta ka·re·te·ra

(Wie lange) Kann ich hier parken?
¿(Cuánto tiempo) Puedo aparcar aquí? (kwan·to tyem·po) pwe·do a·par·kar a·kih

Mein Auto hat eine Panne (in ...).
El coche se ha averiado (en ...). el ko·che se a a·we·rya·do (en ...)

Ich hatte einen Unfall.
He tenido un accidente. e te·nih·do uhn ak·sih·den·te

Ich habe kein Benzin mehr.
Me he quedado sin gasolina. me e ke·da·do sihn ga·so·lih·na

Ich habe eine Reifenpanne.
Se me pinchó une rueda. se me pihn·cho uh·na rwe·da

WEGWEISER

Wo ist ...?
¿Dónde está ...? — *don*·de es·*ta* ...

Wie lautet die Adresse?
¿Cuál es la dirección? — kwal es la dih·rek·*syon*

Könnten Sie das bitte aufschreiben?
¿Puede escribirlo, por favor? — *pwe*·de es·krih·*bihr*·lo por fa·*wor*

Können Sie mir das (auf der Karte) zeigen?
¿Me lo puede indicar (en el mapa)? — me lo *pwe*·de ihn·dih·*kar* (en el *ma*·pa)

an der Ecke	*en la esquina*	en la es·*kih*·na
bei der Ampel	*en el semáforo*	en el se·*ma*·fo·ro
hinter ...	*detrás de ...*	de·*tras* de ...
weit	*lejos*	*le*·chos
vor ...	*enfrente de ...*	en·*fren*·te de ...
links	*izquierda*	ihs·*kyer*·da
nahe bei	*cerca*	*ser*·ka
neben ...	*al lado de ...*	al *la*·do de ...
gegenüber ...	*frente a ...*	*fren*·te a ...
rechts	*derecha*	de·*re*·cha
geradeaus	*todo recto*	*to*·do *rek*·to

GLOSSAR

Wer für seine Reise eine komplette Übersicht über die kolumbianischen Slangausdrücke benötigt, sollte sich das *Diccionario de Colombiano Actual* (2005) von Francisco Celis Albán besorgen.

asadero – Imbissbude oder -stand, wo es gebratenes oder gegrilltes Fleisch gibt

AUC – Autodefensas Unidas de Colombia (Vereinigte kolumbianische Selbstverteidigungstruppen); ein eher lockerer Zusammenschluss von verschiedenen paramilitärischen Gruppen, die als *autodefensas* bekannt sind

autodefensas – rechtsgerichtete Selbstverteidigungstruppen, die die großen Landbesitzer vor Guerillakämpfern schützen; sie werden auch *paramilitares* oder einfach auch nur *paras* genannt; siehe auch *AUC*

bogotano/a – Einwohner von Bogotá

buseta – kleiner Bus/Van; beliebtes Transportmittel in Städten

cabaña – Hütte oder einfacher Unterstand, besonders an Stränden oder in den Bergen

caleño/a – Einwohner von Cali

campesino/a – Bauer oder Landbewohner, der meist nur über ein geringes Einkommen verfügt

casa de cambio – Wechselstube

chalupa – kleine Personenfähre mit einem Außenbordmotor

chinchorro – Hängematte, die wie ein Fischernetz aus Baumwollfäden oder Palmfasern gewebt und typisch für die Ureinwohner ist; am bekanntesten sind die schmuckvollen Baumwollhängematten der Guajiros

chiva – ein traditioneller Bus mit einem bunt bemaltem hölzernem Aufbau; heutzutage nur noch auf dem Lande verbreitet; oder wieder im Einsatz für touristische Fahrten

colectivo – Sammeltaxi oder Minibus; beliebtes Verkehrsmittel

comida corriente – Fastfood; bereits fertig zubereitetes Mittagsgericht

costeño/a – Einwohner der Karibikküste

DAS – Departamento Administrativo de Seguridad; Sicherheitskräfte, die auch für die Einreise zuständig waren (die Einrichtung wurde im Jahr 2011 aufgelöst)

ELN – Ejército de Liberación Nacional (Nationale Befreiungsarmee); die zweitgrößte Guerillakampftruppe im Land nach der FARC

FARC – Fuerzas Armadas Revolucionarias de Colombia; die größte Guerillatruppe des Landes

finca – Bauernhof; umfasst alles von Betrieben mit einem Landhaus mit kleinem Garten bis hin zu einem riesigen Landgut

frailejón – *espeletia*, eine Pflanzenart; gelb blühender, ganzjähriger Strauch, der nur in Höhenlagen über 3000 m vorkommt und typisch für den *páramo* ist

gringo/a – jeder weiße männliche/weiblich Ausländer; manchmal im Sprachgebrauch (aber nicht immer) auch etwas abschätzig gemeint

guadua – die größte Unterart der Bambusgewächse, besonders verbreitet in Gegenden mit gemäßigtem Klima

hacienda – Landsitz

hospedaje – Unterkunft (ganz allgemein); manchmal auch ein billiges Hotel oder Hostel

indígena – einheimisch; auch Ureinwohner

IVA – *impuesto de valor agregado*, Mehrwertsteuer (MwSt.)

merengue – Musikrhythmus aus der Dominikanischen Republik, heute in der ganzen Karibik und auch weit darüber hinaus verbreitet

meseta – Hochplateau

mestizo/a – Mischling; Nachkomme europäischer Einwanderer und Ureinwohner

mirador – Aussichtspunkt

muelle – Pier, Kai

mulato/a – Mulatte; Nachkomme europäischer und afrikanischer Vorfahren

nevado – schneebedeckter Berggipfel

paisa – Einwohner von Antioquia

paradero – Bushaltestelle; mancherorts auch *parada* genannt

páramo – Ebene im Hochgebirge (zwischen 3500 und 4500 m), typisch für die Länder Kolumbien, Venezuela und Ecuador

piso – Stockwerk, Etage

poporo – Kalebasse, die von den Arhuacos und anderen Urvölkern zum Transport von Kalk benutzt wird; beim Kauen von Cocablätter fügen die *indígenas* Kalk hinzu, um das Alkaloid aus den Blättern freizusetzen; ein heiliges Ritual der Ureinwohner der Karibikküste

puente – wörtlich „Brücke"; bezeichnet aber auch ein verlängertes Wochenende (einschließlich Montag)

refugio – eine rustikale Schutzhütte, die in entlegenen Gegenden liegt, meist in den Bergen

reggaeton – eine Stilmischung aus Hip-Hop und lateinamerikanischen Rhythmen, zu denen man schnelle Schritte tanzen kann; ideal für den Geschmack der Städter

salsa – eine Art karibischer Tanzmusik aus Kuba, die in Kolumbien sehr populär und verbreitet ist

salsateca – Disko, in der Salsamusik gespielt wird

Semana Santa – die Karwoche, das heißt die Woche vor Ostern

tagua – harte, elfenbeinfarbene Nuss einer bestimmten Palmenart; wird im Kunsthandwerk benutzt; besonders verbreitet an der Pazifikküste

tejo – traditionelles Spiel, das besonders in den Anden beliebt ist; dabei wird eine schwere Metallscheibe geworfen, um eine *mecha* (Schwarzpulvertasche) zum Explodieren zu bringen

Telecom – die staatliche Telefongesellschaft

vallenato – typische Musikrichtung der Karibik, mit Akkordeon gespielt; heute auch in Kolumbien weit verbreitet

Hinter den Kulissen

WIR FREUEN UNS ÜBER EIN FEEDBACK

Post von Reisenden zu bekommen ist für uns ungemein hilfreich – Kritik und Anregungen halten uns auf dem Laufenden und helfen, unsere Bücher zu verbessern. Unser reiseerfahrenes Team liest alle Zuschriften genau durch, um zu erfahren, was an unseren Reiseführern gut und was schlecht ist. Wir können solche Post zwar nicht individuell beantworten, aber jedes Feedback wird garantiert schnurstracks an die jeweiligen Autoren weitergeleitet, rechtzeitig vor der nächsten Nachauflage.

Wer Ideen, Erfahrungen und Korrekturhinweise zum Reiseführer mitteilen möchte, hat die Möglichkeit dazu auf **www.lonelyplanet.com/contact/guidebook_feedback/new**. Unter **www.lonelyplanet.de/kontakt** erreichen uns Anmerkungen speziell zur deutschen Ausgabe.

Hinweis: Da wir Beiträge möglicherweise in Lonely-Planet-Produkten (Reiseführern, Websites, digitale Medien) veröffentlichen, ggf. auch in gekürzter Form, bitten wir um Mitteilung, falls ein Kommentar nicht veröffentlicht oder ein Name nicht genannt werden soll. Wer Näheres über unsere Datenschutzpolitik wissen will, erfährt das unter www.lonelyplanet.com/privacy

DANK VON LONELY PLANET

Vielen Dank an alle Reisende, die mit der letzten Ausgabe unterwegs waren und uns nützliche Hinweise, gute Ratschläge und interessante Begebenheiten übermittelt haben:

Ahmed Alhouti, Alex Meijer, Andrés Fernando, Beatriz Sersic, Camille Jaudeau, Christian Stenz, Christina Strauss, Daniel Gertsch, Danielle Wolbers, David Harrod, David Kretzer, Encarna Micó Amigo, Francesco Dragoni, Frederic Watson, Friederike Kosche, Geraldine Dufour, Graham Davis, Hennie Verheijen, Ian Szlazak, Irene Gashu, Jaka Oman, Jason White, Jasper Poortvliet, John Ide, Jose Maldonado, Julia Davenport, Julia Orkin, Juliana Zajicek, Kiki Bals, Kristjan Männik, Maria Straub, Mark Esser, Mathilde Kettnaker, Meghan Byrd, Michael Weber, Michelle Maier, Mike Torker, Nathaly Ramirez Silva, Rob Lentz, Sandra Restrepo, Sara Preißler, Sergio Gutierrez, Sheila Rowe, Silvia Web.

DANK DER AUTOREN

Alex Egerton

Vor Ort danke ich ganz besonders Oscar 'El Chofer' Gilede, Carito, Jose, Rodrigo, Adriaan Alsema, Richard, Jorge, Nicolas Solorzano, Libertad, Jose Ivan, Alexa Juliana, Jose N, Melissa Montoya, Wilson, Tyler, Paty, Laura Cahnspeyer und all den großzügigen Kolumbianern, die mir bei der Durchführung der Reise behilflich waren. Daheim danke ich Olga und Nick für ihre Geduld.

Tom Masters

Ein Dankeschön an alle, die eine Reise nach Kolumbien immer so angenehm für mich machen; dieses Mal insbesondere an Andrés und Andrea in La Macarena, Ewa bei Caño Cristales, Sandra Rodil in Santa Marta, David Salas bei Expotur, Alejandro Dorante Zetans in Cartagena, Richard McColl in Mompós, Steeve Degroote bei Aventure Colombia, an meine Mitautoren Kevin Raub und Alex Egerton und an die unerschrockene Rosemary Masters für ihre Begleitung auf einigen Etappen der Recherchereise.

Kevin Raub

Ich danke meiner Frau Adriana Schmidt Raub, außerdem MaSovaida Morgan und meinen Komplizen Tom Masters und Alex Egerton. Unterwegs bin ich vor allem Laura Cahnspeyer, Dipak Nayer, Camilo Rojas, Rodrigo Atuesta, Helena Davilá, German Escobar, Bogota&Beyond, Rodrigo Arais, Edgardo Areizaga, Diego Calderon und Lina Baldion Dank schuldig.

QUELLENNACHWEIS

Die Daten in der Klimatabelle stammen von Peel MC, Finlayson BL & McMahon TA (2007), Aktualisierte Weltkarte der Köppen-Geiger-Klimaklassifikation, *Hydrology and Earth System Sciences*, 11, 1633-44.

Abbildung auf dem Umschlag: Wäsche auf der Leine, Guatapé, Watch_The_World/Shutterstock ©

ÜBER DIESES BUCH

Dies ist die 3. deutsche Auflage von *Kolumbien*, basierend auf der mittlerweile 8. englischen Auflage von *Colombia*. Der Band wurde von Alex Egerton, Tom Masters und Kevin Raub verfasst, die Projektleitung hatte Jade Bremner. Auch für die vorhergehende Ausgabe waren Alex, Tom und Kevin verantwortlich. Der aktuelle Band wurde im Verlag betreut von:

Redaktionsleitung MaSovaida Morgan

Projektredaktion Paul Harding, Saralinda Turner

Leitung der Kartografie Corey Hutchison

Layout Meri Blazevski

Redaktionsassistenz Michelle Bennett, Katie Connolly, Lucy Cowie, Rebecca Dyer, Emma Gibbs, Jodie Martire, Lou McGregor, Monique Perrin, Benjamin Spier, Gabrielle Stefanos, Ross Taylor, Maja Vatrić

Bildredaktion für den Umschlag Naomi Parker

Dank an Imogen Bannister, Kate Mathews, Virginia Moreno, Martine Power, Alison Ridgway

Register

A

Abenteuersport 99
Abteien *siehe* Klöster & Abteien
Aktivitäten 32-39; *siehe auch* einzelne Aktivitäten und Sportarten
Amazonas 306
Amazonasbecken 310, **311**
- Highlights 311
- Sicherheit 317

Andrés Carne de Res 72
Aracataca 163
Arbeiten 356
Archäologische Stätten
- Alto de las Piedras 272
- Alto de los Ídolos 272
- El Fósil 105
- Parque Arqueológico 272
- San Agustín 11, 271
- Tierradentro 275, **277**

Architektur
- Kolonialarchitektur **13**
- Santa Fe de Antioquia 224

Armenia 244, 246
Auto 370

B

Bahía Solano 289, 292
Balneario La Mina 178
Barichara **13**, **118**, 119
Barranquilla 160
Baumkronentouren 34
Bedrohte Tierarten 348
Bergsteigen
- Nevado del Tolima 240

Bergtapir 348
Bergwandern 248
Bogotá 44, 44-93, **46**, **48-49**, **52-53**, **56**
- Essen 44
- Feste & Events 64
- Geschichte 46
- Klima 44
- Kurse 61
- Praktische Informationen 84
- Reisezeit 44
- Sehenswertes 47
- Unterhaltung 81
- Unterkunft 44
- Unterwegs vor Ort 87

Bolívar, Simon 101, 330
Bootstouren 192, 296
- Guatapé 222
- Nuquí 295

Botero, Fernando 211, 344
Boyacá 94, **95**, 96
Brücken 101
Bucaramanga 123, **124**
Bücher 324, 327, 330, 348
- Geschichte 327
- Umwelt 346

Busreisen 371
- Regionalbusse 373

Bustypen 371

C

Cabo de la Vela 176
Cali **13**, 253, **254**, 255, **256**
Cali & Südwest-Kolumbien
- Essen 253
- Klima 253
- Unterkunft 253

Campen 365
Caño Cristales **10**, 307
Cañon del Chicamocha 122
Cañon de Río Claro **14**
Canopying
- Río Claro 228

Capurganá 185
Carnaval de Barranquilla 23
Carnaval de Blancos y Negros 23
Cartagena **2**, **8-9**, 9, 135, **138-139**
- Aktivitäten 144
- An- & Weiterreise 152
- Essen 147
- Feste & Events 144
- Geschichte 135
- Kurse 144
- Orientierung 151
- Praktische Informationen 151
- Sehenswertes 139
- Shoppen 151
- Unterhaltung 151
- Unterwegs vor Ort 153

Casa de Nariño 54
Castillo de San Felipe de Barajas 143
Cauca 264
Cayo Cangrejo 197
Cerro Cristo Rey 226
Cerro de las Tres Cruces 255
Cerro de Monserrate 60
Cerro Nutibara 209
Chiquinquirá 104
Chocó 289
Ciudad de Piedra 306
Ciudad Perdida **9**, 170, 172
Coconuco 270
Colectivo 373
Colina Iluminada 251
Coquí 298
Cumbia 342

D

Darién 264
Denkmäler
- Cristo Rey 255
- Monumento a Bolívar 101
- Monumento a la India Catalina 143
- Monumento a la Raza 210
- Monumento a Los Colonizadores 229
- Piedra de Bolívar 180

Desierto de la Tatacoa **16**, 279
Diebstahl 353
Drogen 353
Dschungel-Lodges 294
Duque, Iván 338

E

Ecuador 286
Einreise 368
- nach Venezuela 131

Einreiseformalitäten 368
El Cerro de Moravia 211
El Cocuy 12, 107
El Hayal 99
El Rodadero 156
El Valle 293
Escobar, Pablo 215
Essen 357
- Amazonasbecken 310
- Gebratene Ameisen 122

Essen & Trinken 21
Estación Septiembre 293
Ethnische Vielfalt 340
Etikette 326

F

Fähre/Schiff 374; *siehe auch* Bootstouren
Fahrrad 372
Fahrrad fahren *siehe* Radfahren
FARC 324, 326
Feiertage 357
Feria de las Flores **24**
Feste & Events 23
- Alumbrado Navideño 25
- Carnaval de Barranquilla 23
- Carnaval de Blancos y Negros 23, 282
- Congreso Nacional Gastronómico 266
- Feria de las Flores (Medellín) **24**, 213

Kartenseiten **000**
Abbildungen **000**

Feria de Manizales 232
Festival de Jazz 64
Festival de la Leyenda Vallenata 178
Festival de las Cometas 100
Festival de Luces 100
Festival de Música del Pacífico Petronio Álvarez 24, 258
Festival Iberoamericano de Teatro de Bogotá 64
Festival Internacional de Jazz 213
Festival Internacional de Tango 213
Festival Internacional de Teatro 232
Festival Mundial de Salsa 258
Fiesta de los Diablitos 224
Fiesta de Nuestra Señora de la Candelaria 144
Hay Festival Cartagena 144
Karneval (Barranquilla) 160
Krabbenwanderung 200
Let There be Light (Medellín) **24**
Mompox Jazz Festival 180
Providencia Cultural Festival 200
Semana Santa (Popayán) 23
Semana Santa (Santa Fe de Antioquia) 224
Torneo Internacional del Joropo 304
Festival de Música del Pacífico Petronio Álvarez 24
Festungen 143
Castillo de San Felipe de Barajas 143
Filandia 251
Filme 324
Flugreisen 368, **371**
Flussfahrten 306
Freiwilligendienst 358
Fuerzas Armadas Revolucionarias de Colombia *siehe* FARC
Fußball 340

G

Galerien *siehe auch* Museen & Galerien
Museo de Arte Moderno (Cartagena) 142
Gaviotas 304
Gefahren 84; *siehe auch* Sicherheit
Amazonasbecken 317
Busreisen 355
Diebstahl 353
Drinks mit K.O.-Tropfen 353
Drogen 353
K.O.-Tropfen 354
Geführte Touren 62, 112, 222
Amazonasbecken 312
Bogotá 62
Ciudad Perdida 170
Islas del Rosario 153
Leticia 312
Medellín 213
Parque Nacional Natural (PNN) Los Nevados 237
Salento 248
Santa Marta 157
Geld 18, 19, 358
Geldautomaten 358
Geldüberweisung 359
Geldwechsel 358
Geografie 346
Geschäftszeiten 360
Geschichte 327
Bildung politischer Parteien 330
Kolonialzeit 328
Medellín 205
Mompóx 179
Präkolumbische Zeit 327
Unabhängigkeit 329
Vertriebene 334
Gesundheit 359
Höhenkrankheit 359
Gesundheitsrisiken 359
Getränke
Kaffee 75
Sprache 378
Geysire
Hoyo Soplador 191
Girón 126
Gleitschirmfliegen *siehe* Paragliden
Glossar 382
Golfo de Urabá 185
Grenzübergänge 368
nach Ecuador 286
nach Panama 186
nach Peru 320
Guadalupe 127
Guane 122
Guatapé 222
Guerrillas 352
Güicán 110

H

Hacienda Guayabal 234
Hacienda Nápoles 215
Haciendas & Farmen
Finca Don Manolo 240
Recuca 246
Hacienda Venecia 234
Halbinsel La Guajira 174
Handys 18
Haynes Cay 191
Herazo, Héctor Rojas 343
Highlights 8-17
Historische Gebäude
Casa de las Cajas Reales 130
Casa del Fundador Suárez Rendón 98
Casona La Guaca 98
Palacio de la Cultura Rafael Uribe Uribe 211
Palacio San Carlos 180
Höhenkrankheit 359
Höhlen
Caverna de los Guácharos 228
Cueva de la Vaca 115
Höhlenmalerei 305
Höhlentouren
Cueva del Esplendor 227
San Gil 115
Hostels 365
Hotels 365
Hoyo Soplador 191
Huila 264

I

Indigene Völker 340
Infos im Internet 19, 326
Insekten essen 122
Internetzugang 360
Ipiales 285
Isla Malpelo 300
Islas del Rosario 153
Islas de San Bernardo 183
Iza 109

J

Jardín 226
Jeeps 245
Joropo 342
Joví 298
Jurubidá 297
Juwelen 83

K

Kaffee 75, 235
Kaffeeplantagen
Finca Don Manolo 240
Hacienda Guayabal 234
Hacienda Venecia 234
Kanu- & Kajakfahren 34
Karibikküste 134, **136**
Essen 134
Highlights 136
Klima 134
Unterkunft 134
Karibik **28**
Karten 360
Kinder, Reisen mit 362
Kirchen & Kathedralen 104
Basilica Menor de la Inmaculada Concepción 226
Capilla de Belén 265
Catedral de la Inmaculada Concepción 120
Catedral Primada 57
Iglesia de Inmaculada Concepción 229
Iglesia de San Francisco 59, 265
Iglesia de Santa Bárbara 180, 224
Iglesia de Santo Domingo 98, 142
Iglesia de Santo Toribio de Mogrovejo 143
Iglesia La Ermita 265
Iglesia Museo de Santa Clara 51
Iglesia Parroquial 99
Nuestra Señora de la Candelaria 110
Salzkathedrale Zipaquirá 65
Santa Lucía Iglesia 122
Santuario de Las Lajas 286
Kitesurfen 38, 263
Lago Calima 263
Kitesurfing 176
Klettern 34
Klima 18, 23, 94
Klimawandel 367
Klöster & Abteien
Convento & Iglesia de San Pedro Claver 141
Convento de la Popa 143
Convento de los Franciscanos 106

Convento del Santo Ecce Homo 104
Monasterio de La Candelaria 99
Kokablätter 150
Kokain 333, 354
Kolonialzeit 328
Kosten 19
Krabbenwanderung 347
Krankheiten 359
Kreditkarten 359
Krokodile 348
Kultur 339
Kunstgalerien *siehe auch* Galerien, Museen & Galerien
Lighthouse (Providencia) 199
Museo Botero 51
Museo de Arte Colonial 55
Museo de Arte Moderno Ramírez Villamizar 129
Kunst & Kultur 342
Botero, Fernando 344
Literatur 343
Malerei & Bildhauerei 344
Kurse
Sprache 61, 116, 213, 257, 363
Tanz 257

L

La Comuna 13 205
Lago Calima 263
Lago de Tota 109
Lago Tarapoto 320
La Guajira (Halbinsel) 10, 174
Laguna de Guatavita 91
Laguna de la Cocha 284
Laguna del Otún 239
Laguna Verde 284
La Loma 192
Las Gachas (Fluss) 127
Lebensstil 339
Lesben 362
Leticia 311, **314**
Gefahren & Ärgernisse 317
Geführte Touren 312
Leuchttürme
El Faro 177

Kartenseiten **000**
Abbildungen **000**

Lisztäffchen 348
Literatur 324, 343
Los Llanos 302, **303**
Essen 302
Geführte Touren 308
Highlights 303
Klima 302
Reisezeit 302
Unterkunft 302

M

Malerei 344
Manizales 229, **230**
Märkte
Cartagena 144
Mercado Bazurto 144
Silvia 270
Márquez, Gabriel García 163, 343
Medellín 17, 204, 205, **208, 210, 212**
Aktivitäten 212
Ausgehen & Nachtleben 218
Essen 204, 215
Feste & Events 213
Geführte Touren 213
Geschichte 205
Klima 204
Kurse 213
Praktische Informationen 220
Reisezeit 204
Sehenswertes 205
Shoppen 219
Unterhaltung 219
Unterkunft 204, 213
Unterwegs vor Ort 221
Medellín & Zona Cafetera 204-252
Essen 204
Klima 204
Unterkunft 204
Mesa de Los Santos 129
Mietwagen 370
Minca 161
Mirador Santa Cruz 132
Mobiltelefone 18, 363
Mocoa 278
Mompóx 179, **181**
Monguí 106
Monumente
Cristo Rey 255
Monumento a Bolívar 101
Monumento a la India Catalina 143
Monumento a la Raza 210
Monumento a Los Colonizadores 229
Piedra de Bolívar 180
Monumento a Bolívar 101
Monumento a Los Colonizadores 229
Moto-Taxis 373
Mountainbiken 37, 116
Museen & Galerien 20
Casa Colonial 129
Casa de Moneda 55
Casa de Rafael Núñez 143
Casa Museo de Luis Alberto Acuña 99
Casa Museo Gabriel García Márquez 163
Casa Museo Mosquera 265
Casa Museo Pedro Nel Gómez 209
Centro de Interpretación de la Cestería de Bejucos 251
Centro de Investigaciones Paleontológicas 103
Colección de Arte 54
Convento & Iglesia de San Pedro Claver 141
Galería Arte Uirapuru 312
Maloka 61
Museo Arqueológico 276
Museo Arqueológico Calima 264
Museo Arqueológico Eliécer Silva Célis 106
Museo Arqueológico la Merced 255
Museo Arquidiocesano de Arte Religioso 265
Museo Botero 51
Museo Casa de Bolívar 123
Museo Casa de la Memoria 209
Museo Colonial 55
Museo de Antioquia 211
Museo de Arte Moderno 142
Museo de Arte Moderno de Medellín 210
Museo de Arte Moderno La Tertulia 255
Museo de Arte Moderno Ramírez Villamizar 129
Museo de Arte Religioso 106, 224
Museo de Arte Religoso La Merced 255
Museo de Historia Natural 265
Museo de la Independencia Casa del Florero 58
Museo del Carmen 98
Museo del Oro 58, 157, 281
Museo del Oro Quimbaya 245
Museo del Oro Zenú 141
Museo Etnográfico 277
Museo Etnográfico Amazónico 312
Museo Guillermo Valencia 265
Museo Histórico Policía 55
Museo Juan del Corral 224
Museo Militar 58
Museo Nacional 59
Museo Naval del Caribe 142
Museo Paleontológico 280
Museo Taminango de Artes y Tradiciones 281
Museum of Paleontology & Archaeology 122
Palacio de la Inquisición 140
Quinta de Bolívar 59
Quinta de San Pedro Alejandrino 156
Musik 342

N

Nachhaltigkeit 304
Nahverkehr 373, 374
Nariño 281
Nationalparks & Schutzgebiete 20, 307, 349
Área Natural Única Los Estoraques 131
Ciénega la Caimanera 183
Estación Septiembre 293
Parque Nacional Natural (PNN) Old Providence McBean Lagoon 197
Parque Nacional Natural (PNN) Tayrona 166
Parque Nacional Natural El Tuparro 309
Parque Nacional Natural Ensenada de Utría 295
Parque Nacional Natural Farallones de Cali 262

Parque Nacional Natural Isla Gorgona 301
Parque Nacional Natural Los Nevados 237
Parque Nacional Natural Puracé 280
Parque Nacional Natural Sierra de La Macarena 307
Parque Nacional Natural Tayrona 166
Parque Natural Chicaque 92
Parque Ucumarí 243
PNN Corales del Rosario y San Bernardo 153
Recinto del Pensamiento 235
Reserva Ecológica Río Blanco 237
Reserva Ecológica Río Blanco 237
Reserva Natural Gallito de la Roca 227
Reserva Natural Palmarí 321, 322
Reserva Natural Zacambú 322
Santuario de Fauna y Flora Los Flamencos 174
Santuario de Flora y Fauna Malpelo 300
Santuario de Iguaque 105
Santuario Otún Quimbaya 243
Natur 346
Naturschutzgebiete *siehe* Nationalparks & Schutzgebiete
Nevado del Ruiz 239
Nevado del Tolima 240
Nevado de Santa Isabel 239
Norte de Santander 94, 128
Notfall 19
Sprache 378
Nueva Tolima 305
Nuquí 295

O

Observatorio Astronomico Astrosur 279
Observatorio Astronómico (Bogotá) 57
Öffnungszeiten 19, 360
Ojeda, Alonso de 328
Outdoor-Aktivitäten 32-39

P

Palacio de la Inquisición 140
Palomino 168
Pamplona 129
Pance 262
Paragliden 34, 36, 123, 212, 227
Paramilitärs 332
Parks & Gärten 312
Jardín Botánico Eloy Valenzuela 123
Jardín Botánico (Medellín) 211
Jardín Botánico del Pacífico 293
Jardín Botánico del Quindío 244
Los Yarumos 231
Mundo Amazónico 312
Parque de las Esculturas 209
Parque El Gallineral 115
Parque Metropolitano Simón Bolívar 60
Parque Para Las Artes 120
Parque Nacional Natural Amacayacu 319
Parque Nacional Natural El Cocuy 12, 22
Parque Nacional Natural El Tuparro 309
Parque Nacional Natural Ensenada de Utría 295
Parque Nacional Natural Isla Gorgona 301
Parque Nacional Natural (PNN) Los Nevados 15, 237, **238**
Parque Nacional Natural (PNN) Tayrona 15, 21, 166, **166-167**
Parque Regional Johnny Cay 191
Parque Ucumarí 243
Paso de Angel 104
Paso de Angel (Berg) 104
Pasto 281, **283**
Pazifikküste 287, **288**
Highlights 288
Reisezeit 287
Pereira 240
Pflanzen 347, 348
Piedra del Peñol 223
Pilón de Azúcar 177
Plan Colombia 335
Plantagen
Hacienda Guayabal 234
Hacienda Venecia 234
Plätze
Parque José Prudencio Padilla 174
Playa Blanca 155
Playa de Belén 130
Playa Mecana 293
Plaza de Bolívar (Bogotá) 50
Plaza de Bolívar (Cartagena) 141
Plaza Mayor (Villa de Leyva) 97
Plazas
Plazoleta de las Esculturas 210
Plazoleta del Chorro de Quevedo 57
Politik 324
Polizei 354
Popayán 264, **266-267**
Post 360
Pozos Azules 105
Präkolumbische Zeit 327
Private Parks & Schutzgebiete 350
Providencia 14, 197, **198**
Pueblito 167
Puente de Boyacá 101
Puente del Humilladero 265
Puente de Occidente 224
Puerta del Reloj 142
Puerto Nariño 319
Punta Gallinas 177
Punta Huína 292

R

Radfahren 99, 372
Raften
San Agustín 272
Raub 353; *siehe auch* Sicherheit
Rechtsfragen 361
Reisedokumente 368
Reiseplanung
Reiserouten 26
Reisezeit 23
Veranstaltungskalender 23
Reiserouten 26
Zona Cafetera 29, **29**
Reiten 36
San Agustín 272
Reserva Ecológica Río Blanco 237
Reserva Natural Palmarí 321, 322
Reserva Natural Zacambú 322
Resorts 365
Revolutionäre Streitkräfte Kolumbiens *siehe* FARC
Revolutionary Armed Forces of Colombia *siehe* FARC
Río Claro 228
Riohacha 174
Río Yavarí 16, 321
Rodríguez, James 340
Rosenkranzmadonna 104

S

Salento 247, **249**
Salsa 13
San Agustín 11, 271, **271**
San Andrés 190, **192**
San Andrés & Providencia 188, **189**
Essen 188
Highlights 189
Klima 188
Unterkunft 188
San Andres (Stadt) **192**
San Gil 114, **114**, 115
San José del Guaviare 305
San Juan de Girón 126
San Luis 191
Santa Catalina (Insel) 199
Santa Fe de Antioquia 224, **225**
Santa Isabel 199
Santa Marta 156, **158**
Santander 94, **95**, 115
Santos, Juan Manuel 324
Santuario de Iguaque 105
Santuario de Las Lajas 286
Santuario Otún Quimbaya 243
Sapzurro 185
Schiffsreise 374; *siehe auch* Bootstouren, Fähre/Schiff
Schlachtfelder 101
Schnorcheln 33; *siehe auch* Tauchen & Schnorcheln
Schutzgebiete *siehe* Nationalparks & Schutzgebiete
Schwule 362
Schwule & Lesben
Bogotá 78
Semana Santa (Popayán) 23
Shoppen
Edelsteine 364
Kunsthandwerk 364
Sprache 378

Sicherheit 84, 352-355
- Amazonasbecken 317
- Busreisen 355
- Diebstahl 353
- Drinks mit K.O.-Tropfen 353
- Drogen 353
- K.O.-Tropfen 354

Sierra Nevada del Cocuy 107, **108**
Sierra Nevada de Santa Marta 171
Silvia 270
Smaragde 83, 349
Sogamoso 105
Sport 340
Sprache 18, 376
Sprachkurse 61, 116, 213, 257, 363
Stierkämpfe 341
Strände 22
- Almond Bay 199
- Bahía Aguadulce 197
- Bahía Manzanillo 197
- Bahía Suroeste 197
- Cabo San Juan del Guía 166
- Cañaveral 167
- Cayo El Acuario 191
- El Rodadero 156
- Karibikküste 183
- La Piscinita 191
- Nuquí 295
- Parque Nacional Natural (PNN) Tayrona **15**
- Parque Regional Johnny Cay 191
- Playa Blanca 109, 183
- Playa Cristal 166
- Playa del Pilón 176
- Playa Mecana 293
- Playa Olímpica 296
- Playa Taroa 177

Strom 363
Südküste 301
Südwest-Kolumbien 253, **254**
Suesca 91
Sugamuxi 109
Surfen
- El Chocó 290

Sutamarchán 102

T

Taganga 164
Tal der Sonne 109
Tauchen 33, 255
- Providencia 194
- San Andres 193, 194

Tauchen & Schnorcheln
- Bahía Solano 290
- Providencia 199
- Santuario de Flora y Fauna Malpelo 300

Telefon 363
Telenovelas 344
Termales 300
Termales de Santa Rosa 242
Termales San Vicente 242
Theater
- Teatro Colón 58

Thermalbäder 242
- Agua Hirviendo 270
- Ecotermales El Otoño 236
- Termales Aguatibia 270
- Termales Balneario 242
- Termales de San Luis 111
- Termales de Santa Rosa 242
- Termales El Otoño 236
- Termales San Vicente 242
- Termales Tierra Viva 236

Thermalquellen
- Jurubidá 297
- Volcán de Lodo El Totumo 155

Tibasosa 109
Tiere 347; *siehe auch* einzelne Arten
- Halloweenkrabben 347

Tierradentro 275, **277**
Tierschutzgebiete *siehe* Nationalparks & Schutzgebiete
Tierwelt 20
Toiletten 364
Tolú 182
Tópaga 109
Töpfer 103
Torre de Chipre 229
Trampen 374
Trekking *siehe* Wandern
Tres Cruces 265
Trinkgeld 359
Tunja 98
Túquerres 284
Turbo 184

U

Überdruckkammern 33
Überfälle 353; *siehe auch* Sicherheit
Umweltprobleme 350
- Smaragdabbau 349

Unterkunft 365
- Dschungel-Lodges 318
- Sprache 379

Ureinwohner 340
Uribe, Álvaro 337
Urwald 318

V

Valle de Cocora 252
Valledupar 178
Vallenato 342
Verkehrsmittel
- Sprache 379-380

Versicherung 366
Vertriebene 334
Villa de Leyva **14**, 96, **97**, 103
- Sehenswertes 96

Villavicencio 304
Villavieja 279
Virgen Morenita de Güicán 113
Visa 18
Vögel 347
Vogelbeobachtung 35, 162
- Bücher 348
- Parque Ucumarí 243

Volcán de Lodo El Totumo 155
Volcán Galeras 281
Vulkane
- Nevado del Ruiz 239
- Nevado del Tolima 240
- Nevado de Santa Isabel 239
- Volcán de Lodo El Totumo 155

W

Währung 18
Walbeobachtung 11, 36
Wandern 15, 20, 32
- Cali 257
- Capurganá 185
- Cerro de Monserrate 60
- Cerro Monseratte 111
- Ciudad Perdida 170, 172
- Kasaguadua Natural Reserve 248
- Nevado del Tolima 240
- Nevado de Santa Isabel 239
- Pance 262
- Páramo de Ocetá 106
- Parque Ucumarí 243
- Providencia 200
- Reserva Natural Acaime 252

Wasserfälle
- Cascada Chocolatal 290
- Cascada de Amor 299
- Cascada del Tigre 293
- Cascada de Marinka 162
- Cascada Guatoque 105
- Cascadas de Juan Curi 115
- El Hayal 99
- Salto del Aeropuerto 290

Wechselkurse 19
Wegweiser 381
Weihnachten 25
Wetter 23
Wildwasser-Rafting 34
- Río Claro 228

Windsurfen 38, 263
- Lago Calima 263

Wirtschaft 325, 326

Z

Zahlen 380
Zeit 18
Zoll 366
Zona Cafetera 12, 204, **206**, 229
- Highlights 206

Zugreise 375

Kartenseiten **000**
Abbildungen **000**

Kartenlegende

Sehenswertes
- Strand
- Vogelschutzgebiet
- Buddhistisch
- Burg/Schloss/Palast
- Christlich
- Konfuzianisch
- Hinduistisch
- Islamisch
- Jainistisch
- Jüdisch
- Denkmal
- Museum/Galerie/Hist. Gebäude
- Ruine
- Shintoistisch
- Sikh-Religion
- Taoistisch
- Weingut/Weinberg
- Zoo/Naturschutzgebiet
- andere Sehenswürdigkeit

Aktivitäten, Kurse & Touren
- Bodysurfen
- Tauchen
- Kanu/Kajak
- Kurse/Touren
- Sento-Bad/Onsen
- Skifahren
- Schnorcheln
- Surfen
- Schwimmbad/Pool
- Wandern
- Windsurfen
- andere Aktivität

Schlafen
- Schlafen
- Camping

Essen
- Essen

Ausgehen & Nachtleben
- Ausgehen & Nachtleben
- Café

Unterhaltung
- Unterhaltung

Shoppen
- Shoppen

Praktisches
- Bank
- Botschaft/Konsulat
- Krankenhaus/Arzt
- Internet
- Polizei
- Post
- Telefon
- Toilette
- Touristeninformation
- andere Information

Landschaft
- Strand
- Hütte
- Leuchtturm
- Aussichtspunkt
- Berg/Vulkan
- Oase
- Park
- Pass
- Picknickplatz
- Wasserfall

Bevölkerung
- Hauptstadt (National)
- Hauptstadtl (Staat/Provinz)
- Stadt/Großstadt
- Ort/Dorf

Verkehrsmittel
- Flughafen
- Grenzübergang
- Bus
- Cable Car/Seilbahn
- Radfahren
- Fähre
- Metrohaltestelle/-station
- Monorail
- Parkplatz
- Tankstelle
- S-Bahn-Haltestelle
- Taxi
- Bahnhof/Zugstrecke
- Tram/Straßenbahn
- U-Bahn-Station
- anderes Verkehrsmittel

Hinweis: Nicht alle hier aufgeführten Symbole sind auf den Karten dieses Buches zu finden

Verkehrswege
- Mautstraße
- Autobahn
- Hauptstraße
- Landstraße
- Nebenstraße
- Weg
- Piste/unbefestigter Weg
- Straße in Bau
- Platz/Fußgängerzone/Mall
- Treppe
- Tunnel
- Fußgängerbrücke
- Wanderung/Wanderweg
- Wanderung mit Abstecher
- Wanderpfad

Grenzen
- Internationale Grenze
- Bundesstaat/Provinz
- umstrittene Grenze
- Regional/Vorort
- Gewässergrenze
- Klippen
- Mauer

Gewässer
- Fluß, Bach
- periodischer Fluss
- Kanal
- Wasserfläche
- Trocken-/Salz-/period. See
- Riff

Fläche
- Flughafen/Flugpiste
- Strand/Wüste
- Friedhof (christlich)
- Friedhof (andere Religion)
- Gletscher
- Watt
- Park/Wald
- Sehenswertes (Gebäude)
- Sportanlage/-platz
- Sumpf/Mangroven

DIE AUTOREN

Jade Bremner

Gesamtleitung Jade ist seit über einem Jahrzehnt Journalistin. In diesem Job hat sie in vier unterschiedlichen Regionen gelebt. Wo immer sie beruflich tätig wird, probiert sie abenteuerliche Sportarten aus, und so ist es kein Zufall, dass viele ihrer Lieblingsorte etwas mit den spektakulärsten Wellen der Welt zu tun haben. Jade hat als Redakteurin für Reisemagazine gearbeitet und Beiträge für *The Times*, *CNN* und *The Independent* verfasst. Sie weiß es sehr zu schätzen, dass sie ihre Erlebnisse auf unserem wundervollen Planeten mit anderen teilen darf – und sie ist immer auf der Suche nach dem nächsten Abenteuer.

Alex Egerton

Boyacá, Santander & Norte de Santander; Medellín & Zona Cafetera; Cali & Südwest-Kolumbien, Pazifikküste Der gelernte Journalist Alex war für Zeitschriften, Zeitungen und andere Medien auf fünf Kontinenten unterwegs. Als er genug hatte von muffigen Redaktionsstuben und der Jagd nach belanglosen Nachrichten, entschied er sich für den Wechsel in den Reisejournalismus. Heute verbringt er seine Zeit überwiegend auf Reisen; er schaut sich Matratzen von unten an, probiert die Gerichte ominöser Garküchen und plaudert mit den Einheimischen – alles im Rahmen seiner Recherchen für Reise-Artikel und Reiseführer. Als begeisterter Abenteurer ist Alex durch entlegende Urwälder Kolumbiens gewandert, er hat kaum bekannte Nebenflüsse des gewaltigen Mekong gesehen und an der ersten Kajak-Befahrung abgelegener Flüsse in Nicaragua teilgenommen. Wenn er nicht reist, lebt er inmitten kolonialer Pracht in Popayán im Süden Kolumbiens. Alex hat auch die „Praktischen Informationen" verfasst.

Tom Masters

Karibikküste; San Andrés & Providencia; Los Llanos; Amazonasbecken Tom hat schon immer von Reisen an die entlegensten Orte der Erde geträumt, denn das Unbekannte lockt ihn am meisten. Er hat eine Karriere als Autor begonnen, die ihn praktisch überall hin geführt hat, sogar nach Nordkorea, in die Arktis, in den Kongo und nach Sibirien. Aufgewachsen ist Tom im ländlichen England, als Erwachsener lebt er am liebsten in London, Paris und Berlin. Momentan wohnt er in Berlin, wo man ihn online unter www.tommasters.net findet. Nach einem Studium der russischen Literaturwissenschaft an der University of London ging er zunächst als Journalist zur *St. Petersburg Times* in Russland. Es folgte ein Job beim BBC World Service in London, freiberuflich schrieb er Beiträge für Zeitungen und Zeitschriftren auf der ganzen Welt. Zudem war er einige Jahre als Dokumentarfilmer für britische und US-amerikanische Sender tätig. Tom mag die kommunistische Architektur der Karl-Marx-Alle in Berlin-Friedrichshain, von wo er immer wieder zur Aufträgen in die ehemalige Sowjetunion aufbricht. Zu seinen aktuellen Projekten zählen Titel über den Fernen Osten Russlands, Zentralafrika und Kolumbien. Tom hat außerdem am Kapitel „Kolumbien verstehen" mitgearbeitet.

Kevin Raub

Bogotá Der in Atlanta geborene Kevin Raub begann seine berufliche Laufbahn zunächst als Musikjournalist in New York. Schließlich verließ er den Job in der Musikszene, um ins Reiseressort zu wechseln – und inzwischen hat er an rund 50 Lonely Planets mitgearbeitet. Im Mittelpunkt seiner Arbeit stehen Brasilien, Chile, Kolumbien, die USA, Indien, die Karibik und Portugal. Raub arbeitet außerdem für eine Reihe von Reisemagazinen in den USA und Großbritannien. Unterwegs hat es ihm vor allem die Vielfalt der Biersorten angetan. Man kann ihm auf Twitter und Instagram folgen (@RaubOnTheRoad). Übrigens hat Raub sieben Jahre in Brasilien gelebt und 22 Provinzen kennengelernt. Als Brasilien-Experte hatte er sich während der Fußballweltmeisterschaft von 2014 um den Social-Media-Auftritt von Lonely Planet vor Ort gekümmert. Raub ist weiterhin viel unterwegs – und hat ein Ziel: Die Mitgliedschaft im Traveler's Century Club vor dem 50. Geburtstag. Seine Länderzählung steht derzeit bei 86. In diesem Buch stammt auch die „Reiseplanung" von Kevin.

DIE LONELY PLANET STORY

Ein uraltes Auto, ein paar Dollar in den Hosentaschen und Abenteuerlust, mehr brauchten Tony und Maureen Wheeler nicht, als sie 1972 zu der Reise ihres Lebens aufbrachen. Diese führte sie quer durch Europa und Asien bis nach Australien. Nach mehreren Monaten kehrten sie zurück – pleite, aber glücklich –, setzten sich an ihren Küchentisch und verfassten ihren ersten Reiseführer *Across Asia on the Cheap*. Binnen einer Woche verkauften sie 1500 Bücher und Lonely Planet war geboren. Heute unterhält der Verlag Büros in Melbourne (Australien), London und Oakland (USA) mit über 600 Mitarbeitern und Autoren. Sie alle teilen Tonys Überzeugung, dass ein guter Reiseführer drei Dinge tun sollte: informieren, bilden und unterhalten.

Lonely Planet Global Limited
Digital Depot
The Digital Hub
Dublin D08 TCV4
Ireland

Verlag der deutschen Ausgabe:
MAIRDUMONT, Marco-Polo-Str. 1, 73760 Ostfildern,
www.lonelyplanet.de, www.mairdumont.com,
lonelyplanet-online@mairdumont.com

Chefredakteurin deutsche Ausgabe: Birgit Borowski

Übersetzung: Birgit Beile-Meister, Marion Gieseke, Christiane Gsänger, Christel Klink, Dr. Annegret Pago, Dr. Thomas Pago, Jutta Ressel M. A., Karin Weidlich, Renate Weinberger, Linde Wiesner

An früheren Auflagen haben außerdem mitgewirkt: Dr. Martin Goch, Dr. Horst Leisering, Raphaela Moczynski, Sigrid Weber-Krafft; Petra Dubilski

Redaktion und technischer Support: CLP Carlo Lauer & Partner, Valley

Kolumbien

3. deutsche Auflage November 2018, übersetzt von *Colombia 8th edition*, August 2018, Lonely Planet Global Limited

Printed in Poland